LA ESPAÑA
DEL SIGLO XIX,
1808-1898

VICENTE PALACIO ATARD

CATEDRÁTICO DE LA UNIVERSIDAD COMPLUTENSE DE MADRID

LA ESPAÑA DEL SIGLO XIX, 1808-1898

(INTRODUCCIÓN A LA ESPAÑA CONTEMPORÁNEA)

SEGUNDA EDICIÓN

ESPASA-CALPE, S. A.
MADRID
1981

Talleres gráficos de la Editorial Espasa-Calpe, S. A.
Carretera de Irún, km. 12,200. Madrid-34

DEDICATORIA

A Lola, mi mujer,
que durante veinticinco años
ha compartido mis horas de triunfo y de fracaso,
y siempre me ha ayudado
a tratar de igual manera a esos dos impostores.

A Vizcaya, tierra mía y de mis antepasados,
en cuyas canciones marineras aprendí
que, de una orilla a otra,
el Mundo es muy grande.

INTRODUCCIÓN

«¿Dos Españas fraternas y enemigas?... Nunca he sido optimista en el curso de mi vida, ni lo he sido al meditar sobre la vida de los españoles, pero quizá podamos trasmutar la bipolarización de las dos Españas en una pluralidad, si no fraterna, de posible convivencia. En una lógica pluralidad de opiniones, de anhelos, de proyectos, de esperanzas. Querer es poder, dice el viejo refrán castellano. Queramos al menos.»

(CLAUDIO SÁNCHEZ ALBORNOZ,
Mi Testamento histórico-político, 1975.)

Con la invocación de estas palabras del gran maestro de los historiadores españoles empiezo a escribir mi libro. Porque quisiera que ellas fueran el hilo conductor de todas sus páginas.

Otro de mis maestros, el querido y admirado prof. Jesús Pabón, nos enseñó que la discontinuidad de la política en nuestra historia contemporánea y la simplicidad maniquea del mecanismo dialéctico que la acompaña, según el cual todo lo bueno está de un lado y todo lo malo de otro, ha motivado que en la consideración de nuestro pasado relativamente próximo nos fallen dos actitudes básicas: la solidaridad histórica y el respeto del civilizado.

Los españoles tendemos a veces a una hipercrítica negativista, que nos hace sentirnos sub-europeos, o europeos de segunda división. Lo que no deja de ser una deformación interpretativa tan errónea y funesta como la del triunfalismo de signo contrario. Las frustraciones de nuestro siglo XIX han sensibilizado la actitud hipercrítica.

En cierto modo los hombres del 98, los primeros que sintieron la vivencia inmediata del «Desastre» reaccionaron con un paroxismo crítico, justificado en aquellos momentos de dolor y desencanto. Por otra parte, el examen de conciencia que ellos hicieron y el propósito de enmienda que quisieron sembrar, tiene un lado de positivo revulsivo para reconocer la realidad de una España *vieja y tahúr,* como denuncia Machado; una España necesitada de ser reformada para que los *jóvenes dolorosos* de la generación de Ramón de Basterra, que sufrían como él del mal de España, vivieran de nuevo «el rosa y azul de futuras mañanas».

* * *

El siglo XIX es «el siglo liberal». Le podemos denominar así porque la organización política del Estado, las instituciones y la sociedad adoptan las fórmulas del liberalismo propias de muchos países del Occidente europeo.

Algunos españoles y extranjeros se quedan perplejos, sin embargo, al comprobar que los efectos de la implantación del sistema liberal en España son diferentes, por la violencia de las reacciones, a los que se producen en esos otros países de Europa que aceptó las instancias del liberalismo sin una conflictividad pareja a la nuestra.

Ya Juan Linz ha observado inteligentemente tres de los condicionamientos contrapuestos que explican la diferente actitud receptiva. El advenimiento en España del liberalismo acaece en un siglo de subdesarrollo económico, de crisis de la unidad interna y de retracción en el mundo internacional de las potencias, en contraste con la era de poder, de prosperidad económica y de construcción nacional de esos otros países en los que arraigaron el liberalismo primero y la democracia después.

Habría todavía que subrayar las peculiaridades españolas que explican los contrastes. Por de pronto, el largo período bélico inicial: guerra de la Independencia, guerras de la Emancipación americana, guerra carlista. La guerra de la Independencia, seis años de lucha en el marco territorial de la Península y en el seno de la sociedad española, con los problemas internos del «colaboracionismo» afrancesado, que revela ya una «conflictividad de mentalidades». Esta conflictividad corre pareja con el ramalazo de violencias que es propio de toda guerra y más cuando reviste el carácter irregular de nuestra guerra por la Independencia, en que la lucha por la supervivencia santifica el imperio de la voluntad sobre la ley.

Además, la dicotomía entre la España rural y la España urbana. La edificación del Estado liberal es obra de la España urbana, aquella España de las novedades, de la indiferencia o de la ruptura con el pasado, de la aplicación a los intereses materiales, de que hablaba Jaime Balmes en su tiempo. No toda la España urbana se identifica, por supuesto, con los propósitos de la reforma liberal, pero suya es la iniciativa.

Tal iniciativa provoca una respuesta de masas contra la implantación liberal, protesta que actúa sobre un sustrato rural amplio, pero que no es sólo una «rebelión campesina», ya que sus componentes son más complejos. La primera protesta de masas contra el liberalismo adoptará la forma del carlismo, que hará la guerra por su cuenta. En un segundo tiempo, avanzado el siglo, esa protesta revestirá las formas del anarquismo.

Es innegable que la recepción del liberalismo en la España del siglo XIX produjo también una respuesta hostil de la Iglesia. Al comenzar aquella centuria la Iglesia tenía un sólido arraigo social. Pero sus estructuras resultaban anacrónicas, como otras del Antiguo régimen. La necesidad de las reformas eclesiásticas no se ocultaba a las mentes más lúcidas; reformas que en ningún caso debían entrañar daño al dogma o al espíritu religioso. Pero desde el comienzo de la implantación liberal en las Cortes de Cádiz se planteó en términos arriscados el problema de la necesaria y aún conveniente reforma eclesiástica. A unos les faltó capacidad de autocrítica: así, la jerarquía a quien correspondía tomar la iniciativa, se inhibió. Los reformadores de Cádiz y luego los del Trienio Constitucional emprendieron la reforma unilateralmente, sin el consenso de la parte principal interesada.

El fantasma de la cismática «Constitución Civil del Clero» francesa proyectó su espectro sobre un problema que debiera haberse dilucidado en armonía inteligente y a plena luz. Desde ese momento el liberalismo político español y la Iglesia, con su arrastre de fuerza social, chocan en un prolongado conflicto a lo largo de casi todo el siglo. El choque se enerva por las cuestiones doctrinales de carácter general que se suscitan entre el pensamiento moderno europeo y la Iglesia romana, que condena los principios filosóficos del liberalismo. Por eso, en mi libro concedo bastante atención a estos problemas de las relaciones entre la Iglesia, la sociedad civil y su reflejo en los comportamientos públicos de los españoles, sin cuya comprensión me parece imposible una interpretación correcta del siglo XIX, sustituida por los planteamientos maniqueos y a veces simplemente por los exabruptos de la literatura panfletaria, ya sea de signo liberal o antiliberal.

✻ ✻ ✻

En las discusiones metodológicas sobre la Historia de los últimos veinte años, en los Congresos Internacionales y en la bibliografía especializada, se han planteado tres cuestiones que me permito recordar brevemente aquí:

a) La identidad de la ciencia histórica en el área de las ciencias sociales. ¿Es la historia sólo una parte o instrumento de una «ciencia social total»? ¿Es un medio analítico supeditado a otros saberes humanos? ¿Es un campo de conocimiento peculiar, con su objeto propio de estudio y su metodología adecuada? Hoy late una especie de conciencia del relativismo de nuestra ciencia y por eso los historiadores se replantean los fundamentos epistemológicos de su disciplina.

Los historiadores tienen la sensación de que la historia soporta hoy el «desafío» —¿o la «agresión»?— de las otras ciencias sociales. Hay quien parece resignarse al papel instrumental reservado al trabajo histórico, que vendría a ser algo así como el campo de experimentación de esas otras ciencias humanas y sociales. ¿Absorberán o disolverán esas otras ciencias el saber histórico, que durante muchos años había pretendido acotar para sí el campo de explicación de la vida del hombre en sociedad a través del tiempo? Algunos historiadores, en efecto, parecen plegarse a ese empuje, en que se concreta alguna de las vías de interpretación de la sociedad humana en la dimensión temporal: es decir, aceptan su problemática como eje del saber histórico.

Al profundizar en la problemática concreta de unos determinados saberes sectoriales sobreviene la tentativa de absorción *en totalidades* de los objetos de estos sectores, desplazando a un papel meramente funcional a los demás. También es verdad que otras veces la multiplicidad de los objetos genera un propósito que no va más allá de la comunicación interdisciplinar. Pero es indudable que las cuestiones de principio sobre el contenido de las «ciencias sociales» y de la «historia» están sujetas actualmente a controversias, y que quizá es esta una de las características de nuestro tiempo intelectual.

La escuela francesa de los *Annales,* como es bien sabido, hizo especial hincapié en afianzar la historia como ciencia de la realidad social y uno de sus mentores más calificados, Fernand Braudel, habla de «negociar perpetuas alianzas» interdisciplinares, así como de la necesidad de enriquecer el «oficio de historiador» con técnicas tomadas a las otras ciencias sociales. Pero la cuestión de la *identidad* de la historia como ciencia sigue en pie. En último término, la *realidad humana* constituye la materia de las ciencias sociales y de la historia, y la diferenciación procederá probablemente más del tratamiento específico que se dé al objeto que del objeto mismo.

b) Los historiadores actuales se resisten, en cambio, o no admiten fácilmente que su trabajo esté subordinado a una filosofía de la historia: y, sin embargo, la concepción filosófica subyace, consciente o inconscientemente, en ese trabajo. Así, por ejemplo, cuando se pretende encontrar «la dirección de la historia» como explicación determinante del proceso humano en sociedad; y aún más cuando se pretende servir al «sentido» de la historia, para acelerar el proceso de transformación del Mundo en una dirección determinada.

Polarizar la historia en los problemas de la conflictividad de las clases sociales, pongo por caso, o en los movimientos obreros, o en los problemas de las relaciones de producción y cambio, en las líneas maestras del materialismo dialéctico, ¿no es adoptar un preconcepto filosófico, según los cánones de una ortodoxia que excluye cualquier otra justificación del quehacer histórico? En verdad, parece inexcusable al historiador adoptar, con libertad de espíritu, un contenido de valores que forman el basamento de ideas sin el cual no podría ejercer su crítica sobre sus propias hipótesis de trabajo. Alguien ha dicho que «la ideología para las ciencias humanas es como la imaginación creadora para las matemáticas».

c) La aspiración, de muchas maneras expresada, con muchos matices de escuela, hacia una «historia integral» o una «historia total», precisamente cuando la historia ha ampliado el horizonte de sus objetos a campos desatendidos anteriormente (el clima, la alimentación y la salud, los sondeos de la opinión pública y un largo, casi interminable etcétera). Es decir, una historia omnicomprensiva de esa realidad única que es la vida del hombre en sociedad con otros hombres *a través del tiempo.*

En una síntesis general, a la manera de lo que pretende ser este libro, ¿cómo mostrar las articulaciones entre las varias vías de penetración histórica que se proponen, sin embargo, la «historia total»? Confieso mi preocupación ante esta interrogante. Porque se trata precisamente de eso, de adoptar un camino (methodos) que sea fácil de seguir para el lector ilustrado medio sin confundirle.

No es un problema aquí de análisis, de metodología para la

investigación, sino de acierto en la exposición. ¿Cómo exponer en una síntesis de este tipo las líneas de la historia total integrada? O quizá, una historia sectorial convergente en una articulación integrada. ¿Se conserva en la síntesis la interrelación de los aspectos plurales de esa historia?

He renunciado a la posible brillantez o a la pretendida originalidad de una exposición «integral» que prescinda de los capítulos separados de cada uno de los componentes de esa historia. No sé si esa renuncia constituye un demérito o un beneficio. En todo caso, pienso que lo primordial era una clara síntesis expositiva que facilite al lector medio la aproximación al conocimiento y comprensión de nuestro siglo XIX.

Este siglo continúa siendo para la mayoría de los españoles, no profesionales de la historia, el gran desconocido. Incluso para la mayoría de nuestros estudiantes en las Facultades de Historia, por lo menos hasta que llegan a los cursos de especialización: aun cuando esto tiende a corregirse últimamente gracias a la multiplicación de cátedras y programas.

Así, me parecía indispensable redactar una Historia que abarcase globalmente la problemática compleja del siglo XIX, escrita en lenguaje sencillo, expuesta con orden y ajustada a sistema. No ofrecer sólo una *interpretación*, ni sólo una *historia-relato*, sino una combinación de los datos esenciales (que suelen ignorarse en manuales y libros más ambiciosos), y de la explicación que los haga comprensibles en un contexto integrador. Lo repito: un libro que sea útil al lector culto medio, a ese lector curioso que tiene la saludable curiosidad de preguntarse por nuestro pasado histórico no muy lejano, y al estudiante que se inicia seriamente en el estudio.

Mi intento es, pues, sencillo: presentar un *panorama*, una visión amplia dentro de sus limitaciones temáticas y de espacio. No un inventario de problemas. No una discusión de puntos cuestionables de nuestra historiografía actual. Aunque es posible que a lo largo de estas páginas se sugieran interrogaciones y se susciten las referencias que nos remitan al «estado de la cuestión» a la luz de la bibliografía historiográfica actual.

Un *panorama* es, ante todo, una contemplación de horizontes, de *perspectivas* y de *encuadramientos*, en los que se sitúa aquello que nuestra vista alcanza. Puede ser también, ¿por qué no?, una incitación imaginativa hacia horizontes más lejanos, hoy fuera de nuestro alcance.

Historia para el hombre de hoy. Para esta España entendida, según expresa don Claudio Sánchez Albornoz, como una pluralidad de posible convivencia. Para una España en la que se haga realidad la esperanza de José M. García Escudero, cuando al final de su hermoso libro sobre las dos Españas, en 1975, escribía: «Que este pueblo mío, duro y bueno, aprenda a vivir en paz».

Historia, insisto, para el hombre de hoy. En el prólogo de los profesores Jacques Le Goff y Pierre Nora a un libro extraordinariamente sugestivo para el historiador, que lleva por título *Faire de l'Histoire,* se dice que lo esencial en nuestros días «es saber hacer la historia que hoy se necesita: ciencia del dominio del pasado y conciencia del tiempo, debe definirse como ciencia del cambio, de la transformación». Si mis páginas, escritas al hilo de la ciencia que los historiadores españoles de las últimas décadas han hecho posible, fueran *el espejo del cambio,* del panorama cambiante hacia la España del siglo XX que se opera en la centuria anterior, me daría por contento.

Permitidme que esa pretensión vaya unida a mi último y más cordial deseo: que el estudio de ese *cambio,* con sus posibilidades, éxitos y frustraciones, sirva de aliciente para nuestro quehacer de españoles de hoy en fraterna y plural convivencia. Con este libro quisiera avivar el espíritu de concordia por el diálogo a través de nuestra historia.

Hace pocos años, al prologar la tesis doctoral de uno de mis alumnos más apreciado, el estudio del carlismo alavés de 1872-1876 hecho por Julio Aróstegui, he escrito unas palabras que ahora ratifico:

«Pocas cosas he pretendido yo enseñar en las aulas de la Universidad, como no sean estas tres que a continuación declaro: una, los límites de nuestros conocimientos, que a la vez nos obligan a reconocer la humildad de la sabiduría y despiertan en nosotros el espíritu para penetrar en el campo inmenso abierto a la novedad de las investigaciones, gracias a las cuales se podrán esclarecer parcelas todavía oscuras, donde la luz de la Historia no ha llegado aún. Otra, el respeto a los hombres que fueron protagonistas del pasado, remoto o próximo, y cuyas pasiones, actos y pensamientos hemos de intentar comprender *sine ira et studio,* para no trasponer a ellos nuestra propia pasión; porque la historia como ciencia se justifica precisamente por esa capacidad de comprensión que, si es usada rectamente, debe hacerla instrumento de paz entre los hombres y no de guerra, de concordia y no de discordia, de diálogo iluminador de nuestra inteligencia y no de imposición coactiva de cualquier dogmatismo cerrado. Por fin, y esto es casi un corolario de lo que antecede, creo haber procurado también enseñar a mis alumnos a estudiar la Historia con independencia de criterio, aunque con rigor exigente en el método de trabajo.»

Estas páginas, trasunto de largas horas en las aulas y de comunicación fuera de ellas, deben a muchos de mis antiguos alumnos lo mejor que podían darme: su estímulo. Por ello, para ellos, quede aquí constancia de mi gratitud.

Madrid, octubre de 1977.   VICENTE PALACIO ATARD.

PRIMERA PARTE

LA ESPAÑA DEL LIBERALISMO Y DE LA SOCIEDAD PREINDUSTRIAL

LA CRISIS BÉLICA
EN LOS COMIENZOS
DE LA ESPAÑA LIBERAL

CAPÍTULO 1

LA GUERRA DE LA INDEPENDENCIA

La iniciación de la «época contemporánea» en España está señalada por dos coordenadas principales:

a) Un acontecimiento imprevisible, de tipo catastrófico: la invasión militar napoleónica de 1808 y la guerra subsiguiente. Con este acontecimiento comienza el largo período bélico de treinta años que dejará una huella indeleble en la configuración de la España del siglo XIX.

b) La modificación lenta, pero profunda, del sustrato social, que ocurre en un plazo más impreciso cronológicamente, pero que en todo caso abarca los últimos decenios del siglo XVIII y los primeros del XIX.

El andamiaje institucional del Antiguo Régimen y el poder que en él residía se vienen abajo de pronto, por el súbito hundimiento de 1808. Este «vacío de poder» exigirá una sustitución apresurada, para la que los españoles encuentran dos alternativas: o la ofrecida por Napoleón en el Manifiesto del 25 de mayo de 1808, al proponerse a sí mismo como el «reformador» que España necesita, concretando este ofrecimiento en la Constitución de Bayona; o la que propugnan los doceañistas de Cádiz, plasmada en la Constitución de 1812. Por otra parte, la situación de guerra nacional contra la invasión francesa hará posible la improvisación de un poder nuevo que desemboca en las Cortes de Cádiz.

Del tratado de Fontainebleau a la invasión

La guerra de la Independencia española se debe a la iniciativa de Napoleón y a la voluntad española de resistirla. Clausewitz explica: «La guerra no se deduce necesariamente del hecho de la invasión, sino del hecho de que los invadidos resisten al invasor».

¿Cuándo y por qué tomó el Emperador de los franceses la decisión de ocupar militarmente España e incorporar esta Corona a la constelación de su Imperio? El 27 de octubre de 1807 se había firmado el tratado de Fontainebleau, por el que España se comprometía a dejar paso libre a las tropas francesas y unir a ellas sus propias armas contra Portugal. ¿Fue la situación creada por el tratado de Fontainebleau la que le hizo creer en la facilidad del sometimiento total de España, ocupándola subrepticiamente? ¿Había pensado en tal operación aún antes del tratado, sirviéndole éste de tapadera para el otro objetivo solapado? En todo caso, lo que está claro es que el 3 de diciembre de 1807, cuando se entrevista con su hermano José en Venecia, le insinúa que podrá ser Rey de España, según refiere un testigo nada sospechoso, Miot de Mélito.

Si no se puede saber con certeza la fecha en que Napoleón adopta su trascendental decisión, parecen más claras las razones que le impulsan a tomarla y son dos de naturaleza diferente:

a) Una razón estratégica, objetiva: afianzar el bloqueo continental;

b) Una razón política, subjetiva: eliminar a los Borbones supervivientes en el trono de España para que su sombra no se proyectara sobre la legitimidad de la «cuarta Dinastía» napoleónica en Francia.

La razón estratégica, o sea, la adhesión de España al bloqueo continental y la cooperación para someter Portugal al mismo, estaba, sin embargo, garantizada por el tratado de Fontainebleau. Una vez más vuelve la pregunta: ¿Por qué resulta insuficiente, pues, aquel acuerdo? ¿Por qué *necesita* Napoleón una España *ocupada* y la Dinastía borbónica sustituida? Aquí entra en juego la razón psicológica: el temor a los Borbones en cualquiera de sus ramas reinantes, como potenciales catalizadores de la oposición legitimista en Francia. En la acción napoleónica sobre España este es el primer error grave. En el destierro de Santa Elena lo reconoció por lo menos en dos ocasiones. El 14 de junio de 1816, en el *Memorial* de Les Cases, confiesa: «Una de mis grandes faltas es el haber dado tanta importancia a la necesidad de destronar a los Borbones»; y en los *Cuadernos de Santa Elena* del general Bertrand, en enero de 1819, se lee: «La falta más grande que he cometido es la expedición de España. Me he lanzado a esta empresa por creer que era preciso echar de España a los Borbones para estar seguro del trono de Francia».

El segundo error, también psicológico, es la subestimación de los españoles, de su dignidad, de su capacidad de reacción colectiva. En 1808 el ejemplo de la Corte despreciable de Carlos IV, María Luisa, el príncipe Fernando y Godoy, le hacía extender su desprecio a todo el pueblo español que, en su opinión, «era una chusma *(canaille)* de aldeanos dirigidos por una chusma de curas». Sin embargo, a Napoleón no le faltaron informaciones cautelosas sobre España, que recogen los historiadores clásicos, como Geoffroy de Grandmaison o Madelin. Un agente confidencial en España, el joven conde de Tournon le previno de la reacción española y la necesidad de luchar «contra un pueblo fanático y valiente». Pero las advertencias de Tournon se desvanecieron ante el recibimiento hecho en Madrid a las tropas francesas el 23 de marzo de 1808, a cuyo frente se hallaba Joaquín Murat, Gran Duque de Berg, cuñado del Emperador. El propio Murat se encarga de engañarle, engañándose a sí mismo. El 12 de abril le escribe asegurándole que en Madrid «no ocurrirá nada».

Mientras tanto, suceden dos hechos simultáneos: la ocupación militar encubierta de ciertos puntos clave de España por las tropas francesas, y la crisis política interna de la Corte española. Según las previsiones del tratado de Fontainebleau, el 10 de diciembre de 1807 entran por Irún 24.400 soldados imperiales, con el general Dupont al frente. Pero lo que no estaba previsto era el acantonamiento de otros dos Ejércitos en las inmediaciones de la frontera española: el llamado «Ejército de reserva», escalonado entre Burdeos y Bayona, con 30.000 hombres bajo el mando de Moncey; las divisiones de Bessières (Cuerpo de observación de los Pirineos Occidentales) y las de Duhesme (Cuerpo de observación de los Pirineos Orientales).

Desde finales de enero de 1808 se suceden nuevas órdenes para introducir estas fuerzas de reserva en España hasta 90.000 hombres, ocupándose por astucia o por fuerza las ciudadelas de Figueras, Montjuich y Pamplona.

Godoy se alarma por la presunta duplicidad de Napoleón, a quien escribe Carlos IV una significativa carta el 5 de febrero. Godoy no se siente seguro ni del aliado francés, ni de su posición en la Corte, minada por el príncipe de Asturias, contra quien había dirigido el fallido golpe del llamado «proceso del Escorial». Algunos incidentes locales con las tropas francesas, ocurridos tras ser recibidas amistosamente, sin cautelas ni prevenciones, ponían de manifiesto la incipiente alarma popular. Ante el temor a la ocupación francesa, Carlos IV y Godoy habían planeado el repliegue de la Corte sobre Andalucía, a fin de dirigir la resistencia desde Cádiz o, en el peor de los casos, desde América, como había ocurrido con la Casa de Braganza portuguesa en Brasil. Pero antes de que pudiera emprenderse el viaje de la Corte estalla el Motín de Aranjuez, durante la noche del 17 al 18 de marzo. Carlos IV se ve forzado a abdicar en su hijo Fernando VII. Godoy es hecho prisionero poco después. El día 19 el Motín de Aranjuez tiene su ratificación popular en Madrid. El nuevo Rey entra en la Corte el 24, un día después, por tanto, de que lo hubiera hecho forzando las marchas, como sabemos, el Gran Duque de Berg, verdadero dueño de la situación.

Todo el vistoso aparato de que se revistió la entrada de los franceses en Madrid el 23 de marzo no pudo evitar, sin embargo, que los españoles se percataran sorprendidos de que los soldados franceses, a quienes se había supuesto marciales y aguerridos, eran en realidad jóvenes bisoños, mal vestidos y poco disciplinados. ¿Influyó en el Dos de Mayo la pobre impresión que causaron en el ánimo popular estas tropas poco escogidas que Napoleón había creído suficientes para dominar España?

LAS ABDICACIONES DE BAYONA Y EL DOS DE MAYO EN MADRID

La crisis interna de la Corte española y del gobierno acaecida en Aranjuez es aprovechada inmediatamente por Napoleón, quien el 2 de abril se pone en camino hacia Bayona. Murat tenía instrucciones de enviar tanto a Carlos IV como a Fernando VII a territorio francés. El 10 de abril inicia Fernando VII el viaje en dirección a Burgos, escoltado por el general Savary con el supuesto objeto de entrevistarse allí con Napoleón. En Madrid queda una Junta de Gobierno designada al efecto por el Rey.

Ni en Burgos ni en Vitoria encontrará el Rey de España noticias del Emperador de los franceses. Savary le insta a proseguir el viaje hasta Bayona. No es mera retórica hablar de la «perfidia» de Napoleón en este asunto. Mientras el Emperador francés en una carta a Fernando le daba cita en Bayona «para conferenciar» sobre su reconocimiento como Rey de España, en carta simultánea dirigida al general Bessières, cuyas tropas se hallaban estacionadas en Burgos y Vitoria, le instruía secretamente: si Fernando retrocede «le haréis prender y le conduciréis aquí». No había, pues, opción.

Así, entre un cúmulo de vacilaciones, desorientación y miedo, Fernando VII cruza la frontera del Bidasoa el 20 de abril. Cuatro días antes había llegado Napoleón a Bayona; pero allí no recibió a Fernando VII con honores de monarca de un Reino amigo, sino con la glacial cortesía y las inequívocas señales de que se trataba de un prisionero al que se iba a chantajear.

El 21 de abril Napoleón explica a Escoíquiz, antiguo preceptor y ahora consejero de confianza de Fernando, su verdadero propósito. Según el relato que nos ha dejado el propio Escoíquiz, éste intentó disuadirle: «Si insiste V. M. en la mudanza de dinastía... proporcionará nuevas y poderosas armas a la Inglaterra para eternizar sus coligaciones y guerras» y los españoles «os jurarán un aborrecimiento inextinguible... sólo un exterminio total de los españoles podrá colocarle en su trono» [1]. Pero ya nada detiene a Napoleón. Su respuesta es terminante: «Crea vuestra merced que los países en que hay muchos frailes son fáciles de sujetar. Tengo experiencia de ello. Esto mismo ha de suceder, pues, con los españoles... Aunque necesitase sacrificar 200.000 hombres, de todos modos habría de ser lo mismo, y yo estoy bien lejos de creer que se necesitase tanta pérdida de gente para subyugar a España».

Napoleón propuso primero a Fernando VII la renuncia a la Corona de España a cambio de la del Reino de Etruria, oferta que será rechazada. En vista de lo cual, Napoleón desiste de tratar con Fernando y sus consejeros. Lo hace con Carlos IV y Godoy, que llegan a Bayona el 23 y el 25 de abril, respectivamente. El resultado de todos estos tratos y de las presiones consiguientes fue la doble abdicación obtenida. El 5 de mayo renuncia Carlos IV a favor de Bonaparte sus derechos al trono de España, recibiendo a cambio una pensión y quedando confinado en Compiègne, de donde pasará luego a Marsella hasta que, por fin, en 1812, fije su residencia en Roma. Fernando VII, que el mismo 5 de mayo había enviado a España un mensajero, don Evaristo Pérez de Castro, con la orden de convocar Cortes, cede también el día 6 de aquel mes y firma su renuncia, pasan-

---

[1] *Memorias de Juan de Escoíquiz*, doc. 26, edición de M. ARTOLA en *Memorias de tiempos de Fernando VII*, vol. I en la Biblioteca de Autores Españoles, pp. 130-131.

do seguidamente a residir en Valençay, bajo la custodia de Talleyrand.

Mientras tenían lugar estos sucesos en Bayona, en Madrid se habían precipitado los acontecimientos. Por un lado, Murat cumple las órdenes recibidas de secuestrar a toda la Familia real. Por otra, llegan a la Junta de Gobierno los alarmantes avisos que desde Bayona envía Fernando. Se producen incidentes aislados con los soldados franceses que no inquietan demasiado al Gran Duque de Berg; pero el ambiente de excitación crece en la capital de España. Murat no se imagina la magnitud de la rebelión que está ya próxima y el 1 de mayo garantiza enfáticamente a Napoleón: «Estoy dispuesto a dar una lección al primero que se mueva».

Al día siguiente los madrileños *se mueven*, en un estallido colectivo de cólera y desesperación contra los franceses. En Madrid hay 3.500 soldados españoles, rodeados por dos Cuerpos de Ejército franceses acantonados en la capital y los alrededores. Una parte de esos soldados, dirigidos por el teniente Ruiz y los capitanes Daoiz y Velarde, hacen causa común con varios miles de paisanos alzados en armas. La desproporción de fuerzas no puede compensarla sólo el heroísmo. El parque de artillería de Monteleón es el último testimonio de aquella jornada del Dos de Mayo, que había empezado en la Plaza de Oriente, frente al Palacio Real.

Murat tuvo ocasión de cumplir lo anunciado, dar una lección de sangre y fuego al castigar el alzamiento madrileño. La «carga de los mamelucos» en la Puerta del Sol y «los fusilamientos del 3 de mayo» en la montaña del Príncipe Pío, reflejados con su tremendo dramatismo por el pincel de Goya, son documentos excepcionales de la sangrienta represión. El bando que el mismo día 2 hizo publicar Murat fijaba las draconianas medidas represivas; entre otras, literalmente éstas: «Art. 2.º: serán arcabuceados todos cuantos durante la rebelión han sido presos con armas. Art. 4.º: todo corrillo que pase de ocho personas se reputará reunión de sediciosos y se disparará a fusilazos. Art. 5.º: toda villa o aldea donde sea asesinado un francés será incendiada».

No es fácil calcular las víctimas del Dos de Mayo. La Comisión Militar mandada por el general Grouchy, a la que se encomendó el juicio sumarísimo de los sucesos, condenaba a muerte a todos cuantos juzgaba. La encuesta hecha por el Consejo de Castilla no resulta fiable. El conde de Toreno, «según lo que vimos y atendiendo a lo que hemos consultado después y al número de heridos que entraron en los hospitales», estima la cifra de bajas en 1.200 [2].

A raíz de todo ello el Gran Duque de Berg siente el cosquilleo de una *mala conciencia* que le acusa. En una proclama a los madrileños manifiesta: «El 2 de mayo será un día de luto para mí tanto como para vosotros». Más explícitamente se revela esta mala conciencia de los franceses en la pluma de otro protagonista y testigo de la guerra de España, el general barón de Marbot: «Como militar yo había debido combatir a hombres que atacaban al ejército francés. Sin embargo, en mi fuero interno, no podía evitar reconocer que nuestra causa era mala, y que a los españoles les asistía la razón al intentar rechazar a unos extranjeros que, después de haberse presentado en su casa como amigos, querían destronar a sus soberanos y apoderarse del Reino por la fuerza. Esta guerra me parecía, pues, impía; pero yo era soldado y no podía negarme a marchar sin ser tachado de cobarde. La mayor parte del ejército pensaba como yo y, a pesar de todo, obedecía de igual modo».

El estallido del Dos de Mayo quedó, pues, sofocado. La represión fue dura. Pero una vez más Murat se equivocaba en sus predicciones, como si su inconsciente obcecación aumentara en la misma medida que sus errores; el día 3 escribía a Napoleón: «La tranquilidad no será ya turbada, todo el mundo está ya resignado». Marbot, correo de Murat, lleva el mensaje, en el que se asegura: «La victoria que acabo de obtener sobre los insurrectos de la capital nos abre la posesión pacífica de España».

EL LEVANTAMIENTO GENERAL DE ESPAÑA. LAS JUNTAS PROVINCIALES

Ocurrió al revés. La represión del Dos de Mayo fue la señal para una insurrección general en la mayor parte de los lugares que no se hallaban militarmente dominados por las tropas francesas. El 9 de mayo comienza la insurrección en Asturias, que estalla definitivamente el día 24, formándose para dirigirla una «Junta» que es, en realidad, una suma de autoridades antiguas y nuevas. La Junta de Asturias moviliza fuerzas y contra ellas se

[2] *Historia del levantamiento, guerra y revolución de España*, ed. B. A. E., p. 45.

dirigen, por orden de las autoridades francesas, tropas españolas de línea que, sin embargo, se suman a la insurrección.

Entre el 24 de mayo y el 2 de junio la rebelión se generaliza: Cartagena, Murcia, Valencia, donde el canónigo Calvo se pone al frente de las masas; Zaragoza, con el general Palafox aclamado Capitán general de Aragón; aunque Barcelona queda sometida por Duhesme, se sublevan Gerona y Lérida; y lo mismo hacen Santander, La Coruña, León, Logroño y toda Castilla la Vieja, así como Sevilla, Málaga, Granada y Cádiz; por fin, Badajoz se subleva también. El 2 de junio el estado de insurrección es general: se trata de un levantamiento popular, conscientemente provocado, en el que sirvieron de enlaces probablemente muchos de los elementos cuyas conexiones habían hecho posible el levantamiento contra Godoy en el mes de marzo, según la hipótesis de Corona Baratech.

En todas partes, como en Asturias, surgen Juntas de carácter local o provincial para encauzar la resistencia española. Se ha dicho algunas veces que la sublevación popular se llevó a cabo contra la voluntad de las autoridades del Antiguo régimen. Esto sólo es cierto en algunos casos excepcionales, como los de Solano en Cádiz o el conde de la Torre del Fresno en Badajoz, que pagaron con su vida la negativa a la insurrección. Los titulares de la autoridad antigua vacilaron, eso sí, algunas veces en lanzar a los ciudadanos a una lucha desigual y numantina. Por estar precisamente en el ejercicio de la autoridad era mayor su responsabilidad en tan grave decisión, lo que les obligaba a sopesar las consecuencias de un acto irreversible, que podía llevar al sacrificio desesperado pero inútil de miles de vidas españolas. Sin embargo, el caso más frecuente fue, como en Asturias, la integración en las Juntas Provinciales de las autoridades antiguas reforzadas por otras personalidades prestigiosas y ratificadas todas por el clamor popular. Martínez de la Rosa explicó este carácter de las Juntas diciendo que «el pueblo nombró para que le gobernasen a aquellos cuerpos y personas a quienes tenía costumbre de obedecer y reverenciar».

La aparición de las Juntas Provinciales crea un problema de interpretación, no tanto de sus componentes sociales (jefes militares y antiguas autoridades civiles y religiosas, individuos distinguidos de la nobleza provincial, algunos magistrados o personalidades destacadas de la vida profesional o de la burguesía local), como del carácter y naturaleza de su autoridad. La institución de las Juntas no estaba prevista legalmente dentro del marco institucional del Antiguo régimen, por lo que en su origen hay un elemento revolucionario. Pero el hecho de que a las nuevas Juntas se incorporen casi siempre las autoridades antiguas les da un sentido de «continuidad legal» en circunstancias extraordinarias. Lo cierto es que, dada la naturaleza de la autoridad del Antiguo régimen, en que todo poder procedía por delegación del Rey, al quedar éste secuestrado por los franceses se producía un «vacío de autoridad». La más alta institución actuante del Antiguo régimen, el Consejo de Castilla, no estuvo tampoco a la altura de las circunstancias y su comportamiento dubitativo y equívoco le hizo perder el ya muy escaso prestigio que conservaba todavía en 1808.

Así las cosas, las Juntas Provinciales eran el recurso de urgencia en que concurría la doble legitimación mencionada: la de sentirse herederas de la autoridad antigua y la de estar respaldadas por la aclamación popular. La naturaleza de su autoridad se trasmitió luego a la Junta Central, por ellas constituida en Aranjuez el 25 de septiembre. Por fin, al resignar sus poderes la Junta Central en la Regencia, el 30 de enero de 1810, se volvía a la institucionalización de la autoridad dentro del marco de la legalidad tradicional.

LA SITUACIÓN DE GUERRA. PRIMERA FASE DE LA CONTIENDA (JUNIO-OCTUBRE DE 1808)

El 25 de mayo la Junta de Asturias declara la guerra a Francia y envía emisarios a Londres, entre ellos el conde de Toreno, para solicitar la ayuda inglesa. El 6 de junio hace lo mismo la Junta de Sevilla[3].

A finales de mayo el estado de fuerzas de los dos Ejércitos en presencia puede resumirse así[4]: El Ejército francés tiene

[3]   Sobre la actuación de la Junta de Asturias y su composición, me remito a J. GARCÍA PRADO: *Historia del Alzamiento, guerra y revolución de Asturias (1808-1814)*, Oviedo 1953, pp. 55-58 y apéndice 2, pp. 426-427. Otras Juntas enviaron también emisarios a Londres. Se tomaron contactos igualmente con las autoridades inglesas en Gibraltar. Por su parte, los ingleses procedieron inicialmente con explicable cautela. Sólo después de Bailén tomaron en serio la ayuda a España; y para informarse sobre el terreno enviaron a nuestro país diversos observadores. GEOFFROY DE GRANDMAISON, *Espagne et Napoléon,* vol. I, pp. 345-350, París, 1908.

[4]   Para la situación de fuerzas sigo las indicaciones del coronel JUAN PRIEGO en su obra *Guerra de la Independencia, 1808-1814,* vol. II, pp. 45-46 y 62-67 principalmente, Madrid, 1972.

situados en España 92.000 hombres, repartidos en cuatro
Cuerpos de Ejército. El I Cuerpo que manda Dupont, con
24.000 hombres, y el II (Moncey), con 29.000, se hallan es-
calonados entre El Escorial, Madrid, Aranjuez y Toledo. El
III Cuerpo (Duhesme), con 12.700 hombres, ocupa Barcelona
y Figueras. El IV Cuerpo (Bessières), asegura el enlace principal
de la frontera francesa a través de Castilla la Vieja, estacionado
entre Lerma, Burgos, Miranda de Ebro y Vitoria, con destaca-
mentos en San Sebastián y Pamplona, con algo más de 26.000
hombres en total. Pero la mayor parte de estas tropas eran
bisoñas, poco aguerridas, salvo algunos Regimientos escogidos
(6.000 hombres de la Guardia Imperial).

El Ejército español en activo tiene una plantilla aproximadamente de 101.865 hombres, sin contar los Guardias de Corps
y las Guardias Reales Española y Walona, ni las milicias [5]. De
ellos hay que deducir 14.000 soldados que al mando del marqués de la Romana, estaban operando al lado de los Ejércitos
napoleónicos en el norte de Europa, en virtud de las alianzas
establecidas. También hay que deducir los que, por el tratado
de Fontainebleau, formaban junto al Ejército expedicionario del
mariscal Junot en Portugal, aunque parte de éstos fueron recu-
perados en los primeros días del alzamiento nacional. Los
85.000 restantes se hallaban dispersos por todo el territorio en
las diversas guarniciones. Sólo los 15.000 hombres del Campo de
San Roque formaban un Cuerpo de Ejército capaz de aglutinar
rápidamente a los otros 25.000 distribuidos por las guarniciones
de Andalucía. Otro Cuerpo de operaciones podrá reunirse
pronto en Galicia, con 26.000 hombres. Todos eran soldados
veteranos, algunos extranjeros, irlandeses o suizos, profesionales de las armas, como era habitual entonces. Pero se hallaban
poco entrenados y no muy bien equipados. Los cuadros de
mando tenían, en general, una formación anticuada, con excepción del Cuerpo de Artillería. Como reserva inmediata podía
contarse con los 30.000 hombres de las milicias provinciales,
casi todos antiguos soldados retirados.

En estas condiciones se van a plantear las operaciones militares. Para entenderlas mejor podemos establecer convencio-
nalmente cinco fases en la guerra.

Primera fase. Alzamiento nacional y operaciones iniciales.

---

[5]   El «Estado general de las fuerzas del ejército español a principios de 1808»
puede verse en apéndice núm. 18 al tomo I (único publicado) de la *Historia de la guerra
de España contra Napoleón Bonaparte,* publicada en 1818 en Madrid, por una Comisión
de Jefes y Oficiales a las órdenes del Ministro de la Guerra.

Es *el despertar de un pueblo*, frase con la que resume Grandmaison la inesperada y general reacción española, que sorprende a Napoleón.

Segunda. La campaña de Napoleón en España y las operaciones del año 1809. Es entonces, a raíz de las derrotas españolas en campo abierto, cuando aparece la *guerrilla*.

Tercera. El gran esfuerzo francés de 1810 para liquidar la guerra en España y Portugal, que concluye con un doble fracaso.

Cuarta. La guerra de desgaste, durante los años 1811 y 1812, que hacen de la guerra en España «l'enfer d'Espagne» para los franceses, mientras Napoleón concentra su esfuerzo en la preparación y ejecución de la campaña de Rusia. En 1812, sin embargo, se conciben grandes operaciones estratégicas.

Quinta. La ofensiva final aliada de 1813-1814 que, tras las batallas de Vitoria y San Marcial, llevan el teatro de la guerra al territorio francés, hasta el armisticio de Toulouse.

Durante la primera fase la iniciativa francesa pretende dominar el alzamiento español, al mismo tiempo que Dupont con el I Cuerpo de Ejército avanza audazmente hacia Cádiz, objetivo principal propuesto para salvar la escuadra francesa refugiada en aquel puerto después de Trafalgar. Así, el IV Cuerpo opera sobre Santander y Valladolid, a la vez que, desde Pamplona y Vitoria, por la línea del Ebro se pone sitio a Zaragoza por vez primera.

El plan de operaciones del III Cuerpo, desde Barcelona, pretende un triple despliegue: hacia el Norte, contra Gerona, para enlazar con la guarnición francesa de Figueras y asegurar la comunicación con Francia por la frontera del Pirineo oriental; hacia el Sur, contra Tarragona, para progresar luego, en su caso, hacia Valencia, en convergencia con el II Cuerpo; hacia el Oeste, para alcanzar la línea del Ebro y converger sobre Zaragoza, atacada por el IV Cuerpo. El II Cuerpo de Ejército, dirigido por Moncey, opta por el camino de Cuenca para atacar Valencia, que es el camino más corto, pero con más dificultades por la geografía del terreno.

Las operaciones del IV Cuerpo francés contra Santander y Valladolid tienen éxito, derrotando el 14 de julio, en la batalla de Medina de Rioseco, al Ejército de Galicia que mandan Blake y Cuesta. Pero Verdier fracasa ante Zaragoza; lo mismo ocurre al III Cuerpo ante Gerona y Tarragona, que no puede conquistar, y en las montañas del Bruch, donde se les corta el paso hacia Aragón. El II Cuerpo llega cerca de Valencia, pero no puede rendir la ciudad y se repliega de nuevo sobre Madrid, esta vez vía Almansa, o sea, por el camino militar habitual.

Entre tanto, el I Cuerpo de Ejército francés será protagonista de la operación decisiva de esta fase. Dupont había partido el 1 de junio hacia Cádiz, atravesando la Meseta Sur, vía Despeñaperros. Esta operación se hace a contrapelo de las reglas del arte militar, porque carece de fuerzas para escalonar la retaguardia y garantizar el enlace con la base. El general Dupont es consciente de que se adentra por un territorio hostil, alejándose de Madrid sin las precauciones necesarias. Por eso reclama refuerzos. Savary, que ha sustituido a Murat como lugarteniente de Napoleón en España, le envía algunas tropas, pero la progresión de la marcha del I Cuerpo sigue siendo una aventura. Consigue pasar Despeñaperros sin contratiempos, pero ya cerca de Córdoba, en el puente de Alcolea, encuentra la primera resistencia y tiene que librar un asalto en regla para conquistar Córdoba el 7 de junio. Allí se detiene diez días para dar descanso a sus soldados, que saquean la ciudad segun las costumbres militares de la época.

Dupont recibe en Córdoba la noticia de que el día 14 de junio el almirante Rossilly-Mesros ha capitulado con su escuadra en la bahía de Cádiz: en efecto, el almirante Ruiz de Apodaca con la escuadra española había atacado a la flota francesa, fondeada al sur de Matagorda y forzó su rendición: 6 navíos de línea, 456 cañones y 3.674 prisioneros fueron capturados a la escuadra francesa.

Con la rendición de la escuadra de Rossilly desaparece el objetivo primordial de la expedición de Dupont. El general francés se entera también en Córdoba de los movimientos de tropas españolas en Andalucía, dirigidos por Castaños y Reding, que desde Sevilla y Granada amenazan envolver al Ejército francés y cortarle la retirada. En efecto, la Junta de Sevilla había conferido al general Castaños, Comandante en jefe del Campo de Gibraltar, el mando supremo del Ejército en Andalucía, que se situó en Utrera para concentrar y preparar sus tropas. En vista de esta situación, Dupont decidió retirarse a Andújar, en espera de que le llegaran refuerzos desde Madrid para continuar su ofensiva. Castaños y Reding continuaron sus movimientos, enlazando sus Ejércitos en Porcuna el 11 de julio. Allí se dispuso, bajo el mando superior de Castaños, el plan de operaciones a seguir: Castaños, con la 3.ª División y la Reserva del general Lapeña fijarían en Andújar a Dupont, mientras la

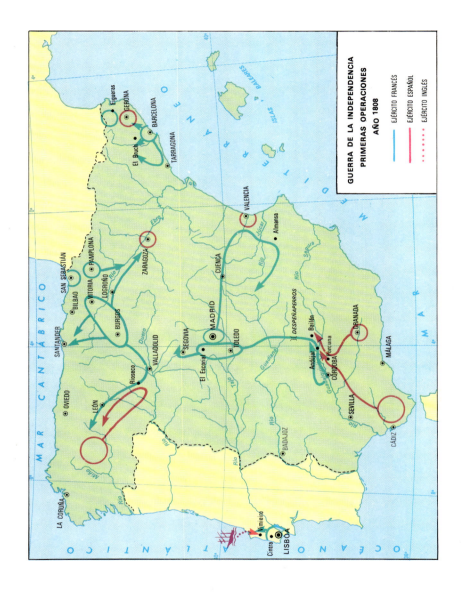

GUERRA DE LA INDEPENDENCIA
PRIMERAS OPERACIONES
AÑO 1808

EJÉRCITO FRANCÉS

EJÉRCITO ESPAÑOL

EJÉRCITO INGLÉS

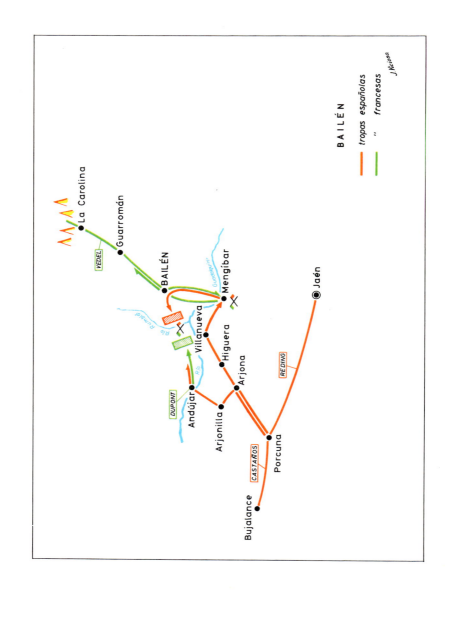

BAILÉN

tropas españolas
" francesas

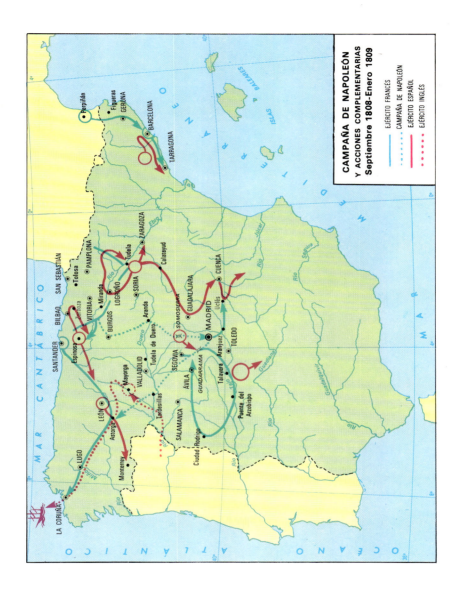

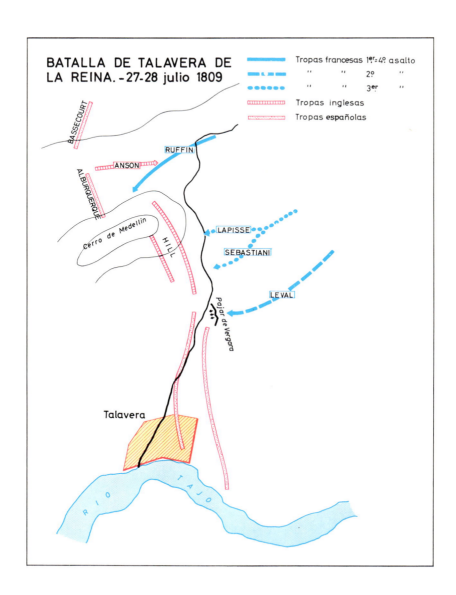

BATALLA DE TALAVERA DE LA REINA. – 27-28 julio 1809

Tropas francesas 1er.=4° asalto
"   "   2°   "
"   "   3er.   "
Tropas inglesas
Tropas **españolas**

BASSECOURT

RUFFIN

ANSON

ALBURQUERQUE

Cerro de Medellín

HILL

LAPISSE

SEBASTIANI

LEVAL

Pajar de Vergara

Talavera

RIO TAJO

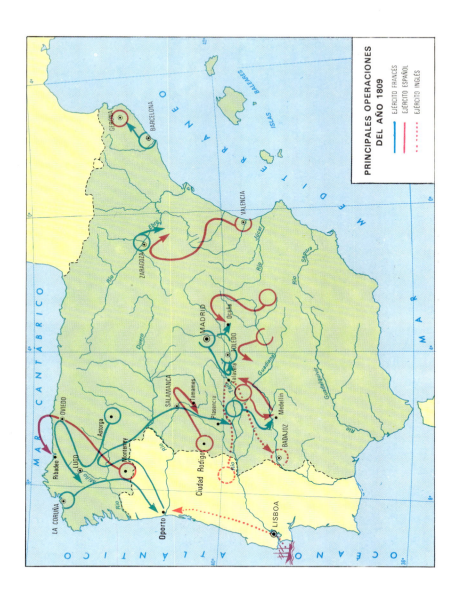

PRINCIPALES OPERACIONES
DEL AÑO 1809

EJÉRCITO FRANCÉS
EJÉRCITO ESPAÑOL
EJÉRCITO INGLÉS

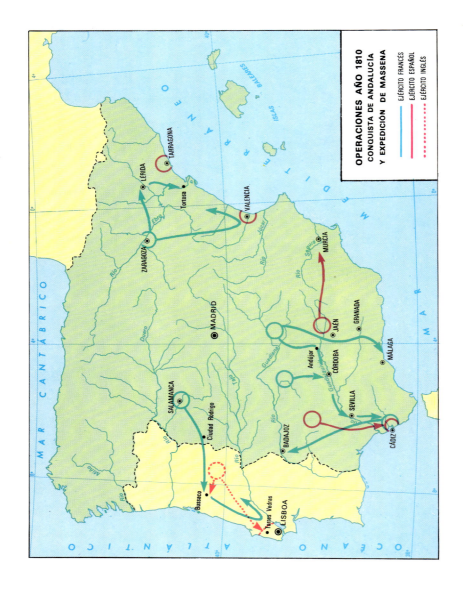

OPERACIONES AÑO 1810
CONQUISTA DE ANDALUCÍA
Y EXPEDICIÓN DE MASSENA

EJÉRCITO FRANCÉS
EJÉRCITO ESPAÑOL
EJÉRCITO INGLÉS

CAMPAÑA DE 1812

EJÉRCITO FRANCÉS
EJÉRCITO ESPAÑOL
EJÉRCITO INGLÉS

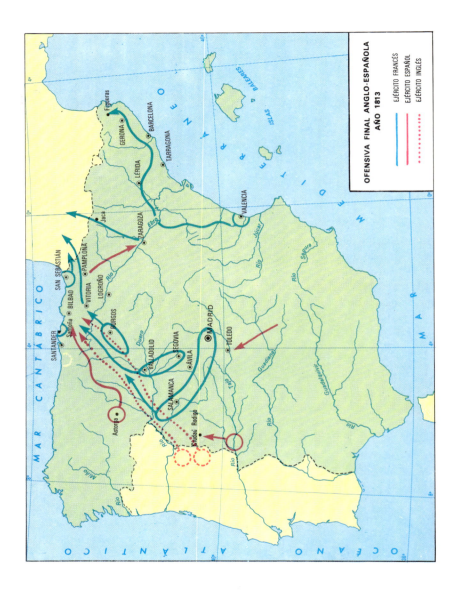

OFENSIVA FINAL ANGLO-ESPAÑOLA
AÑO 1813

EJÉRCITO FRANCÉS
EJÉRCITO ESPAÑOL
EJÉRCITO INGLÉS

1.ª División (Reding) y la 2.ª (Coupigny) cruzarían el Guadalquivir y desalojarían en rápido movimiento a los franceses de Bailén, para volver luego sobre Andújar, sorprendiendo a Dupont por la espalda. La ejecución de este plan temerario se vio facilitada por el hecho de haber abandonado la división Vedel el pueblo de Bailén, para remontar hacia La Carolina con objeto de asegurarse el paso de Despeñaperros.

Así, tendrá lugar la batalla de Bailén. Los españoles disponen en total de 25.000 hombres de infantería, 2.000 de caballería y 60 cañones, pero sólo unos 17.500 llegaron a tomar parte en la acción. Reding ante Bailén impide que Vedel descienda desde La Carolina en auxilio de Dupont, cuando tardíamente quiere enmendar su anterior error táctico. El general Lapeña se sitúa a espaldas de Dupont que se siente acosado por dos lados. El general francés intenta entonces abrirse paso por tres veces hacia Bailén, empeñando en la acción 9.000 hombres: el calor de la canícula en plena «sartén de Andalucía» agota físicamente a los franceses, mientras la artillería española, bien emplazada, desbarata una y otra vez los asaltos del enemigo; la desmoralización cunde entre los asaltantes, algunos de los cuales son mercenarios suizos que se entregan a los suizos de Reding. Dupont resulta herido. Un correo de Savary, detenido en Sierra Morena por paisanos armados, le permite conocer a Castaños la precaria situación de los franceses en Madrid. Por fin, después de tres días de combate, el 22 de julio se firma la capitulación del Ejército francés en la Casa de Postas situada entre Andújar y Bailén. Los franceses tuvieron 2.200 muertos y 400 heridos en la lucha, y se entregaron unos 20.000 hombres, ya que fueron incluidas en la capitulación las tropas de Vedel, que no habían quedado encerradas en el campo de batalla. Las bajas españolas, según el parte del general Castaños, fueron 248 muertos y 735 heridos.

Las capitulaciones de Bailén estipulaban condiciones honrosas para el vencido. Pero era la primera vez que un cuerpo de Ejército napoleónico se rendía en campo abierto. El historiador militar coronel Priego, resumiendo su juicio sobre las operaciones de aquella batalla, dice: «El triunfo de Bailén constituye una legítima gloria para nuestro Ejército regular. Pues si en la concepción del plan de Porcuna cabe señalar errores de cálculo, su ejecución puede considerarse perfecta. Sobre el campo de batalla, nuestros soldados y mandos subordinados se comportaron con una disciplina, firmeza y tenacidad que les pusieron a la altura de los mejores del mundo. Y en especial nuestra artillería actuó con una eficacia que asombró a sus propios adversarios» [6].

La victoria de Bailén tuvo resonancia universal y consecuencias inmediatas importantes, ya sean militares, ya sean morales y políticas. En el aspecto militar desbarató todos los planes franceses, les obligó a replegarse a la línea del Ebro y decidió la capitulación de Junot en Cintra (Portugal) el 30 de agosto, al quedar aislado el Ejército francés que operaba en torno a Lisboa. Como consecuencia de Bailén pudo también el marqués de la Romana embarcar el 21 de agosto en la isla danesa de Langeland con 400 oficiales y 9.000 soldados, para reintegrarse a España.

Pero en el aspecto militar aquella victoria produjo también en los españoles lo que pudiéramos llamar el «espejismo del éxito», pues creyeron engañosamente que estaban en condiciones de competir de tú a tú en el campo de batalla con Napoleón, engaño del que el propio Emperador de los franceses en persona había de sacarles muy pronto.

Las consecuencias morales rebasaron las fronteras de España. No sólo se estimuló en los españoles el espíritu de resistencia, sino que toda Europa, amedrentada hasta entonces por la invencibilidad napoleónica, sintió renacer el ánimo de lucha. En seguida empiezan en Austria nuevos preparativos para reanudar la guerra contra el Emperador francés. En la Cámara de los Comunes inglesa, Sheridan encarece la ayuda militar a España como medio de vencer definitivamente al enemigo común. El zar Alejandro, que en los acuerdos de Tilsit había aceptado la «entente cordiale» con Napoleón, adopta ahora una actitud reticente en las entrevistas de Erfurt, en octubre de 1808, que arranca a Napoleón este comentario: «Las malditas cosas de España me cuestan caras».

LA SEGUNDA FASE DE LA GUERRA. LA CAMPAÑA DE NAPOLEÓN EN ESPAÑA. OPERACIONES DEL AÑO 1809 Y APARICIÓN DE LA GUERRILLA

Tras Bailén, los franceses del II y del IV Cuerpos de Ejército se repliegan sobre el Ebro: Bessières se establece en la línea Briviesca-Miranda, Ney en Logroño-Tudela, Moncey en

---

[6]   J. PRIEGO: o. c., vol. II, pp. 255-256.

Caparroso-Lodosa. El III Cuerpo de Duhesme permanece bloqueado en Barcelona.

El Ejército español también se reorganiza, después de recobrar Madrid. Se forman tres Cuerpos principales: el Ejército de la Izquierda (Blake), con base en Espinosa de los Monteros; el del Centro (Castaños), al sur del Ebro; el de la Derecha (Vives) en Cataluña. Además, un Ejército de Reserva que manda Palafox y un pequeño Ejército de Extremadura. Total: 216.000 hombres.

A principios de septiembre las operaciones ofensivas españolas tratan de explotar a fondo la victoria, realizando una maniobra de envolvimiento con los Ejércitos de la Izquierda y del Centro. Blake se descuelga hacia Bilbao, que conquista el 20 de septiembre; pero el 31 de octubre sus operaciones son desbaratadas por Bessières en Zornoza y debe replegarse de nuevo a Espinosa. También el Ejército del Centro había tomado la iniciativa, conquista Logroño y Caparroso, llega hasta Sangüesa, pero luego se retira ante la imposibilidad de envolver la retaguardia del adversario.

Entre tanto, y una vez concluidas las entrevistas de Erfurt, había decidido Napoleón encargarse personalmente de las operaciones de España. Para ello, aumenta sus efectivos hasta 250.000 soldados escogidos de sus mejores unidades formando ocho Cuerpos de Ejército, y lleva consigo los grandes mariscales del Imperio, Soult, Victor, Ney, Mortier, Lefebvre. Al final de la campaña Napoleón habrá concentrado en España unos 300.000 hombres.

El 3 de noviembre el Emperador está en Bayona: su presencia enardece a las tropas. Piensa en una campaña relámpago, en uno de sus ataques fulminantes que liquide totalmente la resistencia enemiga, como ha sucedido otras veces. A los pocos días, el 7, establece su Cuartel general en Vitoria, donde se reúne con José I y los mariscales. El día 9 el mariscal Victor derrota al Ejército de la Izquierda en Espinosa de los Monteros y deja vía libre hacia Burgos, donde se instala Napoleón por espacio de doce días. El 30 de noviembre tiene lugar la batalla de Somosierra, última defensa natural que se interpone en el camino de Madrid. El asalto es difícil. El primer ataque de la caballería polaca es rechazado: «imposible, Sire», le dice uno de sus generales, habida cuenta la naturaleza del terreno, poco propicia para la maniobra de la caballería. «No conozco esa palabra», replica Napoleón. Un nuevo y desesperado asalto es coronado por el éxito. Desde Somosierra se avanza hasta las puertas de

Madrid sin resistencia. El 2 de diciembre se instala Napoleón en Chamartín y, después de intimidar con un cañoneo a la población, obtiene la entrega de la capital el día 4.

Mientras estas operaciones se llevan a cabo en Castilla, el general Saint-Cyr realizaba otra campaña simultánea en Cataluña para socorrer a Duhesme. Desde Perpignan, por la costa, desciende hasta Llinás, donde el 16 de diciembre derrota al Ejército de la Derecha, libra a Duhesme del asedio, y sostiene otros combates victoriosos con Reding, sustituto del general Vives, en uno de los cuales murió el general español que había sido uno de los vencedores de Bailén.

Esta primera parte de la campaña de Napoleón en España se había llevado a efecto de acuerdo con sus previsiones. Pero la presencia de un Ejército auxiliar inglés, mandado por John Moore, que desde Portugal había penetrado por Salamanca y se dirigía hacia Valladolid, amagando interceptar la retaguardia napoleónica, obliga al Emperador francés a emprender una segunda parte de su campaña.

Napoleón toma una de sus fulminantes y arriesgadas decisiones: en una dura marcha, entre la nieve del Guadarrama, repasa la Sierra el día 22 de diciembre y en cuatro jornadas se presenta en Tordesillas. El general inglés no quiere aventurar un choque frontal y emprende la retirada hacia La Coruña. Napoleón le persigue hasta Astorga, sin alcanzarle. Allí recibe noticias inquietantes de París: preparativos bélicos de Austria, intrigas en la Corte de París; por todo ello decide retornar a Francia el 4 de enero de 1809, encomendando a Soult terminar la campaña contra Moore. Efectivamente, el 18 de enero logra Soult entrar en La Coruña, aunque los ingleses consiguieron reembarcar, si bien en aquellos combates perdió la vida Moore. También el marqués de la Romana, que había hostilizado con sus maniobras a los franceses, se repliega sobre Monterrey.

Con posterioridad al retorno de Napoleón a Francia tuvieron lugar algunas otras operaciones complementarias de los Ejércitos franceses en España: el 13 de enero de 1809, en la batalla de Uclés, quedó destruido el Ejército del Centro; y entre el 19 de diciembre de 1808 y el 20 de febrero de 1809 ocurrió el segundo sitio de Zaragoza, en el que 50.000 franceses mandados por Moncey atacaron la plaza defendida por Palafox con 30.000 soldados y 15.000 paisanos en armas. El heroico sitio de Zaragoza costó a los defensores 6.000 muertos en acción de guerra y 40.000 bajas más de hambre y enfermedad.

La situación general a principios del año 1809, tras la campaña napoleónica, era, pues, la siguiente: la mayor parte de la mitad norte de la Península se hallaba bajo control de las armas francesas. Se mantenían algunos focos aislados de resistencia, apoyados por los restos del Ejército regular, en Galicia (el marqués de la Romana), en Asturias (Ballesteros) y en Valencia (Blake). Pero la destrucción de los Ejércitos regulares españoles se había consumado: aunque las bajas no habían sido demasiado cuantiosas, la desorganización del dispositivo español era total y apenas quedaban 100.000 soldados en línea. Fue justamente entonces cuando hizo su aparición la guerrilla. También, y en contrapartida a los reveses militares, fue entonces cuando se formaliza la alianza inglesa, por el tratado de 4 de enero de 1809.

Durante el año 1809 la iniciativa francesa debía enderezarse a realizar las operaciones previstas por Napoleón para liquidar la guerra en la Península Ibérica. Estas operaciones eran fundamentalmente dos: Soult desde Galicia invadiría el Norte de Portugal para descolgarse seguidamente sobre Lisboa. Victor, desde Extremadura, entraría también sobre la capital portuguesa. Una vez efectuada la conquista de Lisboa, Victor y Soult emprenderían la ocupación de Andalucía.

Pero la ejecución de estos planes no se llevó a cabo según las previsiones napoleónicas. Soult obtuvo algunos resultados parciales positivos, con una serie de maniobras y combates, para quedar finalmente fijado en Oporto. Ney, desde Astorga, acude a reforzar a Soult en Galicia, cuya retaguardia empezaba a ser deteriorada por las fuerzas regulares y por las guerrillas españolas. Victor, por su parte, venció al general Cuesta en Medellín (28 de marzo de 1809), infligiendo la más sangrienta derrota sufrida por los españoles (7.000 bajas), pero tampoco avanza luego por el Alentejo portugués.

Entre tanto, sir Arthur Wellesley, el futuro duque de Wellington, había organizado desde Lisboa un metódico ataque hacia el norte y consigue desalojar a Soult de Oporto. El mariscal francés se refugia en Galicia, pero allí se hace muy difícil su situación por el desgaste que le ocasionan las guerrillas y decide abandonar aquella región, que se verá así ya libre de franceses para siempre.

Wellesley, después del golpe dado a Soult, dirige su ataque contra Victor en Extremadura, con la cooperación de las tropas españolas del general Cuesta: tiene lugar entonces la batalla de Talavera de la Reina (27-29 de julio de 1809), de resultados poco claros para ambos Ejércitos, puesto que si bien Victor se

retiró hacia Madrid, también Wellesley se replegó sobre Badajoz, al tener noticia de que Soult y Ney le amenazaban a sus
espaldas sobre Plasencia.

Por su parte, los ejércitos españoles, durante el año 1809,
realizaron una serie de operaciones sin la cooperación inglesa,
con suerte varia: Blake, desde Valencia, intentó sin lograrlo
recobrar Zaragoza; el duque del Parque tuvo éxito en la batalla
de Tamames (18 de octubre) en dirección a Salamanca; en cambio, fracasó la operación combinada de Areízaga y del duque
del Parque sobre Madrid en la batalla de Ocaña (19 de noviembre). También en este año tuvo lugar el segundo sitio de Gerona, tenazmente defendido por el general Álvarez de Castro
(5 de mayo-10 de diciembre), con la cooperación del paisanaje,
entre el que cabe señalar la participación de un Batallón de
Damas voluntarias.

Pero los reveses militares sufridos por los españoles desde
noviembre de 1808 a enero de 1809 tuvieron otra consecuencia,
llamada a proporcionar un nuevo carácter a la guerra en España.
Ya hemos dicho que es entonces cuando aparece la guerrilla.
Por supuesto que hay antecedentes, más o menos remotos, de
este modo de combatir contra el invasor en nuestra Península:
un siglo antes, durante la guerra de Sucesión, existieron también partidas irregulares guerrilleras; y en todo caso, en el Principado de Cataluña existía la institución del somatén, que llamaba
a las armas al paisanaje en casos de emergencia. Sin embargo, la
«guerrilla» de la guerra de la Independencia tiene su origen en
las circunstancias inmediatas; su acción, por lo demás, excederá a
cualquier precedente, alcanzando inusitadas proporciones.

El origen de la *guerrilla,* o mejor dicho, de *las guerrillas,* es
diverso. En líneas generales podemos establecer un origen doble por la procedencia de los individuos que inicialmente la
integran: militar o civil. Indiquemos algunos de los modos principales de surgir la guerrilla de origen militar:

a) A veces se forman grupos de oficiales y soldados dislo-
cados del Ejército regular derrotado, lo que aconteció ya desde
la batalla de Espinosa de los Monteros, y luego se acentuó tras
la derrota de Uclés. Es el caso de Porlier, del brigadier Villa-
campa y de otros jefes que, no pudiéndose reincorporar a las
grandes unidades en desbandada y no queriendo entregarse prisioneros al adversario, deciden seguir la guerra por su cuenta.
En realidad, estos grupos ofrecen al principio cierta confusión
con los desertores y por eso los mandos superiores tratan de
conseguir la recuperación de los mismos.

b)   También se forman grupos con los combatientes que huyen de las plazas sitiadas antes de la rendición de las mismas; o bién, con los soldados prisioneros que consiguen fugarse en grupo, capitaneados por un oficial, como en el caso de Renovales.

c)   Además, las antiguas fuerzas de seguridad pública de carácter local formadas casi siempre por soldados veteranos licenciados, y que reciben diversos nombres según las regiones (partidas francas, milicias honradas de Galicia, somatenes en Cataluña, miñones en las provincias vascas y en Valencia, escopeteros y fusileros en Andalucía y en Castilla, y otras partidas especiales de vigilancia), aunque no tienen carácter militar propiamente dicho, suelen convertirse inicialmente en núcleos catalizadores de actividades guerrilleras.

En cuanto a los grupos civiles armados voluntarios para combatir a los franceses tienen, a su vez, dos procedencias distintas: Unas veces son gentes honradas, arrancadas de sus quehaceres habituales por una reacción psicológica debida a motivaciones diferentes en cada caso (la afrenta personal, la venganza por la represión francesa, el deseo patriótico de mantenerse libres de la dominación extranjera, el motivo religioso de luchar contra el Anticristo, personificado en Napoleón). Otras veces se trata de antiguos contrabandistas y bandoleros, a quienes se ofreció el indulto si concurrían ahora a la causa común de defender a la Patria contra los franceses.

La guerrilla significó la participación popular en el Alzamiento nacional y en la Resistencia. Aquel modo nuevo de hacer la guerra, basada en la conjunción del Ejército nacional regular y la guerrilla, era una especie de *guerra total*. España será, por ello, la «nación en armas» que se enfrenta a Napoleón, cuya máquina militar había vencido hasta entonces a las máquinas militares de los otros Estados continentales, pero que no había llegado todavía a enfrentarse a todo un pueblo en armas. Esa fue la gran sorpresa y el gran error de cálculo de Napoleón.

En diciembre de 1808 aparecen las primeras «guerrillas» en acción. En enero de 1809 suenan ya los nombres de Juan Martín «el Empecinado» y del Cura Merino. En febrero, Renovales. En marzo, Espoz y Mina. Ellos han puesto espontáneamente en marcha la guerra irregular. Pero la guerra irregular será pronto reglamentada.

El primer reglamento de la guerrilla se publicó el 28 de diciembre de 1808, el llamado «Reglamento de Partidas y Cuadrillas»: en él se trata de evitar las deserciones del Ejército regular, por lo que se prohíbe la admisión de soldados en las *partidas,* que se compondrían a ser posible de cincuenta jinetes y cincuenta infantes; pero además se invitaba a los contrabandistas y bandoleros a formar *cuadrillas* de análoga estructura, sujetándose al Reglamento y bajo la autoridad de las Juntas Provinciales y mandos militares superiores. Varias Juntas Provinciales se habían anticipado a publicar indultos para los contrabandistas que se sumaran a la lucha patriótica y que, por el conocimiento que tenían del terreno, podían ser auxiliares eficacísimos. En efecto, muchos de estos grupos marginados hasta entonces de la sociedad legal se incorporaron a la guerra. También en los meses iniciales fueron muchos los desertores que, a través de las *partidas,* se recuperaron para la lucha. El historiador clásico de esta guerra, el general Gómez de Arteche, dice: «Un desertor del Ejército que, dotado de gran valentía, se consideraba impotente en filas... se puso a la cabeza de otros fugitivos... y salió a campaña con las primeras armas que tuvo a mano, sin otro abrigo muchas veces que el del cielo, y aprovechándose del alimento que le proporcionaban sus amigos o el merodeo de sus secuaces» [7].

Más tarde se perfeccionó el reglamento de la guerrilla con la llamada «Instrucción para el Corso terrestre» (17 de abril de 1809) y, por fin, con el «Reglamento para las partidas de guerrilla», firmado en Cádiz el 11 de julio de 1812, en el que el término *guerrilla* desplaza a los anteriores de *partidas* o *cuadrillas* [8]. Entre los reglamentos de la nueva guerra irregular puede señalarse también, en el ámbito de Cataluña, el «Nuevo Reglamento de somatenes» dictado por la Junta Superior del Principado el 20 de febrero de 1809.

La denominación de «corsarios terrestres» había sido empleada por vez primera en el mes de marzo de 1809 por Espoz y Mina. La «Instrucción» del 17 de abril pretendía legalizar la guerra irregular en tierra por analogía de la guerra irregular del «corso marítimo», ya que las «patentes de corso» dadas por las autoridades de los países beligerantes legalizaban los actos de estos auxiliares irregulares en la guerra marítima. Las leyes de guerra garantizaban el respeto a los soldados prisioneros, pero debían acreditar su condición con el uso del uniforme regla-

---

[7] JOSÉ GÓMEZ DE ARTECHE: *Guerra de la Independencia. Historia militar de España de 1808 a 1814,* vol. V, p. 95.

[8] El texto de la «Instrucción para el Corso terrestre» lo he publicado yo íntegro recientemente como apéndice a «La imagen de España en Europa a comienzos del siglo XIX», en un vol. misceláneo ed. por el Instituto de Estudios Gaditanos, Cádiz, 1975.

mentario y el encuadramiento en unidades regulares. Las leyes de guerra no se aplicaban a los soldados sin uniforme. Los franceses no reconocieron nunca estos derechos a los guerrilleros españoles, a los que trataban de simples bandidos. Así, la respuesta de José I a la «Instrucción para el Corso terrestre» fue la orden del 29 de abril de 1809 por la que creaba las *milicias urbanas* «contra las incursiones de los bandidos, que los enemigos han organizado bajo el título inaudito de corsarios de tierra».

La «Instrucción para el Corso terrestre» acusa a los franceses de violar las leyes de guerra y de cometer atrocidades, por lo que recaba el derecho de legítima defensa para los españoles. «Habiendo conseguido Napoleón por las artes más bajas y viles, dice, destruir y desorganizar la fuerza militar de España, apoderarse de sus principales fortalezas y cautivar a su Rey, ¿no es bien claro que es preciso que sean paisanos los que se reúnan ahora para combatir a sus huestes?» La «instrucción» regula las relaciones entre las partidas guerrilleras y las autoridades civiles y militares. Señala claramente los objetivos: sabotear las subsistencias del enemigo, interceptarles las comunicaciones, destruir sus depósitos de armas, hostilizarles continuamente, «teniéndoles en una continua fatiga y alarma», y desmoralizarles con informaciones falsas. Todos los habitantes de las provincias ocupadas o limítrofes quedan autorizados para armarse bajo ciertas reglas.

De hecho, la guerrilla hace del espacio geográfico un factor permanentemente hostil al invasor, que sufre constante dispersión y desgaste físico y moral. La organización de las partidas guerrilleras se basa siempre en pequeños grupos, aunque no se atienen por supuesto a la convencional cifra de cincuenta jinetes señalada en el «Reglamento de partidas y cuadrillas». Pero casi nunca sobrepasaron unos centenares de hombres. Su armamento es ligero, disponen de suficiente caballería, carecen de impedimenta, no tienen servicios de intendencia ni de sanidad. Con ello consiguen la máxima movilidad, que será la principal de sus características tácticas, y que les permite el ataque por sorpresa en el momento en que las condiciones para el combate son ventajosas.

La guerrilla tuvo consecuencias militares importantes. Había de ser una contribución decisiva al éxito, un modo eficaz de lucha del débil contra el fuerte, de David contra Goliat. Pero no hay que hipertrofiar su importancia, exagerándola, como factor militar. Su sola acción no explica la victoria final obtenida. Sin Ejército regular y sin guerra regular no se hubiera ganado la guerra. Sin las campañas de Wellington no se hubiera derrotado a Napoleón en España: hay, pues, que estùdiarlas para entender la guerra de la Independencia. No se puede sustituir este estudio por la retórica apología de la guerrilla. La mayor eficacia de la guerra irregular se obtuvo de su cooperación con los Ejércitos regulares, por ejemplo, en la batalla de los Arapiles.

Las resistencias escalonadas en distintas provincias o sectores geográficos se logran gracias al Ejército regular. Tambien las «ciudades guerrilleras» (Zaragoza, Gerona, Cádiz) resisten por la suma de esfuerzos del Ejército y los paisanos. En definitiva, las batallas campales que libran las grandes unidades son los hitos principales de la contienda armada: las victorias de Bailén o de Vitoria; las derrotas de Somosierra u Ocaña; las batallas indecisas también, como la de Talavera.

Pero a la guerrilla hay que atribuir principalmente el quebranto de la moral combativa del enemigo, que se refleja, entre otros ejemplos, en la desesperación del general Hugo, persiguiendo inútilmente con una división a la guerrilla del Empecinado; o en el convencimiento de soldados y oficiales franceses de que «el infierno de España» no tenía solución militar.

LAS OPERACIONES MARÍTIMAS. EL DOMINIO DEL MAR

Si la guerrilla fue un importante factor positivo en la lucha contra el Ejército napoleónico, la superioridad naval inglesa y española en el área peninsular contribuyó también eficazmente a restablecer el equilibrio de fuerzas, contrarrestando la superioridad en tierra de los franceses en momentos decisivos y, por fin, a facilitar la victoria. Esta «guerra naval» es menos espectacular que las operaciones de tierra y por eso menos conocida, por lo que debemos rescatarla del olvido.

Además de la inicial victoria de la escuadra de Ruiz de Apodaca sobre la de Rosilly en la bahía de Cádiz, que constituye en verdad el primer triunfo importante, anterior a Bailén, la superioridad naval inglesa y española permitió a lo largo de la guerra cubrir varios objetivos, como señala Carlos Martínez Valverde en una obra reciente:

a) Desembarcar tropas procedentes del exterior (Ejércitos expedicionarios ingleses, División del marqués de la Romana) o realizar marchas por líneas exteriores, o retiradas oportunas (La Coruña, 1809).

b)   Asegurar bases de resistencia: Lisboa, Cádiz. En el caso de la defensa de Cádiz se emplearon las «flotillas a la española», o sea, embarcaciones ligeras de poco calado, artilladas, que podían aproximarse a la costa para realizar un cañoneo eficaz.

c)   Impedir a los franceses el transporte marítimo y hacer vulnerable el camino costero de invasión en la zona de Cataluña. También en esta zona mediterránea actuaron con eficacia los «corsarios marítimos» españoles.

d)   Obligar a los franceses a fijar grandes contingentes en la vigilancia y defensa del litoral. En 1813 «el Ejército francés de guarnición en la zona cantábrica es casi tan grande como el que les queda para oponer al avance arrollador de Wellington, pues esperan los imperiales desde este mar un gran ataque de flanco». En efecto, las guarniciones francesas del Cantábrico fueron reforzadas en 1813 con cinco Divisiones, que debilitaron así la masa de maniobra principal contra el Ejército de operaciones de Wellington [9].

e)   Apoyo a las guerrillas y a las unidades regulares en las zonas costeras, suministrándoles armas, municiones y víveres.

Además, las operaciones marítimas de la escuadra inglesa del almirante Collingwood en las costas mediterráneas o las del almirante Hallowell en 1812 dificultan la posición de Suchet en Valencia, fijando 32.000 soldados franceses para la vigilancia de las costas, con lo que hay momentos en que la masa de maniobra del general francés en Levante queda reducida a 8.000 hombres. El mismo año 1812, en julio, veremos al general Lacy atacar Tarragona apoyado por los barcos de Codrington. En 1813 una importante escuadra inglesa flanquea las costas del Cantábrico, donde también opera una flotilla española, para apoyar la gran ofensiva de Wellington, que tiene en Santander un punto de apoyo logístico importante.

LA TERCERA FASE. EL ESFUERZO FRANCÉS DE 1810

Al comenzar el año 1810 los franceses se disponen a realizar el mayor esfuerzo militar para acabar la guerra en España, después de la victoria sobre Austria en Wagram (paz de Viena,

---

[9]   CARLOS MARTÍNEZ VALVERDE: *La marina en la guerra de la Independencia,* Madrid, 1974, pp. 28 y 168.

octubre de 1809). Los efectivos franceses alcanzarán entonces a 270.000 hombres en siete Cuerpos de Ejército, más otros 40.000 enviados para la expedición de Masséna a Portugal. Ocupan los franceses una gran parte de España, salvo Galicia-Asturias, Valencia-Murcia, Andalucía y algunas comarcas de Cataluña, Aragón y Extremadura.

Los efectivos españoles mantienen dos Ejércitos en Cataluña (Blake y O'Donnell), uno en Sierra Morena, para proteger el acceso a Andalucía (Areízaga), uno en Asturias-Galicia (Mahy) y otros en Extremadura y Ciudad Rodrigo (duque de Alburquerque y marqués de la Romana). El Ejército expedicionario inglés, mandado por Wellington, se halla estacionado en Portugal.

El plan de operaciones recomendado por Napoleón consistía en renovar el frustrado plan de comienzos del año 1809: es decir, concentrar el esfuerzo sobre Portugal para aniquilar a los ingleses y operar seguidamente sobre Andalucía. Pero en los generales franceses se antepuso la idea de vengar la «afrenta de Bailén», obteniendo una victoria decisiva allí donde los franceses habían sufrido su más humillante derrota. Este prejuicio psicológico resultó para ellos de nuevo un grave fallo operativo.

En general, los mariscales y generales franceses en España mantuvieron entre sí muy poca coordinación. El general barón de Marbot anota que «la más completa anarquía reinó entre los mariscales y jefes de diversos Cuerpos del Ejército francés. Cada uno se consideraba independiente y se limitaba a defender la provincia ocupada por sus propias tropas sin querer prestar socorros, ni en hombres ni en víveres, a aquéllos de sus compañeros que gobernaban las provincias limítrofes» [10].

Esta falta de cooperación, que fue una de las causas de la derrota francesa en España, se puso de manifiesto también en las operaciones del año 1810, que se desarrollaron según una doble iniciativa: la invasión de Andalucía y la expedición de Masséna a Portugal.

La expedición de Andalucía, mandada por el mariscal Soult, con tres Cuerpos de Ejército, y a la que acompañaba el propio Rey José I, penetró por Despeñaperros, de donde Areízaga fue desalojado el 18 de enero, para alcanzar seguidamente el Guadalquivir, bifurcándose en dos líneas de marcha, una que se dirije a Granada y Málaga, por Jaén; otra que sigue el ataque principal por Córdoba y Sevilla para acercarse a Cádiz. Ante el imparable avance francés, la Junta Central abandona Sevilla para

---

[10] MARBOT: *Memorias*, trad. esp., ed. Castalia, Madrid, 1965, p. 254.

refugiarse en Cádiz, plaza considerada inexpugnable por sus fortificaciones y las condiciones naturales de defensa. Pero los descalabros militares del año 1809 y la invasión de Andalucía provocaron la crisis política de la Junta Central, que hubo de resignar en aquellas circunstancias su autoridad en favor de la Regencia entonces constituida. Las tropas francesas establecen el bloqueo de Cádiz el 4 de febrero. Pocos días antes había llegado allí el Ejército de Extremadura para contribuir oportunamente a la defensa de la ciudad.

La expedición de Masséna contó como efectivos con otros tres Cuerpos de Ejército. Desde Salamanca, por Ciudad Rodrigo y Coimbra, debía caer sobre Lisboa. En una maniobra convergente, Soult desde Sevilla debía atacar Badajoz y, por la orilla izquierda del Tajo, dirigirse también sobre Lisboa. Pero la ejecución de este plan tuvo fallos.

El ataque a Ciudad Rodrigo se prolongó mes y medio por la tenaz resistencia de la plaza fuerte española. También la inmediata plaza portuguesa de Almeida se defendió durante veinticinco días. Al continuar su avance los franceses, cerca de Coimbra tiene lugar la batalla de Bussaco, donde Wellington ha escogido excelentes posiciones para la defensa, pero que al fin debe abandonar amenazado de envolvimiento. Wellington en su retirada impone la táctica de «tierra quemada», destruyendo las cosechas, con objeto de crear dificultades de abastecimiento a los franceses. Por fin, con mucho retraso sobre lo previsto, Masséna llega delante de Torres-Vedras el 10 de octubre.

En Torres-Vedras hay un sólido sistema de fortificaciones, con tres líneas de defensa, en que se apoyan 30.000 soldados ingleses, casi otros tantos portugueses y 6.000 españoles. Masséna queda detenido allí y, muy mermados sus efectivos, ordena el 5 de marzo de 1811 la retirada. La batalla de Fuentes de Oñoro (3 de mayo de 1811) es el último episodio de la expedición de Masséna, el que había sido llamado «el hijo mimado de la Victoria».

Entre tanto, Soult había retrasado la operación de convergencia con Masséna. El 27 de enero de 1811 pone sitio a Badajoz, que ocupa el 19 de febrero. Pero entonces es tarde para avanzar sobre Lisboa, precisamente cuando ya Masséna inicia su retirada. Así, las dos grandes operaciones ofensivas del año 1810 concluyen con sendos fracasos de los franceses, que no consiguen los objetivos de Lisboa y Cádiz. Desde entonces, «la guerra de España» se convierte para los franceses en una pesadilla, a la que no se sabe cómo podrá ponérsele término. Las

desavenencias internas entre los mariscales franceses y el Rey
José se acentúan y son la resultante de esa pesadilla.

Por el contrario, en otro sector de la guerra, el Cuerpo de
Ejército mandado por el general Suchet iniciará aquel año una
brillante campaña en Levante. Ocupa Lérida el 14 de mayo y,
tras largo asedio, conquista Tortosa (3 de julio de 1810-2 de
enero de 1811), con lo que se apodera del bajo Ebro y corta las
comunicaciones entre Valencia y Barcelona. En el período siguiente Suchet continuará sus éxitos militares en la región de
Valencia.

CUARTA FASE. GUERRA DE DESGASTE (1811-1812) Y GRANDES
CONCEPCIONES ESTRATÉGICAS

Desde la retirada de Masséna la guerra languidece, la iniciativa francesa se pierde. Hay un cierto equilibrio y estabilidad de
fuerzas, sometidas a prolongado desgaste. Se producen operaciones dispersas, entre las que cabe señalar la que tiene lugar en
torno a Badajoz (victoria hispano-inglesa de La Albuera, 16 de
mayo de 1811, fracaso posterior de Wellington sobre Badajoz
en junio).

La campaña de Suchet en Levante continúa con éxito: conquista Tarragona el 28 de junio de 1811 y, luego, desciende
hacia Valencia, ciudad que ocupa el 9 de enero de 1812. Este
será el último éxito francés importante en la Península, éxito
premiado por Napoleón con el título de duque de la Albufera y
el bastón de mariscal concedido a Suchet.

En el año 1812 la guerra cambia definitivamente de signo.
Napoleón saca tropas de España para formar la Grande Armée
que ha de emprender la campaña de Rusia. Los efectivos franceses en España quedan así reducidos a 200.000 hombres. Wellington pasa, pues, a la ofensiva, cuyos primeros objetivos son
recobrar Ciudad Rodrigo y Badajoz, las dos fortalezas españolas
de la frontera portuguesa, tomadas efectivamente al asalto el 19
de enero y el 7 de abril, respectivamente.

La segunda parte de la campaña de Wellington en Castilla se
propone derrotar al Ejército de Marmont, aislándole previamente del Ejército del Mediodía (Soult) que se halla todavía
sobre Andalucía, bloqueando Cádiz. A la vez, la escuadra de
lord Maitland hace unas demostraciones navales sobre Alicante

para entretener a Suchet, como se ha indicado anteriormente, y otra escuadra de Sir Home Popham hace análogas demostraciones en el Cantábrico.

La ejecución de los planes de Wellington se lleva a cabo de la siguiente manera: el general Hill penetra por la línea del Tajo (batalla de Almaraz, 19 de mayo), con lo que se logra aislar a Marmont de Soult. Luego, las operaciones de Wellington sobre Salamanca (14-28 de junio) y las contramaniobras de Marmont, concluyen en la batalla de los Arapiles (22 de julio), consiguiendo Wellington eludir la concentración de la masa de operaciones de Marmont, cuyas tropas sufren muchas bajas y se repliegan. Consecuencia de todo ello será la evacuación de Madrid por el Rey José I, que se dirige a Valencia, mientras Wellington entra en la capital de España el 12 de agosto. Ante esta situación, temeroso de quedar aislado, Soult levanta el sitio de Cádiz, evacua Andalucía y se retira también sobre Valencia.

Las tropas francesas, vencidas en esta amplia ofensiva, no habían sido, sin embargo, destruidas y cuentan con dos núcleos fundamentales de apoyo en el Norte (la línea del Ebro) y en Levante (Valencia). Desde ambos reaccionarán, pasando a la contraofensiva. Desde Valencia vuelven sobre Madrid en doble marcha, por Cuenca y por Almansa: el general inglés Hill renuncia a la lucha y abandona Madrid, donde entra de nuevo el Rey José el 2 de noviembre. Desde el Ebro también se contraataca en dirección a Burgos. Wellington se retira (22 de octubre) y sucesivamente cede Valladolid, Salamanca y Ciudad Rodrigo, para instalar sus cuarteles de invierno en Portugal (17 de noviembre).

En resumen, la situación a finales del año 1812 puede decirse que era esta: los franceses conservan territorialmente las posiciones en España, salvo Andalucía que habrán perdido definitivamente; pero se hallan muy debilitados y sin posibilidades de obtener refuerzos por la campaña de Rusia.

LA ÚLTIMA FASE. LA OFENSIVA DE LA VICTORIA. BALANCE DE LA GUERRA

En la primavera de 1813 la situación de fuerzas era la siguiente. Los franceses tenían en España 110.000 hombres en cinco Ejércitos: el del Mediodía, escalonado entre Madrid,

Salamanca-Zamora; el del Centro, entre Medina de Rioseco y Segovia; el llamado de Portugal, en la línea Burgos-Briviesca; y los Ejércitos de Aragón y Cataluña. Los españoles contaban con 130.000 hombres de línea en cuatro Ejércitos: el de Cataluña (Copons), el de Valencia (Elío), el de la Mancha (duque del Parque) y el de Castilla (Castaños), más dos Ejércitos de reserva (Andalucía y Galicia). Los ingleses tenían 70.000 hombres en Portugal, bajo el mando de Wellington, que era tambien «Generalísimo» de los Ejércitos españoles.

Las operaciones decisivas de la guerra tuvieron lugar en la campaña de 1813, planeada por Wellington siguiendo una doble línea de ataque desde Portugal: el general Graham, por el ala izquierda, amenazará las comunicaciones de los franceses en Castilla, mientras Wellington lleva el empuje frontal. El 15 de mayo empieza la doble marcha. Los franceses evacúan definitivamente Madrid y escalonan su repliegue con orden, evitando el combate, primero hasta la línea Pisuerga-Carrión, que repasan el 4 de junio; luego hasta el Ebro, el día 15; finalmente hasta Vitoria.

A Wellington se unen los españoles del Ejército de Castilla (Castaños) y de Galicia (Lacy). La doble maniobra de avance termina en la batalla de Vitoria (21 de junio): el desequilibrio de fuerzas es considerable, 55.000 franceses frente a casi 80.000 aliados (de ellos, 45.000 ingleses y 24.000 españoles). La derrota francesa es completa y el Rey José se salva de caer prisionero al conseguir huir en dirección a Pamplona. Consecuencia: la evacuación de España por los franceses, salvo la línea San Sebastián-Pamplona, el bastión de Santoña y la zona de Levante que conserva Suchet.

El 31 de agosto, con la conquista de Pamplona, la derrota de los franceses ante San Marcial (Irún) y el asalto inglés a San Sebastián, se obligaba a los franceses a repasar definitivamente la frontera del Pirineo occidental. Mientras tanto, no pudiendo ya sostenerse Suchet en Valencia, evacúa esta ciudad, no llega a tiempo de evitar que Mina ocupe Zaragoza, pero sigue un repliegue ordenado sobre la línea Lérida-Tarragona, que consigue defender algún tiempo. Sólo se mantuvo en manos francesas hasta la rendición final de Napoleón la base de Santoña, que los franceses habían fortificado con gran alarde de medios, pretendiendo hacer de ella un «Gibraltar francés» en el Cantábrico.

En octubre de 1813, con la derrota de Napoleón en Leipzig, la guerra alcanzaba también en Alemania su momento culminante. Entonces Soult se retira hacia Pau y Toulouse; los aliados anglo-españoles toman la iniciativa en territorio francés, apuntándose victorias en los combates de Orthez, Tarbes y Toulouse (27 de febrero, 20 de marzo y 10 de abril de 1814, respectivamente). Al día siguiente, 11 de abril, Soult solicita y firma el armisticio. Antes había firmado Napoleón con Fernando VII el tratado de Valençay (18 de diciembre de 1813), que careció de valor efectivo, pero en virtud del cual el Rey de España regresó a su Reino, cruzando la línea del Fluviá el 24 de marzo de 1814.

Así terminaron seis años de guerra en España. La guerra de la Independencia española no sólo fue decisiva para los destinos futuros de España, sino que constituyó una contribución militar importante para la victoria de los pueblos europeos sobre Napoleón. España hizo un doble y conjugado esfuerzo, por medio de su Ejército nacional y de la guerrilla.

La batalla de Bailén, al obligar por vez primera a la capitulación de todo un Ejército napoleónico en campo abierto, produjo un efecto moral de incalculable resonancia en España y en Europa, reanimando la resistencia cuando ya casi nadie creía posible doblegar al Ejército francés.

La guerra de la Independencia dividió las fuerzas napoleónicas que, en adelante, tuvieron que luchar en dos frentes, mermando su potencial militar. Fue este un efecto militar directo y decisivo.

Cualquiera que sea el papel principal del duque de Wellington y del Ejército inglés en la *Peninsular War,* la «guerra Peninsular» como la llaman los ingleses, ese Ejército pudo operar favorablemente en la Península gracias a la situación de «guerra general» sostenida por el Ejército español y las guerrillas. Wellington nunca operó con más de 65.000 soldados ingleses, concentrados en una o dos masas de maniobra (Beresford, Graham, Hill). La eficacia de este pequeño Ejército frente a los 350.000 soldados franceses se debe a la *dispersión de fuerzas* provocada por los españoles: los franceses nunca dispusieron de una «concentración operativa» superior a los 60.000 hombres (Masséna).

Wellington se quejó de la falta de cooperación de los generales españoles; por ejemplo, de Cuesta en Talavera de la Reina; pero sin la acción de las tropas españolas nunca hubiera podido actuar él en condiciones favorables. La subordinación de los jefes españoles al mando superior del jefe inglés era natural que encontrara resistencias, aun cuando finalmente se aceptó la unidad del mando superior en el «generalísimo» inglés. Pero la *Peninsular War* no es un triunfo exclusivo del talento de Wellington.

La *guerrilla* española, por otra parte, sirvió de ejemplo a otros pueblos europeos en la lucha contra Napoleón: así, en las guerras de Liberación en Rusia y en Prusia, en los años 1812 y 1813. Las consecuencias internas de la «guerrilla» española a largo plazo, en orden a la convivencia social de los españoles, fueron menos satisfactorias [11].

La guerra de la Independencia fue, en definitiva, la primera de las tres guerras nacionales de Liberación en las que el coloso napoleónico resultó vencido, la más larga y costosa de ellas. Constituye, por tanto, una página importante de la Historia universal. Por eso provocó un efecto sentimental en Europa: el pueblo español cobra durante el Romanticismo el relieve universal que le había sido negado por la Ilustración europea en el siglo XVIII.

Pero al tiempo de la guerra, y como una de sus consecuencias, se produce también en España una Revolución política. Se agita por primera vez la conciencia pública y se origina una crisis de poder, desde las Juntas Provinciales hasta las Cortes de Cádiz, resuelta en la Constitución de 1812.

[11]   F. SOLANO COSTA: «Influencia de la guerra de la Independencia en el pueblo español», en «Cuadernos de Historia», 3, Zaragoza, 1952.

CAPÍTULO 2

LA REFORMA POLÍTICA: DE LA ASAMBLEA DE BAYONA A LAS CORTES DE CÁDIZ. LA CONSTITUCIÓN DE 1812

El hundimiento del Estado antiguo en 1808 exigió, como dijimos, la sustitución apresurada del mismo. Las dos opciones ofrecidas trataron de realizarse: la napoleónica, con el gobierno de José I y la Constitución de Bayona; y la de las Juntas Provinciales, con el nuevo poder improvisado que cristalizó en la revolución política de las Cortes de Cádiz y la Constitución de 1812.

Las dos opciones trataron de realizarse, pero la primera no fue aceptada por los españoles, por lo que el reinado de José I se caracteriza siempre como un gobierno intruso, y los «afrancesados» que le secundan serán considerados *colaboracionistas* del enemigo de la Patria.

La obra de los constitucionalistas de Cádiz, aunque resultó efímera en cuanto a la vigencia de aquel texto constitucional, tuvo consecuencias decisivas a largo plazo para la instauración del Estado liberal en España.

El reinado de José I. La Constitución de Bayona

Napoleón, que quiere presentarse ante los españoles como el continuador de la Monarquía legítima, arranca a Carlos IV y a Fernando VII las renuncias al trono. Seguidamente anuncia, el 25 de mayo, la próxima designación de un miembro de la Dinastía Bonaparte para regir la Corona de España. El 4 de junio, en efecto, publica el nombramiento de su hermano mayor, José, quien anunció el día 10 la aceptación del mismo.

Napoleón, que quiere presentarse también como *el reforma-*

dor necesario, redacta el mismo día 25 de mayo un Manifiesto dirigido a los españoles en que asegura: «Vuestra Monarquía es vieja, mi misión se dirige a renovarla. Mejoraré vuestras instituciones y os haré gozar, si me secundáis, de los beneficios de una reforma sin que experimentéis quebrantos, desórdenes ni convulsiones... Tened suma esperanza y confianza en las circunstancias actuales, pues yo quiero que mi memoria llegue hasta vuestros últimos nietos y que exclaméis: "es el regenerador de nuestra Patria"».

Tenía José I cuarenta años de edad cuando le transfirió el Emperador la Corona española. Abogado de profesión, diplomático de temperamento, su hermano le había convertido antes en Rey de Nápoles, pero nunca tuvo gran apego al oficio de Rey. Sin duda deseó gobernar honestamente en beneficio de sus nuevos súbditos, a los que muchas veces defiende frente a las exigencias de su hermano. Pero el reinado de José I fue más nominal que efectivo. Desautorizado por Napoleón, mantuvo relaciones tirantes con él. Ignorado en la práctica por el mariscal Soult, lugarteniente imperial en España, y por los otros jefes militares franceses, fue despectivamente tratado por ellos como «el conserje de los Hospitales». Desconocido por el pueblo español, que sólo veía en él al usurpador, al intruso, fue motejado despectivamente de «el rey Plazuelas», por las reformas urbanísticas que hizo en Madrid, casi única actividad en que su autoridad pudo ejercitarse; o aún más vejatoriamente tachado de «Rey de copas» o «Pepe Botellas», atribuyéndole injustificadamente viciosas aficiones.

Al hacer su entrada en España se percató en seguida José del ambiente hostil que le rodeaba. El 10 de julio desde San Sebastián, luego desde Vitoria y Burgos se lo advierte a su hermano. Escribe: «No hay un español que se me muestre adicto»; «para salir lo mejor posible de esta tarea repugnante a un hombre destinado a reinar, es preciso desplegar grandes fuerzas... no me asusta mi posición, pero es única en la historia: no tengo aquí un solo partidario».

El día 20 de julio llegó a Madrid, y desde allí escribe nuevamente a Napoleón con fecha 24: «Tengo por enemiga una nación de doce millones de habitantes, bravos y exasperados hasta el extremo. Se habla públicamente de mi asesinato, pero no es este mi temor. Todo lo que se hizo aquí el 2 de mayo es odioso... Los hombres honrados no me son más afectos que los pícaros. No, Sire, estáis en un error: vuestra gloria se hundirá en España».

Se había elegido el día 25 de julio, festividad de Santiago, patrón de España, para proclamarle solemnemente Rey en Madrid, y la proclamación se hizo aunque para entonces había ocurrido ya la capitulación de Bailén y el día 30 siguiente tuvo José I que retirarse de Madrid con dirección a Miranda de Ebro.

Esta aparición fugaz del Rey José en la capital del Reino había coincidido con la publicación en la *Gaceta de Madrid* de la Constitución promulgada en Bayona, mediante la cual los Bonaparte pretendieron en vano atraerse la opinión de los reformadores ilustrados, del clero y de los nobles. La Constitución de Bayona se había concebido como el instrumento de un gobierno *regenerador,* ese ideal propicio a los reformistas del siglo XVIII.

El 15 de junio había dado comienzo la Asamblea de Bayona presidida por Azanza, pero de los ciento cincuenta *notables* designados para formarla, sólo sesenta y cinco estuvieron presentes al inaugurarse las sesiones y, de ellos, sólo cuarenta y dos presentaron poderes acreditativos en regla [12]. Posteriormente se sumaron algunos más, hasta noventa y uno, en la sesión final del 7 de julio. Varios de los presentes en Bayona se apartaron, sin embargo, luego del servicio al Rey José, militando en la resistencia española.

Al propósito regenerador de Napoleón se oponían, en efecto, la lealtad dinástica y el sentimiento patriótico nacional. Es verdad que una minoría de ilustrados aceptaron al Rey intruso, incluidos varios ministros de Carlos IV, como Azanza y Urquijo, y el confesor del mismo ex monarca, don Félix Amat. Pero la mayor parte de los ilustrados se opusieron, como Jovellanos, aunque éste había sufrido injusta persecución en el reinado anterior. El caso de Jovellanos es tal vez el más elocuente y arquetípico de una actitud política y moral en aquel trance de crisis y confusión que se cernía sobre el destino de España.

Jovellanos fue nombrado ministro de lo Interior por José I al formar su primer gobierno, pero rechazó el nombramiento. Fueron inútiles los esfuerzos de Mazarredo, Cabarrús y otros amigos suyos para convencerle. En las cartas cruzadas con ellos durante las primeras semanas de la guerra de la Independencia

---

[12] *Actas de la Diputación general de españoles que se juntó en Bayona el 15 de junio de 1808.* Publicadas por el Congreso de los Diputados, Madrid, 1874. La relación de asistentes figura al comienzo del acta de cada sesión. Las actas fueron reproducidas por C. SANZ CID: *La Constitución de Bayona,* Madrid, 1922, pp. 116-161.

está el núcleo de la polémica sobre los «afrancesados» [13]. La respuesta de Jovellanos a Cabarrús es la clave de la postura ilustrada que rechaza las reformas a través de un poder intruso: «España lidia por su Constitución, por sus leyes, por sus costumbres, por sus usos, en una palabra: su libertad... Pues qué, ¿España no sabrá mejorar su Constitución sin auxilio extranjero? Pues qué, ¿no hay en España cabezas prudentes, espíritus ilustrados capaces de restablecer su excelente y propia Constitución, de mejorar y acomodar sus leyes al estado presente de la nación...?»

Un primer proyecto de Constitución redactado «por orden y bajo el dictado de Napoleón», como explica el ministro imperial Maret, que intervino activamente en el asunto, había sido examinado en Madrid por la Junta de Gobierno, que formuló observaciones. El proyecto fue también repasado en Bayona por Azanza, Urquijo y una comisión de diputados. Todas estas observaciones se reconsideraron por Napoleón, por lo que al abrirse las sesiones de la Asamblea el primitivo proyecto había sido objeto de una reelaboración [14]. El día 20 este proyecto fue leído en francés y en castellano ante la Asamblea.

Se concedieron tres días para presentar enmiendas por escrito, pues Napoleón pedía que se evitasen «penosas discusiones». Las enmiendas presentadas y aprobadas por la Asamblea se elevaron finalmente a Napoleón, quien según los casos indicó al margen del escrito, por mano de Maret: «approuvé» o «refusé». Así quedó redactado el texto definitivo de la Constitución de Bayona, verdadera *Carta otorgada,* pues la opinión de

---

[13] Esta correspondencia de Jovellanos puede verse en el t. IV de las *Obras publicadas e inéditas de D. Gaspar Melchor de Jovellanos,* editadas por la B. A. E., Madrid, 1956, páginas 334-345. El prof. HANS JURETSCHKE rectifica la interpretación de un Jovellanos inicialmente vacilante formulada por Ángel del Río, J. Pérez Villanueva y M. Artola. El 21 de junio, un mes antes de Bailén, declaraba Jovellanos taxativamente a Mazarredo que era preciso sumarse al movimiento general de resistencia, «una reunión general y estrecha que... tal vez ofrecerá alguna esperanza de salvación». Jovellanos fue inicialmente pesimista en cuanto a las posibilidades de éxito de la resistencia, pero no vaciló en cuanto al deber moral de sumarse al pueblo en armas. *Los afrancesados en la guerra de la Independencia,* Madrid, 1962, pp. 71 y ss., especialmente la nota 41 en las pp. 76-77.

[14] Todas estas enmiendas y reelaboraciones del proyecto han sido minuciosamente expuestas por SANZ CID, o. c., pp. 204-307. Técnicamente la Constitución de Bayona quizá tiene una redacción más perfeccionada que la de Cádiz. El prof. N. GONZÁLEZ-DELEITO, al examinar en reciente trabajo los aspectos procesales, ha hecho notar que «los principios proclamados son representativos de notorio avance» con relación a su época. «Aspectos procesales de la Constitución de Bayona», publ. en «Rev. de Derecho Procesal Iberoamericano», núm. 4, oct.-dic. 1976, pp. 871-879.

la Asamblea había sido meramente consultiva, promulgada en la última sesión del 7 de julio a nombre del Rey José [15].

Se establecía la Monarquía hereditaria por línea exclusiva de varón, garantizando la separación perpetua de las Coronas de España y Francia, aunque también disponiendo la alianza perpetua entre ellas. Se reconocía la Religión católica como única del Reino. El Rey gobernaría asistido por ministros responsables. Se mantenían las Cortes estamentales, con representación de los tres brazos, competentes en materias fiscales y presupuestarias. Podrían formular también cuadernos de quejas. Un Senado integrado por miembros de la Familia Real y por veinticuatro miembros nombrados por el Rey, ejercerían funciones consultivas, además de velar por las libertades individuales (derechos de seguridad personal e inviolabilidad de domicilio). Se declaraba la igualdad de derechos civiles entre súbditos españoles y americanos. Se establecía la separación e independencia del poder judicial y la unidad de códigos, excepto en los países forales. Se anunciaba, sin embargo, la revisión del régimen foral de las provincias Vascongadas y Navarra.

Esta Constitución jamás se aplicó, aunque se publicó por dos veces en la *Gaceta de Madrid,* entre el 27-30 junio de 1808 y el 29 de marzo de 1809. El gobierno en la España ocupada quedó mediatizado por la autoridad militar francesa. Cuando Napoleón entró en Madrid, en diciembre de 1808, dictó sus famosos Decretos de supresión del Santo Oficio, reducción de conventos y confiscación de bienes, supresión de aduanas internas y derechos feudales. Todo ello por su propia autoridad y sin contar con el Rey José. Éste volvió a Madrid el 22 de enero de 1809, pero su autoridad se hallaba absolutamente deteriorada.

El Decreto imperial de 8 de febrero de 1810, por el que Napoleón incorporaba a su Imperio los territorios españoles hasta el Ebro, formando cuatro gobiernos con las provincias de Cataluña, Aragón, Navarra y Vizcaya, y la declaración reservada hecha a Berthier de que su intención anexionista se extendería a «tal vez incluso el país hasta el Duero», todo ello al margen de José I, ponía en evidencia el reinado meramente nominal de éste y la ausencia efectiva de su gobierno [16].

[15] En el proyecto original la Carta se otorgaba a nombre de Napoleón, el cual en el art. 2.º cedía la Corona a José. Este arreglo se hizo en el último momento, y el art. 2.º del texto anterior desapareció de la redacción definitiva de la Constitución.

[16] El texto del decreto de febrero de 1810 puede verse en el apéndice documental del libro de M. ARTOLA: *Los afrancesados,* Madrid, 1953, pp. 255 y ss. Sobre la puesta en práctica del decreto, véase J. MERCADER: *José Bonaparte rey de España, 1808-1813. Histo-*

Precisamente por entonces escribía José a la Reina Julia, su mujer, una carta desde Córdoba, que recogen sus *Memorias,* en la que confesaba la equívoca posición en que se encontraba: «¿Qué quiere (Napoleón) de mí y de España? Que me anuncie de una vez su voluntad y no estaré más tiempo colocado entre lo que parece que soy y lo que soy en realidad, en un país en que las provincias sometidas están a merced de los generales, que ponen los tributos que se les antoja y tienen orden de no oírme». El viaje del marqués de Almenara a París en agosto de 1810 y las gestiones de Azanza no pudieron clarificar la situación, porque la política de Napoleón había cambiado radicalmente con respecto a España y a su hermano, como se comprueba en la obra de Grandmaison [17].

En 1811, José, irritado por el desairado papel que le tocaba representar en el «gran teatro» montado por su hermano, pensó seriamente abandonar España. Su mujer propuso a Napoleón que le devolviera la Corona de Nápoles, para asegurarse una salida digna [18]. No accedió Napoleón a ello, y le amenazó veladamente en caso de no resignarse a ser instrumento sumiso de sus designios, lo que hubo de aceptar al fin humillado, pero no ofendido.

El azaroso reinado de José I y su gobierno se extingue definitivamente en junio de 1813, cuando repasa la frontera con las tropas francesas, acompañado de algunos españoles que habrán de purgar en el exilio su afrancesamiento.

LAS CORTES DE CÁDIZ. DEL PLANO IDEOLÓGICO AL PLANO SOCIOLÓGICO

Las medidas de gobierno de José I carecieron en todo momento de virtualidad. En cambio, en la España de la resistencia se llevaba a cabo una transformación política de gran proyec-

---

ria externa del reinado, Madrid, 1971, pp. 175-199; y el amplio estudio monográfico del mismo autor: *Barcelona durante la ocupación francesa,* Madrid, 1941.

[17] M. ARTOLA: *Reinado de Fernando VII,* t. XXIV de la *Historia de España* dirigida por MENÉNDEZ PIDAL, Madrid, 1968, pp. 341 y ss. confirma la inutilidad de las embajadas de Azanza y Almenara, así como las discrepancias de los franceses entre sí en España y el antagonismo entre José I y La Forest.

[18] CLAUDE MARTIN:*José Napoleón I, «Rey intruso» de España,* Madrid, 1969, páginas 414 y ss.

ción sobre el futuro. La Constitución de 1812 cambió brusca y radicalmente la organización del Estado. ¿Cómo fue posible el éxito y cuál su alcance verdadero?

La obra constitucional de Cádiz causó asombro incluso fuera de España. Fue un ejemplo para Europa: Piamonte, Nápoles, Portugal se inspiraron en el modelo gaditano a la hora de instaurar proyectos constitucionales en la década de los años veinte, transcribiendo a veces literalmente sus artículos [18 bis]. En Alemania y hasta en Rusia inspiró también la acción de los incipientes grupos liberales. En las nuevas repúblicas hispanoamericanas la Constitución de Cádiz ejerció igualmente algunas influencias: así en la de Gran Colombia de 1821, en la Mejicana de 1824 y en la de Chile de 1833.

La sorpresa era ésta: ¿Cómo es que el gran país del absolutismo se convertía de pronto en el ejemplo a imitar por los liberales de todas partes? Después de la guerra de la Independencia la imagen de España cambia en el mundo. Los trazos emocionales del Romanticismo están presentes en esa nueva imagen. La interpretación de España, deformada por la Europa ilustrada y racionalista del siglo XVIII, había resultado falsa ante la realidad de un pueblo capaz de hacer frente con éxito a Napoleón, hasta entonces vencedor de Europa. Así surge otra imagen de España también incompleta y exagerada, como la anterior, aunque sus rasgos estuvieran invertidos ahora y cargados de afectuosa pasión.

Los historiadores discuten si la Revolución de Cádiz fue sólo fruto de una improvisación por las circunstancias de la guerra, como en el siglo pasado explicaron Alcalá Galiano o Rico y Amat, y como opina en nuestro tiempo el prof. Díez del Corral; o si fue la cristalización de un proceso evolutivo previo de maduración ideológica, como propone el prof. Comellas.

En verdad, no hay contradicción entre estas dos afirmaciones, que se concilian. Por supuesto, entre los tratadistas españoles eruditos anteriores a las Cortes de Cádiz hubo una previa elaboración doctrinal. El estudio a fondo del *constitucionalismo pregaditano,* en el que destacan figuras como Pérez Villamil o Campany, además de Jovellanos, Ranz Romanillos y otras personalidades conocidas, aclarará estos aspectos, como apuntan los estudios

---

18 bis   JUAN FERRANDO BADÍA: *La Constitución española de 1812 en los comienzos del Risorgimiento italiano,* Madrid 1959. Véase también "Vicisitudes e influencias de la Constitución de 1812" en «Revista de Estudios Políticos», núm. 126, pp. 169-227, 1962.

de H. Juretschke. Desde el año 1800 hasta la «consulta al país» de 1809 hay un trecho breve en el tiempo, pero rico en contenido. Hace ya bastantes años que el prof. Rodrigo Fernández Carvajal hizo sugestivas indicaciones sobre la influencia de Condillac en España a finales del siglo XVIII. La recepción de ideas foráneas sobre el derecho político y el derecho natural a partir de 1789 se hace evidente, y algunas Universidades fueron centros de maduración ideológica: tal es el caso de Salamanca bajo los rectorados de Tavira o de Muñoz Torrero. En cualquier caso, es un hecho sabido de sobra que un número importante de los doceañistas de Cádiz habían estudiado en Salamanca.

Esta elaboración doctrinal tiene un soporte social reducido, pero se beneficia de las circunstancias excepcionales de 1808, cristalizando en posturas reformistas disímiles, como son las que en Cádiz personifican Jovellanos por un lado, Martínez Marina por otro. Una minoría audaz y *bastante organizada,* que se hace con el poder, «trabaja en equipo» desde el otoño de 1810, valga la expresión de la dra. Martínez Quinteiro que ha realizado una reciente e importante investigación sobre este tema [19].

Durante mucho tiempo los contemporáneos y los historiadores han sostenido una polémica sobre las relaciones entre el pensamiento liberal de Cádiz, sus fuentes extranjeras (francesas especialmente) y sus fuentes españolas. El P. Vélez por los días de Cádiz, Menéndez Pelayo a finales del pasado siglo, el prof. Federico Suárez en el nuestro, han insistido en el mimetismo de la Constitución de Cádiz respecto a la Constitución francesa de 1791. Por el contrario, desde Martínez Marina hasta el prof. Sevilla Andrés hay otra corriente interpretativa que, sin dejar de reconocer lo que hay de novedoso en las ideas constitucionales, subraya los aspectos autóctonos u originales de la legislación gaditana.

Francisco Martínez Marina puso mucho énfasis en afirmar que la Constitución española se inspiraba en el espíritu de las antiguas leyes y fueros españoles. El «Discurso preliminar» con que la Constitución fue presentada a las Cortes hablaba de restaurar las viejas leyes [20]. Claro es que cuando un diputado,

---

[19] M. E. MARTÍNEZ QUINTEIRO: *Los orígenes del liberalismo político español.* Tesis doctoral inédita, leída en la Universidad de Salamanca, octubre 1975. Recientemente acaba de publicar la misma autora otro trabajo titulado: *Los grupos liberales antes de las Cortes de Cádiz,* Madrid 1977, que sirve de introducción a su tesis.

[20] J. A. MARAVALL ha señalado sagazmente las diferencias de fondo que distinguen al pensamiento constitucional de Martínez Marina y otros afines, como el que se refleja

Gómez Fernández, pidió que se citaran concretamente las leyes restauradas, Calatrava cortó por lo sano diciendo que las Cortes no eran un gabinete de eruditos, sino un «cuerpo constituyente».

Sánchez Agesta ha centrado modernamente la cuestión al sostener el punto de vista de que las Cortes de Cádiz tuvieron que atender un objetivo prioritario, la necesidad de reformar la estructura político-constitucional del país, evitando que la bandera del *reformismo* quedara en manos del Rey José. Para alcanzar ese objetivo los doceañistas toman ideas y principios que están en uso en el derecho político desde 1789. Son ideas modernas, desde luego, pero revestidas con ropaje antiguo a veces [21].

No es difícil, en efecto, reconocer una dualidad de raíces españolas y extranjeras en las fuentes de inspiración de los legisladores de Cádiz. Incluso sería posible discernir la recepción de ideas elaboradas por los iusnaturalistas españoles del siglo XVII, sobre todo del P. Francisco Suárez, que influyeron en los posteriores tratadistas ingleses y franceses creadores del pensamiento liberal moderno y que llegaron a Cádiz por esta vía indirecta. Otra es la cuestión que formulara Fernández Almagro al preguntarse si las alusiones a las raíces españolas son un acomodamiento oportunista de los doceañistas de Cádiz para enmascarar las doctrinas que trataban de imponer. Pero esta discusión es a mi entender, hoy por hoy, bizantina. Cualquiera que sea el grado de espontaneidad o sinceridad de los doceañistas al apelar a las antiguas leyes españolas, no cabe duda que las formulaciones modernas por ellos propuestas, al envolverlas en esa aureola «restauradora», se hacían más fácilmente admisibles en el medio ambiente español de aquella hora, medio ambiente de exaltación patriótica, nacionalista y antifrancesa.

En nuestro tiempo el análisis de la obra constituyente de Cádiz debe asentarse sobre el estudio de la crisis de la sociedad

en el Discurso preliminar de Cádiz. Tomando a Argüelles como genuino representante del pensamiento que inspira el Discurso preliminar, dice Maravall: «Argüelles, que no es historiador, interpreta las referencias que tiene del pasado en el sentido de las modernas ideas, alterando aquéllas radicalmente. Marina, sobre cuyo pensamiento pesa mucho más un efectivo saber histórico, cree hallar en los testimonios del pasado las ideas nuevas y acaba desfigurando éstas al interpretarlas desde unos pretendidos orígenes con los que, en rigor, tenían muy escasa relación». «Estudio preliminar», páginas 107-108, a su edición del *Discurso sobre el origen de la Monarquía y sobre la naturaleza del gobierno español* de MARTÍNEZ MARINA, Madrid, Instituto de Estudios Políticos, 1957.

[21] L. SÁNCHEZ AGESTA: *Historia del constitucionalismo español*, Madrid, 1956, pp. 59 y ss. principalmente.

española a finales del siglo XVIII y principios del XIX: así podrá transferirse la discusión desde el plano puramente ideológico al sociológico, para desarrollar sobre él la explicación del cambio constitucional de Cádiz. Ésta ha sido la pretensión de Martínez Quinteiro, en la obra antes mencionada; pretensión en parte lograda, aunque un estudio de esta naturaleza tiene que contar siempre con el fallo de las fuentes estadísticas y la poca fiabilidad de los datos del período pre-estadístico, por lo que nos moveremos en el terreno de las conjeturas.

También es accesible un estudio de las *mentalidades*, basado en la educación y, por tanto, en el soporte sociológico que entraña. No deja de ser significativa a este respecto la observación que Evaristo San Miguel hiciera en 1851, al escribir su *Vida de don Agustín Argüelles:* «Los hombres fueron otros a finales del XVIII. Cambiaron su educación, sus costumbres, sus opiniones... Vino a menos el respeto (a lo establecido), se rasgaron los velos del encanto, los ídolos cayeron. ¿Quién tuvo la culpa de este cambio?... ¿Quién pudo impedirlo?... ¡Cuestión inútil! Nadie; ha sido la mano de los tiempos».

San Miguel alude, pues, al cambio de mentalidad y de comportamiento operado en los hombres al filo del 1800. Es el cambio que se enmarca en el proceso cultural del Clasicismo al Romanticismo. En el Clasicismo predomina el hombre de la Razón, de las reformas de gabinete, ordenado, que no quiere rupturas bruscas, en el que todos los objetivos se alcanzan por sus pasos contados: su prototipo es *el burócrata.* En el Romanticismo pasa al primer plano operativo el hombre de la Pasión, del sentimiento sin freno, que aspira a transformarlo todo de golpe; es el hombre de la Revolución y su prototipo *el tribuno,* cuya influencia se ejerce a través de la seducción por el arte oratoria.

De este modo, los hombres de Cádiz fueron llamados «los hijos díscolos de la Ilustración». Son herederos y, en gran parte, continuadores de las ideas y de las obras del gobierno del siglo XVIII, pero imprimen un sello nuevo a las mismas y, sobre todo, una *aceleración* del ritmo. Consideradas así las cosas no tiene nada de extraño el elogio frecuente de las reformas de Carlos III por los liberales del siglo XIX. De otro modo, ¿no parece una singular paradoja el que los liberales del ochocientos elogiaran la obra de gobierno del «despotismo» por muy «ilustrado» que fuera?

¿QUIÉNES HACEN LA REVOLUCIÓN DE CÁDIZ?

Ante todo habrá, pues, que preguntar: ¿Quiénes son los constitucionalistas de Cádiz? En una primera respuesta provisional podemos declarar: son los depositarios del poder surgido en la España de la resistencia.

Sabemos que ese poder arranca de las Juntas Provinciales, base inicial de la nueva autoridad. La composición de esas Juntas, conocida hoy con bastante exactitud, revela la integración en ellas de quienes merecen calificarse de *jefes naturales* en el contexto de una sociedad estable: las autoridades locales antiguas, los obispos o los religiosos distinguidos por su ascendiente sobre las gentes, los magistrados y miembros de la nobleza provinciana, algunas otras personas prestigiosas en los medios locales. Nada, pues, que prefigure una revolución política inmediata.

Para coordinar la acción de las Juntas Provinciales había sido preciso crear la Junta Suprema Central Gubernativa del Reino, a instancias de la Junta de Galicia y también por la presión de Inglaterra, que consideraba peligroso el cantonalismo provincial en orden a la eficacia de la lucha contra Napoleón.

Desde las Juntas Provinciales, y a través de la Junta Central, integrada por figuras casi todas de relieve nacional, se llega por un lado a la designación de la Regencia y por otro a la convocatoria de Cortes. No existen listas completas de los diputados que integraron las Cortes Constituyentes: nos queda constancia plena de los 104 diputados que asistieron a la primera sesión y de los 223 que firmaron el acta de la última. Además, tenemos noticias de los nombres de diputados que figuran en el *Diario de Sesiones,* pero no se ha llegado a una identificación total. Por eso las cifras que se manejan difieren algo de unos autores a otros, aunque las diferencias no sean considerables. Tomando los datos de Fernández Almagro [22], de un total de 308 diputados podemos establecer la siguiente clasificación socio-profesional:

Noventa y siete eclesiásticos, de los que sólo 5 obispos, prevaleciendo entre los eclesiásticos los miembros del alto y medio clero secular.

---

[22] M. FERNÁNDEZ ALMAGRO: *Los orígenes del régimen constitucional en España,* Madrid, 1928. Cito por la reedición de Barcelona, 1976, p. 79.

Sesenta abogados, 55 funcionarios públicos y 16 catedráticos universitarios. Además, 4 escritores y 2 médicos. O sea, unos 137 hombres de las profesiones liberales y la función pública.

Treinta y siete militares (¿aristócratas?), 8 nobles titulados, y 9 marinos; en total, 56 miembros de este grupo que podemos considerar aristocrático, si bien haremos luego alguna reserva sobre la identificación de los militares en el mismo.

Quince propietarios y 5 comerciantes.

Destaca, pues, el alto número de eclesiásticos, el predominante grupo de funcionarios y abogados, el escaso número de representantes de la burguesía comercial. En esta clasificación no aparece tanto un denominador común y diferenciador de clase económica, como de base educativa. De esta relación de diputados no se deduce que la Constitución de Cádiz deba definirse como la obra de «las clases medias», sino de las «clases instruidas». En efecto, se trata de eclesiásticos de alto nivel de instrucción, de abogados y funcionarios elevados, catedráticos, intelectuales y militares, sector social este último más calificado por su grado de instrucción que por su condición supuestamente aristocrática.

Se trata, pues, de una *minoría instruida* que no opera según un consenso popular, sino según unos *estímulos constituyentes* compartidos por casi toda la clase política: la necesidad de una reforma institucional, aunque sobre las directrices concretas y el alcance de tal reforma se manifiesten pareceres discrepantes. El pueblo en general de toda España, no politizado, no instruido, no presta su consenso a la obra de Cádiz. La clase media *silenciosa* tampoco participa en la acción política de Cádiz, ni la respalda.

¿Es admisible, pues, atribuir a las «clases medias» el protagonismo de la Revolución política gaditana? Con razón Esther Martínez Quinteiro al referirse a estas «clases medias» opina que «hablar mucho de algo no sólo heterogéneo, sino poco aprehensible» es poco convincente.

En cambio, se detectan mejor y más inmediatamente las referencias concretas al clero, a los funcionarios, a los militares. El papel en las tareas constituyentes del alto clero instruido queda bien explícito en los casos del canónigo Muñoz Torrero y otros clérigos, como Espiga y Oliveros, todos ellos de tendencia liberal, mientras algunos criptorrealistas participaban también en los trabajos y discusiones, como el obispo de Orense, don Pedro de Quevedo, y los señores Ruiz de la Bárcena y Cañedo. No actuaban, pues, los diputados eclesiásticos monolíticamente, sino que ellos fueron reflejo de las encontradas opiniones del momento. Por otra parte, las diferencias de instrucción del clero secular en aquella época eran notorias, como lo prueban los estudios de Leandro Higueruela sobre la archidiócesis de Toledo; e igualmente podrían señalarse diferencias de instrucción en el clero regular [23].

El papel de los funcionarios (altos cargos, magistrados, fiscales) fue especialmente significativo en Cádiz. El ambiente social de la ciudad se vio notablemente afectado por la guerra, como se refleja en la obra de Ramón Solís, y un factor determinante de aquella sociedad gaditana fueron los *refugiados* [24]. En 1808 y años siguientes llega a Cádiz un número quizá de 50.000 refugiados, que duplica el total de la población ordinaria. Pero lo que importa más de tales refugiados no es su número, sino la categoría social: la mayor parte son funcionarios, militares, profesionales (abogados, escritores). El papel, pues, de los funcionarios adquiere doble realce en el Cádiz de las Cortes extraordinarias, ya sea en el ámbito de la Asamblea deliberante, ya en la calle.

Creo que es exagerado pensar en un descontento generalizado de los funcionarios porque estimasen bajos los salarios que percibían. Debemos evitar incurrir en el anacronismo de suponer un ambiente de fronda política en unos funcionarios mal pagados. Porque todos los salarios en aquella época, salvo contadísimas excepciones, eran bajos. En nuestro tiempo, en el Estado del bienestar social, es frecuente manifestar el descontento por las limitaciones en el incremento de salarios, descontento que pasa por la escalada de la queja, la protesta airada (legal o no) y, por fin, adquiere un efecto político-ideológico. Pero la aplicación de los modos de comportamiento actuales a situaciones pretéritas nos induce con mucha facilidad a caer en el anacronismo.

Lo peor, en la práctica, no era la baja cuantía de los salarios, sino la *demora en cobrarlos*. Estas demoras en la percepción de haberes y sueldos se prolongaban con frecuencia durante meses, por lo que ocasionaban graves trastornos en las economías

[23] L. HIGUERUELA DEL PINO: *El clero de la diócesis de Toledo durante el pontificado del Cardenal Borbón (1800-1823).* Tesis doctoral leída en la Universidad Complutense de Madrid, 5 de julio de 1973. (Actualmente en curso de publicación por la Fundación Universitaria Española.)

[24] RAMÓN DE SOLÍS ha hecho un brillante y documentado estudio de *El Cádiz de las Cortes,* Madrid, 1958. (Prólogo del Dr. GREGORIO MARAÑÓN.)

familiares, con el natural descontento. Efectivamente, en este sentido hay testimonios de quejas que, por lo demás, no deben exagerarse fuera de su contexto. El que los funcionarios tuvieran motivos de descontento no quiere decir que en 1808 o en 1810 se comportaran como contestatarios.

Además, la situación económica de los funcionarios en 1808 es difícil de precisar: los salarios inferiores de los empleos calificados oscilaban alrededor de los 12.000 reales anuales, cuando el jornal de un albañil o un carpintero eran de 8 a 10 reales por término medio, es decir, menos de 3.000 reales al año, calculando un poco por alto 280 jornadas laborales anuales. Sobre todo, la situación económica de los funcionarios se hace imprecisa porque su salario se incrementaba por la práctica generalizada del pluriempleo y también por las habituales corruptelas, propinas o «provechos», según la terminología de la época, que podían obtenerse en el desempeño de los oficios, según una práctica habitual admitida.

Por supuesto, la crisis económica de 1806-1808 afectó a los asalariados de todo tipo y también a los funcionarios, entre los que se produciría un lógico malestar. Sin embargo, en esta ocasión como en otras de aquella época, ese malestar se compensaba por la seguridad de poder resarcirse y, sobre todo, por la seguridad en el empleo y las perspectivas de ascenso en la carrera burocrática, tanto en el servicio de Hacienda, el que reunía mayor número de empleados, como en los otros servicios públicos.

Los funcionarios que forman el soporte sociológico del liberalismo de Cádiz no son los peor pagados, sino los más instruidos, los que están más al día en las preocupaciones de la cosa pública. Lo mismo podemos decir de los catedráticos de Salamanca en relación a los catedráticos de las otras Universidades. Tal vez pudiera extenderse una afirmación semejante al ejercicio de otras profesiones liberales, como los abogados, aunque esto resulta más dudoso.

El comportamiento de los funcionarios se explica mejor por el grado de su instrucción y también por el hecho evidente de que el administrador de una administración irracional suele normalmente inclinarse a racionalizarla mediante las reformas que se estimen necesarias: eso había ocurrido a los grandes administradores del siglo XVIII, como Ensenada o Floridablanca. Eso mismo podía acontecer a los liberales del siglo XIX con su reforma política y administrativa conducente a una racionalización de las estructuras del Estado.

También hemos visto que los militares tienen un cierto relieve numérico en las Cortes de Cádiz. ¿Se trata en realidad de individuos que integran la categoría social de las «clases aristocráticas»? En el caso de los marinos la respuesta es indudable: la selección de los guardias marinas era bastante estricta. Pero el caso de los oficiales del Ejército de tierra no resulta tan claro, por la frecuente laxitud en el rigor de las probanzas. Ahora bien, si la condición aristocrática de los oficiales no es quizá el factor diferencial más importante, en cambio lo es su grado de instrucción. Los militares a principios del siglo XIX debían figurar entre las clases más instruidas del país, con independencia de su categoría estamental, y era a ellos a quienes se encomendaban servicios especiales que requerían un grado de instrucción relevante (sobre todo, misiones científicas y diplomáticas). Por eso merecería la pena un estudio a fondo de la composición social y cultural del Ejército a finales del siglo XVIII y principios del XIX.

En cuanto a la nobleza, en general, cabe decir que no se produjo una selección clasista ante el incipiente liberalismo: hubo miembros de la aristocracia, incluso de la alta nobleza, que adoptaron actitudes ideológicas liberales; lo mismo que otros individuos de la misma calificación social adoptaban posturas antiliberales o simplemente indiferentes. Ni siquiera cabe establecer distinción entre la alta nobleza titulada y los simples hidalgos. El comportamiento político de estos últimos suele resultar más significativo por su actividad profesional y no por su condición social de rango nobiliario.

Por fin, resulta a primera vista un poco sorprendente el corto número de industriales y comerciantes que toman parte en las actuaciones políticas de Cádiz. Tal vez debamos tener en cuenta el escaso nervio político de estas clases que, atentas al cuidado de sus negocios y empresas, carecen de tiempo para aplicarse a la política directamente. Justificar su pasividad tan sólo porque las estructuras del Antiguo régimen les permiten prosperar sin mayores preocupaciones es una explicación demasiado elemental e inexacta. Al fin y al cabo, ellos habían apoyado, durante el último tercio del siglo XVIII, los estudios de «economía política» y la divulgación de las doctrinas del liberalismo económico, a través de las Sociedades de Amigos del País, de las Juntas de Comercio y de los Consulados. Pero no debemos incurrir en errores de apreciación sobre la importancia relativa de estas clases medias mercantiles que, en el conjunto del ámbito nacional, resultaban poco significativas, con excepción de algunas ciudades como Madrid, Barcelona, Bilbao y, sobre todo, Cádiz.

Esta última ciudad puede darnos la mejor tipificación de la burguesía de la época: de los 50.000 habitantes que tenía en 1810, 600 eran mercaderes aplicados al gran comercio, 1.400 pequeños comerciantes, 800 extranjeros dedicados también a actividades mercantiles y 2.300 artesanos. Ciudad, pues, burguesa por antonomasia, «con razón calificada de emporio», como dice un ilustre gaditano contemporáneo, don Antonio Alcalá Galiano en sus *Recuerdos de un anciano,* «era muy de notar entonces la falta de vulgo insolente y soez», así como la falta «de nobleza terrateniente», dando el tono de la ciudad «los comerciantes, no de los que pasan en otros lugares con este nombre, sino de clase allí diferente de la de los tenderos, y de ellos no pocos hidalgos por su cuna y enlazados con gente de la nobleza inferior» [25]. Por supuesto, el ambiente externo de Cádiz enmarcó los debates de las Cortes, sobre todo cuando, a partir de febrero de 1811, se trasladaron de la isla del León a la iglesia de San Felipe en el interior de la ciudad. Pero ya hemos hecho notar que el contexto social de Cádiz, a partir de 1809-1810 quedó muy alterado por el gran número de refugiados que allí acudieron de todas partes.

LOS ESTÍMULOS CONSTITUYENTES

Los diputados de Cádiz, de variadas y aun opuestas opiniones, y de distintas categorías sociales, se vieron espoleados a la acción política constituyente por varios estímulos. Ante todo, el convencimiento casi unánime de que era necesaria una reforma de las estructuras institucionales del Antiguo régimen. Esta necesidad se había hecho ya sentir en las postrimerías del siglo XVIII y sólo parcialmente intentada por los hombres del «despotismo ilustrado» en la línea tecnocrática de Floridablanca, a quien precisamente se le encomendó la presidencia de la Junta Central, en el ejercicio de cuyo cargo falleció el 28 de diciembre de 1808.

[25] A. ALCALÁ GALIANO: *Recuerdos de un anciano,* vol. I, pp. 54-57, ed. de *Obras escogidas* de dicho autor, en la Biblioteca de Autores Españoles.

El sentimiento de esa necesidad era común a gentes de varia ideología, sobre todo por el disgusto generado por el «despotismo ministerial» de Godoy y la política cortesana caprichosa de Carlos IV, con el consiguiente detrimento del poder real bajo este monarca. Cuando en abril de 1809 discutió la Junta Central la proposición de Calvo de Rozas de convocar Cortes, los dictámenes favorables planteaban la necesidad de instrumentar reformas en todos los ramos del gobierno «por estar todos viciados y corrompidos», según expuso el bailío Valdés. «Dictámenes que prueban hasta qué punto ya entonces reinaba la opinión de la necesidad y conveniencia de juntar Cortes entre las personas señaladas por su capacidad, cordura y aún aversión a los excesos populares», comenta el conde de Toreno [26].

Son, pues, varias las líneas de pensamiento que confluyen en excitar la necesidad de la reforma política: la que procede de la reacción aristocrática del siglo XVIII (reflejada en el motín de Aranjuez), la de los epígonos del despotismo ilustrado (a la manera de Jovellanos) y la línea criptoliberal que desemboca en los doceañistas de Cádiz.

La situación económica de España a principios del siglo XIX era grave y propicia a fomentar un malestar difuso: el alza de precios por las guerras napoleónicas y la recesión consiguiente, el hambre de los años 1803-1804, la presión fiscal creciente, la carestía del período 1806-1808. Pero no hay que exagerar la importancia de este factor como estímulo constitucional. Ese malestar *difuso* no se *concreta* en una actuación política consciente. Añadamos que en la España de 1800, país pobre, no trasciende demasiado una situación económica deteriorada, pues sus gentes estaban acostumbradas a soportar hambres intermitentes de modo regular, a tener siempre una vida de «cinturón apretado», una vida austera, haciendo de la necesidad virtud.

En cambio, un estímulo constituyente de gran fuerza en aquella ocasión fue, como ya se ha dicho, el deseo de arrebatar a los franceses la iniciativa reformadora que, siquiera teóricamente, se había anunciado en la Constitución de Bayona, y con la que José I procuraba tentar a los españoles en las ocasiones que parecían propicias, sobre todo después de la batalla de Medellín y de las operaciones militares del año 1809, cuando llegó a imaginar que se ablandaría la moral de resistencia española.

---

[26] CONDE DE TORENO: *Historia del levantamiento, guerra y revolución de España,* página 199, ed. de la B. A. E.; Madrid, 1952.

No hay que olvidar tampoco que uno de los últimos actos de Fernando VII antes de su renuncia en Bayona había sido la orden secreta de convocar Cortes, bien que se refiriera a las del Antiguo régimen. Pero esta orden respaldaba de algún modo la necesidad sentida de llenar el vacío de la *autoridad legítima* con la legitimación del gobierno nacional y el fortalecimiento de éste, tras los aludidos avatares bélicos de 1809, que pusieron a España en situación militar crítica y que políticamente desgastaron el precario prestigio de la Junta Central.

Por fin, recordemos que el constitucionalismo doctrinal pregaditano, aunque recluido en ámbitos académicos, alcanzaba un grado de maduración susceptible de trascender a la clase política dirigente en los albores del año 1810.

Así, surgirá la convocatoria de Cortes y la Constitución en ellas elaborada. El 22 de mayo de 1809 la Junta Central, cuya presidencia había recaído en el marqués de Astorga al fallecer Floridablanca, anunció la convocatoria próxima de una reunión de Cortes e hizo una «consulta al país», es decir, a los cuerpos colegiados y a personas calificadas sobre el modo de celebrarlas, ya que eran inviables unas Cortes al estilo del siglo XVIII. De tal consulta no se obtuvo ningún resultado práctico [27]. En cambio, la comisión preparatoria nombrada al mismo tiempo por la Junta realizó trabajos cuya repercusión había de ser considerable. Allí se planteó la lucha polarizada entre la solución «jovellanista» y la criptoliberal. Jovellanos defendía un compromiso

---

[27] Las respuestas a la «consulta al país», según M. ARTOLA (*Los orígenes de la España contemporánea,* Madrid, 1959, vol. I, pp. 287 y ss.) vienen a ser algo así como los *cahiers de doléances* franceses. Artola examinó los documentos que se conservan en el Archivo de las Cortes, y publicó extensamente muchos de ellos en el vol. II de dicha obra. Posteriormente M. ISABEL ARRIAZU completó la información sobre el número de respuestas y analizó algunos problemas que en ellas se plantean («La Consulta de la Junta Central al país sobre Cortes» en *Estudios sobre las Cortes de Cádiz,* Universidad de Navarra, 1967, pp. 11-118). A la vez FEDERICO SUÁREZ inició la publicación de estos informes o «respuestas», agrupados por áreas geográficas, bajo el título general *Cortes de Cádiz,* Universidad de Navarra, 1967.

Una cosa queda claramente reflejada en los informes: la opinión general de ser necesarias las reformas. El conjunto de las respuestas, por la variedad de procedencias, tanto personales como geográficas, resulta interesante para compulsar las opiniones públicas en aquel momento de crisis, aunque su valor doctrinal sea muy distinto, y junto a los «proyectos constitucionales totalmente articulados» a que se refiere Artola, puedan señalarse también las ligerezas y confusiones de que habla Suárez. Por otra parte, niega Suárez carácter representativo a estos informes de la opinión por categorías sociales, ya que los clérigos, los nobles o los juristas que los redactan no lo hacen a título corporativo de su cuerpo social («Estudio preliminar», p. 101, al vol. I de *Cortes de Cádiz* antes mencionado).

entre las Cortes estamentales por brazos del Antiguo Régimen y el bicameralismo parlamentario inglés. Los liberales, como Agustín de Argüelles, propiciaban la reunión de Cortes en Cámara única según el modelo francés.

La Junta Central aceptó el proyecto de Jovellanos, que en la Comisión de Cortes tuvo tres votos a favor por dos en contra. Jovellanos hizo una justificación de sus puntos de vista en la *Memoria en defensa de la Junta Central*. Así, antes de disolverse la Junta suscribió la «instrucción» del 29 de enero de 1810, reiterando el Decreto del 1 de enero antecedente, por el que anunciaba la convocatoria de Cortes que, según el plan de Jovellanos, debieran componerse de una Cámara de diputados correspondientes al antiguo «estado general», aunque con representación actualizada y ampliada a todo el cuerpo social de la nación, y una Cámara alta en la que hallarían asiento los brazos o estamentos privilegiados.

El decreto sobre reunión en Cortes de estos brazos privilegiados y sobre el modo de acceder a ellas no fue, sin embargo, publicado. De esta manera sólo se dio a conocer la convocatoria de la Cámara de diputados, así como el procedimiento electoral que se había aprobado previamente para designar representantes de todas las provincias de España y Ultramar, unos en calidad de titulares (o diputados «propietarios») y otros en calidad de suplentes.

La Junta Central traspasó sus poderes a la primera Regencia, integrada por cinco miembros, presididos por el obispo de Orense. Toda una serie de intrigas y presiones se concitan alrededor de la Regencia para forzar la convocatoria de Cortes, uno de cuyos testimonios más interesantes nos ha dejado Agustín de Argüelles en su *Examen histórico*, pieza justificativa de sus actuaciones en todas aquellas maniobras de las que fue protagonista [28]. Por fin, el 18 de junio de 1810 la Regencia rectifica el proyecto de convocatoria, subsistiendo sólo el llamamiento a las Cortes en Cámara única, que deberían reunirse el 24 de septiembre.

---

[28] El *Examen histórico* de ARGÜELLES ha sido editado recientemente por JESÚS LONGARES (*La reforma constitucional de Cádiz*, Col. Bitácora del Estudiante, Madrid, 1970), quien hace notar que al Argüelles exiliado no le preocupa tanto contar el detalle de los hechos como razonar sobre los mismos: «repiensa con el interés con que se meditan los odios, no para atemperarlos, sino para hacerlos más razonables y profundos» (p. 26).

La Constitución de 1812

En efecto, la sesión inaugural de las Cortes se celebró en la mencionada fecha y en ella pronunció Muñoz Torrero un discurso programático, defendiendo los principios de la soberanía nacional y de la división de poderes, que se aprobaron casi sin oposición, incluso sin la oposición de los que luego rechazaron el principio de la soberanía nacional. Tal acuerdo se convirtió en el primer Decreto de las nuevas Cortes.

El dogma de la soberanía nacional se consideraba la justificación suprema de la guerra de la Independencia. Napoleón había obligado a *ceder* la Corona valiéndose de la *soberanía monárquica*. La *soberanía nacional* reclamaba así contra la usurpación de Napoleón.

Los debates constituyentes concluyeron tras largas, laboriosas y en ocasiones tumultuosas sesiones, con la proclamación de la Constitución el 19 de marzo de 1812. En aquellos debates habían brillado los oradores, cuyo arquetipo entonces fue el «divino» Argüelles, hombre más mediocre de talento que de palabra, sin ideas luminosas, sin dotes de mando, pero a quien en 1810 se escuchaba por su «arte de la palabra»; arte efímero en los gustos públicos, pues en las Cortes Constituyentes de 1837 los discursos del ya anciano doceañista caían en el vacío de un salón de sesiones casi desierto.

La Constitución de 1812 es muy extensa y prolija, con un total de 384 artículos. Las tres materias claves de la revolución política contenidas en el texto constitucional son las siguientes: la soberanía nacional, la división de poderes y el derecho de representación.

El Art. 3.º declara: «La soberanía reside esencialmente en la nación y por lo mismo pertenece a ésta exclusivamente el derecho de establecer sus leyes fundamentales». Jovellanos había querido evitar la declaración de la *soberanía nacional actual* sustituyéndola por el principio del *derecho de supremacía originaria*. En este sentido se pronunció en las Cortes el jovellanista Cañedo. El cardenal Inguanzo y otros diputados trataron de enmendar el adverbio «esencialmente» por «radicalmente», que haría referencia a una raíz originaria pero no actual, de acuerdo con la doctrina escolástica del *pactum societatis* originario, que no se opone al ya existente *pactum subjectionis,* por lo que el poder *actual* del Rey no emanaría de la soberanía esencial de la nación. Sin embargo, el proyecto del Art. 3.º redactado por la

Comisión resultaba más explícitamente revolucionario al añadirse en él la facultad de la nación «de adoptar el gobierno que más le convenga». Esta redacción del artículo fue, pues, rechazada, quedando formulado el principio de la soberanía nacional de la manera antes expresada.

El principio de división de poderes, según las modernas teorías del derecho político desarrolladas en el siglo XVIII, distinguían entre poder legislativo, ejecutivo y judicial. Uno de los defectos más ostensibles en el ejercicio del poder en el Antiguo régimen era la confusión de funciones derivada de la unidad de poder que reside en el Rey, por lo que eran frecuentes los problemas de competencias entre autoridades. Teóricamente, pues, imperfecto y en la práctica confuso, el sistema tenía que ser superado, racionalizándolo. La crítica de los tratadistas jurídico-políticos desde finales del siglo XVIII iba enderezada a ello: se invocaba la doctrina de Montesquieu y el ejemplo de la Constitución norteamericana de 1787.

El texto constitucional gaditano al establecer la división de poderes confió a las Cortes el poder legislativo (arts. 132-141). Al Rey se le reconocía en este punto la prerrogativa de promulgar las leyes y un derecho de veto transitorio (arts. 142-147). También disponía el Rey de iniciativa para proponer leyes a las Cortes y de *poder reglamentario* que, según Martínez Sospedra, «le permiten conducir la elaboración de la ley y controlar totalmente su aplicación».

El poder ejecutivo reside exclusivamente en el Rey (arts. 16 y 170). Su persona «es sagrada e inviolable y no está sujeta a responsabilidad» (art. 168), siendo responsables los ministros que refrendan los Reales Decretos. Las principales facultades del Monarca se determinan en el Art. 171: nombra y separa libremente los ministros del gobierno; nombra también, dentro de ciertas reglas, los magistrados de los Tribunales, los empleos civiles y militares; manda las fuerzas armadas, dirige las relaciones internacionales, declara la guerra y firma la paz «dando después cuenta documentada a las Cortes»; dispone, por fin, de la Tesorería pública e inspecciona la administración de Justicia.

Aunque desaparecía el «poder omnímodo» del antiguo monarca absoluto, el Rey de la Constitución de Cádiz conservaba una gran autoridad, reuniéndose en él la Jefatura del Estado y la del Gobierno. El Discurso preliminar de la Constitución de Cádiz afirmaba conscientemente esta autoridad: «El Rey, como Jefe del gobierno y primer Magistrado de la nación, necesita estar revestido de una autoridad verdaderamente poderosa.

Toda la potestad ejecutiva la deposita la Nación por medio de
la Constitución en sus manos». Manuel Martínez Sospedra, que
ha estudiado recientemente esta problemática del Rey en la
Constitución de Cádiz, hace notar: «Al Rey se le atribuye la
plenitud del poder legislativo sin ninguna traza de bicefalismo.
El Rey efectivamente reina, pero también gobierna a la cabeza
del ministerio... El problema radica en averiguar si tan potente
Jefe de Estado es una fórmula retórica... o se halla de verdad
plasmada en el texto articulado de la Constitución» [29].

El Rey, además del poder ejecutivo pleno y de la función
gubernativa, posee «un fondo de poder totalmente indeterminado, con las escasas limitaciones del Art. 172... cuya enumera-
ción es exhaustiva (y que son) francamente débiles», pregun-
tándose Martínez Sospedra si no es éste «un artículo su-
perfluo». La figura del Rey, pues, en la Constitución de 1812,
según se deduce del análisis del citado autor, aparece como la
de «un monarca presidencialista reforzado». Sin embargo, las
restricciones a la autoridad real contenidas en el famoso Art.
172 y el establecimiento de la Diputación permanente de las
Cortes (arts. 157-160) eran reveladoras, a mi entender, de la
desconfianza de las Cortes hacia las posibles veleidades absolutistas del monarca, cosa en cierto modo lógica cuando se salía
de la situación precedente. Se trataba más de un efecto psicológico que de una verdadera disputa de poder.

El poder ejecutivo lo ejercía el Rey por medio de sus Secretarios de Despacho, ya que se conservaba esta terminología para
designar a los ministros del gobierno. La responsabilidad de los
Secretarios de Despacho ante las Cortes (art. 226) supone una
fiscalización del gobierno por éstas, pero no un sistema de gobierno basado en la confianza parlamentaria. Las Cortes podían
acusar a los ministros, que automáticamente quedaban suspendi-
dos y sometidos a un «juicio de residencia» ante el Tribunal
Supremo. Esta relación entre los ministros y las Cortes, fiscali-
zadoras pero no otorgadoras de la confianza parlamentaria, era
susceptible de crear dificultades en la práctica del gobierno, en
las que el Rey se viera involucrado. Así ocurrió en 1821, como
tendremos ocasión de ver. Sólo en 1836, al restablecerse la
Constitución de Cádiz bajo el gobierno Calatrava se hizo aprobar por las Cortes un «Decreto de nombramiento de ministros»

---

[29]   M. MARTÍNEZ SOSPEDRA: «El Rey en la Constitución de Cádiz. Una Monarquía
presidencialista», en *Estudios,* Departamento de Historia Moderna de la Facultad de
Filosofía y Letras, Zaragoza, 1975, pp. 225 y ss.

que, en realidad, suponía la reforma del texto constitucional para introducir el sistema de la *confianza parlamentaria* en tales nombramientos.

El poder judicial reside en los Tribunales, que tienen «la potestad de aplicar las leyes» (arts. 242-285). Se declara la igualdad de los ciudadanos ante la ley en los asuntos comunes, civiles y criminales, aunque persisten el fuero eclesiástico y el fuero militar. No se hace alusión directa alguna a los territorios de régimen foral.

El derecho de representación es el tercero de los puntos capitales del nuevo régimen constitucional. En las antiguas Cortes estaban representados los estamentos, pero dentro del estamento general sólo algunas ciudades poseían voto en Cortes. Desde las Cortes de Toledo de 1538 habían dejado de asistir por su parte los altos estamentos. Los «procuradores» o representantes de las ciudades en Cortes eran mandatarios de la voluntad de los mandantes; es decir, la representación de los procuradores no gozaba de facultades universales, sino que estaba limitada por un cuaderno de instrucciones a las que necesariamente debían atenerse.

En la Constitución de 1812 cada diputado tiene un *mandato representativo universal:* no representa tan sólo a la provincia que lo elije, sino que todos y cada uno de los diputados ostentan la representación nacional. Además, el derecho a estar representado en Cortes no es privilegio particular de una ciudad o de un grupo, sino derecho común a todos «los ciudadanos avecindados», así en España como en América, que habían de ejercitarlo por un complicado procedimiento electoral en cuarto grado.

Los capítulos II al V de la Constitución (arts. 34 al 103) desarrollan con todo pormenor este procedimiento, incluyendo en el texto constitucional la materia propia de una ley electoral. Las Juntas electorales de parroquia, formadas por todos los vecinos, designarían once compromisarios, los cuales a su vez nombrarían un «elector parroquial» si el número de vecinos estuviera comprendido entre 150 y 300; si los vecinos eran más de 300 designarían veintiún compromisarios para elegir dos electores parroquiales. En caso de no alcanzar el número mínimo de 150 vecinos, se agruparían con otras parroquias próximas hasta alcanzarlo. Para ser «elector parroquial» la Constitución exige ser varón mayor de veinticinco años.

Los «electores parroquiales» forman la Junta electoral de partido, la cual designará por mayoría a uno o más «electores de partido», para que en total su número sea triple al de diputados que corresponda elegir en la provincia respectiva. Los «electores de partido» forman las Juntas electorales de provincia. Son estas Juntas las que, reunidas en la capital, elegirán «de uno en uno» los diputados a Cortes que correspondan, primero los titulares y luego los suplentes. A cada provincia le corresponde designar un diputado titular si tiene más de 60.000 habitantes según el censo de 1797: esto en la España metropolitana; pues para determinar la población de las provincias de Ultramar se emplearán «los censos más auténticos de entre los últimamente formados». Si la provincia excede de 105.000 habitantes serán dos los diputados que la representen. Por el contrario, en el caso de no alcanzar una provincia la cifra de 60.000 habitantes se agrupará con otra vecina, salvo la isla de Santo Domingo que en todo caso tendrá un diputado.

En la Constitución de 1812 no hay una declaración orgánica de los derechos políticos de los ciudadanos (libertad de expresión, petición, etc.), como la habrá posteriormente en las Constituciones de 1837 y siguientes, que empiezan precisamente por tal declaración. En cambio, en 1812, los artículos 6 a 9 exponen los «deberes de los españoles», entre los que figura la famosa y retórica obligación «de ser justos y benéficos».

La Constitución de Cádiz, a pesar de pecar por exceso de prolijidad en muchas materias, dejó otras al margen del texto constitucional. Sin embargo, las Cortes elaboraron leyes de rango ordinario que completaban la revolución política y la transformación del orden social. Así, anticipándose a la Constitución, se había aprobado el 6 de agosto de 1811 el decreto sobre abolición de señoríos, al que nos referiremos en un capítulo posterior. El Decreto de 8 de junio de 1813 sobre supresión de gremios y libertad de fabricación es el punto culminante del proceso normativo iniciado en la segunda mitad del siglo XVIII para recortar la reglamentación gremial de la producción artesana antigua, que había fijado obligatoriamente los procedimientos de fabricación y las calidades de los productos, además de regular las relaciones laborales entre los trabajadores [30]. También por Decreto se estableció la libertad del propietario de cerrar las fincas y de disponer libremente de ellas sin trabas, para venderlas o arrendarlas sin tasas, ni opciones preferenciales, ni más limitaciones que las pactadas por las partes contratantes.

---

[30] M. R. ALARCÓN en las pp. 36-40 de su libro sobre *El derecho de asociación obrera en España (1839-1900)*, Madrid, 1975, resume las principales disposiciones de este proceso normativo.

Esta plena libertad económica, así como la supresión de los mayorazgos, máximo exponente del liberalismo económico, habría de incidir sobre los soportes de la sociedad, contribuyendo a su transformación más completa. Según opina Sánchez Agesta sus efectos fueron «mucho más profundos que la revolución política».

Las Cortes extraordinarias se clausuraron el 14 de septiembre de 1813, anunciándose la convocatoria de las Cortes ordinarias para el 1 de octubre del mismo año.

LA SITUACIÓN DE LA IGLESIA DURANTE LA GUERRA
DE LA INDEPENDENCIA. LA POLÍTICA RELIGIOSA
DE LAS CORTES DE CÁDIZ

Las Cortes extraordinarias también legislaron en materia eclesiástica. Esto dio motivo a rupturas y tensiones graves al ser alcanzado el siempre delicado plano de los sentimientos religiosos.

Durante la guerra de la Independencia el clero de todas las categorías, secular o regular, jerarquías o simples curas párrocos, con excepciones contadas (entre las que destaca el arzobispo de Zaragoza, mons. José R. Arce), habían tomado parte en la lucha contra los franceses con todos los medios a su alcance: la predicación, los donativos y hasta, en algunas ocasiones, con las armas en la mano. La respuesta de Napoleón fue tomar diversas medidas contra el clero, la supresión de la Inquisición y la reducción del número de conventos. Esto confirmó a la gran masa de españoles en la malevolencia diabólica que atribuían al invasor francés: Napoleón era el Anti-Cristo.

Por tal motivo resultó inquietante para muchos sectores eclesiásticos el que también en Cádiz se legislara en materia eclesiástica grave sin contar con la autoridad religiosa competente. Así se sembró el desconcierto y la alarma entre las gentes.

Hoy podemos comprender con claridad el fenómeno de fondo que subyacía en aquella cuestión: el cambio de mentalidad que se estaba produciendo y del que dimanaba un revisionismo de la constitución de la Iglesia, para introducir en ella reformas disciplinarias que no debían afectar al acervo de la fe y del dogma. Precisamente los constituyentes de Cádiz habían

hecho actos públicos de devoción y piedad, habían puesto la
Constitución bajo la invocación de «Dios Todopoderoso, Padre, Hijo y Espíritu Santo, autor y supremo legislador de la
sociedad». Además, el Art. 12 de la Constitución reconocía:
«La religión de la Nación española es y será perpetuamente
la católica, apostólica, romana, única verdadera. La Nación la
protege por leyes sabias y justas, y prohíbe el ejercicio de cualquier otra».

Pero al plantear en Cádiz las reformas eclesiásticas, en
tiempo de exaltación y de crisis bélica, con la turbación general
que experimentaba todo el país, se cometieron dos fallos: pretender las reformas eclesiásticas unilateralmente, a espaldas de
Roma, siguiendo el ejemplo del regalismo absolutista anterior; y
usar algunas veces de un tono agresivo en el lenguaje, incurriendo en desplantes anticlericales como los del *Diccionario
crítico-burlesco* de Bartolomé José Gallardo y otros de peor gusto
prodigados en la nutrida literatura panfletaria entonces impresa.

Al observar las cosas con serenidad desde la perspectiva
actual se nos aparece como evidente la necesidad de la reforma
eclesiástica, porque la Iglesia heredada del pasado padecía de
análogo abigarramiento al de otras estructuras del Antiguo régimen, que eran resultado de un orden histórico, pero que no
respondían a un orden lógico, ni se acomodaban a las realidades
presentes. He aquí algunos aspectos estructurales que exigían
revisión y reforma, según ha expuesto el prof. Manuel Revuelta [31]:

a) La desigualdad entre las diócesis y la heterogeneidad y
confusión de jurisdicciones. Dos archidiócesis, Toledo con
ocho obispados y 3.600 leguas cuadradas de extensión, y Santiago con doce obispados y 3.200 leguas cuadradas, abarcaban el
territorio de casi media España. Existían diócesis con centenares
de parroquias y en otras, en cambio, podían contarse las parroquias con los dedos de la mano (Menorca con diez, Tudela con
doce, Albarracín con treinta y cuatro). De manera análoga a lo
que ocurría en la distribución provincial civil, también en las
provincias eclesiásticas existían frecuentes enclaves; por ejemplo la parroquia de Santa María de Ambía, en Orense, pertenecía a la diócesis de Valladolid; o áreas extensas, como Valencia
de don Juan y Benavente que pertenecían a la de Oviedo. Además, existían territorios exentos con jurisdicción particular: los

---

[31] M. REVUELTA GONZÁLEZ: *Política religiosa de los liberales. El Trienio Constitucional,* Madrid, 1973, pp. 22 y s.

dos prioratos de la Orden de Santiago, San Marcos de León y Uclés. Para más abundamiento, existían abadías con jurisdicción cuasi-episcopal, como la de Villafranca del Bierzo, que se ejercía sobre 69 parroquias.

b) La complicada base económica de la organización eclesiástica. Aunque se tenía, y se sigue teniendo, un conocimiento imperfecto de los bienes eclesiásticos, es cierto que la Iglesia poseía una parte considerable de la riqueza nacional. Disfrutaba la Iglesia de diversas fuentes de ingresos: las rentas propias de los bienes rústicos o urbanos que poseía, siendo en esto particularmente ricas las Órdenes religiosas; las donaciones y limosnas, cuantiosas en razón de la piedad de los fieles; los estipendios cobrados por los servicios religiosos (misas, bautizos, bodas, entierros); por fin, el diezmo, tributo mixto, en cuya percepción disfrutaban de una parte el Estado o los particulares, pero que suponía una fuente importantísima de ingresos para la Iglesia, y que resultaba una carga singularmente enojosa y pesada para las clases agrarias, las más afectadas por dicha contribución.

La Iglesia era así rica, pero sus rentas se distribuían de manera harto desigual, por lo que en medio de una Iglesia rica había buen número de eclesiásticos pobres. Según un documento oficial del año 1820, existían seis mitras episcopales con más de un millón de reales de renta (Toledo, Santiago, Valencia, Zaragoza, Sevilla y Cartagena), mientras que cuatro no llegaban a cien mil reales (Tudela, Ibiza, Solsona y Barbastro). Había iglesias cuyas dignidades cobraban 160.000 reales anuales, lo que era un altísimo nivel de renta en aquellos tiempos; pero en otras iglesias los curas percibían menos de 12.000 reales. En la diócesis de Toledo, según estimación de Leandro Higueruela, «mientras una gran parte de los sacerdotes con curato rural de categoría de entrada oscilaba entre 300 a 400 ducados anuales (= 3.300 a 4.400 reales) estimados por los propios Visitadores y Vicarios como insuficientes para el sustento de un cura, muchos canónigos ganaban de 6.000 a 7.000 ducados al año (= 66.000 a 77.000 reales), sin contar lo que pudiesen recibir por otros conceptos y cargos anejos a su elevado rango eclesiástico» [32]. Por otra parte, una porción consi-

---

[32] Sobre el declive de las rentas eclesiásticas en la diócesis de Toledo entre 1800 y 1823, además de la tesis doctoral de L. HIGUERUELA mencionada en la nota 23, puede verse el artículo del mismo autor titulado «Estadística del clero del arzobispado de Toledo y de sus rentas en el Trienio liberal», publ. en *Estudios de Historia Contemporánea*, editados por V. PALACIO ATARD, Madrid, 1976, vol. I, pp. 91-117.

derable de las rentas de la Iglesia española iban a parar a los dicasterios romanos, con quebranto de la renta nacional.

c)   El excesivo número de eclesiásticos y su distribución desproporcionada. Conocemos el número de conventos y de religiosos profesos contenidos en el censo de 1797 y en el recuento mandado hacer por la ley de 1822. Eran estos: en 1797, 2.051 conventos con 53.178 religiosos profesos; en 1821, 1.940 conventos con 46.568 profesos (de ellos, unos 20.000 sacerdotes). Para el clero secular sólo disponemos de los datos de 1797, como los más próximos a la época de las Cortes de Cádiz: 16.481 párrocos y 41.009 beneficiados de todas clases.

A raíz de la guerra de la Independencia se produjo un fenómeno de abandono de la vida conventual, con evidente relajación en algunos eclesiásticos, que se refleja en la oscilación de las cifras de 1797 a 1821, buena prueba de la conveniencia de una reforma purificadora. Por lo demás, seguía siendo elevado el número de clérigos seculares, aun cuando éstos también disminuyeron, no obstante la absorción en el clero secular de los frailes exclaustrados. Existía notoria desproporción entre párrocos y beneficiados, así como una concentración en los cabildos de las iglesias importantes, con abandono consiguiente de las parroquias rurales pobres. En la archidiócesis de Toledo, en 1823, había 129 parroquias vacantes de las 691 que componían el total, no obstante haber un censo de 2.997 sacerdotes seculares en aquel momento. También era grande la desproporción en la distribución provincial del clero: tomando los casos límite podemos decir que la provincia de mayor densidad era la de Álava con un cura por cada 141 feligreses, y la de menor Murcia, con uno por 3.615 fieles.

d)   Cabe añadir a los factores expuestos por Revuelta, y confirmados parcialmente para Toledo por Higueruela, el hecho notorio de los desniveles de instrucción en el clero secular: la minoría ilustrada, muy politizada, de signo liberal, pero que descuidaba u olvidaba la acción pastoral (Miñano, Lista, Villanueva, Llorente, entre otros). Tampoco el clero regular brillaba a la altura de tiempos pasados y se perdían ya en la lejanía las figuras de un P. Feijoo, de un P. Sarmiento o de los jesuitas expulsados en el siglo XVIII.

Esta situación así esbozada someramente reclamaba una reforma, exigida no sólo por los políticos de ideología liberal, sino por otros de calificado antiliberalismo: así en el parágrafo 142 del Manifiesto de los Persas se recomienda en 1814 la celebración de un *Concilio nacional,* del que el Rey era «protector nato», para arreglar «las materias eclesiásticas». Sin embargo, quienes tenían atribuciones legítimas para promover la reforma, por su condición jerárquica en la Iglesia, se desentendieron de ella. Los liberales de Cádiz, anticipándose a lo que luego habían de hacer los del Trienio o los del progresismo posterior, la plantearon anticanónicamente. De todo ello surgirá el doble problema:

a) El de las relaciones entre la Iglesia y el Estado liberal.

b) Otro, más delicado, que afectaba a las conciencias de muchos fieles.

¿Por qué la autoridad eclesiástica legítima no abordó el problema? Quizá las respuestas puedan encontrarse en varias direcciones: por inercia, por falta de sentido de autocrítica, pues entre los dignatarios de entonces pocos había con la altura intelectual y crítica de un mons. Félix Amat, y por eso resultaron inoperantes. También por temor a que se reprodujera en España el hecho cismático de la Constitución Civil del Clero, ocurrido en Francia en 1790; temor ciertamente que no podemos considerar trivial por la gravedad del caso y la proximidad de fechas. Por fin, por la preocupación dominante en la eclesiología del siglo XIX, hasta el Concilio Vaticano I que, según el P. Congar, consiste en la afirmación de la autoridad y la consolidación del Papa como garantía de la libertad de la Iglesia.

A los legisladores de Cádiz no les faltaba ni fe ni devoción: se refleja, como dijimos, en el propio texto constitucional y en numerosos actos, como la declaración de Santa Teresa de Jesús co-patrona de España (27 de junio de 1812). Aquella Constitución fue obra de creyentes católicos en su mayoría, muchos de ellos clérigos. Fue alabada por los jesuitas expulsos. Pero aquellos legisladores tomaron algunas medidas que, por el fondo y por la forma, enconaron el problema, y hallaron en la otra parte arriscados y también enfurecidos competidores. Así se produjo una escalada, en vez de una contención prudente.

Recordemos ahora algunas de esas medidas:

1. Las disposiciones económicas sobre incautaciones de determinadas rentas eclesiásticas: el 1 de abril de 1811, incautación del Fondo de Obras Pías; el 28 de agosto del mismo año, venta de bienes de Órdenes Militares; y sobre todo, en agosto de 1812, la orden mandando cerrar los conventos extinguidos o reformados por el gobierno intruso en virtud de la R. O. de José I de 17 de junio del mismo año. Con tal motivo se produjeron numerosas reclamaciones de los pueblos. Por otro lado, el

proyecto de Cano Manuel, de 30 de septiembre de 1812, sobre restablecimiento y *reforma* de conventos sancionaba las incautaciones, limitaba el número de conventos y religiosos y era un primer paso hacia la desamortización eclesiástica.

2. Las disposiciones de 10 de noviembre de 1810 acerca de la no provisión de prebendas vacantes.

3. La supresión del Tribunal del Santo Oficio o Inquisición, el 5 de febrero de 1813, después de una enconada polémica tanto en los debates de las Cortes, que ocupan más de 400 páginas impresas, como en la publicística coetánea, en una variopinta mezcolanza de razones y sinrazones, de verdades y medias verdades, de argumentos serios o no, de datos solventes y dicterios.

4. Finalmente, la expulsión del Nuncio Gravina, ocurrida el 5 de abril de 1813, que con sus entrometimientos hizo méritos para tal sanción. Unos días después en las Cortes se decía: «Aquí el Nuncio de Su Santidad ha pretendido levantar el estandarte de la rebelión y envolvernos, so color de Religión, en una guerra civil».

La escalada culminó en el proyecto de celebración de un Sínodo nacional sin autorización de la Santa Sede. Pero ya el fin del gobierno constitucional de Cádiz estaba próximo. El problema quedó, pues, aplazado y resurgiría con fuerza en 1820, en el Trienio Constitucional.

CAPÍTULO 3

LA DESAPARICIÓN DE LA SOCIEDAD ESTAMENTAL

Además de la guerra de la Independencia, en su doble efecto militar y político-constitucional, los comienzos de la España contemporánea están enmarcados, según dijimos, por un proceso de transformación social, iniciado en las últimas décadas del siglo XVIII y acentuado en las primeras del XIX; proceso en que desaparecen las estructuras estamentales de la sociedad antigua para dejar paso a las nuevas formas que caracterizarán la sociedad clasista del siglo XIX. Paralelo a este cambio es el que afecta a las mentalidades, a los usos y costumbres.

Comienza Mesonero Romanos sus *Memorias de un setentón* con la descripción de los sucesos ocurridos en la capital de España el 19 de marzo de 1808, que fueron el eco madrileño del «motín de Aranjuez», primer acontecimiento que impresionó la memoria infantil del escritor; y al recordar la significación de tales sucesos hace este comentario: «fecha memorable en que, rotos los lazos y tradiciones que unían a una y otra generación *y quebrantados los cimientos de la antigua sociedad española,* la lanzó a una vida nueva, agitada, vertiginosa, en que la esperaban tantas lágrimas y laureles...» [33]. Fueron muchos los testigos de aquella época que, como Mesonero, percibieron la aceleración del tiempo histórico y el efecto del mismo sobre la sociedad.

La sociedad estamental antigua estaba constituida sobre una base campesina, ordenada jerárquicamente, en la cual la aristocracia ejercía las funciones dominantes del prestigio y el poder. La estructura de esta sociedad estamental puede representarse

---

[33] *Memorias de un setentón natural y vecino de Madrid,* vol. I, pp. 14-15 de la edición de *Obras de D. Ramón de Mesonero Romanos,* t. VII, ed. Renacimiento, Madrid, 1926, que es «fiel reproducción» de la publicada en 1881. El subrayado de la frase es mío.

por una pirámide escalonada, cuyo escalón más bajo, de amplísimas dimensiones, corresponde al «estado general». Por encima del mismo se alzan los escalones de los estados o estamentos privilegiados, el clero y la nobleza, de dimensiones mucho más reducidas. Esta pirámide escalonada se resuelve en el vértice de la monarquía absolutista.

Cada uno de los escalones principales de la pirámide se subdivide, a la vez, en otros secundarios: dentro del estado aristocrático cabe distinguir, por su distinto rango, a los Grandes de España, los títulos del Reino y los simples hidalgos castellanos, los infanzones de Aragón, los caballeros honrados catalanes y valencianos. También en el estamento eclesiástico podían establecerse distinciones, no sólo entre clero secular y regular, sino entre el alto clero formado por la jerarquía episcopal, las 600 dignidades y las 1.700 canongías, además de algunas otras prebendas; en contraste con los 16.000 párrocos, coadjutores, ecónomos y demás sacerdotes que, por el conjunto de sus rentas, podríamos considerar como el «bajo clero». Por fin, el estado general no formaba una masa socialmente uniforme, sino diferenciada por sus actividades y profesiones, de modo que algunos oficios se hallaban socialmente descalificados y, no obstante haberse dispuesto en 1783 la honra civil de todos los oficios, los prejuicios eran más fuertes que la voluntad del legislador, por lo que todavía persistía a principios del siglo XIX una discriminación de los mismos. Fuera del contexto de esta pirámide escalonada quedaban también algunos pequeños grupos marginados de la sociedad: gitanos, chuetas, agotes.

Pues bien, la pirámide de la sociedad estamental se descompone en las décadas que van del siglo XVIII al XIX. La nueva sociedad clasista aparece, aunque se conserva casi intacta la base numérica de la España rural; en la nueva sociedad apunta el papel relevante de las clases medias y de la mentalidad burguesa, que se superpone a la mentalidad aristocrática antigua. Este cambio se halla ya perfilado hacia 1800, se acelera por efecto de ese gran catalizador histórico que es la guerra de la Independencia, y se consolida definitivamente en el primer tercio del siglo XIX.

No se experimentan grandes rupturas en este proceso, sino más bien existe una línea de continuidad que arranca del reformismo setecentista del despotismo ilustrado. Incluso algunos aspectos distintivos de la nueva configuración social, como es el caso de la igualdad fiscal, aunque no habían llegado a formularse en principios jurídicos, se habían alcanzado en la práctica antes de 1800; pues con la contribución de frutos civiles de Florida-blanca y con la abolición en 1795 del servicio ordinario y extraor-dinario, que era el impuesto más específicamente pechero, desa-parece la última distinción legal entre nobles y estado general a efectos fiscales, aunque todavía la Novísima Recopilación admi-tiera en 1805 las antiguas exenciones y privilegios nobiliarios en esta materia.

En el proceso de disolución de la sociedad estamental anti-gua hay, pues, una línea de continuidad: el régimen liberal bajo el que la nueva sociedad se consolida es en este aspecto conti-nuador y heredero de las reformas del despotismo ilustrado anterior. En este proceso ocurrirán una serie de vaivenes lega-les. En 1814 Fernando VII dispondrá que «vuelva todo al ser y estado que tenía en 1808»; pero si esta voluntad retroactiva puede imponerse en la administración, no ocurre lo mismo con las mentalidades, ni con los usos y costumbres, que nunca se modifican por un simple *ukase*.

Los cambios, pues, que se operan en la sociedad se reflejan de varias maneras: en los índices demográficos, en los funda-mentos jurídicos y económicos de la sociedad, en los modos de vida y en las estructuras mentales [34].

LOS ÍNDICES DEMOGRÁFICOS

Los índices demográficos resultan expresivos de la disolu-ción cuantitativa de la población nobiliaria en el seno de la sociedad. He indicado yo alguna vez que «el manejo de los datos demográficos en el período pre-estadístico», que en Es-paña podemos considerar se extiende hasta el primer censo general de población de la época moderna, en 1857, «crea pro-blemas metodológicos complicados, que todavía no ha resuelto la demografía crítica de esa etapa. Disponemos de numerosas fuentes, locales o generales, como fogueaciones, libros parro-quiales, recuentos de población y censos de índole varia. Pero todos ellos adolecen de las imperfecciones propias de las inci-pientes técnicas usadas al efecto». Sin embargo, los datos obte-

---

[34] V. PALACIO ATARD: «De la sociedad estamental a la sociedad clasista» en *Histo-ria social de España. Siglo XIX,* obra miscelánea ed. por Guadiana, Madrid, 1972, páginas 99-112.

nidos de estos censos, aunque sus cifras absolutas sean controvertibles, proporcionan algunas indicaciones incontrovertibles,
al menos en el caso concreto de los índices proporcionales de la
población nobiliaria.

Su disminución relativa queda reflejada en los tres censos
generales de población de la segunda mitad del siglo XVIII y en
el recuento de 1826. El censo de 1769, para un total de
9.300.000 habitantes censados, señala 722.000 nobles; o sea,
un 7,76 por 100 de la población se registra con la calificación
nobiliaria. Esta cifra proporcional puede alterarse un poco en
más o en menos, según la crítica histórico-demográfica, ya que
frente a la antigua opinión generalizada de que tal censo peca
por defecto, ha señalado recientemente Pierre Vilar el supuesto
contrario; si bien Francisco Bustelo se inclina a suponer que
esos nueve millones y pico son un resumen global mínimo,
considerando como cifra más probable la de 10.100.000 habitantes en esta fecha [35].

El censo de 1787, el mejor hecho de todos los de aquel siglo,
según Vilar, y al que podemos aplicar provisionalmente unos
coeficientes de corrección de acuerdo con los cálculos de los
prof. Anes, Bustelo y otros, aceptando el supuesto de una población real de 11.000.000 de habitantes aproximadamente, registra 480.000 nobles censados; o sea, la proporción relativa de
la población nobiliaria sería entonces de 4,36 por 100.

Rectificando las cifras absolutas del muy imperfecto censo
de 1797 y estimando para esta fecha una población de
11.500.000, de los que 402.000 son nobles, la proporción del
sector nobiliario habría descendido a 3,40 por 100. Por fin, en
el recuento de 1826, sobre una población de 13.700.000 habitantes se registran 403.000 nobles, esto es, el 2,94 por 100.

¿Qué se deduce de estos datos? Por de pronto, la persistente disminución de la población absoluta de condición noble,
hasta estabilizarse en el primer cuarto del siglo alrededor de la
cifra de 400.000; disminución que tiene un valor indicativo
mayor si consideramos el persistente crecimiento demográfico a
lo largo de la segunda mitad del siglo XVIII y primera del XIX.
La brusca caída de la población nobiliaria que se registra entre
los censos de 1769 y 1787 es imputable a las medidas revisionistas del gobierno ilustrado de Carlos III y a las «radicales
podas» que la administración borbónica hizo en las hidalguías

---

[35] F. BUSTELO GARCÍA DEL REAL: «La población española en la segunda mitad del
siglo XVIII», en «Moneda y Crédito», 123, dic. 1972, pp. 64, 91 y 104 principalmente.

del Norte, como anota Domínguez Ortiz, y cuyo efecto fue ese «desmochamiento» general [36]. En la región vasca y astur-cantábrica se concentraba la máxima densidad de población hidalga. Según el censo de 1769, antes del *desmochamiento*, en la diócesis de Santander el 90 por 100 de sus habitantes eran hidalgos; en la de Oviedo, el 70 por 100; en el obispado de Calahorra, que comprendía el Señorío de Vizcaya y la provincia de Guipúzcoa, el 47 por 100.

Ahora bien, como signo inverso hay que anotar el aumento de títulos del Reino, que durante el siglo XVIII se habían prodigado generosamente, siendo su número de 1.323 hacia 1800. Pero este aumento en el escalón restringido de la nobleza titulada no contradice la disolución de la población nobiliaria en el seno total de la población y, en todo caso, sería indicativo de otro fenómeno diferente: el significado distinto que adquiere la «nobleza de servicio» en la época final de la sociedad estamental.

LOS FUNDAMENTOS JURÍDICOS. EL RÉGIMEN SEÑORIAL

La sociedad antigua tendía a su conservación estable. La estabilidad jurídica de aquel ordenamiento durante varios siglos aseguraba la estabilidad social.

Los fundamentos jurídicos de esa sociedad se basaban en el reconocimiento del estatuto legal privativo de cada estamento (fueros y privilegios). La nueva sociedad, por el contrario, se afianzará sobre el principio de la igualdad ante la ley de todos los ciudadanos.

El concepto organicista de la sociedad del Antiguo régimen según el cual el «cuerpo social» se asemeja a un organismo vivo, en el que cada miembro tiene una función específica, consagraba la diferenciación de las funciones sociales propias de cada uno de los estamentos: a la aristocracia le correspondía el mando militar o político, al clero los servicios religiosos y espirituales, al estado general las actividades económicas y el trabajo manual. La sociedad no era, pues, una suma de individuos, sino una integración de miembros y órganos distintos.

Las Cortes de Cádiz, en esto como en otras cosas, fueron las

---

[36] A. DOMÍNGUEZ ORTIZ: *La sociedad española del siglo XVIII*, Madrid, 1955, pp. 87 y ss. principalmente.

que tomaron las primeras iniciativas para desmontar los fundamentos jurídicos de la sociedad privilegiada, al afirmar el principio de la igualdad ante la ley. Aunque la reforma gaditana fue revocada en 1814 y en 1823, quedó por fin confirmada para siempre al advenimiento de Isabel II.

Pero no era sólo a través de los estatutos legales particulares y privativos de los altos estamentos como se ejercía en la práctica el predominio social nobiliario. El régimen señoríal contribuía también a tal fin. Es sabido que el origen de los señoríos se remonta a la Baja Edad Media, sobre todo al siglo XV, y se extiende en los siglos XVI y XVII. Pero ya en el XVIII los señoríos eran un anacronismo, una supervivencia, según el prof. Salvador Moxó, «y aunque se hallaba todavía vigente el Antiguo régimen señorial y la mentalidad colectiva lo aceptaba o toleraba... se manifestaban más visiblemente como una superestructura administrativa de carácter tradicional en el ámbito rural que les era propio, que como expresión directa sobre el dominio sobre la tierra en que el régimen señorial tuvo sus primitivas raíces» [37].

Durante la segunda mitad del siglo XVIII, bajo los reinados de Carlos III y Carlos IV se promovió desde el gobierno la reincorporación de los señoríos a la Corona, así como se tendió a restringir las jurisdicciones señoriales. Pero durante esos años es más importante la elaboración doctrinal que las realizaciones efectivas. El prof. Moxó ha documentado esta cuestión y comprobado la reincorporación de algunos señoríos, con la compleja problemática que encierran los diferentes casos, entre ellos los de Brihuega, Lucena y Oropesa, ciertamente importantes [38]. Pero la lentitud del procedimiento hizo que el número efectivo de reincorporaciones en ese siglo fuera bastante reducido teniendo en cuenta la extensión del régimen señorial.

Aunque las diferentes fuentes utilizadas hasta ahora por los historiadores no dan cifras coincidentes, puede considerarse que a principios del siglo XIX el número de lugares de señorío era aproximadamente de 13.000, sumados los casi 9.000 señoríos laicos o nobiliarios y los 4.000 eclesiásticos o de *abadengo,* más los pertenecientes a las Órdenes Militares. En esas mismas fechas, las ciudades, villas y lugares de realengo eran aproximadamente 12.000.

[37] S. DE MOXÓ: *Los antiguos señoríos de Toledo,* Toledo, 1973, p. 249.
[38] S. DE MOXÓ: *La incorporación de los señoríos en la España del Antiguo régimen,* Valladolid, 1959 (Estudios y Documentos, Cuadernos de Historia Moderna, 14).

Los señoríos predominaban en las áreas rurales, pero su extensión era muy desigual de unos a otros. De ahí que las cifras referidas al número global de lugares de señorío no resulten bastante indicativas. En las Cortes de Cádiz el diputado Alonso y López presentó una «manifestación por provincias» relativa a la extensión del régimen señorial, la exactitud de cuyos datos no se ha verificado, pero según la cual el territorio total del señorío laico o nobiliario en España sería de 28.306.700 aranzadas, y el correspondiente al señorío eclesiástico y de Órdenes Militares sumaría otras 9.093.400 aranzadas. Es decir, un total de 37.400.100 aranzadas de señorío frente a 17.599.900 aranzadas de realengo [39]. Así, pues, el 68 por 100 de la superficie territorial estaría, según esas cifras, bajo régimen señorial; siendo el 32 por 100 restante la correspondiente al realengo, es decir, sometida a la directa e inmediata jurisdicción real.

La distribución del régimen señorial por áreas regionales y provincias era también muy desigual. Siguiendo a Salvador de Moxó diremos que era «abrumador» en Galicia (4.197.362 aranzadas de señorío, 264.460 de realengo), ampliamente dominante en la Mancha, Extremadura, Asturias y León, Córdoba, Sevilla y Guadalajara, y siendo «menos abrumadora, aunque todavía notoria» en Toledo, Palencia, Valladolid y Cataluña.

En todo çaso, el realengo predominaba en villas y zonas urbanas, es decir, en las áreas más pobladas: la casi totalidad de las ciudades era de realengo. De ahí que la población sometida al régimen señorial fuera proporcionalmente mucho menor que la de realengo, no sobrepasando el 25 por 100 del total. Además existían los «señoríos municipales» o concejiles, ejercidos por ciudades de realengo sobre pueblos de la comarca, con lo que estos señoríos se encontraban de modo indirecto en dependencia realenga.

El estudio pormenorizado que ha hecho el prof. Moxó de los señoríos en la antigua provincia de Toledo es muy ilustrativo de todas estas variedades y contrastes que ofrece el régi-

---

[39] El valor de la aranzada difería de unas provincias a otras; por eso no es fácil determinar las equivalencias. En Burgos y en Cádiz 1 aranzada = 6.400 varas cuadradas = 44,719 áreas. En Córdoba 1 aranzada = 5.256 y 1/4 varas cuadradas = 36,727 áreas. En Sevilla 1 aranzada = 6.806 y 1/2 varas cuadradas = 47,557 áreas. Véase LUIS BESNIR ROMERO: *Medidas y pesos agrarios,* Madrid, Ministerio de Agricultura, 1964. También la tabla de *Equivalencias entre las pesas y medidas usadas antiguamente en las diversas provincias de España y las legales del sistema métrico decimal,* Madrid, Instituto Geográfico y Estadístico, 1886.

men señorial en los albores de la España contemporánea. La provincia de Toledo estaba formada por dos partidos: el de Talavera y el de Toledo. En el partido de Talavera, de 137 pueblos que lo componían en total, sólo uno era de realengo; el predominio señorial resulta, pues, aquí aplastante (84 villas o lugares de señorío laico, con 411.418 hectáreas, y 52 de abadengo, con 247.709 ha., siendo la población respectivamente de 60.000 y 20.000 habitantes). En cambio, en el partido de Toledo, el realengo comprende la capital y quince pueblos (entre ellos, Aranjuez, que entonces pertenecía a aquella provincia), más los 35 pueblos del señorío concejil de la ciudad de Toledo situados en los que, por tal motivo, se llaman Montes de Toledo. Esto suponía el 40 por 100 de la extensión territorial, con 471.190 ha., y más del 50 por 100 de la población. Bajo régimen señorial se hallaban en este partido 70 villas y lugares, con 337.236 hectáreas de señorío nobiliario; cuatro pueblos, con 14.856 ha. de abadengo; y 26 pueblos, con 339.288 ha. de Órdenes Militares (Santiago y San Juan).

El famoso decreto de las Cortes de Cádiz, dado el 6 de junio de 1811, declaró abolido el régimen señorial e «incorporados a la Nación todos los señoríos jurisdiccionales, de cualquier clase y condición que sean» (art. 1.º). Se suprimían de este modo las facultades jurisdiccionales de los señoríos reconocidas por la legislación antigua, como eran el nombramiento de alcaldes mayores, escribanos y alguaciles, así como la *jurisdicción permisiva* o de tolerancia que les había consentido nombrar a otros magistrados y oficiales del concejo.

Se suprimían también ciertos derechos y monopolios dominicales: tales los derechos de caza, pesca y aprovechamiento de aguas, montes y prados; así como los monopolios señoriales clásicos de horno, molino, lagar, forja y mesón. Se suprimían incluso las expresiones «vasallo» y «vasallaje», y las prestaciones personales a título jurisdiccional (art. 4.º). Pero el art. 5.º del Decreto de Cádiz introdujo una sutil distinción entre «jurisdicciones señoriales» y «dominio de la tierra». Ese artículo declaraba que «los señoríos territoriales y solariegos quedan desde ahora en la clase de los demás derechos de propiedad particular», con lo que los señores perdían la jurisdicción, pero reafirmaban la propiedad de la tierra. Esta disposición fue confirmada posteriormente por las disposiciones legales de 1822 y la ya definitiva ley de 26 de agosto de 1837.

Las consecuencias de la distinción establecida por el art. 5.º del Decreto de Cádiz de 1811 fueron de la mayor importancia para las estructuras de la propiedad agraria en la España del siglo XIX. «El hecho de salvar del proceso abolicionista el dominio solariego, transformando al señor en propietario —explica el prof. Moxó—, tuvo como consecuencia que allí donde, como en el sur de España, venía siendo aquel señorío, de ordinario, amplio y extenso, al reconocerse como tal dominio territorial, con cierta facilidad, en el juicio instructivo y confirmarse en la propiedad a su antiguo titular, el panorama social agrario apenas se modificó y la alta nobleza, en especial los Grandes de España, continuaron apareciendo como la más poderosa clase latifundista» [40].

Coincidiendo con esta afirmación Artola subraya que en 1854, de los cincuenta y tres mayores contribuyentes por contribución territorial, cuarenta y tres eran nobles titulados [41].

LOS FUNDAMENTOS ECONÓMICOS

Para que un grupo social ejerza con carácter estable un papel predominante es preciso que de algún modo se asegure también, con carácter estable, la posesión o el control de los medios de producción. En la sociedad del Antiguo régimen estos medios radicaban fundamentalmente en la tierra. El dominio útil de la tierra estaba en gran medida en manos de la nobleza y tendía a conservarse gracias a la institución de los mayorazgos.

El mayorazgo permitía constituir un patrimonio inalienable con un conjunto de bienes rústicos y urbanos, sustraídos al libre comercio y vinculados a un solo titular por razón de sucesión.

Los mayorazgos resultaban de este modo el principal fundamento económico para la conservación estable del estamento nobiliario en el seno de la sociedad estamental. Podríamos decir que, gracias a esta institución, se aseguraba la conservación de un mismo número de bienes siempre en un mismo número de titulares, aun cuando era posible en todo caso la acumulación hereditaria de más de un mayorazgo en una misma persona.

Los mayorazgos, pues, y los matrimonios entre gentes de igual condición eran los resortes de la estabilidad perfecta

---

[40]   S. DE MOXÓ: *La disolución del régimen señorial en España*, Madrid, 1964, p. 181.
[41]   Otros datos, en el mismo sentido, extraídos de la *Estadística administrativa de la contribución*, pueden verse en el libro de M. ARTOLA: *La burguesía revolucionaria*, páginas 135-136, Madrid, 1973.

del antiguo orden estamental. La crítica social del tiempo de Carlos III ya había advertido su importancia como soportes para el mantenimiento de aquel orden. Así, Juan Francisco de Castro cuando afirmaba que, suprimidos los mayorazgos, la aristocracia perdería sus bienes y, quebrantada su base económica, aunque conservase sus títulos «góticos», terminaría confundiéndose «con la más ínfima plebe». O según el común decir, la nobleza sin hacienda se pierde.

Los gobiernos reformistas del absolutismo ilustrado habían acometido una política de restricciones a los mayorazgos, no por razones sociales, sino por considerarlos perjudiciales al Estado desde el punto de vista económico, como causantes de ociosidad y de inmovilización de capitales en manos muertas. El punto 54 de la *Instrucción para la Junta de Estado*, redactado en 1787 por Floridablanca, explica: «Envanecido con mayorazgo o vínculo, por pequeño que sea, se avergüenza el poseedor de aplicarse a oficio mecánico, siguiendo el mismo ejemplo el hijo primogénito y sus hermanos, aunque carezcan de la esperanza de suceder, y así se van multiplicando los ociosos». El punto 55 añadía que los *mayorazgos ricos* conducen «al fomento y sostenimiento de la nobleza, útil al Estado en la carrera de las armas y las letras», pero aun así en dicha *Instrucción* se recomienda restringir la perpetuación de las vinculaciones para que «sólo duren y subsistan a favor de las familias y que, acabadas éstas en sus líneas descendentes, ascendentes y colaterales, queden los bienes raíces y estables en libertad» (punto 59).

A tenor con estos criterios, y por R. O. de 14 de marzo de 1789, al comenzar el reinado de Carlos IV, impuso Floridablanca restricciones a los *mayorazgos cortos*, estimados como causantes de ociosidad voluntaria, no permitiendo establecer vínculos de una renta inferior a 3.000 ducados. En realidad, la política sobre vínculos y mayorazgos enlazaba con la política desamortizadora general. Nuevas disposiciones de Carlos IV en 1974 y en 1798-99 autorizaron enajenar algunos bienes vinculados. El decreto de supresión de vinculaciones de 27 de septiembre de 1820 permitió a los poseedores de mayorazgos disponer libremente de la mitad de los bienes de los vínculos extinguidos, lo que hizo posible que la aristocracia histórica tuviera una oportunidad de sanear sus haciendas hipotecadas. Las leyes desamortizadoras posteriores al Trienio Constitucional abrían las puertas al enriquecimiento de la nueva burguesía, la cual se dispone entonces a compartir con la vieja aristocracia el papel social directivo.

LOS MODOS DE VIDA Y LAS ESTRUCTURAS MENTALES

Pero no solamente cambian los componentes demográficos, el régimen señorial, los fundamentos jurídicos y económicos de la sociedad estamental, sino también los modos de vida y las estructuras mentales, sobre todo entre 1790 y 1815. Las tormentas de la Revolución francesa y de la guerra de la Independencia imprimieron en las costumbres su huella.

Los contemporáneos nos han dejado a veces, hasta en la frialdad de los documentos administrativos, algunas observaciones sobre los cambios producidos de esta naturaleza. Como ejemplo puede citarse el informe del Capitán general de Cataluña en 1815, que era el general Castaños, incluido en el expediente de la Junta General de Comercio y Moneda instruido para examinar la resistencia de los comerciantes a matricularse en el Consulado y Junta de Comercio de Barcelona. En dicho informe puede leerse esta afirmación: «El uso de la espada que en el año 1763 (al crearse la Junta) era peculiar de los nobles y de los graduados en Facultad Mayor y que se concedió (entonces) a los matriculados; el tratamiento de *Don* que se les daba en lo relativo a los cargos y demás anejo a la matrícula, y aun cierta consideración que adquirían en el público, eran un sistema lo bastante poderoso para que todo comerciante acreditado aspirase a la matrícula; pero con el espacio de medio siglo *han variado enteramente las opiniones y la idea:* ya no se hace uso de la espada, se prodiga el tratamiento de *Don*, de que algunas clases de nobleza antes no gozaba, y parece que se hace alarde de despreciar lo que entonces era apreciado» [42].

El ambiente del cambio en los usos sociales es el que han captado otras muchas veces los costumbristas o la crítica social del siglo XIX, como ocurre en los escritos de Larra, de Mesonero Romanos, de Antonio Flores y, sobre todo, en la novelística de Pérez Galdós. En sus páginas se refleja mejor que en otros testimonios históricos la pujanza de la clase media y de la alta burguesía, portadores de un estilo de vida diferente, que se generaliza y acepta poco a poco, sustituyendo el antiguo ideal de vida aristocrático.

Las condiciones para que podamos hablar de la aceptación generalizada de un estilo de vida son éstas: 1) que los grupos directivos crean en él; 2) que el orden legal lo ampare; y 3) que

[42] V. PALACIO ATARD: *Los españoles de la Ilustración*, Madrid, 1964, p. 94.

los hombres de pensamiento y los instrumentos educativos lo justifiquen y divulguen como estimable y verdadero. En el antiguo estilo de vida nobiliario, basado en las virtudes de la sangre y el honor, se dieron estas tres condiciones; pero desde mediados del siglo XVIII las tres comienzan a fallar. El aristócrata deja de creer en su ideal de vida como el más excelente y comparte los ideales utilitarios de la nueva burguesía; precisamente, acompasándose al ritmo de las ideas del siglo, muchos miembros de la nobleza se distinguieron por el afán emprendedor en las actividades económicas. Algunos de estos nobles de más alcurnia buscaban en la promoción de tales empresas más que el lucro económico el estímulo educativo general, impulsando fábricas modelo.

También el orden legal deja de amparar el estilo nobiliario de vida. En el último cuarto del siglo XVIII la polémica sobre la honra civil de los oficios culmina con la Real Cédula de 14 de marzo de 1783, que suprimía las discriminaciones por este concepto. Por su parte los nuevos educadores habían suscitado al mismo tiempo la polémica sobre la nobleza ociosa que ponía en tela de juicio la *utilidad social* de la aristocracia. Por fin, la exaltación de la riqueza como máxima expresión del éxito social vendría a corroborar el cambio de signo en las mentalidades.

El clima prerromántico anterior a 1808 y el romanticismo posterior inciden en los modos de vida y en los usos sociales. Uno de los temas literarios preferidos desde el prerromanticismo fue la exaltación de la libertad de los cónyuges en la mutua elección para contraer matrimonio. El matrimonio en la sociedad antigua había sido un factor de estabilidad social, como hemos dicho, fundado en «el casamiento entre iguales». En aquella sociedad no se entendía que el matrimonio fuera, ante todo, un asunto privado *de amor* entre los dos miembros de la pareja, sino un arreglo social *de conveniencias*. Pero los hombres del perromanticismo, a través del instrumento educativo del teatro y con otros recursos literarios, habían lanzado la ofensiva para reclamar, con el fuego de la pasión, la libertad de elegir, reverdeciendo algunas veces temas desarrollados en el teatro español del Siglo de Oro [43]. De hecho, en adelante, los matrimonios fueron un factor de movilidad social, en lugar de ser instrumento de conservación estable.

---

[43]   V. PALACIO ATARD: «La educación de la mujer en Moratín», en la obra citada en la nota anterior, p. 259.

Todo este fenómeno se acelera desde 1808. Larra, en 1833, escribirá que ha sido «prodigiosa» la «repentina mudanza» que en las costumbres, usos e ideas se ha verificado en el curso de una generación.

CAPÍTULO 4

EL RETORNO A ESPAÑA DE FERNANDO VII

Mientras en el Congreso de Viena la diplomacia liquida la Europa napoleónica, no sin sufrir el sobresalto del «Imperio de los Cien Días», y mientras allí se arreglan las fronteras del mapa, estableciendo el nuevo orden de las naciones y las relaciones de las potencias; en España Fernando VII liquida la obra de las Cortes de Cádiz. Es el retorno al absolutismo.

ESPAÑA EN EL CONGRESO DE VIENA

España, vencedora de Napoleón, no figura en el Congreso de Viena entre los «grandes» triunfadores: Rusia, Austria, Inglaterra. Incluso Prusia se sienta entre los «grandes». Como es sabido, el *modus operandi* del Congreso de Viena estableció una Comisión restringida, simultaneando la negociación general con otras marginales. La diplomacia española en Viena brilla por su inoperancia.

La Europa que sale de aquel Congreso tendrá un «directorio», una «pentarquía» de potencias que asumirán el papel dirigente: pues a los cuatro «grandes» se sumará la propia Francia vencida, que se rehace bajo la Restauración de Luis XVIII, y que consigue engancharse al grupo de los «directores» por la habilidad maniobrera del viejo zorro de Talleyrand.

España quedará marginada de ese «directorio» europeo. Descolocada en el orden de las naciones; no obstante la aureola romántica de que se rodea la imagen popular de España en Europa, nuestro país se repliega sobre dos problemas internos: la crisis política del Antiguo régimen y la secesión de las nuevas Repúblicas surgidas de los antiguos territorios americanos de la Monarquía española.

La ausencia de España de los primeros planos del Congreso de Viena puede atribuirse a varios motivos:

a) Un fallo de criteriología política, o sea, la falta de oportunidad para situarse en el sistema de alianzas contra Napoleón durante la guerra de la Independencia. A ello contribuyó el modo imprevisto de producirse ésta. España no integró formalmente la coalición de potencias contra el Emperador francés. Su política internacional se basó entonces en la alianza inglesa, con lo que se entregó en manos de esta potencia. Al terminar la lucha armada España renovó la alianza (tratado del 5 de julio de 1814): quería granjearse de esta manera la buena disposición británica para intentar someter a los insurrectos americanos; e Inglaterra se comprometió, en efecto, a no prestarles ayuda, a cambio de que España renunciara a resucitar la tradicional alianza francesa, es decir, a no renovar la política del Pacto de Familia. Por los artículos adicionales del 28 de agosto de 1814 España ofreció además nuevas ventajas comerciales a Inglaterra.

Con las potencias que luchaban contra Napoleón, España había firmado tratados bilaterales posteriores, a remolque de los avatares bélicos: el tratado de Veliki-Luki con Rusia, en julio de 1812; el tratado de Basilea con Prusia, en enero de 1814.

b) La realidad insoslayable de no contar con una fuerza operativa de aplicación inmediata. Sólo se es leal con los fuertes. Y España en 1814 carecía de la fortaleza suficiente para obligar a guardarle lealtades. Para contrarrestar esta desventaja hubiera hecho falta, en todo caso, otros dispositivos que tampoco se dieron: una clara orientación de la política exterior y un negociador de mucho talento.

c) Por el contrario, nuestro delegado en Viena, Pedro Gómez Labrador, era un diplomático mediocre: hombre de «poca negociación verbal, poca amabilidad y diligencia social, pocas o ningunas comidas o reuniones, y todo reducido a manera de pleito, a traslados, pedimentos, y papeles de derecho», segun nos dice de él con frase expresiva el ministro de Estado, Garcia de León y Pizarro, que no suele tener pelos en la lengua cuando se trata de personas que no le son afectas [44]. Labrador no estuvo a la altura de las circunstancias, ni supo por tanto crear oportunidades favorables. Al discutirse en Viena la doble reorganización europea, la de los territorios y la de·las poten-

---

[44] José García de León y Pizarro: *Memorias*, vol. I, p. 253, edición de A. Alonso-Castrillo, Madrid, 1953.

cias, y al oponerse allí los principios de hegemonía o equilibrio, se suscitó una pugna entre Rusia e Inglaterra. Rusia aspiraba a constituirse en la gran potencia continental y contrapesar el poderío marítimo inglés. Inglaterra se proponía restablecer un equilibrio continental para seguir con las manos libres en los mares. De ahí que la diplomacia rusa intentara la atracción de las pequeñas potencias marítimas como España. Entró entonces en juego la posibilidad de una aproximación hispano-rusa, que hubiera podido sellar el matrimonio entre Fernando VII y la gran duquesa Ana, hermana del zar Alejandro I. El rey español sentía una viva admiración por Alejandro y por el sistema autocrático ruso, todo ello fomentado por el embajador Tatischef. Pero este matrimonio tropezaba, entre otros obstáculos, con un problema canónico entonces insoluble.

España bascula, pues, entre una y otra potencia, bajo el peso de la alianza inglesa y el deseo de la amistad rusa. Tampoco sus bazas entran en el juego del otro cerebro negociador de Viena, Metternich. La falta de orientación clara de la política exterior española queda de manifiesto en las instrucciones a Gómez Labrador.

En parte, esta desorientación viene impuesta por el modo de plantearse en Viena el eje de la discusión: recomponer el mapa europeo. España carecía de reivindicaciones territoriales sobre Francia. Había obtenido la devolución de la parte española de la isla de Santo Domingo por el tratado de Chaumont, sin intervenir siquiera nuestros diplomáticos en esta negociación particular. Las indemnizaciones de guerra se confiaron al arbitraje de Wellington y tampoco fueron negociadas. En aquellos problemas de arreglos territoriales y transferencias de pueblos y coronas, la Delegación española sólo se había propuesto como objetivos el restablecimiento de las Casas reinantes en Nápoles y Parma. Se consiguió, en efecto, la devolución del Reino de las Dos Sicilias a la Casa de Borbón, pero no así en Parma.

España se abstuvo de firmar el acta final de Viena, y sólo en 1817 accedió a la misma. Pero esta abstención no era suficiente para paliar la descolocación diplomática en que había quedado ante la nueva Europa de los Congresos, de la Pentarquía y de la Santa Alianza. Este vacío era tanto más grave cuanto que se estaba afrontando entonces el problema de la separación de las antiguas provincias americanas, que contaban, paradójicamente, con el apoyo de nuestra única aliada, Inglaterra.

El restablecimiento del absolutismo

Tras la revolución de Cádiz, la reacción de 1814. ¿Cómo explicar la fulminante desaparición de la obra gaditana, sin resistencia alguna? La Constitución había sido la obra de una minoría (clérigos, magistrados, intelectuales) sin respaldo social suficiente, que provocaron la alarma de dos fuerzas importantes: el Ejército y la Iglesia. Es verdad, como dice un insigne liberal gaditano, que «si la nación española no aprobó lo hecho por sus representantes, tampoco lo desaprobó»; pero él mismo reconoce que «no habría perecido tan pronto (el árbol de la libertad) si, mejor abonado el suelo, y hecho con más tiempo e inteligencia el plantío, hubiese echado el tronco raíces menos endebles y someras» [45].

Todos los testimonios nos hablan del entusiasmo popular con que Fernando VII fue acogido a su retorno del exilio en Francia. Como ocurre casi siempre en circunstancias análogas, tras los largos padecimientos de una guerra, las gentes alimentaban la esperanza de un futuro feliz, en que todos los males antiguos hallarían remedio. La esperanzada y simplista ilusión de los españoles en 1814 no se cifraba ni en el Antiguo régimen, ni en el régimen liberal de Cádiz: políticamente era una esperanza indiscriminada; no estaba asentada en razón alguna, sino en una confianza ciega en la persona de Fernando VII, *el Deseado*.

Parece como si en aquellos momentos reviviera el espíritu mesiánico del siglo XVII, que confiaba el arreglo de los «males de España» no al esfuerzo colectivo, sino a las virtudes taumatúrgicas de un «salvador de la Patria», que con su sola presencia hallaría el remedio. El mesianismo de la época barroca, sobre cuya filiación hebraíca hizo Américo Castro algunas consideraciones, quedó eclipsado en el siglo XVIII por el racionalismo dominante, despues de alguna última manifestación en torno a Luis I. Pero el *pathos* romántico del siglo XIX era propicio, sin duda, a esta clase de reviviscencias irracionales: así ocurrió en 1814 con Fernando VII, y algunos años más tarde volvería a repetirse la «emoción mesiánica» en torno a otros personajes con fuerte atractivo personal, ídolos populares como Espartero.

Pero cuando Fernando VII llega a España tras su cautive-

---

[45] A. Alcalá Galiano: *Índole de la revolución de España en 1808*, en *Obras escogidas de Don...*, ed. de la B. A. E., vol. II, p. 322.

rio, la tensión existente entre las Cortes, por un lado, y la Iglesia y el Ejército por otro, se traslada al choque entre el Rey y las Cortes. Será un conflicto político entre dos titulares de la soberanía. En este conflicto de poder, como ha explicado M. C. Pinto Vieites, ganará el más fuerte.

Las Cortes pretenden hacerse acatar por el Rey. Un Decreto promulgado el 1.º de enero de 1811 había negado validez justamente a cualquier acto del monarca prisionero de Napoleón. Pero despues del tratado de Valençay, Fernando VII había recuperado la libertad. Las Cortes ordinarias entonces reunidas promulgan, sin embargo, un Decreto el 2 de febrero de 1814, según dictamen del Consejo de Estado, por el que inhibían al Rey del ejercicio de sus facultades hasta que hubiera jurado la Constitución; le prohibían traer a España escolta armada y le señalaban un itinerario preciso de su viaje hasta Madrid. Fernando VII no tuvo en cuenta este Decreto y obró por su propia iniciativa. Así, el conflicto estalla inevitablemente.

Las Cortes carecían de fuerza para hacer valer sus decisiones frente al monarca. Éste contaba con el respaldo del entusiasmo popular, del Ejército y de la Iglesia, con quienes se habían indispuesto los constitucionales. Ya nos hemos referido a la escalada de tensiones con la Iglesia en 1813. También aquel mismo año el Decreto que sustituía a la autoridad militar por la civil, precisamente en plena guerra, motivó repetidos incidentes entre autoridades civiles constitucionales y militares, de que ha quedado constancia en las «representaciones» elevadas por algunos Ayuntamientos y en las «réplicas» y «notas» de la clase militar. El incidente más sonado es el que, en noviembre de 1813, provocó en las Cortes el diputado Isidoro Antillón, que habló del Ejército en términos «malsonantes», según Alcalá Galiano, el cual comenta en sus anotaciones a la *Historia de España* del Dr. Dunham: «este suceso exasperó entre sí a los opuestos bandos *y precipitó en el contrario a las reformas a no pocos militares*».

El Rey contaba, en cambio, con el respaldo externo del ambiente de la Europa de la Restauración, en la que se prefiguraba ya la Santa Alianza, y con la fuerza interna del Ejército y de la Iglesia, además de las ya aludidas muestras de adhesión populares. La famosa alocución del general Elío en La Jaquesa era una incitación a Fernando VII: «No olvidéis los beneméritos Ejércitos; ellos en el día... se ven necesitados, desatendidos y, lo que es más, ultrajados; pero confían en que vos, Señor, les haréis justicia». Al llegar a Valencia poco después escuchaba el sermón del canónigo don Juan V. Yáñez que se expresaba en términos apocalípticos: «Nuestra Santa Religión Católica está muy expuesta a desaparecer de nuestro suelo, porque su sostén, que es el estado eclesiástico secular y regular, se halla en el mayor abatimiento».

En este medio ambiente no sorprende el Decreto de Valencia del 4 de mayo de 1814, por el que Fernando VII declaraba nulo y sin ningún valor todo lo actuado por las Cortes extraordinarias y ordinarias, restableciéndose en el poder absoluto de la antigua monarquía. Los liberales no perdonaron a Fernando VII nunca este decreto, que calificarán de «monumento de ignominia para su nombre». Algunos historiadores han discutido la calificación de «golpe de Estado» que se atribuye al acto de Fernando VII en Valencia; discusión inútil y bizantina, porque el Decreto de Valencia no es una cuestión de derecho, sino una situación de hecho.

Mientras Fernando VII se prepara para dictar el Decreto de Valencia, las Cortes nada hacen por impedirlo, como no sea enviar al cardenal de Borbón para que salude al monarca sin rendirle acatamiento. Pero el 18 de abril, ante el mandato imperioso del Rey, el cardenal hinca la rodilla y besa la mano. Aquel gesto significaba la rendición del gobierno constitucional.

El Decreto de Valencia se produce poco despues de haber sido entregado al Rey el llamado *Manifiesto de los Persas,* o sea, la «Representación y manifiesto» que 69 diputados de las Cortes ordinarias elevan a Fernando VII para que «se penetre del estado de la nación». Este interesante documento, largo y prolijo, ha sido objeto de análisis contrapuestos en la historiografía de nuestro tiempo, como el de María Cristina Diz-Lois, en la línea del prof. Federico Suárez, y el muy penetrante del prof. Francisco Murillo Ferrol [46].

En sus primeros parágrafos el «Manifiesto» impugna las Juntas Provinciales, el poder emanado de ellas y lo actuado hasta la reunión de Cortes. Desde el parágrafo 40 al 78 se critican

---

[46] El artículo del prof. FRANCISCO MURILLO FERROL: «El Manifiesto de los Persas y los orígenes del liberalismo español», en *Homenaje a D. Nicolás Pérez Serrano,* vol. II, Madrid, 1959. M. C. DIZ-LOIS: *El Manifiesto de 1814,* Universidad de Navarra, 1968, se ha tomado gran trabajo en identificar a los firmantes del Manifiesto, sin conseguir resultados demasiado esclarecedores, aunque confirma definitivamente la autoría de Mozo de Rosales. La identificación de fuentes utilizadas para la redacción confirma su prolija variedad. La autora señala el afán puesto por los liberales, tras su triunfo de 1820, para que los autores del Manifiesto fueran castigados. Tal vez no sea tan sorprendente este afán en quienes tenían motivos para suponer la incidencia del Manifiesto en el Decreto de Valencia del 4 de mayo de 1814.

diversos artículos concretos de la Constitución gaditana y en los parágrafos 80 y siguientes se denuncia toda la legislación de Cádiz, parangonándola con las Asambleas revolucionarias francesas. Pero también se censura el «despotismo ministerial» del Antiguo régimen, censura que nos retrotrae a los tiempos de Floridablanca y Godoy, y en la que coincide con los liberales como Martínez Marina y, en todo caso, con la expresión usada ya por uno de los padres de la Revolución francesa, el abate Sièyés. En la última parte del documento, a partir del punto 102, reclaman una convocatoria *legal* de las Cortes a la manera antigua y propugnan reformas políticas en el sentido de que la Monarquía absoluta sea templada por el poder colegislativo de las Cortes en cuanto a las leyes fundamentales y por el papel directivo de la nobleza, en lo que se deja sentir la influencia de Montesquieu.

Coinciden los «persas» con los liberales al idealizar el lejano pasado histórico, sin duda inspirados por el ambiente romántico, pero disiente de ellos diametralmente en el modo de entender la «constitución histórica». No son los «persas» unos simples arcaizantes, como se les ha presentado a veces, sino entendidos en doctrinas jurídicas modernas: postulan la independencia del poder judicial y hay en ellos, según Murillo Ferrol, un tecnicismo jurídico de estilo moderno que les aproxima algunas veces a ciertos puntos de vista sostenidos también por los liberales.

Por la imprecisión de los términos y las contradicciones en los conceptos no resulta fácil establecer la filiación de este documento. En mi opinión, el «Manifiesto de los Persas» hay que ponerlo en relación con la «revuelta de los privilegiados» de Aranjuez. Frente al *Estado de los funcionarios* a que se encaminaba el «despotismo ministerial» de la Monarquía ilustrada, y frente al *Estado liberal* de Cádiz, proponen ellos la revalidación aristocrática junto a la Corona, tanto en el plano político como en su función social.

LOS GOBIERNOS DEL SEXENIO 1814-1820

En 1814, descartada la opción liberal tras el Decreto de Valencia, quedaban dos alternativas en cuanto al futuro régimen de gobierno: o la vuelta pura y simple a la situación de 1808, ignorando en una especie de paréntesis histórico todo el período 1808-1814; o la evolución hacia una reforma, aunque no necesariamente de carácter liberal.

En una circular del ministro de Ultramar, fecha 24 de mayo de aquel año, se habla de fundar «una Monarquía moderada, única conforme a las naturales inclinaciones de S. M. y que es el solo gobierno compatible con las luces del siglo, con las presentes costumbres y con la elevación de alma y el carácter noble de los españoles». En el propio Decreto de Valencia había hecho decir Fernando VII: «Aborrezco y detesto el absolutismo; ni las luces, ni la cultura de las naciones de Europa lo sufren ya, ni sus buenas leyes y constitución lo han autorizado... La libertad y seguridad individual y real quedarán firmemente aseguradas por medio de leyes que, afianzándose la pública tranquilidad y el orden, dejen a todos la saludable libertad en cuyo goce imperturbable, que distingue a un gobierno moderado de un gobierno arbitrario y despótico, deben vivir los ciudadanos... Y las leyes que en lo sucesivo hayan de servir de norma para las acciones de mis súbditos serán establecidas con acuerdo de mis súbditos».

Al fin y al cabo, este había de ser el carácter de la Monarquía restaurada en Francia, bajo el régimen de Carta otorgada por Luis XVIII. ¿Esa «monarquía templada» de que hablan los documentos de mayo de 1814 se refería al modelo insinuado en el «manifiesto de los Persas» o a un régimen como el que inspiraría los comienzos del reinado de Luis XVIII?

En todo caso, Fernando VII no siguió la línea reformista de la «monarquía templada» que por un momento pareció anunciarse al crear también una junta especial para estudiar la convocatoria de Cortes. ¿Por qué prefirió el Rey anclarse en el régimen de 1808, como si el curso de la Historia pudiera alguna vez ignorarse? Es una cuestión que está aún por dilucidar. Pero, además del carácter propio del monarca, pudieron pesar varias circunstancias ocurridas por entonces: en agosto de 1814 se descubrió en Cádiz una conspiración cuya finalidad no está clara, si se trataba de restablecer a Carlos IV o la Constitución de 1812; a finales del mismo año, la sublevación de Espoz y Mina, a quien había irritado la orden de disolución de las guerrillas. A principios de 1815 reaparece Napoleón, con su «Imperio de los Cien Días». Todo esto contribuye probablemente a crear un clima de inseguridad y desconfianza en el Rey y en su gobierno, cuyas consecuencias serán el aplazamiento *sine die* de las Cortes, las medidas contra la prensa periódica, que por cierto disgustaron a los realistas, y la creación de una especie de Ministerio de Policía.

En adelante el Rey se aferrará al sistema absolutista, aunque se dé la paradoja de que entre sus ministros tenga algunas personalidades criptoliberales. Según el prof. Federico Suárez el carácter más notorio del *sistema* político posterior a 1814 es no haber tenido ninguno [47]. A mi entender Fernando VII creyó posible, como ha ocurrido en la Historia a otros poderes personales, que en virtud de su sola persona y sin necesidad de una doctrina y un programa lograría aunar a todos los españoles.

Tras una inicial persecución, tendió pronto la mano a los afrancesados y luego a los criptoliberales, sin percatarse de que éstos no podían adherirse a los modos neo-absolutistas de su gobierno. Queriendo unir, desunió más a los españoles. No pueden recaer todas las culpas en Fernando VII, pero éste es responsable de lo más grave: nunca España fue más propicia a ser remodelada que en 1814, cuando tras la cruel experiencia de la guerra se confió con ciego entusiasmo al *Deseado;* pero aquella ocasión excepcional no fue aprovechada.

No instauró Fernando VII un régimen viable que pacificara los espíritus y tuviera perspectivas de futuro; atento a cuidar de su poder personal gastó grupos y personas, designando simultáneamente para las funciones de gobierno a gentes opuestas entre sí. Escoíquiz le había enseñado que mientras los partidos y los ministros chocaran unos con otros, el poder del monarca se mantendría por encima de todos.

Esta es la imagen que nos trasmiten muchos contemporáneos, entre ellos Mesonero Romanos quien, con el tono desapasionado que le es propio, nos dice: «Llegué a formar una idea de la manera que Fernando tenía de ejercer la suprema autoridad, y que si bien no se distinguía por lo conducente al buen orden y gobierno del Reino, era muy propia para no verse molestado en ella, ni dominado por una influencia superior; pues que con cierta agudeza y sagacidad desbarataba las intrigas y manejos de sus aduladores y amigos, y también las de los amigos de sus enemigos, oponiéndolos unos contra otros, alzando a éstos, abatiendo a aquéllos y empuñando con fuerte mano no las riendas del Estado... sino las del tiro que bajo su dirección arrastraba el carro del Estado y enarbolando con la

---

[47] FEDERICO SUÁREZ: *La crisis política del Antiguo Régimen en España*, Madrid, 1950, página 22.

otra la fusta, advertía con ella al que intentaba descarriar o le remudaba con frecuencia a la primera parada»[48].

La figura humana y política de Fernando VII ha tenido mala prensa, vituperado por los liberales, que no le perdonaron las reacciones de 1814 y 1823, y por los realistas, que le inculparon las debilidades de 1820. Siendo un joven príncipe fue espectador de las habladurías cortesanas por la conducta privada de su madre, que dejó en él señales de un trauma psicológico.

Lo poco bueno que se dice de aquel monarca es su sencillez y campechanía, que le hizo suprimir en parte el protocolo, y algún rasgo de sensibilidad como el que le movió a prohibir la tortura procesal. Pero era desconfiado y por eso temía siempre. Uno de los ministros del sexenio, García de León Pizarro, cuenta en sus *Memorias* que «cuando S. M. tenía confianza y se dejaba ir a su temple natural era muy amable, naturalísimo y bondadoso: luego venían los hálitos pestíferos de esa nube de estúpidos maliciosos y sus alarmas enlutecían el ánimo de S. M.; las sospechas, incertidumbre e inquietud estrechaban su corazón y alteraban su semblante; pero jamás oí cosa dura de su boca»[49].

Piadoso, pero de religión poco ilustrada, tuvo como norma política proteger a la Iglesia, en la línea habitual entonces de la alianza entre el Altar y el Trono. Poco capaz para el gobierno, del que por otra parte no quería desentenderse; sujeto a influencias contradictorias sin tener criterios propios sólidos; poco previsor, su política resultaba siempre improvisada. Uno de los historiógrafos de su época, Du-Hamel, afirma que «sólo pensaba salir de las dificultades del momento, sin reflexionar que desviar una dificultad no es resolverla».

Como no existe un criterio firme ni una línea política constante, porque carece de ellos el monarca absoluto, los gobiernos de estos seis años se limitan a administrar. Ya hemos dicho que hubo tendencias yuxtapuestas diversas entre los ministros: realistas intransigentes, como Eguía y Lozano de Torres; criptoliberales moderados, como García de León Pizarro, que había sido ministro en el gobierno constitucional, o Martín de Garay; liberales como el general Francisco Ballesteros. Las discrepancias internas ocasionaban crisis ministeriales y reajustes frecuentes.

Se murmuraba que, al margen de los ministros, gobernaba

[48] MESONERO ROMANOS: *Memorias de un setentón*, ed. cit., vol. I, pp. 201-202.
[49] GARCÍA DE LEÓN Y PIZARRO: *Memorias*, vol. I, p. 276.

«la camarilla», y hasta tuvieron resonancias internacionales estas murmuraciones. La doctora Pinto Vieites afirma que «es indudable que Fernando VII concedió muchas veces a sus amigos íntimos, carentes sin duda de la cultura necesaria, una beligerancia que no debía redundar en bien del Estado», pero considera que se ha exagerado mucho en este punto y niega que «la camarilla exista como cuerpo político» [50].

Tal vez lo que permite hablar con fundamento y sin exageración de «camarillas» es la práctica de un gobierno arbitrario, no sujeto a derecho; la frecuencia de los cambios ministeriales, desacostumbrados en el Antiguo régimen, que chocaban a sus coetáneos; y la política entre bastidores, oculta a la faz pública. Todo se resolvía entre las bambalinas de la Corte, porque las distintas influencias no estaban canalizadas en un cuadro público de la vida política. Y cuando la política no se hace de cara al público son posibles las camarillas imaginarias o reales. De hecho, grupos diversos presionaban sobre el Rey: amigos personales, partidos, sectas, con pretextos religiosos a veces, con afanes económicos subyacentes, con pretensiones siempre de poder.

LA DEPURACIÓN DE LOS AFRANCESADOS Y DE LOS LIBERALES

Durante el sexenio de 1814 a 1820, tres cuestiones resaltan en la vida política española, a las que tuvieron que atender los gobiernos: la depuración de afrancesados y liberales, el problema de la Hacienda pública y las conspiraciones liberales.

La depuración o castigo de afrancesados y liberales constituyó un problema doble y distinto, que recibió diferente tratamiento. El caso de los *afrancesados* es semejante al que han planteado los «colaboracionistas» del invasor extranjero en cualquier país y en cualquier época. La adhesión al rey José fue motivada en algunos españoles por razones ideológicas, sobre el supuesto del inevitable triunfo napoleónico y la posibilidad *reformista* anunciada por la nueva Dinastía, como Azanza, Mazarredo o Urquijo. No es que fallara en ellos el patriotismo, el amor a España; pero lejos de hacer causa común con los patriotas que mantuvieron una fe desesperada en la resistencia al

---

[50] M. DEL CARMEN PINTO VIEITES: *La política de Fernando VII entre 1814 y 1820,* Pamplona, 1958, pp. 152 y 365.

invasor, se pusieron frente a ellos activamente. Muchos de los afrancesados lo fueron más por las circunstancias personales en que les sorprendió la guerra que por adhesión ideológica; es decir, para éstos el afrancesamiento fue un hecho fortuito o un simple oportunismo, como Llorente. Por otra parte, a lo largo de los seis años de guerra hubo situaciones cambiantes, y así algunos afrancesados de la primera hora abandonaron luego al rey José, como Cevallos o Ranz Romanillos, uno de los artífices más destacados de la Constitución de Cádiz. Al contrario, algunos de los que en 1808 se opusieron a los franceses claudicaron en 1809 ó 1810 y sirvieron al monarca intruso: en las horas negras de la invasión de Andalucía se produce una deserción de jefes militares y de la administración, y también de intelectuales, como el caso de Alberto Lista [51].

Por el Art. 9 del tratado de Valençay garantizaba Fernando VII a los afrancesados la conservación de sus empleos [52]. A su paso por Toulouse, ya de regreso a España, el Rey hace saber a los exiliados partidarios del ex Rey José, que allí se habían refugiado, su propósito de permitirles el retorno a la patria «sin mirar a partidos ni opiniones pasadas». Pero una vez en tierra española Fernando VII encontró un ambiente de máxima hostilidad contra los colaboracionistas. El Rey, que en principio se mostraba indulgente con los afrancesados, tal vez porque él mismo se sentía culpable de debilidades ante el enemigo, cedió a la presión de aquel ambiente.

El Real Decreto de 30 de mayo de 1814 impuso el castigo de destierro de España a quienes hubieran sido consejeros o ministros del Rey intruso, o hubieran desempeñado cargos diplomáticos en el extranjero; a los militares, desde el grado de capitán para arriba, que le hubieran servido con las armas; a los miembros de la policía, o empleados en prefecturas o subprefecturas; y a los títulos y dignidades eclesiásticas condecoradas por el enemigo o que, estándolo antes por el gobierno legítimo, hubiera abrazado la causa francesa. A todos los demás se les

---

[51] El tema de los afrancesados, la interpretación y clasificación de los mismos, ha dado lugar a numerosas polémicas, desde el tiempo en que se produjo aquel hecho hasta nuestros días. En estas polémicas han participado, como es natural, los historiadores. Recientemente ha sido hecha una síntesis de este problema de los «colaboracionistas» con equilibrada ponderación por G. H. LOVETT en un capítulo de su obra: *La guerra de la Independencia y el nacimiento de la España contemporánea*, en el vol. 2, páginas 131-180, de la traducción española, Madrid, 1975.

[52] Parece ser que hubo unos 12.000 afrancesados exiliados. M. ARTOLA: *Los afrancesados*, p. 236.

permitía residir en España, pero alejados veinte leguas de la Corte, en régimen de libertad vigilada, quedando inhabilitados para cargos públicos; y los militares de grado inferior a capitán serían cesados en sus empleos. A las clases, soldados y gente de mar se les indultaba, «considerando S. M. que tales personas, más por seducción que por perversidad de ánimo y acaso alguno por la fuerza incurrieron en aquel delito».

Este decreto se completó con la circular del Ministerio de Hacienda, de 30 de junio siguiente, que contiene las normas para la depuración de funcionarios, pues «S. M. conoce que no de todos los hombres puede exigirse esfuerzos de heroísmo, y que entre éste y la falta de lealtad hay grados intermedios que no deben confundirse». Por ello se establecían tres categorías de afrancesados: los que se limitaron a continuar en los empleos que tenían; los que fueron ascendidos o recibieron distinciones «que den lugar a presumir que servían al usurpador no por debilidad o estimulados por la miseria, sino por inclinación»; y los que, además de servirle, «han contribuido a extender su partido» y han perseguido «a los buenos y leales españoles».

Pero antes de medio año se atenuaron las medidas contra los afrancesados y el R. D. de 26 de enero de 1816 revelaba un propósito conciliatorio, manifestado también en un proyecto de amnistía que no llegó a cuajar. Por lo que hace a los afrancesados, otro R. D. de 28 de junio de 1816 mandaba acabar las causas instruidas contra los exiliados, oyéndoles por apoderados y daba normas para pagar pensiones a sus familias. Un nuevo R. D. de 15 de febrero de 1818 abría la mano para el retorno a España de gran número de exiliados con garantías de seguridad personal. Muchos fueron, en efecto, los que se acogieron a esta medida: pero el odio contra los afrancesados había calado más hondo y era más persistente en el pueblo que en el gobierno, y los que retornaron del exilio sufrieron vejaciones populares: todavía en febrero de 1819 se expedía una Real orden a fin de que no se *incomodara* a los antiguos afrancesados que habían vuelto a España legalmente.

El caso de los liberales es de otra naturaleza. Era un proceso político para juzgar el supuesto atentado contra la soberanía del Rey en las Cortes de Cádiz. A los pocos días del Decreto de Valencia, se ordenó el encarcelamiento de los diputados que hubiesen votado en dichas Cortes el dogma de la soberanía nacional, procediéndose «al arresto de todas las personas y el recogimiento de sus papeles», aunque con toda clase de garantías legales en el procedimiento. Hubo así un centenar de detenciones y procesamientos. Por supuesto que no faltó la aprobación de algunos sectores populares a este acto, azuzados por la pasión. En una carta de Wellington fechada el 24 de mayo de 1814 se puede leer: «La prisión de los diputados es considerada, creo yo que en justicia, como innecesaria y es, por cierto, impolítica; pero ha gustado, en general, al pueblo.»

Para sustanciar el proceso se creó una «Comisión especial», aunque debiera seguirse el procedimiento ordinario de la Sala de Alcaldes de Casa y Corte. «El planteamiento encerraba una contradicción», he puntualizado yo en otro lugar, «porque el deseo de Fernando VII era doble: que se siguiera un proceso según las leyes y que se tramitara en breve tiempo. Ante la imposibilidad de hacerlo así, se sacrificó el segundo deseo al primero; es decir, prevaleció el sentido jurídico» [53]. Pero el procedimiento se complica y surgen dificultades técnicas para establecer las figuras de delito y conseguir pruebas. «Las pruebas no aparecen en los documentos privados confiscados a los inculpados; el examen de los documentos de Cortes exige mucho tiempo y esfuerzo, por la dispersión de los mismos; las declaraciones de los testigos son, por lo general, poco concretas, como corresponde a la naturaleza de los hechos y al tiempo transcurrido.» Acusadores y acusados se enzarzan en grandes discusiones sobre principios. El general Girón, en una carta del 14 de agosto de 1814 se queja de que «teniendo tanto por donde atacarles» sólo se trate «la cuestión teológica y política de la soberanía» y así estén «en conclusiones el juez y el acusado» [54].

La Comisión especial traslada el proceso a la Sala de Alcaldes, de aquí pasa más tarde a una «Comisión especial de Estado» o Tribunal extraordinario, que actúa durante más de un año para, una vez más, endosarlo a otra Comisión extraordinaria. Es posible que esta Comisión elevara el 11 de diciembre de 1815 un informe al Rey advirtiendo que «la tal causa en su formación adolecía de muchos y ya insubsanables defectos», según relata uno de los procesados, Joaquín Lorenzo Villanueva, cuyo proceso ha estudiado detenidamente Ignacio Lasa Iraola [55].

[53] V. PALACIO ATARD: «Siete calas en la España liberal», pp. 11 y ss., en *Estudios sobre la España liberal*, Anexos de Hispania, n.º 4, 1973.

[54] JUAN ARZADUN: *Fernando VII y su tiempo*, Madrid, 1942, p. 100.

[55] I. LASA IRAOLA: «El proceso de Joaquín Lorenzo Villanueva, 1814-1815», en *Estudios sobre la España liberal* dirigidos por V. PALACIO ATARD (Cuadernos de Historia, 4, Anexos de Hispania), 1973, pp. 29-81. El mismo autor publicó en la revista «Hispa-

Para zanjar aquella situación, sin salida decorosa en el plano jurídico, actuó directamente la autoridad del Rey: el Real Decreto de 15 de diciembre de 1815 es, pura y simplemente, una sentencia política, sin considerandos ni resultandos. Fernando VII sustituyó el veredicto judicial por una inapelable decisión de la autoridad soberana que resulta poco afortunada. Así, el proceso de los liberales es uno de los primeros ejemplos que tenemos en la España contemporánea de los riesgos y desventuras que entrañan para sus autores los montajes de aparatosos procesos políticos.

Cincuenta y un procesados eran condenados a penas de prisión, destierro o multa y confiscación de bienes. Entre ellos, Argüelles, Canga Argüelles, Martínez de la Rosa, condenados a ocho años de presidio; Villanueva y Martínez Torrero a seis años de confinamiento en un convento.

El caso es que pocas semanas después, el 26 de enero siguiente, se publicaba el Real Decreto *conciliatorio,* que mandaba «cesar las comisiones que entienden las causas criminales (de carácter político)» para que se remitieran a los Tribunales ordinarios y «que los delatores, compareciendo ante éstos, acrediten su verdadero celo por el bien público y queden sujetos a las resultas del juicio». Pinto Vieites ha subrayado el interés de este documento, en el que también se decía en nombre del Rey: «Durante mi ausencia de España se suscitaron dos partidos titulados serviles y liberales; la división que reina entre ellos se ha propagado a una gran parte de mis Reinos; y siendo una de mis primeras obligaciones que *como padre* me incumbe, de poner término a estas diferencias, es mi real voluntad que en lo sucesivo los delatores se presenten a los tribunales con las cauciones de derecho; que hasta las voces de liberales y serviles desaparezcan del uso común y que en el término de seis meses queden finalizadas todas las causas procedentes de semejante principio, guardando las reglas prescritas por el derecho para la recta administración de justicia».

Casi al mismo tiempo se ponía en marcha una encuesta sobre la concesión de una amnistía a liberales y afrancesados, consultándose a Consejos, Audiencias, Intendentes, Arzobispos y Obispos. De las 102 respuestas obtenidas, 21 son en contra de la amnistía total, 14 se inclinan por el indulto personal pero no por la amnistía, 32 proponen una amnistía limitada, 22

nia», núm. 115, 1970, pp. 327-383, otro artículo con el título «El primer proceso de los liberales».

aprueban la amnistía con excepciones de carácter general y 13 dicen sí resueltamente a la amnistía general. Sin duda, los pareceres estaban muy divididos. Pero al proyecto se le dio carpetazo al descubrirse poco después la llamada «Conspiración del Triángulo».

LA CONSPIRACIÓN DEL TRIÁNGULO. LA NUEVA REINA ISABEL DE BRAGANZA

Hemos recordado anteriormente las primeras conspiraciones de 1814. En septiembre de 1815 tuvo lugar la intentona de Porlier en La Coruña, que concluyó con el fusilamiento de aquél. En febrero de 1816 se descubre la más grave de las conspiraciones anteriores a la de Riego, estudiada hace pocos años por M. Pilar Ramos [56]. El propósito era intimidar, o eventualmente asesinar a Fernando VII para proclamar la Constitución. En el ánimo del jefe ejecutor, un sicópata llamado Vicente Ramón Richard, existía el propósito de proclamar la República, pero no está claro que de esta idea participaran los demás conjurados.

La conspiración no fue improvisada, como las de Espoz y Mina o Porlier, sino que tuvo una preparación meticulosa, aunque no se siguiera estrictamente el sistema de contactos triangulares, a la manera de Weisshaupt. En la conjuración intervinieron algunos masones, o que lo fueron posteriormente, pero la Masonería como tal no debió tomar parte en el asunto. Desde la sombra hubo un grupo dirigente «que apenas se manifiesta» y fue el que proporcionó recursos económicos para la conspiración. Descubierta por la delación de unos sargentos de la Marina, los principales partícipes fueron arrestados y Richard ejecutado.

La «Conspiración del Triángulo» se interfirió negativamente en la adopción de una política más suave en relación a los liberales. Por el contrario, la boda en segundas nupcias de Fernando VII con Isabel de Braganza, celebrada en octubre del mismo año 1816, produjo un beneficioso efecto de distensión, aunque duró poco tiempo a causa de la temprana muerte de la

---

[56] M. P. RAMOS: *La Conspiración del Triángulo*, Anales de la Universidad Hispalense, Sevilla, 1970.

Reina, que falleció antes de dos años. La elegía fúnebre que le dedicó Juan Nicasio Gallego proclama la influencia de la Reina en el cambio experimentado durante aquel breve tiempo: «De tí esperaba el fin de los prolijos / acerbos males que discordia impura / sembró con larga mano entre tus hijos».

La discordia civil no se aplacaba. Se agravaba por otra parte la situación de la Hacienda Pública.

LA SITUACIÓN DE LA HACIENDA Y LA REFORMA DE MARTÍN DE GARAY

En efecto, desde tiempo atrás se arrastraba el deterioro de la Hacienda pública, cuyas principales causas podemos enunciar así: el déficit crónico, que venía produciéndose desde el siglo XVIII y fue agudizado por las guerras del tiempo de Carlos IV y de la Independencia; la pérdida de las rentas americanas; y el caos administrativo desde 1814. El déficit crónico no pudo atajarse por el fallido intento de reforma fiscal de las Cortes en 1813, en el que se mantenían los impuestos antiguos, aduanas y donativos del clero, más una nueva contribución directa.

Esta situación se refleja en la evolución de los ingresos tributarios españoles y en la composición de los ingresos totales del Estado, según puede verse en los cuadros que da Fontana [57]. Los ingresos tributarios, tomando como base 100 el período 1788-1797, se reducen a 85,5 en 1803-1807, alcanzando a 92,3 en 1814-1819. La composición de los ingresos totales, que en 1788-1791 era del 76,9 por 100 por recaudaciones tributarias, de 11,2 por 100 por remesas de caudales de Indias y de 11,9 por 100 por creación de Deuda pública, sufre alteraciones posteriores sustanciales: en 1793-1797 las proporciones son 55,5 por 100, 11,9 por 100 y 32,6 por 100 respectivamente; y en el período 1803-1806, 50,4 por 100, 13,7 por 100 y 35,9 por 100 para esos tres capítulos.

La Deuda pública cubrió, pues, en estos años la expansión del gasto. Más tarde, después de la guerra de la Independencia,

---

[57] JOSEP FONTANA: *La quiebra de la Monarquía absoluta, 1814-1820*, Barcelona, 1973, cuadros de las pp. 59-65 principalmente. El estudio de Fontana es fundamental en el análisis de la situación hacendística de este período.

la casi desaparición de las remesas americanas y la crisis del crédito público hacen que, en el período 1814-1819, el 95,5 por 100 de los ingresos totales provengan de los tributos. De ahí la necesidad sentida de una reforma del sistema fiscal que permitiera un incremento de los ingresos proporcionado a las necesidades.

Martín de Garay, considerado experto en materia hacendística, fue nombrado a finales del año 1816 ministro de Hacienda; García de León Pizarro se atribuye el haber influido en este nombramiento. El 6 de marzo de 1817 presentó Garay una *Memoria sobre el arreglo de la Hacienda*, redactada con la colaboración o inspiración de otros expertos, como Barata y López Ballesteros, que sirvió de base al R. D. de 30 de mayo del mismo año. La política hacendística de Martín de Garay debía completarse con otro proyecto, expuesto en la *Memoria sobre el sistema de crédito público*, fechada el 30 de julio de 1817.

Por el Real Decreto del mes de mayo, Martín de Garay basaba el arreglo de la Hacienda en dos operaciones principales:

a) La reducción del gasto público, hasta fijarlo en 713.970.000 reales, sumados los presupuestos ordinario y extraordinario.

b) Las mejoras en la recaudación de ingresos sobre la base de una reforma fiscal que podemos desglosar en tres aspectos:

1) Se conservaban parte de las rentas provinciales y tributos antiguos, que representarían el 60 por 100 de las previsiones presupuestarias totales; otras rentas antiguas se suprimían, en un intento de simplificar la anterior variedad y anarquía contributiva.

2) Se establecía una nueva *contribución directa* sobre la masa de riquezas imponibles, fundamentalmente rústicas, con excepción de las capitales y de los puertos habilitados, que pagarían unos derechos de puertas especiales; esta contribución directa debía cubrir el 25 por 100 de los ingresos. Pero la aplicación de este tributo no sería proporcional a la capacidad productiva de la tierra, sino que, como hace ver Fontana, «beneficiaba a los propietarios de las tierras mal cultivadas, al cargarles la contribución... de acuerdo con su producto real. Esto podría convertirse incluso en un estímulo para dejar tierra en barbecho para eludir impuestos. Y había de contribuir, sin ninguna duda, a desanimar las inversiones de capital para mejorar el cultivo».

3) Se fijaban los nuevos *derechos de puertas*, así como un donativo sobre el clero y un impuesto sobre el sueldo de los

empleados, que en total representarían el 12 por 100 de los ingresos.

La *Memoria sobre el crédito público* abordaba el problema de la Deuda. Expone el general desorden que se ha introducido desde 1800, hasta el punto de ser imposible el pago de los intereses devengados, así como tratar de amortizarla. Se estimaba la Deuda pública en 5.904 millones de reales y los intereses anuales ascendían a 195 millones. A esto se añaden otros 6.000 millones en atrasos impagados. O sea, en total, unos 12.000 millones de reales, que es más de veinticinco veces las recaudaciones anuales efectivas.

Para afrontar el problema de la Deuda proponía Garay, en líneas generales, una especie de conversión parcial con títulos al interés del 4 por 100 del que sólo se pagaría en metálico el 1 por 100, abonando el resto en títulos de la misma deuda. Proponía también una amortización parcial de la Deuda mediante la venta de fincas que serían abonadas precisamente en títulos de la Deuda, reconociendo el comprador un canon del 3 por 100.

Este proyecto de arreglo encontró dentro del Consejo una cerrada oposición. El duque del Infantado encabezó la resistencia al mismo y finalmente el plan fue desestimado. Precisamente este asunto hay que situarlo en el origen de la compleja crisis ministerial de 1818.

Pero tampoco el plan de reforma de la Hacienda de 1817 tuvo éxito al ser puesta en práctica. Las dificultades de aplicarlo derivan de sus propias imperfecciones técnicas, en parte por la imprecisión en el modo de ejecutar las medidas y los fallos de las instrucciones cursadas al efecto; en parte por la falta de flexibilidad del fisco, imprescindible para que pueda prosperar toda reforma fiscal. De hecho, disminuyeron las recaudaciones y no se alcanzaron las previsiones de ingresos supuestos por Martín de Garay.

Este fracaso no debe sorprendernos. No existían trabajos preparatorios imprescindibles (el catastro de riquezas imponibles) y tardó más de un año en publicarse la tarifa de derechos de puertas. Se originó de todo gran confusión y arbitrariedad de la administración en la distribución de las cargas fiscales, con disgusto de numerosos contribuyentes. Canga Argüelles, en su interesante *Memoria* a las Cortes de 1820, expone que «pobreza, desolación y miseria fueron los resultados de los azarosos afanes del ministerio en la época a que me refiero (antes de 1820); y quejas y disgustos en los súbditos, e inquietudes alarmantes en quienes debieran estar más sometidos, ha sido el cuadro lastimosos que presentó la nación a principios del mes de marzo del presente año» [58].

José Fontana anota el matiz de la interpretación de Canga Argüelles, quien «supo ver que, más que una explosión revolucionaria a escala nacional, fue la amenaza potencial de que se produjera, reflejada sobre todo en la inhibición de las masas campesinas que habían apoyado entusiásticamente la reacción absolutista de 1814, lo que actuó sobre el monarca y su gobierno, en marzo de 1820, para plegarse a restablecer el régimen constitucional» [59].

Una cosa estaba clara: la importancia que para la situación general del país había de tener en el futuro la política hacendística, y no sólo para la incidencia en la vida económica del mismo.

[58] JOSÉ CANGA ARGÜELLES: *Diccionario de Hacienda con aplicación a España,* ed. facsímil hecha por el Ministerio de Hacienda, 1968, vol. II, pp. 209 y ss.

[59] J. FONTANA: o. c., p. 278.

CAPÍTULO 5

LA REVOLUCIÓN DE 1820. EL TRIENIO CONSTITUCIONAL

Al comenzar el año 1820 se había creado un clima de desconfianza en el gobierno absolutista de Fernando VII que era justamente todo lo contrario del clima de confianza ilimitada de 1814. Al cambio de este clima habían contribuido:

a) El ambiente de crisis política, acentuada desde los cambios ministeriales de septiembre de 1818.

b) Las conspiraciones militares, como la de Lacy y Milans del Bosch en Cataluña, en la primavera de 1817, o la de Vidal, descubierta y abortada antes de la fecha prevista para el pronunciamiento en Valencia el 1 de enero de 1819.

c) El marasmo económico y hancedístico, que no pudieron remediar las reformas de M. de Garay, sino que más bien lo acentuaron.

Fernando VII había decepcionado. El peligro de crear grandes ilusiones es que arriesgan producir grandes desilusiones: «... un monarca que, más o menos inconsciente, había conseguido trocar el frenético entusiasmo con que fue aclamado a su advenimiento al trono en el más absoluto desvío, cuando no en enemiga voluntad», dirá Mesonero Romanos. Porque lo más notable del pronunciamiento de Riego y de la crisis revolucionaria consiguiente es la indiferencia con que el *Deseado* de 1814 es contemplado en 1820. «Muchas esperanzas hubo de defraudar», comentaba un historiador clásico nada sospechoso de proclividades revolucionarias, como es Menéndez Pelayo, «muchos desalientos dejó en los ánimos aquel triste gobierno de los seis años, para que en 1820 lo vieran caer, poco menos que sin lágrimas, los mismos que en 1814 habían puesto en él sus más halagüeñas esperanzas» [60].

---

[60] *Historia de los Heterodoxos españoles*, vol. VI, p. 101, de la Ed. Nacional de las *Obras completas* de MENÉNDEZ PELAYO, Santander, 1948.

Se acerca el momento en que las insurrecciones militares de un Ejército captado por los liberales puedan encontrar, si no un eco popular amplio, al menos una inhibición civil que facilitara el éxito.

LA CAPTACIÓN DEL EJÉRCITO POR LOS LIBERALES

La desmovilización de 1814 y los ascensos por méritos de guerra habían ocasionado rivalidades entre militares profesionales del Ejército regular y guerrilleros, aunque la R. O. de 26 de julio de 1814, que disolvía las guerrillas y disminuía los efectivos regulares, conservaba toda la oficialidad, hasta que en 1818 causaron baja varios miles de oficiales.

Después de la guerra de la Independencia se había producido, en efecto, una plétora de oficialidad. El marqués de las Amarillas, ministro de la Guerra del primer gobierno del Trienio, expone en las Cortes de 1820 «la pesada carga de un cuadro militar superior tanto a nuestras ordinarias necesidades, como a nuestras rentas». Las tres cuartas partes de esta oficialidad carecían de empleo efectivo y eran, naturalmente, gente joven, impetuosa, ociosa, y sin estímulo de ascenso profesional por el taponamiento de las escalas, dando lugar a frecuentes actos de indisciplina. Los sueldos se pagaban con retraso. En 1820 a la Caja del Cuerpo de Infantería se le debían por la Hacienda 231 millones de reales. Todo ello incrementa la división y el descontento entre los militares.

Se ha dicho, con razón, que a la desmoralización del Ejército contribuye la tarea encomendada de persecución del bandidaje, resurgido en 1814 como es habitual después de todas las guerras, y en este caso acentuado por la disolución de las guerrillas. Hasta la creación de la Guardia Civil, la seguridad pública estaba encomendada a fuerzas armadas de carácter local y totalmente ineficaces. El marqués de las Amarillas quiso formar una Legión de Salvaguardias Nacionales en 1820, pero el temor de los progresistas a que constituyera una fuerza armada realista les hizo vetar el proyecto. Según cuenta el propio marqués de las Amarillas en sus *Memorias,* Iztúriz dijo a Argüelles «que prefería ser robado y asesinado a dar su voto a semejante proyecto» [61]. De ahí que se echara mano del Ejército contra el

---

[61]   ARZADUN: o. c., p. 141.

bandidaje en descampado. Los famosos bandoleros de aquel tiempo, los llamados Siete Niños de Écija, trajeron en jaque a cuatro mil soldados movilizados contra ellos, por las dificultades inherentes a este tipo de operaciones. Naturalmente, estos servicios, que ni son de cuartel ni de campaña, relajan la disciplina militar.

Simultáneamente se lleva a cabo una consciente captación del Ejército por los liberales. Éstos habían tomado buena nota de la lección de 1814. En adelante, en vez de oponerse al Ejército, piensan en asociarlo a sus proyectos. Contribuyen a ello los cuatro mil oficiales ex prisioneros de guerra en Francia, donde habían asimilado las ideas políticas del liberalismo. Algunos habían ingresado en las logias militares masónicas. La Masonería fue, por supuesto, un canal de comunicación entre liberales y militares durante aquel período, y de un modo concreto en la fase conspiratoria del alzamiento de 1820.

EL PRONUNCIAMIENTO DE RIEGO Y QUIROGA

La Revolución será, pues, obra del Ejército. El signo de la Revolución liberal española, en adelante, consistirá en la alianza entre los militares y los liberales. La apoyan también algunos intelectuales, algunos nobles, algunos hombres de negocios y profesionales de las clases medias, pero los elementos civiles no participan en la insurrección armada directamente. La gente joven jalea con manifestaciones, más estentóreas que eficaces, aquellos actos enmarcados en una situación ambiental romántica. «La juventud que iba a entrar en el ejercicio de sus facultades intelectuales», comenta Mesonero Romanos, «aparecía animada de un espíritu levantisco y fatal... Amamantaba su mente con deliciosos ensueños y, en odio a lo existente, adoraba, perseguía un porvenir desconocido, una sombra fantástica de una libertad sin límites, extravío de su frebril imaginación».

Javier de Iztúriz, dirigente de la Masonería gaditana, sirve de motor y enlace a los conspiradores. Antonio Alcalá Galiano, masón también y por entonces joven conspirador, nos ha dejado en sus *Recuerdos de un anciano,* el relato pormenorizado de los lentos trabajos preparatorios [62]. Por fin, el 1 de enero de

[62] ALCALÁ-GALIANO: edición citada, pp. 96-131.

1820 el coronel Riego se subleva en Cabezas de San Juan con el Regimiento de Asturias y el coronel Quiroga lo hace al día siguiente en Alcalá de los Gazules. Constituían aquéllas una parte de las fuerzas que formaban el Ejército expedicionario preparado para embarcar rumbo a América, con objeto de someter la insurrección de las nuevas Repúblicas alzadas contra la dominación española.

La Revolución de 1820 se llevó a cabo en dos tiempos. En el primero, los sublevados se apoderan del arsenal de la Carraca y del Puerto de Santa María, creando así una base de operaciones, pero no pudieron tomar Cádiz. Los militares sublevados habían creído que la Masonería gaditana era «dueña de todos los recursos de la plaza» y fiados en ello habían dado el paso inicial [63]. Luego, durante mes y medio, la «columna Riego», con unos mil quinientos hombres, hace varias marchas y contramarchas por Andalucía, tratando sin éxito de sumar adhesiones. Por el contrario, hay algunos de sus hombres que desertan de la empresa y a mediados de febrero la sublevación parece que va a quedar reducida por su propia inconsistencia.

Es entonces cuando ocurre el segundo tiempo de la Revolución. El coronel Acevedo se subleva en La Coruña el 21 de febrero y el movimiento insurreccional se extiende a otras guarniciones de Galicia. El 1.º de marzo Zaragoza, Barcelona y Pamplona se suman a la sublevación. El golpe final corre a cargo del general Enrique O'Donnell, conde de la Bisbal, enviado al frente del ejército gubernamental para combatir la insurrección de Andalucía, que se suma a la revuelta en Ocaña, el 4 de marzo.

Fernando VII, indolente y sorprendido, anuncia el 7 de marzo que jurará la Constitución. Es entonces cuando publica el famoso manifiesto: «Marchemos todos francamente y yo el primero por la senda constitucional». Inmediatamente los liberales de Madrid salieron a la calle.

Mesonero Romanos, testigo de este hecho, nos ha dejado una descripción, en la que se apuntan los perfiles sociológicos de la Revolución de 1820: «No bien esta importantísima resolución se difundió con la velocidad del rayo por todo Madrid, lanzáronse a la calle con un alborozo, una satisfacción indescriptible, todas las personas que representaban *la parte más culta y acomodada* de la población: grandes y títulos de Castilla, oficiales

---

[63]   J. L. COMELLAS: *Los primeros pronunciamientos en España*, Madrid, 1958, pp. 332 y siguientes.

generales y subalternos, opulentos propietarios, banqueros y todo el comercio en general, abogados, médicos y hombres de ilustración y de ciencia; todas las clases, en fin, superiores y medias, del vecindario confundíanse en armoniosos grupos, abrazándose y dándose mil parabienes, y sin lanzar gritos ni mucho menos denuestos contra lo pasado, confundíanse en un inmenso y profundo sentimiento de patriótica satisfacción. Aquello no era una asonada, como en marzo de 1808, no era un motín como el de mayo de 1814, no era tampoco un *pronunciamiento* como otros que le sucedieron: era una espontánea satisfacción y holgura, más semejante a la simpática y expansiva de los educandos de un colegio en día de asueto...; y si *las clases más humildes de la población,* los menestrales y artesanos, *brillaban ahora por su ausencia* —porque aún no habían comprendido la importancia de tamaño acontecimiento— también por otro lado veíase libre la sensata y patriótica manifestación de las turbas aviesas y desbordadas, que tampoco habían acudido, porque nadie las había llamado a ganar un jornal o echar un trago y, en realidad, porque ninguna falta hacían» [64].

LOS GOBIERNOS DEL TRIENIO

El problema fundamental del sistema de gobierno en el Trienio Constitucional viene determinado por dos cuestiones. Una, de carácter constitucional, referida a la relación de poderes que estableció la Constitución de 1812 entre el Rey y las Cortes, al atribuir al primero, con la jefatura del gobierno, la facultad de nombrar libremente los ministros: ¿cómo se podrían conciliar esta «confianza regia» con la no exigida «confianza parlamentaria», si las Cortes estaban en condiciones de interferir la acción de los ministros?

La segunda cuestión es de carácter estrictamente político. ¿Era posible crear un clima de confianza entre el gobierno y el Rey, si por las circunstancias de fuerza derivadas de la Revolución el monarca se veía en la necesidad de nombrar los ministros entre los vencedores de marzo de 1820?

El primer gobierno lo nombró Fernando VII el día 1 de abril, a base de los ex condenados de 1815, el llamado «go-

[64]   MESONERO ROMANOS: *Memorias de un setentón,* ed. citada, I, pp. 223-224.

bierno de los presidiarios», con excepción del marqués de las Amarillas, único hombre de confianza del Rey: Pérez de Castro (Estado), Argüelles (Gobernación), Canga Argüelles (Hacienda), García Herrero (Gracia y Justicia), Porcel (Ultramar), Jabat (Marina) y Amarillas (Guerra). Dentro del gobierno se produce una tensión creciente entre Argüelles y los liberales contra el marqués de las Amarillas. Los grupos de presión de los vencedores (el Ejército de la Isla, con Riego a la cabeza; las Sociedades Patrióticas, como la del Café Lorencini) acentuaban la tensión entre el gobierno y el Rey. El 20 de diciembre se llega a una situación límite al pretender forzar la dimisión de Amarillas; Fernando VII increpa a sus ministros: «Ustedes no cumplen con su obligación..., ustedes son la única defensa que me da la Constitución y ustedes me abandonan... Ya he dicho que no quiero que deje el ministerio el marqués de las Amarillas. ¡Pueden retirarse!»

Este choque entre el Rey y los ministros, que según la Constitución se suponían nombrados libremente por él, se produce definitivamente el 1 de marzo de 1821, en la apertura de las Cortes: al mensaje de la Corona añade Fernando, VII una «coletilla» en la que censuraba a sus ministros. Éstos dimiten. Surge así el problema de su sustitución, que pone de relieve una de las imperfecciones constitucionales de 1812.

Fernando VII se dirigió oficialmente a las Cortes en estos términos: «Bien sé que *esto es prerrogativa mía;* pero también conozco que al ejercicio de ello *no se opone que las Cortes me indiquen y aun me designen* las personas que más merezcan la confianza pública y que, a su juicio, son más a propósito para desempeñar con aceptación y utilidad común tan interesantes destinos».

Las Cortes se niegan a acceder a esta consulta del Rey, inhibiéndose de unas funciones que efectivamente no les competen; pero manifestando al mismo tiempo su solidaridad con Argüelles y los ministros dimitidos. De este modo la crisis política es harto delicada. El Rey consulta entonces al Consejo de Estado, entre cuyas competencias, señaladas en el Art. 236 de la Constitución, estaba emitir dictamen consultivo «en los asuntos graves gubernativos». El Consejo de Estado, «único Consejo» del Rey por otra parte, tampoco se apresta facilmente a emitir dictamen.

Por fin, el 1 de mayo de 1821 se nombra nuevo gobierno, del que Eusebio Bardají, ministro de Estado, es la figura más representativa. La situación sigue tirante entre el monarca y sus nuevos ministros. En diciembre de aquel año sobreviene otra crisis ministerial, que da entrada a un gobierno con Martínez de la Rosa, de tono más moderado: Martínez de la Rosa proyecta una reforma constitucional, con unas Cortes bicamerales, que de algún modo viene a ser un anticipo de sus proyectos de 1834.

Pero esta alternativa moderada en el gobierno es desbordada por ambos lados: por la izquierda, los liberales *exaltados*, como suele calificarse entonces al ala progresista; por la derecha, los realistas contrarrevolucionarios, que en la jornada del 7 de julio de 1822 sublevan a cuatro batallones de la Guardia Real, mandados por el general Luis Fernández de Córdoba, aunque su intento quedó inmediatamente desbaratado. Este incidente da pie a que las Cortes, reunidas el 7 de octubre, acusen al gobierno y decreten la prisión de cuatro ministros. Previamente, el 29 de julio, el Rey había aceptado la dimisión de Martínez de la Rosa y sus ministros.

Los siguientes gobiernos del Trienio marcan el giro definitivo hacia la izquierda exaltada. El general Evaristo San Miguel será la cabeza política del gobierno que se forma el 5 de agosto de 1822 y permanece en el poder hasta la intervención francesa. Al ocurrir ésta, un nuevo gobierno, el quinto del Trienio, con Álvaro Flórez Estrada en la Secretaría de Estado, sobrevive sólo del 20 de febrero al 24 de abril de 1823. Hay un nuevo cambio de ministros, siendo José María Calatrava (en Gracia y Justicia) el personaje más representativo de la tendencia exaltada. Este gobierno dispondrá la marcha del Rey y las Cortes a Sevilla primero, luego a Cádiz; pero ya era sólo una sombra de gobierno fugitivo, que retiene por la fuerza al Rey como rehén, hasta su definitiva rendición ante el Duque de Angulema.

LA CUESTIÓN ECLESIÁSTICA EN EL TRIENIO CONSTITUCIONAL

La reforma eclesiástica, tan sólo planteada en las Cortes de Cádiz, como ya dijimos, fue abordada por los gobiernos y las Cortes del Trienio. Del mismo modo que ocurriera en 1812-1813, también ahora fue una iniciativa unilateral del Estado, según las reviviscencias del antiguo regalismo; y también ahora la cuestión se enconó por la doble actitud de los defensores de la Iglesia tradicional, a quienes faltaba sentido de autocrítica, y de los liberales reformadores, sobrados de impulsos agresivos. Por eso Manuel Revuelta, que ha estudiado a fondo este problema, explica su planteamiento en estos términos: De situaciones insostenibles, que pedían a veces una reforma, sacaban los liberales ilícitamente unos principios heterodoxos que no podían ser aceptados por las autoridades eclesiásticas. Por otra parte, la valiente defensa dogmática emprendida por la jerarquía y los escritores ortodoxos olvidaba con frecuencia la parte de razón que muchas veces asistía a los liberales en su deseo de poner fin a situaciones prácticas anticuadas y en el fondo perjudiciales al fin espiritual de la Iglesia [65].

Las primeras medidas legislativas crearon un ambiente de enfrentamiento. La R. O. del 26 de abril de 1820 ordenaba a los párrocos que, desde el púlpito, «expliquen a sus feligreses en los domingos y días festivos la Constitución política de la nación, *como una parte de sus obligaciones*». Esto provocó protestas y choques de obispos y curas con el gobierno. Parecía como si los liberales en el poder pretendieran una «alianza entre el Altar y la Constitución», ellos que justamente habían censurado la «alianza entre el Altar y el Trono».

Es curioso observar cómo, invertidas las circunstancias, los liberales incurrían en los mismos malos usos de sus contrarios. Desde 1814 a 1820 Fernando VII había hecho proveer las veintiuna diócesis vacantes en personalidades políticamente adictas a él: por ejemplo, los tres eclesiásticos firmantes del «Manifiesto de los Persas», aparte mons. Vázquez que era ya obispo; aunque también es cierto que varios de estos nuevos obispos del «sexenio» simpatizaron con los liberales y tres de ellos fueron diputados en el Trienio (López Castillo, Manuel Fraile y González Vallejo). Pues bien, en 1820-1823 los liberales se empeñaron por su parte en proveer sedes vacantes con obispos liberales como premio a sus actividades políticas: así, Muñoz Torrero propuesto para la diócesis de Guadix, y Espiga para la de Sevilla; y en definitiva, tres de los cuatro nombramientos del trienio recayeron en eclesiásticos notoriamente liberales.

Otra medida que sólo podía contribuir al enrarecimiento del ambiente fue la nueva expulsión de la Compañía de Jesús. En efecto, los jesuitas se habían reintegrado a España por decisión

---

[65] M. REVUELTA: *Política religiosa de los liberales en el siglo XIX. El Trienio Constitucional,* Madrid, 1973, principalmente en pp. 74-76 y 382.

de Fernando VII en 1815. Ahora, el 14 de agosto de 1820 se decretaba su segunda expulsión de estos Reinos.

Pero la medida legislativa de mayor trascendencia fue el Decreto sobre supresión de monacales y reforma de Órdenes regulares, aprobado por las Cortes el 1 de octubre de 1820 y sancionado por el Rey el 25 del mismo mes. Fernando VII trató de resistir y usar del veto regio, alegando razones de conciencia; pero lo firmó al fin, no sin protestar de la coacción y violencia que sobre él se ejercía.

Por este Real Decreto se suprimían *todos* los monasterios de las Órdenes monásticas, salvo ocho que se exceptuaban por razones históricas de antigüedad y celebridad (El Escorial, Guadalupe, Montserrat, San Benito de Valladolid, San Juan de la Peña, Poblet, El Paular y San Basilio de Sevilla): en total 290 monasterios fueron suprimidos. Se reformaban las demás Órdenes mendicantes (franciscanos, capuchinos, dominicos, agustinos, carmelitas, etc.) reduciéndose el número de sus conventos, así como los clérigos regulares (teatinos y otros), con excepción de los Escolapios y los Misioneros de Filipinas. De los 1.701 conventos afectados por esta disposición, se llegaron a suprimir de hecho, hasta comienzo del año 1822, un total de 801; si bien es verdad que la ley no se aplicó rigurosamente por la tolerancia de las autoridades locales, que sintonizaban directamente con los sentimientos populares y fueron más cautas.

El Decreto de 25 de octubre de 1820 destruía, además, la organización jerárquica de las Órdenes Religiosas, con quebranto del Derecho canónico, pues los conventos subsistentes sólo quedaban sometidos a los ordinarios diocesanos. Se prohibían fundar nuevos conventos y admitir nuevos profesos. Por el Art. 13 se facilitaba la exclaustración de los conventuales y su consiguiente secularización, bien entendido que estas secularizaciones no significaban la pérdida de la condición sacerdotal. De los 20.757 religiosos regulares ordenados, unos 8.000 se redujeron al estado secular: casi todos los mendicantes, la mitad de los franciscanos y en menor proporción los miembros de las demás Órdenes religiosas. La geografía de estas secularizaciones también ha sido verificada por el prof. Manuel Revuelta, existiendo notables divergencias de unas regiones a otras: el índice más alto corresponde a Murcia con el 80 por 100 de los conventuales y regulares de aquella región; en Andalucía y Castilla la Nueva la proporción fue del 30 al 40 por 100.

Por fin, por el Art. 23 de esta disposición legal se declaraban incorporados al Estado los bienes de las Comunidades religiosas suprimidas, así como los bienes de las Comunidades subsistentes que excedieran de «las rentas precisas para su decente subsistencia» (art. 24).

El contenido de este Decreto se agravó todavía más en tiempo del ministerio exaltado de Evaristo San Miguel, cuando las Cortes dispusieron, el 15 de noviembre de 1822, que fueran suprimidos todos los conventos situados en pueblos de menos de 450 vecinos, medida que afectaba a las dos terceras partes de los conventos todavía existentes y a todos los monasterios exceptuados en 1820, incluso los de Montserrat y Poblet. Pero ya el fin del Trienio estaba próximo y esta medida no llegó a ser totalmente puesta en práctica.

Otras disposiciones legislativas se habían tomado, entre tanto, en materia eclesiástica: la supresión del diezmo y la sustitución por el «medio diezmo» en favor del Estado; la supresión de la inmunidad eclesiástica personal (el fuero eclesiástico); y los proyectos de reforma de la Iglesia secular, el «arreglo de seculares» como era llamado, que se discutieron en las Cortes en 1822, pero que no llegaron a cristalizar finalmente en leyes por la crisis prematura del régimen constitucional del Trienio.

Las consecuencias de toda esta *política eclesiástica* fueron graves: Ante todo, los conflictos con Roma, la ruptura de la Iglesia y el Estado liberal; y el desgobierno de las diócesis por la expulsión de ocho obispos que se opusieron a la aceptación de tales medidas; otros cinco obispos huyeron al ser perseguidos, uno fue apresado y otro asesinado (fray Ramón Strauch, obispo de Vich). En 1823 había quince diócesis vacantes por defunción, once tenían sus obispos exiliados y seis se hallaban en situación cismática por la designación anticanónica de sus vicarios. En enero de 1823 se procedió también a la expulsión del Nuncio.

Dentro del clero se produjo, además, una escisión interna: hubo eclesiásticos liberales radicalizados y en las listas de cuatro mil individuos pertenecientes a la masonería se cuentan hasta ciento noventa y cuatro eclesiásticos; por otro lado, la mayor parte del clero realista se radicalizó también, sumándose de hecho o potencialmente a la insurrección armada de la Regencia de Urgell. Dentro de los conventos se produjeron algunas divisiones y pendencias entre los miembros de las mismas comunidades, fomentándose la discordia.

La exacerbación de parte del clero y de los fieles contribuye a revestir de apariencia religiosa la guerra civil que estalla en 1822. Los realistas de entonces, como los carlistas de 1833, *invocan los hechos* de la persecución para proclamarse defensores de la libertad de la Iglesia; los liberales de entonces, como dice el prof. Revuelta, *invocan las teorías* y apelan al carácter pacífico del Evangelio no respetado por los otros. Esta carga de pasión religiosa imprime carácter al conflicto político que se convierte por entonces en conflicto bélico.

La repercusión de las reformas eclesiásticas de los liberales en la cristalización de las discordias civiles de los españoles es uno de los hechos determinantes de aquella España del primer tercio del siglo XIX que dejará más hondas y largas secuelas a la hora de restablecer la paz civil. La exaltación de los ánimos por motivos religiosos es quizá la nota dominante de la época y de las más graves consecuencias para la colectividad social española. Fue el telón del fondo de la historia de aquel tiempo y un grave legado negativo para la posteridad.

LA HACIENDA EN EL TRIENIO CONSTITUCIONAL

La situación de la Hacienda pública no se arregla durante el Trienio. Los presupuestos de noviembre de 1820, formulados por Canga Argüelles, no obtuvieron los resultados previstos. Para el año económico 1820-1821 se habían fijado los ingresos tributarios en 415,5 millones de reales, pero sólo se recaudaron 342,9 millones. El déficit real se acercaba a los 180 millones de reales.

Para el año económico 1821-1822 el presupuesto de ingresos se cifró en 510 millones, siendo la recaudación efectiva 235,6 millones. Para el año económico 1822-1823 el presupuesto fue de 512 millones; la recaudación efectiva no se contabiliza por el fin prematuro del gobierno constitucional [66].

Se produce, pues, una importante caída de las recaudaciones

---

[66] FONTANA, tomando datos de una Memoria del Arch. de Affaires Etrangères de París, correspondiente a noviembre de 1824, da las siguientes cifras:

	Presupuestado millones	Recaudado millones
1820-1821	530,39	348,92
1821-1822	692,80	370.80

La quiebra, p. 286, nota.

tributarias, y eso que durante el período 1821-1822 se aumentó la presión fiscal del Estado, al mismo tiempo que se disminuían los diezmos, sustituidos por el «medio diezmo». Fontana sugiere inteligentemente el peso soportado por la economía agraria, a la que se exigía dinero contante a la vez que se reducían los pagos en especie, cuando éstos no podían convertirse fácilmente en dinero por la escasa comercialización del agro. La presión fiscal sobre el sector agrícola se hizo más notoria en Andalucía y en Castilla la Nueva. Pero, en cualquier caso, las recaudaciones tributarias no aspiraban a cubrir sino una parte de los ingresos. Los gastos presupuestarios en noviembre de 1820 los fijó Canga Argüelles en 702,8 millones de reales.

Para cubrir, pues, el déficit y enjugar los problemas de amortización de la Deuda antigua, la Hacienda del Trienio se basó en la contratación de empréstitos exteriores, «único medio, según el prof. Sardá, para reunir fondos para la reconstrucción nacional». El total *nominal* emitido durante el Trienio fue de 2.061 millones de reales, y las Casas de banca contratantes Laffite, Ardoin y Compañía, Bernales y Campbell y Lumbock. El total *efectivo* lo estima J. del Moral, en su estudio sobre la Hacienda del Trienio, en 1.426 millones.

La presión fiscal se descarga en parte, pero el endeudamiento exterior aumenta. El conde de Toreno justificó ante las Cortes este procedimiento, como un *método extraordinario y circunstancial*, hasta que la economía española y las modificaciones en la percepción del diezmo permitieran nivelar el presupuesto en base a los ingresos ordinarios, pues Toreno reconocía que el recurso continuado al empréstito exterior acabaría «por ser (una medida) ruinosa». En su reciente estudio, Joaquín del Moral coincide con la apreciación de Sardá y le parece este recurso «coherente, tanto desde un punto de vista político económico de crecimiento, como por ser en aquellas circunstancias difíciles y en razón de la falta de capitales interiores. la solución más idónea para amortizar la antigua Deuda externa, posibilitar la acumulación de capitales internos y atraer capitales externos, necesarios para el despegue económico» [67].

El recurso al empréstito se completó con la *devaluación* monetaria de 1821, estimada por Sardá como «medida inteligente»

---

[67] J. DEL MORAL RUIZ: *Hacienda y sociedad en el Trienio Constitucional, 1820-1823*, Madrid, 1975, p. 211.

para mantener en el país una circulación monetaria y conseguir el sostenimiento de la actividad económica [68].

También se trató de encauzar el problema del deterioro del crédito público a causa de las antiguas emisiones de la Deuda, mediante una complicada operación de conversión y consolidación, según se disponía en el Decreto de 20 de noviembre de 1820 y en la instrucción de 29 de junio de 1821, unificando los intereses al 5 por 100, aun cuando a efectos de amortización los títulos conservarían su antiguo valor; y se mandaba también amortizar los títulos de la Deuda sin interés con los fondos de bienes incautados (temporalidades de jesuitas, predios de Órdenes mendicantes y otros bienes nacionales). Pero estas medidas parece que tuvieron poca efectividad.

Los resultados a corto plazo de esta política hacendística no resultaron, pues, satisfactorios, y se tradujeron en alarma y descontento, sobre todo en los medios sociales agrarios, aunque de la situación de alarma participaban también los empleados a quienes se debían atrasos. Como ejemplos podemos citar los casos que refiere J. del Moral en los informes de la Diputación Foral de Navarra y del Jefe político de Andalucía, Ramón L. Escobedo, en 1821, que dejan traslucir tal descontento. El problema de la Hacienda repercutía en la consolidación o deterioro del sistema político constitucional del Trienio, de manera análoga a como repercutió en la caída del absolutismo en 1820. La indiferencia de la España rural ante el absolutismo de Fernando VII amenazado por la Revolución del coronel Riego, se corresponderá con la indiferencia de esa misma España ante los «Cien Mil Hijos de San Luis» en 1823.

Escobedo informaba en 1821 al gobierno en estos términos: «Los pueblos... apenas han visto mejora alguna por el restablecimiento del sistema constitucional, porque si bien la rebaja del diezmo es un beneficio, el aumento de las exacciones municipales... son un equivalente en contrario, que hace obscurecerle. Las esperanzas que por el decreto de Señoríos y por el repartimiento de terrenos tienen concebidas, ven que no llega el caso de realizarse, a pesar del largo tiempo que transcurre».

Este malestar campesino imputable a la política fiscal se incrementó en 1822 como consecuencia de la mala cosecha de ese año. Así, según Fontana, «se crearon las condiciones adecuadas para un gran levantamiento rural».

---

[68]   J. SARDÁ: *La política monetaria y las fluctuaciones de la economía en el siglo XIX,* Madrid, 1948, pp. 60-61. (Se hizo un relanzamiento de esta obra, Barcelona, 1970.)

LA CONTRARREVOLUCIÓN. LA REGENCIA DE URGELL Y LA GUERRA CIVIL

En 1822 se generaliza, en efecto, una insurrección fundamentalmente campesina contra el gobierno constitucional. Pero la contrarrevolución durante el Trienio consta de tres elementos diferentes, cuya acción será solo relativamente conjuntada. Por de pronto, el propio Fernando VII y los realistas cortesanos, que organizan conspiraciones para resolver el triunfo mediante un pronunciamiento, lo que dio lugar a la frustrada «jornada» del 7 de julio de 1822. Además, el elemento popular campesino, que se alzará en guerrillas, constituyéndose sobre esta base la Regencia de Urgell en julio de 1822. En tercer lugar, el último pero no el menos importante, la Santa Alianza, que recibe por separado las solicitudes del Rey y de la Regencia y que se dispone a intervenir, no sin grandes cautelas y prevenciones.

Las primeras insurrecciones armadas contra el gobierno constitucional, con base en algunas ciudades, fueron rápidamente desarticuladas (Pamplona, Zaragoza). Pero desde el otoño de 1820 menudean las partidas en el campo. José Luis Comellas ha comprobado documentalmente la existencia de muchas de tales partidas: en 1820, catorce en Castilla la Vieja, Vascongadas y Navarra; en 1821, treinta y cinco, en esas provincias y además en Cataluña y Andalucía; en 1822, cincuenta y cuatro. Sumando también algunos pequeños grupos armados podrían identificarse unas cuatrocientas partidas insurrectas [69]. Es un estado de guerra civil generalizada, difusa, pero sin organización. De aunar aquel movimiento de protesta y dotarle de organización tratan primero la Junta de Bayona, que preside Eguía, y la Junta de Toulouse, dirigida por el marqués de Mataflorida; luego, ya desde España, la Regencia de Urgell.

A lo largo de la primavera de 1822 se activa la guerrilla en Cataluña, en la zona pirenaica y subpirenaica: alzamiento en masa de la población de Cervera, partidas del Trapense, Misas, Romagosa y otros. El 21 de junio conquistan la plaza fuerte de Urgell, uno de los baluartes pirenaicos, que disponía de cuarenta cañones. Allí se instalarán los hombres de la Junta de Toulouse, procediéndose a nombrar una Regencia, cuyos tres

[69] J. L. COMELLAS: *Los realistas en el Trienio Constitucional (1820-1823)*, Pamplona, 1958, pp. 49 y ss.

miembros son: Mataflorida, que actúa como jefe político y que parece haber recibido consentimiento verbal de Fernando VII; el barón de Eroles, jefe militar; y don Jaime Creus, arzobispo de Tarragona. En el Manifiesto que dirigen al país el 15 de agosto de 1822 convocan a un gran movimiento para rescatar al Rey de manos de los liberales.

La base militar de Urgell permite a la Regencia reunir contingentes armados de cierta importancia, hasta 13.000 hombres; pero faltaban mandos para encuadrar a la tropa. Mataflorida escribe el 19 de julio: «No hay un demonio de general que se ponga al frente hasta que se haga un ejército, en cuyo caso no hace falta».

La Regencia confía, ya que no en las posibilidades de una solución militar con sus exclusivos medios, sí en la eficacia de las ayudas exteriores, que gestiona cerca del gobierno francés y de la Santa Alianza. El ministro Villèle es solicitado por numerosos agentes españoles: por Fermín Martín Balmaseda, representante de la Regencia de Urgell en París; por el conde de Toreno y otros liberales moderados, que desean obtener sólo una intervención *política* del gobierno francés en Madrid para templar a los exaltados; por Álvarez de Toledo y los realistas defensores del régimen de Carta otorgada a la manera francesa, y que están tan alejados de los constitucionales de Madrid como de los regentes de Urgell; y por varios agentes personales de Fernando VII. Nos explicamos que, ante tan polifacético concurso de agentes, el ministro francés procediera con cierta parsimonia.

La Regencia solicitaba con carácter urgente armas y dinero. Villèle no arriesga compromisos precipitados, aunque por su calificación «ultra» sienta simpatía hacia los realistas. La banca Ouvrad ofrece un empréstito privado, pero en condiciones tan onerosas que Mataflorida no lo acepta. En opinión del prof. Comellas allí se perdió la guerra.

Las operaciones militares alcanzan su momento culminante en septiembre. Los realistas están circunscritos a las estribaciones pirenaicas, desde Navarra a Gerona: sus puntos avanzados en Cataluña son Balaguer, Solsona, Berga, Ripoll. El Capitán general de Cataluña, Espoz y Mina, emprende entonces una fuerte ofensiva contra los rebeldes, remontando el río Segre. Conquista Castellfullit el 24 de octubre, después de vencer tenaz resistencia, y Balaguer el 3 de noviembre. Pone luego cerco a Urgell, que se prolonga a lo largo de casi tres meses, hasta que el 2 de febrero de 1823 conquista la plaza fuerte.

Los Regentes explican a Vargas Ponce, su representante oficioso en Roma, en una carta fechada el 25 de octubre, tras la caída de Castellfullit, la imposibilidad de alcanzar el éxito militar. Sus explicaciones son del más alto interés para una interpretación socio-política de la derrota del realismo en armas. Cuatro motivos son señalados: Primero, la falta de mandos militares: «creímos en un principio que los oficiales del ejército... se desimpresionaran y pasasen en mayor número del que lo han hecho». Segundo, falta de una insurrección masiva: «aunque en general el fondo de los pueblos es bueno... (la minoría liberal) les tiene intimidados». Tercero, falta de cooperación de las autoridades francesas: «el tenaz empeño de la Francia en no darnos auxilios, con el cuidado de sus autoridades a no dejar pasar por la frontera las armas que habíamos adquirido». Cuarto, falta de medios económicos: «desgraciadamente hemos buscado préstamos y no los hemos conseguido, *porque los más de los comerciantes son liberales*» [70].

La Regencia, tras su derrota, se refugia en Llivia y finalmente se interna en Francia. En adelante, las negociaciones con el gobierno francés no las llevará Mataflorida, sino el grupo de Bayona, con Eguía a la cabeza, que nunca se había entendido muy bien con los de Urgell. Pero no sólo surgirán choques personales en el campo realista, como el de Mataflorida y Eguía, sino que la división cala en estratos ideológicos de mayor importancia. Durante el Trienio, y de manera análoga a la división de la «familia liberal» en moderados y exaltados, también los realistas se escinden en ultras, o sea, los exaltados que pronto serán llamados alguna vez «realistas puros»; y otros moderados, es decir, aperturistas a reformas políticas en la línea de un régimen de Carta otorgada, o simplemente dispuestos a reformas administrativas que recuerdan las del despotismo ilustrado de finales del siglo XVIII.

LA INTERVENCIÓN EXTRANJERA. EL CONGRESO DE VERONA. LOS CIEN MIL HIJOS DE SAN LUIS

La intervención extranjera que pone fin al Trienio es consecuencia de la política de la Santa Alianza y de los llamamientos que, por distintos conductos, se le hacen en nombre de Fer-

---

[70] Este documento en COMELLAS: *Los realistas*, pp. 141-143.

nando VII. El Congreso de Verona, el más importante de aquella «Europa de los Congresos» después del celebrado en Viena, comienza el 20 de octubre de 1822. Asisten las más altas representaciones: el zar Alejandro, el Emperador de Austria y los Reyes de Prusia y Cerdeña. Nesselrode, Metternich, Bernstorff y Wellington dirigen las representaciones de Rusia, Austria, Prusia e Inglaterra, respectivamente, Francia está representada por el vizconde de Chateaubriand, cuyo intervencionismo es compensado por otro delegado más cauto, Montmorency. La Regencia de Urgell elevó al Congreso una *Exposición* sobre la situación de España y envió como agente oficioso al conde de España.

En la «agenda» del Congreso había señalados cinco puntos: 1) La trata de negros. 2) La situación de las colonias españolas en América. 3) El conflicto ruso-turco. 4) La situación de Italia. 5) La situación de España.

Inglaterra juega su baza conjugando los puntos 2.º y 5.º de la agenda. No se manifiesta propicia a la intervención en la España peninsular, pero se inhibirá y dejará hacer allí a las demás potencias, a cambio de la inhibición de éstas en el asunto de las antiguas colonias españolas en América, cuya sedición estaba fomentada y apoyada por Inglaterra. Sobre la base de este compromiso se llegará después al acuerdo entre las otras potencias, no sin trabajosas negociaciones. La diplomacia de Fernando VII, que en el Congreso de Aquisgrán en 1818 había querido plantear la cuestión de la garantía de las posesiones americanas, sin hacerse escuchar por la contraria influencia inglesa, se hallaba en Verona atada de manos para suscitar esta cuestión.

Rusia y Austria apoyaban la idea de la intervención militar en España, pero Rusia ofrecía un ejército auxiliar para que la intervención no quedara sólo en manos de Francia. En los días más críticos del Congreso, del 20 al 29 de octubre, Metternich explicó que su papel era «conciliar los ardores guerreros del zar Alejandro, a quien no quería herir, y el sistema restrictivo de inmovilidad que le gustaría hacer abandonar a Inglaterra».

En Francia, la disparidad interna de criterios se despejó finalmente a favor de los intervencionistas. Las reticencias de los contrarios se basaban en el recuerdo de 1808, para no arriesgar una nueva «aventura española» como la de entonces. Los intervencionistas argumentaban con la necesidad de cortar la Revolución española para evitar el contagio en Francia; pero también exhibían razones de prestigio: dar la vuelta precisamente al fracaso de 1808. Chateaubriand lo dijo explícitamente:

«tener éxito en el mismo suelo donde hasta hace poco las armas de un conquistador habían tenido reveses; lograr en seis meses lo que no se pudo hacer en siete años». Los intervencionistas reclamaban, además, la exclusiva francesa por razones de proximidad dinástica.

La ficción de la diplomacia francesa consistía en presentar la intervención preventiva como respuesta a una presunta amenaza del gobierno liberal español. El acuerdo del 19 de noviembre, que Inglaterra según lo convenido se abstuvo de suscribir, consta sólo de dos artículos: en el primero se señalan unas causas muy concretas para invocar el *casus foederis* y la consiguiente intervención militar en España; en cambio, el artículo segundo alude con gran imprecisión a los casos que pudieran considerarse «como del mismo valor y comportando los mismos efectos» que el primero. Es decir, cualquier pretexto podía ser bueno, llegado el momento, para provocar la intervención [71].

A tenor de lo aprobado por las cuatro potencias de la Santa Alianza, cada una de ellas por separado presentaría en Madrid notas diplomáticas reclamando el restablecimiento de la plena autoridad del Rey. En el caso de no ser atendida la reclamación por la vía diplomática quedaba abierta la puerta a la vía militar, cuya ejecución se confió finalmente a Francia, de acuerdo con los artículos adicionales al tratado de la Santa Alianza firmados en Verona el 22 de noviembre.

Las notas diplomáticas entregadas al gobierno de Madrid el 5 y el 6 de enero de 1823 amenazaban con la retirada de embajadores y la ruptura de relaciones caso de no satisfacerse a las demandas. El gobierno de Evaristo San Miguel dio a conocer en sendas notas verbales su respuesta negativa el 9 de enero.

Aún tardó algún tiempo en ponerse en marcha la operación militar. Villèle permanecía dubitativo y demoraba la ejecución del mandato recibido en Verona. Por fin, el 7 de abril entran en España las tropas francesas mandadas por el general duque de Angulema: los llamados «Cien Mil Hijos de San Luis», cuyo número resulta exagerado, pues no sobrepasó de 56.000. A ellos se sumaron, eso sí, unos 35.000 soldados realistas españoles, ya que en marzo se había operado el repliegue sobre la frontera de las guerrillas pirenaicas para secundar la entrada de los franceses.

---

[71] G. BERTIER DE SAUVIGNY: *Metternich et la France après le Congrès de Vienne.* Tomo II: *Les grandes Congrès 1820-1824* (París), 1970, pp. 160 y ss.

El gobierno de Madrid no se preparó para resistir el ataque desde el exterior. En las Cortes se desplegó un alarde oratorio, pero las guerras no se hacen sólo con discursos. El gobierno San Miguel, confundido por el falso espejismo de una analogía de situaciones, quiso resucitar los instrumentos de la victoria de la guerra de la Independencia: la resistencia popular, la ayuda inglesa y la retirada al baluarte inexpugnable de Cádiz.

Pero la resistencia popular no se produjo: no acudieron apenas voluntarios al llamamiento del gobierno, ni surgieron guerrillas, y la leva obligatoria de soldados que se hizo a última hora fracasó por el gran número de deserciones. No existía en 1823 el fondo patriótico de la resistencia contra el invasor extranjero y el «intruso» que había suplantado entonces al Rey; pues ahora los franceses entraban como aliados del Rey y sin propósitos de conquista. No se suscitó tampoco el fondo ideológico-religioso de 1808 contra el Anti-Cristo napoleónico, ya que eran precisamente los franceses de la Santa Alianza los que venían a apoyar a los realistas que, por un providencialismo mal entendido, creían ser el «ejército de la Fe».

No hubo tampoco ayuda inglesa. Nosotros conocemos hoy las razones de la inhibición británica, atentos los ingleses sólo a jugar sus bazas en la América española. El gobierno San Miguel, en un intento imposible de obtener la ayuda del gobierno Canning, hizo el 7 de enero de 1823 nuevas concesiones comerciales a favor de Inglaterra. El partido *tory* se contentó con publicar unas retóricas manifestaciones de apoyo al gobierno liberal español, invocando la solidaridad internacional liberal como réplica a la solidaridad internacional de la Santa Alianza, pero aquel gobierno mantuvo sus compromisos con las potencias de la Santa Alianza para dejarles hacer en la Península.

En realidad no hubo guerra. La intervención de los «Hijos de San Luis» fue un paseo militar y el duque de Angulema en todas partes era recibido con aplausos, no a tiros. Para oponerse a él se habían formado precipitadamente tres Ejércitos españoles: uno en Cataluña, al mando de Espoz y Mina, que se encerró en Barcelona y se rindió sin combatir el 2 de noviembre; otro en Castilla, con el general Ballesteros al frente, que se retira también sin entablar combate. Además, el jefe del Ejército de reserva, el conde de la Bisbal, en vez de moverse para cortar el paso en Somosierra, interviene en un oscuro manejo, cuyo objetivo era un golpe de estado que estableciera el régimen de Carta otorgada; pero sus soldados desertan pasándose a los realistas.

El 23 de mayo el duque de Angulema entraba clamorosamente en Madrid. En junio avanza por la Mancha y pasa Despeñaperros sin resistencia. «Todo se ha perdido, hasta el honor», comentará el jefe político de Jaén. A finales de junio comienza el bloqueo de Cádiz. ¿Será la ciudad inexpugnable de 1810? En la noche del 30 al 31 de agosto las tropas de Angulema asaltan el Trocadero, apenas defendido. Es el único combate que los «Hijos de San Luis» tendrán que sostener: el honor de Francia, vencida diez años antes, quedará así restablecido con esta modesta victoria, hiperbólicamente exaltada en 1823. Luego, la flota sitiadora combinada hispano-francesa, que mandan Michelena y Dupré hace un bombardeo demostrativo contra la ciudad. Es suficiente. El 29 de septiembre las Cortes, que junto con el gobierno se habían refugiado allí, acuerdan dejar libre al Rey y negociar el fin de las hostilidades con Angulema. El 1.º de octubre, en el Puerto de Santa María, Fernando VII publicaba un Real Decreto por el que restablecía la situación anterior al mes de marzo de 1820.

Entre tanto, en la España realista había funcionado un gobierno provisional (abril-octubre 1823). Al penetrar en España el duque de Angulema había reconocido una Junta provisional de gobierno en Oyarzun, en la que figuraban Eguía y Eroles. Pero Mataflorida se negó a disolver la Regencia de Urgell: «La Regencia podrá no ser reconocida, pero no puede ser destituida por una autoridad extranjera», dirá. Por debajo de esta cuestión de dignidad late ya aquí en el fondo una cuestión de poder.

De hecho, y a favor de la ayuda militar, el duque de Angulema encubre también una intervención política francesa directa; y las tropas de los «Hijos de San Luis», que hasta 1828 permanecieron acantonadas en la Península, sirvieron de tácito respaldo a las «recomendaciones» del gobierno francés, aspecto éste que no debe ser olvidado al intentar explicar las oscilaciones de la política de la Corte de Fernando VII en estos años. Angulema apoyaba una solución moderada, por lo que al entrar en Madrid, en mayo de 1823, se deshizo del «ultra» Eguía y confirmó una Regencia en la que figuraban Eroles y González Calderón, de la anterior Junta provisional; los duques del Infantado y Montemar, presidentes de los Consejos de Castilla e Indias; y el obispo de Osma. Los cinco eran relativamente moderados. El manifiesto publicado por «los Grandes de España» el 27 de mayo se mantenía en esta línea y recomendaba una política tan alejada de la arbitrariedad como de la anarquía.

Parecía, pues, que se trataba de crear un ambiente de moderación. Pero el «manifiesto de los Grandes» encontró su réplica en otro que, el 21 de agosto, publicaron Eguía, varios generales, aristócratas y personalidades diversas denunciando los «términos medios» y pidiendo la vuelta pura y simple al régimen anterior.

Así, se agudiza la división en el campo realista, deslindándose las dos tendencias que se harán notar en las relaciones de poder durante el último período del reinado de Fernando VII, y en las que se prefiguran los bloques enfrentados que harán la guerra civil a la muerte del monarca, cuando incida sobre ellos la cuestión dinástica y se sumen al conflicto los elementos procedentes del postergado, pero no extinguido, sector liberal.

Hay que dejar constancia también, desgraciadamente, de que en el clima de enervamiento y lucha armada reinante en España en el segundo semestre de 1822 y principios de 1823, se cometieron gran número de atropellos, actos de violencia e incluso asesinatos. Algunas autoridades liberales de las postrimerías del Trienio consintieron estos actos de salvaje venganza o de represión política inhumana, como los «baños de La Coruña» o la «tartana de Rotten», de desgraciada recordación. Contrasta esta violencia sangrienta con los contados casos de efusión de sangre en la represión realista de 1814 o en la liberal de 1820.

Desde 1822 liberales y realistas competirán en desafueros y violencias. Es necesario tener en cuenta este antecedente inmediato para percatarnos del contexto de exaltación y violencia en que se va a producir la reacción de 1823. Nunca podrán justificarse esta clase de actos, en ningún lugar, en ningún tiempo, que son manifestaciones del atavismo salvaje primitivo del alma humana, capaz de aflorar en momentos en que toda ley y toda norma de convivencia se rompe. Al traer a las páginas de la historia el desapacible y cruel recuerdo de estos acontecimientos no es sólo para lamentarlos o condenarlos, sino para reflexionar sobre el hecho de que en tales casos nadie puede buscar la fácil excusa de no haber tirado la primera piedra en la escalada que va desde la humillación del «trágala» hasta el tiro en la nuca.

CAPÍTULO 6

LA INDEPENDENCIA DE LA AMÉRICA HISPANA

Mientras la España peninsular había sostenido la guerra de la Independencia contra la invasión francesa y se sucedían en ella las alternativas políticas del régimen de Cádiz, la reacción de 1814 y el Trienio, con el restablecimiento final en 1823 del neo-absolutismo fernandino, la España ultramarina había entrado en un proceso de crisis decisiva que conducirá a la Emancipación de las nuevas Repúblicas independientes.

CONSIDERACIONES PREVIAS Y ANTECEDENTES HISTÓRICOS

Al principio del siglo XVIII la Monarquía española en América había sobrevivido a la crisis sucesoria de Carlos II y al reparto de sus territorios europeos pactado en los tratados de Utrecht en 1713. Estos tratados conservaron *de derecho* la soberanía española en los antiguos territorios americanos, pero el aprovechamiento económico de aquel Imperio favorecerá sobre todo a Inglaterra, a Francia y a Holanda, ya sea en virtud de los hechos consumados o por el reconocimiento *de jure* de algunas situaciones.

Ha explicado Pierre Chaunu que después de Utrecht hay una especie de *división del trabajo* en América: las potencias europeas consienten a España la titularidad de la soberanía en aquellas tierras, correspondiéndole por ello las siempre enojosas tareas de la administración y el gobierno político. Pero Inglaterra, Francia y Holanda se reservan el aprovechamiento económico, a través del comercio, en proporción a su capacidad capitalista para sacar partido del mismo: son, pues, estas potencias comerciales las verdaderas metrópolis de la América hispana después de Utrecht [72].

Por su parte, los tres objetivos principales de España en el siglo XVIII respecto a América podemos resumirlos así [73]:

a) Salvaguardar la integridad territorial amenazada: se resuelve la conflictiva cuestión de la Colonia del Sacramento en el Río de la Plata; subsiste el problema de Belice, que se arrastra a lo largo de la centuria; se plantea finalmente el caso nuevo de las islas Malvinas; amaga también la cuestión de las aspiraciones rusas en la costa del Pacífico Norte.

b) Consolidar la seguridad frente al asalto exterior y, para ello, se perfecciona el sistema estratégico de fortificaciones (por ejemplo, Cartagena de Indias) y se desarrollan las fuerzas navales, con el establecimiento de bases y astilleros, no sólo en la Península (Ferrol, Cádiz, Cartagena), sino incluso en América (astilleros de La Habana), así como los programas de construcciones navales.

c) Potenciar los recursos económicos de América, en la medida en que la limitada capacidad de financiación lo consentía, con la esperanza de que América llegara a convertirse en el pilar de la restauración económica de España y se hiciera realidad el «Estado poderoso» a que aspiraban los reformistas del «despotismo ilustrado».

Una nueva política colonial se perfila para vigorizar el *imperio* económico, sobre la base del «pacto colonial», como han señalado, entre otros historiadores, el chileno Ricardo Krebs y muy recientemente García-Baquero en un importante estudio [74]. Desde Campillo hasta Campomanes los hombres de gobierno han preconizado la adopción del modelo colonial de ingleses, holandeses y franceses. Desde el *Nuevo sistema de gobierno para América* hasta las *Apuntaciones sobre el comercio americano* se insiste en lo mismo: las «colonias» deben abastecer a la metrópoli de materias primas, para lo cual las actividades económicas se orientan a la minería y a la agricultura; no se debe

---

[72] PIERRE CHAUNU: «Interprétation de l'Indépendence de l'Amérique latine», publicado en el Bulletin de la Faculté de Lettres, Université de Strasbourg, marzo 1963.

[73] V. PALACIO ATARD: «La neutralidad vigilante y constructiva de Fernando VI» en «Hispania», núm. 132, 1976, pp. 301-320.

[74] R. KREBS: «Pedro Rodríguez Campomanes y la política colonial española en el siglo XVIII», en el Bol. de la Academia Chilena de la Historia, 53, 1955, pp. 37-78. ANTONIO GARCÍA-BAQUERO GONZÁLEZ: *Cádiz y el Atlántico (1717-1778). (El comercio colonial español bajo el monopólio gaditano.)* Sevilla, 1976, vol. I, pp. 103 y ss. principalmente, y 488-494.

permitir el establecimiento de industrias de transformación, con excepción de los ingenios de azúcar.

Por lo demás, la reorganización del tráfico colonial en el siglo XVIII supuso que la estructura del comercio indiano redujera a un 20 por 100 del valor total el de las mercancías importadas, prácticamente sólo materias primas, en tanto los caudales recibidos alcanzaban al 80 por 100. Pero el comercio español, en su mayor parte canalizado a través de Cádiz, no obstante la habilitación de otros puertos en 1765 y 1778, estaba en un 90 por 100 en manos extranjeras por medio de testaferros españoles. Además, el estudio de la distribución de los comerciantes gaditanos por nacionalidades y sus beneficios le permite afirmar a García-Baquero «que el volumen del negocio español no representó más allá del 18 por 100 del total del comercio gaditano», siendo los franceses los que tuvieron en él la mayor parte (entre un 40 y un 50 por 100), los ingleses un 10 al 15 por 100 y, por fin, los italianos menos del 10 por 100.

En el reinado de Carlos III, y en la década de 1770-1780, se lleva a cabo un empeño de reorganización en América de gran envergadura: es lo que se ha llamado a veces la *reconstrucción imperial,* promovida por el ministro don José Gálvez principalmente, que había sido Visitador en Méjico. Antes se había creado el Virreinato de Nueva Granada. En 1776 se crea el de Buenos Aires y la Comandancia General de las Provincias Internas, en Nueva España, no sin que se llegara a pensar incluso en formar allí un nuevo Virreinato. Estos hechos capitales reflejan el aspecto político-militar de la reconstrucción emprendida, ya que estaban determinados sobre todo por el temor al expansionismo territorial británico, tanto en el hemisferio Sur (Malvinas) como en el Norte (presiones en el Caribe y en las áreas de expansión de las Colonias norteamericanas).

En el aspecto económico-administrativo se implanta el régimen de Intendencias, que provocaron algunas resistencias por los intereses lesionados, y que coincidían casi siempre con los de la burguesía criolla. Se establece también el llamado sistema de «comercio libre», con los reglamentos de 1765 y 1778, así como con la creación de la Real Compañía Guipuzcoana de Navegación a Caracas. Ya se ha dicho que estas y otras medidas neo-mercantilistas modificaban el antiguo concepto de las *provincias,* como integrantes de un sistema político común, por el trato efectivo de *colonias,* en el sentido prioritario de la explotación económica; aunque esta diferencia de concepto distara mucho de significar, en la práctica, una transferencia de los medios y beneficios de la vida económica a manos de españoles metropolitanos en perjuicio de los «españoles americanos».

En aquellas fechas y a la vista de lo ocurrido en las excolonias inglesas del Norte, surge el interesante proyecto patrocinado por el conde de Aranda y por algunos otros políticos para la reestructuración del Imperio español, que permitiría la segregación pacífica de los Reinos americanos, creando en ellos una especie de Monarquías propias, aunque satélites dentro de la órbita de la Monarquía española, cuyo Rey recibiría el título de Emperador. En realidad se trataba de inventar una especie de Federación entre la Monarquía española y las nuevas Monarquías americanas, cuyas Coronas recaerían en miembros de la Familia reinante en España. Pero este singular proyecto no prosperó.

Sucede entonces, a causa de los conflictos bélicos contra Inglaterra derivados de las alianzas hispano-francesas, una larga interrupción de las comunicaciones y de las relaciones regulares, desde 1796 a 1808, entre España y sus dominios ultramarinos. Inglaterra es dueña de los mares, dominio que afianza tras la batalla de Trafalgar: entonces piensa incluso invadir militarmente el Río de la Plata, aunque su propósito inmaduro falla. Por fin, en 1808, la crisis de autoridad en la Península provocada por la invasión francesa y la cautividad de Fernando VII repercute inmediatamente en América, donde surgen también «Juntas» *fidelistas,* es decir, que proclaman su fidelidad a Fernando VII, incorporándose en ellas gentes nuevas a las autoridades antiguas, como había ocurrido en la Península; aunque en América la novedad de aquellas Juntas estribaba en la presencia de los elementos de la aristocracia y de la burguesía criollas.

Algunos historiadores han subrayado, a la vista de lo anteriormente expuesto, que lo sorprendente no es el comienzo en 1810 del movimiento emancipador, sino que los territorios ultramarinos del Imperio español pudieran resistir el largo período de incomunicación, así como el asalto inglés o las posteriores solicitaciones napoleónicas.

LAS CAUSAS DE LA EMANCIPACIÓN. EL COMPLEJO CRIOLLO DE FRUSTRACIÓN

El tema de las «causas» de la independencia de la América española es inagotable. El prof. Morales Padrón, en su *Manual* de Historia de América, expone a lo largo de treinta páginas un repertorio sistematizado de opiniones y teorías [75]. Pero hay algunas de estas «causas» en que se ha puesto mayor énfasis.

La historiografía criolla del siglo XIX coincide siempre en señalar los abusos del régimen colonial español, del que los criollos resultan perjudicados: es el conocido complejo criollo de frustración. Pierre Chaunu, concretando el resultado de estudios recientes, pone en evidencia las falacias de tal interpretación. Se habla del malestar de los criollos contra el monopolio comercial español como de algo evidente, lo que es una mera transposición de lo sucedido en los Estados Unidos contra el régimen colonial inglés. Precisamente la historiografía norteamericana ha solido presentar la «revolución americana» del Norte como un valor ejemplar que influyó en las «revoluciones independentistas» del Continente español. Pero, en verdad, la mayor parte del comercio monopolístico en el ámbito de la América hispana estaba en manos de criollos. Es más, ellos tenían en sus manos casi toda la vida económica: eran los propietarios de la mayor parte de las tierras, de las minas, de los negocios y, naturalmente, del comercio. Los españoles peninsulares no poseían grandes riquezas en América; pero retenían, eso sí, los resortes principales de la administración, en la que los criollos sólo desempeñaban funciones secundarias, como observó el prof. Richard Konetzke [76].

Los criollos fueron, efectivamente los protagonistas del proceso emancipador. Pero ellos constituían sólo una minoría en la mayor parte de las sociedades hispanoamericanas, y una minoría favorecida por su posición dominante. En conjunto, a finales del siglo XVIII, los componentes raciales de la población de América española se distribuían de la siguiente manera, según el censo de Lima de 1791, el de Méjico de 1794 y otras estimaciones: el 20 por 100 de población blanca, con un total de 3.100.000 individuos, casi todos criollos, pues los peninsulares no sobrepasaban la cifra de 150.000; el 26 por 100 de mestizos, es decir, unos 4.300.000 aproximadamente; el 8 por 100 de negros, o sea, 1.200.000; y el 46 por 100 de indios, con unos 7.000.000 en total.

A veces tuvieron los criollos que sostener la causa de la Independencia contra los elementos indígenas no-criollos de

[75] F. MORALES PADRÓN: *Historia general de América*, vol. VII de la *Historia Universal* ed. por Espasa-Calpe, Madrid, 2.ª ed., 1972, pp. 77 y ss.

[76] R. KONETZKE: «La condición legal de los criollos y las causas de la Independencia», en «Rev. de Estudios Americanos», núm. 5, 1950.

aquellas sociedades, que en los primeros tiempos de la Emancipación no se solidarizaban con los «insurrectos». Este punto de vista lo confirman con énfasis algunos historidores americanos de nuestros días, como el nicaragüense Julio Icaza Tigerino y el colombiano Indalecio Liévano Aguirre. Éste, en un estudio magistral en el que revisa los viejos planteamientos, sostiene: «La insurrección política iniciada en 1810 por el patriciado criollo... logró éxitos iniciales frente a las desprevenidas autoridades españolas, pero careció de influencia duradera en los estratos populares de la sociedad. A los esclavos, los indios, los desposeídos y las razas de color les resultaron ininteligibles los despliegues de falsa erudición de los abogados criollos, y la misma premura demostrada por la nueva clase gobernante para servirse del poder en beneficio exclusivo de sus intereses, se encargó de devolverle su antiguo prestigio a la causa española y de convertirla en una alternativa para los humildes menos desastrosa que la posible hegemonía del patriciado criollo... Así lo confiesa paladinamente, por ejemplo, uno de los generales granadinos de la Independencia, Joaquín Posada Gutiérrez, quien al respecto anota en sus *Memorias histórico-políticas:* He dicho *poblaciones hostiles* porque, es preciso que se sepa que la Independencia fue impopular en la generalidad de los habitantes; que los ejércitos españoles se componían en sus cuatro quintas partes de los hijos del país; que los indios, en general, fueron tenaces defensores del gobierno del Rey, como que presentían que tributarios eran más felices que lo que serían como ciudadanos de la República» [77].

El prof. Chaunu ha expresado la fórmula de que la profundidad de la revuelta independentista es inversamente proporcional a la masa de indios y negros dominada. Así, el movimiento criollo es más completo y coherente en Buenos Aires y en Caracas; pero mucho menos en Méjico; e incluso el lealismo conservador arraiga en Perú o, en un caso análogo, en Brasil. Precisamente será en Perú, que en 1780 había conocido la rebelión india de Tupac Amaru, donde se mantiene un sólido foco lealista hasta la batalla de Ayacucho.

La necesidad de crear una *conciencia americana* que uniese a todos los nativos contra los españoles peninsulares fue la obsesionante preocupación de Simón Bolívar. Su archifamosa declaración de «guerra a muerte» de 1813 tenía por objeto «limitar

[77]   I. LIÉVANO AGUIRRE: *Los grandes conflictos sociales y económicos de nuestra Historia,* Bogotá, 1960, vol. IV, pp. 135 y ss.

el voluminoso aporte que, en hombres y en recursos, otorgaban espontáneamente a los españoles las poblaciones de Venezuela y Nueva Granada». La «guerra a muerte» era un intento de soldar la *conciencia americana* que Bolívar quería, aunque no obtuvo un éxito inmediato y la realización de esa *conciencia* chocó con la *guerra racial* desatada por Boves y los «llaneros» contra los criollos blancos.

Así, pues, el complejo de frustración criollo como factor principal en el desencadenamiento de la Emancipación no es imputable fundamentalmente a causas económicas de postergación, ya que ellos eran los ricos; ni tampoco a la sola preterición para los empleos político-administrativos, sino que se proyecta también sobre un transfondo de *racismo social* establecido por los propios criollos.

Ese racismo no se inspiró ni en la doctrina, ni en las leyes, ni en las actuaciones de la autoridad española, que pudo cometer otros errores, pero que en este punto se inspiraban en el principio de la igualdad esencial del género humano; principio defendido por la doctrina cristiana que inspiró, con muy contadas excepciones, a los tratadistas, a los legisladores y hasta a los poetas, como aquellos endecasílabos de Lope de Vega en que se dice que «los que nacen tales (de otro color) no difieren / de hidalgos bien nacidos y enseñados / más que en haberles dado el sol más fuerte / en el común camino hacia la muerte».

Los criollos afirmaron en América la idea de la superioridad racista del blanco sobre los demás grupos de la heterogénea sociedad multirracial americana. Ellos se ponían en la cúspide de la pirámide, pero automáticamente establecían *la superioridad de los peninsulares* sobre ellos, porque cualquier español recién llegado de la Península era 100 por 100 blanco, cosa que no ocurría con la mayor parte de los criollos por el inevitable fondo mestizo en un Continente en el que, a todo lo largo del siglo XVI, sólo hubo un 3 por 100 de inmigración femenina blanca. De este modo, la idea del complejo de frustración de los criollos se desplaza del plano económico o político al plano racial.

LAS «IDEAS ILUSTRADAS» COMO MOTOR DE LA INDEPENDENCIA

La historiografía norteamericana, la francesa y parte también de la de origen criollo han cargado el acento con frecuencia al atribuir a las ideas de la Ilustración un valor primordial en la fermentación de la causa independentista. Para los historiadores norteamericanos que, a la manera de Commager, son portavoces de las tesis propagandistas oficiosas, la «iluminación» de los hispanoamericanos no procede tanto de las «luces» de la Europa ilustrada del siglo XVIII, como del ejemplo de la revolución emancipadora de los Estados Unidos. Los historiadores franceses han solido destacar, en cambio, el papel de las ideas liberales aprendidas en versión francesa por los «precursores» o por los «libertadores».

En verdad, este es otro punto sujeto a revisión. La participación hispanoamericana en el movimiento de ideas de la Ilustración es tardía y sus ondas suelen llegar reexpedidas desde España. Casi siempre las ideas francesas llegan a la América española en «los navíos de la Ilustración» de la Real Sociedad Guipuzcoana de Navegación, como acertara a llamarlos Ramón de Basterra hace ya muchos años; y además llegan traducidas a nuestro idioma.

La gran figura de la Ilustración hispanoamericana es el P. Feijoo [78]. Su obra fue la más leída y divulgada en todo el Continente de habla española en el setecientos, como lo acreditan los inventarios y los fondos de las bibliotecas antiguas. El prestigio del benedictino gallego fue tal entre los «ilustrados» americanos que Peralta Barnuevo, el polifacético erudito peruano, tal vez la figura más brillante de la cultura americana de su época, dirá en los versos de su *Lima defendida* en elogio de Feijoo: «Parecerá que del ingenio humano / si se eligiera él fuera el soberano».

Sólo una pequeña parte de la élite criolla leía, y casi exclusivamente en español. El chileno Camilo Henríquez, en 1810, decía de su país que sólo media docena de criollos leían el francés y ninguno el inglés. Las doctrinas populistas de la soberanía que proclaman los patricios de la Independencia son casi siempre de origen español. Así ocurre en Buenos Aires, donde los criollos afirman su derecho al autogobierno invocando los tratadistas españoles neoescolásticos que defendieron en los si-

---

[78]   V. PALACIO ATARD: «La influencia del P. Feijoo en América», en *El P. Feijoo y su siglo,* Simposio en la Universidad de Oviedo, 1964, vol. I, pp. 21-31. La influencia del P. Feijoo en América es también puesta de relieve por el prof. MARIO HERNÁNDEZ SÁNCHEZ-BARBA en su *Historia Universal de América,* vol. II, pp. 233 y ss., el cual hace además un enfoque amplio y original de los distintos aspectos de la «emancipación» de Hispanoamérica.

glos XVI y XVII la doctrina del doble pacto y de la soberanía popular, como han demostrado notables estudios de historiadores argentinos.

El ejemplo norteamericano apenas tuvo virtualidad efectiva en la realidad geográfica de un Continente lejano y casi incomunicado. Las ideas de los James T. Adams, de los Jefferson, de los Payne, no tenían fácil alcance y receptividad en el Sur. Las ideas de la Ilustración europea, sobre todo en versión española, si no constituyeron el *motor de arranque* esencial de la Emancipación, al menos sirvieron para concretar el carácter del movimiento independentista; y hay una cierta relación entre el proceso de comunicación de la ideología ilustrada y la respuesta emancipadora de los criollos: Buenos Aires y Caracas son los dos centros de más sólida receptividad ideológica y también los dos núcleos fundamentales del movimiento insurreccional. Chile y Méjico, que estaban afectados en menor escala por el contacto ideológico ilustrado, tuvieron una respuesta también más atenuada. Por fin, ni Centroamérica ni la América andina nuclear, donde el criollismo insurreccional tiene menos fuerza, habían sido alcanzadas por los efectos de la Ilustración.

EL ESQUEMA CRONOLÓGICO DE LA INDEPENDENCIA

En la cronología de la Emancipación americana caben distinguir dos grandes etapas. La primera se inicia en 1810. Coincide con la invasión de Andalucía por los franceses y la crítica situación militar de España en aquellos meses. Temiéndose lo peor, el Virrey de Buenos Aires, don Baltasar Hidalgo de Cisneros, y el de Nueva Granada, don Antonio Amar y Borbón, piensan en continuar en América la resistencia contra Napoleón y convocar allí Cortes, a la manera de lo que en Brasil había ocurrido con la Familia Real portuguesa. Pero las «Juntas fidelistas» van a ser desbordadas por las jornadas revolucionarias de abril en Caracas, de mayo en Buenos Aires, de julio en Bogotá. Nuevos caudillos, los «próceres» de la Independencia se ponen al frente de una abierta insurrección contra la autoridad española y se convocan Asambleas constituyentes.

En Méjico, en septiembre de 1810, el «grito de Dolores» había iniciado un primer conato insurreccional con Hidalgo, que fracasa por estar basado no en el *criollismo,* sino en un *filo-indigenismo* que repele a los criollos y carece de fuerza para arrastrar a los indios.

La autoridad española resiste apoyada exclusivamente por los recursos económicos y humanos americanos. La situación de guerra en la Península contra Napoleón impide cualquier clase de envío de refuerzos. Hasta 1814-1816, las autoridades españolas en América no reciben auxilios de España. Se ha dicho por tanto, con toda razón, que el choque entre insurrectos y autoridades españolas durante esta fase es una guerra civil entre americanos; de ahí el intento bolivariano de la declaración de «guerra a muerte» para romper aquella situación.

Entre 1814-1816 el movimiento emancipador parece a punto de extinguirse. El Perú virreinal, bajo el mando del Virrey Abascal, había estado libre de movimientos secesionistas durante este período, y contando con esa base consigue reconquistar y someter la mayor parte del territorio: la expedición de Ossorio recupera también Chile en septiembre de 1814, poniendo fin a la llamada «Patria Vieja». Sólo el triángulo Buenos Aires-Montevideo-Asunción mantiene el fuego de la lucha en el Sur. Belgrano y Rondeau son derrotados en el Alto Perú (batalla de Sipe-Sipe). Por su parte, la expedición enviada desde España al mando del general Morillo en 1815 acorrala a Bolívar en Nueva Granada. También en Méjico había concluido el conato insurreccional de Morelos, hecho preso y fusilado.

Sin embargo, a partir de 1817 se reaviva la lucha y, tras la revolución española de 1820, se entra en la segunda etapa de la Emancipación que concluirá con la victoria de los «insurrectos». El pronunciamiento de Riego con el Ejército español destinado a embarcarse para combatir en América la insurrección fue factor decisivo en la suerte del movimiento independentista, al impedir que se cumpliera el objetivo que tenía encomendado. De ahí las intrigas anglo-argentinas, las maniobras subterráneas y hasta el dinero que corrió oculto para impedir que embarcara la expedición de Riego.

Por su parte, el romanticismo ingenuo o el idealismo suicida del primer gobierno del Trienio se oponía a los proyectos del ministro de la Guerra, marqués de las Amarillas, de formar un nuevo Ejército expedicionario, pues decían que «jurada la Constitución de 1812 en España, aquéllos (los americanos rebeldes) se sujetarían por sí mismos y sin necesidad de coacción alguna al imperio de la Metrópoli, regida ya por leyes justas y benéficas», según refiere el propio Ministro de la Guerra [79].

Del Congreso de Tucumán, el 9 de julio de 1816, había

---

[79] ARZADUN: o. c., p. 142.

arrancado la segunda fase del movimiento insurreccional. El general San Martín al frente del «Ejército de los Andes» se pone en marcha y obtiene las victorias de Chacabuco y Maipú. En Chile resurge la «Patria Nueva» con O'Higgins. Desde la franja grancolombiana, Bolívar, Santander y Sucre reanudan las operaciones ofensivas y vencen en Boyacá y Carabobo. El Congreso de Angostura, en 1819, había proclamado la unidad de la Gran Colombia (Venezuela, Nueva Granada y Ecuador).

Los insurrectos cuentan con una conjunción de ayudas exteriores de quienes se aprestan a consolidar en aquellos mercados sus posiciones dominantes, como es el caso de la Inglaterra expansionista que ha salido de la «revolución industrial». Pero todavía el Perú es el gran núcleo de la resistencia española, a pesar de que los virreyes Pezuela y La Serna se hallan desasistidos desde España. Por eso, tras la entrevista de Guayaquil, San Martín y Bolívar se conciertan para verificar una operación de convergencia final sobre el Perú. San Martín atacará por el Sur, el general Sucre por el Norte, la escuadra inglesa de lord Cochrane prestará ayuda directa. Por fin, las batallas de Pichincha (Quito) en 1822, de Junín y de Ayacucho, en 1824, pusieron fin a la lucha armada en América del Sur. En la batalla de Ayacucho había tomado parte un militar español llamado a tener un importante porvenir político en España: Espartero.

En esta segunda etapa, los acontecimientos en Méjico tuvieron un curso propio. El general español Agustín de Itúrbide, a quien el Virrey Apodaca había enviado para someter a los grupos insurrectos, se puso de acuerdo con ellos en el llamado «plan de Iguala», por el que se proponía la separación pacífica de España (1 de mayo de 1821). La Nueva España «se emancipa... de la casa paterna, conservando a sus progenitores respeto, veneración y amor», según se declaraba. Eran ahora los criollos mejicanos los que tenían la iniciativa independentista.

El Virrey O'Donojú aceptó el «plan de Iguala», pero las Cortes españolas del Trienio le desautorizaron, aunque no enviaron tropas para someter a los rebeldes *manu militari,* que era la única alternativa en caso de no admitir la solución política. El 21 de septiembre de 1821 se proclama la independencia de Méjico y una Junta gubernativa transfiere después el poder a Itúrbide, el 21 de junio de 1822, con el título de Emperador. Este ensayo de Monarquía americana no tiene éxito y al siguiente año se instaura la República con Guadalupe Victoria. Pero la consumación definitiva de la independencia se hará bajo la égida de una figura extravagante, Santa Ana, en medio de una prolongada crisis de discordias intestinas entre mejicanos. La guarnición española de Veracruz se había rendido en 1825. El último intento español por recuperar Méjico, la expedición del general Barradas, fue liquidado en 1828 y Santa Ana se alzó sobre los laureles de este triunfo.

Entre tanto, se había consumado también la separación pacífica de los países de América Central, y en 1819 España había cedido a los Estados Unidos la Florida contra una compensación económica. Por consiguiente, de todos sus antiguos dominios americanos, al mediar la tercera década del siglo, España no conservaba más que la región insular del Caribe, con Cuba y Puerto Rico. Estas islas suponían, sin embargo, un importante mercado colonial capaz de ser potenciado. De ahí el tesón de España por sostenerse en Cuba, frente a las apetencias exteriores, hasta la crisis de 1898.

CAPÍTULO 7

LA ÚLTIMA DÉCADA DE FERNANDO VII, 1823-1833

Los últimos diez años del reinado de Fernando VII, que la historiografía liberal clásica llamó «la ominosa década», han sido hasta fecha reciente los menos estudiados, y por eso los peor conocidos de la primera mitad del siglo XIX. Se entrecruzan en ellos una serie de problemas que, al ser abordados actualmente por la investigación histórica, permiten entrever unas perspectivas nuevas e iluminadoras de la etapa final del Antiguo régimen.

EL NEO-ABSOLUTISMO. LA CRISIS DE LAS INSTITUCIONES EN 1823

El Real Decreto dado por Fernando VII en el Puerto de Santa María restablecía un neo-absolutismo integral, que difiere por el tono y por la forma del contenido en el Decreto de Valencia de 1814. Suprimida la Constitución y el gobierno constitucional, se restablecen todas las anteriores instituciones que existían en enero de 1820, salvo la Inquisición.

El Tribunal del Santo Oficio fue, pues, la primera de las grandes instituciones históricas del Antiguo régimen que había quedado abolida para siempre por el R. D. de 9 de marzo de 1820. Sin embargo, como forma epigonal de la Inquisición se crearon unas «Juntas de Fe» en dependencia de los obispos. Alonso Tejada, al estudiar sobre importante base documental el *Ocaso de la Inquisición,* hace notar que «los obispos se preguntaban qué debían hacer respecto a los malos libros que corrían libremente entre sus diocesanos, cómo debían tratar a los acusados de herejía y qué castigos podían imponerles. Del gobierno no recibían más que exhortaciones a la paz, a la concordia y al perdón... En esta situación, cada obispo aplicó a su diócesis la solución que más le plugo» [80]. El nuncio Giustiniani hizo lo posible por crear en todas las diócesis Juntas de Fe. No se llegó a tanto porque a las «Juntas diocesanas» se oponían los regalistas del Consejo de Castilla, que las consideraban ilegales, y los realistas moderados, que pronto tuvieron asiento en el gobierno. Algunas Juntas, sin embargo, tuvieron existencia real y sólo el Real Decreto de 1 de julio de 1835 puede decirse que las extinguió definitivamente.

En realidad, muchas instituciones antiguas no podían ya subsistir y resultaban un anacronismo en la administración y en la política del Estado. El Consejo de Estado, cuya existencia era anterior a la Constitución de Cádiz, fue configurado por ella como el único Consejo consultivo del Rey, renovando la composición de sus miembros. El 3 de diciembre de 1823 dispuso Fernando VII rehacer de nuevo el Consejo, pero volviendo a la manera antigua, según el Reglamento de 1792, «con algunos de los individuos de los que le componían» antes de la Revolución de 1820 y otros nuevos, nombrando Decano al reaccionario general Eguía y reservándose el Rey en persona la presidencia. Pero de hecho durante los años 1824 y 1825 no funcionó, según afirma Federico Suárez, y careció por eso de influencia [81]. Sólo a finales de 1825 se intentó revitalizar el Consejo de Estado, y esto como contrapeso al Consejo de Ministros, que desde dos años antes actuaba como entidad colegiada.

El gobierno efectivamente actuaba como cuerpo colegiado. Al ser puesto en libertad Fernando VII el 1 de octubre de 1823 cesaba automáticamente la Regencia que se había formado en mayo bajo la inspiración del duque de Angulema y se removió muy pronto el gobierno que con carácter interino había funcionado desde el 25 de mayo, del cual la figura más destacada fue don Víctor Sáez. Desde el 2 de diciembre de 1823 se nombró un gobierno con el marqués de Casa Irujo como ministro de Estado, O'Falia en Gracia y Justicia, López Ballesteros en Ha-

---

[80] L. ALONSO TEJADA: *El ocaso de la Inquisición en los últimos años del reinado de Fernando VII*, Madrid, 1969, p. 145. El Consejo de Castilla al reprobar la iniciativa episcopal de las Juntas de Fe reclamaba el restablecimiento de la Inquisición. Sobre este tema, ver también F. MARTÍ GILABERT: *La abolición de la Inquisición en España*, Pamplona, 1975, pp. 315 y ss.

[81] «Estudio preliminar» a la edición de *Documentos del Reinado de Fernando VII*, volumen II: *El Consejo de Estado (1792-1834)*, Pamplona, 1971, p. 53. FEDERICO SUÁREZ deduce su inactividad de la ausencia de libros de Actas de estos años.

cienda y Luis de Salazar en Marina. Pocos días antes, por R. D.
de 19 de noviembre, el Rey había dispuesto «que mis Secretarios de Estado y del Despacho... forméis un Consejo que se
denominará Consejo de Ministros».

López Ballesteros y Salazar permanecieron en sus cargos
ministeriales durante casi toda la década, hasta octubre de 1832.
En cambio, Casa Irujo salió muy pronto del gobierno y O'Falia,
que le sustituyó en Estado, dejó esta cartera a Cea Bermúdez el
11 de julio de 1824, que un año después fue relevado por el
duque del Infantado (24 octubre 1825). Por otra parte, Tadeo
Calomarde había entrado en la cartera de Gracia y Justicia el 17
de enero de 1824, conservando su puesto a través de varios
reajustes ministeriales, hasta la crisis de octubre de 1832.

La simple observación de las listas ministeriales que antece-
den nos hace ver que Fernando VII seguía su práctica acostum-
brada de mantener simultáneamente en el gobierno a gentes de
tendencias diferentes y opuestas. El prof. Jaime Vicens puso de
relieve que en 1823, aunque se tomaron medidas represivas sin
plan de conjunto y hubo extralimitaciones, permanecieron en el
ejercicio de la autoridad «elementos liberales o filoliberales en
la burocracia y, sobre todo, en el Ejército» [82]. Como ejemplo
cita Vicens el caso del alcalde constitucional de Barcelona, José
Masiá; y el del marqués de Campo Sagrado, capitán general de
Cataluña, muy contrario a los Voluntarios realistas, lo que debió influir en la agitación de los *malcontents*. A nivel de gobierno
este era el caso de López Ballesteros, que significó siempre un
contrapeso al «ultra» Calomarde y a cuyo alrededor ejerció
influencia un grupo de financieros, como Gaspar Remisa y Alejandro Aguado, propicios a la línea templada de gobierno y a las
reformas administrativas, especialmente las que hacían referencia a la reorganización del país sobre la base provincial.

Tengamos en cuenta también que la innovación moderna de
un gobierno colegiado dotaba al mismo de mayor fuerza, por lo
que no es sorprendente que Fernando VII quisiera contrarres-
trarle reforzando el Consejo de Estado. En diciembre de 1825
el duque del Infantado y Calomarde formaban la tendencia más
inmovilista en el gobierno; e incluso Infantado se opuso al restablecimiento del carácter colegiado del gobierno, lo que tal vez
influyó, en opinión del prof. Federico Suárez, en su final remoción del ministerio en agosto de 1826, sustituido por González
Salmón. Pero en diciembre de 1825 los otros tres ministros,

---

[82]   J. VICENS VIVES: *Cataluña en el siglo XIX*, Madrid, 1961, p. 326.

López Ballesteros, Zambrano y Salazar, se oponían a la reforma del Consejo de Estado como «poder intermedio» entre el Rey y el gobierno, que habría de ser una fuente de entrometimientos en la práctica gubernamental.

Sin embargo, la Real Cédula de 28 de diciembre de 1825 de reforma del Consejo de Estado «era un contrapeso del poder ministerial», pero difícilmente puede aceptarse la tesis de Federico Suárez de que «introducía una importante transformación en la configuración política del Estado» [83], porque era más bien expresión del mundo de contradicciones y de intrigas en que se agotaba el Antiguo régimen, precisamente cuando el *poder omnímodo* había recaído en un monarca de mente poco lúcida, de carácter débil y sensibilizado a toda clase de temores.

Lo cierto es que la situación de las instituciones en la última década de Fernando VII es reveladora del deterioro general del Antiguo régimen, no sólo por la intervención entre bastidores de camarillas y grupos cortesanos de presión, sino por las interferencias de organismos que oscurecen más el ya de por sí turbio panorama. José A. Escudero pone de relieve que «no es posible hacer satisfactoriamente una historia del Consejo de Ministros o del Consejo de Estado (en esta época), mientras los organismos que mediatizaron su camino sigan en él como incógnitas» [84]. Uno de estos organismos, de breve duración, entre septiembre y diciembre de 1825, fue la Real Junta Consultiva de Gobierno, que surgió como asesora del mismo cuando la crisis del Consejo de Estado, y cuya extinción se decretó al restablecerse y reformarse éste en 1826.

LA REPRESIÓN POLÍTICA

En 1823, a medida que las tropas del duque de Angulema rescataban el territorio nacional para los realistas, hubo una exacerbación de pasiones y violencias incontroladas, que don Víctor Sáez desde el gobierno no hizo nada por atajar, como no fuera el Decreto de 23 de junio de 1823 por el que se dictaban normas para regular la depuración de los funcionarios [85]. A es-

---

[83] F. SUÁREZ: o. c. en la nota 81, pp. 66-67.
[84] J. A. ESCUDERO: *La Real Junta Consultiva de Gobierno*, Madrid, 1973, p. 10.
[85] J. A. ESCUDERO: o. c., pp. 99-100.

cala local tuvieron cabida muchas venganzas y resentimientos personales. Los Voluntarios Realistas protagonizaron la mayor parte de aquellas represalias. Pero la entrada en el gobierno de O'Falia, con López Ballesteros y Salazar, produce una contención de las violencias represivas incontroladas, sustituidas por una represión bajo control legal.

Las «purificaciones», como se decía en el lenguaje de entonces, es decir, la depuración política afectó de dos maneras distintas a militares y civiles. Las Comisiones Militares llevaron el peso principal de la represión; fueron constituidas por R. O. de 13 de enero de 1824 y actuaron hasta el 4 de agosto de 1825. La actuación de estos «Tribunales extraordinarios» ha sido estudiada por Pedro Pegenaute con gran precisión de datos [86]. Ha podido establecer así el número de inculpados sometidos a juicio por las Comisiones Militares en toda España, que alcanza a mil noventa y cuatro. Esta cifra se descompone de la siguiente manera:

— 582 corresponden a delitos estrictamente políticos.
— 480 a delitos comunes.
— 32 de caracterización ignorada.

En total se declararon absueltos o en libertad a trescientos tres procesados. Las condenas recaídas fueron seiscientas noventa y nueve, que se distribuyen así:

— 132 penas de muerte,
— 435 penas de presidio
— 122 multas y otras penas menores.
— 10 fueron remitidas a la superior instancia del Rey.

Hubo, además, noventa y dos casos que fueron sobreseídos, sin sumariar o inconclusos por lo que no recayó sentencia.

En el Tribunal de Castilla la Nueva, que incluía Madrid, y donde los castigos fueron más duros, el número de procesados fue también más cuantioso, con 264 casos, de los que 38 fueron condenados a penas de muerte y 138 a presidio, en tanto que 24 eran absueltos y 48 puestos en libertad. Hay que añadir que en algunas ocasiones Fernando VII escuchó las apelaciones de los condenados y modificó las sentencias.

Sin duda, las actuaciones de las Comisiones Militares marcan el nivel principal de la represión, y fueron un lamentable ejemplo para el futuro. Es verdad también que hubo casos particularmente dolorosos, como la prisión y muerte de Juan

---

[86] P. PEGENAUTE: *Represión política en el reinado de Fernando VII. Las Comisiones Militares, 1824-1825*, Pamplona, 1974, pp. 85 y 58-61 principalmente.

Martín *El Empecinado,* sometido a proceso por un «comisionado regio» especial y ajusticiado en Roa el 20 de agosto de 1825. De su captura, prisión y ajusticiamiento nos da un relato estremecedor, en sus *Memorias,* el alcalde de aquella villa, González Arranz, un realista exaltado, que con una partida de Voluntarios Realistas apresó al antiguo jefe guerrillero en noviembre de 1823, sin que sus méritos como patriota en la guerra de la Independencia sirvieran para librarle de los odios y venganzas que la guerra civil había encendido [87].

La consideración de todas las cifras concretas averiguadas rectifica, sin duda, las habituales exageraciones que, sobre este tema penoso, difundieron los liberales del pasado siglo, como ocurre en situaciones de análoga naturaleza; y concretan en sus límites precisos el alcance de la represión, corrigiendo la imagen que todavía en nuestros días trazan algunos historiadores.

Bien es verdad que, como hemos dicho, los funcionarios se vieron sometidos a «purificación». Los RR. DD. de 27 de junio y 23 de julio de 1823 habían dispuesto la reposición de los funcionarios realistas destituidos por los liberales del Trienio, y que se abriera expediente depurador a quienes habían servido al gobierno liberal. En el clima apasionado de aquella hora era una puerta abierta para la venganza personal.

Precisamente el 7 de octubre de 1825 el Consejo de Ministros, del que Cea Bermúdez era todavía primer Secretario de Estado, recabó de la Real Junta Consultiva un dictamen «con preferencia a cualquier otro asunto», sobre la cuestión de las «purificaciones» civiles y militares a fin de «proponer un medio equitativo, pronto y eficaz de terminarles». La cuestión de las depuraciones resultaba, pues, enojosa para los moderados del gobierno, tanto por sus implicaciones políticas como por su trascendencia social, que tendía a perpetuar la discordia civil.

A este propósito escribió López Ballesteros una «relación» en la que exponía los antecedentes de la situación, documento importante, «tanto por la buena información de su autor como por el hecho de que sirviera de pauta al trabajo de la Comisión» [88]. López Ballesteros razona su punto de vista que del sistema de depuración aplicado «es imposible obtener otro resultado que calificaciones arbitrarias y las más veces injustas».

---

[87] *Memorias del Alcalde de Roa,* editadas por SEBASTIÁN LAZO, Madrid, 1935, páginas 42-55.

[88] Se extiende en los detalles de este singular asunto, con importantes documentos inéditos, J. A. ESCUDERO: o. c., pp. 97-165.

En la Junta Consultiva se suscitó discrepancia de opiniones y una amplia discusión, hasta que se emitió por fin una extensa consulta, unánimemente aceptada por la Comisión, aunque con algún voto en sentido contrario, en la que se «reconoce improcedente el presente modo de purificar, por no conveniente a los mayores intereses de Vuestra Majestad y a la tranquilidad del Estado, por opuesto a los principios y severidad de la administración de justicia, por aventurado para decidir sin desacierto la suerte individual de millares de empleados públicos... y porque aleja o dificulta el acabar de vencer la discordia, no menos temible que la anarquía revolucionaria... La Junta ha aprendido de Vuestra Majestad la importancia de la purificación y reconciliación de ánimos; encuentra que el mayor enemigo de estas interesantísimas bases es el rigor aplicado por indagaciones secretas fuera de los trámites de la ley... Conceptúa también que deben cesar desde luego todas las Juntas de Purificaciones, sea cual fuere el estado de cada expediente».

Finalmente, tras remitir al «poder soberano de Vuestra Majestad la continuación, la reposición o la separación de todos los empleados civiles o militares», concluía el dictamen: «La Junta, Señor, ve en la supresión de los llamados *juicios de purificación* y sus Juntas una de las providencias más interesantes a la gloria de Vuestra Majestad y a la prosperidad de su Reino. Que la imparcial historia no presente a los siglos venideros... la memoria de una multitud de empleados públicos en todas carreras marcados con el terrible anatema de infieles o desafectos a su soberano bienhechor. Que desaparezca este germen de resentimientos o desesperación.. Que sea una buena fe quien expurgue los defectos y fragilidades de los vasallos de Vuestra Majestad, mientras que la justicia imparcial vindica los delitos. Que sea, por fin, Vuestra Majestad sólo quien nos califique a todos en su benevolencia y quien escoja para su real servicio».

EL DESBARAJUSTE DE LA HACIENDA PÚBLICA Y LA SITUACIÓN ECONÓMICA

En los nueve años que permaneció al frente del ministerio de Hacienda López Ballesteros quiso poner cierto orden en el desbarajuste general, regularizando la contratación de los empréstitos exteriores, formando presupuestos anuales en regla, procurando una contención del gasto y la introducción de fórmulas impositivas adecuadas, aunque no intentó una reforma a fondo del sistema fiscal. Procuró hacer frente también a la deteriorada situación económica, agravada tras la separación de las Repúblicas americanas, pero no se atrevió a plantear el problema de la movilización de capitales amortizados.

El «nuevo plan de gobierno de la minería», que se contiene en el R. D. de 4 de julio de 1825, iniciaba la legislación minera que, junto con la publicación en 1829 del Código de Comercio preparado bajo la dirección de Sainz de Andino; la creación en 1831 de la Bolsa de Madrid; y las disposiciones reguladoras de la Hacienda, fueron probablemente las medidas económicas más importantes de su gobierno. No prosperó, en cambio, la idea sugerida en 1826 por Javier de Burgos y apoyada por López Ballesteros de crear un Ministerio de Fomento, o sea, una especie de Ministerio del Desarrollo.

La situación general de la economía española, afectada por la pérdida de los mercados americanos, exigía una reconversión general, justamente en los albores de la «revolución industrial» que apuntaba en los países más desarrollados del Continente europeo, siguiendo la evolución iniciada en Inglaterra a finales del siglo XVIII. Esta reconversión no se hizo, ni era fácil llevarla a la práctica.

Los ingresos líquidos de la recaudación por rentas y tributos en el período 1824-1826 fue de 440 millones de reales anuales, que ascendió en el período 1829-1833 a 552,5 millones. Sin embargo, de los recursos extraordinarios habían desaparecido los caudales de América, que antes de 1808 ascendían a un promedio anual de 143,7 millones; y la emisión de Deuda, cuyo promedio antes de 1808 superaba los 300 millones de reales, se redujo en tiempo de López Ballesteros a una media de 70-75 millones anuales, obtenidos mediante empréstitos exteriores. La recaudación de Aduanas refleja igualmente la caída económica: de un promedio anual de 200 millones de reales hacia 1800, bajó a 100 millones en 1820 y a 49,1 en 1832.

El proceso de descapitalización del Estado, desde la guerra de la Independencia se acentuaba continuamente. La pérdida del crédito exterior por la inestable situación interna española y por la negativa de Fernando VII a reconocer la Deuda exterior contraída por los gobiernos del Trienio, agravaba la apurada situación de la Tesorería. La presión fiscal actuaba principalmente, como sabemos, sobre la agricultura. Probablemente aumentó la comercialización de los productos agrarios en esta época e incluso aumentaron los rendimientos de las cosechas, salvo algún año malo; pero los precios agrícolas sufrían desde 1815, en España como en el resto de Europa, una persistente contracción. En Pamplona y en Zaragoza los precios del trigo bajaron un 51,7 por 100 y un 44,5 por 100 respectivamente entre los años 1814-1818 y 1825-1829. «Todo mueve a suponer —opina Fontana— que la situación de los pequeños propietarios ha debido empeorar y que debe serles mucho más difícil de obtener el dinero que reclama el fisco... No habrá de extrañar que el recuerdo de estos diez años finales de la monarquía absoluta, con una experiencia de precios bajos y tributos altos, mueva a los pequeños propietarios a sentirse identificados con el carlismo, en el que ven una expresión de su mismo descontento hacia los cambios que se están produciendo en el mundo» [89].

Por otra parte indica Fontana la repercusión de la crisis hacendística en la década de 1823-1833 sobre el Ejército y la Marina. En 1818 había 65 buques armados; en 1834 el total, entre buques armados y desarmados, era sólo de 22, según el informe del ministro Vázquez Figueroa a las Cortes el 16 de agosto de 1834. En cuanto al Ejército, los efectivos se habían reducido en 1828 a 65.000 hombres, y en vísperas de la guerra carlista sólo 45.000 soldados sumaban las fuerzas veteranas, según el informe del ministro de la Guerra a las Cortes el 30 de agosto de 1834. En posteriores capítulos nos referiremos a la situación militar al producirse la guerra carlista y a la correlación de fuerzas entre ambos bandos.

LA CRISIS INTERNA. LA CUESTIÓN DE LOS «AGRAVIADOS»

El 24 de enero de 1826 elevó Javier de Burgos desde París una *Representación* a Fernando VII en la que proponía tres puntos principales:

a) Una amnistía ilimitada para todas las inculpaciones de carácter político, como medio de acabar con las discordias intestinas y restablecer la pacificación de los espíritus.

---

[89] J. FONTANA: *Hacienda y Estado en la crisis final del Antiguo régimen español, 1823-1833,* Madrid, 1973, pp. 333-334.

b) La venta de bienes eclesiásticos, previa la autorización pontificia, hasta un importe de 300 millones de reales, como medio de afrontar las urgencias de la Hacienda.

c) La creación de un Ministerio del Interior que, sustituyendo al anacrónico Consejo de Castilla, se ocupara de agilizar la administración interna y promover las reformas necesarias.

La caducidad de las instituciones del Antiguo régimen se hacía a todas luces evidente. La crisis superada del Consejo de Ministros y del Consejo de Estado en 1825-1826 constituye, ya lo hemos dicho, una prueba de ello. Javier de Burgos, antiguo afrancesado, reformista criptoliberal, exiliado en Francia, tuvo allí buenas relaciones políticas y financieras, por lo que intervino en la negociación de los empréstitos españoles. Esto le permitía jugar un papel de intermediario y consejero entre el gobierno francés, los banqueros de París y el gobierno de Madrid.

El gobierno de Luis XVIII aconsejaba también, por medio de sus representantes diplomáticos, la adopción de medidas conciliatorias. El espíritu de conciliación se abría paso a finales del año 1825 en la Junta Consultiva de Gobierno, como hemos visto, con escasas reticencias de fray Cirilo de la Alameda y algunos otros. Sin duda este aperturismo conciliador provocó respuestas encontradas y sembró la alarma en ciertos espíritus.

Durante el año 1825 circularon panfletos en que se denunciaba el temor a que se operasen giros en la política del Estado favorables a los liberales. Uno de los más conocidos y cuya difusión dio lugar a un voluminoso atestado policial fue el titulado *«Españoles: unión y alerta»*, en el que se denunciaban manejos masónicos que, desde septiembre de 1823, se preparaban para «procurar con el mayor conato fomentar partidos encontrados... contrariar a todos los gobiernos, desconceptuándolos y calumniándolos con tesón y cautela... Han de ponderar en sumo grado las miserias públicas, la falta de comercio e industria, la marcha equívoca del gobierno, que se les persigue, deshonra y desprecia a los realistas. Que a nadie se paga sus sueldos, que no se administra la justicia; en fin, todo cuanto pueda influir en que el gobierno pierda la fuerza moral...» Un clima de temores y sospechas se difunde. Es el clima propio de todo régimen que se desmorona.

Los rumores solapados, la guerra de folletos, siembran el desconcierto de la incipiente opinión pública y a la vez sirven de apoyo a intrigas de mayor alcance. Esta situación de alarma se refleja en las treinta respuestas de varias autoridades eclesiásticas, civiles y militares a la encuesta que en 1825 mandó hacer sobre la situación de España un realista, el duque del Infantado, como pone de manifiesto el prof. Federico Suárez.

Fernando VII parece que quiso cortar en algún momento este género de alarmas, y por R. D. de 19 de abril de 1825 hizo saber «que no solamente estoy dispuesto a conservar intactos y en toda su plenitud los legítimos derechos de mi soberanía, sin ceder ahora ni en tiempo alguno la más pequeña parte de ellos..., sino que tengo la más solemnes y positivas seguridades de que todos mis augustos aliados... continuarán auxiliando en todas ocasiones a la autoridad legítima y soberana de mi Corona, sin aconsejar ni proponer directa ni indirectamente innovación alguna en la forma de mi gobierno».

Sin embargo, en 1826 el Consejo de Estado se hallaba dominado por los realistas exaltados, que ya empezaban a ser llamados «puros», y el ambiente seguía enrarecido. El informe del marqués de Almenara, embajador en París, al gobierno francés, fechado el 12 de julio de 1826 que trata *Sobre la urgente necesidad en que se halla el Rey de España de ser socorrido eficazmente por Francia para restablecer la tranquilidad en sus Estados y organizar en ellos la administración*, pone el dedo en la llaga de las dos cuestiones en que hacía crisis el sistema de gobierno del Antiguo régimen: el mecanismo administrativo, que era preciso modernizar reformándolo sin violencias, y el «sistema de furor» que sostenían los realistas exaltados y que era preciso moderar.

¿Hay una consciente *rectificación liberalizante* de Fernando VII durante el verano de 1826? Además de la *Representación* de Javier de Burgos, del informe del marqués de Almenara, de la salida del duque del Infantado del gobierno, de los contactos del Rey con el exiliado Mina por intermedio de Mata Echevarría, existe una interesante correspondencia del infante don Carlos con Fernando VII, en julio-agosto que ha sido estudiada por al prof. Carlos Seco, y revela dos cosas: *a*) el recelo del Rey hacia su hermano, como autor de «desunión» y de «partidos»; *b*) la alarma de don Carlos porque Fernando VII pueda dar un paso «tan agigantado contra tu autoridad y soberanía, del cual ya no puedas retroceder, y que lejos de escapar de ser presa de los constitucionales, te entregues en sus manos...» [90]. ¿Significa esto una alusión al propósito de reformas modernizadoras se-

[90] CARLOS SECO: «Don Carlos y el Carlismo», en la «Rev. de la Universidad de Madrid», 13, 1955, pp. 36-38. Reeditado en el libro de dicho autor: *Tríptico carlista*, Barcelona, 1973; las cartas en las pp. 30-37.

gún un régimen de Carta otorgada? ¿Por qué teme don Carlos
que el Rey sucumba «a la ley que te quieren imponer»?

Así se llega a una situación límite que estalla en la revuelta
de los *agraviados,* cuestión confusa que ha comenzado a ser
esclarecida por Carlos Seco y Jaime Torras, y sobre la que ha
vuelto recientemente a publicar amplia documentación el propio Federico Suárez [91]. Parece que en 1826 había en el ánimo
de Fernando VII, siempre timorato, un propósito consciente de
frenar a los realistas exaltados y aprobar las reformas político-
administrativas de más urgente necesidad, pero evitando el
choque con don Carlos, presunto heredero del trono entonces
y alrededor del cual se agrupaban los «realistas puros». La escisión entre realistas transaccionistas y los exaltados o puros no
responde, según el punto de vista defendido por Aróstegui, a
realidades ideológicas o sociales; pero responde, a mi modo de
ver, a comportamientos emocionales y a mentalidades opuestas.

Don Carlos fue entonces, y también más tarde, leal a Fernando VII, pero estuvo movido por su mujer, la intrigante y
enérgica María Francisca de Braganza, hija de la infanta española Carlota Joaquina. La crisis constitucional portuguesa de
1826, con el enfrentamiento entre la Reina Doña María de la
Gloria y su tío don Miguel, que pretende disputarle el trono,
incide sobre la Corte y los medios políticos españoles. Fue por
aquellos días, en noviembre de 1826, cuando circuló el
«Manifiesto de la Federación de Realistas puros», extraño y
sorprendente documento.

Una lectura superficial del mismo podría hacernos creer que
es obra de algún eclesiástico realista-exaltado, hostil a un Fernando VII claudicante, y en el que se prefigura la posición
carlista posterior: incluso el famoso *Manifiesto* aclama a don
Carlos por Rey. Sin embargo, no hay que olvidar que en esta
época son frecuentes los falseamientos deliberados de documentos y las atribuciones indebidas. ¿Son realistas-puros los
autores del *Manifiesto*? ¿Son liberales emigrados, como supuso
la policía en 1827? En tal caso habríamos de preguntarnos por
el motivo de este fraude documental: ¿para sembrar la discordia
entre los realistas, ya escindidos entre sí, como sabemos?

No es imposible, pero tampoco absolutamente probable, la
confirmación de esta última hipótesis. Deberíamos preguntarnos

---

[91] J. TORRAS ELÍAS: *La guerra de los Agraviados.* Prólogo de C. SECO SERRANO.
Barcelona, 1967. F. SUÁREZ: *Documentos del Reinado de Fernando VII.* Vol. VIII: *Los
Agraviados de Cataluña,* tomos I-IV, Pamplona, 1972.

quiénes, entre los varios grupos liberales actuantes, habrían urdido esa maniobra. Julio Aróstegui, en un análisis magistral del documento, observa agudamente que este *Manifiesto* discrepa de los demás escritos carlistas, anteriores o posteriores a 1833, en la forma, en la intención y en el contenido argumental.

Se emplea en él un lenguaje no habitual entre los realistas: ningún ataque a los masones, ningún dicterio contra los liberales, como no sea los que habían entrado en contactos secretos con el Rey para secundar el plan francés de Carta otorgada; justifica la sublevación de 1820 y repudia los resultados de la «contrarrevolución» de 1823; coincide con las denuncias liberales de un clero que *aprovechó* su influencia contra ellos, incluso en el confesonario. La composición tipográfica del texto, por otra parte, no deja lugar a dudas de que fue impreso en el extrajero. El Manifiesto, concluye Aróstegui, «no es una declaración política, es una provocación» [92].

Pero tanto el «Manifiesto de los Realistas puros» como el posterior movimiento de los *malcontents* coinciden con la *inflexión* de Fernando VII ante la crisis constitucional portuguesa, ya que después de su intento de apoyar a la Reina viuda Carlota Joaquina y al príncipe don Miguel, sostenedores de la línea absolutista, hubo de inclinarse el monarca español por una declaración de neutralidad, bajo las presiones conjuntas de Inglaterra y de Francia: pues bien, en el Manifiesto se denuncia, entre otras cosas, el abandono de Fernando VII a Carlota Joaquina y a los realistas portugueses. Además, se expone en él un anticipo de la doctrina de la ilegitimidad de ejercicio, que más tarde se concretará en la *doble legitimidad* carlista, doctrina de ascendencia portuguesa, como hizo notar el prof. Jesús Pabón. Algunos agentes secretos de Fernando VII en Portugal pasan luego a la Cataluña de los *agraviados*. ¿Permiten estas coincidencias sospechar que el «Manifiesto de los Realistas puros» tuviera una *conexión portuguesa* entre las diversas manos que lo elaboraron?

El hecho es que en 1826 hay una confusa agitación realista en España, que degeneró al año siguiente en un alzamiento armado en toda regla, aunque también confuso y desordenado, localizado en varios puntos de la región catalana. La posición ideológica de los *malcontents* o *agraviados* catalanes se define en

---

[92] J. ARÓSTEGUI: *El Manifiesto de la «Federación de Realistas Puros» (1826). Contribución al estudio de los grupos políticos en el Reinado de Fernando VII*, publ. en «Estudios de Historia Contemporánea», editados por V. PALACIO ATARD, vol. I, 1976, pp. 119-185.

varios manifiestos y proclamas publicadas durante la revuelta: es de un simplismo extremista. Carlos Seco señala el maniqueísmo de una elemental dicotomía entre «buenos y malos» que se refleja en la carta de don Carlos al Rey su hermano: «Te he dicho repetidas veces que el camino que llevabas, contemplando a los malos y poniéndote en sus manos, al mismo tiempo que había una propensión en perseguir a los buenos... llegaría un día en que te vieses ligado de pies y manos...»

El movimiento de los agraviados opera, sin embargo, sobre dos realidades más concretas e inmediatas de contenido social:

1.   Los Voluntarios realistas, que se consideraban los triunfadores de 1823, descontentos por el R. D. de agosto de 1824 que mandaba darles una «licencia ilimitada», fuente de perturbaciones, como ocurrió con los ex-guerrilleros en 1814.

2.   El desasosiego por la desamortización municipal y eclesiástica en Cataluña acaecida durante el Trienio: así, parte del clero *rural* excita a los campesinos humildes de las zonas pastoriles montañosas. Allí es donde cobra más fuerza precisamente el alzamiento de los *malcontents*.

El análisis social de la revuelta de los agraviados permite, por tanto, discernir estos tres sectores: el clero, los Voluntarios realistas no admitidos al Ejército y los campesinos de la montaña. El prof. Seco pregunta: ¿de dónde salió el dinero? Porque alguien tuvo que sostener económicamente la revuelta, en la que llegaron a tomar parte hasta 30.000 hombres en armas, a quienes se pagaba una peseta y media de soldada al día; «buen jornal», apostilla Torras, en el año 1827, año de grave crisis agraria. ¿Salió el dinero de algunos sectores cortesanos de Madrid? ¿Salió de las Casas monásticas restauradas en 1823, al anularse la ley de monacales de 1820? [93].

El alzamiento de los agraviados, caso de tener una cabeza que lo dirigiera desde lo alto y en la sombra, sólo podía proponerse un objetivo: presionar sobre el Rey, intimidándole para que cediera el poder a los *puros*. Sin embargo, este objetivo no fue alcanzado [94].

[93]   J. TORRAS ELÍAS: o. c., p. 36.
[94]   Es indudable que don Carlos no fue inspirador directo o cómplice en el movimiento de los agraviados. Pero los historiadores liberales del siglo pasado atribuyeron responsabilidades a su esposa, la intrigante y ambiciosa María Francisca. FEDERICO SUÁREZ, al publicar recientemente los cuatro tomos de documentos sobre los agraviados niega que haya alguno que permita relacionar a la Infanta con los agraviados. Sin embargo, añade que «tan sólo entre los pertenecientes al archivo del general Longa se han podido rastrear algunos indicios... En todo caso, los datos y alusiones se refieren

El desarrollo de la sublevación pasó por una fase preliminar, en la que se pueden enmarcar algunas intentonas anteriores a 1827: la de Laguardia en Tortosa (agosto de 1825), la de Bessières en Brihuega, el descubrimiento de varios planes subversivos de Voluntarios realistas en Cervera, Manresa y otros casos aislados.

La revuelta propiamente dicha se inicia en marzo de 1827, con una serie de chispazos en el Bajo Ebro y en los que la actitud muy radicalizada de los «agraviados» llega a proclamar a Carlos V como Rey frente a Fernando VII. El 1 de abril la sublevación se generaliza: estalla en Gerona y se extiende por Vich, Manresa y el Ampurdán. Pero a finales de mes todo parece haber sido dominado.

Una última fase tiene lugar en julio de 1827 cuando se reanuda el alzamiento y alcanza su apogeo: no se proclama ya a don Carlos pero se convoca a la lucha contra la infiltración de «sectarios» en el gobierno. El movimiento, por fin, será sometido con el viaje del Rey a Cataluña y el simultáneo empleo de la fuerza y la persuasión para desarmar a los amotinados.

LA CRISIS DINÁSTICA. LA CUESTIÓN DE LA PRAGMÁTICA

La situación de incertidumbre en la política del Estado se había prolongado después de la revuelta de los «agraviados». Los «realistas puros», por su lado, preveían el acceso al poder de su partido cuando don Carlos, heredero del trono, sucediera a su hermano.

Sin embargo, esta situación se alteró en 1829. El 18 de mayo de aquel año enviudó Fernando VII de su tercera esposa, M.ª Josefa de Sajonia, y se negoció inmediatamente un nuevo matrimonio del Rey con María Cristina de Borbón-Nápoles, con quien contrajo nupcias el 12 de diciembre siguiente. Este matrimonio estaba cargado de contenido político. Si el Rey tenía descendencia masculina de su nueva esposa, todas las esperanzas de don Carlos y de los realistas exaltados se vendrían abajo. Si sólo tenía descendencia femenina, la legalidad dinás-

siempre a los asuntos de Portugal, por los que evidentemente la Infanta mostraba un interés explicable». («Estudio preliminar», t. I, p. 155.) A mi entender, estos *indicios* ya son algo, porque las conspiraciones de este tipo no suelen dejar rastros documentales sembrados a voleo.

tica vigente a finales de 1829 favorecía a don Carlos. En efecto, la Reina Cristina quedó pronto embarazada y la expectativa del alumbramiento hizo que se planteara el problema de la legalidad dinástica y la confirmación del derecho sucesorio tradicional de las hembras, como había sido corriente hasta 1713.

La cuestión dinástica que se planteará a la sucesión de Fernando VII radica, pues, en la interpretación que se dio por cada una de las partes a las fuentes de la legalidad sucesoria. Estas eran las siguientes:

Primera. La Ley 2.ª, Título 15, Partida 2.ª, en la que se había basado la tradición dinástica castellana antigua, declaraba que «si el Rey no tuviera hijo varón, heredará el Reino la hija mayor». El mismo principio sucesorio había estado vigente en el Reino de Navarra. Sólo en la Corona de Aragón una mujer precisamente, la Reina doña Petronila en 1174, había excluido a las hembras de la titularidad de la Corona, por simple disposición testamentaria, sin acuerdo de Cortes, aunque estuvo vigente hasta el siglo XV.

La Ley de las Partidas había permanecido invariable hasta 1713. Entonces se produjeron dos actos distintos, que a veces los tratadistas o los historiadores han confundido en uno solo, y en virtud de los cuales se alteraron las disposiciones sucesorias. El primero de estos actos es la Real Cédula de 18 de marzo de 1813, que daba fuerza de Ley a la «representación» hecha en Cortes el 9 de noviembre de 1712, que establecía las renuncias mutuas de las ramas de la Casa de Borbón, reinantes respectivamente en Francia y en España, a la Corona de la otra Monarquía. Esta fue una exigencia impuesta por las negociaciones de los Tratados de Utrecht para evitar la unión de Francia y España en una sola mano y salvar el equilibrio europeo; la Real Cédula quedó incorporada a los Tratados de Utrecht, por lo que adquirió así rango de derecho internacional.

Segunda. El otro acto de 1713 es el Auto Acordado del 10 de mayo, llamado también «Nuevo Reglamento para la Sucesión», que fue una disposición de régimen interno, por el que se establecía un nuevo orden sucesorio, de carácter semi-sálico, al disponer «fuesen preferidos todos mis descendientes varones por la línea recta de varonía a las hembras y sus descendientes, aunque ellas y los suyos fuesen de mejor grado y línea... Y siendo acabadas todas las líneas masculinas del príncipe, infante y demás hijos y descendientes míos legítimos varones de varones... suceda en dichos Reinos la hija o hijas del último Reinante varón agnado mío en quien feneciere la varonía». Este

ESQUEMA DEL PROBLEMA DE LA LEGALIDAD DINÁSTICA 1830-1833

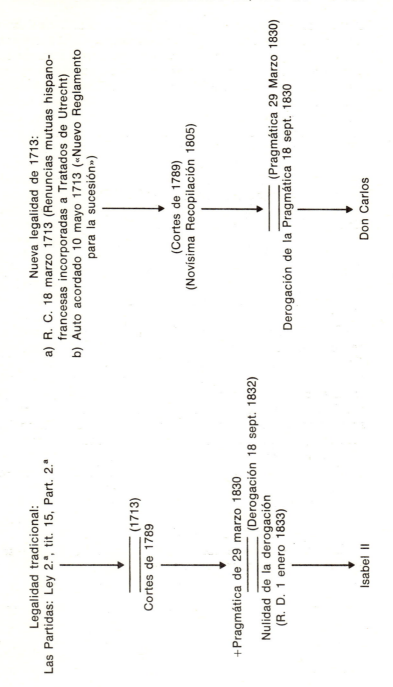

Auto Acordado en Cortes tenía también fuerza de Ley, aunque de menos rango que la «Ley solemnísima» del 18 de marzo, a la que el propio Auto Acordado se remite para el caso de «extinguirse enteramente toda la descendencia legítima de varones y de hembras» de Felipe V, en cuya circunstancia se llamaría a suceder a la Casa de Saboya. Este Auto Acordado no se incorporó a los Tratados de Utrecht y no adquirió fuerza de derecho internacional; por tanto en ningún caso justificaría la intromisión extranjera en el problema sucesorio de 1832.

Tercera. Esta situación permaneció prácticamente inalterable hasta las Cortes de 1789. En ellas se restableció el orden de las Partidas, derogándose el «Nuevo Reglamento», o sea, el Auto Acordado de 1713. Las Cortes aprobaron el 30 de septiembre de 1789 que «sin embargo de la novedad hecha en el Auto Acordado... se conserve y guarde perpetuamente en la sucesión de la Monarquía la costumbre inmemorial atestiguada por la ley 2.ª, Título 15, Partida 2.ª, como siempre se observó y guardó... publicándose Ley y Pragmática hecha y formada en Cortes, por la cual conste esta resolución y la derogación de dicho Auto Acordado».

Sin embargo, esta Ley de 1789 no se perfeccionó por entonces con la subsiguiente Pragmática para hacerla pública. Las Cortes pasaron su acuerdo al Consejo de Castilla para que se siguiera el trámite de publicación de la Pragmática. Pero, por razones muy especiales, debidas a las relaciones con Francia y con Nápoles en aquellos momentos, se decidió por el gobierno aplazar hasta otro instante más oportuno «la publicación de un acto *que ya está completo* en la sustancia», como declara entonces Floridablanca [95].

Cuarta. La Novísima Recopilación de 1805 no recoge la Ley de 1789, por no haber sido publicada todavía, e incluye en cambio el Auto Acordado de 1713 que ya estaba derogado en Cortes, lo que contribuye a causar nueva confusión sobre el alcance y validez de la Ley de 1789.

Luego, como sabemos, la Constitución de Cádiz restableció en 1812 el orden sucesorio de las Partidas, pero al ser declarada

---

[95] Para las explicaciones de Floridablanca me remito al llamado *Testamento político* suyo, publicado por el prof. ANTONIO RUMEU DE ARMAS, Madrid, 1962; para el tema de las Cortes, a la tesis doctoral de ROSARIO PRIETO: *Las Cortes de 1789*, leída en la Universidad de Madrid, el 27 de junio de 1973, actualmente en curso de publicación; y para el conjunto del planteamiento al libro del prof. JESÚS PABÓN: *La otra legitimidad*, 2.ª ed., Madrid, 1969.

nula por el propio Fernando VII, invalidó su eficacia en este punto.

Así estaban las cosas, pues, en 1830. Fue entonces cuando el Rey decidió *publicar* la Pragmática que sancionaba la Ley aprobada en las Cortes de 1789: esta es la Pragmática del 29 de marzo de 1830. Meses después, el 10 de octubre, nació Isabel, la hija primogénita de Fernando VII. De este modo, la Pragmática de 1830 se convierte en la clave de la crisis dinástica.

La legitimidad de la Pragmática fue negada por los carlistas en aquel momento, suponiendo inválida la publicación del acuerdo de Cortes, por el tiempo transcurrido desde la celebración de las mismas, más de cuarenta años; hecho en verdad inusitado en la práctica legal española y que hacía pensar en una prescripción. La versión carlista supuso, pues, que la Pragmática fue el resultado de una conjura de los liberales contra don Carlos, y un acto en sí mismo ilegítimo. También protestó el que era todavía entonces Rey de Francia, Carlos X, depuesto poco después por la Revolución de julio. Austria no formuló protesta alguna. Sin embargo, después de ocurrida la Segunda Revolución Francesa, fue Austria la que se sumó a las intrigas en Madrid contrarias a la validez de la Pragmática.

La cosa se complica durante la grave enfermedad padecida por Fernando VII en septiembre de 1832. Los carlistas amenazan con no respetar la Pragmática, invocando la legalidad del Auto Acordado de 1713. Un ministro de cortas luces y de criterio versátil, como era Calomarde, intimida a la Reina María Cristina con los peligros de una guerra civil. Se buscan inútilmente soluciones de compromiso: un *acomodamiento* con don Carlos, a base de reconocerle como Co-regente, incluso como Regente único, de su sobrina Isabel; al no acceder a esta solución don Carlos, se le propone que ambas partes sometan el problema dinástico al arbitraje de un Tribunal de Justicia.

Ante la negativa de don Carlos a aceptar esta propuesta, Calomarde se inclina por reconocer la tesis carlista y logra de la angustiada María Cristina y del moribundo Fernando VII un Decreto derogatorio de la Pragmática, que dejaba otra vez en pie el «Nuevo Reglamento» de 1713, aunque con la advertencia de mantenerlo secreto y no publicar nada hasta después de ocurrido el fallecimiento del Rey.

Hoy han quedado plenamente confirmadas, por el estudio de J. Gorricho, las intrigas extranjeras en septiembre de 1832, para favorecer la solución carlista, intrigas de las que se tenían ya antiguas referencias [96]. El papel de los embajadores de Austria, de Cerdeña y de Nápoles, Brunetti, Solaro y Antonini, fue importante en aquella maquinación. Las potencias de la declinante Santa Alianza temían la instauración de una España liberal, precisamente cuando la Revolución francesa de julio de 1830 había alterado el *status* político europeo. Brunetti presionó para que se ratificase el Auto Acordado, eliminándose la dualidad de leyes sucesorias invocadas en aquella hora, para confirmar de este modo a don Carlos, y creyendo alejar así el peligro de una guerra civil.

Luego ocurre la anécdota de la infanta Luisa Carlota, hermana de la Reina María Cristina y mujer del hermano menor del Rey, que se encara con Calomarde, rompe el Decreto derogatorio y abofetea al ministro, el cual sólo puede responder: «manos blancas no ofenden». A esto sigue la mejoría de la salud del Rey y la destitución de Calomarde; queda Cea Bermúdez al frente del Gobierno, y se publica el Decreto de nulidad de la derogación de la Pragmática, promulgado el 1 de enero de 1833, por el que se anulaba lo actuado el 18 de septiembre de 1832 y se restablecía en todo su vigor la Pragmática del 30 de marzo de 1830 que sancionaba la Ley de Cortes de 1789, «acto que ya estaba completo en su sustancia», como explicara el conde de Floridablanca en 1792.

De esta manera advino al trono Isabel II, niña de apenas tres años, bajo la Regencia de su madre, la Reina Gobernadora, como fue llamada María Cristina.

[96] J. GORRICHO MORENO: *Los sucesos de La Granja y el Cuerpo Diplomático*, Roma, 1967. Especialmente los documentos que publica en Apéndice procedentes del Staatsarchiv de Viena.

CAPÍTULO 8

LA GUERRA CARLISTA

El 29 de septiembre de 1833 falleció Fernando VII. Quedaba abierta la incógnita de la crisis dinástica. Don Carlos María Isidro, exiliado en Portugal, publicó el 1.º de octubre el «Manifiesto de Abrantes» haciendo valer sus derechos, sin invocar razones ideológicas, sino exclusivamente dinásticas, aunque en las últimas líneas se descubre el simplismo maniqueo que era propio de don Carlos, cuando menciona «el premio al bueno» y el «castigo al malo» que corresponden a Dios y a la ley.

Por su parte, Cea Bermúdez redactó otro manifiesto, firmado por la Reina Gobernadora el 4 de octubre, con la pretensión de atajar la guerra civil atrayéndose a la derecha realista. Por eso, la primera parte del manifiesto de la Reina promete no admitir «innovaciones peligrosas» y asegura que el primer cuidado de su gobierno sería mantener «la religión inmaculada que profesamos, su doctrina, sus templos y sus ministros», así como «conservar intacto el depósito de la autoridad real que se me ha confiado».

Sin embargo, en la segunda parte del manifiesto afirmaba la voluntad de efectuar «reformas administrativas, únicas que producen inmediatamente la prosperidad y la dicha, que son el solo bien de un valor positivo para el pueblo» aplicándose «al fomento de todos los orígenes de la riqueza» [97]. Éste era el ideal del reformismo ilustrado de finales del siglo XVIII, que se había trasmitido a través de Jovellanos hasta Cea Bermúdez, su biógrafo y heredero político, inclinado hacia una tecnocracia burocrática que, sin cambios ni traumas políticos, proyectara el progreso material del país.

---

[97]   El texto íntegro del Manifiesto de Cea Bermúdez puede verse en la *Historia de España* de M. LAFUENTE, t. XX, pp. 5-7. El Manifiesto de Abrantes, en el mismo lugar, página 25.

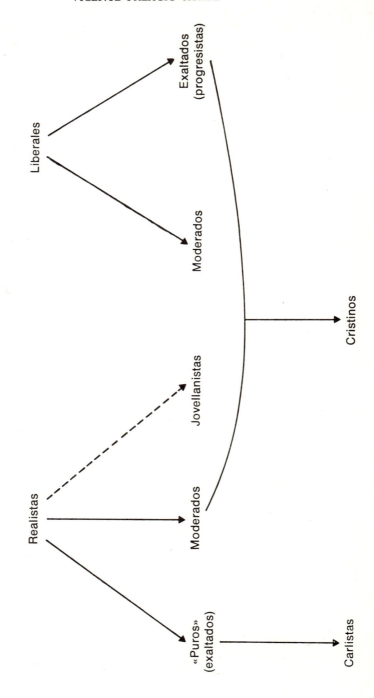

BIPOLARIZACIÓN IDEOLÓGICA
1820 - 1833

Liberales
→ Exaltados (progresistas)
→ Moderados

Realistas
--→ Jovellanistas
→ Moderados
→ «Puros» (exaltados)

Cristinos

Carlistas

El objetivo principal del manifiesto no se logró, ya que no pudo evitarse la guerra civil. Pero en aquellos instantes de crisis hizo posible el desplazamiento sin rupturas revolucionarias hacia el régimen liberal que se inició a los pocos meses con el sistema político del Estatuto Real.

Al estallar la guerra, los defensores de la causa de Isabel II, los «cristinos», llamados así por el nombre de la Reina Gobernadora, encontraron el apoyo de los liberales, que iban a llenar finalmente el contenido político de la causa de Isabel II y que supieron hacer bascular hacia ellos el centro del poder.

Según el marqués de Miraflores, Cea «con constancia inflexible o hablando con más propiedad con terca obstinación, quería sostener y sostenía su línea de inmutabilidad absoluta, que no podía hermanarse mucho tiempo con el torrente de la opinión» [98]. En el gobierno de Cea Bermúdez había dos ministros criptoliberales, Javier de Burgos y el general Zarco del Valle. Precisamente Javier de Burgos hizo de puente ideológico al nuevo gobierno liberal que, desplazando a Cea, presidirá Martínez de la Rosa en enero de 1834. Los nombres de Martínez de la Rosa y de Javier de Burgos van unidos a la redacción del Estatuto Real.

LA GUERRA CARLISTA: EL PLANO IDEOLÓGICO-POLÍTICO. EL «FORALISMO» VASCO

La guerra carlista puede examinarse desde un triple punto de vista: el ideológico-político, el sociológico y el militar. Veamos ahora el primero.

Desde el punto de vista ideológico-político cabe afirmar que el carlismo en armas, en 1833, es la primera oposición de masas a la revolución liberal. El contenido de su programa invoca razones dinásticas que ya hemos explicado. Invoca también la oposición a las *novedades* derivadas de la Revolución francesa, es

---

[98] MARQUÉS DE MIRAFLORES: *Memorias del Reinado de Isabel II,* ed. B. A. E., Madrid, 1964, vol. I, p. 34. Miraflores da cuenta de las «bases» que él propuso a la Reina viuda en la madrugada del 1 de octubre, para abrir una vía reformista en el sistema político. En el Documento núm. 5, pp. 198 y ss. de la ed. citada, publica la «Memoria política del Marqués de Miraflores puesta en las reales manos de S. M. la Reina algunos meses antes de la muerte del Rey».

decir, al liberalismo: su contenido ideológico principal se resuelve, pues, en una negación.

El carlismo, heredero del «realismo exaltado» polariza las fuerzas que tratan de perpetuar el antiguo orden estamental de la sociedad y el antiguo régimen político de la monarquía absolutista. Es el inmovilismo perfecto. El ingrediente dinástico actuará de catalizador para precipitar en torno a don Carlos a todos los enemigos de las reformas liberales. A este ideario se sumarán otras razones ideológico-políticas: la «cuestión religiosa», cuya fuerza se hizo notar sobre todo desde los decretos desamortizadores de 1836; y la «defensa de los fueros» en los países de antiguo régimen foral.

El carlismo ideológico, al alzar la bandera en favor de la Religión y de la Iglesia supuestamente *amenazadas,* se retrotraía a los antecedentes del Trienio constitucional. El caso es que la mayor parte de los liberales españoles profesaban sinceramente las mismas creencias religiosas. En uno de los interesantes ensayos de Balmes, publicado en 1844, al exponer el estado de la religión en España, explica con razones históricas «el carácter sumamente belicoso» que han tenido aquí «las ideas y sentimientos religiosos»: la Reconquista en los orígenes de la nacionalidad española contra el Islam, las guerras divinales de los siglos XVI y XVII, el carácter religioso que las recientes guerras contra la Convención y de la Independencia han tenido a los ojos del pueblo. «De aquí ha resultado esa propensión a fiar el éxito de la causa a los trances de las armas y a temer que la religión se hundía si los que la sostenían eran vencidos en el campo de batalla.» Así ha ocurrido también con los carlistas. En sus consideraciones, Balmes hace ver el error de esa pretendida identificación y concluye: «Convénzanse de esto los hombres religiosos de España; no identifiquen la causa eterna con ninguna causa temporal, y cuando se presten a alguna alianza legítima y decorosa, sea siempre conservando aquella independencia que reclaman sus principios inmutables... El porvenir de la religión no depende del gobierno, el porvenir del gobierno depende de la religión; la sociedad no ha de regenerar a la religión, la religión es quien debe regenerar a la sociedad» [99].

También alzó el carlismo, en los países forales, la bandera de los fueros amenazados. En efecto, los principios abstractos

---

[99] J. BALMES: «La religión en España», publ. en «El Pensamiento de la Nación» el 6 de marzo de 1844. *Obras completas,* ed. de la Biblioteca de Autores Cristianos, vol. VI, páginas 339-346.

del liberalismo eran contrarios a los privilegios y, por consiguiente, a los fueros. Don Carlos confirmó los fueros del Señorío de Vizcaya y de las provincias de Guipúzcoa y Álava. En los países de régimen foral se hallaba el *foralismo,* sin duda, muy arraigado; aunque conviene matizar el sentido y alcance que los fueros tenían en la vida de vizcaínos, guipuzcoanos y alaveses. El régimen foral significaba estas cuatro cosas principales:

a) Un modo de gobierno autonómico peculiar de cada una de esas provincias y del Señorío, compartido con el Corregidor y demás representantes directos de la autoridad del Rey, a título de Señor en el caso de Vizcaya.

b) La aplicación de la justicia por jueces propios, con una instancia superior privativa en la Chancillería de Valladolid.

c) La exención también del régimen fiscal ordinario de las provincias de la Corona de Castilla.

d) Por fin, la exención de quintas en el servicio militar.

El gobierno foral residía en las Juntas Generales de cada una de esas entidades históricas, que se reunían ordinariamente cada dos años en Guernica las de Vizcaya; cada año las de Guipúzcoa en alguna de las villas de Tolosa, Azpeitia, Azcoitia o San Sebastián; dos veces por año las de Álava, alternativamente en Vitoria y en otra localidad de las seis cuadrillas que formaban la provincia. Las Juntas Generales, integradas con representantes de las villas, anteiglesias, ciudades y demás entidades municipales, tomaban acuerdos de carácter general y designaban la Diputación General, en cuyas manos quedaban en verdad las funciones de gobierno entre una y otra reunión de las Juntas.

A la sencillez representativa de éstas, en el marco de una sociedad patriarcal y rural idealizada, es a lo que se ha solido llamar la «democracia vasca». En ella se compartía al mismo tiempo un sentimiento colectivo aristocrático, por la hidalguía universal de los vizcaínos y guipuzcoanos; y un igualitarismo basado en no reconocer diferencias de calidad entre unos y otros, como hijos todos de Dios, trasladado a su expresión folklórica en los versos de la canción con que en el pasado siglo se saludaba a los señores de las Juntas: «Danak Jainkoak egiñak gera, zuek eta bai gu bere». («A todos Dios nos hizo iguales, a vosotros y también a nosotros.»)

Pero no era tan idílico este panorama que no tuvieran en él cabida las revueltas de los campesinos contra los notables o de la «tierra llana» contra la villa comercial rica: todas esas «machinadas» y «zamacoladas» que se producen en el siglo XVIII y principios del XIX.

En realidad, esta *democracia* aseguraba el predominio de los notables, de los *jaunak* o señores, en la estructura jurídico-social del país: pues casi siempre los «jaunchos» controlaban las Juntas y eran elegidos para formar la Diputación General. Los tratadistas de la historia y del régimen foral en el pasado siglo así lo reconocían, como Navascués cuando los define como «caballeros de primer lustre», o Fidel de Sagarmínaga que llama «gente principal» a los «diputados» del Señorío. Este predominio de los *notables* pretendió institucionalizarse en el siglo XVIII: en las Juntas Generales de Guernica de 1748 se pidió que los «diputados» tuvieran un capital mínimo de 20.000 ducados en bienes raíces [100].

La aplicación de la justicia ordinaria por jueces propios abarcaba lo civil y lo criminal, y era impartida por el Corregidor y los Diputados, salvo para las causas civiles de cuantía importante o las causas criminales graves, en que entendía la Chancillería de Valladolid.

La exención tributaria significaba que en estas provincias, llamadas precisamente por este motivo «Provincias Exentas», no se habían de pagar los impuestos de la Corona de Castilla, ni tampoco las aduanas, siendo sólo las Juntas Generales las que estaban facultadas para imponer tributos y administrarlos. De ello se beneficiaban, sin duda, la mayor parte de los habitantes del Señorío y las Provincias, cuya presión fiscal era inferior al régimen común castellano. La contribución anual por habitante era alrededor de 13 rs. en Guipúzcoa, 14 en Navarra, 15 en Vizcaya y 20 en Álava, mientras las provincias castellanas no-exentas pagaban 66 reales [100 bis]. Además, el régimen aduanero permitía gozar de un mercado abaratado de los artículos de importación. En contrapartida a las ventajas que para los consumidores tenía esa zona franca y exenta, los industriales ferrones que exportaban sus productos a Castilla pagaban derechos de aduana en los «puertos secos», cuya tarifa había aumentado a finales del siglo XVIII, por lo que se les hacía difícil la compe-

---

[100] RAFAEL DE NAVASCUÉS: *Observaciones sobre los fueros de Vizcaya*, Madrid, 1850, página 135. FIDEL DE SAGARMÍNAGA: *El gobierno y régimen foral del Señorío de Vizcaya desde el Reinado de Felipe II hasta la mayoría de edad de Isabel II*, Madrid, 1892, vol. IV p. 136. DARÍO DE AREITIO: *El Gobierno Universal del Señorío de Vizcaya*, Bilbao, 1943, p. 109. Estas citas están recogidas por M. A. LARREA en su obra *Caminos de Vizcaya en la segunda mitad del s. XVIII*, Bilbao, 1974. Prólogo de V. PALACIO ATARD.

[100 bis] Véase la tesis de Licenciatura de R. ATIENZA: *Los privilegios fiscales de las Provincias Exentas*, Universidad de Barcelona, 1977.

tencia con el hierro procedente de Suecia o de Inglaterra [101].
De ahí que a principios del siglo XIX algunos ferrones y comerciantes en general de Vizcaya y Guipúzcoa se inclinaran a admitir la traslación de las aduanas.

La exención de las quintas para el servicio militar se extendía a todos los habitantes de las provincias forales y particularmente beneficiaba a las clases populares. Los vascos sólo en tiempo de guerra debían tomar las armas y formar milicias forales para defender exclusivamente el territorio de cada una de sus provincias: así, los vizcaínos no debían servir en armas más allá del «árbol Malato», en la línea divisoria de Álava. Sin embargo, hay que decir que en la marina real se alistaban muchos «hombres de mar» de las provincias litorales (Guipúzcoa y Vizcaya).

Esto significaban, en líneas generales, los fueros de cada una de las entidades histórico-jurídicas del País Vasco, cada una con su fuero particular y su gobierno propio, sin integrarse en alguna forma de unidad entre ellas.

El Reino de Navarra había conservado, por su parte, todas las instituciones peculiares administrativas y de gobierno, incluidas las Cortes, que se reunieron numerosas veces en el siglo XVIII y lo hicieron todavía en 1828-1829 [102]. La plenitud de autogobierno en Navarra, era, por consiguiente, mayor que en las Provincias Exentas.

Los carlistas fueron «foralistas». Pero conviene decir algo que suele olvidarse: también los liberales vascos fueron «foralistas». El sentimiento foral era unánimemente compartido por todos los habitantes de los países forales, con escasas excepciones. Como botón de muestra es bien significativa la petición que hizo a las Cortes la «muy noble y muy leal» Villa de Bilbao, el 10 de junio de 1837, en la que, como mejor premio a su lealtad por la causa liberal demostrada dos veces en la defensa de los asedios carlistas, solicitaba precisamente la conservación de los fueros. Un año antes, el 24 de mayo de 1836, la Diputa-

---

[101] E. FERNÁNDEZ DE PINEDO: *Crecimiento de Vascongadas,* tesis doctoral leída en la Universidad Complutense, Madrid, 1972. Posteriormente ha sido editada con el título: *Crecimiento económico y transformaciones sociales del País Vasco, 1100-1850,* Madrid, 1974. El general Castañón, en el parte firmado en San Sebastián el 1 de diciembre de 1833, dice que, por la lealtad de esta ciudad a la causa de la Reina, es acreedora «a que se le declare capital de las tres provincias, puerto franco y con la única aduana que debe existir en las mismas». JOSÉ BERRUEZO: «El antiforalismo liberal en la primera guerra carlista», en «Bol. de la Real Sociedad Vascongada de Amigos del País», 1967, p. 31.
[102] R. RODRÍGUEZ GARRAZA: *Navarra de Reino a provincia, 1828-1841,* Pamplona, 1968.

ción de Vizcaya dirigió a la Reina una *Exposición* en defensa de los Fueros [103].

Este foralismo liberal vasco se mantuvo a través del siglo XIX hasta la última guerra carlista. Es también muy ilustrativo el caso de la ciudad de Vitoria, cuyo alcalde, el 28 de febrero de 1873, antes de dar lectura a los decretos oficiales publicados en la *Gaceta* de Madrid, hizo una breve alocución para declarar: «Queda solemnemente proclamada la República, que este pueblo, fiel a sus Fueros y libertades y consecuente con sus tradiciones acepta, acata y respeta» [104].

También en Cataluña existe un foralismo de signo liberal. Precisamente en el momento más crítico de la guerra el barón de Meer, Capitán general de Cataluña, para reforzar sin duda la posición política de los «cristinos» en aquella región y quitar a los carlistas el monopolio de la bandera del foralismo, creó el llamado Consejo Superior Central de Cataluña, formado por dos representantes de cada Diputación provincial más otras varias autoridades. Jaime Vicens mantuvo la opinión de que «éste fue el instrumento de la victoria cristina en nuestro país. Pero de esta manera persistía la tradición de un gobierno mancomunado (catalán), que era muy mal vista por los gobiernos de Madrid». En 1839 redactó Próspero Bofarull un escrito contra el centralismo y en pro de las autoridades regionales tradicionales. Esto significó «la adopción por el partido (liberal) moderado de la línea del autonomismo descentralizador» [105]. El mismo prof. Vicens hizo notar en diversas ocasiones el apoyo de la burguesía catalana al liberalismo moderado.

La cuestión del «foralismo» como bandera ideológica de la guerra carlista podríamos resumirla así: los carlistas eran foralistas y quisieron capitalizar ideológicamente la defensa de los fueros contra la *amenaza liberal,* como quisieron capitalizar a su favor la defensa de la Religión y de la Iglesia. Los liberales de los países no-forales, especialmente los del sector más progresista, aireaban los principios abstractos del igualitarismo liberal contra los privilegios forales. Los liberales de los países forales eran, en cambio, con pocas excepciones, tan sinceramente fora-

---

[103]   F. DE SAGARMÍNAGA: o. c., vol. IV, pp. 316-324. El primer acto de la nueva «Diputación provincial» que sustituyó a la «Diputación general» foral, el 10 de septiembre de 1836, fue pedir «la conservación de los Fueros y franquezas que consideraba como necesarios elementos, no sólo para la pacificación y ventura de este suelo fragoso y estéril, sino para su existencia material». Misma obra, pp. 337-338.

[104]   T. ALFARO: *Vida de la ciudad de Vitoria,* Madrid, 1951, p. 522.

[105]   J. VICENS VIVES: *Cataluña en el siglo XIX,* Madrid, 1962, pp. 368 y otras.

listas como los propios partidarios de don Carlos, porque en ellos se sobreponía el sentimiento y las costumbres a la razón abstracta.

Los liberales de los países no-forales tuvieron interés en destacar el foralismo carlista alzado en armas para exigir la supresión de los fueros como un castigo, olvidando que los sentimientos foralistas eran comunes a liberales y carlistas en los países de régimen foral. Los liberales de estas regiones no tuvieron fuerza para que prevaleciera su punto de vista, de modo que finalmente el liberalismo centralizador había de imponer su criterio político opuesto.

Existía, por descontado, una dificultad en conjugar la estructura constitucional con las excepciones del régimen foral [106]. Por eso, en la capitulación de Vergara, al terminar la guerra, el general Espartero sólo se comprometía a *recomendar* a las Cortes «la concesión o modificación» de los fueros vascos en la medida en que resultaran compatibles con la Constitución.

Por un momento pareció salvado lo esencial del régimen foral. La ley de 25 de octubre de 1839 decía en su artículo primero: «Se confirman los fueros de las Provincias Vascongadas y de Navarra, *sin perjuicio de la unidad constitucional de la Monarquía»;* aunque el artículo segundo encomendaba al gobierno que «oyendo antes a las Provincias Vascongadas y a Navarra» propusiera «la modificación indispensable que en los mencionados Fueros reclame el interés de las mismas, conciliado con el general de la nación y la Constitución de la Monarquía». Incluso recibió Espartero felicitaciones de las corporaciones vascas. Navarra se vio afectada por el Decreto de 16 de noviembre de 1839 que suprimía el antiguo método de elección de su Diputación Foral.

---

[106] La Constitución de 1812 no arbitraba ninguna excepción en el régimen administrativo general de las provincias, ni sobre las exenciones fiscales. La representación vizcaína en las Cortes de Cádiz no hizo siquiera ninguna protesta a esta tácita supresión del régimen foral, lo que ZAMÁCOLA calificó de «ligereza imperdonable». F. ELÍAS DE TEJADA (*El Señorío de Vizcaya,* Madrid, 1963, pp. 311 y ss.) ha fustigado «el entusiasmo oficial tan desmedido que suena a histriónica farsa» con que los vizcaínos aceptaron en 1812 los preceptos de la Constitución de Cádiz.

Dado el momento de tan gran confusión y crisis nacional como era el año 1812 y el modo de producirse las Cortes de Cádiz resulta tal vez más comprensible lo sucedido. Sin embargo, SAGARMÍNAGA refiere que la Diputación de Vizcaya se negó a jurar la Constitución porque sería «inconsecuencia de que no hallaría disculpa» y la Diputación provincial que se instauró a continuación con carácter interino hizo «constar en este acta que su inevitable allanamiento no perjudicaba a los derechos del país...».

Pero tan pronto los progresistas se hicieron con el poder, al abdicar María Cristina, tomaron la primera medida antiforal el 30 de noviembre de 1840 al reunir el mando militar y político en las provincias vascas. Quiso aplicársele a esta medida el *pase foral,* para suspenderla como contrafuero; pero la respuesta del gobierno el 5 de enero de 1841 fue precisamente la supresión del *pase foral* que habían ejercido hasta entonces los Síndicos Generales, encargados en cada provincia de autorizar las disposiciones de la Corona.

Todavía las Diputaciones del Señorío de Vizcaya y de las provincias de Álava y de Guipúzcoa se reunieron mancomunadamente en Vergara para elevar una apelación al gobierno en defensa de la integridad foral: «Mostradnos una legislación municipal y administrativa como la nuestra, una estadística de la riqueza territorial e industrial como la de las provincias vascas, una igualdad tan grande en la repartición de los impuestos y contribuciones y una economía semejante en las cobranzas... Dadnos lecciones de libertad para la elección de nuestras municipalidades y de las Diputaciones de las provincias. Enseñadnos a hacer caminos, puentes y obras de utilidad pública... Recordad vuestros bosques y los nuestros, comparad la distribución de la propiedad, contando vuestros pequeños propietarios y los que nosotros tenemos. Reflexionad lo que os cuesta la administración de Justicia y lo que nos cuesta a nosotros, y decidid en seguida si se pueden y deben abandonar los Fueros».

Pero no era ya éste el tono adecuado para persuadir a los progresistas de 1841, aunque todavía poco tiempo antes un *Memorial* presentado a las Cortes en 1839 por los representantes vascos y navarros en Madrid, redactado en parecidos términos de argumentación apologética, había dado buenos resultados. De hecho, el primer recorte al régimen foral vasco quedó confirmado bajo la Regencia de Espartero.

También la situación de Navarra fue regulada por la llamada «Ley de Fueros» de 16 de agosto de 1841. Se confirmaba la desaparición de las Cortes propias, pero la Diputación provincial mantendría «las mismas facultades que ejercían el Consejo de Navarra y la Diputación del Reino» en la administración de los bienes y rentas de la provincia. El gobierno militar y el político recaería, como en las demás provincias, en un Comandante General y en un Jefe político (gobernador civil). Se suprimían también las exenciones fiscales del tabaco y de la sal, trasladándose al mismo tiempo las aduanas a la frontera francesa.

Esta discutida Ley «es a un mismo tiempo destructora y conservadora de los fueros de Navarra», en opinión del comentarista Garrán y Moso, pues «sin embargo de que los destruye, asienta una administración autónoma que ha sabido conservar hasta nuestros días». Rodríguez Garraza reconoce que «dicha ley constituye una transformación radical en la Constitución navarra, aunque salvase intereses económicos y administrativos», pero «fue la única solución viable para Navarra en aquellas circunstancias» [107].

EL PUNTO DE VISTA SOCIOLÓGICO

En 1845 Jaime Balmes hizo esta observación: Lo que ha luchado en España en la guerra carlista ha sido la sociedad antigua con la sociedad nueva: la sociedad de las creencias religiosas arraigadas, de los hábitos tradicionales, con la sociedad de los intereses materiales y de las innovaciones. El sociólogo catalán del pasado siglo cala así en los estratos sociológicos de la guerra, y para evitar que esta ruptura se perpetúe en el hostil antagonismo de dos Españas, propone como objetivo inmediato: «Quien haya de gobernar España es necesario que, a más de la España religiosa y monárquica, de la España de las tradiciones, de los hábitos tranquilos, de las costumbres sencillas, de escasas necesidades, de un carácter peculiar que la distingue de las demás naciones de Europa, vea la España nueva, con su credulidad e indiferencia, su afición a las nuevas formas políticas; sus ideas modernas en oposición a nuestras tradiciones, su vivacidad y movimiento... su afán por el desarrollo de los intereses materiales, su prurito de imitar a las demás naciones, en particular a la Francia, su fuerte tendencia a una transformación completa que borre lo que resta del sello verdaderamente español y nos haga entrar en esa asimilación o fusión universal a que parece encaminarse el mundo» [108].

En efecto, un cambio bastante profundo y rápido se había producido en la evolución de la sociedad. Larra, uno de los más agudos observadores críticos de su tiempo, y por cierto nada complaciente, se refiere a ello numerosas veces en sus escritos.

---

[107] RODRÍGUEZ GARRAZA: o. c., p. 443.
[108] J. BALMES: «Dos escollos», en *Obras Completas*, ed. citada, vol. VII, p. 209.

En su artículo *En este país,* además de llamar «prodigiosa la casi repentina mudanza que en este país se ha verificado en tan breve espacio» y harto de la hipercrítica de quienes sólo ven el lado negativo de las cosas *en este país,* comparándolo con París o Londres, exclama: «¡Oh, infernal comezón de vilipendiar este país que adelanta y progresa en algunos años a esta parte más rápidamente que adelantaron esos países modelos para llegar al punto de ventaja en que se han puesto!» [109].

No debe simplificarse demasiado la identificación de una España rural con la sociedad antigua que lucha del lado carlista, aun cuando la conservación de los hábitos tradicionales sea propio de las sociedades campesinas. Tampoco los sectores urbanos participan monolíticamente de esa nueva sociedad a que alude Balmes. Pero no cabe duda que la aparición de las clases medias en los papeles directivos de la vida social se refleja en los componentes sociológicos de la guerra carlista.

El bando de don Carlos quedó conformado por la mayor parte del alto clero, por la inmensa mayoría de los religiosos de las órdenes regulares, afectados directamente por la desamortización, una parte más reducida del clero secular, algunos sectores minoritarios de la Administración y del Ejército de categoría inferior, algunos nobles y algunos *notables* de las provincias. Mientras no llegó a producirse el conflicto dinástico, antes de 1830, los «realistas puros» pre-carlistas se sentían respaldados por la masa inerte del país, especialmente los sectores campesinos. Pero la crisis dinástica produce una ruptura, y la fidelidad a la voluntad del Rey se antepone muchas veces en esa masa a toda otra consideración. Esa masa no entiende de sutilezas jurídicas, y sabe que la hija del Rey ha heredado otras veces la Corona a falta de hijo varón.

Pero aparte los medios eclesiásticos y algunos sectores de los *notables* provincianos, los carlistas cuentan con mayores apoyos en el medio rural. Por eso los alzamientos de 1833 sólo se producen en el campo, con cierta espontaneidad, pues evidentemente se hallan faltos de organización: cuentan únicamente con los elementos residuales de los Voluntarios realistas.

---

[109] LARRA: *Obras,* ed. B. A. E., Madrid, 1960, vol. I, p. 218. Este artículo lo escribió Larra varios meses antes de la muerte de Fernando VII. Más tarde, decepcionado en sus esperanzas progresistas por el gobierno de Martínez de la Rosa, insistirá «en la monotonía y estancamiento de la vida», cayendo en una depresión por la frustración política. Véase J. L. VARELA: «Larra ante España», Discurso de apertura en la Universidad Complutense del curso 1977-1978, Madrid 1977.

Esta falta de organización se traduce en una escasez de fuerza, que facilitará al gobierno la tarea de reducir a estos grupos. No hay, en cambio, alzamientos en las ciudades, ni los dirigen altos jefes militares, salvo el mariscal de campo (= general de división) don Santos Ladrón de Cegama, que fue inmediatamente hecho preso y fusilado. Como excepción también puede citarse el caso de Bilbao, villa en la que el 3 de octubre se proclamó a don Carlos: pero no fueron los comerciantes, ni los elementos urbanos de la villa mercantil quienes tomaron la iniciativa, sino que fue obra de la «aldeanería» que «se descolgaba en gran número desde los montes vecinos a la villa» según relata Francis Bacon, testigo presencial, aunque no imparcial, de los sucesos [110]. Pero los carlistas no pudieron sostenerse mucho tiempo en Bilbao, recuperada por una columna liberal el 24 de noviembre de aquel año.

En algunos casos las clases campesinas más pobres se identificaban con el carlismo, allí donde se había producido a comienzos del siglo XIX una alteración del *status* económico, por las ventas de bienes comunales, como ocurrió en Vizcaya y en Guipúzcoa a partir de 1808, que benefició a las clases más ricas en perjuicio de los demás, como sugiere Fernández de Pinedo, aun cuando todavía se conservase esa «distribución de la propiedad» bastante equilibrada de la que alardean en 1840 las Diputaciones vascas. De todas maneras, el carlismo no arraigó en las zonas campesinas en las que había grandes problemas de desequilibrio social, como es el caso de Andalucía y Extremadura.

El bando cristino se define sociológicamente por tener a su lado casi todos los altos cargos de la Administración del Estado y de la burocracia provincial y municipal, es decir, los controles de los resortes del poder administrativo, además de contar prácticamente con todo el Ejército. La alta clase media de los banqueros y los hombres de negocios están inequívocamente a su lado. Lo mismo puede decirse de los títulos del Reino. También las gentes ilustradas, buena parte del clero secular y hombres de las profesiones liberales. Son sectores minoritarios, de carácter urbano, pero cuando se identifique con ellos la legitimidad dinástica arrastrarán a casi toda la masa inerte del país, incluso en

---

[110] J. F. BACON: *Six Years in Biscay: comprising a personal narrative of the Sieges of Bilbao...*, Londres, 1838, pp. 132-133. De este denso relato de 478 pp. en su versión original inglesa, publicó el siglo pasado V. L. GAMINDE algunos capítulos, conservando el título original. En 1973 se ha reeditado en San Sebastián el texto traducido por Gaminde con el llamativo título: *Historia de la Revolución de las Provincias Vascongadas y Navarra desde 1833 a 1837.*

los sectores rurales, donde en todo caso prevalece una discreta pasividad.

Insisto: la división no admite sociológicamente simplificaciones demasiado rigurosas. Hay manifestaciones heterogéneas según el ámbito regional. No pueden identificarse, pues, el carlismo con la España rural, ni fijar sólo el soporte social de los cristinos en los medios urbanos. Entre el artesanado de las villas y ciudades no faltan a veces partidarios de don Carlos, y hasta entre los elementos del proletariado en algunas ciudades provincianas. El peso numérico de los componentes sociológicos lo da la masa indiferenciada, en la que se conserva casi siempre el sentimiento de fidelidad a la persona del monarca y de su hija sucesora.

Pero la guerra carlista fue, sobre todo, un hecho militar, que se resolvió por la fuerza de las armas y como tal hay que plantearlo. Adquirió también una dimensión internacional que tampoco se debe ignorar.

LAS POTENCIAS EXTRANJERAS ANTE LA GUERRA CIVIL ESPAÑOLA

En septiembre de 1833 se había intentado una especie de resurrección de la Santa Alianza entre Rusia, Austria y Prusia, en la convención de Münchengraetz. El objetivo principal de aquellas conversaciones había sido el de refrendar la garantía común contra el nacionalismo polaco, a fin de mantener el *status* de los territorios del antiguo reino de Polonia repartidos en el siglo XVIII entre las tres potencias. También se estableció una garantía para Luxemburgo, aunque se reconocía la independencia consumada de Bélgica.

Pero a estos objetivos principales se unió otro secundario, que reverdecía el espíritu de la Santa Alianza: el derecho de intervención en las situaciones revolucionarias originadas en países extranjeros a petición de los monarcas interesados. Rusia, Austria y Prusia no habían reconocido a Isabel II y daban su apoyo moral a don Carlos, aun cuando no estaban en condiciones de facilitar una ayuda material efectiva.

La respuesta a la convención de Münchengraetz fue la Cuádruple Alianza de las potencias liberales de Occidente, firmada en Londres el 22 de abril de 1834 por Inglaterra, Francia, el gobierno español de Isabel II y el gobierno portugués de doña María. Así se convino la ayuda inglesa a los liberales españoles y portugueses: en efecto, una Legión inglesa, mandada por Evans, tomó parte en varias acciones de guerra, y también lo hicieron algunas unidades navales, sin que su intervención respondiera a las esperanzas que había puesto en ella Martínez de la Rosa.

La intervención extranjera se manifestó de otro modo en las gestiones para poner fin a las represalias, evitando los castigos implacables contra los prisioneros aplicados por ambos bandos. De esta gestión se dedujo el Convenio Elliot (27 de mayo de 1835) por el que se establecía el canje periódico y regular de prisioneros de guerra; el respeto a los mismos, así como al personal civil, mientras no fueran juzgados de acuerdo con las ordenanzas militares; y la libertad de los heridos y enfermos hospitalizados. El general Valdés firmó este convenio en su cuartel general de Logroño, Zumalacárregui en el suyo de Eulate, en el valle de las Amézcoas.

Sólo mucho más tarde, casi al final de la guerra, el 3 de abril de 1839, firmaron Van Halen y Cabrera un convenio análogo para la zona del Maestrazgo.

EL PLANO MILITAR

Los primeros alzamientos carlistas se producen sin organización conjunta, sin jefes militares importantes, sin bases o plazas fuertes de apoyo. Ni siquiera en el País Vasco contaron con las ciudades de San Sebastián ni Pamplona, guarnecidas militarmente. Tan sólo después de la muerte de Zumalacárregui, y cuando la guerra está más equilibrada, se sumarán a las filas carlistas tres tenientes generales: Eguía, Maroto y González Moreno.

El 3 de octubre de 1833 se había alzado en Talavera de la Reina un grupo de antiguos Voluntarios realistas. En Castilla la Vieja, la Mancha, Extremadura, Galicia y León hubo algunos brotes pronto sofocados. En la provincia de Burgos se levantaron cierto número de «batallones» carlistas, sin que se adueñaran de la capital; pero casi todas esas «partidas» sin dirección ni mando, se disiparon por sí solas al llegar el invierno. En Cataluña contrasta el poco empuje de las partidas carlistas en 1833 con el nutrido alzamiento de los «agraviados» en 1827, tal vez por el escarmiento sufrido entonces. Sólo a partir de 1835 se avivó en Cataluña el carlismo en armas, pero sin que llegara a organizarse allí una base territorial amplia y un verdadero Ejército. La guerra tenía en Cataluña un carácter local. Para contener a las poco disciplinadas partidas carlistas bastó allí a las autoridades liberales organizar fuerzas locales, por lo menos hasta 1836. Algo parecido ocurrió en el Maestrazgo, donde el 13 de noviembre se sublevó la plaza fuerte de Morella, concentrándose en este punto voluntarios valencianos y aragoneses. Pero Morella fue recobrada por los cristinos, quedando algunas partidas carlistas sueltas, entre ellas la de Cabrera, quien a principios de 1836 consiguió reorganizar la guerra en aquel territorio. Sólo, pues, en Vascongadas, Navarra y Rioja consiguieron los alzamientos carlistas iniciales crear un foco de insurrección importante.

Las operaciones militares, pasada esta fase inicial del alzamiento, podemos dividirlas en tres etapas: La primera abarca el año 1834 y los primeros meses de 1835, en la que el Ejército regular cristino lucha desordenadamente contra la acción guerrillera de los carlistas, que no disponen todavía de un Ejército. La segunda, que es la etapa decisiva de la guerra, desde la primavera de 1835 al otoño de 1837: Zumalacárregui había conseguido organizar un Ejército partiendo prácticamente de cero; son dos Ejércitos, pues, frente a frente, aunque la desproporción de fuerzas sea considerable. Por fin, la etapa final, tras el fracaso de la «expedición Real» carlista en el otoño de 1837 hasta el abrazo de Vergara (31 de agosto de 1839) y el repliegue de Cabrera a Francia (julio de 1840): fase de desmoralización y desgaste definitivo de las armas carlistas, a cuyos jefes más responsables se les hace evidente la imposibilidad de obtener una solución militar favorable, por lo que optan por la rendición.

Durante la primera fase, la iniciativa militar está en manos de los gubernamentales o cristinos, a base de columnas que operan con éxitos locales en Vizcaya, Guipúzcoa y Álava. Así es como Bilbao fue recobrado por la columna Sarsfield. Pero estos éxitos se contrapesan con la proliferación de nuevas partidas carlistas en Vizcaya y Guipúzcoa (Andéchaga, Iturriaga, Simón de Torre, Eraso, Guibelalde).

Sin embargo, quien salva el alzamiento carlista, dándole cohesión y fuerza militar es Zumalacárregui, simple coronel, que el 14 de noviembre de 1833 toma el mando en Estella y se dispone a organizar un Ejército sin base de operaciones, sin armas y sin dinero. Buen conocedor del terreno, hace del Valle de las Amézcoas, baluarte natural situado en un emplazamiento estratégico, en medio de las líneas de comunicación de Vitoria con la frontera de Irún y con Navarra, el campamento necesario para entrenar y equipar a un Ejército: allí se hace fuerte y también en la zona pirenaica de Navarra.

Mientras el Ejército carlista se organiza y se equipa, la lucha en esta primera fase es una guerra de sorpresas y guerrillas; también desgraciadamente de represalias crueles. Las columnas liberales no consiguen vencer en campo abierto a un enemigo difuso, no concentrado, que aparece sólo para dar golpes aislados en condiciones ventajosas, ayudado por el conocimiento del terreno. En el mando del Ejército cristino se suceden los generales en jefe Quesada, Rodil y Mina, a lo largo de 1834. Ciertamente que sus efectivos militares eran reducidos, pues sabemos ya que el número de soldados había disminuido a 45.000 a finales de 1833, como efecto de la crisis hacendística del último decenio de Fernando VII. Sólo en 1836 se pensó en hacer una gran leva de 100.000 hombres.

Al encomendarse a Mina, el antiguo guerrillero navarro, la jefatura del Ejército a finales de 1834 se tenía la esperanza de que llegara a dominar la situación: disponía entonces de 45 batallones de infantería, más la caballería y la artillería. Zumalacárregui contaba con 22 batallones de infantería, tres escuadrones de caballería y muy poca artillería. Pero Mina no consiguió su propósito. Continuó la guerra de marchas, contramarchas y represalias.

Fue entonces cuando tomó el mando directo del Ejército del norte el general Valdés, que intentó batir a Zumalacárregui en su propio baluarte del Valle de las Amézcoas, sin tener en cuenta las condiciones geográficas tan favorables a la defensa: era intentar jugarse el todo por el todo en una operación arriesgadísima. Penetró en las Amézcoas desde su único punto accesible, por el oeste, con la más importante masa de maniobra concentrada hasta entonces por los cristinos, unos veinte batallones; pero dentro del recinto montañoso del Valle sufrió el desgaste y hostigamiento continuo del adversario que deshizo materialmente las unidades liberales, que dejaron allí 2.000 bajas y prisioneros, y perdieron casi todo su equipo y armamento, logrando huir los restantes por el desfiladero del Urederra hacia Estella (20-22 de abril de 1835).

Empieza entonces la que hemos llamado fase decisiva de la guerra. Tras el descalabro liberal en el Valle de las Amézcoas,

Zumalacárregui pasa a la ofensiva en Guipúzcoa y Vizcaya: toma Villafranca, Tolosa, Vergara, Eibar y Durango. Logra así dotar a su Ejército de una extensa base territorial. Pero se le resisten las capitales de las provincias vascas y Pamplona.

Se produce una disparidad de criterios en el campo carlista sobre los objetivos militares. Zumalacárregui propone concentrar el esfuerzo en la conquista de Vitoria y de toda la llanada de Álava, que aseguraría la línea del Ebro, para penetrar hacia Burgos y Castilla, donde creía habría de encontrar buena acogida en la población civil. De este modo, además de ampliar la base territorial, económica y humana, se prepararía el ataque a Madrid. Sin embargo, en la Corte de don Carlos prevalece otra idea: el ataque a Bilbao, que proporcionaría el prestigio de poseer una población importante, a fin de negociar reconocimientos internacionales y empréstitos para atender los gastos de la guerra.

Contra su propio parecer tuvo, pues, Zumalacárregui que poner sitio a Bilbao (10 de junio de 1835), donde a los pocos días fue herido, falleciendo en Cegama el día 25 del mismo mes como consecuencia de aquellas heridas. Le sustituyó en el mando González Moreno, mientras Espartero hizo llegar una columna de socorro a Bilbao el 1 de julio, obligando a los carlistas a levantar el sitio. Esta derrota carlista marca el fin del período ascendente de su Ejército. El descalabro se completa en la batalla de Mendigorría, primera batalla campal importante de la guerra, victoria que valió al general Luis Fernández de Córdoba el título de marqués de Mendigorría, concedido después de su muerte.

Los carlistas confían entonces el mando de sus tropas al general Eguía, que logró reorganizarlas (33.000 soldados de infantería, 1.000 de caballería, más nuevos efectivos artilleros): evitó operaciones arriesgadas y resistió por dos veces en la Sierra de Arlabán los intentos de Fernández de Córdoba de descolgarse sobre Guipúzcoa para descomponer el dispositivo carlista.

Pero, si querían ganar la guerra, los carlistas no podían fiarlo todo a una guerra defensiva en el norte. Faltos de efectivos para planear nuevas ofensivas de envergadura, ensayaron una modalidad nueva de guerra, a base de penetraciones profundas en el territorio adversario por medio de columnas ligeras dotadas de gran movilidad. Se pretendía con ello provocar el alzamiento de nuevos focos de lucha en la retaguardia adversaria. En 1835 la «expedición Guergué» había logrado establecer contacto con las partidas carlistas del Pirineo catalán. Pero el movimiento carlista se hallaba confinado en 1836 en dos reductos fundamentales: el vasco-navarro y el del Maestrazgo. ¿Serían capaces los carlistas de romper este confinamiento, para evitar los efectos desastrosos a la larga de una mera guerra defensiva?

El 26 de junio de 1836 salió de Orduña la «expedición Gómez» con 4.000 hombres, que hizo el más sorprendente itinerario, sin resultados positivos. Llegó a Oviedo (8 de julio) y a Santiago de Compostela; volvió por Asturias y Castilla la Vieja, para penetrar en Aragón y descolgarse hacia Cuenca y Albacete. Luego alcanza Andújar, Córdoba (1 de octubre), Almadén y Guadalupe. Allí se ve casi completamente bloqueado por tres Ejércitos liberales, mandados por Alaix, Rodil y Narváez; pero con la facilidad maniobrera de que dio muestras en todo momento, Gómez consigue salir de allí, vuelve al sur, llega a Écija (13 de noviembre) y Algeciras. Desde este punto, siendo imposible por más tiempo persistir en el empeño, reemprende la marcha hacia el norte, consiguiendo replegarse al Ebro y alcanzar Oña en diciembre de aquel año. Fue la suya una extraña campaña, sin objetivos claros, que puso de relieve el talento del general Gómez para huir de la persecución; pero que también ponía en evidencia la incapacidad de sumar nuevas fuerzas al carlismo.

Entonces se planea la «expedición Real». A este plan concurren razones políticas y militares. Entre las primeras, la necesidad de sostener la moral combatiente decaída, animándola con la perspectiva de nuevas operaciones; obtener tal vez un apoyo efectivo de Austria y Prusia; y, sobre todo, alcanzar una solución a la guerra pactada con la Reina Gobernadora, cuyo ánimo se hallaba muy afectado por los decretos desamortizadores firmados violentando su conciencia, y por la sublevación de los sargentos de la Granja.

Como razones militares, tal vez la única explicable fuera la necesidad para los carlistas de tomar alguna iniciativa frente a la creciente presión militar liberal. El 15 de octubre de 1836 se había puesto sitio por segunda vez a Bilbao, que fracasó como la anterior al librar Espartero la batalla del puente de Luchana (24 de diciembre de 1836), lo que le valió el título de conde Luchana. El general Eguía era contrario al plan de «expediciones» y había cedido el mando militar carlista al general Villarreal, al que pronto sustituyó el Infante don Sebastián.

La «expedición Real», mandada por don Sebastián, sale de

Estella el 15 de mayo de 1837, con 17 batallones de infantería, y 1.200 hombres de caballería, pero sin artillería. Por Huesca y Barbastro llegan al Cinca, pero tienen que replegarse a Biosca. Se les unen algunas fuerzas carlistas catalanas y siguen a Solsona, cruzan el Ebro por Cherta para unirse a Cabrera. Luego se aproximan a Castellón y Valencia, sin intentar penetrar en estas ciudades y tras la «sorpresa de Chiva», donde experimentaron pérdidas importantes, se retiran a la zona montañosa de Teruel. Los liberales ponen en marcha las columnas de Oráa, Buerens y Espartero para contrarrestar la «expedición Real», pero sólo se producen ligeras escaramuzas, no batallas decisivas.

Luego la «expedición» se aproxima a Madrid por Tarancón y llega a Arganda: la división de Cabrera llega incluso a Vallecas. Entre tanto, otra «expedición» mandada por Zariquiegui había cruzado Castilla de norte a sur y había alcanzado Las Rozas (24 de agosto). Los carlistas se hallaban, pues, a las puertas de Madrid. Allí se detuvieron. ¿Por qué no atacaron?

Toda esta extraña operación militar sólo se explica desde el punto de vista de su objetivo político: ¿Hubo entre don Carlos y la Reina Gobernadora un intento de dar solución al conflicto bélico-dinástico mediante la boda del hijo de don Carlos con Isabel II? En cualquier caso este enredo político no prosperó. La aparición del Ejército de Espartero en Madrid obligó a la retirada de los carlistas sin dar batalla. El infante don Sebastián se repliega por Guadalajara hacia Aranda, donde se reúne con Zariquiegui. Cabrera se retiró al Maestrazgo. En octubre la «expedición Real», fraccionada en dos grupos, se retira a las bases de partida del norte.

Después de esta «expedición» se entra en la fase final de la guerra. La iniciativa militar de los liberales se refuerza, al mismo tiempo que cunde la desmoralización de los carlistas. Cesa don Sebastián, sustituido en el mando supremo por Guergué y luego por Maroto. Se producen en Estella algunas insubordinaciones. Maroto entra en negociación con Espartero. Las intrigas, las sospechas, dividen la Corte de don Carlos en bandos opuestos (Arias Teijeiro, fray Cirilo de la Alameda). Maroto manda fusilar en Estella a los generales que le son hostiles (Guergué, Sanz, Carmona y García): los que desean poner fin a la guerra gritan «paz y fueros».

Así se llega a la capitulación de Vergara (31 de agosto de 1839) entre Maroto y Espartero, por la que se rinden los batallones carlistas vizcaínos, guipuzcoanos y castellanos. Don

Carlos repasó la frontera francesa el 14 de septiembre. En la capitulación de Vergara se reconocían los grados y honores de quienes habían servido en el Ejército carlista; no había más concesión política que la promesa de Espartero de *recomendar* la «conservación o modificación» de los fueros.

Ya nos hemos referido en páginas anteriores al problema de la conservación de los fueros vascos y navarros que se planteó a raíz de esta guerra. La ley del 16 de agosto de 1841 encauzó el caso de Navarra. Pero la cuestión de los fueros de las provincias vascas y del Señorío de Vizcaya tuvo una tramitación más compleja y no concluyó hasta después de la última guerra carlista, con la ley del 21 de julio de 1876 que significaba la abolición definitiva de los mismos.

Las llamadas «Provincias Exentas» y el Reino de Navarra habían conservado íntegra su personalidad político-administrativa en el siglo XVIII, a pesar de la política centralizadora entonces propugnada, porque en la guerra de Sucesión habían defendido con singular denuedo la causa de Felipe V. Pero en la guerra carlista de 1833-1839 por primera vez, y luego en las demás guerras del siglo XIX, los vascos y los navarros tomaron las armas al lado del perdedor. El precio de este fracaso militar se pagó con las restricciones al régimen foral.

Todavía después del «abrazo de Vergara» el núcleo carlista del Maestrazgo, que Cabrera había conseguido afianzar en 1838, se sostuvo algún tiempo. Pero Espartero, libre ya del norte, pudo organizar un ataque sistemático: fue rindiendo así sus posiciones fortificadas (Castellote, Aliaga, Alpuente) y, por fin, entró en Morella el 30 de mayo de 1840. Cabrera y algunos restos de sus tropas se retiran hacia Berga, en el Pirineo: el 4 de julio cruzan la frontera de Francia los últimos soldados carlistas.

CAPÍTULO 9

EL NUEVO RÉGIMEN DE LA MONARQUÍA CONSTITUCIONAL

Con el advenimiento de Isabel II se afianza definitivamente la Monarquía constitucional. Durante los años de la guerra carlista la causa liberal queda vinculada a la causa de Isabel II y entre los liberales y la Reina Gobernadora se establece una especie de compromiso. Pero este compromiso tiene dos puntos débiles: uno es el carácter sofisticado del mismo, porque María Cristina no es liberal, lo que motiva que sus relaciones con los políticos de esta significación floten siempre sobre un fondo de mutua desconfianza; otro es el matrimonio de la Reina Gobernadora con don Fernando Muñoz, mantenido en secreto por razones de Estado, aunque fuera un secreto a voces, lo que colocaba a María Cristina en situaciones delicadas a la hora de tomar decisiones.

Además, la consolidación del régimen constitucional durante estos años se ve estorbada por la debilidad interna del liberalismo español, debida al antagonismo aniquilador entre las dos facciones principales de la «familia política liberal»: los moderados y los progresistas. No se trata del lógico pluralismo de opiniones que se confrontan dentro de una convivencia armónica fundamental, sino de una porfía excluyente, que pretende negar a la otra parte toda presunción de legítima alternativa.

Los daños derivados de ese antagonismo aniquilador fueron, sin duda, advertidos por personalidades sobresalientes, tanto entre los moderados como entre los progresistas, que con ocasión del proceso constituyente de 1837 tantearon la «reconciliación liberal». Pero estos propósitos constructivos no llegaron a calar hondo y sólo dejaron alguna huella en las campañas periodísticas de *El Español* y en las concesiones hechas por los progresistas a los moderados en el texto constitucional de 1837.

EL DESPLAZAMIENTO DEL GOBIERNO HACIA LA IZQUIERDA

En todo caso, el desplazamiento del gobierno durante la menor edad de Isabel II supone una marcha casi continua hacia la izquierda progresista. Desde la posición centro pre-liberal que ocupa Cea Bermúdez en octubre de 1833, hasta el gobierno Iztúriz (mayo de 1836), los sucesivos cambios ocurridos significan, cada uno de ellos, un paso hacia la izquierda, aunque en la línea moderada de Martínez de la Rosa primero (enero de 1834) y del conde de Toreno después (junio de 1835), quien cuenta en el ministerio de Hacienda con la discutida personalidad de Juan Alvarez Mendizábal, que a su vez pasará a desempeñar la jefatura del gobierno en septiembre de aquel año.

Precisamente la crisis de conciencia que originan a la Reina Gobernadora los decretos desamortizadores de Mendizábal publicados en febrero de 1836 impulsan a María Cristina al intento de frenar este desplazamiento. La fuerza progresista que empuja hacia la izquierda encuentra la fuerza de resistencia de la Reina Gobernadora, que encarga formar gobierno a Javier de Iztúriz, antiguo masón y progresista exaltado, pero que había templado mucho sus ánimos juveniles en los ambientes cortesanos y que era incondicionalmente adicto a María Cristina.

La pugna entre esas dos fuerzas se romperá, sin embargo, con el pronunciamiento de los sargentos de La Granja. Ante el hecho consumado la Reina tiene que relevar a Iztúriz y dar entrada a un progresista exaltado, José María Calatrava (14 de agosto de 1836).

Todavía habrá un forcejeo de empujes y resistencias, porque la Reina intenta apoyarse en el prestigio de una espada para frenar el avance progresista, y desea en vano atraerse al general Espartero, que acabará por actuar justamente en sentido opuesto a la Reina Gobernadora, al convertirse en la espada de los progresistas. El forcejeo de las relaciones, cada vez más tirantes, entre la Reina y Espartero cubre los períodos de gobierno que van desde el presidido por Bardají (formado el 18 de agosto de 1837) hasta el de Pérez de Castro (9 de diciembre de 1838-20 de julio de 1840), pasando por los del conde de O'Falia y el duque de Frías.

Entre tanto, el general victorioso de la guerra carlista se sentía más fuerte ante la débil Reina, y más ambicioso de poder. Así ocurre la crisis desencadenada por la «ley de Ayuntamientos» el año 1840, y los fugaces gobiernos de Antonio González y Modesto Cortázar (julio-septiembre), que dan paso al gobierno de don Baldomero Espartero, duque de la Victoria además de conde de Luchana, y a su designación como titular de la Regencia tras la renuncia de la Reina Gobernadora el 12 de octubre de 1840.

LA EVOLUCIÓN CONSTITUCIONAL: DEL ESTATUTO REAL A LA CONSTITUCIÓN DE 1837

Al morir Fernando VII se produjo una tensión entre Cea Bermúdez y los elementos que, como él, de acuerdo con el manifiesto del 4 de octubre y ante la situación de guerra civil, mantenían una actitud bastante rígida, temerosos de que cualquier reforma de contenido político pudiera abocar a un resultado desastroso, y los elementos innovadores que pretendían adecuar las instituciones españolas a la situación social de aquella hora.

España había vivido desde 1810 dando bandazos, entre el maximalismo liberal de Cádiz y el maximalismo neoabsolutista de Fernando VII. Parecía sonar ya la hora de la moderación, del compromiso, de una línea aperturista equilibrada. Esto significó el gobierno de Martínez de la Rosa y su principal obra, el Estatuto Real.

Martínez de la Rosa había accedido al poder el 15 de enero de 1834, conservando a Javier de Burgos en el recientemente creado Ministerio de Fomento, como resultado de «un pronunciamiento de guante blanco» manejado entre bastidores cortesanos por los generales Llauder y Quesada. El objetivo de Martínez de la Rosa era realizar una transformación del sistema político, restableciendo francamente una Monarquía Constitucional. Pero la Constitución de Cádiz aparecía, a la altura de 1834, como un instrumento inviable. Doce años antes, dirigiendo el gobierno Martínez de la Rosa durante el Trienio constitucional, ya había pensado llevar a cabo una reforma de la Constitución gaditana.

Aquella Constitución había demostrado un flanco vulnerable: su incapacidad para encontrar el equilibrio en la práctica del poder entre la Corona y las Cortes, las dos instituciones básicas de una Monarquía Constitucional. La nueva Constitución debería soslayar este escollo. Por otra parte, no podían ignorarse los riesgos de un proceso constituyente en plena guerra civil. De ahí que Martínez de la Rosa y Javier de Burgos concibieran y redactaran el Estatuto Real como medio de echar a andar hacia la plena instauración del nuevo régimen.

En el aspecto formal el Estatuto, a diferencia de la prolija y extensa Constitución de Cádiz, se reduce a 50 artículos, que sólo tratan de la composición, el funcionamiento y la competencia de las Cortes. Es, pues, ante todo una ley de Bases para un Reglamento de las Cortes que se prevé han de ser reunidas «con arreglo a lo que previene la ley 5.ª, título 15, Partida 2.ª» (art. 1). Por supuesto, en la composición de las Cortes del Estatuto Real se reflejan influencias teóricas de Jovellanos y de las prácticas del constitucionalismo europeo entonces vigente, en especial del parlamentarismo británico. Se refleja también el formalismo arcaizante del gusto romántico de la época, en la terminología y en otros aspectos externos, como el ropaje de los *próceres*. Este transfondo romántico entona bien con el carácter y con la obra de Martínez de la Rosa.

Así, las Cortes serán bicamerales, formadas por un Estamento de Próceres, o Cámara alta, y un Estamento de Procuradores, o Cámara baja. El Estamento de Próceres estará formado por los Grandes de España a título hereditario y por un número indeterminado de otras altas personalidades de nombramiento regio, aun cuando sea condición exigible que gocen de una fortuna superior a 80.000 reales de renta. El Estamento de Procuradores estará formado por el número de miembros «que se nombren con arreglo a la ley de elecciones» y que reúnan como requisitos el tener cumplidos treinta años de edad, gozar de una renta anual mínima de 12.000 reales y ser residentes en la provincia que les elige. El mandato de los procuradores será de tres años, pudiendo reelegirse.

El control de las Cortes queda en manos del Rey, que nombra los presidentes y vice-presidentes de ambos Estamentos, así como se reserva toda la iniciativa en las deliberaciones legislativas (art. 31), si bien las Cortes tienen derecho a elevar peticiones al Rey (art. 32). Las Cortes, por su parte, tienen el derecho exclusivo de autorizar todas las contribuciones o exacciones fiscales y habrán de conocer previamente los presupuestos del Estado (arts. 34, 35 y 36).

La naturaleza jurídica del Estatuto Real ha sido objeto de discusión. ¿Qué es el Estatuto? Todos los repertorios históricos de nuestras Leyes Fundamentales recogen su texto. Pero, ¿es una Constitución? Propiamente no lo es, porque no ha sido aprobado por una Asamblea constituyente. Tampoco es una

Carta otorgada, porque lo típico de una Ley constitucional de esta naturaleza es la declaración de la soberanía real *otorgante* que se autolimita por propia voluntad; y en el Estatuto Real nada se dice en ese sentido. Por el contrario, en la invocación a las antiguas Cortes y a las leyes de las Partidas hay un reconocimiento de una situación preexistente, que parece aludir de algún modo a la «constitución histórica» del liberalismo doctrinario. De un modo más expreso, en el discurso de Martínez de la Rosa ante las Cortes el 20 de septiembre de 1834, dirá: «No es gracia de la Corona, sino un derecho que la nación se restablece».

Tampoco es el Estatuto una restauración de viejas Leyes Fundamentales, porque tales Leyes no se especifican. Ni se trata de una convocatoria de Cortes, pues si bien el citado artículo primero alude a las Cortes que serán convocadas, y si se regula su composición y funcionamiento, no contiene en su texto la convocatoria para celebrarlas.

¿Cuál es, pues, la naturaleza jurídica de este documento? Don Juan Valera le denominó, con cierto deje despectivo, «especie de Pragmática», porque no le resultaba fácil a él ni a nadie hallar el término adecuado [111]. El Estatuto fue promulgado el 10 de abril de 1834 como una solución ecléctica al problema de convocar Cortes al comienzo de un reinado para la jura del heredero.

Esta costumbre tradicional, que se había mantenido incluso en las épocas del absolutismo más perfecto del siglo XVIII, parecía una necesidad inexcusable en la España de 1834, por la crisis bélica dinástica que ponía en discusión la legitimidad de Isabel II. Así se lo hizo ver a la Reina Gobernadora el marqués de Miraflores, hombre de su confianza y de reconocida influencia en la Corte. Pero, como se dice en la *exposición preliminar* del Estatuto, «aun prescindiendo de la justicia y conveniencia de cumplir al principio de un nuevo Reinado con obligación tan expresa, es una máxima fundamental de la legislación española» que para tratar «los hechos grandes y arduos se hayan de juntar Cortes... siendo cosa sentada... que este concurso legal de voluntades y esfuerzos, lejos de enflaquecer la potestad soberana, le sirvieron de firmísimo apoyo en circunstancias graves».

---

[111] VALERA consideró la fórmula del Estatuto Real como un «caprichoso pensamiento de Martínez de la Rosa, que resultó un mal punto de partida para la Monarquía constitucional», según su propia óptica de partido a casi medio siglo de distancia. LAFUENTE: *Historia de España*, t. XX, p. 50.

Se pretendía, pues, hacer un llamamiento «a las clases y personas que tenían depositadas grandes intereses en el patrimonio común de la sociedad» para darles «influjo en los asuntos graves del Estado», en consonancia con las ideas divulgadas por el liberalismo doctrinario de la época.

Así, pues aquella solución moderada, que rehuía toda declaración de principios y, por supuesto, para nada aludía a la soberanía nacional, contenía en su circunspección algunos datos innovadores. A unos les pareció demasiado, como al propio marqués de Miraflores y otros realistas moderados, quienes aceptaban el remozamiento de las antiguas Cortes a tenor de los tiempos modernos, pero sentían temor de que el Estatuto fuera tomado «por una verdadera Constitución con nombre disfrazado», lo que alteraría sustancialmente el concepto de la Monarquía. A los progresistas, en cambio, les pareció demasiado poco, en cuya opinión no carecían de razones si el objetivo por ellos propuesto era la mutación radical del régimen y querían alcanzarlo de modo inmediato.

Sin embargo, las posibilidades abiertas con el Estatuto para el desenvolvimiento político del país hacia fórmulas modernas rebasaron con mucho el limitado horizonte en que parecía confinado por la imprecisión y la deliberada cautela inicial. En resumen, puede concluirse con el prof. J. Tomás Villarroya, autor de un exhaustivo estudio sobre el Estatuto Real y el sistema político derivado del mismo, que tal como se llevó a la práctica, más allá de la letra estricta y de los cautelosos frenos de sus iniciadores, «España tuvo instituciones esencialmente idénticas a las que, en su época, existían en las naciones europeas dotadas de régimen parlamentario» [112].

Bajo el sistema de las Cortes del Estatuto se sucedieron los gobiernos de Martínez de la Rosa, Toreno, Mendizábal e Iztúriz, y se puso en marcha un mecanismo de control parlamentario. Bien es verdad que debe distinguirse entre la actuación del Estamento de Próceres y el de Procuradores. El Estamento de Próceres, formado por trece prelados, treinta y ocho Grandes de España, treinta y siete títulos del Reino, veintinueve generales, veintinueve miembros de la alta Administración y dos del mundo de las letras; es decir, con más de un 50 por 100 de miembros de la aristocracia titulada y muchos cargos de desig-

---

[112] J. Tomás Villarroya: *El sistema político del Estatuto Real (1834-1836)*, Madrid, 1968. Sobre la «naturaleza jurídica» del Estatuto, pp. 95-127. Sobre la valoración completa del mismo, pp. 575-580.

nación gubernativa, fue un instrumento dócil caracterizado, según J. Tomás Villarroya, por «su escaso brío político y su menguada independencia frente al gobierno».

El Estatuto de Procuradores tuvo un carácter distinto. El R. D. de 20 de mayo de 1834, por el que se eligieron las primeras Cortes del Estatuto, otorgaba el derecho de representación tan sólo a 16.026 electores de 452 municipios, estando el cuerpo electoral formado por los miembros de esas corporaciones municipales y un número igual de mayores contribuyentes. El índice de representatividad, es decir, la relación electores-habitantes era, pues, de 1/875. Este cuerpo electoral designaba 950 compromisarios, que por este sistema de segundo grado elegían los procuradores. No hubo apenas interés en el desarrollo de esta elección, de la que salieron ciento once procuradores ministeriales y setenta y siete de la oposición, según estimaciones aproximadas.

En las elecciones de febrero de 1836, bajo el gobierno Mendizábal, se mantuvo el procedimiento electoral de voto indirecto en segundo grado, y parece ser que se cometieron ostensibles fraudes, «en un clima de presiones que no conocieron las (elecciones) del 34 y que explicaría, en medida considerable, los resultados de las mismas», como dice Tomás Villarroya, pues salieron ciento diecinueve procuradores ministeriales y treinta de la oposición.

Pero en las elecciones de junio de aquel mismo año, con Iztúriz en el gobierno, se aplicó un nuevo reglamento electoral que ampliaba el número de electores y por el que se ejercía por primera vez en España el voto directo. El Mensaje de la Corona (2 de septiembre de 1835) había comprometido la convocatoria de unas futuras *Cortes revisoras* del Estatuto Real, según una ley electoral que debería ser aprobada por las Cortes entonces vigentes. Pero como el gobierno Iztúriz disolvió estas Cortes antes de haber sido votada la ley electoral, no existía una salida política clara para el caso. Iztúriz resolvió la situación de un modo hábil: promulgó por Decreto el proyecto de ley electoral que habían defendido en las Cortes disueltas los progresistas del ala más avanzada.

En su virtud el cuerpo electoral aumentó a 65.067 individuos (50.141 mayores contribuyentes y 14.926 «capacidades»), con lo que el índice de representatividad ascendió a 1/213. Votaron 45.380 electores, o sea, el 69,2 por 100 del electorado. Hubo también coacciones y presiones electorales, aunque tal vez menos fraudes que en la ocasión anterior, y el gobierno obtuvo ochenta representantes, frente a cincuenta y seis de la oposición progresista.

La eficacia de estas Cortes era limitada, pero los procuradores utilizaron con sentido político el derecho de petición, y por eso Sánchez Agesta subraya el hecho de haber conseguido potenciar al máximo sus posibilidades: «Su fuerza estriba en algo que el cauto Javier de Burgos no había sabido prever: sus deliberaciones eran *públicas* y los procuradores habían aprendido en las Cortes de Cádiz y en las del período constitucional de 1820-1823 a hablar para el público, y a reforzar su eco con la prensa y la algarada callejera. Y así es como las Cortes (del Estatuto) pudieron desplegar una potencia que devoró gobiernos e impuso principios, pese a lo menguado de su competencia, fijada con cuidado erudito» [113].

En la evolución hacia un sistema constitucional más perfeccionado, el gobierno Iztúriz preparaba en julio de 1836 un proyecto de Constitución que se había previsto someter a las futuras Cortes [114]. En tal proyecto se reconocían los derechos individuales de libertad de expresión, petición, garantías de seguridad jurídica; se establecía la división de poderes, fijando la potestad legislativa «en las Cortes con el Rey»; se mantenían el sistema bicameral y las prerrogativas regias; la independencia del poder judicial, y la designación de Diputaciones provinciales y Ayuntamientos «por elección popular», según las leyes que se dictaran para ello.

Pero en julio y agosto de aquel año se multiplicaron los motines y conatos de sublevación de la «milicia nacional» en Málaga, Granada, Sevilla y Córdoba, y en Zaragoza se alza en armas el general Evaristo San Miguel. Por fin, la noche del 12 de agosto se sublevan los sargentos en La Granja, ante cuya presión la Reina Gobernadora se ve forzada a nombrar nuevo gobierno presidido por Calatrava y a reconocer la Constitución de 1812. En los desmanes que acompañaron a estos actos fue asesinado por los «milicianos nacionales» de Madrid el general Quesada, que había sido quien en 1834, con su pronunciamiento «de guante blanco», había iniciado el proceso de *liberalización* del régimen.

Sobre estos acontecimientos se proyecta la sombra protectora del gobierno inglés de Palmerston y de su embajador en

---

[113] L. SÁNCHEZ AGESTA: *Historia del constitucionalismo español*, p. 227.
[114] El texto completo del proyecto lo recoge la *Historia de España* de LAFUENTE, tomo XXI, pp. 75-80.

Madrid, George Villiers, cuya intervención será ya una constante de la política española a favor de los progresistas. El principal peón que manejaba en aquel momento el gobierno inglés era J. Alvarez Mendizábal, y la protección dispensada tenía su contrapartida en la negociación de un tratado comercial ventajoso para abrir el mercado español a los productos de la industria inglesa en plena expansión, así como para hacer de España un campo de inversión de capitales ingleses en condiciones óptimas. Desde entonces queda configurada la doble intromisión externa en nuestra política interior: la de Inglaterra a favor de los progresistas, la de Francia a favor de los moderados; potencias cuya rivalidad entre sí no es obstáculo para que se pongan de acuerdo, llegado el caso, a expensas de España.

El gobierno de Calatrava inició sus actuaciones en una línea de exaltación reflejada en el proyecto de «Ley contra conspiradores» que, de haberse llevado a cabo, hubiera renovado en España, según decía don Juan Valera, «algo parecido a lo que se vio en Francia bajo el célebre Comité de Salud Pública». Precisamente esta exaltación provocó también el efecto contrario en un sector del partido progresista, que adoptó una actitud contemporizadora y que encontró eco entre los liberales moderados. De este modo se insinúa la posibilidad de un tercer partido liberal, progresista templado, a fin de conseguir la «conciliación liberal» en vez de mantener el «antagonismo aniquilador». Iztúriz, Flórez Estrada, entre los progresistas, sostenían los puntos de vista conciliadores. En el periódico *El Español* se hicieron oír entonces las voces de esta tendencia, como se ha dicho. Entre los moderados la idea conciliadora era propugnada también por el duque de Rivas, el duque de Frías, Andrés Borrego, e incluso el marqués de Miraflores, mientras otros se inclinaban a responder al golpe de fuerza con otro golpe de fuerza, pensando captar alguna espada para sus fines.

La tentativa de «conciliación liberal» influyó de algún modo, aunque muy limitado, en la Constitución de 1837. Era evidente que la resurrección de la Constitución de Cádiz, aunque con carácter provisional, resultaba un disparatado anacronismo, y por eso se propuso en seguida un nuevo texto constitucional. La Constitución aprobada en las Cortes en junio de 1837 se inspira en las doctrinas del liberalismo radical de Bentham, en el ejemplo práctico de Inglaterra y en las Constituciones vigentes en Francia, Brasil y Estados Unidos.

La Constitución de 1837 se compone de 77 artículos y dos disposiciones adicionales. Aun cuando se mantienen los puntos de vista progresistas y se presentaba en el preámbulo como una «revisión» de la de Cádiz, hay dos cuestiones en que se hacen concesiones a los moderados. Primera: se mitiga la desconfianza Cortes-Rey, que estaba en la entraña de la obra gaditana y en la práctica constitucional del Trienio. Desaparecen las restricciones del artículo 172 de 1812 a las facultades de la autoridad real; y aunque se mantiene el derecho de las Cortes a reunirse espontáneamente el 1 de diciembre de cada año si no habían sido convocadas regularmente por el Rey, desaparece también la «Diputación permanente» de Cádiz: la Corona no resulta así en ningún caso «humillada» por las Cortes, como se había alegado. Además, aunque el poder legislativo recae en los dos Cuerpos co-legisladores que integran las Cortes, el Rey comparte la iniciativa legislativa, sanciona las leyes y tiene un derecho de veto. La persona del Rey se mantiene sagrada e inviolable, siendo responsables los ministros (art. 44), a quienes el monarca nombra y separa libremente (art. 47), no obstante lo cual en la práctica se siguió un régimen de doble confianza.

Segunda: El bicameralismo. Las Cortes están formadas por el Congreso de los Diputados y por el Senado. De acuerdo con la interpretación del prof. Sánchez Agesta, el Senado, más que un contrapeso político-social, se entiende como un elemento amortiguador entre la Corona y el Congreso. Los senadores son nombrados por el Rey, pero de entre una terna propuesta por los mismos electores que eligen a los diputados. Se renuevan por terceras partes, con lo que si bien los senadores son temporales, el Senado es permanente y no se disuelve nunca. Aquí se observa otra vez el compromiso entre la tesis moderada, que defendía el carácter vitalicio de los senadores, y la progresista, que sólo aceptaba la temporalidad de los mismos. Naturalmente, de este carácter permanente e indisoluble del Senado podrían deducirse conflictos insolubles entre esa Cámara y el Gobierno. Para ser propuesto y nombrado senador se exige la edad mínima de cuarenta años, además de las otras condiciones que serían definidas en la ley electoral.

La Cámara de Diputados, que debido al ejemplo norteamericano recibe por primera vez en España el nombre de Congreso (en el proyecto de Iztúriz de 1836 se denominaba «Estamento de diputados»), quedará formada por los representantes elegidos por sufragio directo censatario, a razón de uno por cada 50.000 habitantes. El plazo de duración de su mandato sería de tres años. La ley electoral de 20 de julio de 1837 redujo las cuotas de contribución directa exigidas para ser elector a 200 reales (o al disfrute de 1.500 reales en rentas líquidas de fincas propias), con lo que el cuerpo electoral se amplió considerablemente. Los diputados elegían el Presidente y la Mesa del Congreso, así como estaban facultados para aprobar su propio Reglamento. Tanto los diputados como los senadores disfrutaban de inmunidad parlamentaria.

En cuanto a las relaciones entre el Congreso y el Senado, el art. 34 prescribe que no pueda reunirse uno de los Cuerpos colegisladores sin estar reunido el otro, «excepto en el caso en que el Senado ejerza funciones judiciales», atribuidas a este organismo por el art. 41 para exigir la responsabilidad de los ministros. El art. 35 prohibía deliberar juntos, en cambio, al Congreso y al Senado.

Todas las leyes deben ser aprobadas por ambas Cámaras, pero el art. 38 determina que «las leyes sobre contribuciones y crédito público se presentarán primero al Congreso de los diputados; y si en el Senado sufrieren alguna alteración, sin que pueda obtenerse avenencia entre los dos Cuerpos, pasará a la sanción real lo que aprobase el Congreso definitivamente».

Uno de los elementos progresistas derivados de esta Constitución fue la Ley de Ayuntamientos, que había de ser el factor desencadenante de la grave crisis política de 1840. El art. 70 de la Constitución decía que los Ayuntamientos serían elegidos por los vecinos según las condiciones que fijara la correspondiente ley que habría de aprobarse a este fin. Los moderados querían que, si bien los concejales habían de ser elegidos por los vecinos, los alcaldes fuesen de designación regia. Los progresistas mantenían la libre elección de los alcaldes por los vecinos. Al aprobarse la ley municipal de 1840 según la tesis progresista estalló el apenas contenido choque entre Espartero y la Reina Gobernadora, que determinó la abdicación de ésta.

Las relaciones entre María Cristina y Espartero se habían deteriorado desde 1837. Los partidos incurrieron en la tentación de buscar respaldo en las figuras militares, como diremos en otro capítulo. Así, Espartero, convertido en el brazo armado de los progresistas, alcanzará su máxima victoria política en 1841, como dos años antes culminara su victoria militar en el abrazo de Vergara.

El sistema representativo basado en la ley electoral de 1837 continuó, entre tanto, ampliando el cuerpo electoral y, al menos también aparentemente, la participación activa. En las elecciones de junio de 1836 el índice de representatividad, según dijimos, era de 1/213. En 1837 el censo electoral era de

237.984 electores, o sea, la proporción electores/habitantes se
había ampliado a 1/48 aproximadamente: la distribución no era
homogénea en toda la Peninsula, siendo los casos límite las
provincias de Guipúzcoa, con un índice de 1/115, y Pontevedra
con 1/20. En cuanto al número de votantes, sólo alcanzó a
143.026 del total censado, lo que supone la alta abstención
electoral del 44,6 por 100. Por supuesto que la apurada victoria
progresista en estas elecciones fue discutida por las numerosas
denuncias de coacción y fraude [115].

En las elecciones siguientes de 1839 y 1840, el total de
electores aumentó a 342.559 y 423.787 respectivamente, con
un número de votantes de 218.084 en 1839 (60,8 por 100 del
censo) y 321.459 en 1840 (75,8 por 100). En esta fecha el
índice de representatividad había alcanzado la proporción de
1/35 y la abstención electoral se había reducido al 24 por 100,
aun cuando no puedan considerarse aquellas elecciones libres
de los procedimientos habituales de fraude, entre los que deben
destacarse los manejos de los embajadores extranjeros. En febrero de 1840 ganaron las elecciones los moderados, con el
apoyo del embajador francés, quien aseguraba a su gobierno, tal
vez exagerando sus propios méritos, que «la influencia francesa
tuvo gran importancia» en el resultado.

---

[115]   Tomo estos datos del trabajo de J. ULL PONT: «El sufragio censitario en el
derecho electoral español», publ. en la «Rev. de Estudios Políticos», 194, marzo-abril
1974, pp. 125-165.

CAPÍTULO 10

LA DESAMORTIZACIÓN DE MENDIZÁBAL

La desamortización significa, en su conjunto, la mayor movilización de la riqueza agraria producida en el siglo XIX, con la transferencia general de propiedades. Para que estas transferencias alcanzaran su plena realización hay que tener en cuenta no sólo los decretos y leyes desamortizadores que se citan siempre, sino también la ley Hipotecaria, a veces olvidada por los historiadores, pues gracias a ella fue posible garantizar en adelante las transferencias de bienes sin la viciosa ocultación de cargas susceptibles de pesar sobre ellos. Esta garantía, cuando se produjo, agilizó el mercado al inspirar confianza en las compraventas, y sus efectos se notaron en la última fase de la desamortización, después de la ley Madoz.

La desamortización abarca dos sectores distintos de la propiedad vinculada a las antiguas manos muertas: la eclesiástica y la civil; y en esta última debemos distinguir entre la desvinculación de bienes de mayorazgos (propiedad de tipo aristocrático) y la de los bienes propios municipales o los de realengo (propiedad pública de los Municipios o del Estado).

Cronológicamente la desamortización comprende cuatro períodos principales, basados en las distintas series de disposiciones legales al efecto. El primer período abarca el reinado de Carlos IV, así como las medidas desamortizadoras del Rey José, el «intruso».

El segundo período comprende el Trienio Constitucional: ya nos hemos referido a la ley de 25 de octubre de 1820 sobre reforma de monacales desde el punto de vista de la política eclesiástica, y aludimos a los efectos desamortizadores sobre la propiedad de la Iglesia de sus arts. 23 y 24. También se aprobó la ley desvinculadora de 11 de diciembre de 1820, cuyos antecedentes se encuentran en las Cortes de Cádiz. Los propietarios de bienes raíces podían vender libremente la mitad de sus bienes. Durante los años del Trienio hubo así por primera vez en España oferta de tierras en venta a precios asequibles. Por otra parte, la baja de los precios agrícolas en la Europa posnapoleónica produjo, en general, una desvalorización de las tierras. En cualquier caso, la corta vigencia de las leyes del Trienio no permitió desarrollar una operación de alcance duradero. Vicens Vives opinaba, sin embargo, que la venta de bienes vinculados de las haciendas aristocráticas había hecho posible el parcial saneamiento de sus patrimonios, librando a la parte conservada de cargas hipotecarias y trabas antieconómicas.

El tercer período se inicia con los decretos de Mendizábal en 1836 y 1837, y a esta etapa corresponde la definitiva desamortización eclesiástica. A este período es al que nos vamos a referir seguidamente con algún detenimiento, tanto por la problemática que suscita como por sus resultados.

El cuarto período se pone en marcha con la ley Madoz de 1855, afecta sobre todo a la desamortización civil, con la enajenación de bienes municipales principalmente, y lo estudiaremos por separado en su momento oportuno.

LA DESAMORTIZACIÓN DE MENDIZÁBAL: DISCUSIÓN DEL PROYECTO

Cualesquiera que sean los calificativos que convengan a Mendizábal por sus medidas desamortizadoras, no le es imputable el de la originalidad, que a veces parece atribuírsele precipitadamente. Mendizábal sigue caminos que ya habían sido descubiertos antes que él, y que en España tuvieron en Godoy su primer valedor, «antecedente, por cierto, nada honroso para un gobernante liberal», como dice el prof. F. Tomás y Valiente en un análisis muy meritorio del encuadramiento legal de esta cuestión [116].

Los antecedentes fuera de España se remontan a la incautación de los bienes eclesiásticos en el siglo XVI, ocurrida en los países de la Reforma protestante, en Inglaterra y Alemania sobre todo, donde contribuyeron al enriquecimiento de los magnates. El antecedente próximo de Francia, bajo la Revolución

---

[116] F. TOMÁS Y VALIENTE: *El marco político de la desamortización en España*, Barcelona, 1971.

mostraba la posibilidad del asentamiento de una clase media agraria sobre los fundos eclesiásticos, aunque el proceso desamortizador allí conllevara la destrucción o el despilfarro de muchos objetos de arte en beneficio de los aprovechados.

La cuestión era, pues, esta: ¿Se conseguiría en España evitar los daños advertidos en otras partes, logrando en cambio que de la movilización y transferencia de la riqueza agraria se dedujeran resultados positivos al bien común, con una redistribución acertada de la propiedad o el uso de la tierra y un mejor rendimiento económico de la misma, así como una incidencia beneficiosa en el desarrollo económico general?

El ministro Juan Álvarez Mendizábal, en la exposición de motivos del Real Decreto de 19 de febrero de 1836, que es el arranque del proceso desamortizador, confiesa los objetivos propuestos. Son tres: uno financiero, otro político, otro social. El objetivo financiero es muy simple: con la venta de los *bienes nacionales,* es decir, los expropiados a las Ordenes religiosas, «amortizar lo más que se pueda el capital de la Deuda pública». Era un objetivo importante; nosotros sabemos la grave situación de la Deuda que pesa como una losa sobre las obligaciones del Estado y sobre la economía española en general, sin que hasta aquella fecha se hubiera hallado solución. La situación, en todo caso, era tanto más comprometida cuanto que era preciso allegar recursos para pagar el costo de la guerra carlista.

El objetivo político también es declarado sin disimulo: se trata de crear un sector de propietarios que se sientan ligados al régimen liberal. «Crear una copiosa familia de propietarios —dice el Decreto literalmente—, cuyos goces y cuya existencia se apoye principalmente en el triunfo completo de nuestras instituciones actuales.» Este punto de vista será compartido por todos los liberales, *némine discrepante.* En las Cortes se sumarán las voces de unos y otros en este sentido; así, el 11 de febrero de 1837, un diputado declara: «Es necesario que tengamos en cuenta que cuanto mayor sea el número de propietarios que hagamos, mayor será el número de interesados en nuestra causa».

El objetivo social: que de esta «copiosa familia de propietarios» formen parte no sólo los «capitalistas y hacendados», sino también los «ciudadanos honrados y laboriosos, el labrador aplicado y el jornalero con algunas esperanzas o con la protección de algún ser benéfico». Tomás y Valiente no cree en la sinceridad de esta tercera declaración y por eso dice que Mendizábal carece de programa social. «No se me alcanza cuál sería el valor adquisitivo de tales *esperanzas,* ni entiendo quién sería el *ser benéfico* que teniendo dinero para comprar fincas para sí, fuera a prestárselo a un jornalero insolvente» [117].

El plan de Mendizábal consistía, pues, en la incautación de los bienes de las Ordenes religiosas y su venta al mejor postor en pública subasta dentro de ciertas normas. Ahora bien, si es cierto que la idea desamortizadora tenía un consenso unánime en el sector liberal-progresista, también es cierto que el proyecto concreto de Mendizábal fue objeto de la crítica de los mismos progresistas en la prensa y en la tribuna de las Cortes. Uno de los más calificados opositores a la fórmula de Mendizábal fue el notable economista don Álvaro Flórez Estrada. Proponía éste dar prioridad a la reforma social, es decir, a la estructura de las clases campesinas, no sólo por razones éticas, sino aun estrictamente económicas y políticas, porque las ventajas de esta naturaleza sólo se deducirían del recto encauzamiento del objetivo social.

El plan propuesto por Flórez Estrada consistía en ceder a los colonos cultivadores de las fincas eclesiásticas el *uso* de la tierra mediante arrendamiento por cincuenta años, renovables, a cambio de una renta moderada y que en ningún caso fuera superior a la que pagaban hasta entonces. Si la tierra se subastaba era evidente que iría a parar a los que ya eran ricos y disponían de medios para comprarla. Si no se garantizaba la estabilidad de las rentas a pagar por los colonos, aquellas aumentarían inexorablemente. «¿Malogrará nuestro gobierno la oportunidad rara y sin igual... de regenerar España, formando así su Ley Agraria, esto es, distribuyendo del modo más equitativo y ventajoso la propiedad...?» [118].

Efectivamente, Flórez Estrada admitía el acceso de los colonos a la propiedad de la tierra; pero considerando en ellos la insuficiencia de disponibilidades dinerarias y no existiendo un sistema de crédito adecuado, quería arbitrar un medio que hiciera posible el pago de la tierra a los colonos: la redención de su precio, en pagos aplazados, mediante la aplicación del diezmo. En la polémica sobre la supresión del diezmo y la naturaleza del mismo estriba el *quid* de los distintos proyectos de Mendizábal y Flórez Estrada.

---

[117] F. TOMÁS Y VALIENTE: o. c., p. 79.

[118] El escrito «Del uso que debe hacerse de los bienes nacionales» fue publicado en «El Español» el 28 de febrero de 1836. Está recogido en el vol. I de *Obras* de A. FLÓREZ ESTRADA, ed. de la B. A. E., Madrid, 1958, pp. 361-364, así como la «Contestación a las impugnaciones», pp. 367-383.

Para Mendizábal el diezmo era una contribución eclesiástica que simplemente se suprimía. Para Flórez Estrada el diezmo era una parte subentendida de la renta, una especie de gravamen hipotecario. Como tal, debía ser cobrado por el Estado hasta la redención del precio de la tierra por los colonos, titulares preferentes en la adjudicación de la misma. Si el diezmo se suprimía, subiría en la misma cuantía al menos el precio de los nuevos arrendamientos, vaticinaba Flórez Estrada.

Podríamos expresar estos dos puntos de vista encontrados con una sencilla fórmula. El producto de la tierra (P) engloba los gastos de producción (G), las rentas a pagar (R), el diezmo (D) y el beneficio restante (B). La tesis de Mendizábal quedaría formulada así:

$$P = G + R + (B + D)$$

De donde la supresión del diezmo (D) pasaría a engrosar el beneficio (B). Por el contrario, según la tesis de Flórez Estrada:

$$P = G + (R + D) + B$$

O sea, la supresión del diezmo incrementaría el factor renta de los arrendamientos.

Flórez Estrada se oponía a la *venta* en subasta de las tierras, ya lo hemos dicho, porque era previsible que como en ocasiones análogas se aprovecharan de ellas los ricos y los especuladores. Rechazaba el argumento de que el capital obtenido por las ventas permitiera amortizar la Deuda y librar al Estado de este gravoso e inveterado problema, porque presumía que ese capital se hallaría muy disminuido por dos razones: *a*) «por los fraudes inevitables que ha de haber»; *b*) por la depreciación ocasionada al acumularse en poco tiempo una gran masa de tierras ofrecidas en venta.

Por el contrario, si las tierras eran *arrendadas por el Estado,* con las rentas así obtenidas podrían pagarse los intereses de la Deuda, consolidarse ésta y retablecer el crédito público. Este método, exponía Flórez Estrada, «es el único justo, el único compatible con la prosperidad futura de nuestra industria, el único conveniente a los intereses de los acreedores, el único popular y, por consiguiente, ventajoso al sostén del trono de Isabel II, el único que no perjudica a la clase propietaria, el único en fin por cuyo medio se puede mejorar la suerte de la desgraciada clase proletaria, desatendida en todas las épocas y por todos los gobiernos...»

LA EJECUCIÓN DE LA DESAMORTIZACIÓN DE MENDIZÁBAL

El proyecto de Mendizábal siguió adelante. **El R. D. de 19 de febrero de 1836**, completado con el de 8 de marzo del mismo año, disponía la desamortización del clero regular. El R. D. de 29 de julio de 1837 suprimía el diezmo y extendía la desamortización a los bienes del clero secular. La aplicación de este último decreto se demoró en la práctica hasta las disposiciones legales de Espartero, el 2 de septiembre de 1841, que introdujo algunas variantes en las formas de pago fijadas en las anteriores disposiciones. Este cuadro legal se mantuvo en vigor hasta el advenimiento al poder de los moderados, que el 26 de julio de 1844 dispusieron un Real Decreto suspensivo de las ventas. La cancelación definitiva se hizo el 9 de abril de 1854 que significa, en realidad, de acuerdo con el Concordato firmado poco antes, el fin de la desamortización eclesiástica.

El volumen total de ventas alcanzó 3.500 millones de reales aproximadamente en estos años. Al principio el ritmo de ventas fue lento, hasta la terminación de la guerra carlista. Luego se acelera el proceso, que alcanza en 1841 el momento culminante, para ser frenado en 1843 [119].

Las pujas de las subastas subieron los precios de venta un 226 por 100 por término medio en toda España sobre los precios de tasación. Los precios de venta alcanzados en los remates fueron en Sevilla un 350 por 100 más altos que las tasaciones, en Barcelona un 310 por 100. ¿Se hicieron tasaciones bajas? Es difícil averiguarlo con exactitud. En todo caso, los precios a que se remataban las tierras en Sevilla no fueron inferiores a los precios corrientes. En Murcia, según el estudio de Pilar Villabona, el valor de tasación resulta normal, como consecuencia de capitalizar al 3 por 100 la renta. A conclusiones semejantes llegan otras investigaciones monográficas recientes.

Hay grandes contrastes a veces en la valorización de las tasaciones: por ejemplo, en Guadalajara las fincas procedentes de conventos de frailes se vendieron con un 114 por 100 de aumento sobre la tasación y, en cambio, las procedentes de monjas sólo alcanzaron el 90 por 100. Por lo general el clero regular tenía las mejores fincas en toda España, las de más alta

---

[119]   F. SIMÓN SEGURA: *La desamortización española del siglo XIX*, Madrid, 1973. La estimación de los bienes vendidos hecha por Madoz es confirmada por Simón Segura, páginas 151-164.

e Mayo en Madrid. El pueblo se alza contra la invasión solapada de los franceses. «... La multitud aumentaba, apretándose más —escribe . Componíanla personas de ambos sexos y de todas las clases de la sociedad, espontáneamente reunidas por uno de esos llamamientos íntimos, misteriosos, informulados...» Daba comienzo la guerra de la Independencia. (El grabado reproduce un boceto de Goya para el cuadro *La carga de los mamelucos*)

El general Dupont entrega su espada al general Castaños tras la capitulación de Bailén, según el cuadro de Casado del Alisal. Era la primera ve
Cuerpo de Ejército napoleónico se rendía en campo abierto. El ejército español demostraba al mundo que los franceses no eran invenc

Pero la victoria de Bailén produjo el «espejismo del éxito» entre los españoles, que creyeron poder enfrentarse de poder a poder con Napoleón. Éste les sacaría de su engaño poco después, en la fulminante campaña que el emperador de los franceses dirigió en noviembre y diciembre de 1808, apoyado en sus mejores tropas. (El grabado reproduce el cuadro de Lejeune conmemorativo de la batalla de Somosierra)

dades guerrilleras. La colaboración, el Ejército y el paisanaje, que
había producido el 2 de mayo en Madrid, hizo posible la resistencia
ina de muchas ciudades. El pincel de Álvarez Dumont nos pre-
estas dos imágenes de la defensa de Gerona y de Zaragoza

Los reveses militares sufridos por los españoles en noviembre-diciembre de 1808 provocaron la aparición de «partidas y cuadrillas», del
terrestre»; en una palabra, de *la guerrilla.* Un modo nuevo de hacer la guerra, basado en la conjunción del Ejército y la guerrilla, con
nuestro país en el *el infierno de España,* en el que había de quebrantarse la fuerza militar y moral de los franceses. Muchos jefes guer
como Espoz y Mina o Juan Martín *el Empecinado,* eran improvisados militares a quienes los generales enemigos no lograron batir. (Los gr
reproducen los retratos de J. M. *el Empecinado* y de Espoz y Mina)

...irse el Estado del Antiguo régimen en 1808, se ofrecieron a los españoles dos opciones: la napoleónica, con la Constitución de Bayona, y ...ristalizó en la Constitución de 1812. Las Cortes de Cádiz pusieron en marcha el proceso de instauración del Estado liberal en España, que ...vaivenes de 1814, 1820 y 1823, llegó a afianzarse en 1834, bajo el reinado de Isabel II. (El cuadro de S. Viniagra representa la proclamación de la Constitución en la plaza de San Felipe, Cádiz, 1812)

«Fernando VII, rey de España y de las Indias.» Sería el último rey
podría titularse así, porque durante su reinado se produjo la Ema
pación de la América continental hispana. La figura humana y p
tica de Fernando VII ha tenido mala prensa. Débil de carácter y p
capaz para el gobierno, del que por otra parte no quería desen
derse, ha sido vituperado por los liberales, que no le perdonaron
reacciones de 1814 y 1823, y por los realistas, que le inculparon
debilidades de 1820

El infante don Carlos María Isidro, en quien cifraban sus esperanzas
los realistas *ultras,* había sido presunto heredero del Trono hasta que
en 1830 se publicó la Pragmática sucesoria y nació Isabel, la hija
primogénita de Fernando VII. Surge entonces un conflicto dinástico
en el que se involucran motivaciones ideológicas y sociales que dan
lugar a la primera «guerra carlista». (Retrato del infante por Goya)

zo de Vergara» entre los generales Espartero y Maroto, que aparecen en el centro del dibujo, puso fin a la primera guerra carlista, aun
todavía Cabrera prolongó casi un año la resistencia en Aragón. La guerra carlista había sido la primera resistencia de masas a la instauración del Estado liberal

La desamortización significa la mayor movilización de la r
agraria en el siglo XIX, y abarca dos sectores: el eclesiástic
civil. La desamortización eclesiástica agravó la escalada de ten
que desde las Cortes de Cádiz se habían producido entre la Ig
el Estado liberal. Hasta muy avanzado el período de la Restau
la «pacificación» religiosa estuvo a merced de cualquier acc
(Fachada de la cartuja de Miraflores)

La desamortización eclesiástica de Mendizábal, como la pc
desamortización civil de Madoz, no aprovechó la ocasión exce
de crear una amplia clase media agraria, que hubiera podido
factor estructural de una sociedad equilibrada. Por eso falló ta
la posibilidad de un sector ahorrativo capaz de estimular el m
y de impulsar las inversiones en todos los sectores de la ecc
(Retrato de Juan Álvarez Mendizábal, dibujo de la épo

adrid - El primitivo Congreso 1845

e 1834 se establece definitivamente la monarquía parlamentaria en
ña, basada en el sufragio censatario que reducía los derechos electo-
a una minoría de las clases medias. Los doctrinarios, como Alcalá
no, afirman que las clases medias deben gobernar. ¿Pero fue aquel
jimen de las clases medias o el régimen de los generales? (En el grabado, el primitivo Congreso de los Diputados en 1845)

eralismo se afianza en España entre conspiraciones y pronuncia-
os, «tenidas» de logias y el aire de fronda de las Sociedades patrió-
Es el momento de los oradores cargados de la pasión del romanti-
, que en cualquier lugar alzarán su tribuna, a la espera de alcanzar
Congreso de los Diputados. (Olózaga dirigiéndose al público en el
Café Lorenzini, dibujo de la época)

La «revolución de 1854» tiene un doble origen: la conspiración militar (O'Donnell) alentada por los moderados puritanos, y la conspiración gresista, a base de la insurrección urbana de las «barricadas», según el modelo de París de 1848. Aunque tras las barricadas se esconden a v los tejemanejes de embajadas extranjeras que tienen sus propios objetivos. (La barricada de la Carrera de San Jerónimo en julio de 1

El jefe del recién creado Partido Demócrata, Nicolás M. Rivero, dijo que en 1854 impuso Madrid por vez primera a la nación un cambio pol fundado en la violencia. En todo caso, el tumulto revolucionario fue pronto controlado, pero quedaron latentes los indicios de una nueva confl vidad social. (Llegada de Isabel II a Madrid al estallar la revolución de julio de 1854)

gimen de los generales. Desde 1808 España vivió un período bélico de treinta años (guerra de la Independencia, guerras de la Emancipación [h]ispanoamericana, guerra carlista) que propició la aproximación de la clase política dirigente, moderada o progresista, a las espadas prestigiosas; [p]opularización de un militarismo que exaltaba al «pueblo militar», es decir, a los soldados, como expresión auténtica del país. Así, la debilidad [de l]as clases medias como fuente de poder fue sustituida por el poder militar hasta la Restauración de 1875. (Retrato de Narváez por Vicente López. Entrada triunfal de O'Donnell al regresar de África en 1860)

Jaime Balmes, uno de los más agudos observadores de la realidad social de su tiempo, que anticipa en España los presupuestos del cristianismo social, y que influyó en el pensamiento renovador de León XIII. Su temprana muerte cortó la prolífica actividad de pensador y publicista, que hacen de él una de las figuras más interesantes del mundo intelectual de su tiempo

Mesonero Romanos, como otros escritores costumbristas del siglo XIX, nos ha dejado páginas imborrables para el estudio de la sociedad española de su época, sobre todo de las clases medias. Como ha dicho el profesor Carlos Seco, «clases medias, pequeña y alta burguesía, este amplio sector social es el auténtico protagonista del siglo XIX en todo el Occidente»

Protagonista, el pueblo. Las clases populares constituyen el soporte anónimo de una historia en la que poco a poco hará irrupción conscient[...]
«cuarto estado». Leonardo Alenza tomó numerosos apuntes de escenas callejeras populares, como las dos que se recogen en estos dibu[...]

Salud y enfermedad: las crisis de subsistencias. Todavía a principios del siglo XIX se repetían con periódica frecuencia las crisis de subsistencias, con sus secuelas de hambre y enfermedad. Al hambre de 1803-1804 siguió el más catastrófico de estos azotes en 1812. Goya recogió en diecisiete aguafuertes el testimonio gráfico de aquella «horrible calamidad» que describiera Mesonero Romanos. También Aparicio pintó un lienzo conmemorativo en 1815, de corte académico y convencional. Pero el hambre de 1812 contribuyó a difundir el uso alimenticio de la patata, que, junto a otras mejoras en la producción agraria española, especialmente en los cereales, permitió asegurar con bastante regularidad el autoabastecimiento suficiente

En la guerrilla de la guerra de la Independencia se integraron buen número de «cuadrillas» de bandoleros. Terminada la guerra resurgió el bandolerismo, que no podía ser controlado por las deficientes fuerzas de seguridad pública de la época. Una leyenda romántica aureolaba a algunos de estos elementos marginados, cantados en coplas y romances, como Luis Candelas y sus compañeros Balseiro y Paco *el Sastre*. Sólo desde la creación de la Guardia Civil en 1844 empezó a enfrentarse el problema de la seguridad pública con eficacia, principalmente en el aspecto vital de la seguridad de los caminos. (En el grabado, la ejecución de Luis Candelas en 1837)

es de todas las clases sociales practican la vida de ión con el pretexto de festividades y celebraciones. más de los paseos, las romerías y los espectáculos cos, se celebran reuniones domésticas, ya sea en los es aristocráticos o en los populares patios de vecindad os que a veces los festejos terminaban en «jarana». ɔado anónimo de la época, en el Museo Municipal de Madrid)

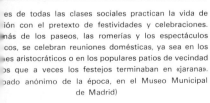

No obstante los conflictos políticos y las tensiones entre la Iglesia y el Estado liberal, así como el desarrollo del pensamiento racionalista an
tiano en algunos sectores intelectuales, o las explosiones aisladas de un anticlericalismo elemental, la inmensa mayoría del pueblo mantenía
religiosa, que se expresaba en muchas devociones populares. (*Procesión del Corpus en Sevilla,* de Cabral y Aguado Bejarano)

las diversiones populares más arraigadas y características había que contar las fiestas de toros, ya fueran corridas en regla o las simples capeas de los pueblos. (En el grabado, *La capea,* de Eugenio Lucas)

La «honesta mediocritas» de las clases medias. Una serie de virtudes de trabajo y ahorro se reflejan en esos hogares, que empiezan a ser c
tables, en los que habitan familias distinguidas de la mesocracia. (*Gustavo Adolfo Bécquer y su familia*, cuadro de Valeriano Bé

tasación y remate. También es verdad que hubo adjudicaciones directas por el precio de tasación y abstención de licitadores. Este abstencionismo es atribuible a veces a motivos religiosos de conciencia; pero también a amaños en las operaciones de subastas. Incluso entre los liberales contemporáneos, que tuvieron noticia directa del procedimiento seguido, son frecuentes las alusiones a amaños y fraudes. Dejemos hablar por todos sobre esto a don Juan Valera: «De hecho la medida de llevar a cabo en todas las provincias las operaciones de posesionarse el Estado de los edificios y de incautarse de los efectos que contenían, correspondía haberla efectuado rodeándola de tales garantías de responsabilidad que alejasen la sospecha de ocultaciones y abusos... Mas era tan general que los comisionados para llevar a cabo la desamortización fuesen en su mayoría clientes y allegados del partido dominante, que a muy pocos se les exigió escrupulosa cuenta y, como era de temer, el abandono y la negligencia de dichos comisionados en punto a llevar asiento de contabilidad se hizo tan general, que no pudo comprobarse ni intervenirse correctamente lo que se recogió de los frailes y lo que llegó a figurar en las arcas del Estado. Es fama que en dos centros conventuales de Madrid... se conservaba papel del Estado por sumas muy considerables, papel que fue entregado al comisionado con los endosos en blanco... y que en su totalidad no ingresó en la Caja de desamortización» [120].

Pero lo que permitió hacer operaciones muy ventajosas para los compradores durante el período de la desamortización de Mendizábal fue la forma de pago admitida [121]. Estas formas de pago fueron corregidas, como diremos, en el período de Madoz.

El adjudicatario podía elegir una de estas dos modalidades: a) pago en metálico, un 20 por 100 al contado y fraccionando el resto en dieciséis plazos anuales; b) pago en papel de la Deuda, abonando el 20 por 100 al contado y el resto en ocho anualidades, y admitiendo los títulos de la Deuda por todo su valor. Era, pues, fácil pagar el valor nominal subastado en papel depreciado. Además, se producían algunas tergiversaciones. Tomás y Valiente refiere un caso ocurrido en Salamanca, que es ilustrativo por lo que puede tener de indiciario de esta clase de amaños. En 1843 se adjudicó una finca en 37.000 reales, cuyo valor de tasación había sido 8.376; la cotización del remate, como

[120] *Historia de España* de LAFUENTE, t. XXI, pp. 201-202.
[121] F. SIMÓN SEGURA: o. c., pp. 140-143.

vemos, es alta, pero el comprador eligió la opción de pago en títulos de la Deuda: lo hizo en el 20 por 100 al contado, pero abonó los plazos en metálico a la cotización actualizada de la depreciada Deuda, con lo que el pago total ascendió a «algo menos de 12.000 reales» [122].

La ejecución de las subastas ofrece múltiples aspectos en que la finalidad social y aun política de la desamortización sale malparada. Los decretos de Mendizábal ordenaban que las grandes fincas fueran parceladas para subastar así lotes asequibles a un mayor número de licitadores. Algunas veces se vendieron, en efecto, las fincas parceladas a compradores distintos; otras grandes fincas se vendieron enteras. Pero ni siquiera la parcelación era una garantía. En Sevilla, las 380 suertes en que se parceló una gran finca fueron adquiridas todas en veinte minutos por un solo comprador, como nos da cuenta Alfonso Lazo. En Toledo también hay casos conocidos en que las parcelaciones resultaron inútiles. Y así en otras partes.

LOS RESULTADOS FINANCIEROS Y ECONÓMICOS

Los objetivos financieros que se había propuesto Mendizábal no se consiguieron. El problema de la Deuda no fue resuelto. Tomás y Valiente afirma: «Parece claro que la desamortización no fue una solución mágica para la Hacienda». Esto es imputable al conjunto del proceso desamortizador y no sólo al período de Mendizábal. Recientemente Germán Rueda matiza esta cuestión, pues además de la absorción de una parte de los títulos de la Deuda, librándose del pago de sus intereses anuales, la Hacienda se benefició por la exacción de impuestos sobre los bienes desamortizados, que antes no tributaban o lo hacían en pequeña cuantía [123]. De todas maneras, y aunque sería interesante profundizar más en el tema de los beneficios obtenidos por el Estado, sigue en pie todavía la afirmación de Piernas Hurtado en su clásico *Tratado de Hacienda Pública,* de 1891, sobre el poco ventajoso efecto financiero de la desamortización en el arreglo de la Deuda pública.

[122] F. TOMÁS Y VALIENTE: o. c., pp. 81-83.
[123] G. RUEDA HERNÁNDEZ: *Los beneficiarios del proceso desamortizador en una zona de Castilla la Vieja (1821-1891),* publ. en «Moneda y Crédito», 137, junio 1976, páginas 83-84.

En cuanto a los efectos económicos, cabe preguntarse por los resultados directos sobre la producción agraria y también por los efectos indirectos sobre el conjunto de la economía. ¿Se mejoró el rendimiento de la tierra? El prof. Gonzalo Anes cree que produjo favorables efectos sobre la expansión de la agricultura española. Aun cuando esto pueda ser cierto en términos generales, también se detectan algunos efectos negativos, como es la desforestación. Los compradores que adquirieron pequeños lotes de monte para convertirlos en tierras de labor, o para obtener un beneficio inmediato con la venta de leña y madera, talaron los árboles. Según Alfonso Lazo, en Sevilla «desde los primeros días de la desamortización comenzó en la provincia una incontrolada desforestación que el gobierno no pudo remediar hasta mucho tiempo después, cuando por disposición de 28 de febrero de 1851 se impuso a los compradores de bienes desamortizados la obligación de conservar el arbolado de las fincas» [124].

Tan graves debieron ser estos daños que la nueva ley desamortizadora de Madoz, en 1855, insistió en la necesidad de evitarlos, declarando que «los montes y bosques... necesarios no sólo para surtir de maderas a nuestros arsenales y de combustible al consumo y a la industria, sino para dar a la atmósfera las condiciones de vida y salubridad indispensables a la tierra, al reino vegetal, a los animales y al hombre, no es posible confiarlos todos al interés individual, que se deja dominar demasiado por las necesidades presentes para atender como conviene las del futuro». He aquí cómo al ser reconocidos los efectos arboricidas ocasionados por la desamortización de Mendizábal, que se sumaban a otros factores de desforestación en aquella época, tomó estado legal en España la preocupación ecológica y la defensa del medio ambiente.

Desde el punto de vista económico algunos historiadores han denunciado la absorción de los escasos capitales españoles

---

[124] ALFONSO LAZO: *La desamortización de las tierras de la Iglesia en Sevilla*, Sevilla, 1970, p. 124. F. QUIRÓS LINARES («La desamortización en el Valle de Alcudia y Campo de Calatrava», publ. en «Estudios Geográficos», 96, agosto 1964, pp. 367-407) señaló la intensa roturación que en aquella comarca se produjo como consecuencia de la desamortización, «mermando la extensión de montes y dehesas» con la repercusión consiguiente sobre la ganadería. Hemos de tener en cuenta que el proceso desamortizador en el Valle de Alcudia y el Campo de Calatrava fue mucho más intenso en el período 1873-1897. En el período de Mendizábal, entre 1837-1844, se desamortizaron sólo 30.000 hectáreas aproximadamente, del total de 239.364 ha. que abarca todo el proceso hasta el año 1902. Las medidas protectoras del monte en 1855 no debieron resultar eficaces, en este caso al menos.

en la compra de tierras, apartándolos de la inversión en la economía industrial, muy necesitada de ellos. Claro es que siempre persistirá la duda de si los comerciantes o los funcionarios que compraron tierras porque eran «un valor seguro», hubieran invertido en ferrocarriles o en empresas industriales arriesgadas. ¿Se hubiera despertado en ellos una mentalidad de empresarios, de la que tan escasas muestras daban nuestras clases medias? Hay que considerar, además, que no todos los compradores de tierras hubieran podido invertir en la industria, por no existir un instrumento financiero suficiente.

Por otra parte, parece que en muchos casos los nuevos propietarios forzaron sus beneficios a costa de la mano de obra, sin intensificar la capitalización del campo. La desamortización contribuyó a sustituir la estructura social señorial campesina, heredada del Antiguo régimen, por una estructura capitalista que, salvo modestas excepciones, no reinvirtió los beneficios en el campo, contribuyendo así a su paulatina descapitalización, fenómeno que ha proseguido hasta entrado el siglo XX.

LOS EFECTOS POLÍTICOS Y SOCIALES. ¿QUIÉNES FUERON LOS COMPRADORES DE BIENES DESAMORTIZADOS?

Desde el punto de vista político los efectos se pueden considerar ambivalentes: se creó, en efecto, una masa de adheridos a la causa liberal por estar ligada a ella la suerte de sus fortunas; pero también la causa liberal se creó enemigos entre las gentes más adictas a la Iglesia, y se provocó una escalada de tensiones entre la Iglesia y el Estado liberal, cuyas relaciones diplomáticas quedaron rotas durante diez años.

Concretamente a raíz de la desamortización se agravaron los choques entre la Iglesia jerárquica y el Estado liberal, choques que habían sobrevenido desde el comienzo de la guerra carlista. Las repercusiones de esta ruptura llegaron a ser inquietantes en el gobierno jerárquico de la Iglesia. Al terminar la guerra civil, de las sesenta sedes episcopales, veinte se hallaban vacantes; sólo siete de los cuarenta obispos vivían en sus diócesis, estando dieciocho expulsados, confinados por el gobierno o exiliados voluntariamente. Fue entonces, en septiembre de 1839, cuando veinticinco obispos autorizaron un documento colectivo que enviaron al papa Gregorio XVI, en el que exponían la persecución y el expolio soportados por la Iglesia, cuya organización jerárquica estaba desarticulada y su base económica destruida por la supresión de los diezmos [125]. Esta situación se agravó todavía más durante la Regencia de Espartero.

Sólo el Concordato de 1851 logró una primera distensión en aquellas relaciones y en sus efectos políticos; pero la pacificación religiosa siguió a merced de cualquier accidente hasta muy avanzado el período de la Restauración. A ello contribuyeron tanto la exaltación progresista como la actitud de una parte considerable del episcopado, las frecuentes torpezas de la Nunciatura y la intransigencia de Gregorio XVI, desconcertados ante la situación cambiante del mundo, sin que acertaran a dar con la interpretación correcta y la respuesta adecuada y serena.

En cuanto al contenido social, la desamortización no consiguió crear una amplia clase media agraria, que modificara fundamentalmente el contexto estructural de la España campesina con un signo positivo. Pero en la medida en que se amplían nuestros datos sobre la transferencias efectuadas de tierras, merced a nuevas investigaciones, se hace evidente el ensanchamiento que se produjo de la clase media rural. Es cierto que, como temía Flórez Estrada, los principales beneficiarios no fueron los antiguos trabajadores de la tierra, los colonos de la Iglesia; pero hubo pequeños y medianos compradores locales que constituyeron el núcleo de una modesta o media clase de propietarios rurales. Sin embargo, los efectos de la desamortización fueron más importantes en la consolidación de las clases medias urbanas, principales adquirentes de fincas rústicas, que se enriquecieron y diversificaron así sus patrimonios.

No es fácil determinar con todo rigor quiénes fueron los compradores de bienes desamortizados: se oponen a ello, en primer lugar, los fallos informativos del Boletín de Ventas de Bienes Nacionales, principal fuente accesible, en el que faltan muchas veces los nombres de los compradores. El ejemplo de Sevilla, que refiere Lazo, es ilustrativo: de un total de 72.533 hectáreas desamortizadas, de las que se vendieron 49.745, figuran los compradores de 33.758 ha. y faltan los de las otras 15.987.

---

[125] V. CÁRCEL ORTÍ: «El primer documento colectivo del Episcopado español. Carta al Papa Gregorio XVI sobre la situación nacional en 1839», publ. en «Scriptorium Victoriense», 1974, pp. 152-199. Un amplio estudio del mismo autor, bien construido, abarca toda esta época: *Política eclesial de los gobiernos liberales españoles, 1830-1840*, Pamplona, 1975; especialmente el cap. VII, pp. 393-452.

Además, algunos compradores lo hacen para terceras personas cuyos nombres no se declaran. En las operaciones de subasta actúan multitud de testaferros, especuladores y «agencias de negocios» o gestorías, como la de Ambrosio Sanz en Valladolid, señalada por Germán Rueda. Hay testaferros que compran para otros, pero también lo hacen para sí mismos; hay simples especuladores: como propone el autor citado sería interesante «analizar el tipo de personas que *juegan* en la desamortización sin un interés efectivo por las tierras». La ocultación de nombres de los compradores en el Boletín de Ventas resulta, pues, un engorro para la clarificación: uno de los mayores adquirentes de Sevilla, Hilario Sáenz, que compró más de 2.000 ha., no aparece nunca en el Boletín, figurando en cambio un testaferro, Hipólito Nájera. Tampoco constan las adjudicaciones directas de fincas cuya venta no se anunció: la hacienda «Gombigar», de Sevilla, con 528 aranzadas de tierra y 202 de olivar, o sea, 347 ha., fue adquirida en adjudicación directa por don José González Carvajal, Intendente honorario de la provincia[126]. Todos estos ejemplos, tomados de una sola provincia, nos ponen de relieve los problemas metodológicos sobre información y manejo de fuentes que dificultan la obtención de resultados más precisos para verificar la identificación de los compradores[127].

Hechas estas salvedades, puede añadirse sin embargo que la investigación histórica actual, muy rica y meritoria en este capítulo, ha conseguido documentar estimaciones que permiten aproximarnos al cuadro de compradores sin los riesgos de las interpretaciones intuitivas. ¿Quiénes fueron, pues, los compradores?

En primer lugar, puede afirmarse que hubo pocos aristócratas titulados: en Sevilla sólo cinco, y de ellos cuatro adquirieron pequeñas parcelas «seguramente con objeto de redondear algunas de sus fincas», en opinión de Lazo. En Barcelona tampoco aparecen más que uno o dos aristócratas. En Murcia tres nobles, de nobleza reciente, figuran entre los grandes compradores, aunque hay algunos más que adquieren pequeñas cantidades. En Navarra, cinco nobles titulados, pero compran cantidades

[126]   Todos estos datos los tomo de la o. c. de ALFONSO LAZO. Sobre la equivalencia de las medidas agrarias recuerdo que en Sevilla el valor de la aranzada era de 6.806 varas cuadradas castellanas y un cuarto; o sea, 47,557799 áreas.

[127]   F. TOMÁS Y VALIENTE: «Recientes investigaciones sobre la desamortización: intento de síntesis», publ. en «Moneda y Crédito», 131, 1974, pp. 95-160.

insignificantes, por un valor de 193.000 reales sobre un volumen total de ventas en esa provincia de 59.106.916 reales.

«Del estudio de la lista (de compradores) parece deducirse que quienes más se beneficiaron de las subastas de bienes eclesiásticos en Sevilla fueron, aparte algunos antiguos y ricos colonos de la Iglesia, la clase media, tanto ciudadana como pueblerina (cerca del 50 por 100 de los compradores son de los pueblos); las grandes fortunas burguesas, bastantes personas residentes en Madrid (concretamente alrededor del 5 por 100 de los compradores son madrileños) y varios individuos que ostentaban por aquel entonces cargos administrativos o políticos.» Estas conclusiones a que llega Lazo para Sevilla se confirman en otros diversos lugares de la geografía peninsular, aunque con peculiaridades locales dignas de analizarse.

Así en Navarra, donde J. Donézar concluye que fue «un proceso aprovechado por individuos pertenecientes a la clase media», tanto los compradores de rango nacional, como los «máximos contribuyentes» provinciales y los cargos públicos a nivel regional, pero en conjunto el grupo de compradores fue muy pequeño en relación a la población total de la provincia y «esta minoría no pasó de ser una medianía en cuanto a su potencial económico», salvo los compradores de Madrid [128]. ¿Influyeron en el caso de Navarra las condiciones ideológico-religiosas de aquella sociedad, así como el hecho del afincamiento en Madrid de familias oriundas de Navarra muy poderosas económicamente, con posibilidades inversionistas amplias?

En Barcelona F. Simón Segura comprueba que la mayoría de los compradores son comerciantes; no hay apenas industriales, cuya capacidad de inversión estaba absorbida en este caso por la economía industrial. Es también significativo en esta provincia que predominan los compradores de una sola finca, aunque en algún caso haya quien llegue a adquirir hasta veinte.

Una nota casi constante en la mayor parte de las provincias es la presencia de gran número de compradores residentes en Madrid. Lo hemos dicho en el caso de Sevilla y de Navarra, tan diferentes entre sí y tan alejadas geográficamente. En cambio, en Murcia no aparecen compradores de Madrid. La proporción de compradores residentes en la capital de España fue mayor en las provincias castellanas circunvecinas, por lógicas razones de

---

[128] JAVIER DONÉZAR: *La desamortización de Mendizábal en Navarra*, Madrid, 1975, páginas 301 y 283 principalmente.

proximidad. En Toledo y en Guadalajara se acusa la afluencia masiva de estos compradores. En la provincia de Ciudad Real, estudiada monográficamente por Simón Segura, la mayor parte de las fincas fueron adquiridas en Madrid por grandes terratenientes o por especuladores para su reventa.

En términos generales cabe decir que estos compradores residentes en Madrid, cualquiera que sea su procedencia familiar originaria, estaban ligados al gran mundo de la Administración, de la política y de los negocios. A este mismo tipo de comprador pertenecen los numerosos extranjeros que entraron a participar en las operaciones, y aquéllos que adquieren fincas en varias provincias simultáneamente, como José Safont, que compra en Sevilla, Barcelona y Madrid; o Mateo Murga, comprador en Toledo y en Sevilla, entre otros ejemplos.

Los análisis pormenorizados de las listas de compradores permiten mayores precisiones. El estudio ejemplar en este sentido hecho por Pilar Villabona sobre la composición de las clases medias compradoras en la provincia de Murcia prueba que son los comerciantes quienes sienten el atractivo de diversificar su fortuna (factor económico) y de equipararse como terratenientes a la antigua nobleza (factor psicológico) [129]. Este factor psicológico lo aprecia también Donézar en Navarra. Dentro del sector de las clases medias profesionales, en Murcia compran los abogados, cuya cuota contributiva era baja; pero no lo hacen los médicos, cuya cuota media de contribución era tres veces superior. Por supuesto, los funcionarios y cargos públicos tienen allí también su parte, como en todas las provincias. Son bastantes los individuos de diversas profesiones que adquieren en Murcia fincas pequeñas.

En las zonas de latifundio, la transferencia de las propiedades eclesiásticas contribuyó a reforzarlo, al pasar a pocas manos la mayor proporción de tierras. Así ocurre en Sevilla, donde el 76,1 por 100 de la tierra vendida pasó a compradores de más de 125 ha., que suponían el 16,1 por 100 del total. En la Meseta sur, Francisco Quirós reconoció el desarrollo de «una clase de grandes propietarios absentistas, antes inexistente o muy reducida», clase que se identifica con los compradores de Madrid, si bien este fenómeno se completa en el Campo de Calatrava y el Valle de Alcudia durante el período posterior a Mendizábal, según se ha dicho. Dentro del ámbito de Ciudad Real, Simón

[129] PILAR VILLABONA: *La desamortización en la provincia de Murcia,* tesis doctoral leída en la Universidad Complutense, Madrid, 1976.

Segura señala que en 19 municipios, que abarcan el 40 por 100 del territorio provincial y donde se desamortizó precisamente el 70 por 100 del total de la provincia (420.00 ha. de un total de 600.000), la concentración de la propiedad ha prevalecido más ostensiblemente hasta nuestros días.

En Murcia hay quince compradores, el 4 por 100 de los 395 adquirentes en aquella provincia, que compran más de 100 ha., con un total de 3.207, lo que supone algo más del 50 por 100 de la extensión desamortizada. Sin embargo, en las zonas mixtas de huerta, es necesario señalar la proporción secano-regadío para deducir las características de los compradores y la repercusión social en la extensión de la clase media agraria: en Murcia un comprador paga por poco más de nueve hectáreas la cantidad de 1.682.313 reales, y otro por sólo diez ha. paga 1.207.014 reales. En Valladolid también se adquirieron grandes fincas por algunos compradores adinerados, y en Navarra nueve compradores adquirieron propiedades por encima de un millón y medio de reales, con un valor entre los nueve de 18.800.000 reales aproximadamente, o sea, el 32,4 por 100 del valor de todas las fincas vendidas.

Pero además de los grandes terratenientes, antiguos o nuevos, principales beneficiarios de la desamortización, hay un número no despreciable de compradores medianos y pequeños, que proceden la mayor parte de las veces del medio rural. En Sevilla el 50,3 por 100 de los compradores adquirieron menos de 15 ha.; un 20,3 por 100 son compradores *medianos,* entre 15 y 50 ha., y el 12,9 por 100 entre 50 y 125 ha. En Navarra hubo 103 compradores de menos de 60 robadas (= 5,38 ha.), 54 entre 60 y 500 robadas (= 44,9 ha.). Por el valor invertido, el 61 por 100 de los compradores sólo invirtieron el 10,5 por 100 del capital total.

Claro es que estas cifras pueden no resultar rigurosamente válidas para determinar la condición de los compradores por la actuación de los testaferros, por las *cesiones* hechas por los adquirentes titulares. Pero en cualquier caso consta que en muchas provincias hubo bastantes compesinos locales modestos que compraron algunos lotes. Esto no ocurrió en Madrid, ni en Gerona, según ha hecho notar Simón Segura, pero sí en Castilla la Vieja (Valladolid) y en Castilla la Nueva (Ciudad Real), donde se dieron formas de asociación de vecinos modestos para adquirir fincas: así en los pueblos del partido de Olmedo (Valladolid) y en los de Agudo, Puebla don Rodrigo, Téllez Girón, Piedra-Buena y Fernán Caballero (Ciudad Real). En la mayor parte de los casos conocidos las pequeñas fincas las adquirieron preferentemente los vecinos de los mismos pueblos en que estaban situadas, ya fueran antiguos propietarios de otras tierras o gentes de profesiones liberales (notarios, abogados, empleados municipales, comerciantes, médicos): éstas fueron probablemente las fincas mejor explotadas y cuyos nuevos propietarios se esforzaron más en revalorizar.

Es muy ilustrativo respecto al área regional castellana el caso del partido de Olmedo (Valladolid), estudiado en profundidad por Germán Rueda [130]. La triple clasificación de los compradores por su vecindad y relación con la tierra; por su vencindad y extensión de la superficie adquirida; y por la extensión simple de los lotes comprados, permite establecer los siguientes datos:

a) De un total de 279 compradores, 213 pertenecen a los medios rurales y, de ellos, 181 son vecinos de los términos municipales del partido; 32 pertenecen al medio rural de otros términos; 66 son procedentes de medios urbanos (51 de Valladolid, 15 de Madrid). De los 213 compradores rurales mencionados, 138 son labradores «pequeños o medianos» y 63 «acomodados».

b) De los 181 compradores rurales afincados en los términos municipales referidos, 17 compran más de 50 ha.; 41 adquieren entre 20 y 50 ha.; 123 menos de 20 ha. De los 66 compradores urbanos, 18 lo son de más de 50 ha.; 17 de fincas entre 20 y 50 ha.; 31 de menos de 20 ha., entre los que se cuentan 22 especuladores.

c) Los compradores rurales de menos de 20 ha. adquieren en total 2.589, con un desembolso de 6.369.417 reales, sobre un precio de tasación de 3.172.967 reales. Los de origen urbano que compran menos de 20 ha. adquieren en total 1.271, con 3.442.018 reales de desembolso, siendo el valor tasado de 1.744.359 reales. Los que compran entre 20 y 50 hectáreas, adquieren un total de 1.594 los procedentes de medios rurales (con 1.737.680 reales pagados, precio de tasación 1.227.700 reales) y 1.354 ha. los urbanos (1.702.678 reales desembolsados, tasación 932.149 reales). Por fin, los adquirentes rurales que compran entre 50 y 150 ha., se hacen con 1.185 ha. en

---

[130] G. RUEDA: artículo citado en la nota núm. 123. Este autor, en colaboración con otros, ha publicado un interesante trabajo metodológico sobre la «Utilidad del ordenador para el estudio de la desamortización» en «Cuadernos de Historia económica de Cataluña», XIV, Barcelona, marzo de 1976, pp. 193-213.

total, por un precio de 940.291 reales, siendo 525.398 reales el valor tasado. Los urbanos de esta clase adquieren 997 ha. en total, por 989.420 reales, siendo la tasación 512.184 reales.

RESUMEN DE RESULTADOS

De todo lo expuesto podemos deducir algunas conclusiones sobre los efectos sociales y económicos de la desamortización de Mendizábal, según el estado actual de nuestros conocimientos:

Primera. No se aprovechó la ocasión, verdaderamente excepcional, para crear una amplia clase media agraria, a la manera de lo ocurrido en Francia, que hubiera podido ser un factor estructural de una sociedad equilibrada. Al no consolidarse esta amplia clase media rural falló igualmente la posibilidad de que surgiera un sector ahorrativo capaz de estimular la demanda del mercado y de impulsar las inversiones en el propio campo y en otros sectores económicos [131].

Segunda. Las ventas de bienes eclesiásticos originaron un buen número de nuevos ricos (políticos profesionales, funcionarios, abogados, comerciantes, etc.) o enriquecieron a los que ya lo eran (terratenientes, grandes comerciantes, estos últimos estimulados por razones económicas y psicológicas, como hemos dicho). El enriquecimiento de estos sectores sociales se completó luego con la desamortización de Madoz; y así se asegura, con toda razón, que el proceso desamortizador en su conjunto está en el origen del moderno latifundio no-noble.

Tercera. A pesar de todo, hubo un número bastante importante de compradores medianos, de origen rural, que ensancharon la base de la clase media agraria, aunque sin hacerla prevalecer. En este punto las variantes provinciales y regionales pueden ser importantes.

Cuarta. Además de algunos campesinos de los pueblos afectados por la desamortización, intermediarios a veces de las operaciones de compra, otros modestos labrantines y pegujaleros se beneficiaron con pequeñas adquisiciones, y constituyen un factor característico en la evolución de la sociedad rural.

Quinta. Con la desamortización de Mendizábal, tal y como había previsto Flórez Estrada, los más perjudicados fueron la

---

[131] F. SIMÓN SEGURA: o. c., pp. 299 y ss.

mayoría de los colonos pobres, por el encarecimiento de las rentas y a veces por la desposesión de las tierras. Más tarde, la desamortización de Madoz vino a ratificar este efecto nocivo, pues la venta de bienes comunales repercutió en daño sobre todo de los jornaleros y de las clases rurales desposeídas. Antes de que la Ley desamortizadora de Madoz consumara estos efectos, el siempre combativo publicista Andrés Borrego, templado de ideas pero preocupado por los problemas sociales, había resumido su juicio sobre la desamortización de Mendizábal diciendo que enriqueció a los *ricos* y a los *hábiles,* defraudando el interés de los pobres.

En 1873, Pi y Margall, tras la doble experiencia de Mendizábal y de Madoz, parecía reproducir las palabras premonitorias de Flórez Estrada en 1836: «No se ha distribuido la propiedad todo lo que exigían los intereses de la libertad y el orden», decía el político republicano, «y los colonos, en vez de sacar de la Revolución provecho, han visto crecer de una manera fabulosa el precio de los arrendamientos. Eran casi dueños cuando estaba la propiedad en manos de la Iglesia y la nobleza que, opulentas y estables, ni propendían al cambio de arrendatarios, ni tenían afán por estrujarlos; después han sido muy otras sus condiciones y su suerte. Así se explica que el nuevo orden de cosas haya tenido y tenga todavía en los campos tan escasos prosélitos».

Sexta. Una parte del tesoro artístico también fue dilapidado. Este aspecto pasa para muchos inadvertido. Sin embargo, edificios religiosos, pinturas, tallas, bibliotecas y archivos padecieron de la dispersión y, no rara vez, de la destrucción consiguiente.

POLÍTICA NUEVA
Y ECONOMÍA ANTIGUA:
LAS BASES
DEL ESTADO LIBERAL

CAPÍTULO 1

EL RÉGIMEN DE LAS CLASES MEDIAS Y EL RÉGIMEN DE LOS GENERALES

En 1840 la guerra carlista había sido liquidada. La «crisis bélica de los treinta años» quedaba concluida, el régimen liberal afianzado definitivamente. ¿Sería aquel el régimen de las clases medias, como preconizaba el liberalismo doctrinario de la época? Indudablemente las clases medias, los «mayores contribuyentes», las «capacidades» intelectuales, habían sido llamados a participar en la vida política activa desde 1834, a través del sufragio censatario. Pero también, a raíz de la guerra civil, dos efectos simultáneos se habían producido en la vida pública: la aproximación de la clase política dirigente, moderada o progresista, a las espadas prestigiosas; y la popularización de un militarismo, propio de las circunstancias bélicas, que exaltaba al «pueblo militar» como expresión auténtica del país.

Precisamente al final de la guerra carlista Espartero capitalizó la adhesión de las clases del Ejército, que eran las que constituían ese «pueblo militar», para imponer su voluntad de poder; pues su ambición combinada con su ingenuidad política le hacían autoconsiderarse intérprete de la voluntad nacional. Así, tras la crisis de 1840, consigue alzarse hasta la más alta magistratura de la nación, como Regente de Isabel II, el 10 de mayo de 1841.

La Regencia de Espartero

El general don Baldomero Espartero, hijo de una modesta familia artesana de un pueblo manchego (Granátula), inició su carrera militar en la guerra de la Independencia, la continuó en las campañas americanas tras la expedición de Morillo y la culminó en la guerra carlista.

Su conocimiento de las doctrinas políticas era elemental y por eso sus convicciones respondían más a reflejos personales que a la maduración de un pensamiento. Nada tiene, pues, de extraño que en un primer momento coquetearan con él los liberales moderados. Tenía, eso sí, energía para tomar decisiones y sostenerlas a toda costa, incluso para «sostenellas y no enmendallas». Era propicio también a estimar, por encima de otras virtudes políticas, el compañerismo de armas, criterio en que basaba muchas de sus afinidades y de sus antagonismos. Este juego de afinidades y la invencible propensión a dejarse arrastrar por factores emocionales de simpatía o antipatía personal fueron los vientos que le empujaron en la vida política, en la que pronto perdió la brújula.

El choque público que sostuvo con Narváez en 1838, contra quien dirigió a la Reina Gobernadora una *Exposición,* a la que respondió aquél con el subsiguiente *Manifiesto,* determinó la ya implacable hostilidad de ambos generales y el futuro de su carrera política. El choque de Espartero con la Reina Gobernadora le inclinó del lado de los progresistas. La popularidad que consiguió al final de la guerra civil no sólo en el «pueblo militar» sino también en los medios sociales modestos, atraídos tal vez por la razón única del origen familiar de aquel general encumbrado a las alturas de la fama o del triunfo, enardeció su vanidad y la confianza en sí mismo.

Apetecía esa doble popularidad y la dejaba fomentar populacheramente con profusión de estampas, retratos y alegorías que se distribuían por Madrid. En las tabernas de los barrios modestos, en los cuchitriles de las porterías y en los talleres artesanos no faltaba la imagen del *ídolo* popular, según nos cuentan las descripciones literarias de aquellos tiempos.

De este modo se instaló en el poder: empujado por esa aureola personal y por el respaldo de los progresistas, bien es verdad que no sin reticencias en algunos de ellos. El azar, en el río revuelto de 1840, hizo lo demás. En todo caso, Espartero se convirtió en el Regente de un partido. Incurrió en el mismo pecado cometido y confesado por la ex-Reina Gobernadora, sólo que con adscripción de partido de signo inverso. No mantuvo, ni podía mantener, dado el origen mismo de su poder, la institución cuya titularidad ostentó durante dos años y medio, en función arbitral por encima de los partidos.

Fue el Regente del partido progresista, aunque sin clara visión, por otro lado, de los fines a alcanzar desde el poder y los medios adecuados para ello. Pronto se suscitó la crisis interna dentro del progresismo. Comellas ha dicho, con razón, que «la alianza entre el general Espartero y el partido progresista era tan convencional como la antigua alianza entre María Cristina y los moderados». No se entendió con los progresistas civiles; pero ello no estuvo motivado por cuestiones de dogma político, que Espartero ignoraba, sino por la actitud personalista suya, rodeado de compañeros de armas, adictos y ambiciosos: los «ayacuchos». Celoso de su poder personal no consintió que los jefes de gobierno discutieran su autoridad omnipotente; de ahí que procurara encargar del gobierno a hombres de su hechura entre figuras de segunda fila (Antonio González, el general Rodil).

En la pugna suscitada durante su Regencia con las facciones civiles del partido progresista ha querido ver Christiansen, ya que no existe en efecto ningún conflicto de mentalidades, «una lucha por la supervivencia económica entre dos ramas de la burocracia (civil y militar) mal pagada y superabundante» [1]. Aunque este autor, influido por las apreciaciones de los agentes informativos ingleses que preferentemente maneja, tiende a exagerar los rasgos de una oficialidad española y una burocracia civil hamponas, no hay que subestimar los efectos de la penuria del Estado en el comportamiento político de estos sectores sociales.

De hecho, el progresismo en el poder se divide no sólo en la facción militar y la civil, sino que esta última rama a su vez se fragmenta en tres grupos principales, cuyas personalidades más destacadas son: Joaquín María López, Salustiano Olózaga y Manuel Cortina.

Así terminó por concitarse contra Espartero una suma de oposiciones de fuera y de dentro de su partido, incluso entre los elementos militares, siendo evidente que su popularidad decae a lo largo del año 1842. Por de pronto había arraigado un sentimiento hostil contra él en Cataluña, por las concesiones aduaneras a favor de los tejidos ingleses, precio pagado por la protección de Palmerston. Este sentimiento se hizo más hondo tras la drástica resolución puesta en práctica por Espartero al ordenar el bombardeo de Barcelona para dominar una revuelta urbana (3 de diciembre de 1842). Un militar catalán y progresista, Prim, le atacó en las Cortes por su inclinación al librecambismo contrario a las clases industriales catalanas. Espartero

---

[1] E. Christiansen: *Los orígenes del poder militar en España 1800-1854.* Madrid, 1974, p. 117. (La edición original inglesa es de 1967.)

aparecía ahora como un servidor de intereses extranjeros. A este se une también el efecto psicológico inspirado por el fusilamiento de la romántica figura del general Diego de León, en octubre de 1841, después del absurdo intento de golpe de Estado planeado por la antigua Reina Gobernadora desde París.

En 1842 se acentúan, pues, las disensiones internas de la familia política progresista contra los «planes de exclusivismo y pandillaje» del Regente. Una ofensiva de prensa de oposición se despliega en todos los tonos. También en la prensa militar se refleja la creciente marejada antiesparterista.

Para reforzar su posición quebrantada, Espartero disolvió las Cortes elegidas en noviembre de 1842 y convocó nuevas elecciones para el mes de abril de 1843. La ruptura con los progresistas civiles era ya irreductible. Al reunirse las nuevas Cortes la oposición a Espartero había logrado una ligera mayoría de escaños. Se centró entonces la ofensiva en la discusión de actas, denunciándose los fraudes y coacciones electorales. Don Joaquín María López, jefe de fila del progresismo hostil a Espartero, pronunció el 10 de abril ante la Comisión de Actas una implacable catilinaria. Denunciaba el monopolio del poder por un grupo sectario, que lo usaba en su propio beneficio; denunciaba también los fraudes electorales.

Los apaños entre unos y otros permitieron formar un breve gobierno presidido por el mismo López, que sólo subsistió diez días (9-19 de mayo), al que siguió otro de Gómez Becerra. Pero la tormenta contra el Regente iba a descargar muy pronto y sin remedio.

EL FRAUDE ELECTORAL. LA CAÍDA DE ESPARTERO

En el discurso del 10 de abril de 1843 Joaquín María López hizo un enunciado concreto de los fraudes y maquinaciones ocurridos en las elecciones. El fraude electoral fue moneda corriente en la España del siglo XIX, antes y después del sufragio directo, con el sistema censatario o con el sufragio universal. No se trataba, pues, de esta o de la otra ley electoral: con la de 1837 se cometieron parecidos abusos que con la de 1846; los mismos bajo gobierno progresista que bajo gobierno moderado. Tampoco estaban libres de fraudes y corruptelas los mecanismos electorales en los otros países del Continente europeo, en los que se abría paso por entonces el régimen representativo. Ni siquiera en Inglaterra, a pesar de su larga tradición parlamentaria, estuvo libre de estas corrupciones hasta finales del siglo XIX.

En nuestro país la falsificación electoral tuvo características peculiares, en torno a las manipulaciones y el caciquismo: amaños, demasías y abusos de poder de los gobernantes, coacciones sobre los electores, suplantaciones, tergiversación de actas. Joaquín María López clamaba: «¿Qué nos presentan, señores, las actas de que se trata? El cuadro más deplorable de ilegalidad y de vicios en su forma; de coacción injusta y despótica en su esencia. En esas actas pululan las intrigas, los manejos reprobados; los amaños inmorales; y todos estos defectos caen como otros tantos carbones encendidos sobre la cabeza del gobierno, autor sin duda alguna de tales demasías y protagonista velado de este drama de desafueros. De una parte se ve prodigar el derecho electoral a personas que ni lo tenían ni lo reclamaban; de otra, cerrar la entrada a los electores de cierto partido, franquearla y hasta escalarla a sus adversarios; de otra, perseguir a los antiministeriales y sepultarlos en las prisiones; de otra, hacer votar de orden superior a los militares del ejército y carabineros que no gozaban del derecho de sufragio... Todos estos desmanes se deben a la Diputación provincial... Se nos dice, además, que muchas de las cosas que nosotros oponemos no constan en el expediente; raro es por cierto que se quieran aprovechar en favor de la elección los motivos que más la combaten. En el expediente consta que todos estos vicios se protestaron, y que las protestas no fueron admitidas; que se pidió se hiciese constar así, y que también esta solicitud fue denegada. ¿Qué remedio quedaba a los atropellados ciudadanos?» [2].

Las sesiones de las Comisiones de Actas de las Cortes en cada elección y la prensa de la época están llenas de referencias a los «hábitos» electorales corrompidos; pero tal vez en las páginas de la literatura costumbrista, con sus puntos de ironía, ha quedado reflejada del modo más vivo y colorista toda la gama de trampas que rodean a las prácticas electorales de aquel tiempo, como en los relatos de Antonio Flores, *Los colegios electorales,* y de Estébanez Calderón, *Don Opando o unas elecciones.*

Las elecciones de abril de 1843 fueron los prolegómenos de la crisis próxima ya, que se conoció como «la Revolución de

[2]   J. M. LÓPEZ: *Colección de discursos parlamentarios de Don...,* Madrid, 1856, vol. III, páginas 202-203.

1843» y que arrojó del poder a Espartero. La revuelta contra él
«se declaró de la manera más universal y ruidosa a impulso a la
vez de los elementos revolucionarios y de los movidos por
opositores a toda clase del régimen liberal» [3]. Para derribar a
los *anglo-ayacuchos* hubo una *unión sagrada* de todos los partidos. Pues aquélla era una coalición de elementos inconciliables,
válida para destruir el *establishment* esparterista, pero inadecua-
da para construir algo juntos; por eso la alianza progresista-
moderada no tenía mañana.

El alzamiento contra Espartero se llevó a cabo en dos tiempos. En el primer momento los progresistas tienen la iniciativa.
El 24 de mayo se sublevó la milicia nacional de Málaga, que
había de «acreditarse» a lo largo del siglo XIX con un extenso
historial de revueltas. El movimiento se propaga luego lentamente a Granada, Sevilla y otros puntos de Andalucía. A este
núcleo andaluz se suma luego la rebelión de Prim en Reus y del
núcleo progresista catalán.

La situación es, sin embargo, indecisa hasta que se produce
el segundo tiempo de la «revolución», con el desembarco del
general Narváez en Valencia, el 27 de junio. La participación de
los moderados en este segundo tiempo resulta decisiva. Una
importante columna militar se pone en marcha sobre Madrid,
mientras Espartero dispone tropas para cortarle el paso: el simulacro de combate de Torrejón de Ardoz, el 17 de julio, resuelve el conflicto. Narváez entra victorioso en Madrid el 23 de
julio. Espartero huye hacia Cádiz y embarca, vía Lisboa, en una
fragata inglesa que le conducirá al exilio.

Así concluye el *cesarismo liberal* de Espartero, como lo
califica Tuñón de Lara, cuyo fracaso le parece tanto más notorio
si se tiene en cuenta «la suma de facilidades desaprovechadas»
en el período de su Regencia: desamortización, relanzamiento
industrial, modificación de fueros, Ayuntamientos y milicia nacional [4].

La explotación de la victoria sobre Espartero traerá como
consecuencia a medio plazo la «década moderada», bajo la espada de Narváez, que forma su primer gobierno el 3 de mayo
de 1844. Pero antes de que se alcance este punto habrá un
período de transición, con los gobiernos breves de Joaquín María López, Olózaga y González Brabo. En este tiempo de transi-

---

[3]   *Historia de España* de LAFUENTE, t. XXII, p. 181.
[4]   M. TUÑÓN DE LARA: «¿Qué fue la Década moderada?», en *Estudios sobre el
siglo XIX en España*, Madrid, 1972, pp. 33 y ss.

ción, había dado comienzo el reinado personal de Isabel II al cumplir ésta los catorce años, el 10 de octubre de 1843, por acuerdo de las Cortes el 8 de noviembre siguiente.

EL RÉGIMEN DE LAS CLASES MEDIAS Y LA «PREPONDERANCIA MILITAR»

En sus *Lecciones de Derecho político,* expuestas en el Ateneo por Alcalá Galiano en 1843, había proclamado la fórmula quintaesenciada de los liberales doctrinarios: «En un siglo mercantil y literario como el presente, es preciso que las clases medias dominen, porque en ellas reside la fuerza material y no corta parte de la moral; y donde reside la fuerza está con ella el poder social y allí debe estar el poder político».

El sufragio censatario, al reservar la plenitud de derechos de representación a quienes, acreditando su condición de contribuyentes, vivieran «cuando menos en una decente medianía», según se expresaba Martínez de la Rosa, se convertía en el instrumento de ese poder político. El liberalismo doctrinario sólo reconoce una ventaja también a las «capacidades», esto es, a la inteligencia; por lo que las leyes electorales rebajarán la cuota contributiva de quienes tienen títulos académicos o profesionales. La ecuación doctrinaria, como es bien sabido, se establece así: riqueza + inteligencia = poder. Una frase muchas veces repetida de Calderón Collantes, pronunciada en las Cortes de 1844, expresa el envés de esta misma ecuación: «La pobreza es peor que un infortunio, es signo de estupidez». Esta frase pudo ser escuchada en aquel tiempo sin escándalo precisamente porque era trasunto de los conceptos esenciales que nutrían el doctrinarismo vigente.

Cuando en 1840 el censo electoral, con 423.000 electores, alcanza el índice de representatividad de 1/35 y la afluencia de votantes es del 75 por 100, aparentemente está afianzado el «régimen de las clases medias». Sólo que la verdad de estas cifras queda en entredicho por los «malos usos» electorales a que nos hemos referido; y precisamente en ese año se había instaurado el «cesarismo liberal» de Espartero. Desde esta fecha prevalecen en el poder grandes figuras militares. El supuesto «régimen de las clases medias», ¿iba a convertirse en el «régimen de los generales»? Ahora bien, esta «preponderancia militar», que analizó Balmes ya en 1844, ¿debe entenderse como un *poder militar* autónomo, como una pugna entre políticos civiles y militares, o como un simple tejemaneje de políticos civiles que hacen intervenir al Ejército en sus luchas de partido?

La cuestión ha sido replanteada no hace muchos años, con la lucidez en él habitual, por el prof. Jesús Pabón, cuyo reciente fallecimiento ha interrumpido su trabajo sobre Narváez, que probablemente hubiera significado una definitiva revisión del problema [5].

Por de pronto conviene poner una delimitación cronológica para analizarlo: 1840-1868, es decir, el reinado del Isabel II, con las figuras sobresalientes de Espartero, Narváez, O'Donnell; más una fase epigonal que abarca desde la Revolución de 1868 a la Restauración en diciembre de 1874, con Prim, Serrano, Pavía. Existen, por supuesto, otras figuras de segunda fila junto a los grandes protagonistas: Rodil, Luis y Fernando Fernández de Córdoba, José y Manuel Gutiérrez de la Concha, Lersundi, Roncali. Antes del reinado de Isabel II ya el general Evaristo San Miguel al frente del gobierno en el Trienio Constitucional y el «Ejército de la Isla» habían dado una versión anticipada del «poder militar». Después de la Restauración alguna rara vez aparecerá un personaje militar como jefe de gobierno o como jefe de filas de alguna fracción política.

La prolongada «preponderancia militar» durante treinta y cinco años, que sigue a los treinta años de «crisis bélica» con que se estrena nuestra historia del siglo XIX, no es un hecho casual. Hace mucho tiempo que el marqués de Lema, cronista de la historia que va de la Revolución de 1868 a la Restauración, recogía un aserto por todos aceptado: el pronunciamiento triunfante desde Cabezas de San Juan crea el hábito de recurrir a la fuerza militar para solucionar los conflictos políticos, hábito que se confirma por la guerra civil y por la no participación del Ejército en campañas exteriores. De hecho la capacidad de pronunciamiento es un recurso sin el cual la «preponderancia militar» carecería de sentido. Pero esto no lo explica todo.

Hay que añadir la aureola de los generales victoriosos después de cualquier guerra, exterior o interior: es el factor *prestigio* indispensable. Lo hemos visto en fechas recientes de la His-

---

[5] J. PABÓN: *El régimen de los generales desde una fecha y un archivo.* Conferencia leída el 30 de noviembre de 1968 en el Instituto de España, Madrid, 1968. Reeditada en *La subversión contemporánea y otros estudios,* Madrid, 1971, pp. 237-262.

toria universal, después de la segunda guerra mundial, en países de gran tradición democrática, como Francia o Estados Unidos, donde generales como De Gaulle o Eisenhower son llamados al poder sin merma del orden democrático.

Pero el pronunciamiento como recurso en el caso de España está en razón de ese otro hecho descrito: la incapacidad del sistema electoral para crear un poder civil firme, por la inconsistencia moral y la vulnerabilidad práctica de los procedimientos electorales. El poder militar se halla, pues, en condiciones de suplir un vacío existente, y de dotar al gobierno de la autoridad y fuerza necesaria al ejercicio del poder. No crea el vacío: lo encuentra como una realidad previa.

Al analizar la preponderancia militar deben considerarse también, como lo hace el prof. Comellas, los límites o el alcance de la intervención militar en la política. Los jefes de fila de los partidos son generales prestigiosos, por supuesto, y en la política de los partidos o en la lucha por el poder intervienen también otros militares. Pero esa intervención no es masiva. Al recontar su número, Comellas nos dice que de los setecientos generales que están en las plantillas en tiempo de Isabel II, sólo unos setenta aproximadamente toman parte activa en la política. Conviene precisar, pues, que dentro de los límites cronológicos de la «preponderancia militar», el volumen cuantitativo y aun cualitativo de esta preponderancia tiene sus límites: «en todo el siglo liberal no se formó en España un solo gobierno de mayoría militar, una junta gubernativa militar o un Directorio militar: el primero que se constituyó, en 1923, fue precisamente para cerrar la época del liberalismo» [6].

Tras los *años bélicos* (1808-1840) surge, pues, la preponderancia militar. El prof. Pabón nos recuerda que se pasa de la paz a la guerra en un día, pero nunca se pasa en un día de la guerra a la paz. Desde esta perspectiva resume él las tres causas explicativas del «régimen de los generales»: una *bélica,* inmediata; otra *histórica,* mediata; y, por fin, la causa política.

La causa bélica inmediata se deduce de la interdependencia entre la política y la guerra civil, durante los años 1833-1839. A la exaltación normal de los jefes militares victoriosos en cualquier circunstancia, a la de ese «pueblo militar» que recuerda Christiansen en la España de 1839, hay que añadir también, por el modo de producirse la guerra civil carlista, la necesidad de hacer *política y guerra* al mismo tiempo, o sea, de intervenir

---

[6] J. L. COMELLAS: *Los moderados en el poder, 1844-1854.* Madrid, 1970, p. 158.

en la política para ganar la guerra. ¿Cómo responden los generales a esa llamada de la política?, pregunta Pabón. Él mismo, con la brevedad de unas adjetivaciones precisas, contesta: Espartero, *decidido;* Luis Fernández de Córdoba, *vacilante;* Narváez, *contrariado;* O'Donnell, con *llana aceptación.*

Puede añadirse, como corolario de la causa bélica inmediata y de la causa histórica mediata, que se trata de un Ejército con plétora de mandos. El excedente arranca de la guerra de la Independencia, por la necesidad normal en toda guerra de encuadrar el mayor número de soldados; pero que en nuestra guerra de la Independencia se complica con la dualidad de Ejércitos que intervienen en la lucha: el regular y el de los guerrilleros. Al final de la guerra carlista, en el abrazo de Vergara, se reconocen los grados de los jefes y oficiales vencidos; al mismo tiempo que la victoria exige premios y honores a los vencedores. De ahí que Modesto Lafuente haga decir irónicamente al fray Gerundio de su *Teatro social* que en este Ejército muy pronto los soldados mandarán a los generales, porque siempre los menos mandan a los más.

Esta plétora de militares ambienta, pues, la situación en que ha de pasarse de la guerra a la paz, del plano primordial de lo bélico a lo político. «No se dio en el planteamiento, —explica Pabón—, una pugna de civiles y militares, de políticos y generales, por el rectorado de la ingente empresa. Se creyó comúnmente —con razón o sin ella, cuestión aparte— que mientras no se diera el paso radical y total, y existiese el riesgo de que unos u otros españoles recurriesen a los métodos de la guerra para resolver las cuestiones políticas, el gobierno, la dirección del gobierno, estaría mejor atendida o más adecuadamente desempeñada por un militar de prestigio. Fue así.»

Los civiles llamaron a los militares. Mendizábal empezó la cosa tanteando a don Luis Fernández de Córdoba, el vencedor de Mendigorría. Por otro lado, Estébanez Calderón intentará lo mismo con el hermano mayor. Luego vinieron los llamamientos a Espartero y Narváez, sin preocupaciones ideológicas de uno u otro. Más tarde será Ríos Rosas quien invita a O'Donnell.

En 1840 Espartero *decidido* había dado el paso adelante. En 1844 Narváez acepta la jefatura del gobierno *con temor* y a regañadientes. Nos lo recuerda el prof. Pabón: a sus 44 años de edad Narváez no había hecho ningún aprendizaje político, nunca había desempeñado cargos de esta naturaleza; por eso propuso él que asumieran la presidencia del gobierno Pidal,

Miraflores o Martínez de la Rosa, Pero todos ellos se niegan y *requieren* al general para que acepte la presidencia. «En el planteamiento, —dice Pabón—, no jugaron la ambición de los generales ni la habilidad de los políticos: unos y otros, acertando o equivocándose, creyeron necesaria en el trance la intervención de los primeros.» Sólo que la experiencia de Espartero y su fracaso en la Regencia fue un paso trompicado por las cualidades personales del general a las que ya hemos hecho alusión. No tenían por qué repetirse. E incluso el mismo Espartero será llamado al poder en otra ocasión, en 1854, para resolver una crisis sin salida política.

Aquí incide la tesis de Jaime Balmes: la debilidad del poder civil, en las circunstancias excepcionales de España, hace necesaria la preponderancia militar: «No creemos que el poder civil sea flaco porque el militar sea fuerte; sino que, por el contrario, el poder militar es fuerte porque el civil es flaco»[7]. Y añade: «Los partidos políticos se han sucedido en el mando; ninguno de ellos ha logrado constituir un poder civil: todos han apelado al militar... Cuando todos los hombres, de todos los matices, puestos en el mismo lugar, hacen la misma cosa, es señal infalible de que esta conducta es independiente de las ideas, y que reconoce causas profundas, a las cuales es preciso buscar remedio más eficaz que el de las mudanzas personales». ¿Cuál será, pues, el remedio? «El disminuir, el quitar del todo la preponderancia militar, no ha de ser un *medio,* sino un *resultado.* Cuando se hayan reunido en torno del poder civil los elementos de fuerza moral que ahora le faltan, la preponderancia militar habrá desaparecido; no será necesario combatirla: se desvanecerá.»

El poder militar es, como expone Balmes en aquella época y como denomina José Luis Comellas en nuestros días, un poder *subsidiario,* que emerge cuando el poder civil se muestra incapaz de controlar la situación. Creo que podríamos añadir que, en algún momento, aparece también como un poder *mesiánico,* por la confianza ciega puesta en un hombre que arreglará él las

---

[7] J. BALMES: «La preponderancia militar», artículo publicado en *El Pensamiento de la Nación* el 18 de marzo de 1846. Recopilado en o. c., ed. de la B. A. C., vol. VI, páginas 569-575. Creo que R. CARR simplifica demasiado al atribuir la *intromisión* inicial de los generales cuando «se convirtieron en sátrapas de sus respectivas regiones militares, amenazando a las autoridades civiles para que abastecieran a sus hombres... El gobierno militar acaso pueda considerarse como una transferencia de este procedimiento local a la esfera del gobierno central». *España 1808-1839,* Barcelona, 1969, páginas 116-117. (La ed. original inglesa, Oxford, 1966.)

cosas por su sola presencia, como ocurre con el «ídolo» Espartero en sus fugaces accesos al poder.

Por fin, la causa *política* que expone Pabón. «Estos generales del siglo XIX eran liberales; mejor dicho, eran constitucionales.» Narváez, el que pasa por menos liberal de todos ellos, declara en las Cortes en 1843: «Al hablar de mi respeto a la Monarquía, quiero que se sepa, y que no se desconozca, que las heridas que tengo, que la sangre que he derramado, que los servicios de toda mi vida, han sido por la causa de la libertad y por la Ley fundamental del Estado. Yo no he seguido jamás otra bandera». No puede haber una declaración más concisa y explícita del sentido político que adquiere en aquella España el poder militar. Trató de evitar la oscilación pendular reacción-revolución. Evitó, en efecto, el maximalismo revolucionario y el autoritarismo reaccionario: fue un freno al extremismo de izquierda en 1848 y en 1874; pero cortó igualmente la marcha atrás reaccionaria en 1852 y en 1868. Afianzó de este modo el régimen liberal, impidiendo la perpetuación de la guerra civil e imponiendo un marco posible a la pacificación.

No resulta sorprendente, por tanto, la *santificación liberal* del pronunciamiento y del «poder militar». Valgan por todos los ejemplos multiplicados por docenas las conocidas palabras de Castelar en las Cortes de 1869: «Mirados a la luz de las leyes positivas (los pronunciamientos militares), quizá sean graves faltas. Pero mirados a la luz eterna de la conciencia humana que bendice a los héroes de la libertad, son los grandes jalones que van señalando el progreso de España».

Muchos años más tarde, ya en plena Restauración, otro político de la izquierda liberal, León y Castillo, se expresaba el 10 de enero de 1880 ante las Cortes en estos términos: «Cuando yo veo un hombre civil (Cánovas) en ese banco (del gobierno) preocupado por el fantasma del militarismo, me echo a temblar; la historia contemporánea me enseña que los que han pretendido concluir con el militarismo han querido también concluir con las libertades públicas: acordaos del conde de San Luis, acordaos de González Brabo, acordaos de Bravo Murillo».

Claro es que Cánovas no pretendía acabar con las libertades públicas y precisamente lo que trató de evitar fue la repetición de situaciones como las que aludía León y Castillo; pero en 1880 ya no era necesaria la «preponderancia militar» para que esas libertades permanecieran aseguradas. La consolidación del poder civil, precisamente a través del llamado «sistema canovista» de la Restauración, hizo que se alcanzara el resultado previsto por Balmes en 1846: se desvaneció el poder militar, aunque Cánovas temiera todavía en 1880 algún coletazo a destiempo de un neo-militarismo apegado por inercia a los hábitos periclitados del pronunciamiento o de la «preponderancia» de los generales en la política.

CAPÍTULO 2

LOS MODERADOS EN EL PODER

Desde el 10 de mayo de 1844, al constituirse el primer gobierno Narváez, y por espacio de diez años, los moderados se asientan en el poder. Es la «década moderada» que sucede al «trienio de los progresistas».

Si distinguimos en esta época, como hace Tuñón de Lara, entre «tendencias», «grupos» y «partidos políticos», es decir, entre el contenido de doctrinas y diferencias ideológicas, por un lado, y las fuerzas organizadas por otro, podríamos afirmar que los moderados significan una *tendencia* de espectro bastante amplio, en la que cabe una variedad de grupos no siempre bien avenidos entre sí. Pero esta *tendencia* tiene densidad suficiente para mantenerse en el poder y realizar una obra de gobierno con los errores y flaquezas que se quieran, pero que sentará las bases del nuevo Estado.

Los moderados llegan al poder tras el período bélico de 1808-1840 y el período agitado y estéril de 1840-1843. Tan larga época de convulsiones produjo, como ocurre siempre, una sensación colectiva de fatiga, de necesidad de reposo. El desorden crea el apetito del orden. Y en 1844 el país sentía la necesidad de reposo y orden, como dice en su magistral estudio sobre esta época el prof. Comellas, quien recuerda el discurso de la Corona en las Cortes, el 10 de octubre de 1844, en el que se parte del supuesto, por nadie contradicho entonces, de que los españoles «cansados de alternativas y transtornos, desean con ansia disfrutar de tranquilidad y sosiego bajo el imperio de las leyes y a la sombra tutelar del Trono».

Pero, además de reposo y orden, hace falta construir. En los diez años precedentes se había desmantelado el Estado del Antiguo régimen, pero apenas se había hecho otra cosa que afirmar por la fuerza de las armas la posibilidad de la Monarquía constitucional y delinear los principios políticos de la misma. No había, pues, más alternativa que el vacío o la construcción institucional y administrativa del nuevo Estado liberal. Esta fue la perspectiva sobre la que se proyectó la obra de los moderados en el poder.

LAS CARACTERÍSTICAS DEL RÉGIMEN DE LOS MODERADOS

En los primeros años de lucha el liberalismo se centró en la antinomia libertad-autoridad. Pero del detrimento de la autoridad en favor de la libertad se dedujo el desorden. El liberalismo doctrinario de los moderados sostenía la tesis de *la armonía entre el orden y la libertad:* los doctrinarios españoles, como sus maestros franceses, lo dirán de mil maneras, por las voces de Donoso Cortés, de Alcalá Galiano, e incluso las más avanzadas del puritano Pacheco y del flexible Andrés Borrego.

Dice Comellas que si en la época de la «revolución de Riego» y del gobierno San Miguel se reclamaba como suprema conquista política la *libertad sin mancha,* en 1844 se menciona tanto *el orden* como *la libertad.* El eje del Discurso de la Corona en octubre de 1844 gira sobre la convicción de que el orden y la libertad son condiciones indispensables para que prosperen las artes y el comercio, es decir, para *el progreso económico,* que había sido hasta entonces preterido al *progreso político.* El ejemplo de unos países europeos en desarrollo daba en el rostro de los españoles al iniciarse la década moderada como una tácita acusación de los pecados de omisión cometidos por el Estado y por la colectividad social española.

Con orden y libertad, por tanto, hay que construir el Estado y ocuparse de la recuperación económica. El sentimiento y la mentalidad dominante de la época son éstos. «Se ha consumado ya plenamente la destrucción del Antiguo régimen y de sus presupuestos, pero ya no se espera el paraíso prometido por la Revolución. Predomina ahora un sentimiento realista y desengañado, una cierta desconfianza en los principios y en las panaceas universales, un ansia de paz y de estabilidad, que desdeña los grandes cambios y las aventuras audaces: sin darnos cuenta de este giro temperamental nos expondríamos a no comprender el sentido o el papel histórico de la década moderada.» [8]

[8] COMELLAS: *Los moderados,* p. 52.

Lo que caracteriza decisivamente a los moderados de la «década» es su sentido pragmático, su voluntad de construir sobre el solar ya estabilizado de las conquistas políticas liberales. Su propósito es «anclar el nuevo régimen», o sea, «organizar, institucionalizar, codificar». Suponen que la revolución de la libertad contra el despotismo está ya concluida y se disponen a instalarse en el poder, convirtiéndose los antiguos revolucionarios en conservadores, según los modelos históricos tantas veces acaecidos. La preocupación, pues, por el mantenimiento del orden, podemos decir siguiendo a Comellas, será también una constante sostenida aun a costa de usar de la mano dura con prodigalidad hasta entonces no habitual.

Sabemos ya qué son los moderados. Pero, ¿quiénes son? Tuñón de Lara identifica a los moderados con los *conservadores,* a los progresistas con *el espíritu de reforma* y el principio de la soberanía nacional ilimitada. El prof. Pabón señaló muy bien la distinción entre *conservador* y *moderado.* En la década de 1844-1854 los moderados tienden a frenar unas veces o a desacelerar el ritmo político otras, para no perder el control de la ruta. Opina justamente Carlos Seco que «considerar a secas el moderantismo como simple reacción, cuando ideológicamente significa la búsqueda de un centro de equilibrio entre los dos extremos en que la revolución había polarizado al país... es notoriamente injusto e inexacto» [9]. Ahora bien, la voluntad de ser un *centro equilibrado* no quiere decir la efectiva ejecución de esa voluntad *equilibrada en el centro.* De ahí, los desplazamientos hacia la derecha de algunos de sus miembros.

Ante todo, en las filas moderadas se cuentan, pues, los antiguos revolucionarios que quieren cancelar el proceso de la Revolución, y cuyo soporte social lo constituyen sectores importantes de las clases medias: hombres de negocios, entre ellos algunos banqueros, como Gaspar Remisa; pero también un número considerable de intelectuales liberales conversos de sus excesos de juventud, como Martínez de la Rosa, Alcalá Galiano o Donoso Cortés. Además, está también un amplio sector de militares atraídos a la política: Tuñón cree, con Christiansen, que existe una cierta identificación de «los generales» con «los moderados». Sin embargo, y dejando aparte la existencia de los

---

[9] C. SECO: «Mesonero Romanos, el escritor y su medio social», Estudio preliminar a su Edición de las *Obras* de Mesonero en B. A. E., Madrid, 1967, p. LV. Reeditado con el título «Mesonero Romanos, la pleamar burguesa» en *Sociedad, literatura y política en la España del siglo XIX,* Madrid-Barcelona, 1973.

«generales progresistas» y el hecho de que precisamente por ahí empezó la cosa con Espartero, no se puede desconocer el dato decisivo de la totalidad de los generales frente a Bravo Murillo, cuando la derecha conservadora quiso imponer la actitud reaccionaria de 1852. Entre los moderados había flotado un sector conservador inmovilista, formado por algunos antiguos realistas evolucionados, adictos a Isabel II por fidelidad dinástica, incluso algunos ex-carlistas convertidos.

A pesar de esta variedad de componentes, desde lo ideológico a lo social, los moderados integran una conjunción de intereses vinculados a la élite aventajada. Tengamos en cuenta que los partidos en esta época no son más que «grupos de notables», apenas sin organización, pero cuyos contactos internos permiten crear un mecanismo de gobierno con cierta estabilidad. La cohesión se basa en las clientelas personales, donde la conjunción de intereses es más directa, y en el apoyo militar que actúa de centro de gravedad contrarrestando la fuerza centrífuga dispersiva de los grupos.

No siempre la cohesión se logra dentro de una misma tendencia. De ahí las crisis de gobierno ocurridas durante la década moderada. Precisamente por eso el poder es frágil y las disputas intestinas de los grupos, como apunta Tuñón de Lara, tienden a asentarlo sobre una base oligárquica [10]. Este caso se hace más ostensible cuando Bravo Murillo en 1852 quiere prescindir de grandes sectores de la élite política dominante. En general, en los conflictos de poder se anteponen los intereses sobre los principios y, dentro de aquéllos, prevalecen los intereses particulares sobre los generales, como indica Comellas. Por este lado algo suena a falso, algo revelador del fondo de hipocresía y de contradicción entre los principios y las realidades, que la propia autocrítica liberal denunció por la pluma de intelectuales como Donoso o Pastor Díaz.

Entre el gobierno y la oposición, ya sea de la propia tendencia moderada o de las tendencias progresistas e incluso demócratas que aparecen hacia 1850, no se desarrolla ningún medio de cooperación, ni mucho menos de participación alternativa en el poder. El antagonismo entre moderados y progresistas sigue siendo excluyente y aniquilador, lo mismo en la década de los años cincuenta que en la de los años cuarenta.

La ley electoral de 18 de mayo de 1846, al aumentar las cuotas contributivas para adquirir la condición de elector, re-

---

[10]   TUÑÓN DE LARA: «¿Qué fue la Década...?», pp. 67 y ss.

dujo la representatividad del sistema censatario, confirmando su carácter elitista; pero esta reducción no se compensó siquiera con un perfeccionamiento que corrigiera el fraude electoral. Continuó éste como antes y hasta posiblemente se mejoraron las «técnicas» de aplicación, mediante las atribuciones de las autoridades provinciales y la profesionalización del *cacique,* término que emplea Rico y Amat en el *Diccionario de los políticos* publicado en 1855, considerándolo como «el padre guardián del convento político de cada pueblo... (que) dispone a su capricho de las voluntades de la comunidad» y que se contabilizan al fin poniéndose de acuerdo con el gobernador civil.

LOS PARTIDOS Y LA PRENSA

El partido conocido primero con el nombre de «conservador» se concretó al fin en el término «moderado». Aun cuando ya hemos dicho que éste, como los otros partidos de su tiempo, son agrupaciones de notables, no faltan entre ellos quienes les dan contenido doctrinal. La doctrina de los moderados está tomada del liberalismo doctrinario francés en la versión española de Martínez de la Rosa, Alcalá Galiano, Donoso Cortés, Pacheco o Pastor Díaz. De Francia vienen las ideas, confesará Alcalá Galiano. El prof. Díez del Corral ha subrayado lo que este pensamiento tiene en España de improvisado, fragmentario, «con rigor intelectual escaso, en el que inevitablemente se sienten las condiciones de una vida política azarosa, sometida a cambios bruscos e inprevisibles, a veces peregrinos y otras indignos» [11].

Los principales grupos de la tendencia moderada se perfilan ideológicamente en 1844-1845, al plantearse la cuestión de la reforma constitucional. A la derecha encontramos al marqués de Viluma, con su grupo denominado Unión Nacional, que se opone a la Constitución de 1837 y desea fundar un régimen de Carta otorgada. En el polo opuesto de la izquierda moderada estarán los *puritanos,* con Pacheco como primera figura, secundado por Pastor Díaz, Iztúriz, Ríos Rosas. Son los hombres de

[11]   L. Díez del Corral: *El liberalismo doctrinario,* Madrid, 1945, p. 473.

la «reconciliación liberal», que fue intentada en 1837, con la mano tendida hacia los progresistas para poder entablar relaciones de concordia dentro del pluralismo de ideas y comportamientos; su eficacia, sin embargo, fue mínima, aunque tuvieron durante un breve tiempo el gobierno en sus manos, en 1847. «La fracción puritana no volverá a surgir hasta 1855, en que junto con los progresistas de derecha, como Collado, formaron un círculo político que anticipa la constitución de la Unión Liberal» [12].

Entre estas dos alas del moderantismo se halla un núcleo central con Mon y Pidal, con el clan *polaco* de Sartorius, conde de San Luis, y con la figura polifacética de González Brabo. Por supuesto, este «moderantismo nuclear» es el que sirve de soporte más cómodo y dócil a Narváez. Podríamos añadir en él algunas personalidades que, como el marqués de Miraflores, alardean de independencia de filiación, pero influyentes en la Corte y en los medios políticos moderados.

El partido moderado no fue el de la «conciliación liberal», como tampoco quiso ser el de la «conciliación dinástica» que propugnan algunos de sus miembros cuando se suscita el matrimonio de la Reina. Pero será, como hemos dicho, el partido del orden, y no sólo del mantenimiento del «orden público» sino también de la creación del «orden administrativo».

En la oposición, durante la década, el partido progresista seguirá adicto a la doctrina del constitucionalismo de 1837, con algunas nostalgias de maximalismos doceañistas y con algunas influencias renovadoras del liberalismo radical de Bentham. Hacia 1840 estaba, sin duda, bastante desfasado en su fundamentación ideológico-filosófica y por eso don Pedro Gómez de la Serna concibió la idea de buscar una filosofía política para el partido enviando a Sanz del Río a Alemania, de donde había de regresar, en efecto, con la carga doctrinal del krausismo, cuyos efectos a plazo medio se harían notar después de la década moderada.

Con el tiempo el moderantismo y el progresismo anclarían respectivamente en la posición filosófica del doctrinarismo francés y de la filosofía alemana. De momento, y falto de doctrina al día, el partido progresista se ejercitaba en la crítica, combativa pero superficial, de la situación moderada. En sus programas no hay novedades: soberanía nacional, milicia nacional, librecam-

---

[12] M. ARTOLA: *Partidos y programas políticos, 1808-1836*, Madrid, 1974, vol. I, página 249.

bio, jurados de imprenta, sin olvidarse de levantar bandera contra los impopulares impuestos de consumos y el estanco de la sal.

El partido progresista, numéricamente poco importante, mal visto en la Corte, trataba de ganar la calle, como ocurre en casos semejantes. Buscaban el apoyo de los medios populares, las pequeñas clases medias urbanas, tenderos y menestrales, empleados modestos, así como a los resentidos y faltos de empleo, a quienes procuraban arrastrar pasionalmente convirtiéndolos, llegado el caso, en elementos de agitación y de revuelta. Claro es que en sus cuadros dirigentes no faltaban los banqueros y los hombres de negocios.

La fuerza de este partido estribaba en el control de la Milicia nacional, por lo que los moderados se encargaron de suprimirla en 1844. Los «milicianos» habían trocado la misión de custodios del orden por la de protagonistas del motín con harta frecuencia. El modelo del motín era casi siempre el mismo: revuelta de la Milicia nacional y creación de «juntas» que aglutinan a los elementos progresistas más activos. Mesonero Romanos nos ha dejado una descripción del *juntero,* prototipo de progresistas: «Este tipo es provincial, moderno, popular y socorrido. Abraza indistintamente todas las clases, comprende todas las edades; pero lo regular es hallarle entre la juventud y la edad provecta, entre la escasez y la ausencia completa de fortuna. Militares retirados, periodistas sin suscriptores, médicos sin enfermos, abogados sin pleitos y cesantes del pronunciamiento anterior... Su residencia ordinaria es el café más desastrado de la ciudad y allí irá a buscarlos la masa popular cuando sienta su levadura... Luego que llega a entrar con aquella investidura (de concejal, por la Revolución) en la Casa Consistorial, saca del bolsillo la proclama estereotípica, en que se habla de *los derechos del hombre* y del *carro del despotismo,* de la *espada de la ley* y de las *cadenas de la opresión,* a cuya eufórica algarabía responde el gutural clamoreo de los que hacen de pueblo, con los usados *vivas* y el consabido entusiasmo *imposible de describir.* Y nuestro juntero, padre de la patria, lo primero que hace es suprimir las autoridades y declararse él y sus compañeros autoridad omnímoda, independiente, irresponsable, heroica y liberal» [13].

Tuvieron los progresistas, es cierto, cabezas pensantes de segunda fila, oradores y escritores de primera, pero no tuvieron

---

[13] MESONERO ROMANOS: *Tipos y caracteres,* en *Obras,* ed. B. A. E., vol. II, p. 242.

organizadores. No lo eran ni López, ni Cortina, ni Olózaga, ni Calatrava, ni siquiera Madoz. Divididos entre ellos por rencillas personales frecuentes, carecieron en todo momento de organización y, cuando les faltó la espada de Espartero, carecieron también de fuerza. Con razón Comellas escribe que, cuando en 1854 alcanzaron la victoria, se les escapó de entre las manos porque «no supieron qué hacer con ella».

En cambio, fueron fecundos en el uso de la prensa periódica. Ya se sabe que la prensa llegará a ser en el siglo XIX «el cuarto poder», además de ser, según Pacheco, «el emblema de la moderna civilización». Comellas hace ver que, en plena «preponderancia militar», los periodistas llegan a los puestos de gobierno con tanta facilidad como los militares. Ahora bien, aquella prensa incipiente, caracterizada más por la profusión de cabeceras que por su continuidad en el tiempo y por su poco cuidada elaboración; basada casi siempre en un solo redactor, con poco alcance en su difusión fuera del ámbito local hasta la aparición del ferrocarril, y casi sin suscriptores, no es todavía más que un simulacro de poder. Pero es un ejercicio profesional para políticos y, al menos los periódicos de Madrid, abarcan un abanico muy heterogéneo de opiniones [14].

El desarrollo de la idea de «libertad de prensa» fue patrimonio común de los liberales; pero sobre los límites de la libertad y la responsabilidad, los usos y los abusos de la prensa, se escindieron las posiciones, siendo la cuestión de los «jurados de imprenta» el caballo de batalla de los progresistas, que al sustraer a la jurisdicción ordinaria los delitos de imprenta pretendían garantizarse un campo amplio de impunidad frente a la coacción legal.

Aunque en realidad los periódicos de entonces no son órganos de partido, sí son vehículos de expresión de tendencias o fracciones, grupos de opinión con frecuencia muy fluidos. Entre la prensa periódica moderada hay que contar con el prestigioso *El Español,* fundado en 1835, donde tuvo cabida la tendencia puritana de Pacheco y Andrés Borrego; la cual también se expresa en *El Tiempo* y en *El Globo* del buen periodista que era

[14]   Sobre los condicionamientos externos en la aparición de la prensa moderna, así como sobre las características de los periódicos de esta etapa, remito a la excelente tesis doctoral de CELSO ALMUIÑA: *La prensa periódica vallisoletana en el siglo XIX,* leída en la Universidad de Valladolid, septiembre de 1976. Ver también J. LONGARES: «Los periódicos de la menor edad de Isabel II. Intento de método», en «Cuadernos de Historia Económica de Cataluña», XIV, marzo, 1976, pp. 217-252.

Amblart. Durante cuatro años edita Jaime Balmes *El Pensamiento de la Nación,* al que da altura de miras y calidad de pensamiento; mientras *El Heraldo* recoge la línea del grupo de Sartorius. De los periódicos progresistas madrileños en la década moderada hay que destacar *El Clamor Público,* del combativo Fernando Corradi, y *El Espectador.* Otros periódicos de vida efímera daban rienda suelta a opiniones demócratas (*La Libertad*), republicanas (*El Huracán*) o socialistas (*La Atracción,* fundado por aquel incansable periodista que fue Fernando Garrido).

LA CONSTRUCCIÓN DEL NUEVO ORDEN.
LA CONSTITUCIÓN DE 1845

La idea dominante ya ha sido expuesta: los objetivos de la Revolución liberal están logrados, debe darse por concluida, institucionalizarla y *conservarla.* «Que hasta los intereses creados por la Revolución se conviertan en elementos conservadores», dirán Pidal y Mon, grandes artífices del aparato político de aquella hora.

El programa, pues, queda esbozado:

a) Revisión constitucional y leyes orgánicas complementarias para sentar los fundamentos del sistema político.

b) Reconstrucción administrativa del Estado.

c) Reforma y racionalización de la Hacienda pública y régimen fiscal «que permita al Estado en lo futuro las más amplias realizaciones económicas».

d) Política de «fomento», o sea, obras públicas, promoción económica e instrucción pública.

El edificio hay que empezarlo por los cimientos, esto es, por la Constitución. En este asunto se decantan muy pronto tres posiciones dentro de la tendencia moderada:

Primera. La de don Manuel de la Pezuela, marqués de Viluma, que funda en 1844 el grupo de la «Unión Nacional» y es el primero en plantear la necesidad de sustituir la Constitución de 1837. Es un liberal con la menor cantidad de liberalismo posible, un tradicionalista isabelino, según se ha dicho. Opuesto radicalmente a admitir el principio de la soberanía nacional, desearía que la nueva Constitución emanase de la soberanía regia, como una Carta otorgada.

Esta posición político-constitucional suya es perfectamente congruente con el propósito de facilitar la reconciliación política y espiritual con los carlistas tras la guerra civil, para lo que se ofrecían entonces dos oportunidades favorables: una, el matrimonio de Isabel II con el conde de Montemolín, hijo del Pretendiente Carlos María Isidro, poniéndose fin así a la escisión dinástica; otra, interrumpir el proceso de desamortización eclesiástica, sin dar marcha atrás a lo ya hecho, buscando un acuerdo sobre ello con el Papa, para legalizar canónicamente la situación alcanzada.

Sobre este acercamiento por la derecha al carlismo vencido en la guerra civil no sólo se piensa en la «unión dinástica», eliminando la discordia para siempre, sino que se pondrá freno a la Revolución y se dará marcha atrás en una reacción contrarrevolucionaria. En 1844 Viluma declara: «Es preciso alejar ese espectáculo degradante que ofrece la España a la Europa de odios, rencores y sangre que se derrama, más por la ambición de partidos casi reducidos a clientelas de empleados, que por la defensa de grandes intereses nacionales.»

Segunda.   La de Joaquín Francisco Pacheco y los que fueron llamados «puritanos», el ala izquierda de los moderados. Es el otro polo del eje sobre el que gira la tendencia. Viluma quería la *apertura hacia los carlistas,* Pacheco la *apertura hacia los progresistas:* entrar en una armónica disposición que consienta el turno pacífico en el poder de moderados y progresistas.

Su programa de «unión liberal» en 1845 recuerda la «conciliación liberal» de 1837. La Constitución de 1837 debería ser conservada, introduciendo sólo algunas enmiendas. De este modo Pacheco se anticipa a señalar el daño que había de suponer el incurrir en continuos cambios constitucionales: una Constitución es, a fin de cuentas, el fundamento, y los cimientos de un edificio no pueden removerse sin que todo peligre. Pastor Díaz, en la discusión sostenida en las Cortes, advirtió que el problema no podía reducirse a una *cuestión de oportunidad,* sino de la *inmutabilidad moral* de las Leyes Fundamentales: «es cuestión del mal gravísimo que hay siempre en tocarlas... Las Constituciones sólo se reforman cuando hay una necesidad absoluta de ello, una necesidad que excuse toda demostración» [15]. Este punto de vista se presentaba, además, como el único pro-

---

[15]   N. Pastor Díaz: «Discurso sobre la reforma de la Constitución de 1837 pronunciado en el Congreso, en la sesión de 30 de octubre de 1844», publ. en *Obras completas,* ed. de la B. A. E., vol. II, pp. 363-377.

picio al compromiso político con los progresistas y a la reconciliación de todos los liberales alrededor del Trono.

La idea del «compromiso» es la razón de ser de los puritanos; se basa, desde luego, en un eclecticismo político que parece anticipar a Cánovas del Castillo: se basa en la convicción de que «la verdad política no la posee nunca un solo partido». Pacheco, como Pastor Díaz, se mantiene en la línea de la legalidad contra la arbitrariedad; frente a los oportunismos, la inmutabilidad de los principios.

Tercera. La posición centrista, pragmática, entre el ala derecha de la Unión Nacional y el ala izquierda puritana. Ya ha quedado dicho que aglutinará varias personalidades destacadas y sus clientelas políticas entre las que debe citarse, además de Pidal y Mon, al joven Sartorius, llamado a jugar luego un papel importante, con influencias palatinas.

La necesidad de la reforma de la Constitución de 1837 había sido planteada como cuestión de gobierno en el Discurso de la Corona el 10 de octubre. Los hombres del primer gobierno Narváez sostienen, contra la tesis de Pacheco y Pastor Díaz, que es lícito modificar la Constitución *para mejorarla,* supuesto que la existente contiene fallos susceptibles de corregirse.

Por descontado que ni el grupo puritano discrepante de la propuesta ministerial, ni los diputados de la minoría de oposición estuvieron en condiciones de torcer el rumbo que ya Narváez había propuesto. Así se promulgó la Constitución el 23 de mayo de 1845.

El contenido formal del nuevo texto constitucional consta de trece títulos, como la de 1837, y un total de 80 artículos, en los que se refunden íntegros muchos de los de la anterior Constitución. Las modificaciones afectaban, como señala Sánchez Agesta, a los puntos programáticos y doctrinales en que discrepan los partidos moderado y progresista.

La parte dogmática se encerraba en tres puntos principales:

a) En cuanto a la soberanía, se mantenía la solución doctrinaria, frente a la soberanía monárquica absoluta y el principio de la soberanía nacional expresa: «La potestad de hacer las leyes reside en las Cortes con el Rey» (art. 12). La Corona y las Cortes son un resultado histórico, anteriores a cualquier Revolución y representan lo que hay de permanente y esencial: existieron en el Antiguo régimen y deben permanecer en el nuevo. Es, pues, la idea clave de la «Constitución histórica» anterior y superior a cualquier Constitución escrita. A ésta le corresponde sólo actualizar esas dos instituciones básicas.

b) El equilibrio entre el principio de libertad, encarnado en las Cortes, y el principio de autoridad, atribuido al Rey. Este *equilibrio* supone un robustecimiento de la autoridad del monarca respecto a la Constitución de 1837: se suprime el artículo 27 de esta, que preveía la reunión espontánea de las Cortes si no eran convocadas antes de 1 de diciembre de cada año. También se atenúan las limitaciones de las facultades regias, por ejemplo, para contraer matrimonio.

c) Confesionalidad y unidad religiosa. Se modifica el art. 11, dándole esta nueva redacción: «La religión de la nación española es la católica, apostólica, romana. El Estado se obliga a mantener el culto y sus ministros». La consecuencia de este precepto será el Concordato, en el que se ratificará solemnemente la unidad religiosa, «con exclusión de cualquier otra».

Las disposiciones orgánicas de la Constitución de 1845 mantenían el sistema bicameral de las Cortes, con el Congreso elegido por sufragio censatario; pero el Senado no resultaba de la elección por el cuerpo electoral como en 1837, sino que sus miembros serían vitalicios, nombrados por designación regia en número ilimitado entre nobles, mayores contribuyentes y altos cargos eclesiásticos y civiles (arts. 14 al 19).

También se modificaba el régimen municipal, distinguiéndose entre Alcaldes y Ayuntamientos, siendo los concejales que los integraban elegidos por los vecinos; pero se dejaba para la oportuna ley orgánica determinar las atribuciones que en los Ayuntamientos y Diputaciones hubieran de tener «los delegados del gobierno» (arts. 72-74). Así quedaba expedito el camino para la Ley de Ayuntamientos, que reservó a éstos las funciones administrativas, recayendo en los alcaldes de nombramiento gubernativo la función política, como había sido siempre el ideal de los moderados.

Del título X de 1837 sólo se modificó el enunciado: «De la *administración* de Justicia» en lugar del anterior que decía: «Del *poder* judicial». No se modificaron los artículos referentes a fuerza militar y a sistema impositivo. Se suprimió, en cambio, el artículo 77 de la Constitución anterior que establecía la Milicia nacional. En realidad, la Milicia nacional, fuerza de choque progresista como sabemos, había sido previamente suprimida ya por decreto del gobierno González Bravo a finales de 1844.

LAS REFORMAS ADMINISTRATIVAS. LA BUROCRACIA Y EL ESTADO

La Constitución y las leyes complementarias, así como las reformas administrativas, se caracterizan por estas tres connotaciones principales:

a) El robustecimiento del poder de la Corona.

b) La centralización.

c) La organización de la burocracia como instrumento fundamental de la administración.

«Los moderados» —escribe el prof. Artola—, «configuraron un régimen político basado en el control total de la Corona, a través de su Consejo de Ministros, sobre los mecanismos reguladores de la acción política». Así, los consejos provinciales, cuyos miembros son de nombramiento regio; el gobierno de las provincias, a cuyo frente los jefes políticos (gobernadores civiles) tenían amplísimas facultades y prácticamente gozaban de una casi inmunidad de gestión; la ley de imprenta de 6 de julio de 1845, la ley electoral de 18 de marzo de 1846 y la reforma del Reglamento de las Cortes de 4 de mayo de 1847 [16].

La ley electoral aumentaba a 349 el número de diputados, al fijar la proporción de un diputado por cada 35.000 habitantes; pero reducía el cuerpo electoral al elevar a 400 reales la contribución directa exigida para el derecho de sufragio, con la consabida reducción a la mitad de la cuota contributiva a favor de las «capacidades». De este modo, el cuerpo electoral que en 1843 había alcanzado a 442.460 individuos, se contrajo en 1846 a 84.333; el índice de representatividad se redujo, pues, de 1/31 a 1/163 aproximadamente.

El ministro de la Gobernación del primer gobierno Narváez, Pedro José Pidal, fue artífice principal de las medidas centralizadoras sobre los organismos provinciales y locales, sujetos al gobierno, y cuyos efectos se hicieron notar parcialmente en los antiguos países de régimen foral. Los veinticinco años posteriores a 1843 son el período en que Cataluña se *aprovinciana*, según la expresión de Vicens Vives, y en que secunda el centralismo uniformista de los moderados: algunos espíritus catalanes selectos abogaban por «una construcción simétrica y regular» del Estado, como Carlos Aribau, el poeta de la *Oda a la patria*.

---

[16] ARTOLA: *Partidos y programas,* vol. I, p. 245.

En verdad, una de las reformas administrativas que se había llevado a efecto con más eficacia desde 1833 había sido la nueva distribución provincial planteada por Javier de Burgos. Las 48 provincias que componían el territorio nacional no eran entidades de nueva creación absoluta, ni se siguió para establecerla el criterio geográfico del modelo francés. En general los criterios históricos esenciales fueron respetados en la configuración de las provincias. No fue, pues, una división caprichosa y artificial.

Ahora bien, no cabe duda que el nuevo régimen administrativo provincial que se inicia en 1833 constituyó un factor de centralización, al hacer del mismo la base de la administración territorial. Cada provincia estaba administrada por una Diputación provincial, representativa de los habitantes, y por un jefe político o gobernador civil, representante del gobierno. Las Diputaciones se mantenían en dependencia directa del poder central. Sin embargo, de la eficacia del sistema provincial moderno, creado por los moderados en 1833 y ratificado posteriormente por moderados y progresistas, da razón su pervivencia durante siglo y medio en las líneas esenciales de la concepción administrativa y de la distribución geográfica. En nuestros días, en que se habla mucho de región y de regionalismo, no cabe olvidar esa otra realidad histórica que es la provincia.

También fue Pidal el ministro que firmó el R. D. de 17 de septiembre de 1845 sobre organización de la Instrucción pública, que constituyó una pieza fundamental en la organización de los estudios, como tendremos ocasión de explicar al ocuparnos específicamente de este problema en otro capítulo.

Las necesidades administrativas habían ido creando una serie de servicios atendidos por funcionarios cuya selección, permanencia en activo y régimen de retribuciones se debían al capricho o al azar, y no a criterios firmes con la debida expresión jurídica. La función pública distaba mucho de estar reglada cuando los moderados acceden al poder.

La máquina administrativa del Estado liberal y de las corporaciones municipales y provinciales había crecido al compás de la complejidad creciente de las necesidades, pero sin responder a un plan racional, sino más bien como un aparato caprichoso que no siempre se identificaba con la sociedad a la que debía servir. No creo exagerado decir que la máquina burocrática se instala al margen de esa realidad social que es la España campesina, y a la que por este motivo, entre otros, podemos llamar la *España olvidada* del Estado liberal.

La consecuencia de esta marginación será el desinterés que a su vez siente la España rural por el Estado, al que conoce a través de su burocracia: en la mentalidad campesina, el Estado no aparece como la entidad que, con su recta administración, a todos atiende y a todos protege. La idea generalizada es otra: a mediados del siglo XIX, ante los ojos de las clases campesinas, el Estado aparece más bien como el enemigo público del que se recela todo lo malo y contra quien se debe uno proteger. Quizá la primera dicotomía entre la España real y la España oficial sea muy anterior al 98, y deba emplazarse en los comienzos de la burocratización del Estado liberal.

Ante otros sectores sociales el Estado aparece, en el mejor de los casos, como un mal necesario, y del que existe un modo de vengarse o prevenirse: explotándolo al servicio propio, para lo cual el camino directo es hacerse funcionario. La sátira social de finales del siglo XVIII ya abundó en el tema de la «empleomanía», tema que se repite insistentemente en el XIX.

Todos los españoles parecen aspirar a ser funcionarios, a vivir a costa del Estado. Una vez instalado en su mesa el funcionario se siente un ser superior, que de mala gana se ocupa de atender a los ciudadanos necesitados de utilizar los servicios que tiene encomendados. Cuenta Larra una historieta del siguiente modo: «Entramos (en una oficina), saludamos, nos miraron dos oficinistas de arriba abajo, no creyeron que debían contestar al saludo, se pidieron mutuamente papel y tabaco, echaron un cigarro de papel, nos volvieron la espalda, y a una indicación mía para que nos despacharan en atención a que el Estado no les pagaba para fumar, sino para despachar los negocios: —Tenga usted paciencia, respondió uno, que aquí no estamos para servir a usted» [17].

Pero si la aspiración de muchos españoles era alcanzar un empleo público, obtenido en aquel tiempo más por méritos políticos que personales, como cuenta Gil y Zárate en su artículo *El empleado,* el temor de todo funcionario era verse *cesante.* El empleado y el cesante son figuras que adquieren perfiles humanos bien matizados en las páginas de nuestros costumbristas. «¡Caer en el inmenso panteón de los cesantes! Triste suerte; pero suerte infalible de todo empleado moderno. El empleo no es más que un pasadizo que lleva desde la nada hasta la cesantía, es decir, a otra nada peor que la anterior, por estar llena de recuerdos y de esperanzas burladas; burladas digo, pero no perdidas, porque el cesante siempre espera... una

[17] LARRA: «¿Entre qué gentes estamos?», en o. c., ed. de la B. A. E., vol. II, p. 27.

nueva revolución que le reintegre en su prístino esplendor, para perderle de nuevo y recobrarle otra vez y otras veinte en el espacio de pocos años» [18].

Acabar con tal estado de cosas, racionalizar las *carreras* administrativas y los *cuerpos* de funcionarios era una necesidad que sintieron los «tecnócratas» moderados cuando alcanzaron funciones de gobierno y, entre todos ellos, Bravo Murillo, «el primer tecnócrata que hemos tenido» [19]. Don Juan Bravo Murillo ha padecido mala prensa entre los historiadores de izquierdas, o que se autoconsideran de izquierdas, porque fue un moderado con más de autoritario que de liberal, como veremos: pero una cosa es su *política reaccionaria* plasmada en el proyecto constitucional de 1852 y otra sus dotes de administrador y de hacendista.

Desde 1847 trabajaba Bravo Murillo en preparar una Ley de funcionarios que consideraba imprescindible [20]. Pero hubo de esperarse al gobierno por él presidido para empezar a convertir sus ideas en normas legislativas. El Real Decreto de 18 de junio de 1852 es el primer hito en la historia de la función pública española, como afirma C. Carrasco, y aun cuando fue sólo un intento de vertebrar el problema, porque el decreto se incumple, la verdad es que no se deroga y que todas las medidas parciales que se toman para perfeccionar la función pública y el *status* de los funcionarios, hasta el Estatuto de 1918, arrancan de las disposiciones de Bravo Murillo. Por su parte, Alejandro Nieto ha intuido muy atinadamente el propósito de Bravo Murillo de hacer de la Administración una potencia que emergiera sobre los grupos o fuerzas que incidían sobre el Estado: los partidos, el Ejército, la Iglesia, la prensa [21].

[18]   A. GIL DE ZÁRATE: «El empleado», en *Costumbristas españoles,* ed. de E. CORREA CALDERÓN, Madrid, 1950, vol. I, pp. 1122-1130.

[19]   C. CARRASCO CANALS: *La burocracia en la España del siglo XIX,* Madrid, 1975, páginas 230-237.

[20]   J. BRAVO MURILLO: *Política y administración en la España isabelina,* antología preparada por J. L. COMELLAS, Madrid, 1971, en que se recogen varios textos alusivos a la Ley de Funcionarios, entre ellos en el discurso del 30 de enero de 1858, pp. 305 y ss. «Un gran medio... para conseguir el asiento de la sociedad... (es) la ley de empleados públicos... Es imposible la administración pública, no tienen ningún género de estabilidad... El único medio es establecer reglas para ingresar... para ascender... para conservar a los empleados.»

[21]   A. NIETO: *La retribución de los funcionarios en España. Historia y actualidad,* Madrid; 1967, pp. 127 y ss. A este respecto, Nieto comenta: «Bravo Murillo, administrador casi genial, fue un político que no consiguió imponer su criterio a las Cortes...

EL PROBLEMA DE LA SEGURIDAD PÚBLICA. LA CREACIÓN DE LA GUARDIA CIVIL

Antes de 1844 la seguridad pública y el orden interior estaban encomendados a cuerpos armados de carácter local y de muy escasa eficacia: fusileros de Aragón, mozos de escuadra y rondas volantes de Cataluña, migueletes y miñones en Valencia y en las Vascongadas, escopeteros en Andalucía, milicias honradas en Galicia, fusileros, guardabosques y otras partidas especiales en ambas Castillas. Si descontamos el fallido intento de José I en 1811 de crear una «Gendarmería nacional», la primera tentativa de abordar el problema se debe al marqués de las Amarillas, en julio de 1820, con la «Legión de Salvaguardias Nacionales», o sea, un instituto armado para la seguridad pública que abarcase la totalidad del territorio nacional. Este proyecto tropezó, sin embargo, con la oposición de los liberales «exaltados» del primer gobierno del Trienio, temerosos de que un cuerpo armado de esta naturaleza neutralizara las «Milicias nacionales» controladas por su propio partido.

Por segunda vez se intentó crear un cuerpo de Salvaguardias Nacionales por R. D. de 25 de febrero de 1833, pero los acontecimientos inmediatos, al desencadenarse la guerra carlista, no propiciaron su desarrollo. Al finalizar esa guerra el problema de la seguridad pública y el bandolerismo se habían agudizado. Los distintos cuerpos de carácter local, con unos efectivos de 11.677 hombres armados entre todos, eran absolutamente incapaces de garantizar siquiera la seguridad de los principales caminos: y estábamos a las puertas de la «edad del ferrocarril». Así fue como el Real Decreto de 23 de marzo de 1844 creó la Guardia Civil y el hijo del marqués de las Amarillas, el segundo duque de Ahumada, fue precisamente quien recibió el encargo de organizarla.

La Guardia Civil no tenía como objeto principal relevar a una milicia política de partido, la «Milicia nacional», aunque éste era ahora el temor de los progresistas, como lo había sido en 1820 el proyecto de Salvaguardias Nacionales. Todavía algunos historiadores minimizan o enmascaran las verdaderas razones que determinaron la creación del nuevo cuerpo de segu-

A la larga, su despotismo ilustrado había de encontrar la oposición política, provocar su caída y, lo que es más grave, dejar su obra en manos de los irreflexivos cambios de criterio de los gobiernos posteriores» (o. c., p. 136).

ridad pública, como simple antítesis de la milicia progresista. La razón de fondo era la necesidad de resolver un inaplazable problema nacional. Para ello se tomó el modelo francés de la Gendarmería, adaptándolo a las condiciones geográficas y sociales de España, donde era preciso cubrir los caminos y el medio rural, con especial atención a los «caminos de hierro», cuando éstos empezaron a ser construidos.

Según los arts. 4, 6 y 7 del decreto fundacional la Guardia Civil se compondría de un total de 20 escuadrones de caballería y 89 compañías de infantería: el total de la fuerza sumaría 15.369 hombres. Fuerza apenas superior en número a todos los cuerpos locales de seguridad existentes hasta entonces, de manifiesta ineficacia. La organización y disciplina de la nueva Guardia Civil se acreditó muy pronto [22].

La seguridad de los caminos quedó garantizada. Los conductores de diligencias no tuvieron ya que pagar la «protección» de los más famosos bandoleros; ni los viajeros necesitaron asegurarse sus propias escoltas; y las sospechosas connivencias entre venteros y bandidos para desvalijar a los caminantes fueron quedando relegadas al recuerdo de las cosas pasadas.

Si seguimos en el mapa la creación de los puestos de la Guardia Civil veremos inmediatamente cómo aparecen en la vecindad de las carreteras de mayor circulación y de las líneas ferroviarias. Poco a poco los «tercios» de la Guardia Civil van relevando a las antiguas partidas de seguridad, aun cuando las limitaciones presupuestarias frenen el desarrollo del Cuerpo.

El mérito principal del duque de Ahumada, sin duda, y de su continuador el general progresista Facundo Infante, fue haber sabido hacer de la Guardia Civil una institución nacional para resolver un problema nacional: nada se institucionaliza de verdad si la institución no adquiere arraigo en la sociedad entera, si se limita a ser expresión de un particularismo. La Guardia Civil, creada por los moderados, admitida luego por los reticentes progresistas, por la Revolución de 1868, por la Primera República y por la Restauración, se acreditó en el servicio, en su doble función de defensa del orden y de ayuda social (calamidades públicas, epidemias, etc.).

---

[22] E. MARTÍNEZ RUIZ: *Creación de la Guardia Civil,* Madrid, 1977, p. 387. Del mismo autor: «Las fuerzas de seguridad y orden público en la primera mitad del siglo XIX», publicado en *Estudios sobre la España liberal,* Anexos de Hispania, núm. 4, 1973, páginas 83-161.

LA REFORMA DE LA HACIENDA Y EL SISTEMA FISCAL

Los moderados encontraron una situación deplorable de la Hacienda Pública y la necesidad urgente de proveer de recursos al Estado. A ellos correspondió afrontarla con decisión, si bien la ley de 23 de mayo de 1845 fue el resultado de un trabajo preparatorio inmediato de casi año y medio: en efecto, Juan José García Carrasco, ministro de Hacienda del gobierno González Brabo, en diciembre de 1843, creó una comisión de reforma del sistema tributario, presidida por Javier de Burgos, y de la que formaron parte dos expertos hacendistas: Ramón de Santillán y Alejandro Mon.

Las líneas principales de la ley de 1845 se pueden resumir, siguiendo al prof. Fabián Estapé, en estos tres puntos [23]:

Primero. Rescatar las rentas arrendadas. Sabemos que el antiguo sistema fiscal se desentendía con frecuencia del cobro directo de los impuestos, que arrendaba a particulares, con quebranto del fisco y molestias de los contribuyentes. Este procedimiento ya anacrónico tenía que desaparecer. Se comenzó por rescatar la renta de Tabacos.

Segundo. Racionalizar el sistema impositivo y potenciar la contribución directa. En el conjunto tributario antiguo había ciento un impuestos diferentes, algunos de origen medieval. Durante el siglo XVIII el marqués de la Ensenada y el conde de Floridablanca habían hecho los primeros intentos para racionalizar el abigarrado y antieconómico ordenamiento fiscal. El mismo sentido tiene la reforma tanteada por Martín de Garay en 1817. Todos estos precedentes no habían logrado el objetivo deseado.

El nuevo sistema fiscal de Santillán-Mon clasificaba los *impuestos directos* en impuestos «de producto» y otros «personales». Los *impuestos indirectos* gravaban la «circulación» de bienes o el «consumo» de los mismos.

Los impuestos directos *de producto* eran, a su vez, dos:

a) La contribución *territorial*, ya sea sobre los rendimientos de las fincas cultivadas (contribución *rústica*) o sobre los inmuebles (contribución *urbana*). Esta contribución, en sus dos partidas, constituían el pilar principal del sistema tributario, a ejemplo de la «contribution foncière» francesa establecida a partir

[23] FABIÁN ESTAPÉ: *La reforma tributaria de 1845. Estudio preliminar y consideración de sus precedentes inmediatos,* Madrid, 1971.

de noviembre de 1798 [24]. Según la previsión de los legisladores la contribución territorial debía proporcionar el 25 por 100 de los ingresos fiscales, o sea, 300 millones de reales. Esta cifra sufrió algunas alteraciones: en 1846 se rebajó a 250 millones, en 1857 se subió a 350 y en 1858 a 400 millones de reales. La determinación de la base imponible no fue fácil para la Administración, que recurrió a dos procedimientos: el amillaramiento y el catastro.

b) El *subsidio industrial y de comercio.* Fue el punto débil del nuevo sistema, por lo complicado de su determinación y percepción. Se descomponía en dos cuotas o derechos complementarios: uno *fijo* y otro *proporcional.* La cuota fija, o sea, el llamado «derecho de patente» se escalonaba en tres tarifas: una, la llamada «tarifa general» que comprendía ocho clases diferentes de actividades y ocho distintas categorías de población, según las cuales se determinaba la cuantía del impuesto; la segunda, llamada «tarifa extraordinaria» no dependía de la categoría de la población y; la tercera, tampoco sujeta a la base de la población, se denominaba «tarifa especial para la industria fabril y manufacturera».

La cuota proporcional consistía en el 10 por 100 del alquiler pagado por el local de negocios, exceptuándose los contribuyentes modestos de las clases 7.ª y 8.ª y todos aquellos que no llegaran a 60 reales.

Las Cortes fijaron un rendimiento de 40 millones de reales al subsidio industrial y de comercio, pero en 1845 la recaudación no sobrepasó de 34.879.725 reales para un total de 277.252 contribuyentes afectados. La crisis económica de 1847-1848 creó nuevas dificultades. Ante la resistencia de los contribuyentes se modificaron las cuotas y hubo de encargarse a las corporaciones profesionales de distribuir el impuesto entre sus miembros. El número de contribuyentes ascendió en 1854 hasta 456.157, lo que es un aumento considerable, pero el rendimiento del impuesto seguía siendo bajo, alcanzando en esta última fecha la cifra de 55.632.834 reales, a pesar de la importante elevación de tarifas de 1852.

El impuesto directo *personal* era el llamado *inquilinato.* Se imitaba una vez más el modelo francés y puso en él mucho empeño Alejandro Mon, pero al dejar éste el gobierno fue suprimido. Algunos tratadistas han querido ver en la configuración de este impuesto un anticipo de la contribución sobre la

---

[24] ESTAPÉ: o. c., p. 129.

renta. El interés fiscal era muy reducido, puesto que se calculó su rendimiento en seis millones de reales; pero tenía, en cambio, un interés político, puesto que convertía en sujetos contribuyentes con derechos políticos a quienes no pagaban suficiente cuota de contribución territorial o industrial. El impuesto de inquilinato gravaba los alquileres de vivienda superiores a 3.000 reales en Madrid, 2.000 reales en las capitales de provincia y 1.500 en las otras poblaciones.

Los *impuestos indirectos* distinguían, como está dicho, la circulación o transmisión de bienes («derechos de hipoteca») y el consumo. Los «derechos de hipoteca» gravaban los cambios de dominio por herencia, donación o venta. Según Estapé, la comisión de reforma «no contempló el derecho de hipotecas como una fuente de ingresos, sino que, por el contrario, le asignó una misión de registro y de verificación de los movimientos de la propiedad inmueble». Reside en él la clave de la tributación moderna, era el complemento de la contribución territorial y proporcionaba a la administración muchos datos sobre la riqueza pública. El rendimiento fiscal, que en 1845 fue de 5.209.038 reales, alcanzó en 1854 la suma de 19.617.136 reales.

El otro impuesto indirecto «sobre el consumo de determinadas especies» fue muy impopular, al contrario de lo que ocurre con la contribución territorial. La resistencia de los contribuyentes, y sobre todo las clases populares afectadas, fue constante. Dice Estapé que la unanimidad de opiniones favorables al impuesto directo sobre la propiedad territorial sólo admite comparación con la unanimidad en la repulsa de los impuestos indirectos sobre el consumo. La figura del «consumero» (recaudador del impuesto) pasó a nuestra literatura costumbrista, desde el sainete a la novela, concitando contra él la antipatía popular.

Los antiguos impuestos de consumos, cuyo origen estaba en las llamadas «rentas provinciales», en los derechos de puertas, y otros, quedaban absorbidos en esta nueva contribución compuesta de dos elementos: un «derecho general» sobre determinadas especies (vino, sidra, chacolí, cerveza, aguardientes y licores, es decir, sobre las bebidas alcohólicas, más el aceite de oliva, el jabón y las carnes); y un «derecho de puertas» que se pagaba en las capitales de provincia y puertos habilitados.

Quedaban libres de impuestos el pan, las legumbres secas y las hortalizas, en razón de constituir la base de la alimentación popular. Santillán justifica el impuesto sobre el vino y la carne, a pesar de ser también de consumo popular, porque «sin el abuso continuo de estos artículos viven y se hacen notar por su robustez los habitantes de muchas provincias»; y en cuanto al aceite, como alimentación o alumbrado, su consumo «supone ya mayores medios que los de las clases de la sociedad atenidas a un bajo salario», afirmaciones que no dejan de tener interés histórico a la hora de determinar no sólo los niveles de consumo, sino las estimaciones sobre la calidad de vida.

El rendimiento del impuesto de consumos se había fijado en 1845 en 180 millones de reales. El rendimiento durante los primeros años fue, sin embargo, muy bajo, entre otras cosas por las dificultades derivadas de la simultaneidad de sistemas impositivos. En 1854, los progresistas vencedores suprimieron el impuesto tras la Revolución, para dar satisfacción a las demandas populares y al programa del partido; pero fue restablecido en 1856. De nuevo suprimido tras la Revolución de 1868, fue sin embargo restablecido inmediatamente por el gobierno revolucionario, ante la imposibilidad de renunciar a esta fuente de ingresos.

Por fin, la tercera línea fundamental que inspiraba la ley de 1845 era equilibrar los ingresos y los gastos del Tesoro; es decir, lograr una Ley de Presupuestos que eliminara el déficit crónico. En 1843 los gastos habían sido de 1.193 millones de reales, los ingresos sólo de 785 millones; el déficit anual fue, por consiguiente, de 408 millones. El total de la recaudación fiscal según la ley de 1845 se había estimado en 1.200 millones de reales. En esta cifra se aspiraba a equilibrar, pues, los presupuestos generales del Estado.

La ley del 23 de mayo de 1845 fue mal recibida, como suele acontecer con toda reforma fiscal, y la impopularidad afectó sobre todo al impuesto de consumos y a la contribución industrial. Esta ley seguía la tradición castellana de fuertes cargas fiscales sobre el contribuyente. El alto cupo contributivo soportado por los españoles, en comparación con los demás países de Europa, hacía de España el quinto país en cuota por cabeza. Pero también la tradición castellana conocía el refrán de «puesta la ley, puesta la trampa», y ante la presión del fisco quedaba una alternativa: el fraude o la evasión fiscal.

El prof. Estapé enjuicia de este modo la reforma de 1845: «La esencia de la reforma tributaria de Mon-Santillán..., estuvo en el establecimiento de la contribución territorial... Durante medio siglo la contribución territorial fue la principal fuente de ingresos del Tesoro. El sistema tributario contenido en la reforma Mon-Santillán perduró con normalidad y eficiencia hasta que se produjo paulatinamente una modificación importante en la estructura de la economía española. Y ésta no fue otra que la creciente importancia de los valores mobiliarios al desarrollarse la economía capitalista en la economía española de la segunda mitad del siglo XIX. La insuficiencia del sistema resultó evidente en los últimos años del siglo, aun cuando la reforma de Villaverde le añadió las necesarias condiciones de adecuación para alargar notablemente su vida» [25].

Después de la ley de 1845 quedaban pendientes tres cuestiones importantes de la Hacienda Pública: el arreglo general de la Deuda, la gran pesadilla del siglo; la reforma de los aranceles de aduanas, complicada con la disputa de librecambistas y proteccionistas; y la ordenación de la Contabilidad del Estado, imprescindible si se quería modernizar la Administración.

[25] ESTAPÉ: o. c., pp. 171-172.

CAPÍTULO 3

LA GRAN ÉPOCA DE NARVÁEZ.
LOS SUCESOS REVOLUCIONARIOS DE 1848

La «década moderada» tiene una primera fase constituyente en la que, tras el gobierno introductorio de González Brabo (diciembre 1843-mayo 1844), la figura política clave es Narváez (mayo 1844-febrero 1846). Durante esta fase se lleva a cabo, como hemos visto, la Constitución, la ley de imprenta, la ley electoral, la reforma tributaria, la reforma de la instrucción pública, se crea la Guardia Civil.

El 11 de febrero de 1846 ocurre la inexplicable *dimisión* de Narváez, a la que sigue un período de inestabilidad; con seis gobiernos en año y medio, entre ellos el segundo y fugaz del propio Narváez. No era sólo la escasa homogeneidad del partido moderado la causa de esas dificultades. Don Juan Valera habla del «cúmulo de intrigas y de sucesos entre bastidores» [26]. El telón de fondo sobre el que esas intrigas se movían era el matrimonio de la Reina, y en tales maniobras tomaban parte no sólo políticos y gentes palatinas, movidas de la mano de la Reina Madre, sino también los embajadores de Inglaterra y Francia.

El marqués de Miraflores se refiere al antagonismo entre Bulwer-Litton y el conde de Brésson desde que llegaron ambos en 1844 a Madrid, en cuyo fondo existían «dos graves cuestiones, en las que entonces no había acuerdo entre ambas potencias: la principal era la cuestión del influjo superior en España, pues si había sido supremo el de Inglaterra durante la Regencia (de Espartero), la nueva situación política de España presagiaba el superior influjo de Francia; y la otra, de pura actualidad, era el matrimonio de la Reina Isabel, cuya época se consideraba inmediata» [27].

[26] *Historia de España* de LAFUENTE, t. XXIII, pp. 52-53.
[27] M. DE MIRAFLORES: *Memorias del Reinado de Isabel II,* ed. de la B. A. E., vol. II, páginas 306-307.

La cuestión del matrimonio de la Reina iba, pues, a resolverla no un gobierno Narváez, sino otro de circunstancias que presidió Javier de Iztúriz.

EL MATRIMONIO DE LA REINA

El 6 de abril de 1846 se formó el gobierno Iztúriz, de quien Galdós ha dejado un retrato literario muy al vivo en el «episodio» *Bodas reales:* era «el más ferviente partidario y adorador de la Reina Cristina..., uno de esos hombres de viva inteligencia que jamás hicieron cosa de provecho por falta de carácter y de ideales patrióticos. Liberal de abolengo, criado en el volterianismo y en la cultura moderna, tiraba a lo reaccionario por odio a las groserías del *Progreso* y aborrecimiento de la Milicia nacional. La corrección y las buenas formas, la pureza de la palabra y la finura de los modales se habían sobrepuesto en su entendimiento a las ideas y al saber político estudiados en los libros y en los hechos. Su adhesión idolátrica, pasional, a la Reina Cristina, especie de culto caballeresco, más ardiente cuanto más platónico, le llevó a consentir y autorizar cuantas extravagancias políticas se le ocurrían a la orgullosa dama».

La Constitución de 1845 había suprimido la exigencia del consentimiento de las Cortes para el matrimonio del monarca: por tanto, en pura doctrina constitucional, Isabel II era libre de elegir esposo. Pero aun cuando la Constitución no lo declarara, el matrimonio de las personas reales no era sólo un asunto privado, sino una cuestión de Estado. En el caso de la «boda real» de Isabel II inciden tres planos distintos: el privado, que afecta a los cónyuges como personas; el nacional, por las conveniencias políticas internas que pudieran deducirse del mismo; y el internacional, por las interferencias extranjeras que disputaban su influencia en España.

Seis fueron las candidaturas barajadas para casar a Isabel II:

a) La candidatura Orléans, o sea, el duque de Aumale, hijo del Rey Luis Felipe. Narváez se inclinaba en 1844 por esta posibilidad. El gobierno inglés sostuvo como «cuestión de equilibrio europeo la oposición decidida del casamiento de la Reina Isabel con un hijo del rey de los franceses» [28]. Por eso, Luis

---

[28] MIRAFLORES: o. c., vol. II, p. 364. Miraflores tuvo conocimiento directo en el asunto del matrimonio regio. En los capítulos II y III de la *Continuación* de sus *Memo-*

Felipe desiste de sacar adelante el empeño: sólo aspirará a casar a su otro hijo, Antonio, duque de Montpensier, con la hermana menor de Isabel II, la infanta Luisa Fernanda.

b)   La candidatura Coburgo. A la Reina Madre le hubiera agradado la boda con Leopoldo de Sajonia-Coburgo, pariente del príncipe Alberto, el marido de la Reina Victoria de Inglaterra. Pero los soberanos de Inglaterra y de Francia celebraron unas entrevistas en el palacio de Eû, en septiembre de 1845, lugar en el que sus respectivos ministros Aberdeen y Guizot llegaron a un acuerdo sin contar con España. El acuerdo de Eû establecía que Isabel II debía casarse con un descendiente de Felipe V, que de ningún modo lo haría con un Coburgo ni con un hijo de Luis Felipe; y que el duque de Montpensier sólo podría casarse con Luisa Fernanda después que hubiese tenido sucesión Isabel.

c)   El conde de Trápani, hermano menor de la Reina Madre, tío carnal, por tanto, de Isabel. Esta candidatura se había suscitado, según declaración de uno de sus mentores, Donoso Cortés, porque «era una combinación cuya ventaja especial consistía en carecer de graves inconvenientes» [29]. La apoyaban Narváez y la Reina Madre, aunque ésta con reservas, porque la Corte de Nápoles no había reconocido ni la Pragmática de 1830 ni a Isabel II. También contaba con el beneplácito de Luis Felipe, que ayudó al restablecimiento de relaciones diplomáticas entre Nápoles y Madrid. Pero en 1845 se concitaron contra ella graves inconvenientes, no esperados por Donoso. Un gran número de diputados de la mayoría parlamentaria firmó un «manifiesto» contra esta candidatura, declarando ser «funesto al país» este proyecto.

d)   El conde de Montemolín, Carlos Luis, hijo del pretendiente carlista. Esta era la candidatura defendida calurosamente por el marqués de Viluma y por Jaime Balmes en *El Pensamiento de la Nación,* desde enero de 1845 [30]. Ya han sido dichos sus argumentos: se acababa con la «cuestión dinástica» y al mismo tiempo se reforzaba la derecha moderada. También

rias se habla extensamente de las negociaciones, con inclusión de algunos documentos de interés.

[29]   J. DONOSO CORTÉS: «Sobre la candidatura del conde de Trápani», recogido en *Obras completas,* ed. de la Biblioteca de Autores Cristianos, vol. II, p. 136.

[30]   J. BALMES: «Examen de la cuestión del matrimonio de la Reina Doña Isabel II», recopilados en *Obras completas,* ed. B. A. C., vol. VI, pp. 31-104, 205-302 y 427-532. También «El matrimonio de la Reina con el conde de Montemolín», vol. VII, páginas 707-714.

Miraflores veía esta solución con buenos ojos, pues como dijo en el Congreso el 10 de enero de aquel año «las cuestiones de *sucesión* suelen terminarse por una batalla, pero las de *pretensión* no han solido terminarse nunca hasta que los derechos *se han fundido*».

Para facilitar este proyecto don Carlos renunció el 18 de mayo de 1845 a sus pretendidos derechos sobre la Corona en favor de su hijo mayor, que adoptó el título de conde de Montemolín y publicó el «manifiesto de Bourges» en términos comedidos y de cierto aperturismo a las «novedades» del siglo. Pero no se pudo evitar la unánime repulsa de los progresistas y de buena parte de los moderados a este enlace del que temían el resultado de una ofensiva reaccionaria.

e) El infante don Enrique, duque de Sevilla. Candidatura grata a los progresistas exiliados (Olózaga, Espartero) y al gobierno inglés (Russell, Palmerston). El infante, primo de la Reina, excéntrico de conducta y poco equilibrado de temperamento, intervino en abril de 1846 en una sublevación ocurrida en Galicia, según decía contra la «pandilla napolitana». Por ello su nombre no pudo tomarse en serio y el infante fue expulsado de España.

f) Por fin, don Francisco de Asís, duque de Cádiz, hermano de don Enrique, pero hombre insignificante y afeminado. Es de sobra conocido que la Reina no sentía por él ningún atractivo, sino un franco aborrecimiento. Tampoco don Francisco quería casarse. Pero frente al apoyo dispensado por el gobierno inglés a don Enrique, Guizot decidió apoyar la candidatura de don Francisco. Los acuerdos de Eû no dejaban ya más alternativas posibles.

De este modo se llegó al matrimonio de Isabel II y Francisco de Asís, no sin forzar la voluntad de la Reina para que se resignara a dar su consentimiento. La absurda boda se celebró el 10 de octubre de 1846, el día que la Reina cumplía dieciséis años: de ella arrancan todos los problemas íntimos, la vida amorosa desventurada de la joven e impulsiva Reina, y también las dificultades políticas posteriores derivadas de las malas relaciones de la real pareja y del entrometimiento de algunos cortesanos amigos del Rey consorte.

Pero además de este matrimonio se negoció el de Luisa Fernanda con Montpensier. Guizot abrigaba tal vez la esperanza de que si el Rey Francisco era impotente, como se presumía, el hijo de Luis Felipe acabaría siendo Rey de España.

Después de la boda real dimitió el gobierno Iztúriz y hubo

varios ministerios breves, entre ellos el que presidió Pacheco (28 de marzo a 31 de agosto de 1847). Fue entonces cuando el grupo de «puritanos» tuvo su ocasión de gobernar, que apenas cambió el estilo de los moderados en el poder.

LA FIGURA DE NARVÁEZ

El 4 de octubre de 1847 vuelve Narváez al gobierno, presidiéndolo por tercera vez. Lo retendrá en sus manos hasta el 10 de enero de 1851, sólo alterado por la brevísima interrupción del «ministerio relámpago» del conde de Cleonard (19-20 octubre de 1849). Será ésta su «gran época» de gobierno en la que le tocará abordar dos graves crisis de distinta naturaleza, como expone Comellas: la crisis económica de 1847-1849, superada desde 1850 con un nuevo ciclo expansivo; y la crisis política desencadenada en Europa por la Segunda Revolución francesa, en febrero de 1848, con las resonancias que tuvo en España.

Don Ramón Narváez había nacido en Loja en 1800, de familia de mediana distinción. Hizo una carrera estrictamente militar desde los quince años. No fue por ello un hombre cultivado en doctrinas políticas ni literarias, pero gozaba de talento natural y de sentido político. «No es hombre de principios», confesará Donoso Cortés en una de sus cartas al conde Raczynski. Lo cual no quiere decir tampoco que fuera versátil en sus lealtades y en su conducta. A «la falta de un pensamiento político» atribuye Balmes «su fluctuación entre las tendencias absolutistas y liberales; de esto el que se le haya visto hoy con pretensiones de hombre de Parlamento, y mañana sable en mano en actitud amenazadora contra el mismo Parlamento» [31].

Las noticias que sus contemporáneos nos transmiten sobre su carácter hacen pensar en un fondo psicopático, que se revela en sus arrebatos, en su falta de control y brusquedad de maneras, contrarrestadas otras veces por sus modales afables. También padecía alternativas de euforia y depresión de ánimo, propias de un ciclotímico: a uno de esos momentos de depresión podrá achacarse el intento de suicidio de 1824, o las «espantadas políticas», las dimisiones «inexplicables». Narváez, que había salido del gobierno en 1846 dando un portazo lo recuperó

---

[31] BALMES: «El general Narváez», en o. c., ed. B. A. C., vol. VII, p. 612.

en 1847 entrando en el salón del Consejo con el sable desenvainado y echándo a los ministros a viva fuerza. Precisamente por estas alternativas Miraflores le califica de hombre impresionable.

Era enérgico y arbitrario, con poco escrúpulo para sujetarse estrictamente a las leyes, y con mucho sentido de la autoridad. Será por eso el *hombre fuerte* de 1848. Con los años se hizo más liberal, pues como cuenta el marqués de Miraflores adquirió «de día en día la convicción de que era necesario flexibilizar el sistema político para acomodarlo a las nuevas condiciones morales y aun materiales de la época». Al final de su vida, al formar gobierno en 1865, había abandonado el principio que estuvo en boga en la Europa de 1848 de que «gobernar es resistir» [32]. Pero para siempre quedó motejado como el «espadón de Loja».

Una literatura histórica adversa se ha encargado de subrayar al hombre de la *mano dura,* del *mal genio,* en la que se basa su contrafigura histórica. Incluso se le ha atribuido, como a tantos otros, la consabida anécdota, a modo de chiste político, de una supuesta última confesión en la que, cuando el sacerdote le pide que perdone a sus enemigos, contesta: «No tengo enemigos, he fusilado a todos».

En los *Episodios* de Galdós, autor que no siente simpatía alguna por Narváez, se recogen a veces los trazos caricaturescos de esa contrafigura. Así, en «Bodas reales», donde se lee este retrato: «No había otro que le igualara en aptitud para establecer un predominio efectivo, por la sola razón de ser más audaz, más tozudo y más insolente que los demás... Narváez supo ser el primer mandón de su época, porque tuvo prendas de carácter de que otros carecían, porque su tiempo, falto de extraordinarias inteligencias y de firmes voluntades, reclamaba para contener la disolución un hombre de mal genio y peores pulgas. El cascarrabias que necesitaba el país en tiempos de turbación era Narváez, porque no había quien le igualase las condiciones para cabo de varas o capataz de presidio... Los actos de imbecilidad o de locura que señalaban el estado epiléptico del país, requerían un baratero que con su cara dura y su genio de mil demonios, sus palabras soeces y su gesto insolente se hiciese dueño del cotarro... Empezaba don Ramón revelando su *poer* con el desapacible y fosco mohín de su cara, una de estas caras que no brindan amistad, sino rigor; ...de estas caras, en fin, que no han sonreído jamás, que fundan su orgullo en ser antipáticas y en hacer temblar a quien les mira».

---

[32] MIRAFLORES: *Memorias,* ed. de la B. A. E., t. III, pp. 414 y 243.

Pero el mismo Galdós nos presenta otra imágen de Narváez en el episodio que lleva su nombre por título, para el que contó con «excelentes asesores para la comprensión del personaje», como ha hecho notar Carlos Seco, entre ellos el general San Román [33]. «Es un gran corazón y una gran inteligencia; pero inteligencia y corazón no se manifiestan más que con arranques, prontitudes, explosiones. Si mantuviera sus facultades en un medio constante de potencia afectiva y reflexiva, no habría hombre de estado que se le igualara.»

Balmes apuntó desde 1844 que en Narváez había *dos hombres,* fundando esta opinión más en la inestabilidad de sus ideas que en una inestabilidad emocional. Sin embargo, no se le escapaban tampoco al filósofo catalán esas otras características psicológicas: «Sus instintos, sus ideas, sus sentimientos, sus intereses estaban en perpetua lucha». Pío Baroja, en dos líneas, traza un brochazo impresionista de Narváez y pone el dedo en la llaga: «era un tipo raro, *poco fácil de entender...* Narváez era un hombre genial, incompleto, *contradictorio* pero genial».

Narváez, él y su contradicción, ha sido un personaje desfigurado en manos de los historiadores y, por eso, sigue siendo un hombre ignorado en sus verdaderas dimensiones humanas y políticas. Su archivo, en parte trasladado a una colección particular en Chile, en parte conservado en la Real Academia de la Historia, guarda tal vez la explicación del hombre y su tiempo. El estudio inacabado del prof. Pabón, al que este gran historiador y maestro ha dedicado los últimos años de su vida, y del que sólo ha llegado a ofrecernos breves anticipos, ponen de relieve una figura de talante humano, sensible a los afectos y no sólo a los impulsos, de notoria intuición política, aunque con errores y fallos [34].

LOS SUCESOS DE 1848 EN ESPAÑA

A los pocos meses de formar Narváez su tercer gobierno ocurren en París las *jornadas* de febrero de 1848, esto es, la Tercera Revolución francesa, que desencadena el ciclo de revo-

---

[33] C. SECO: «Los Episodios Nacionales como fuente histórica», en *Sociedad, Literatura y Política en la España del siglo XIX,* Madrid-Barcelona, 1973, p. 303.
[34] J. PABÓN: «La leyenda y la historia del general Narváez». Conferencia inaugural del XXXI Congreso luso-español para el Progreso de las Ciencias, Cádiz, abril 1974.

luciones europeas de 1848-1849. También en España ocurrieron aquel año conspiraciones y movimientos armados sembradores de alarma. Pero el encuadramiento de los sucesos de España dentro del ciclo de las revoluciones europeas puede inducir a error. Claro está que los sucesos españoles tienen como telón de fondo el 48 europeo; pero aquí las singularidades son notables, y hacen del caso español algo peculiar y específico. También debemos considerar la crisis económica europea de 1847-1848, que tiene una versión española, con déficit agrario, hambre y carestía.

Por de pronto, los sucesos de España no tienen relación directa con los promotores de los sucesos revolucionarios en Francia. Además, los protagonistas de estos «sucesos» en España, de las algaradas, conspiraciones y partidas armadas rurales que agitan el país, pertenecen a tres diferentes y aun opuestas filiaciones: la izquierda progresista, los republicanos revolucionarios y la derecha carlista.

A raíz del triunfo revolucionario de febrero en Francia, los moderados dejaron de contar con el apoyo que desde 1833 les prestaba el gobierno de Luis Felipe; aunque mejor que hablar de «apoyo» debiéramos referirnos simplemente al «respaldo» político que les daba. Este momento quiso ser aprovechado desde Londres para presionar en Madrid contra los moderados y restablecer en el poder un gobierno progresista con el beneplácito de Inglaterra, país que cobraría en especie su ayuda, como había ocurrido siempre y de lo que los españoles teníamos sobrada experiencia. Pero la presión británica era anterior a la Revolución francesa y no se ejercía por razones ideológicas, ni mucho menos de índole moral, sino por las más vulgares y concretas de conseguir el librecambio aduanero, así como por otras de carácter estratégico: frenar a Francia en el Mediterráneo, en un momento en que nuestro país vecino se asentaba en Argelia y ejercía creciente influencia en Italia.

Toda la historiografía contemporánea se hizo eco de las maquinaciones inglesas. Así, pues, la subversión de 1848 en España no la mueve Francia, sino Inglaterra. Es una aparente paradoja, pero es un hecho cierto, que el gobierno revolucionario francés no apoyó los preparativos conspiratorios hechos en Francia por los exiliados españoles republicanos y carlistas, cada cual por su lado.

Desde territorio francés tendrán una plataforma para irrumpir en España partidas armadas, sobre todo carlistas; pero los republicanos españoles se sienten defraudados al no encontrar apoyo en el gobierno republicano francés y apenas intentan nada en serio. La correspondencia de nuestro embajador en París, Antonio Luis Arnau, tenía al gobierno español al corriente de los movimientos de los emigrados en Toulouse o en la proximidad de la frontera [35]. Los sucesos de Francia crean, pues, el clima general de revuelta o lo airean, pero quien mueve los hilos de la trama es Inglaterra, sin ningún propósito revolucionario, sino para dar simplemente el poder a su clientela progresista.

Estos progresistas soñaban con recuperar el poder perdido en 1843, unas veces recurriendo al alzamiento armado (Galicia, 1846), otras esperando un giro a la izquierda del gobierno puritano de Pacheco. Al salir Pacheco del gobierno, fallidas estas esperanzas que abrigara el marqués de Salamanca, se pusieron a conspirar en Madrid, antes de que en París se alzasen las barricadas del 24 de febrero.

Narváez tuvo noticias muy exactas del alcance de la conspiración por la confidencia de una amistad femenina y, en uno de sus rasgos característicos, se lo hizo saber a los conspiradores para que desistieran de la operación. Refiere Fernando Fernández de Córdoba cómo Narváez «me comisionó personalmente para que advirtiera a estos señores (Salamanca, Escosura, Madoz, Mendizábal, Cortina y otros) los peligros a que se exponían persistiendo en sus trabajos revolucionarios», indicándoles al mismo tiempo el propósito que tenía de «hacer posible el turno en el poder de todos los partidos que lealmente reconociesen a la Reina». Fernández de Córdoba añade que «aquellas negociaciones se mantuvieron secretas por algún tiempo, guardándose la mayor reserva y algo se consiguió, pues la fracción más templada del progresismo ofreció por el pronto no intervenir e incluso desaprobar los trabajos revolucionarios de los clubs» [36].

Lo cierto es que Narváez, al constituir su tercer gobierno, alentaba un programa aperturista que se reflejó en el Discurso de la Corona al inaugurar la legislatura de Cortes, «el discurso más liberal que jamás puso en boca de nuestra Reina un gobierno moderado», según comenta Andrés Borrego, nada sos-

[35] M.ª TERESA MENCHÉN: *El Infante don Enrique de Borbón y su participación en la política española del siglo XIX,* tesis doctoral leída en la Universidad Complutense de Madrid, 1974.

[36] F. FERNÁNDEZ DE CÓRDOBA: *Mis memorias íntimas,* ed. de la B. A. E., vol. II, página 159.

pechoso de adulación, como lo demuestra todo su interesante ensayo en el que tal juicio se contiene [37].

Narváez, a finales de febrero de 1848, tiene pues que hacer frente a una conspiración cuyo alcance conoce, no a una revolución semejante a la francesa. Durante todo el período crítico de aquel año procurará evitar los alzamientos armados de cualquiera de los núcleos revoltosos: progresistas, republicanos y carlistas; sometiéndolos por la fuerza cuando, a pesar de todo, la revuelta armada se produce.

Estas «revueltas» carecen de contenido y de programa social. Los sucesos de 1848 no plantean en España ninguna «cuestión social», como no sean los aislados escritos de Fernando Garrido en el periódico *La Organización del Trabajo,* de corta vida y difusión, pues sólo publica diecisiete números y los suscriptores no pasaban de doscientos. Garrido expuso en él sus ideas de un socialismo utópico, como ya en 1846 había defendido también las doctrinas fourieristas en el periódico *La Atracción.* Sólo algunos individuos aislados (periodistas, militares) sostenían en aquellas fechas aspiraciones revolucionarias de alcance social; pero sin organización, apenas sin doctrina y, por supuesto, sin eco en las masas, sencillamente porque no existían todavía en España los supuestos de una sociedad industrial como en Francia.

Así Narváez, ante una crisis que tiene alcance político, pero no revolucionario, plantea usar las armas de la política, antes de acudir a la política de las armas. La primera opción era descomponer política y moralmente a los progresistas conspiradores, y este alcance tuvieron los contactos con Mendizábal y los otros dirigentes a los que Fernández de Córdoba alude en sus *Memorias* [38]. Insisto, la conspiración progresista era anterior a los sucesos de Francia y sin relación con ellos: Madoz, incluso Mendizábal en un primer momento se apartan de la conspiración, proseguida por los más exaltados (Gándara, Orense, Muñiz).

La segunda medida política de carácter preventivo contra los intentos conspiratorios, exigida además por un sector *duro* de su propio partido, fue la ley de Poderes excepcionales presentada

---

[37] A. BORREGO: *De la situación y de los intereses de España en el movimiento reformador de Europa, 1848.* Edición y notas de D. GÓMEZ MOLLEDA, Madrid, 1970, p. 101. Borrego denuncia en este escrito, siguiendo la línea moderada-puritana, la política de Narváez basada en el autoritarismo de la Ley de poderes especiales.

[38] A. PIRALA en su documentada *Historia Contemporánea,* Madrid, 1892, vol. I, páginas 458 y ss. se refiere también a estos contactos sostenidos por Narváez para desbaratar la conspiración progresista.

en las Cortes, cuando llegan a Madrid las noticias alarmantes de París.

En esta ley se apoyará la «dictadura legal» de Narváez. Los debates en las Cortes, primero al ser discutido el proyecto y más tarde al examinar el uso que se había hecho de la misma, plantearon el gran problema teórico de la antinomia clásica Libertad-Autoridad: ¿cómo se concilian Dictadura y Libertad? [39]. Fue en el contexto de estos debates en el que tuvo lugar el alegato acusatorio de Manuel Cortina y la réplica de Donoso Cortés el 4 de enero de 1849, en su famoso «Discurso sobre la Dictadura», que pasa por ser una de las tres grandes piezas oratorias de la política del siglo XIX, junto con el discurso sobre la tolerancia de Castelar y el del sufragio universal de Cánovas del Castillo.

Por consiguiente, al aprobar la ley de Poderes especiales antes de que hubiera ocurrido aquí alteración alguna en la calle, cabe decir que el primer efecto del 48 en España fue desencadenar una «contrarrevolución preventiva». Sin embargo, los sucesos estaban próximos a producirse, en un escalonamiento de fechas y con protagonistas distintos en cada caso:

a) El motín del 26 de marzo y los sucesos del 7 de mayo en Madrid, a los que se suman otros conatos en Sevilla el 13 de mayo y en varias provincias. Los progresistas criptodemócratas, a los que se unen Fernando Garrido, Sixto Cámara y otros republicanos socialistas, son sus protagonistas; la embajada inglesa, su resorte.

La primera intentona del 26 de marzo se reduce a una algarada de paisanos, sin apoyo militar ni tampoco eco popular. La sublevación del 7 de mayo, por el contrario, era un pronunciamiento militar (el Regimiento España con Muñiz y Buceta al frente), más la participación activa del marqués de Salamanca, pero sin asistencia del paisanaje. El 13 de mayo en Sevilla es también una sublevación militar, bajo el mando del comandante José Portal, falto de apoyo en la calle, que careció del matiz republicano atribuido luego por los republicanos históricos [40].

b) Entre los sucesos promovidos por los progresistas en marzo y en mayo hay un «intermedio carlista» en abril, con la

---

[39]   SONSOLES CABEZA SÁNCHEZ-ALBORNOZ: *Los sucesos de 1848 en España*, tesis doctoral leída en la Universidad Complutense de Madrid el 7 de abril de 1975. En ella se recogen ampliamente estos debates y la línea argumental de moderados y progresistas.
[40]   A. PIRALA: o. c., vol. I, pp. 462-463 (nota) así lo afirma basado en las Memorias inéditas que el propio Portal le facilitó.

introducción de algunas partidas guerrilleras en la zona pirenaica.

c) Vencido por las armas el alzamiento progresista y desarticulada de momento la capacidad de intriga de la embajada
inglesa, con la expulsión del embajador Henry Bulwer-Litton,
la fase principal de la «revolución del 48» en España queda
terminada. Sus actores, los progresistas, sufrieron las consecuencias del fracaso y del descrédito al descubrirse su manipulación por la intriga inglesa, que Narváez tuvo la habilidad de
poner de manifiesto.

Entonces acontece la que podríamos llamar «fase epigonal»
de las revueltas con dos protagonistas distintos, republicanos y
carlistas, en el verano y otoño de aquel año. Los carlistas habían
conseguido introducir nuevas partidas a través del Pirineo, de
modo que en Cataluña existía un estado difuso de quebrantamiento del orden en los medios rurales. Fernández de Córdoba,
nombrado Capitán General de Barcelona, cuenta las dificultades
para hacer frente a aquella guerrilla porque «las pequeñas acciones de guerra que se libraron fueron siempre provocadas por
el enemigo en sitios, condiciones y lugares por él precisamente
escogidos».

Pero lo más notable del relato de aquellos sucesos hechos
por el Capitán general es la afirmación de que «demócratas y
liberales levantaban también partidas auxiliando a los carlistas
en su obra». Añade que «más de una vez se batieron juntos
ambos bandos contra las tropas de la Reina, fraternizando y
alojándose después en los mismos pueblos» [41].

Mayor preocupación infundieron los preparativos para una
sublevación militar en Barcelona de carácter republicano, que
abortó con las medidas preventivas tomadas por Fernández de
Córdoba. Lo característico de esta fase epigonal será, pues, el
cambio de escenario: se abandona la ciudad como base de la
«revolución» y la lucha se traslada a las zonas rurales, a base de
pequeñas partidas formadas casi siempre por conspiradores
huidos de la ciudad, no sólo en Cataluña, sino también en Levante y en Andalucía. Las medidas militares contra estas partidas son simples operaciones de limpieza policiaca; poco a poco
los grupos armados se disuelven, faltos de medios para subsistir.
El republicanismo revolucionario mazziniano, que en las revoluciones europeas de 1848-1849 tuvo un momento de gran
empuje, apenas contaba en España con fuerza alguna.

---

[41] FERNÁNDEZ DE CÓRDOBA: *Memorias,* ed. citada, vol. II, p. 172.

LAS CONSECUENCIAS DE LOS SUCESOS DE 1848

No hubo, pues, *revolución* en España. Los sucesos de aquel año fueron bien definidos por Pérez Galdós como «las tormentas del 48»: una crisis política frustrada y un breve capítulo de desórdenes públicos, dominados sin dificultades por el gobierno. La línea principal de la revuelta, insisto en ello, está determinada por el comportamiento de los progresistas, que se preparaban de antemano con la participación directa del embajador inglés, aun antes de que estallara en Francia la Revolución. Luego, el clima revolucionario que se extiende por Europa contribuye a ambientar los sucesos de España, sumándose los sectores extremistas del carlismo y el republicanismo revolucionario, cada uno por su lado, con curiosas «conjunciones» tácticas.

Aquellas intentonas fracasaron por las discrepancias internas de los progresistas entre sí, y la inviable alianza con ellos de los republicanos revolucionarios. Eran intentonas condenadas irremisiblemente a fracasar por carecer de apoyo militar. Las asonadas carlistas se produjeron también en tono menor, si tenemos en cuenta otras anteriores: los repetidos fracasos soportados, sobre todo el reciente movimiento de los *matiners* catalanes (septiembre de 1846-diciembre de 1847) habían agotado su capacidad de recuperación.

La actitud del gobierno fue firme, sin la menor dejación de autoridad, e incluso reforzándola. Usó medidas preventivas cuando lo creyó suficiente. Pero aplicó medidas represivas, incluso con mano dura en los castigos, cuando se produjeron intentos de sublevación militar. Tras la intentona del 26 de marzo y la condena sumarísima de varios paisanos publicó inmediatamente un indulto general el día 31 del mismo mes. En cambio, al producirse la sublevación de algunas unidades militares en mayo, se procedió con más rigor en los castigos.

La Revolución de 1848, que había desencadenado una contrarrevolución preventiva en España, cristalizó en un modelo de «dictadura liberal», suspendidas las Cortes desde el 22 de marzo al 15 de diciembre de 1848. Manuel Cortina, con retórica más comedida, Ordax Avecilla en términos oratorios de mayor viveza, denunciaron los «excesos de la represión» gubernativa por el uso abusivo de los poderes excepcionales atribuidos al gobierno y la supresión de las garantías individuales. Cortina clamaba contra el quebrantamiento de la legalidad por el gobierno de la «dictadura liberal», porque «nunca los gobiernos tienen menos deberes de respetar la ley que los súbditos». Por su parte, en la réplica célebre a los progresistas, Donoso Cortés concluirá: «La cuestión no está entre la libertad y la dictadura: si estuviera entre la libertad y la dictadura, yo votaría por la libertad, como todos los que nos sentamos aquí (en las Cortes)... Se trata de escoger entre la dictadura de la insurrección y la dictadura del gobierno; puesto en este caso, yo escojo la dictadura del gobierno, como menos pesada y menos afrentosa... Señores, al votar nos dividiremos en esta cuestión, y dividiéndonos seremos consecuentes con nosotros mismos. Vosotros votaréis, como siempre, lo más popular; nosotros, como siempre, votaremos lo más saludable».

La experiencia del 48 no evitó que continuara el antagonismo aniquilador de los dos partidos liberales de gobierno, impidiendo que progresaran las tentativas «reconciliadoras» insinuadas por Narváez al anunciar el programa de su tercer gobierno.

Además, se acentúa un desplazamiento hacia la izquierda dentro del liberalismo progresista, que dará origen al partido demócrata, formalmente constituido en 1849. La historia posterior de este nuevo partido legal hasta 1868, que ha sido bien estudiada por el prof. Eiras Roel, significará la posibilidad frustrada de un enriquecimiento político del régimen liberal en España, al no tener cabida el nuevo partido en el juego normal del sistema y en las posibilidades de acceso al poder. Pero las ideas de los demócratas de 1848 se abrirán paso en la Revolución de 1868: desde este punto de vista, los efectos del 48 en España vienen a ser un anticipo prematuro de 1868.

La repercusión exterior del comportamiento del gobierno español frente a la Revolución trajo como consecuencia el reconocimiento de Isabel II por Austria, Prusia y Piamonte. La subsiguiente expedición militar española a los Estados Pontificios en auxilio del Papa dio lugar al reconocimiento de la Reina por Pío IX y a la distensión de la Iglesia con el Estado liberal, reanudándose la negociación para un Concordato.

Por fin, los sucesos de Europa en 1848 y no precisamente los de España dieron motivo a la élite pensante de los doctrinarios moderados para reflexionar sobre la revolución social y los modos de atajarla. Es sabido que la «cuestión social» había sido tema abordado por los doctrinarios franceses desde tiempo atrás. Ahora, por primera vez en España, un grupo de pensadores moderados, Balmes, Borrego, Pastor Díaz y Donoso, apun-

tan como preocupación colectiva el análisis de la Revolución e
insinúan las ideas incipientes de lo que habría de llamarse el
cristianismo social [42].

[42] El último escrito de BALMES, que dejó inacabado, fue su ensayo sobre la «República francesa» de 1848, de la que sólo conoció los primeros sucesos, ensayo recopilado en o. c., ed. B. A. C., vol. VII, pp. 1025 y ss. El libro de DONOSO CORTÉS, *Ensayo
sobre el catolicismo, el liberalismo y el socialismo* se publicó simultáneamente en Madrid y en
París en junio de 1851 (o. c., ed. B. A. C., vol. II, pp. 499-702). A. BORREGO, en su
ensayo mencionado en la nota 37, escrito como el de Balmes al filo de los acontecimientos de aquellos días, apunta «que la más importante de las reformas modernas
debía ser la de combinar los intereses de las diferentes clases de la sociedad». Más tarde
publicó *España y la Revolución* en 1856, en que aborda el tema social, para insistir
finalmente en 1881 en su ensayo *La cuestión social considerada en sus relaciones con la
Historia.* PASTOR DÍAZ pronunció en 1848-1849 las lecciones del Ateneo sobre el tema
Los problemas del socialismo (en *Obras completas,* ed. B. A. E., t. II, pp. 89-262).

CAPÍTULO 4

BRAVO MURILLO. EL FINAL DE LA «DÉCADA MODERADA»

Pasado el momento de la Revolución, en el que todos cerraron filas, otra vez afloran las desavenencias intestinas de los moderados y los choques de intereses. El descrédito se extiende sobre ellos, pues se denuncian faltas de pulcritud en el manejo de los negocios públicos. Los moderados, que apuntarán a su favor el tanto de haber creado instrumentos eficaces de la Administración, tendrán en su contra el haberlos usado a veces en provecho de intereses privados.

El 25 de diciembre de 1850 Donoso Cortés escribía en el tono declamatorio habitual a su amigo Louis Veuillot: «Una vez dueño absoluto de la sociedad, el Ministerio ha olvidado sus promesas, ha corrompido y ha viciado todo... Todo el oro de España no le basta; él, o por mejor decir, su jefe, se zampa el patrimonio de la Reina, a cambio de sus complacencias por debilidades que no son desgraciadamente un secreto para Europa... Algunos de los Ministros exhiben sin sonrojo riquezas que producen admiración» [43]. Cinco días después, al discutirse los presupuestos en el Congreso, Donoso pronunció otro de sus más famosos discursos «sobre la situación de España» en que ataca la corrupción, derivada de los principios egoístas del mandamiento liberal: «enriqueceos». Una corrupción de la que no escapa el gobierno, según la denuncia de Donoso: «El Ministerio público no es una sinecura... Gobernar no es ser servido; es servir, no gozar... A ese precio ha de ser el que quiera ser ministro y sólo los que lo son a ese precio lo son verdaderamente. ¿Cuántos ministros creéis que ha habido en esta época en España? La *Gaceta* dice que muchos, yo sostengo que ninguno...» [44].

[43] Se refería al *obsequio* de ocho millones de reales que Isabel II había hecho a Narváez y éste había aceptado.

[44] El «discurso» de DONOSO del 30 de diciembre de 1850 en o. c., ed. B. A. C., volumen II, pp. 478-497.

Bravo Murillo desde el ministerio de Hacienda había querido oponerse a estos excesos, pero tuvo enfrente a todos sus colegas, que forzaron su dimisión. Fue Narváez quien planteó finalmente su propia renuncia, con evidente disgusto de la Reina. La herencia política la recoge, como escribe el prof. Comellas, «el héroe derribado por el gobierno que acababa de caer».

EL GOBIERNO DE BRAVO MURILLO (ENERO 1851-DICIEMBRE 1852). LA PRETENDIDA REFORMA CONSTITUCIONAL

A Bravo Murillo le miraron con malos ojos los progresistas de todas las tendencias, porque vieron en él sobre todo el protagonismo de la reforma política que intentaría dar marcha atrás al sistema constitucional; le miraron con malos ojos los liberales moderados, en cuyos negocios turbios se interpuso a veces con rectitud de administrador honesto. Pero cualquiera que sea el juicio que nos merezca su política reaccionaria, que alcanzó su expresión más concreta y grave en la proyectada Constitución de 1852, habrá que reconocer en él uno de los grandes talentos organizadores del siglo XIX, un tecnócrata cuyas realizaciones se plasman en el arreglo de la Deuda, en la regulación de la función pública y en las obras del ramo de Fomento que parecen anticipaciones de los propósitos de los «regeneracionistas» finiseculares.

Abogado con un bufete acreditado y sólida formación humanista, actuaba siempre según unos principios claros y sencillos, como demuestra uno de nuestros historiadores contemporáneos que han estudiado al personaje sin animadversión [45]. Según esos principios el orden es la mejor garantía de la libertad y el *exceso de libertad* es el mejor aliado del despotismo. Bravo Murillo es, sobre todo, un pragmático, que antepone la práctica a la teoría abstracta; y un hombre de leyes que opone la ley a la arbitrariedad. Pero, creo yo, hay que añadir: no tuvo tacto político ni sentido del momento. Dos cualidades imprescindibles para evitar los errores que conducen al fracaso.

---

[45]   J. L. COMELLAS, en su libro *Los moderados en el poder* ya citado y en el Estudio preliminar a la ed. de los textos de Bravo Murillo publ. con el título *Política y administración en la España isabelina*, Madrid, 1971.

El 15 de enero de 1851 formó Bravo Murillo su ministerio conservando él, con la Presidencia, la cartera de Hacienda. Al día siguiente expone ante el Congreso su programa de gobierno: «procurar asegurar de la manera más económica, simplificándola al mismo tiempo en lo posible, la administración del país». En las Cortes contaba con la enemiga de los «narvaístas», encabezados allí y entonces por Sartorius, que entorpecieron la labor de gobierno. Por tres veces disolvió las Cortes en 1851, por lo que se le tachó de *antiparlamentario*. En realidad, no se oponía al principio parlamentario, pero sí a la práctica corriente en España. Cuenta Santillán en sus *Memorias* que al disolver las Cortes por tercera vez, en diciembre de 1851, dijo Bravo Murillo a los diputados que lo hacía «para que ustedes descansen y a nosotros nos dejen gobernar y, sobre todo, administrar, cosa imposible con las actuales Cortes abiertas».

El arreglo de la Deuda era la preocupación más urgente. Después de las operaciones de suspensión de pagos y consolidación efectuadas por Mendizábal, el total de la Deuda interior en 1850 alcanzaba las cifras de 1.913 millones de pesetas y 1.944 millones la exterior. Los intereses se pagaban irregularmente y los atrasos ascendían a 676 millones [46].

La ley de 1 de agosto de 1851 consistía en una conversión de las diferentes clases de títulos de la Deuda consolidada en una Deuda perpetua, con reducción variable del capital sobre las clases de títulos convertidos, al interés único del 3 por 100, interés que se alcanzaría en veinte años, elevándolo desde el 1 por 100 inicial en un 0,25 por 100 cada cuatro años. El pago de estos intereses exigía en 1852 un desembolso de 52 millones de reales, desembolso que ascendería a 145 millones cuando se hubiera alcanzado el plazo final diferido de veinte años. El pago de estos intereses se *consolidaba* sobre bienes de realengo o propios del Estado, así como sobre una consignación presupuestaria de 12 millones anuales.

Los resultados de esta operación, desde el punto de vista del restablecimiento del crédito público, no están claramente estudiados, aunque parece que pudieron contratarse los nuevos empréstitos en mejores condiciones, y en todo caso se estableció un sistema ordenado y simplificado de la Deuda.

Otros arreglos importantes en la administración hacendística fueron la Ley de Contabilidad del Estado y la publicación de las

---

[46] Estos datos en ARTOLA: *La burguesía revolucionaria,* t. V de la Historia de España de Alfaguara, Madrid, 1973, pp. 300-311.

cuentas generales del Estado. También los ajustes presupuestarios consiguieron enjugar el déficit. En 1851 los ingresos fueron 1.188,4 millones y los gastos 1.156,7.

El R. D. de 18 de junio de 1852 sobre funcionarios fue el resultado de un empeño básico de Bravo Murillo, como ya se ha dicho, porque consideraba esencial articular las bases de una burocracia moderna y eficiente al servicio del Estado. En materia de obras públicas se puso en marcha una política activa. El ministro de Fomento, Mariano Reinoso, presentó un plan de Ferrocarriles (octubre de 1851) para corregir el desorden de las concesiones efectuadas hasta entonces, señalando indicaciones preferenciales a favor de una red radial con centro en Madrid y procurando se estimulasen las construcciones para salir del estancamiento en que todavía se hallaban. También la ley de Puertos estudiada en 1852 abordaba el problema de las comunicaciones marítimas; y un plan de Construcciones navales comprendía los barcos de guerra y los nuevos barcos a vapor, los *vapores*, que empezaban a competir con la navegación a vela. Por fin, en este capítulo, se impulsaron las obras del inacabable Canal de Castilla, la canalización del Ebro hasta el mar y la creación del Canal de Isabel II, que resolvió por muchos años el abastecimiento de aguas a Madrid.

El Concordato suscrito durante el período de gobierno de Bravo Murillo, el 11 de mayo de 1851, convertido en ley el 17 de octubre de aquel año, era obra en realidad de sus predecesores, que lo venían negociando intermitentemente desde 1845. En él hacía Roma dos concesiones: aceptaba el hecho consumado de la desamortización eclesiástica y ratificaba el Patronato regio, o derecho de presentación de obispos y dignidades establecido en el Concordato de 1753. España, de acuerdo con lo previsto en la Constitución de 1845, reconocía la unidad católica y la confesionalidad del Estado, dispensaba la protección del poder civil a la Iglesia, así como subsidios económicos y reconocía la intervención de las autoridades eclesiásticas en la enseñanza. Se practicó, además, una reforma de diócesis y seminarios. El Concordato zanjaba, por fin, la ruptura entre la Iglesia y el Estado liberal, aun cuando nuevas situaciones de ruptura sobrevendrían más tarde al ocurrir la revolución de 1868.

La pretendida reforma constitucional intentada por Bravo Murillo en 1852 estuvo probablemente alentada por el ejemplo del régimen autoritario de Napoleón III en Francia. La evolución de la Tercera Revolución francesa había concluido en el golpe de estado de Luis Napoleón el 2 de diciembre de 1851.

En casi toda la Europa de las revoluciones de 1848-1849 se vivía entonces una reacción autoritaria. Bravo Murillo es en España el intérprete de este momento reaccionario.

Valera cree que su propósito era agrupar a la derecha isabelina y a la mayoría de los carlistas en «un gran partido *civil*, esto es, de verdadero pueblo», frente a los grupos palaciegos y al «poder militar» [47]. Fue entonces cuando dijo aquello de que él ahorcaría políticamente a los generales con sus propios fajines sin quitarse el frac. Pero «el hombre del frac» se anticipó a su tiempo en este intento de desbancar la preponderancia militar y «los hombres de uniforme» acabaron ahorcándole políticamente a él. El gran error de cálculo de Bravo Murillo fue el desestimar la fuerza profunda y la razón de ser de esa «preponderancia».

El proyecto de reforma constitucional resultó el factor desencadenante de la crisis. La Constitución de 1852 conservaba este nombre «pero tenía la menor cantidad posible de constitucionalismo». Era un retroceso evidente y anacrónico. Reducida a seis títulos y 43 artículos, se completaba con nueve leyes orgánicas, reforzando al máximo el poder de la Corona (incluso en el legislativo), cercenando el poder de las Cortes (sesiones a puerta cerrada, presidente del Congreso designado por el Rey, reforma del Senado constituido por Senadores natos y otros hereditarios, que parecían retrotraer a viejas situaciones estamentales) y reduciendo al mínimo el derecho de representación, que sólo sería disfrutado por los 150 mayores contribuyentes de cada distrito. También se limitaban los derechos y garantías individuales, en aquel desmedido deseo de reforzar la autoridad.

Tal proyecto era un puro disparate político, que suponía de hecho la liquidación del régimen liberal. ¿Cómo pudo incurrir en él Bravo Murillo? Sin duda le cegó el ejemplo francés de Napoleón III, ya se ha dicho; pues le faltó el instinto político para comprender la diferente posición de Luis Napoleón Bonaparte en Francia y la suya en España. Publicó el proyecto en la *Gaceta de Madrid* el 2 de diciembre de 1852 y prohibió que fuese discutido en la prensa «a fin de que la vivacidad de las pasiones no perjudique el imparcial estudio que requieren documentos de esta importancia».

Todos los enemigos de Bravo Murillo encontraron allí su talón de Aquiles, y se concertaron contra él la Reina Madre,

---

[47] *Historia de España* de LAFUENTE, t. XXIII, p. 168.

Sartorius y los narvaístas civiles, los puritanos, los generales Narváez, Concha y O'Donnell y otros militares. Todos ellos declararon su pública oposición en un manifiesto; al mismo tiempo que por separado redactaban otro escrito semejante los progresistas civiles como Mendizábal y Olózaga, y la rama militar del progresismo, con los generales San Miguel e Infante.

Era un ataque implacable y además bien fundado. Isabel II impresionada por este despliegue y por la influencia de su madre, forzó a Bravo Murillo a presentar la dimisión, aceptada el 15 de diciembre de 1852.

EL FINAL DE LA «DÉCADA MODERADA»

Los tres ministerios que gobiernan desde la caída de Bravo Murillo hasta la Revolución de julio de 1854 reflejan la desintegración de los moderados, la pérdida definitiva de prestigio que les afecta, pues se pone de manifiesto su censurable espíritu de clan o secta que les llevó a creer que «el Estado eran ellos», que el Estado era un bien que podían explotar en su provecho, como ha ocurrido siempre con los clanes o sectas que se instalan en el poder. El general Roncali o el general Lersundi son figuras secundarias, escoltadas también por ministros de segunda fila, que presiden gobiernos breves, contentándose con ir tirando.

Cuando el 18 de septiembre de 1853 se forma el gobierno presidido por José Luis Sartorius, conde de San Luis, parece iniciar su gestión con un despliegue de actividad sobre proyectos legislativos que habían sido esbozados en tiempo de Bravo Murillo: ley general de Ferrocarriles, ley de Construcciones navales, ley de funcionarios. Quiso presentarse, pues, ante las Cortes con un amplio programa de «política práctica» y con un talante de organizador, junto al propósito anunciado de reformas liberales. Su periódico, *El Heraldo,* se hace portavoz triunfalista de esta política de «prosperidad material». Fernando Garrido no exagera esta vez cuando comenta la presentación del gobierno Sartorius: «la más refinada hipocresía dictaba aquellas frases y aquella conducta» [48]. Comellas, que establece un para-

---

[48]   F. GARRIDO: *Historia del reinado del último Borbón de España,* Barcelona, 1869, volumen III, p. 202.

lelo entre los proyectos de política práctica de Bravo Murillo y Sartorius, señala también la diferencia que los separa: un .abismo de ética política [49].

Pronto concitó Sartorius contra él numerosos enemigos: su rápida fortuna, su título nobiliario comprado, la falta de templanza que es habitual en quien ha subido deprisa, todo contribuyó a confinarle en el clan de los «polacos», su clientela personal. El choque sobrevino en el Senado por la ley de ferro- carriles: denuncias de corrupción, manejos del marqués de Sa- lamanca y del duque de Riánsares. El 8 de diciembre el go- bierno es derrotado en el Senado por 108 votos contra 69. La respuesta de Sartorius fue la disolución de las Cortes.

Desde entonces aumentan sus arbitrariedades, destituye magistrados, remueve empleos militares. «El giro dado por Sar- torius fue espectacular, dice Comellas, propio de un hombre indiferente a los principios, aferrado rabiosamente al poder, audaz y capaz de todo.» También la oposición se radicaliza y busca el recurso a la fuerza. De nuevo se conspira: el general Leopoldo O'Donnell, desde un escondite de Madrid, prepara el golpe, con anuencia incluso de personas civiles del moderan- tismo puritano.

---

[49] COMELLAS, o. c., p. 328.

CAPÍTULO 5

LA REVOLUCIÓN DE 1854

La conspiración militar dirigida por O'Donnell contaba como fuerza principal la caballería del general Dulce. Contaba con el apoyo moral de algunos moderados de corte puritano, como Ríos Rosas y el joven Cánovas del Castillo, pero su colaboración no se podía traducir en fuerza efectiva a la hora de un golpe militar. Los progresistas y demócratas estaban reticentes sobre el alcance político del golpe que se preparaba, y cuya plana mayor había sido detenida gubernativamente en febrero. Por supuesto, en la labor preparatoria fue más eficaz la ayuda económica que prestaron algunos banqueros, como Juan Sevillano y José M. Collado.

La «revolución de 1854» tiene, pues, un origen doble: una conspiración militar (O'Donnell), alentada por políticos moderados de la línea puritana; y una conspiración progresista propicia a secundar cualquier golpe militar contra el gobierno a base de la insurrección urbana de las «barricadas», según el ejemplo de París de 1848, y con el visto bueno acostumbrado de la embajada inglesa. Aun cuando en realidad, el entrometido extranjero de turno en esta ocasión acabaría siendo principalmente el encargado de negocios norteamericano, Pierre Soulé, que tenía instrucciones para procurar la cesión de Cuba a los Estados Unidos.

Inicialmente no hubo concordancia en los preparativos, pero las circunstancias hicieron que se superpusieran al fin las dos líneas de la «revolución» contra el gobierno del conde de San Luis.

DE LA «BATALLA» DE VICÁLVARO A LA «JORNADA» DEL 17 DE JULIO EN MADRID

La conspiración militar, varias veces aplazada por las contadas adhesiones conseguidas, estalló al fin en la madrugada del 28 de junio. O'Donnell arrastró a un batallón de infantería y se dirigió a Alcalá de Henares, donde se dio cita con la caballería de Dulce. El plan consistía en hacer una demostración de fuerza en las afueras de Madrid para intimidar al gobierno. Sin embargo, San Luis intentó la resistencia: hizo regresar a la Reina a Madrid desde El Escorial donde se hallaba veraneando, y mandó hacer una parada militar. Si creemos a los informadores ingleses, testigos del acto, de que da cuenta Kiernan, lo más sorprendente y al mismo tiempo impresionante fue el silencio profundo de los soldados y de la multitud [50]. Sin duda, la moral de las tropas gubernamentales no sintonizaba con el gobierno.

El día 30 una columna gubernamental de unos 5.000 hombres, principalmente de infantería y artillería, llevando como jefe al ministro de la Guerra, general Bláser, salió de Madrid para cortar el paso a la columna de O'Donnell, cuya fuerza principal era la caballería, pero carecía de apoyo artillero. El encuentro tuvo lugar en Vicálvaro, en las afueras de Madrid.

La llamada «batalla de Vicálvaro» tenía un planteamiento táctico absurdo: la caballería de O'Donnell contra la artillería de Bláser: una batalla, pues, de cargas de caballería contra descargas de artillería. Tras unas horas de fuego O'Donnell opta por retirarse a Aranjuez, sin que sus caballos sean perseguidos por los cañones del adversario. Por su parte, Bláser que no estaba, en efecto, en condiciones de seguir en pos de la caballería contraria, opta por retirarse a Madrid. Las dos columnas militares, ya que no puede hablarse de «ejércitos», se retiran, pues, del campo de combate y las dos se atribuyen el éxito en la «batalla». Batalla en todo caso incruenta, pues entre las dos fuerzas no llegaron a sumar cien bajas, casi todos heridos.

Después de Vicálvaro se produce un compás de espera. O'Donnell se reúne en Manzanares con el general Serrano y con Cánovas del Castillo: la inactividad pierde casi siempre a los sublevados, hay que hacer algo para que la insurrección recobre impulso, generalizándose. Entonces redactó Cánovas el «mani-

---

[50] V. G. KIERNAN: *La Revolución de 1854 en España,* Madrid, 1970, p. 57. (La edición original inglesa, Oxford, 1966.)

fiesto de Manzanares», que se ha estimado siempre como la *invitación* a los progresistas para sumarse a la rebelión. Comellas no lo cree así, porque no encuentra en aquel texto ningún contenido doctrinal progresista, salvo la restauración de la Milicia nacional; los pronunciamientos progresistas que ocurrieron seguidamente son, según él, simple coincidencia y no resultado de esa «invitación». Kiernan, en su estudio de la revolución de 1854, no aclara esto. Tal vez se pueda decir que el manifiesto era una invitación «informal», sin ofertas de compromisos, pero que buscaba un efecto psicológico sobre la masa popular, invitando a formar «juntas» subversivas, lo que sin duda consiguió de alguna manera [51].

Ya por coincidencia espontánea de las dos líneas conspiratorias contra el gobierno, ya por efecto siquiera parcial del «manifiesto de Manzanares», que en Madrid fue desde luego bastante divulgado, el caso es que a partir del 14 de julio la «revolución» adquiere nuevo incremento, y son ahora los elementos progresistas los que toman la iniciativa. En Barcelona, donde la cosa se complica simultáneamente con varios conflictos obreros, las tropas del coronel Manso confraternizan el 14 de julio con grupos populares, declarándose al fin el Capitán general, Ramón de la Rocha, contra el gobierno. Los días 15 y 16 ocurre algo parecido en Valladolid y Valencia, donde las guarniciones y grupos de paisanos se suman. El 17 de julio en Zaragoza el general Gurrea, antiguo esparterista, y el banquero Bonil son los principales agentes de la sublevación, a la que se adhiere el Capitán general Felipe Rivero.

Al anochecer de ese mismo día estalló el tumulto callejero en Madrid. En el Ayuntamiento se estableció una «junta» dirigida por el anciano general don Evaristo San Miguel. Entre tanto, en el Palacio Real el conde de San Luis presentaba la dimisión, recomendando la formación de un nuevo gobierno presidido por un militar, don Fernando Fernández de Córdoba. Trató éste de restablecer el orden sacando las tropas a la calle contra los amotinados, que se habían entregado a saqueos, in-

---

[51]   El prof. SEVILLA ANDRÉS, que ha analizado monográficamente la Revolución de 1854, considera que «el manifiesto de Manzanares» no sólo apelaba a la Milicia Nacional y a las «juntas», sino que invocaba el principio constituyente para las futuras Cortes, a fin de que «la misma nación» fije «las bases definitivas de la regeneración liberal a que aspiramos». El contenido, pues, del «Manifiesto» es el que convertía el pronunciamiento en Revolución. D. SEVILLA ANDRÉS: *La Revolución de 1854*, «Anales de la Universidad de Valencia», volumen XXXIII, cuaderno III (de carácter monográfico) 1959-1960, pp. 110 y ss.

cendios y desmanes, sufriendo sus iras las viviendas del conde de San Luis y de la Reina Madre.

Durante el día 18 en las calles de Madrid aparecieron las barricadas. El gobierno que a trancas y barrancas consiguió formarse, presidido por el duque de Rivas, con algunos progresistas y con Fernández de Córdoba en el ministerio de la Guerra, no consiguió restablecer el orden. Mientras tanto, proliferaban las «juntas»: en casa del banquero don Juan Sevillano y alrededor del general San Miguel se agruparon progresistas como Fernández de los Ríos, demócratas como Ordax Avecilla y «odonnellistas», como el marqués de la Vega de Armijo, sobrino del general. Otra «junta» que controlaba el Sur de Madrid, es decir, los barrios populares próximos a la plaza de la Cebada, se declaraba a favor de Espartero.

En medio de la confusión general, la Reina decidió llamar a Espartero y se puso en tratos con la junta presidida por San Miguel. Así terminaron las «jornadas» de julio en Madrid. El manifiesto de «las deplorables equivocaciones» era una confesión de pecados de Isabel II, un *mea culpa* que servía de colofón a los episodios de la Revolución, y también una humillación de la Corona [52].

La Revolución había triunfado. Pero en 1854 los sucesos siguieron una marcha inversa a los de 1843. En aquella fecha los progresistas alzados contra el gobierno progresista tuvieron que aceptar la ayuda de los moderados, que utilizaron el triunfo en su provecho. En 1854 los moderados alzados contra el gobierno moderado tuvieron que ponerse en manos de los progresistas, que fueron los auténticos vencedores de la Revolución. Otra nota distintiva: nos recuerda Diego Sevilla la afirmación de Nicolás María Rivero de que, en 1854, por primera vez Madrid impuso a la nación un cambio fundado en la violencia popular; la «revolución de las barricadas» quería asemejarse a las revoluciones de París y a su efecto sobre toda Francia.

EL BIENIO PROGRESISTA, 1854-1856. DEL «TUMULTO REVOLUCIONARIO» A LA CONFLICTIVIDAD SOCIAL

El gobierno salido de la Revolución quedó constituido con Espartero en la presidencia y con O'Donnell en el ministerio de

---

[52] D. SEVILLA ANDRÉS: *Historia política de España (1800-1873)*, 2.ª ed., Madrid, 1974, p. 197.

la Guerra, los dos hombres fuertes de la situación. Pero un comentarista francés de aquellos días acertaba a decir que el maridaje político de Espartero y O'Donnell era tan artificial que debería terminar en el divorcio.

Durante el primer bienio postrevolucionario hubo numerosos cambios y reajustes en las carteras ministeriales, aunque conservando siempre las suyas los dos generales. El sentido de estos cambios está explicado por don Juan Valera al señalar en ese bienio dos tiempos distintos: hasta julio de 1855 crece la fuerza progresista de izquierda; a partir de entonces se rehacen los elementos moderados. A fin de cuentas, todo el bienio consistió en una pugna interna en el poder entre un ala izquierda progresista y un ala derecha conservadora, que cristaliza además en la incompatibilidad personal, apenas disimulada, de las dos figuras militares contradictorias. Al final de esta tormenta, y tras el desgaste inútil de los nuevos cauces, las aguas volvieron a discurrir por donde solían, y el bienio progresista concluirá con la vuelta al gobierno del general Narváez el 12 de octubre de 1856. Sin embargo, en este conflicto de fuerzas había comenzado a perfilarse una tendencia de centro liberal alrededor del general O'Donnell, llamada a ser el germen de la futura Unión Liberal.

A pesar de cuanto se dice sobre la inocuidad del «bienio progresista», no hay que olvidar tres hechos de relevante significación en cuanto al ejercicio del poder:

a) La elaboración del texto constitucional de 1856 que, aprobado por las Cortes, no llegó a ser promulgado.

b) La ley de Desamortización general del 1 de mayo de 1855, siendo ministro de Hacienda don Pascual Madoz.

c) La ley general de Ferrocarriles de 3 de junio de 1855 y las concesiones ferroviarias subsiguientes. Sobre este punto hace notar Tomás y Valiente el interesante proyecto de ley presentado por Agustín Collantes y otros diputados para financiar las construcciones ferroviarias con los capitales desamortizados.

Hay todavía otro aspecto de la vida social durante el bienio que marca un cambio en el planteamiento de las cuestiones de orden público. Los desórdenes provocados por los «milicianos nacionales» a raíz de la Revolución fueron frecuentes, así como los actos tumultuarios de grupos demócratas. La mayor parte de tales desórdenes respondían al viejo concepto de la revolución callejera. Pero también empezaba a presentarse otro fenómeno bastante nuevo: los conflictos de tipo social.

Huelgas y choques entre patronos y obreros tienen lugar en Barcelona, donde se organizan asociaciones obreras, sociedades de resistencia, y donde se presentan reclamaciones sobre salarios y condiciones de trabajo en las fábricas. El 4 de noviembre de 1854 se habían firmado unas bases entre patronos y obreros textiles en Barcelona acerca de los horarios de trabajo (reducción de 72 a 69 horas por semana). La R. O. de 21 de mayo de 1855 sobre *libertad de contratación* «anulaba de hecho lo obtenido por los obreros en negociaciones con los patronos desde el verano de 1854» [53]. Sin embargo, en enero de aquel año se había creado una Comisión presidida por Madoz «para reconocer y apreciar en su justo valor las causas de las dificultades suscitadas entre los fabricantes y los trabajadores de nuestras provincias manufactureras y proponer al gobierno los medios más oportunos de terminar felizmente». Pero, según Tuñón de Lara, la citada Comisión «quedó en el capítulo de los buenos propósitos» [54]. Así, en el mes de julio de 1855 se produjo en Barcelona la más importante huelga hasta entonces conocida, que se prolongó por varios días, y fue necesaria la intervención personal de Espartero en el conflicto para conseguir reducirlo.

También los sectores campesinos se agitaban. En Castilla (Valladolid, Palencia, Burgos) durante los veranos de 1855 y 1856 se produjeron graves incidentes: incendios de fábricas de harina y quemas de cosechas, tumultos de etiología difícil de explicar, aunque el Ayuntamiento de Valladolid se expresara en estos términos: «Si se considera el espíritu inmoral que domina en las masas no ilustradas y los hábitos de relajación que causa la frecuencia de las elecciones populares, y la impunidad que han conseguido por actos de clemencia, en sí recomendables, muchas de las sublevaciones políticas verificadas, fácilmente se comprenderá que una parte del pueblo sin educación, cuyo brazo viene sirviendo en pocos años a todos los partidos, haya formado uno nuevo que practica una cruzada deplorable contra la propiedad. Robustece, sin duda, en esta ciudad a semejante clase multitud de presidiarios cumplidos, que permanecen en la población, *y cierto número de obreros industriales de Barcelona, Aragón y Valencia, que han venido a las fábricas aquí recientemente establecidas,* trayendo ideas y costumbres nuevas y perniciosas,

---

[53] TUÑÓN DE LARA: *El movimiento obrero en la Historia de España,* Madrid, 1972, página 117.

[54] TUÑÓN DE LARA: *La España del siglo XIX,* París (Valencia), 1961, p. 120.

que infiltran en los más ignorantes y desmoralizados obreros de Castilla» [55].

En verdad, se trataba de un año agrícola malo, con crisis de subsistencias. Pero estas agitaciones castellanas, con alusión en el documento municipal vallisoletano a las ideas y costumbres traídas por obreros fabriles venidos de Barcelona y otras partes, no dejan de ser sintomáticas de problemas subyacentes que adquirían de pronto fuerza irracional explosiva. Kiernan tampoco aclara este punto, escurriéndose por el fácil atajo del miedo de las clases medias, que unió a moderados, progresistas e incluso a los demócratas, que así «se desligaban de las únicas fuerzas capaces de convertir en victoriosa su lucha contra la inercia y la reacción».

LA CONSTITUCIÓN DE 1856

Desde enero de 1856 había quedado preparada por las Cortes Constituyentes y en disposición de recibir la aprobación final, la nueva Constitución que «refleja más genuinamente que ningún otro documento el ideario del partido progresista» [56]. Si la de 1845 había significado el abandono por los moderados del espíritu de compromiso que de algún modo se reflejó en la de 1837, la de 1856 se inspiraba en un «espíritu de revancha» y no favorecía la concordia liberal.

El proyecto presentado por la Comisión constitucional a las Cortes el 9 de julio de 1855, según las bases previamente aprobadas, fue discutido con gran calor desde el 1 de octubre en que se reanudaron las sesiones. Consta de 92 artículos distribuidos en quince títulos. El énfasis con que está redactado el art. 1.º, que contiene el dogma de la soberanía nacional, la forma totalmente electiva del Senado, las restricciones a la autoridad del Rey (art. 53), el restablecimiento de los jurados de imprenta, la elección directa de los alcaldes por los vecinos y el reconocimiento de la Milicia nacional en el texto de la Constitución (arts. 3, 75 y 85) son claro exponente de la incorporación a la Ley fundamental del Estado del programa de un partido. «Lo que más llama la atención es la exaltación mítica que

---

[55] *Historia de España* de Lafuente, t. XXIII, p. 213. El subrayado es mío.

[56] L. Sánchez Agesta: *Historia del constitucionalismo español*, Madrid, 1956, página 274.

hicieron los constituyentes progresistas de la libertad de prensa sometida al Jurado y la Milicia, identificándolos con la misma Libertad», comenta Sánchez Agesta.

La tolerancia religiosa, que se recoge finalmente en el art. 14 de la Constitución, había desencadenado una discusión apasionada y larga al tratarse de las bases constitucionales, pues duró veinte días y ocupa más de 300 páginas del *Diario de Sesiones,* anticipándose en ellas el clima, los argumentos y los tópicos de la discusión que retornará en 1869 y en 1876.

O'Donnell quería clausurar el período constituyente y disolver las Cortes. Pero éstas se niegan, aprobando un último artículo, el 92, por el que se consideran «parte integrante de la Constitución» las siete Leyes orgánicas que debían completarla; entre ellas la Ley electoral, la de organización de Tribunales, la de Imprenta y la de la Milicia Nacional. Con esta resolución pretendían las Cortes prolongar su vida constituyente, pero aplazaban también la entrada en vigor de la Constitución, que nunca llegó a promulgarse, porque se produjo antes la crisis política de julio de 1856.

Para O'Donnell había llegado la hora de deshacerse de Espartero y cortar la marejada progresista activada desde enero de aquel año al entrar Patricio de la Escosura en el ministerio de la Gobernación. En el Consejo de Ministros se provoca un choque personal entre O'Donnell y Escosura; ambos presentan la dimisión a la Reina, que no acepta la de O'Donnell. En un intento desesperado por impresionar a Isabel II se solidariza Espartero con Escosura: era su final. Al día siguiente recibía O'Donnell encargo de formar gobierno. Ni el voto de desconfianza de las Cortes, ni algunos alborotos callejeros de los «milicianos» podían impedir ya la defenestración de Espartero.

Muy poco después seguiría la del propio O'Donnell, vencedor «a lo Pirro» en julio, según se ha dicho. Él había desatado la Revolución de 1854, él la liquidó en julio de 1856. Ya no era nada ni significaba nada, y la Reina le exoneró en octubre de aquel año.

LA DESAMORTIZACIÓN DE MADOZ

Una de las disposiciones legales más importantes del bienio, y de mayor efectividad en el tiempo, fue la ley del 1 de mayo de 1855, «declarando en estado de venta todos los predios rústicos y urbanos, censos y foros pertenecientes al Estado, al clero, etc., y cualesquiera otros pertenecientes a manos muertas». Establecía, por tanto, una desamortización general, y es conocida como Ley Madoz, por el ministro de Hacienda que la refrendó. Suspendida su ejecución el 14 de octubre de 1856 al concluir el «bienio progresista», se restableció parcialmente el 2 de octubre de 1858 y su vigencia no fue ya cancelada.

Los objetivos confesados, como en el caso de Mendizábal, eran de carácter político, social, económico y financiero, según el dictamen de la Comisión de Cortes: «el gran número de propietarios para siempre unidos por el vínculo de su interés a la causa de la revolución»; «el crédito público... ha de vigorizarse forzosamente... y remover los obstáculos que paralizan los progresos de la agricultura, de la industria y del comercio», «los capitales hoy sin empleo en las naciones más prósperas han de afluir»; «será beneficiosa a los particulares y a los pueblos», «hará también posible y pronta la realización de las infinitas obras públicas que el estado de atraso del país reclama con urgencia».

En efecto, según la ley, los capitales desamortizados se destinarían a amortizar la Deuda «extinguiéndose la parte de la Deuda flotante que abruma al Tesoro» y a financiar las obras públicas, mejora técnica de la Ley Madoz sobre las disposiciones de Mendizábal porque pretende inversiones rentables, en especial en ferrocarriles, aunque luego no se llevó a la práctica de esta manera.

De hecho la ley afectaba sobre todo al clero secular y a los bienes municipales. En 1851-1852 el gobierno había realizado una encuesta entre los municipios sobre si consideraban deseable vender los bienes comunales amortizados: el resultado fue bien significativo, porque de las 2.000 respuestas que se recibieron, sólo 20 eran afirmativas, algunas de estas últimas procedentes de municipios que carecían de tales bienes. Ya anteriormente, un R. D. de 25 de septiembre de 1847 había expuesto las razones en pro de la enajenación de los bienes municipales de propios y comunes y el mismo tema fue sometido a discusión de la Junta de Agricultura reunida en Madrid en octubre de 1849 [57].

---

[57] Sobre esta especie de Asamblea de expertos, casi ignorada hasta ahora, véase el trabajo de CARLOS TOLEDANO: «Junta de Agricultura de 1849», publ. en «Estudios de Historia Contemporánea» editados por V. PALACIO ATARD, Madrid, 1976, vol. I, páginas 187-222.

Parece, pues, como si los gobiernos moderados, al suspender la desamortización eclesiástica, hubieran pensado proseguir con la desamortización municipal la oportunidad de nuevos negocios a particulares; línea de conducta que tendrá perfecta continuidad en los gobiernos progresistas después de la Revolución de 1854.

Se produce, pues, una singular coincidencia en este caso entre las fracciones políticas tan encarnizadamente opuestas en otras materias. El caso es que los expertos de la Junta de Agricultura en 1849 se habían opuesto, como se opusieron los Municipios en la encuesta de 1852, a la desamortización municipal. La Comisión dictaminadora, además de declarar que «la desamortización no había producido a la agricultura, ni a la ganadería, ni a la propiedad las ventajas que esperaba», defendía la conservación de los bienes comunes y propios «indispensables a los pueblos», dudando de «los beneficios que la venta habría de reportarles».

La ley Madoz argumentaba que sólo se trataba de «variar la forma de propiedad», porque a la Iglesia secular y a los Municipios se compensaría dándoles títulos de la Deuda consolidada al 3 por 100, hasta un 80 por 100 del importe de las ventas en el caso de los municipios.

En las Cortes hubo fuerte oposición a la desamortización municipal, no sólo por parte de algunos moderados, como Claudio Moyano y Andrés Borrego, sino también por algunos diputados progresistas. Además de invocar razones jurídicas, argumentaban con razones socio-económicas: se perjudicaría a los Ayuntamientos y a los braceros de los pueblos, se volvería a repetir el caso de Mendizábal. Comentando *a posteriori* el resultado de esta Ley, Joaquín Costa censuró «la guerra loca de la Nación contra los Municipios», que había de durar desde 1855 hasta finales del siglo.

Parte de los bienes municipales eran de aprovechamiento común (bosques y dehesas boyales, sobre todo); otra parte estaba constituida por lotes de labranza a los que tenían acceso los braceros pagando una renta pequeña. La venta de estos bienes habría de perjudicar, sobre todo, a estos vecinos más pobres, que podían en los pastos comunes criar alguna cabeza de ganado, cortar leña para su consumo en los bosques y hasta cultivar algunas veces cortas parcelas de tierra.

El art. 1.º de la ley declaraba «en estado de venta», además de los bienes del Estado, clero, Órdenes Militares, cofradías, etcétera, «los propios y comunes de los pueblos». El art. 2.º, en su párrafo 9, exceptuaba, sin embargo, de lo dispuesto en el art. 1.º, «los terrenos que son hoy de aprovechamiento común, previa declaración de serlo, hecha por el gobierno, oyendo al Ayuntamiento y Diputación provincial respectivos».

Esto creaba un problema de interpretación, porque a veces se hablaba en términos confusos de lo que eran bienes propios y comunes. Un miembro de la Junta de Agricultura de 1849, apellidado Camaleño, había aclarado estos conceptos: «Los pueblos tienen *propios:* es decir, bienes que constituyen la persona moral que se llama pueblo; bienes de que no disfruta el común de los vecinos, pero que representan réditos e intereses de que la comunidad o persona moral se utiliza. Hay otros bienes, que se llaman *comunes o concejiles,* que son de común aprovechamiento, como, por ejemplo, montes y pastos; éstos son diferentes de los propios, y todos los vecinos de los pueblos llevan a ellos a pastar sus ganados; pudiendo todos cortar madera para edificar, o leña para quemar... Además existen *otros bienes concejiles,* de bastante cuantía en muchos de los pueblos que conozco, los cuales son comunes y los utiliza el que los labra».

Gracias a la excepción del art. 2.º algunos municipios evitaron la enajenación de estos patrimonios, en interés general y especialmente de sus vecinos jornaleros pobres. Por ejemplo, en la Navarra Pirenaica, según ha comprobado R. Gómez Chaparro, y en la montaña de Soria y de Cuenca se salvaron hasta hoy muchos bosques y pastizales. En Vizcaya, Guipúzcoa y Álava se planteó un problema «entre la ley y los privilegios forales», lucha «ostensible pero correcta entre las Diputaciones y el Gobierno» [58].

La ley Madoz introducía también mejoras técnicas con respecto a los decretos de Mendizábal en cuanto a las formas de pago: sólo admitía el pago en metálico y en un total de quince anualidades, con un descuento del 5 por 100 sobre los plazos adelantados. Esta disposición se modificó el 11 de julio de 1856, admitiéndose en algunos casos el 50 por 100 del pago en títulos de la Deuda, pero sólo por el valor de cotización de tales

[58] J. M. MUTILOA: «La desamortización civil en Vizcaya y Provincias Vascongadas», en «Estudios Vizcaínos», Revista del Centro de Estudios de Historia de Vizcaya, Bilbao, julio-diciembre, 1970, vol. I, pp. 211-258. El autor opina que «la ejecución de la Ley en estas provincias apenas ofrecía interés hacendístico. En el fondo se planeaba un problema político: la supervivencia de los derechos forales». No trata de los efectos producidos sobre los bienes de los pueblos. Para el caso de Navarra, R. GÓMEZ CHAPARRO: *La desamortización civil en Navarra,* Pamplona, 1967.

títulos el día anterior. Finalmente, el 11 de julio de 1878 se volvió a exigir el pago de todas las fincas en metálico y en diez anualidades como máximo.

Se ha achacado a la desamortización de Madoz el haber provocado la ruina de las Haciendas locales sin arreglar la Hacienda del Estado, además de haber perjudicado a los vecinos pobres, como queda dicho.

La importancia cuantitativa de las ventas en el período 1859-1868 alcanzó el total de 4.000 millones de reales. Fue la época de mayor actividad desamortizadora. Desde 1868 a 1895 se vendieron otros 3.000 millones. Según F. Simón Segura el volumen total de ventas de bienes desamortizados entre 1836 y 1895 fue de 11.308.936.507 reales, afectando a diez millones de hectáreas aproximadamente de fincas rústicas, es decir, el 20 por 100 del territorio nacional [59].

Calculando sobre el valor de venta, Simón Segura establece para el período 1859-1868 la procedencia de los bienes desamortizados en las proporciones siguientes:

48,1 por 100 procedentes de propios municipales,
30,2 por 100 del clero,
11,1 por 100 de instituciones de beneficencia,
 6,7 por 100 del Estado,
 2,4 por 100 de establecimientos de Instrucción pública,
 1,3 por 100 de incautaciones diversas.

En tiempos de Mendizábal se vendieron propiedades inmuebles en cantidad importante, junto a fincas rústicas. Con la ley Madoz la desamortización gravitó más sobre el sector rústico, aunque las fincas fueran, en general, de peor calidad.

EL BIENIO MODERADO, 1856-1858. ESTADÍSTICA,
INSTRUCCIÓN PÚBLICA Y LEY HIPOTECARIA

Narváez forma su cuarto gobierno el 12 de octubre de 1856 y permanecerá en él durante un año. Fue entonces ministro de Fomento Claudio Moyano, que da nombre a la ley reguladora de la enseñanza, creadora de la moderna Universidad española

[59] F. SIMÓN SEGURA: *La Desamortización española del siglo XIX*, Madrid, 1973, página 263.

y a la que nos referiremos en capítulo aparte dedicado a la Instrucción pública. Baste dejar aquí constancia del juicio de un adversario contumaz, como era Fernando Garrido, según el cual aquel gobierno «dio impulso a trabajos estadísticos e hizo una nueva Ley de Instrucción pública declarando la primaria obligatoria, lo cual sirvió de punto de partida para la realización de programas importantes».

También aquel gobierno hizo aprobar la ley Hipotecaria, cuyo objeto era que se «quitase toda incertidumbre sobre el estado y las cargas de las propiedades inmuebles, facilitase las transacciones, disminuyese en consecuencia el interés de los préstamos y movilizase en cierto modo aquella gran masa de valores estancados con grave perjuicio de la agricultura y de la industria». A efectos de la movilización de la riqueza agraria, la ley Hipotecaria era más importante y de efectos más positivos que otras medidas más espectaculares. Probablemente fue el respaldo necesario a la desamortización para que, en adelante, se produjeran las transferencias de propiedades y, en cualquier caso, era una necesidad legal imprescindible en el moderno comercio de bienes.

Los trabajos estadísticos a que se refiere Garrido venían a ser culminación de largos esfuerzos preliminares. El 3 de noviembre de 1856 se creó la Comisión de estadística adscrita a la Presidencia del gobierno con encargo de formar la Estadística general de toda la Administración. En un llamamiento hecho a la opinión pública, el 29 de diciembre de aquel año, declaraba: «Al prepararse para plantear las operaciones que deben dar por resultado el conocimiento de las fuerzas productoras y hechos sociales de nuestro país, la Comisión... se propone proceder con pulso y con el mayor conocimiento posible para no aventurarse en vías erróneas e ineficaces» [60]. El primer trabajo emprendido por la Comisión fue el Censo general de población de 1857 y el Nomenclátor de los pueblos de España, con los que puede decirse que empieza la moderna época estadística en España.

Este cuarto mandato gubernativo de Narváez volvía por los fueros de las preocupaciones organizadoras de la moderna Administración, que habían caracterizado a los moderados en el

---

[60] A. SANZ SERRANO: *Resumen histórico de la Estadística en España*, Madrid, 1956. La exposición de motivos de Narváez y el R. D. de 4 de noviembre de 1856, así como el llamamiento a la opinión pública de la Comisión de Estadística se incluyen íntegros en las pp. 138-142.

poder. Pero las interferencias palatinas y la quiebra interna de la propia tendencia moderada, que Narváez ya no podía él solo contrarrestar, dieron paso a otros dos breves gobiernos moderados, presididos por el general Armero (15 octubre 1857-11 enero 1858) y por Iztúriz (11 enero-30 junio 1858), sin apoyo en las Cortes y prácticamente inoperantes.

Se perfilaba el relevo definitivo. Posada Herrera, que entró en el Ministerio de Gobernación en el mes de mayo, en un reajuste del gobierno Iztúriz, se encargó de provocar en seguida la crisis. Llegaba la hora de O'Donnell y de la nueva formación política que se hizo en torno suyo: la Unión Liberal.

CAPÍTULO 6

LA UNIÓN LIBERAL

La «Unión Liberal» se formó con elementos procedentes originariamente del partido moderado y del partido progresista: por eso fueron llamados los «resellados». Aparecían como un centro liberal, ecléctico en doctrinas, en medio de las antiguas tendencias antagónicas moderada y progresista. ¿Sería acaso el centro de gravedad de la *conciliación liberal,* tanteada varias veces sin éxito en 1837, en 1843 y en 1854? La idea sostenida tiempo atrás por Pacheco y los puritanos ¿se convertiría ahora en realidad en manos de O'Donnell y de Posada Herrera?

Estos dos personajes son los artífices principales del aparato político de la Unión Liberal. O'Donnell la espada indispensable al ejercicio del poder, porque nada ha cambiado en la estructura socio-política que permita prescindir del respaldo militar. Hombre de talante autoritario, dijo aquello de «no moriré empachado de legalidad»; pero tampoco se le puede tachar de inconsecuente con los principios liberales sostenidos por él desde 1854.

Posada Herrera, progresista evolucionado hacia la derecha, «talento práctico», fue el «programador» electoral de la Unión Liberal, no sólo porque manejando los canales de comunicación del ministerio de Gobernación, incluidos ahora ya los canales del telégrafo y todos los resortes del mismo, asegurara el éxito de la mayoría parlamentaria en las elecciones, con las dosis convenientes minoritarias de oposición, por lo que habría de recibir el sobrenombre de *El Gran Elector;* sino también porque definió el carácter de lo que había de ser el nuevo partido en la «circular electoral» del 28 de noviembre de 1858, que se ha dicho constituye el acta de nacimiento de la Unión Liberal [61].

---

[61] No tiene nada que ver este manifiesto con el que utilizando ya la expresión «unión liberal» se hizo público en las elecciones de 1854, tras la Revolución de julio, el

La crítica negativa es siempre la más fácil, pero también la más efectista, y la Unión Liberal se cimentó sobre la denuncia de los errores de los antiguos partidos: los moderados habían incurrido en una proclividad hacia el autoritarismo, a veces hacia un neo-absolutismo, en detrimento de la libertad; los progresistas, por concesiones demagógicas, no habían defendido a la libertad de la anarquía. Posada Herrera no sabrá ofrecer un programa constructivo concreto, pero basculará sobre un discreto eclecticismo: no a la Milicia nacional, sí a los Jurados de imprenta. La Unión Liberal no salía, pues, de la antinomia Libertad-Autoridad, pero pretendía ofrecer una alternativa centrista, idea grata a los teóricos puritanos, reavivada ahora por una de las figuras más notables de la Unión: don Antonio de los Ríos Rosas.

Posada Herrera calificó, no sin motivos sobrados, a los antiguos partidos de gobierno, como *gastados* y ya inútiles. Pero el propósito de los «unionistas» se enderezó, sin duda, a rematar su muerte. Si los otros partidos consumaban su disolución, la Unión Liberal sería el grupo indispensable para mucho tiempo.

Los progresistas *puros* aborrecían a O'Donnell por ser el liquidador del «bienio» en 1856: mientras los *resellados* se acercaban al nuevo poder, los puros se mantendrán encastillados en sus aisladas posiciones, a la espera de que soplen otros vientos, pero efectivamente el partido durante muchos años pasa por una fase de descomposición. Algo parecido ocurre con los moderados que no se resellan, los que gustan llamarse «moderados históricos». Narváez no perderá nunca la esperanza de volver al poder y desahogaba su enojo contra O'Donnell con exabruptos verbales. Del «humor», del mal humor de Narváez en los años de predominio de la Unión Liberal son reflejo las cartas que envió a Fernández de Córdoba y de que éste da cuenta en sus *Memorias* [62]. Bravo Murillo, por su parte, decía en uno de sus *Opúsculos* que la Unión Liberal, a falta de ideas propias, vivía de la difamación de los demás.

Quizá la definición más dura de lo que fuera aquel partido la hiciera Calvo Asensio: «La Unión Liberal no tiene otra misión que la de destruir; nada ha creado, nada puede crear; no sirve sino para alimentar las esperanzas de los cándidos, para ofrecer

cual recogía el repertorio ideológico del «manifiesto de Manzanares» y unos puntos programáticos esenciales referidos a aquella circunstancia. El manifiesto de la «unión liberal» de 1854 puede verse en ARTOLA: *Partidos y programas*, vol. II, pp. 49-51.

[62] *Memorias*, ed. B. A. E., vol. II, pp. 314 y ss.

refugio a los fatigados y dar paso a los ávidos: la Unión Liberal no tiene tradiciones, ni historia, ni principios y no tiene porvenir»[63].

No cabe duda que la Unión Liberal fue un partido que se formó desde el gobierno, con los resortes del poder en la mano y, por tanto, propicio a convertirse en un partido de arribistas y aprovechados. A pesar de lo que Calvo Asensio dice, tuvo porvenir a corto plazo; porque se puede gobernar sin tradiciones, sin historia y sin principios. Pero no tuvo futuro: porque convertido en un poder personal y en un aparato burocrático, le ocurrió lo que a otros poderes personales en situaciones análogas: no encontró salida.

EL «GOBIERNO LARGO» DE O'DONNELL. POLÍTICA PRÁCTICA Y POLÍTICA «DE PRESTIGIO»

O'Donnell formó gobierno el 30 de junio de 1858. Retuvo él la cartera de Guerra y, además de Posada Herrera en Gobernación, formaron en el mismo Saturnino Calderón (Estado), Pedro Salaverría (Hacienda), Fernández Negrete (Gracia y Justicia), José Quesada (Marina) y el marqués de Corvera (Fomento). Con unos reajustes en Marina y en Fomento, este gobierno se mantuvo hasta el 17 de enero de 1863, hecho inusitado en la España liberal.

Esto se ha atribuido a la disciplina interna, a la paradójica cohesión en medio de la heterogeneidad de elementos integrantes, que ofrecía un contraste con los antiguos «partidos» de gobierno. ¿Qué factor aglutinante actúa en este caso? ¿Es el *tacto de codos* recomendado por Posada Herrera, o sea, el espíritu de clan, de compincheo? Quienes, como don Juan Valera, se inclinan por esta explicación, recuerdan la imagen caricaturesca descrita en el Senado por Alcalá Galiano de *la familia feliz,* una gran jaula en la que conviven toda clase de animales gracias al domador que les da comida y les maneja con el látigo.

Los antiguos progresistas que se pasaron a la Unión Liberal, al justificar un poco vergonzantemente su *resello,* apuntan otra explicación que no contradice la anterior, pero la completa: era un compromiso aceptado por todos para evitar males mayores,

---

[63] *Historia de España* de LAFUENTE, t. XXIII, p. 250.

una penitencia para purgar errores pretéritos y salvar el vacío dejado por el antagonismo aniquilador de quienes se habían inutilizado mutuamente en el poder. La necesidad del compromiso y *el disfrute* del poder hicieron, pues, el milagro de la continuidad del gobierno a la luz del nuevo sol de las espadas: O'Donnell. Aquel gobierno tuvo la virtud de durar: es algo, pero no todo ni suficiente.

La Unión Liberal en el poder polariza su obra en torno al que podríamos denominar «programa de política práctica» y en la acción exterior. En cuanto a la *política práctica* está influenciado, sin duda, por el modelo coetáneo de Napoleón III: dar impulso a las obras públicas y prestar atención a las cuestiones económicas en orden a la modernización de nuestra economía. A este fin se plantean el tema de movilizar las inversiones del capital desamortizado. Es entonces también cuando, aprovechando la situación creada por la guerra de Italia, negocia Ríos Rosas en Roma con éxito la aceptación de la venta de bienes de la Iglesia, compensándolos con títulos de la Deuda al 3 por 100, según el acuerdo firmado el 25 de agosto de 1859 [64]. Se apela al recurso de facilitar las inversiones extranjeras. Sobre los efectos económicos de tales inversiones volveremos a tratar en el capítulo correspondiente a la economía de la época, así como de los condicionamientos del sector industrial.

El despliegue de una actividad exterior programada por la Unión Liberal, corresponde también a lo que en la época se considera una «política de prestigio». Son años de exaltación del nacionalismo en Europa, de la unidad alemana, de la unidad de Italia. En España, desde la guerra de la Independencia no se había producido una exaltación nacionalista; al contrario, los efectos de la separación de las Repúblicas hispano-americanas ocasionaron una cierta atonía. Desde el punto de vista diplomático las relaciones con aquellas Repúblicas se habían restablecido, primero a nivel consular, luego por medio de los tratados firmados con Méjico en 1836, con Ecuador en 1841, con Chile en 1844, con Venezuela en 1845, Costa Rica y Nicaragua en 1850, Santo Domingo en 1855. Precisamente durante el período de gobierno de la unión liberal continuará este proceso de normalización de relaciones con Argentina (tratado de 1859), Bolivia (1861) y Guatemala (1863).

---

[64] Sobre el tema *España y la guerra de Italia. Las gestiones de Ríos Rosas en Roma; 1859-1860* existe la tesis de DOMINGO AGUIRRE BARRUTIETA, leída en la Universidad Complutense de Madrid en julio de 1974.

En España, por otra parte, no existía un problema de «unidad nacional», sustancialmente lograda desde muchos siglos atrás, aún cuando la tendencia centralizadora liberal creía entonces perfeccionar esa unidad sobre una base uniformista, que acabaría por desencadenar años más tarde efectos diametralmente opuestos. Tampoco existían en España las condiciones básicas para excitar el nacionalismo con una política expansionista exterior, a semejanza de Francia o de Inglaterra.

La acción exterior de la Unión Liberal se asentaba, pues, sobre fundamentos muy débiles y parece tan sólo un modo de distraer la opinión pública interna o de catalizar un «prestigio nacionalista» de objetivos limitados y sin la suficiente capacitación militar y diplomática a su servicio. Como ha observado José M. Jover, responde más a una política romántica, que a la formulación racional de unos problemas, y sería ilustrativo «el estudio de las mutuas inducciones entre el equipo dirigente de tal política y los medios expresivos de una incipiente opinión pública (prensa, discursos parlamentarios)» [65].

En 1858 se produjo la expedición franco-española al Annam («expedición de Cochinchina») a raíz del asesinato del obispo español Fray José Díaz y otros misioneros. Francia, que tenía puestos los ojos en el objetivo indochino, necesitaba la cooperación española para poder contar con una base de operaciones próxima, en Filipinas. La expedición «de castigo» cumplió sus objetivos: Francia se estableció en Saigón, desde donde inició su asentamiento colonial, declarando que España «buscase en otro punto la compensación de los sacrificios que había hecho».

El 22 de octubre de 1859 España declaró la guerra a Marruecos. Los incidentes fronterizos en las plazas de soberanía ocurrían con bastante frecuencia. A raíz de uno de estos incidentes, el gobierno O'Donnell no admitió las explicaciones del Sultán que por supuesto tenían siempre más de rutinarias que de sinceras; y no admitió tampoco la mediación intentada por los ingleses, celosos de cualquier toma de posiciones por España al otro lado del Estrecho. Así, pues, la salida fue la guerra.

Tomando Ceuta como base de operaciones los objetivos militares fijados eran dos: primero Tetuán, luego Tánger. El mando supremo lo asumió O'Donnell. Se formó un Ejército de operaciones de 40.000 hombres, divididos en tres Cuerpos (al mando de Echangüe, Zavala y Ros de Olano), más una división

[65] J. M. JOVER: «Caracteres de la política exterior de España en el siglo XIX», publ. en *Homenaje a Johannes Vincke,* Madrid, 1962-1963, vol. II, p. 776.

de caballería (Alcalá Galiano) y un Ejército de reserva (Prim). Contaba con el apoyo de catorce unidades navales.

El estado del mar dificultó el transporte de tropas, el terreno abrupto y sin caminos complicaba el esfuerzo para penetrar al interior. La emboscada de los moros en el Valle de los Castillejos puso a Prim en apuros, situación salvada por la intervención feliz de Zavala, convirtiéndose así en una victoria lo que pudo ser una derrota (1 de enero de 1860). El avance hacia Tetuán continuaba lentamente por los obstáculos de la naturaleza y el hostigamiento del enemigo, pero la plaza fue tomada el 5 de febrero.

Luego se inicia la ofensiva contra Tánger, con la victoria española en la batalla de Wad-Rass (23 de marzo). Inglaterra, que no desea la presencia española en Tánger, presiona sobre Marruecos para que negocie inmediatamente la paz. En efecto, los preliminares se firman el 25 de marzo y el tratado definitivo el 26 de abril de 1860 en Tetuán. Marruecos pagaría una indemnización de 400 millones de reales, quedando Tetuán en prenda de pago. Aquel tratado reconocía también el derecho de España al territorio de Santa Cruz de Mar Pequeña (Ifni).

A continuación tendrá lugar la participación de España en la proyectada expedición franco-inglesa a Méjico. En los agitados días de aquella República se cometían excesos, atropellos y violencias, de las que fueron objeto algunas veces los súbditos extranjeros. El llamamiento a la intervención extranjera hecho por Miramón contra Juárez dio pie a Napoleón III para tomar una decisión intervencionista, a la que en principio ofreció Inglaterra su cooperación. España, que efectuó preparativos militares en La Habana, decidió asociarse a las otras dos potencias. Así, se firmó el tratado de Londres (31 de octubre de 1861), que fijaba como objetivo único de la intervención «la exigencia de reparaciones», con la prohibición expresa de entrometerse en la política interna mejicana.

La expedición española fue puesta bajo el mando de Prim, el cual tomó Veracruz y San Juan de Ulúa, de cuyas aduanas podían cobrarse las indemnizaciones previstas. Sin embargo, los expedicionarios aliados prosiguen las conquistas por el interior. Entonces Napoleón III descubre su verdadero propósito de asentar al archiduque Maximiliano en el trono de Méjico con título de Emperador. Con este motivo, don Juan Prim escribe el 17 de marzo una carta a Napoleón III en la que decía: «Fácil será a Vuestra Majestad conducir al príncipe Maximiliano a la capital y coronarlo rey, pero este rey no encontrará en el país más apoyo que el de los jefes conservadores... Algunos hombres ricos admitirán también al monarca extranjero siendo fortalecido por los soldados de Vuestra Majestad, pero no harán nada para sostenerlo el día en que este apoyo llegara a faltarle y el monarca caería del trono elevado por Vuestra Majestad» [66].

El 9 de abril de 1862 tiene lugar la conferencia de Orizaba, de resultas de la cual Inglaterra y España abandonarán la expedición, persistiendo sólo Napoleón III en el empeño, hasta el fatal desenlace de Querétaro, donde Maximiliano fue hecho prisionero y fusilado. La decisión tomada por Prim en Orizaba con clarividencia de la situación, fue ratificada y España se apartó de aquella absurda aventura. Se rompieron las relaciones con Francia y a punto estuvo de caer el gobierno O'Donnell: como es sabido, el presidente del gobierno llevaba ya preparado a la firma de la Reina el decreto desaprobando la decisión de Prim, cuando la Reina se anticipó a declararle su satisfacción por lo que Prim había hecho. O'Donnell se guardó el decreto en el bolsillo y continuó en el poder: la intuición de la Reina había salvado a España de un mal paso.

Otro de los capítulos de la «política de prestigio» de la Unión Liberal fue la efímera anexión de Santo Domingo. El origen de la cuestión hay que buscarlo en el temor de los dominicanos ante las amenazas del «Emperador» Soulouque de Haití. El miedo a la «invasión negra» dio lugar a que el presidente Pedro Santana se dirigiera a Madrid y a Washington para buscar protección. El tratado hispano-dominicano de 1855, por el que España reconocía la República insular comprometía a nuestro país a «garantizar» la independencia de Santo Domingo. Invocando esta garantía Santana envió a Madrid en misión especial a Felipe Alfau: para entonces Soulouque había sido derrocado en Haití, pero desde Norteamérica se alentaba la idea de fomentar una gran colonización negra en Santo Domingo. Santana en 1860, como en 1843, pensaba que Santo Domingo no podía subsistir independiente y que necesitaba reincorporarse a España, única potencia a la que cabía acudir, de no ser a Francia o a los Estados Unidos. La misión Alfau llegó a Madrid en el momento oportuno, cuando O'Donnell desarrollaba su «política de prestigio».

La negociación la llevó luego el Capitán general de Cuba, que lo era entonces Serrano, inclinándose España por establecer un protectorado. Pero el 4 de abril de 1861 Santana declaró la

[66] *Historia de España* de LAFUENTE, t. XXIII, p. 277.

anexión de Santo Domingo a España, hecho aceptado por el gobierno español, por Real Decreto dado en Aranjuez el día 19 siguiente. Se envió al general don José de la Gándara como Gobernador. En aquel momento los Estados Unidos se hallaban inmovilizados por su propia guerra civil; pero a las protestas internacionales se sumó un gran sector dominicano, contrario al restablecimiento de la soberanía española, que iniciaron la «Revolución restauradora». Por fin, las Cortes españolas, el 3 de mayo de 1865, decretaron el abandono de la isla.

La política de prestigio de la Unión Liberal no consiguió los efectos buscados: no enardeció el entusiasmo patriótico de los españoles, con excepción del momento de la guerra contra Marruecos, y desgastó finalmente al propio O'Donnell.

EL PROBLEMA DE LA SUSTITUCIÓN DE O'DONNELL EN EL PODER

La Unión Liberal no cayó por la lucha política de los partidos de oposición o por una derrota electoral, ni por un pronunciamiento militar o una revolución callejera; sino fundamentalmente por su incapacidad para prolongar indefinidamente el ejercicio del poder. Sólo el apoyo de la Reina podía garantizarle el ejercicio de esta continuidad.

Para derrocar a O'Donnell, como refiere Fernández de Córdoba, uno de los protagonistas de aquel momento, «era preciso buscar el apoyo de la Corte más que otro alguno». El cambio de manos en el poder sólo podía alcanzarse por la fuerza, mediante un pronunciamiento entonces impensable, o por el ejercicio de la regia prerrogativa, retirando la confianza al presidente, lo cual entrañaba siempre un riesgo de desgaste para la Corona. Ante la situación sin horizonte ni salida, la Corona intervino.

En enero de 1863 había ocurrido la disparatada «crisis de doña Manuela», así llamada por haberla provocado la intrigante mujer de O'Donnell, con objeto de elevar a su sobrino el marqués de la Vega de Armijo al ministerio de Gobernación. El prestigio ya tocado del general sufrió las consecuencias de este comportamiento caprichoso, produciéndose en sus filas algunas deserciones, entre ellas las de Ríos Rosas y Cánovas del Castillo. La crisis definitiva tuvo lugar el 2 de marzo del mismo año.

Pero, ¿quién recogería el relevo de la Unión Liberal?

La Reina hizo las consultas oportunas. Los antiguos progresistas, por medio de Madoz, Moreno López y Manuel Cortina contestaron que su partido necesitaba recomponerse antes de gobernar, porque eran ellos quienes más habían sufrido los efectos de la descomposición bajo las presiones de O'Donnell. El propio Cortina reveló a Valera los consejos que dio en aquella ocasión a la Reina y que en sustancia se reducían a disolver las Cortes, convocando nuevas elecciones que habrían de hacerse «con toda libertad, para que su resultado fuese la verdadera expresión de los pueblos».

De los moderados, algunos habían renunciado a la política, como Bravo Murillo; otros querían una *renovación,* afirmando las bases liberales del partido, como Valera, Fabié, Albareda y el grupo de *El Contemporáneo.* Sólo los narvaístas «estábamos preparados para ocupar el poder y Narváez lo deseaba en secreto». Por eso, «el chasco de todos fue completo», comenta Fernández de Córdoba, al resolverse la crisis con la vuelta al gobierno de los moderados, pero no en la persona de Narváez, sino de un político palatino: el marqués de Miraflores [67].

Desde entonces y hasta el final del reinado de Isabel II el gobierno es un desfile de personajes, no el ejercicio del poder ordenado por fuerzas sociales responsables. Moderados y unionistas se alternan en este desfile y aún conviven juntos en algún caso: Arrázola, Mon, gobiernos quinto y sexto de Narváez, con intermedio de un tercer gobierno O'Donnell. En el uso indiscreto de la regia prerrogativa la Reina se va quedando sola, cada vez con un cuadro más reducido de colaboradores.

La Corte de Isabel II, los elementos palatinos habían gravitado demasiado pesadamente sobre la política y en estos últimos años ese peso se acentúa, con inevitable detrimento de la Corona. En 1863 la Reina había dicho a los progresistas: «Yo deseo que vengan legalmente algún día (a gobernar), porque soy Reina de todos y no de ningún partido». Los progresistas se quejaron una y otra vez de los «obstáculos tradicionales» para alcanzar el poder, y es cierto que en el Palacio Real hallaron un entorno poco favorable; pero tampoco hicieron otra cosa para resolver su problema que apelar a la conspiración.

---

[67] FERNÁNDEZ DE CÓRDOBA: *Memorias,* ed. citada, vol. II, p. 315. También MIRAFLORES: *Memorias,* ed. citada, vol. III, p. 194. Éste dice que se le ofrecieron a la Reina «dificultades graves, ajenas a su voluntad» para reemplazar a O'Donnell por Narváez, sin aclarar tales dificultades. «La Reina, por fin, tuvo la dignación de acudir a mí, sin antecedente ninguno por mi parte.»

Desde 1865 la Reina, en efecto, encuentra cada vez menos soportes para su Corona. Es lo que Tuñón de Lara explica como el «fraccionamiento del consenso» que caracteriza a cualquier situación prerrevolucionaria. Gobierna una oligarquía cortesana, encubierta por los destellos finales de dos espadas ya gastadas, O'Donnell y Narváez. Desaparecidos estos generales, la pura oligarquía cortesana estará abocada al derrumbamiento.

De todos modos, sobre el trono de Isabel II se abate la resaca de rencores producida por la influencia de la Reina Madre y de su marido, Fernando Muñoz, duque de Riánsares; del grupo de amigos del Rey Francisco, con su *entrometido* confesor el P. Fulgencio a la cabeza; el propio confesor de la Reina, San Antonio María Claret, «que logró la canonización por sus sinceros desvelos populares a pesar de vivir en una nube dentro de Palacio»; la milagrera monja de las llagas, sor Patrocinio, «un ser retorcido y calamitoso»; los sucesivos amigos personales de la Reina, que confundía los asuntos privados con los negocios públicos por la mala instrucción recibida. Muy justamente Ricardo de la Cierva, con su excelente don para la síntesis en el juicio histórico y con su habitual fuerza expresiva, escribe que todo un «artilugio palatino se preocupaba intensa y diversamente de la política; nada tiene de extraño que cuando se ha querido estudiar de cerca su acción, las monografías han degenerado en esperpentos» [68].

El sexto gobierno Narváez tenía como ministro de la Gobernación a González Brabo. Al morir el general el 23 de abril de 1868 le relevó en la presidencia. González Brabo identificó el Trono con su propio gobierno y uno y otro caerían arrastrados por la Revolución que se avecinaba. Como factores coadyuvantes a su desencadenamiento será preciso tener en cuenta la situación económica recesiva desde 1866, las malas cosechas y la crisis de subsistencias de 1868, el descontento de algunos sectores militares, que se puso de relieve ya desde las reformas del Arma de Artillería propuestas en 1864 y que manifestaron las diferencias internas de la «clase militar»; y por fin, la deserción de los generales unionistas por los ascensos arbitrarios del marqués de Novaliches y del marqués de La Habana, con los que el gobierno quería apuntalarse en el control del mando militar.

[68] R. DE LA CIERVA: *Historia básica de la España actual*, 2.ª ed., Madrid, 1975, página 61.

El gobierno de González Brabo pretendió ser un gobierno autoritario cuando en realidad carecía de fuerza fuera del Palacio Real: un gobierno autoritario sin autoridad entraña una contradicción que muy pronto lo destruye.

CAPÍTULO 7

LA SOCIEDAD DE LA ÉPOCA ISABELINA

Durante la época isabelina la sociedad española experimenta un tirón demográfico importante, concluye el proceso de disolución de la vieja sociedad estamental, se consolidan los factores de las «clases medias» en los papeles dirigentes, en simbiosis con la aristocracia vieja y nueva; y todo ello sobre las estructuras de una sociedad fundamentalmente de base campesina, en la que prevalece la economía agraria, aunque surgen con carácter local algunos brotes aislados anunciadores de la sociedad industrial que se divisa en el horizonte europeo.

Todo ello es difícil de cuantificar, hoy por hoy, e incluso de reducirlo a síntesis generales. Las fuentes estadísticas son escasas y de fiabilidad dudosa; las fuentes literarias nos trazan una imagen colorista, muy viva, de la realidad, de sus matices humanos, aunque con las exageraciones propias de la caricatura; las fuentes legislativas y administrativas, no obstante su prosaico encuadre, algo nos acercan a la dinámica social de aquel tiempo.

EL POTENCIAL HUMANO

La población española hacia 1800, según la estimación del prof. Francisco Bustelo, puede cifrarse en 11.500.000 habitantes [69]. Los datos fiables de que disponemos posteriormente son

---

[69] BUSTELO llega a esta conclusión provisional tras un meticuloso estudio del crecimiento demográfico español del siglo XVIII, a reserva de las correcciones que puedan deducirse de la crítica sobre la documentación primaria de los censos. «La población española en la segunda mitad del siglo XVIII» publ. en «Moneda y Crédito», núm. 123, diciembre, 1972, pp. 53-104.

el censo general de 1857 y el de 1860, entre los que hay una lógica aproximación de cifras:

En 1857 la población total de la Península e islas adyacentes es de 15.455.340 habitantes. Los datos de 1860 la elevan a 15.673.000 habitantes. Los trabajos censales, dirigidos por don Alejandro Oliván, fueron técnicamente bien hechos, aunque los propios autores declaran con modestia que los datos no les parecen todavía del todo perfectos.

Para el período intermedio no hay censos de carácter general y las múltiples estimaciones carecen de valor fehaciente. Los recuentos que se mandaron hacer al verificarse la nueva distribución provincial resultan bastante defectuosos. La estimación de Miñano para 1826, que recoge Moreau de Jonès en 1834, es rectificada por Madoz, que tenía motivos para una apreciación más verosímil. Según Madoz la población en 1826 sería de 12.479.000 habitantes, y en 1834, 14.186.000 [70].

Romero de Solís, que considera muy optimistas las estimaciones de los estadísticos y economistas del siglo XIX, reduce a 12.300.000 habitantes la población en 1833, que viene a ser, ligeramente redondeado, el resultado de la población calculada al efectuar la división territorial de las provincias por el R. D. de 30 de noviembre de 1833, cifra inaceptable. Artola estima la población en 1834 en 13.378.389 habitantes, introduciendo índices de corrección en los datos de la ley electoral de mayo de 1836, que completan los de la división en partidos judiciales de 1834, cifra que aún debiera aumentarse al rectificar la población atribuida a las Vascongadas y Navarra, ya que la ley electoral mantiene allí los datos de 1797 a falta de otros mejores [71]. Así nos aproximamos bastante a las cifras de Madoz.

El ritmo de crecimiento demográfico en España entre 1800 y 1860 sería del orden de un 0,60 por 100 anual, muy inferior al de Inglaterra y País de Gales, que por entonces alcanza la cota de 1,25 por 100, cuando se lleva a cabo en aquellas regiones de la Gran Bretaña la revolución industrial; pero muy superior al índice de crecimiento demográfico en Francia, que en esas mismas fechas es de 0,31 por 100. La expansión demográfica española entre estas fechas límite parece coincidir bastante aproximadamente con el índice medio de la Europa occidental.

---

[70] *Estadística de España* de MOREAU DE JONÈS, traducida y adicionada por PASCUAL MADOZ, Madrid, 1835. Nota 2.ª de Madoz al capítulo segundo, p. 97.

[71] ARTOLA: *La burguesía revolucionaria*, pp. 62-68.

Dentro de esta apreciación global caben formularse dos cuestiones: ¿Hubo un crecimiento lineal continuado y homogéneo a lo largo de esos sesenta años, o se produjeron cambios notables de ritmo? ¿El crecimiento se repartió de modo uniforme o fue sensiblemente diferenciado en los distintos ámbitos regionales? Romero de Solís responde a la primera cuestión suponiendo que entre 1833-1857 se sitúa el período de máximo crecimiento cuantitativo de población, que sería del 1,07 por 100 [72]. Pero como este supuesto lo establece sobre las cifras de los censos oficiales de 1797 y 1833, que no son admisibles sin corrección, el índice de máximo crecimiento para 1833-1857 debe en todo caso rectificarse.

Cabe explicar, en efecto, que el período 1800-1833 registre un crecimiento menor, por la incidencia de factores negativos graves como la guerra de la Independencia y las hambres de 1803-1804 y 1812; de modo que en el primer cuarto de siglo el índice no rebase el 0,4 por 100 anual. Para el período 1833-1860 y sobre el supuesto de 13.500.000 habitantes aproximadamente correspondientes a la primera fecha, de acuerdo con una estimación rectificada de Madoz, el crecimiento cuantitativo registraría un índice próximo al 0,65 por 100. Aun cuando no sea este el período de «máximo crecimiento», sí es uno de los períodos de expansión demográfica más importantes.

En cuanto al modo de producirse esta expansión demográfica en las distintas áreas geográficas de España, ha de admitirse una desigualdad de distribución, si bien la insuficiencia de estudios locales no permiten todavía muchas matizaciones precisas. Los estudios de Nadal fijan el máximo crecimiento en Cataluña, con un incremento de 1,01 por 100 anual entre 1787 y 1860. También es posible que en esta época aparezcan los primeros indicios del desplazamiento de la población hacia algunas zonas periféricas y hacia Madrid, así como el comienzo de un éxodo rural hacia las ciudades.

En la expansión demográfica española durante los sesenta primeros años del siglo XIX inciden factores generales, además de los que con carácter particular se den en las distintas regiones, y que en este caso explican las diferencias de unas a otras. Por supuesto no existe en esta época una mayor fecundidad, que se mantiene elevada, en niveles fisiológicos óptimos, de un 38 por 1000 por término medio. Tampoco hay una disminución

---

[72] P. ROMERO DE SOLÍS: *La población española de los siglos XVIII y XIX*, Madrid, 1973, p. 233.

en las curvas de mortalidad, que tienen las inflexiones habituales en la demografía de aquella época, por el carácter irregular de la mortalidad catastrófica (epidemias, guerras). No parece, pues, que se haya modificado de forma notoria la esperanza de vida, es decir, la prolongación media de la vida humana.

Sin embargo, algunas ventajas se registran en este sentido debidas principalmente: a la mejora en la alimentación, gracias a la generalización del cultivo del maíz en el norte cantábrico, la incorporación de la patata al régimen alimenticio y la extensión de los cultivos cerealísticos; a la incipiente medicina preventiva, con la vacunación que pone fin al azote de la viruela, así como la introducción de algunos cuidados higiénicos en los mercados de las ciudades; a la desaparición de la fiebre amarilla, que supuso en los años próximos al 1800 una epidemia grave en las zonas litorales.

Otro factor positivo para el crecimiento demográfico será la contención de la emigración a América hasta 1853: es verdad que existió una emigración clandestina, que no pudo evitar la R. O. de 4 de diciembre de 1846, siendo las islas Canarias y Galicia las regiones que se vieron más afectadas. Aunque esta emigración no es fácil de evaluar cuantitativamente, por la clandestinidad de las expediciones y las ocultaciones voluntarias en los países de recepción, cabe admitir que su volumen no fue demasiado importante, hasta que la R. O. de 16 de septiembre de 1853 marcó una nueva etapa en las disposicones reguladoras de la emigración.

Lo peor de la emigración clandestina eran las condiciones de enganche, el transporte inhumano por el hacinamiento de pasajeros, la alimentación deficiente y el costo del pasaje, así como la indefensión jurídica posterior en que se hallaban estos emigrantes en los países de recepción. Parece como si a la supresión de la «trata de negros» hubiera sucedido una especie de engañosa «trata de blancos», de la que fueron víctimas los emigrantes españoles del segundo cuarto del siglo XIX.

Este problema es el que trató de canalizar la R. O. de 1853 aludida, al reconocer el pleno derecho a emigrar hacia las posesiones de Ultramar (Cuba y Puerto Rico) o hacia las Repúblicas americanas en que hubiera representación diplomática española, exigiéndose garantías sanitarias y morales durante la travesía y libertad de contratación de trabajo en los países de destino.

Los principales puntos de acogida de estos emigrantes, aparte las islas antillanas españolas, fueron Buenos Aires, Montevideo y Brasil. También hacia 1830-1840 se inició una corriente emigratoria a Orán-Argelia.

En cambio, como factores demográficos negativos durante este período hay que contar, aparte la guerra carlista, con las muertes directas o indirectas a ella imputables, los siguientes: las epidemias de cólera, enfermedad característica de este siglo, y las crisis de subsistencias que se registran en 1837, 1847, 1856-1857 y 1868, aunque no revisten la gravedad de las de 1812 y otras anteriores.

Desaparecida la viruela por la vacunación, que suponía anteriormente 1/7 de la mortalidad, y remitida la fiebre amarilla, la gran epidemia típica del siglo XIX en España, como en toda Europa, fue el cólera-morbo. El primer brote epidémico se produjo en España en 1833-1834, con 449.000 enfermos atacados, de los que fallecieron 102.511, según los datos oficiales no muy seguros, lo que daría un índice de letalidad del 22 por 100. En 1854-1856 hubo una segunda oleada, con 829.198 atacados, es decir, un 5,3 por 100 de la población total, con 236.744 muertos (índice de letalidad, 28 por 100). En 1859-1860 parece que se produjo también un pequeño brote del que no se registran más que 6.832 defunciones.

CARACTERÍSTICAS DE LA DISTRIBUCIÓN HUMANA Y ESTRUCTURAS DE LA SOCIEDAD

El emplazamiento geográfico de la población y la distribución por actividades económicas nos trasmiten la imagen de una sociedad ruralizada. Según el *Anuario Estadístico* de 1865-1866, casi el 82 por 100 de la población vivía en el medio rural. Un 72 por 100 aproximadamente se dedicaba a la agricultura u obtenía sus ingresos de ella. El número de entidades de población que sobrepasan los 10.000 habitantes es sólo de cincuenta. Madrid tenía 236.000 habitantes según el censo municipal de 1853, que el competente Fernández de los Ríos consideró el más escrupuloso hasta entonces realizado [73]; y en el censo oficial de 1867 su población era ya de 293.733 individuos. Bar-

---

[73]   A. FERNÁNDEZ DE LOS RÍOS: *Guía de Madrid*, 1876, p. 782. (Edición facsímil, 1976.)

celona en 1857 tenía 215.000 habitantes; Sevilla y Valencia
habían rebasado los 100.000.

En esta sociedad de base campesina termina el proceso de
disolución de la sociedad estamental durante el segundo tercio
del siglo, sustituida por una sociedad de clases. Las modificaciones afectan a la mentalidad aristocrática antigua, abriéndose
paso a nuevos estilos de vida más pragmáticos. La supresión de
los mayorazgos y la *mala administración* consustancial a la mentalidad nobiliaria antigua, provocan la ruina económica de muchos
nobles. Werner Sombart, en su obra clásica sobre *El Burgués,*
definió el estilo aristocrático de vida por la ausencia de sentido
económico, de presupuesto, de control del gasto; y anticipándose al economista alemán, Perez Galdós nos da una verificación de este hecho en *Las tormentas del 48,* cuando dice que la
aristocracia histórica «no sabe cuidar de sus fincas, ni administrar sus riquezas, sólo sabe gastarlas».

La antigua aristocracia pierde su papel dominante, pero
en ella se opera también una adaptación a las nuevas condiciones socio-económicas. Por de pronto se crea una nueva aristocracia por la concesión de títulos nuevos, o por el cruce de
gentes no-nobles con la antigua nobleza. Durante el reinado de
Isabel II se crearon 401 nuevos títulos del Reino, otorgados
como premio a los militares que combatieron en la guerra carlista o en las guerras americanas y de Marruecos; a los personajes que habían prestado servicios en la política (militares y
hombres civiles de gobierno); a destacadas gentes de las finanzas y hombres de empresa; o a simples cortesanos y parientes
de la Familia Real, entre ellos los del duque de Riánsares.

Es cierto que conservan vigencia usos que mantienen, aunque declinante, el estilo nobiliario de vida, y que otros grupos
sociales tratan de imitar. No hay ninguna sorpresa en este
efecto mimético. La aristocracia ha perdido la función propia de
la estructura estamental; pero conserva una *persistencia formal,*
que se traduce en las relaciones sociales, en la ostentación y el lujo.

De hecho se advierte en esta época la formación de una
nueva *clase alta,* la «high life» de la moderna sociedad burguesa,
integrada por la aristocracia, antigua o nueva; por los hombres
de los negocios, entre los cuales «los banqueros son la nobleza
de la burguesía», como dijera Stendhal; por los altos cargos del
Estado, de la clase política y del Ejército; por los grandes propietarios terratenientes, que residen habitualmente en Madrid o
en las principales ciudades de provincias; y por algunos profesionales distinguidos.

Aunque esta clase alta conserva, como decimos, algunas formas aristocráticas, esencialmente tiende a desaristocratizarse. La aplicación a los negocios modernos, que nivela a todos por un rasero inferior en el rango plebeyo, y la prodigalidad en otorgar títulos y distinciones aristocráticas, contribuyen al proceso de desaristocratización, como quedó reflejado por Pérez Galdós. Naturalmente, hay una tendencia a la movilidad ascensional hacia la «élite social» por quienes alcanzan posiciones económicas elevadas y la aspiración suprema del «nuevo rico» es hacerse admitir en los círculos aristocratizantes. Eugenio Ochoa lo decía por aquellos días: «Desde el momento en que la renta es cuantiosa ya la familia se sale de lo que se llama clase media pasando de un salto, sin necesidad de pruebas ni más ejecutorias que su dinero, a la clase alta, es decir, a la aristocracia» [74].

En esta misma terminología de Ochoa se descubre la superposición del recuerdo reverencial de la aristocracia antigua, de sangre y ejecutoria, y la realidad de la ascensión social fundada en la riqueza, base del nuevo concepto de aristocracia. Por otra parte, las ocasiones de formación de nuevos capitales importantes fueron ahora mayores que en tiempos pasados, por la especulación, el agio, o simplemente los negocios en gran escala, aparte la desamortización: la Bolsa y los banqueros (Remisa, Sevillano, Salamanca), las contratas del Estado y de las instituciones locales, obras públicas, asentistas de abastos de grandes ciudades (como los Xifré en Madrid), arrendadores de impuestos (como Felipe Riera).

Pero aun cuando en la *clase alta* se procura mantener un «exclusivismo» de usos y trato social, el cambio acelerado en los modos de vida iniciado ya en la generación anterior a Larra no deja de alcanzar también a las élites sociales. «Se distinguían las clases altas hasta en el vestir, que ahora no parece sino que todos somos hijos de un mismo padre», hace exclamar Larra a uno de los interlocutores de *La educación de entonces,* precisamente a uno que lleva peluca rubia, caña de Indias por bastón y zapato con hebilla: «poco se ve de esto ya, pero se ve», comenta Larra.

Por debajo de esta *alta clase* elitista, instalada en la cúspide social, encontramos los escalones de las *clases medias*, las más representativas de la nueva sociedad. Pero, ¿cómo determinar rigurosamente en este tiempo la condición de las clases medias,

[74] E. DE OCHOA, en *Costumbristas españoles*, ed. de Correa Calderón, vol. II, p. 280.

y cómo fijar su importancia numérica en el conjunto social? Todos los historiadores actualmente preocupados por el tema reflejan las dificultades que entraña la respuesta, desde Tuñón de Lara a José M. Jover, quien con expresión adecuada habla de la «indecisa frontera de las clases medias» [75].

Por de pronto, en las clases medias tenemos que distinguir elementos heterogéneos, diferenciados por su condición profesional y por su nivel económico; de manera que son varios los peldaños en que estas clases se sitúan, y no en un plano uniforme. Pero dada la movilidad que es característica de la nueva estructura social, los diversos integrantes de estas clases medias no están instalados en compartimientos estancos y se produce un trasiego entre ellos, existiendo de hecho un fácil acceso de unos escalones a otros.

Cada día se hace más frecuente el cambio de actividad profesional de padres a hijos, de modo que la «tradición familiar» en el oficio ya no es una garantía de perduración; y esto ocurre sobre todo en los oficios artesanos. El acceso al empleo en la función pública constituye uno de los más eficaces instrumentos de movilidad o simplemente un medio de evasión y ascenso desde condiciones socio-económicas inferiores. Bravo Murillo, en su famoso discurso del 30 de enero de 1858, al plantear una vez más la cuestión de la función pública, llama la atención sobre el hecho de los numerosos hijos de menestrales y artesanos que aspiran a ser empleados, aun a riesgo de que la cesantía les confine luego en la «plaga de la sociedad» de los sin-trabajo [76].

El prof. Jover se ha fijado en seis sectores que agrupan las rúbricas socio-profesionales del censo de 1860: el clero, los empleados, el Ejército y la Armada, las profesiones liberales, la agricultura, industria y comercio y los elementos que tienen un «carácter parasitario con respecto a los otros grupos sociales» (sirvientes, pobres de solemnidad, ciegos, sordomudos e imposibilitados). Dentro de cada sector es preciso dar cortes horizontales para establecer al menos tres niveles: alto, medio e inferior.

---

[75] J. M. JOVER: «Situación social y poder político en la España de Isabel II», publ. en la obra miscelánea *Historia social de España. Siglo XIX,* de la Ed. Guadiana, Madrid, 1972, pp. 243 y ss.

[76] Este discurso de Bravo Murillo, ed. entre sus *Opúsculos* con el título «Mi testamento y mis codicilos políticos» lo recoge COMELLAS, o. c. en nota 20. El párrafo citado en p. 307.

Es posible discernir el concepto que el legislador tiene de las «clases medias» a través de los mecanismos del sufragio censatario, para aproximarnos a las condiciones de vida y los niveles económicos. También se pueden hacer sondeos sobre las bases contributivas, especialmente a través de los impuestos directos después de la reforma fiscal de 1845. Pero ni siquiera los datos concretos de las remuneraciones de algunos empleos y trabajos son suficientemente satisfactorios, por el pluriempleo frecuente o la pluralidad de fuentes de renta de unas mismas personas.

Las clases mercantiles y burocráticas tenían su asiento en las villas y ciudades. El florecimiento mercantil de la segunda mitad del siglo XVIII se vio luego afectado por la guerra de la Independencia, que supuso daños cuantiosos para las clases mercantiles, así como por la interrupción del tráfico con América. Al establecerse en 1824 el subsidio de comercio, por importe total de diez millones de reales, los cupos más altos por provincias se aplicaron a Madrid (1.560.000 rs.) Barcelona y Cataluña (1.550.000 rs.), y Cádiz (1.300.000 rs). Entre medio y un millón sólo figuran Coruña y Galicia (900.000 rs.) y Sevilla (600.000 rs). No se incluían, naturalmente, las Provincias Exentas, por lo que Bilbao quedaba fuera de cupo. Así, un grupo de cinco provincias, entre treinta y tres, acumulaban el 60 por 100 del repartimiento. Las cuotas más bajas correspondían a Ávila, Valladolid, Palencia, Soria y Guadalajara, con menos de 62.000 reales.

En Madrid había en 1825 un total de 1.569 comerciantes y mercaderes; en Cataluña, 2.004. La proporción sobre el total de la población de sus áreas respectivas significaba 1 por cada 150 habitantes y 1 por cada 425. Para toda España, Moreau de Jonès registra 6.824 negociantes y comerciantes al por mayor y 18.851 al por menor. En las pequeñas capitales de provincia casi no existe la clase mercantil elevada: en Orense sólo hay un comerciante de las tres primeras clases del repartimiento de 1824.

La paralización económica y comercial entre 1808-1830 se hace notar en el descenso de los precios y hasta en los informes administrativos, con el consiguiente efecto social en la composición de las clases medias mercantiles. El intendente de Orense, José M. Segovia, en una *Memoria* de 1826 declara: «Las compras escasean porque no tiene cuenta llenar almacenes que no se han de vaciar». En las grandes ciudades, como Madrid y Barcelona, hay fenómenos compensatorios, y una concentración de actividades. Las ciudades vinculadas al comercio de América: Cádiz, Coruña, Santander, experimentan descensos, aunque se mantienen en una línea intermedia; pero en las aldeas y pueblos «que contienen el gran número de la población... los habitantes viven como pueden, haciendo el menor gasto posible» [77].

Sólo a partir de 1829 las clases mercantiles volvieron a recuperar posiciones a favor de un nuevo ciclo económico. Si comparamos la situación reflejada en el subsidio de 1825 con la que revelan las relaciones de contribuyentes por contribución industrial y de comercio, incluidas patentes y profesiones, en 1868, en todas sus tarifas, nos da un total de 451.766; esto es, una proporción de 1 por 36 habitantes aproximadamente, excluidas las Provincias Exentas. En la distribución regional, la ciudad de Barcelona aparece con 9.446 contribuyentes de todas las categorías. La cifra más alta la tiene Madrid capital, que cuenta con 14.204 contribuyentes, lo que supone más del 20 por 100 de su vecindario familiar, tomando un vecino por cada cuatro habitantes.

Los contribuyentes madrileños se distribuían así:

Por la tarifa 1.ª 9.552
Por la 2.ª.................... 1.559
Por la 3.ª.................... 330
Tarifa especial profesiones 1.545
Tarifa de patentes 1.218

A pesar de sus imperfecciones, las fuentes fiscales pueden proporcionarnos una base de análisis de los distintos estratos que se integran en las clases medias mercantiles, industriales y profesionales y es deseable que prosigan las investigaciones en esa dirección.

El desarrollo de las clases mercantiles y profesionales es un hecho de relevancia en la dinámica social entre 1830 y 1868, pues ellas forman parte de las clases medias, diversificadas entre sí; tocan por arriba a la clase rica y por abajo a la clase pobre, como decía Joaquín Francisco Pacheco en sus *Lecciones de Dere-*

---

[77] «La crisis se hace sentir notablemente en las zonas rurales, ocasionando la paralización del comercio...; los centros urbanos más importantes logran mantener algo su comercio...» M. A. ARCAUZ: «El subsidio de comercio en la política fiscal y en la realidad socioeconómica del tiempo de Fernando VII (1824-1835)», p. 224, en *El siglo XIX en España: doce estudios*, ed. por J. M. JOVER, Barcelona, 1974.

cho Político del Ateneo de Madrid en 1844-1845. Entre un abogado con buen bufete, próximo a la *clase alta,* y un maestro de escuela, próximo en su salario a un obrero, puede efectivamente haber «enormes diferencias de renta», por utilizar los términos de Tuñón de Lara [78]. Pero no se trata sólo de la renta, sino de la consideración social, de la estimación pública, incluso de la consideración que de sí mismos tienen los miembros de estas familias y que les exige a veces sacrificios materiales para mantener el «decoro» de su condición, aspecto bien sugerido por Jover Zamora.

Los empleados y la mayor parte de los militares de carrera son otro de los soportes de estas «clases medias». También aquí las diferencias de las retribuciones pueden reflejar grandes diferencias de nivel. En 1852, cuando el sueldo de un jefe superior de Administración era de 50.000 rs. anuales, el de un jefe de negociado de 1.ª era de 24.000, el de un oficial de 1.ª de 14.000 y el de 5.ª de 6.000 reales [79]. Al formarse el primer escalafón de Catedráticos de Universidad en 1847, el sueldo de entrada era de 12.000 rs. anuales, ascendiéndose hasta 20.000 rs. para los veinte primeros números del escalafón. El sueldo medio de los 276 catedráticos de aquel escalafón era de 15.500 rs. Los catedráticos de Instituto de provincias cobraban entre 6.000 y 8.000 rs., y los 92 catedráticos de Instituto agregados a Universidades alcanzaban un sueldo medio de 11.400 rs. [80]. En 1847 los médicos rurales cobraban por término medio 6.677 rs. al año [81]. Valgan estas muestras como contraste.

[78] El R. D. de 30 de septiembre de 1847 estableció la siguiente escala de *retribuciones mínimas* para los maestros de escuelas elementales:
2.000 rs. anuales en pueblos de menos de 400 vecinos.
3.000 rs. íd. íd. entre 400 y 1.000 vecinos.
4.000 rs. íd. íd. entre 1.000 y 2.000 vecinos.
5.000 rs. en los de más de 2.000 vecinos, excepto Madrid.
Los maestros de escuelas superiores cobrarían un tercio más. Además, el Art. 3.º les autoriza a percibir retribuciones de los niños «que no sean verdaderamente pobres». Esta era la realidad que se comenta por sí misma. Acerca de la condición social de los maestros de primaria me remito a lo que digo en páginas posteriores, en el apartado sobre «Instrucción pública».
[79] A. Nieto: *La retribución de los funcionarios (historia y actualidad).* Madrid, 1967, página 133. El R. D. de 18 junio 1852 establecía cinco categorías desde Jefe superior de Administración a Aspirante a oficial, y dentro de cada categoría se articulaba una escala de sueldos diferentes.
[80] J. Sánchez de la Campa: *La Instrucción pública y la sociedad,* Madrid, 1868, página 102.
[81] Mariano y José Luis Peset: *La Universidad española, siglos XVIII y XIX. Despotismo ilustrado y Revolución liberal.* Madrid, 1974, p. 669.

El nuevo tipo humano del funcionario ya hemos dicho que fue objeto de la sátira social en una época en que tiende a hipertrofiar su propia importancia.

Las clases medias, aun las que ocupan los peldaños bajos, de condición económica mediocre, son el arquetipo social de «la índole y las costumbres de un pueblo», según lo interpreta, entre otros costumbristas de su tiempo, el bien acreditado Bretón de los Herreros, pues «esta (clase media) ha ganado en. número e influencia lo que aquéllas (los próceres y la chusma) han perdido, tal vez para bien de todas» [82].

La gran arma de esta clase media es la ilustración, el tener acceso a la instrucción pública, hasta graduarse en Derecho o en Medicina en las Universidades, los dos títulos más apetecidos en estos años mediados del siglo, de análoga manera a lo que más tarde, en los años del positivismo finisecular, ocurrirá con los ingenieros, que escalan las máximas cotas del prestigio social. A mediados de siglo los médicos participan de una fe «progresista» que debe encuadrarse en un estudio de mentalidades, junto a la acción persuasiva de los coetáneos «demócratas de cátedra».

Pero estas clases medias urbanas que, pese a sus insuficiencias cuantitativas y estructurales, constituyen el nervio del país y de su actividad, que controlan la administración pública, las letras y las artes, la milicia, la enseñanza, el comercio grande o pequeño, los talleres y las modestas fábricas, carecen del espíritu de riesgo propio de los hombres de empresa, y cuando llegan a adquirir capacidad de ahorro e inversión prefieren comprar tierras o inmuebles, porque la mentalidad económica arcaica que les caracteriza considera la tierra como la propiedad más sólida.

De ahí ese trasvase de las clases medias urbanas a la propiedad rústica, que comparten con las clases medias rurales, y que se pone de manifiesto en el proceso de la desamortización. ¿En qué proporción aumentaron con la desamortización los 364.514 propietarios agrícolas que atribuye Moreau de Jonès al total de España en 1826, y cuántos de ellos formaban una auténtica clase media agraria? Las rúbricas de los censos generales de población de la segunda mitad de siglo pueden darnos unas primeras pistas. La dificultad mayor de interpretación está en el número de los «pequeños propietarios» y su auténtica condi-

[82] COMELLAS: o. c., p. 70. Sobre la valoración política de la clase media y las virtudes y cualidades atribuidas en aquella época a la misma me remito a la importante obra de A. GARRORENA MORALES: *El Ateneo de Madrid y la teoría de la Monarquía liberal*, Madrid, 1974, principalmente a las pp. 719 y ss.

ción social. Baste de momento recordar que de la cifra de Moreau de Jonès, 91.759 corresponden a Galicia, la región del minifundio.

El individualismo constituye otra connotación determinante de las clases medias y también de las «más acomodadas». Carecen de sentido social. No son sólo las denuncias, a veces inflamadas, de los partidarios de una transformación revolucionaria de la sociedad, las que acusan el comportamiento de las clases acomodadas, sino también los tratadistas de la cuestión social enmarcados en el doctrinarismo liberal de corte cristiano, como Andrés Borrego en 1848, y a quienes ya hemos aludido.

Del mismo modo que la aristocratización formal es la característica de la *clase alta,* hecho que se superpone al fenómeno inverso del aburguesamiento mental; y así como la mentalidad de las clases medias se caracteriza por el arcaizante apego a la propiedad rústica, por la falta de espíritu de empresa consiguiente y por el individualismo; el fenómeno más notorio de las clases populares, tanto campesinas como urbanas, es su *proletarización.*

El antiguo colono modesto quedó indefenso ante los nuevos dueños y se convirtió en bracero. Por supuesto hay también grandes diferencias salariales, según los distintos trabajos o labores del campo, así como según las áreas regionales. Entre los dos reales de jornal mínimo en Andalucía y los 12 de Cataluña, en faenas agrícolas, hay múltiples variantes, sin olvidar que los jornales llevan a veces en Andalucía, en Castilla y en otras regiones, complementos en especie alimenticia (pan, vino, aceite y vinagre); también es cierto que en algunos lugares y ocasiones todo el jornal se pagaba en especies [83]. Generalmente la siega era la labor mejor pagada (10 rs. en Sevilla en 1845, según A. Lazo; 6 rs, la siembra, 3 y 2 reales el arado y la escarda).

Los 788.590 jornaleros agrícolas de 1826, según las estadísticas de Moreau de Jonès, se han convertido en un millón y medio según las estadísticas de 1867. La proporción sobre la población total agraria, de ser fiables estas cifras, habría aumentado desde la base 100 en 1826 a 156 aproximadamente en 1867. Una gran parte de estos jornaleros soportaba un paro estacional que reducía las jornadas de labor a menos de 200 anuales.

[83] J. A. LACOMBA: *Introducción a la historia económica de la España contemporánea,* 2.ª ed., Madrid, 1972, p. 122.

El artesanado urbano también sufrió el proceso parcial de proletarización. Al desaparecer el régimen gremial, que mantenía estable la base artesana, muchos oficios artesanos se conservaron, pero parte de los talleres no pudieron competir con las nuevas formas de la producción industrial, por lo que bastantes oficiales y maestros antiguos tuvieron que buscar trabajo en las modernas fábricas. Este fenómeno es anterior incluso a la extinción de los gremios, al menos en Cataluña durante la segunda mitad del siglo XVIII, como ha comprobado el prof. Pedro Molas [84].

La industria capitalista, con el equipamiento moderno y las técnicas de producción, hizo aparecer la fábrica junto al viejo taller artesano. La aparición del ferrocarril también apunta a un sector nuevo del proletariado moderno. La máxima concentración de población trabajadora industrial la dan los textiles, a los que siguen los mineros, metalúrgicos, ferroviarios, sin contar el peonaje de la construcción. Los salarios varían, desde luego, tanto por calidad y oficio, como por ámbitos regionales. El peonaje solía percibir a mediados de siglo de 4 a 7 reales, los oficios calificados de 8 a 14 rs. [85]. La jornada de trabajo, por los años cincuenta, era frecuentemente de once horas, algunas veces llegaba a doce. Ya hemos citado el convenio de 1854 en Barcelona, en el ramo textil, para reducir el horario semanal de 72 a 69 horas. Los horarios variaban según los oficios, las regiones y las estaciones del año, siendo diferentes en invierno y en verano, según las condiciones climáticas.

Expuestas las anteriores consideraciones y datos podríamos resumir la situación en los siguientes puntos:

Primero. Durante la época isabelina, entre los más ricos y los más pobres se ha producido un distanciamiento económico. Algunos se han llevado «la parte del león» a que se refería Andrés Borrego. Entre unos y otros, los diversos escalones de las clases medias amortiguan las distancias. Esos escalones tienden a ampliar su espacio, pero sin ímpetu ni extensión suficiente para asumir un pleno papel directivo en la nueva sociedad y para constituirse en el factor de equilibrio de la misma.

---

[84] P. MOLAS: *Los Gremios barceloneses del siglo XVIII*, Madrid, 1970, pp. 76-80.

[85] En 1856 el salario medio en Barcelona, calculado sobre veinte oficios masculinos, era de 11 reales escasos, según los datos que figuran en el *Anuario Estadístico de la ciudad de Barcelona*, Barcelona 1905. Los salarios más altos corresponden a obrero aserrador, 3,50 ptas. (= 14 reales), y obrero cantero, 3,44 ptas. Los más bajos a obrero guarnicionero, 1,87 ptas. (= 7 reales y medio) y peón albañil, 1,75 ptas.

Segundo. La condición de las clases más pobres empeora. Hemos insistido en los efectos negativos de la desamortización sobre un sector del campesinado, que responderá a la nueva situación con revueltas y motines. Por debajo del proletariado tradicional y del nuevo proletariado fabril aparece un subproletariado que lo forman los emigrantes sin empleo y el hampa de las grandes ciudades, propicio a ser utilizado para la agitación. Los progresistas, que lo utilizaron varias veces como instrumento a sueldo, carecieron sin embargo de programa social.

Con razón el prof. Seco se refiere al «falso espejismo social» atribuido al progresismo [86]. Su actitud antisocial respecto a las clases obreras quedó rotundamente reflejada en los sucesos de 1855 y en el proyecto de Ley sometido a las Cortes en noviembre de aquel año sobre relaciones entre patronos y obreros que restringía los derechos de asociación, negaba los contratos colectivos y hacía inviables los jurados mixtos.

Tercero. Al distanciamiento económico se añade el distanciamiento educativo. La clase media ilustrada contrasta con la escasa instrucción popular. Veremos esto con más detalle en el próximo apartado. Pero se estaban llevando a cabo progresos en el campo de la Instrucción pública. Fernando Garrido, siempre atento a todo lo que contribuyera a la redención social de las clases proletarias, ponía énfasis en el objetivo de la «universalización de la educación», y al comentar los progresos ocurridos en España entre 1833 y 1858, escribía: «y después de todo, sea dicho en honor a la verdad... ¿cuánto no se ha adelantado en la época revolucionaria de los últimos veinticinco años? El impulso está dado, la necesidad creada y ella sabrá derribar cuantos obstáculos se opongan hasta encontrar su completa satisfacción en la instrucción de las nuevas generaciones» [87].

Cuarto. La rudeza en los modales, que subraya Larra entre otros críticos del siglo, y la campechanía en el trato, eran un superficial fundente social. «Sea usted grande en España, lleve usted un cigarro encendido», dirá Larra, «no habrá aguador ni carbonero que no le pida la lumbre y le detenga en la calle y empuerque su tabaco y se lo vuelva apagado». Y el supuesto acompañante francés de Larra opina: «ni en Europa, ni en Amé-

[86]   C. SECO: «La toma de conciencia de la clase obrera y los partidos políticos de la era isabelina», en *La Revolución de 1868* de C. E. LIDA e I. M. ZAVALA, Madrid, 1970, páginas 25-48.

[87]   F. GARRIDO: *La Federación y el socialismo.* Selección de textos por J. MALUQUER DE MOTES, Barcelona, 1970, p. 206.

rica, ni en parte alguna del mundo he visto menos aristocracia en el trato de los hombres». Pero esta comunicación sencilla en el trato entre gentes de toda condición, que se corresponde también con el paternalismo campechano a la usanza antigua, no podía ocultar los problemas de fondo de una sociedad, tan sólo velados por la lenta aparición en ella de las nuevas condiciones de vida.

NIVELES DE INSTRUCCIÓN PÚBLICA Y MENTALIDADES

La mentalidad progresista liberal del siglo XIX se apoyaba en la creencia de que el objeto último del progreso es la libertad, cuyo contenido es esencialmente político. Para coadyuvar al logro de este objetivo se requiere la «instrucción pública», o sea, la educación.

La educación será el arma mejor para desmontar las mentalidades arcaizantes que obstaculizan el hallazgo de la libertad: y el primer prejuicio a desmontar era la suposición de que al extender la instrucción en el pueblo se difundía, por un efecto contrario, la corrupción y la inmoralidad. Uno de los hombres más preocupados en aquel tiempo de las cuestiones educativas, Gil y Zárate, se tomó el trabajo de cotejar las estadísticas criminales de 1846 para demostrar que, lejos de ser motivo de corrupción, la instrucción pública producía un efecto moral saludable, comprobándolo en la proporción de procesados analfabetos. En todas las provincias, concluye, «el número de procesados aumenta en razón inversa de los concurrentes a las escuelas» [88].

Una educación nueva creará nuevas estructuras mentales, soporte estable del mundo que adviene con el liberalismo. Por eso, muy oportunamente señalaba Rodrigo Fernández Carvajal, la unión entre pedagogía y política que se produce en el siglo XIX [88 bis]. Como antecedente podríamos añadir que ya en el siglo XVIII se atisba la importancia de la educación en las direc-

---

[88] A. GIL Y ZÁRATE: *De la Instrucción pública en España*, tres vols., Madrid, 1854. Volumen. I, pp. 348 y ss.

[88 bis] R. FERNÁNDEZ CARVAJAL: «El pensamiento español en el s. XVIII» en *Historia de las literaturas hispánicas*, vol. IV, p. 346, Barcelona, 1957. D. GÓMEZ MOLLEDA: «El problema religioso-pedagógico en España», publ. en la revista «Eidos», núm. 12, 1960, pp. 13-41.

trices de la política del Estado, pues el reformismo económico del «despotismo ilustrado» proyectó la reforma educativa para sustituir la mentalidad aristocrática dominante por una mentalidad utilitaria. Se pretendía, en definitiva, superar la decadencia económica y, por tanto, instruir «ciudadanos útiles» al progreso económico. En Jovellanos culmina esta tendencia del siglo XVIII y sirve de puente al XIX.

La mentalidad del hombre liberal del siglo XIX pone el fundamento de la nueva sociedad en el afianzamiento de las estructuras políticas del Estado liberal. Por eso importa *instruir* ciudadanos cuya mentalidad se conforme a los principios del orden nuevo. En el discurso preliminar del plan de estudios propuesto por la Universidad de Salamanca en 1813 se expone la necesidad de que todas las Universidades enseñen un cuerpo de doctrina conducente a crear el sustentáculo moral del orden constitucional, que se extenderá a todos los grados de enseñanza. Esta opinión es compartida por la mayor parte de los liberales de Cádiz y del Trienio.

La mentalidad de los liberales españoles de la primera mitad del siglo XIX no entra en conflicto, salvo excepciones, con su fe católica: no se altera el orden de valores religiosos; pero dados los objetivos políticos de la educación, pretende poner en manos del Estado las funciones educativas. Gil y Zárate lo declara sin ambages: «La cuestión de la enseñanza es cuestión de poder: el que enseña, domina; entregar la enseñanza al clero es querer que se formen hombres para el clero y no para el Estado».

Hasta entonces, en efecto, la instrucción había tenido un contenido principalmente eclesiástico y había estado en manos del clero y de la Iglesia. A partir de las Cortes de Cádiz la cuestión de la enseñanza se sitúa dentro del proceso secularizador moderno e incide en las tensiones entre la Iglesia y el Estado liberal. El «anticlericalismo» en el sector educativo corre parejo con otras manifestaciones anticlericales de la época, sostenido con ardor análogo al que oponían los defensores del «clericalismo» antiguo. Esta postura irreductible determinó el planteamiento de la política educativa en el siglo XIX, como ha precisado la prof. Gómez Molleda.

El objetivo, pues, de la estructura orgánica educativa será la secularización de la enseñanza. Además, y conforme a los criterios generales centralizadores y uniformizadores tomados de los modelos franceses, se tiende al control centralizado de las instituciones educativas. El art. 368 de la Constitución de Cádiz declaraba expresamente que «el plan general de enseñanza será uniforme en todo el Reino», y el art. 369 confiaba a una «Dirección general de Estudios» el control de la Administración centralizada. Precisamente Quintana desempeñó esta Dirección general durante el Trienio y llevó a la práctica en 1822 la idea de una «Universidad Central» modelo, trasladando a Madrid la de Alcalá.

La idea de extender la enseñanza a todos los niños está contenida ya en la Constitución de Cádiz (art. 366), pero los liberales en 1845 y los realistas fernandinos veinte años antes coincidían en reservar la enseñanza, en sus grados por encima de la primaria, a «las clases acomodadas» (según el Reglamento de Calomarde de 1825), o como «propia especialmente de las clases medias» (plan Pidal 1845).

Ahora bien, el propósito de beneficiar a todos los ciudadanos de la enseñanza primaria estaba condicionado por las posibilidades reales de los medios disponibles y el costo de los mismos: escuelas y maestros. La obligatoriedad de la primera enseñanza exigía la gratuidad de la misma. El plan de Salamanca de 1813, en pleno utopismo, aspiraba incluso a la enseñanza universitaria gratuita. Pero, ¿cómo costear los gastos? La profesora Gómez Molleda ha explicado que, en esta contradicción de aspiraciones y realidades, se optó al fin por un criterio ecléctico: impartir gratuitamente la primaria, mantener la secundaria relativamente barata y elevar los costos de la superior. Según los cálculos de J. Sánchez de la Campa, que era catedrático de Instituto, en 1854 el costo total por derechos de matrícula y exámenes para obtener el diploma de Bachiller era de 1.660 rs; y el de una carrera universitaria ascendía a 11.770 [89].

Para facilitar la extensión de la enseñanza se establecen dos sectores: la enseñanza pública, a cargo del Estado y de las Corporaciones municipales y provinciales, y la enseñanza privada. La expulsión por segunda y tercera vez de los Jesuitas y las medidas restrictivas de 1836 contra las Ordenes religiosas, dejan reducida la participación de los religiosos en la enseñanza a los Escolapios; por lo que los centros privados, durante el período isabelino, fueron secularizados, si bien muchos de ellos los regentaban clérigos seculares.

Las escuelas públicas de primeras letras, bajo la tutela de los Ayuntamientos, no progresaron gran cosa hasta mediar el siglo.

[89] SÁNCHEZ DE LA CAMPA: o. c. en la nota núm. 80. El autor, que era catedrático de Instituto, escribió este libro en 1854, con alguna alusión a la reciente Revolución de julio; aunque se publicó muchos años más tarde sin hacer retoque al texto. Posterior-

El Reglamento de 1821 había fijado un contenido bastante modesto de estos estudios. Fue la reglamentación de 1838 la que dio una configuración definitiva a los estudios primarios al preocuparse por primera vez de la formación del magisterio, con la creación de las Escuelas Normales. Bien es verdad que al mismo tiempo permitió que cualquier ciudadano particular mayor de veinticinco años y de buenas costumbres pudiera dedicarse a la enseñanza privada, sin otras pruebas de capacidad o competencia; con lo que, según Gil y Zárate, «se abrieron como por ensalmo multitud de colegios» y tuvo lugar una «sórdida especulación». Parece que de 14.000 maestros en aquellas fechas, sólo 3.500 poseían título reconocido.

Desde 1821 habían proliferado los colegios privados que impartían estudios primarios y algunos alcanzaban un nivel más elevado (enseñanzas de latín y matemáticas): con frecuencia estuvieron regentados por afrancesados y liberales retornados del exilio. Muchos de estos colegios desaparecieron en los últimos años de Fernando VII, pero a partir de 1834 hubo un relanzamiento anárquico de tales centros, que han sido objeto de un importante estudio por María del Carmen Simón [90].

El Reglamento de 1821 había intentado una primera configuración de la segunda enseñanza, que debía impartirse en las «Universidades de provincias». Luego el plan Calomarde de 1825 trató también de dar un contenido propio a este nivel de estudios. Pero la reglamentación definitiva sólo se concretó en el «plan Pidal» de 1845, que diferenció el contenido específico del nivel secundario, con su propia sustantividad, no un mero tránsito hacia los estudios universitarios, como se había entendido hasta entonces.

Tras el intento frustrado en 1838 de elaborar una Ley general de Instrucción pública, el Real Decreto de 17 de septiembre de 1845, o sea el llamado «plan Pidal», articuló las líneas fundamentales de la enseñanza en sus distintos grados. En la «Exposición preliminar» se dice: «La enseñanza de la juventud no es mercancía que pueda dejarse entregada a la codicia de los especuladores, ni debe equipararse a las demás industrias en que domina sólo el interés privado. Hay en la educación un interés social, de que es guarda el gobierno, obligado a velar por él cuando puede ser gravemente comprometido». De este

mente fue catedrático en el Instituto de Burgos y escribió nuevos libros desarrollando sus puntos de vista.

[90] M.ª DEL CARMEN SIMÓN PALMER: *La enseñanza privada seglar en Madrid, 1820-1868*, Madrid, 1974.

modo el principio de la libertad de enseñanza quedaba limitado por las exigencias del bien público.

El Decreto de 1845 autorizaba a cualquiera que tuviera título de maestro a abrir escuelas particulares de primeras letras. No hacía ninguna otra referencia a la enseñanza primaria, que se consideraba ya establecida por los anteriores reglamentos. Para fundar colegio privado de segunda enseñanza se exigía previa autorización gubernativa, sujetándose a varias condiciones académicas (arts. 89-92). Además rectificaba el decreto de 1838 al distinguir entre función empresarial, para la que se exigía una garantia económica, y función directiva, para lo que se exigía el grado de Doctor o Licenciado en Letras o Ciencias (arts. 82, 84 y 85). Aunque en la práctica el propietario «solía ser el director de hecho, mientras que quien figuraba nominalmente como tal no intervenía para nada en las cuestiones de gobierno», según ha comprobado la Dra. Simón Palmer. Fue esta la edad de oro de los colegios privados de segunda enseñanza, junto a los regentados por los Escolapios. En Madrid, además de los que subsistían del tiempo anterior, se crearon 67 colegios entre 1845 y 1868.

Los centros públicos de enseñanza secundaria serán denominados definitivamente «Institutos» por el R. D. de 1845, costeados por el Estado y por los auxilios de Diputaciones y Ayuntamientos. Los Institutos podían ser de tres clases: superiores, en los que se cursarían, además de los cinco cursos que componían la segunda enseñanza elemental, las asignaturas de *ampliación* que facultaban para el acceso a los estudios universitarios; los de segunda clase se limitaban a impartir todos los cursos elementales; y los de tercera, sólo una parte de los mismos. La organización de los Institutos quedó reglamentada en 1847.

El «plan Pidal» fijaba el principio de que la enseñanza universitaria era monopolio del Estado. Sólo los estudios de Teología podían cursarse en los Seminarios Conciliares y ser convalidados sus estudios. Se establecían diez Universidades en todo el Reino, número que permanecerá invariable hasta el siglo XX. Pero únicamente la Universidad de Madrid impartiría el grado de Doctor, confiriendo así a la Central una categoría excepcional.

Además de las Universidades, se establecían también Escuelas Especiales, algunas de ellas con rango superior, como las de Ingenieros de Caminos, de Minas y Arquitectura. Otras Escuelas Especiales de rango inferior serían preparatorias de éstas, o abarcarían otras materias (Bellas Artes, Música, Comercio, Veterinaria).

La elaboración técnica del «plan de estudios» firmado por el ministro Pedro José Pidal se debe principalmente a don Antonio Gil y Zárate, que fue también encargado de aplicarlo, al ser nombrado en 1846 Director general de Instrucción Pública, «dando prueba de una gran capacidad de trabajo y gestión», según Álvarez de Morales, autor de un reciente estudio sobre esta materia [91]. Desde 1846 a 1866 la Instrucción Pública estuvo en manos de Gil y Zárate y de Eugenio Ochoa.

La influencia francesa que se advierte en el «plan» de 1845 era habitual, ya lo sabemos, en la Administración española del siglo XIX. También el «plan Quintana» propuesto a las Cortes de Cádiz y sancionado en 1821 se había inspirado en los modelos franceses, especialmente en Condorcet. El proyecto de Instrucción Pública del ministro Villemain en 1844, publicado en el «Boletín de Instrucción Pública», fue en este caso el principal modelo.

Hasta aquí, pues, lo que podíamos llamar la estructura orgánica y administrativa de la enseñanza, que fue perfeccionada en forma de Ley por Claudio Moyano en 1857, con particular referencia a la Universidad, como diremos después.

Ahora bien, el análisis del contenido de los estudios nos proporciona una primera aproximación a los niveles de instrucción fijados como ideales; pero sólo la investigación sobre la aplicación práctica de esos estudios nos permitirá conocer el nivel real alcanzado: nivel del profesorado, índices de escolarización, libros estudiados y aprovechamiento de los alumnos.

Los niveles en el contenido de la enseñanza primaria no variaron gran cosa desde el Reglamento de 1821: primeras letras, reglas elementales de matemáticas, catecismo, dibujo, en su caso labores femeninas, alguna ampliación de aritmética y geometría. En el grado primario el problema estaba en la formación del profesorado, que el R. D. de 21 de julio de 1838 confió a las Escuelas Normales, único hecho importante para mejorar la calidad del magisterio.

El contenido del grado medio, que se concretó en el «plan Pidal» según se ha dicho, establecía un primer ciclo de cinco cursos, con fuerte base humanística (latín, lengua y literatura españolas, retórica, religión y moral, historia y geografía) además de matemáticas, física e historia natural. El segundo ciclo *de ampliación*, dividido en Letras y Ciencias, daba opción a varias

[91]   A. ÁLVAREZ DE MORALES: *Génesis de la Universidad española contemporánea*, Madrid, 1972, p. 168.

disciplinas de una u otra naturaleza, con vistas a los posteriores estudios universitarios a realizar.

El 17 de julio de 1857 se promulgó la ley de Bases de Instrucción Pública del ministro Moyano, muy breve en su redacción (tres artículos y catorce bases), pero muy importante porque cristalizan en ella las tendencias fortalecedoras de la autoridad central: el Ministerio de Fomento, con un Consejo Superior de Instrucción Pública de carácter asesor, ejerce su autoridad sobre todas las Universidades y centros docentes; el Rector, sobre el distrito universitario. Como ha puesto de relieve Álvarez de Morales, siguiendo las opiniones de la mayor parte de los historiadores y de los propios legisladores de 1857, «la ley Moyano no venía a introducir innovaciones sustanciales en la Universidad, que a partir de 1845 se había definitivamente establecido en España, sino a ratificarla, elevando a ley lo que hasta entonces estaba sólo regulado por decreto». Dicho de otro modo muy preciso, en palabras de Mariano y José Luis Peset, cuyo estudio sobre *La Universidad española* en los siglos XVIII y XIX constituye una lúcida interpretación de su historia en aquel tiempo, la ley Moyano «es un resumen de medio siglo de tanteos, y línea esencial para el futuro de la Universidad, molde férreo que oprime la instrucción pública durante más de una centuria».

La ley de Bases la desarrolló Claudio Moyano en la articulada del 9 de septiembre de 1857, inspirándose en el proyecto de Alonso Martínez de 1855. Se reajustan los estudios de las Facultades universitarias, fijándose las cinco que hasta nuestro siglo han integrado la Universidad, más la de Teología (hasta 1868). Se confirman las Escuelas Especiales, las de categoría superior (Ingenieros, Arquitectura y Notariado) y las preparatorias. A pesar de la extensión del texto articulado hay materias en que la ley es poco explícita: «el tiempo iría completando, a través de legislación ministerial, los numerosos y concretos problemas de la nueva reforma» [92]. Al inaugurarse en octubre de 1857 el curso en Madrid, don Julián Sanz del Río alabó la reforma de Moyano en su estructura político-administrativa: «Sólo resta —dice el famoso profesor krausista— que este grandioso edificio reciba interiormente el espíritu científico, que su concertado organismo atrae y convida, pero que no puede crear».

---

[92]   M. y J. L. PESET: o. c., p. 474.

En efecto, las estructuras formales de los estudios no dan idea cabal del nivel real de los mismos. Este viene condicionado por la preparación, selección y dotación del profesorado, así como por el número y aptitud de los alumnos.

Ya hemos dicho que la calidad del magisterio primario se procuró mejorar con las Escuelas Normales. Había una en cada Universidad: la de Madrid se llamaba Central y en ella se formaba el profesorado de las demás Normales: se impartían tres cursos, con 222 días lectivos en cada uno y un total de 2.161 horas y media de clases, relativas a dieciocho materias diferentes, además de ejercicios de aplicación y estudio, hasta cubrir ocho horas diarias. Había además veinte Escuelas Normales elementales, que impartían 916 horas de clases en dos cursos sobre doce materias. Para acceder al ejercicio del magisterio en escuela pública se siguió el sistema selectivo de la oposición.

En 1846 había 6.847 maestros con título y 5.937 sin él. En la misma fecha, 1.141 maestras tituladas y 1.264 sin título. Según los datos que nos proporciona Gil y Zárate, en 1850 eran 7.157 los maestros con título y 6.601 los que ejercían sin él, lo que revela la lentitud del crecimiento del profesorado masculino. Proporcionalmente el aumento fue algo mayor en el profesorado femenino, como corresponde a un momento inicial de despegue de la enseñanza para la mujer: en 1850 eran 1.871 las maestras tituladas y 2.195 las que carecían de título. Gil y Zárate intentó a través de una encuesta en 1850 establecer una clasificación de *aptitud* o *calidad* de tales maestros. El resultado fue: 2.649 demostraron *buena* aptitud; 4.913 *mediana*, y 5.488 *mala*.

La condición social del maestro de escuela es descrita por Sánchez de la Campa en estos términos, alrededor de 1854: «Aparte lo incompleto de la enseñanza que se proporciona a los profesores de instrucción primaria, aparte de la mezquindad de las dotaciones consignadas a este magisterio, ¿qué es un maestro de escuela? Un maestro de escuela es lo último que hay en la sociedad: al maestro de escuela se le atreve desde el sacristán hasta el último contribuyente de un pueblo; todos tienen dominio y derecho sobre un maestro de escuela; todos tienen derecho a sindicar sus operaciones; nadie empero se cuida ni de su porvenir, ni de sus adelantos, ni de ilustrarlo, ni de guardarle ninguna clase de consideraciones. Si el maestro de escuela tuvo la desgracia de disgustar al señor alcalde o a la señora alcaldesa, ¡pobre maestro de escuela! Si el profesor de instrucción primaria tuvo el inaudito atrevimiento de no hacerle la corte al señor cura o a su ama, ¡pobre maestro de escuela! Si el profesor de instrucción primaria no dijo que los chicos del señor Fulano o Mengano eran capaces de inventar la pólvora, ¡pobre maestro de escuela!» [93].

En la enseñanza de segundo grado cabe distinguir entre el profesorado oficial, unos 400 catedráticos de Instituto de varias clases, y el privado. Los catedráticos de Institutos eran seleccionados mediante oposición, exigiéndose el título de Licenciado universitario. El profesorado de centros privados se nutrió de un doble trasvase, advertido por la Dra. María C. Simón: el trasvase lateral del sector eclesiástico (frailes exclaustrados, clérigos); y el trasvase vertical, de abajo arriba (maestros de primeras letras que imparten docencia en Colegios privados de segunda enseñanza) y de arriba abajo (profesores de Universidad que dan clases en colegios privados de grado medio).

La causa de este pluriempleo no es otra que la remuneración escasa de los servicios docentes y, a veces, el retraso en el cobro de los haberes. De la condición social del catedrático de Instituto dice Sánchez de la Campa, que lo fue en el Instituto de Cuenca: «El catedrático de Instituto provincial que tiene conciencia de su deber y de su valer, es la víctima sacrificada por las eminencias gubernamentales y administrativas; y se ha visto siempre solo y desatendido de los que tienen la obligación de ayudarlo».

Los catedráticos forman el cuerpo docente de la Universidad, cuyo escalafón inicial establecido el 22 de junio de 1847 comprende 276 miembros. Este número se mantuvo bastante estable durante la época isabelina, siendo 308 en 1868. El sistema de selección es también la oposición, consagrado definitivamente por el «plan Pidal», en cuyo preámbulo se dice que «después de pensadas las ventajas e inconvenientes que ofrecen los distintos sistemas (de selección) propuestos para tan delicado asunto, ha sido preciso adoptar el de oposiciones, menos sujeto que los demás a errores e injusticias, aun con todos los defectos que se le atribuyen». Además de los catedráticos, en las Universidades profesan un número de auxiliares e interinos, escasamente retribuidos, que solían compensarse con las clases particulares que impartían. A título excepcional el gobierno podía nombrar catedráticos directamente sin oposición.

Pero en la Universidad española de aquella época no existe investigación junto a la docencia, y por eso la mera transmisión

---

[93] SÁNCHEZ DE LA CAMPA: o. c., pp. 126-127.

del saber la hace el profesor en las aulas: se pasa lista, se explica la clase y se toma la lección. A partir de 1847 y en menos de veinte años el profesorado se renueva por completo, pero no cambian los hábitos académicos, si bien aisladamente algunos profesores intentan remodelar la vida universitaria.

El número y calidad del alumnado se refleja en las estadísticas escolares, que podemos considerar en sus distintos grados:

a) Enseñanza primaria:

Número total de escuelas:

En 1838, 11.190.
En 1846, 15.640 [94].
En 1850, 17.434.

El número total de niños y niñas escolarizados en 1846 es de 663.611, número que asciende en 1850 a 781.727 [95]. Para la escolarización total se consideraba entonces como proporción óptima un escolar por cada seis habitantes. En España, en 1850 el índice era aproximadamente de 1/19. Como término de comparación tengamos en cuenta que en Francia, en 1851, para 35 millones de habitantes, había 61.481 escuelas, con 2.176.079 niños y 1.354.056 niñas escolarizadas, lo que representa un índice de 1/10.

En España la escolarización era muy desigual de unas a otras provincias: en las del norte el índice era más elevado. El déficit mayor no estaba, sin embargo, en el número, sino en la calidad. Sánchez de la Campa, con evidente exageración, la llama «abyecta y entregada a manos ignorantes». Gil y Zárate es menos pesimista. Pero el nivel se refleja probablemente con expresivo índice en la cuestión de los libros escolares, a la que el propio Gil y Zárate alude en estos términos: «La actividad producida por el impulso dado a la instrucción ha hecho salir a la luz infinidad de obras nuevas, las más excelentes, pero otras muy malas, entre ellas mucha gramática extravagante, mucha aritmética mal pergeñada, mucha geografía inexacta, mucho li-

---

[94]   Este número se descompone así:
283 escuelas superiores (de ellas, 72 privadas, con 23.449 alumnos).
7.847 escuelas elementales completas (1.693 privadas), con 436.941 alumnos.
7.510 escuelas elementales incompletas (1.518 privadas), con 203.221 alumnos.
[95]   Desglosando estas cifras, en 1846 tenemos:
Niños: 432.526 en esc. públicas y 77.585 en esc. privadas.
Niñas: 117.081 en esc. públicas y 36.419 en esc. privadas.
En 1850 la situación es ésta:
Niños: 474.634 en esc. públicas y 74.291 en esc. privadas.
Niñas: 179.674 en esc. públicas y 53.128 en esc. privadas.

bro de lectura ridículo, insustancial o de moralidad dudosa, y sobre todo mucha traducción detestable... Pero en vano se escribirán buenos libros, si los padres, por una mezquina economía, se resisten a comprarlos para sus hijos... En algunas escuelas sólo hay un libro propiedad del maestro que sirve para todos los alumnos...; en muchas partes los padres prefieren retirar sus hijos de la escuela a comprar los libros que se les encargan» [96]. Gil y Zárate concluye: «El único remedio de este abandono, de esta invencible repugnancia, es el que se sigue en gran número de establecimientos, y que consiste en dar a los niños, por cuenta de la corporación municipal, los libros más necesarios, como igualmente papel y pluma para aprender a escribir».

b) Enseñanza secundaria:

Según Gil y Zárate, en 1850-1851 el número total de alumnos que estudiaban segunda enseñanza era de 13.868; de ellos cerca de 9.000 lo hacían en Institutos y el resto en Seminarios y colegios privados [97]. Por tanto, el número en relación a la primera enseñanza es muy pequeño; pero, en realidad, este nivel de estudios era apetecido todavía casi exclusivamente por quienes aspiraban a continuar los de grado universitario.

En tal fecha había un total de 52 Institutos, de los que 11 eran agregados a Universidades, 34 provinciales de primera clase (en capitales de provincia), 3 de segunda (Ávila, Teruel, Zamora) y 4 locales (Cabra, Figueras, Algeciras y Osuna). El presupuesto total de gastos de estos Institutos en 1852 era de 4.509.250 reales, siendo el presupuesto total de Instrucción Pública de 12.461.248.

c) Enseñanza universitaria:

El número de alumnos matriculados en las diez Universidades, distribuidos por Facultades (prescindiendo de la de Teología) es el siguiente:

Curso	Filosofía (incluye Licenciatura en Letras y Ciencias)	Medicina (y Cirugía, a extinguir desde 1845)	Jurisprudencia	Farmacia	Total
1845-1846	176	3.424	4.451	552	8.603
1851-1852	623	1.475	3.430	466	5.993

---

[96] GIL Y ZÁRATE: o. c., vol. I, pp. 346-348.
[97] GIL Y ZÁRATE: o. c., vol. II, pp. 60 y 71.

En este período hay, pues, una notable disminución numérica, con excepción de Filosofía (Letras y Ciencias), que tal vez debamos poner en relación con los nuevos planes de estudios, sobre todo en Medicina, pero que no puede atribuirse a un progreso en la calidad.

Después de la Ley Moyano, y con los reajustes de Facultades derivados de ella, los alumnos son los siguientes:

Curso	Filosofía	Ciencias	Medicina	Derecho	Farmacia	Total
1857-1858 .	714	327	1.372	4.216	561	7.190
1865-1866 ..	3.308	3.416	3.865	4.721	742	10.052

Se refleja un espectacular aumento en las Facultades de Filosofía y Ciencias, un incremento fuerte en Medicina, que se mantendrá en los cursos siguientes, y una estabilización en Derecho. Las alteraciones de los últimos años del reinado de Isabel II supusieron una regresión numérica total de alumnos universitarios, pero que en realidad afectó sólo a la Universidad de Madrid (y en particular a las Facultades de Filosofía y Ciencias), cuyos 10.610 alumnos del curso 1865-1866, cifra alcanzada bruscamente en esa fecha, pues el curso anterior había sido sólo de 4.194 en total, se contrajo en 1867-1868 a niveles más normales con 5.707 alumnos en todas sus Facultades.

El atractivo de los estudios universitarios y el crecimiento experimentado paulatinamente en el alumnado se explica en parte por el hecho de que la obtención de títulos facultativos constituía un vehículo de ascenso social. Este aspecto de la selección del alumnado universitario lo señalaba Sánchez de la Campa: «El afán que el hombre tiene de elevarse a una esfera superior a la suya, de ocupar un puesto en la escala social que esté a mayor altura que aquel donde nació... hace que dirijan a sus hijos a aquellas carreras y profesiones que creen reúnen tales circunstancias. Ejemplo de esto son los miles de familias que, habiendo con su laboriosidad constante, con su trabajo ímprobo obtenido algunos bienes de fortuna, dedican a sus hijos a las carreras mal llamadas profesionales y de facultad, separándolos de los oficios, artes e industrias en donde ellos adquirieron los bienes que poseen... (Pero) no se da importancia de ningún género a esa instrucción universal, a la instrucción primaria y a la secundaria: contentándose por el contrario la generalidad con que sus hijos adquieran los más rudimentales elementos de la instrucción primaria, y al tratarse de la instrucción secundaria la miran con el mayor desdén, y únicamente se ocupan de ella, y esto de modo transitorio e indiferente, porque el legislador la impuso como preliminar para las carreras de Facultad» [98].

LA «CUESTIÓN UNIVERSITARIA» EN EL REINADO DE ISABEL II. LA EDUCACIÓN DE LA MUJER

La vida académica y los progresos de la Universidad española se vieron por entonces frenados por el enervamiento que produjo la llamada «cuestión universitaria». A partir de 1858 estalla el primer momento de la polémica entre los intelectuales krausistas (Sanz del Río) y los llamados «demócratas de cátedra» de un lado, y los neo-tomistas de otro (Navarro Villoslada. Aparisi Guijarro, Ortí y Lara). El tono y la forma son desmesurados y reflejan un clima pasional agudo, fruto de la creciente tensión ideológica que se inscribe en las polémicas de la Ciencia y la Fe, que agitan a toda Europa, del liberalismo filosófico anticlerical y de la Iglesia anclada en posiciones negativas. El apasionamiento de la discusión es propio de una «disputa de doctores» por motivaciones religiosas.

Los *neos* acusan a Sanz del Río de corromper a la juventud con su doctrina panteísta; la Iglesia pone en el *Índice* de libros prohibidos la obra de Krause *El Ideal de la Humanidad*, traducido por Sanz del Río. Los krausistas acusan a los neos de retrógrados, de enemigos de la libertad de pensamiento.

Con mejor intención que tacto, para intentar distender aquella situación de máximo enervamiento, el ministro de Fomento, Alcalá Galiano, recuerda el 27 de octubre de 1864 el juramento que la ley exige a los catedráticos de respetar la fe católica y la Constitución de la Monarquía. Es entonces cuando uno de los «demócratas de cátedra», el republicano don Emilio Castelar, publica su famoso artículo «El rasgo» (25 de febrero de 1865), que es un ataque contra la Reina.

El escándalo consiguiente desemboca en los luctuosos sucesos de la Noche de San Daniel, de cuyo disgusto falleció el anciano ministro. Así se desplazó la «cuestión universitaria» del

---

[98] SÁNCHEZ DE LA CAMPA: o. c., pp. 55 y 58.

plano intelectual al político. El nuevo ministro de Fomento, Orovio, aplica la mano dura y suspende a Castelar en la docencia, sin tener en cuenta la debatida «libertad de cátedra». El art. 170 de la Ley de 1857 garantizaba que «ningún profesor podrá ser separado sin sentencia judicial... o de expediente gubernativo... en el cual se declare que no cumple con los deberes de su cargo, que infunde en sus discípulos doctrinas perniciosas o que es indigno, por su conducta moral, de pertenecer al profesorado».

Pero el cambio ministerial que elevó a O'Donnell por tercera vez a la presidencia del gobierno, con su sobrino Vega de Armijo en Fomento, propició el levantamiento de la sanción.

En 1866 estalla de nuevo la polémica en la prensa: Navarro Villoslada y Ortí atacan en *El pensamiento español* a Fernando de Castro y los profesores krausistas, denunciando las que titulan «cinco llagas de la enseñanza pública». Las interferencias políticas y los conflictos extra-académicos que excitan la Universidad culminan entonces con los expedientes y la destitución de Sanz del Río, Nicolás Salmerón, Fernando de Castro y el joven profesor Francisco Giner de los Ríos. Estaba ya próxima la Revolución de 1868 y la reposición triunfal de los profesores perseguidos. Uno de ellos, Fernando de Castro sería nombrado Rector de la Universidad Central.

El clima ideológico-político no había sido el más propicio, durante la época isabelina, para construir la moderna Universidad española. Veremos cómo tampoco las esperanzas de la Revolución del 68 llevaron a buen puerto a la Universidad.

En cambio, la fecha de 1868 fue un importante punto de partida para renovar la educación de la mujer, según se dirá más adelante. En toda Europa durante la primera mitad del siglo XIX la instrucción de la mujer no rebasaba los niveles de las primeras letras ya fuese en escuelas públicas, en colegios privados, o con institutrices domésticas cuando se trataba de familias de clases elevadas; además, las jóvenes de las clases altas recibían enseñanzas de «adorno social» (baile, música, idiomas modernos).

La segunda enseñanza y la Universidad estuvieron vedadas a la mujer hasta muy avanzada la segunda mitad del siglo: en 1864 se matricularon las dos primeras mujeres en la Universidad de Zürich. En España, Concepción Arenal tuvo que disfrazarse de hombre para entrar en la Universidad. En 1836 todavía estaba reglamentariamente prohibido el acceso de mujeres a la sala de lecturas de la Biblioteca Nacional: por eso, al solicitarlo doña Antonia Gutiérrez Bueno en esta fecha, fue preciso que una R. O. autorizara al Director de la Biblioteca para habilitar una sala de lectura para señoras. En 1881 había nueve mujeres matriculadas en las Universidades españolas: cuatro en Barcelona, tres en Madrid y dos en Valladolid, como tendremos ocasión de ver en otro capítulo, al detallar los progresos de la educación femenina después de 1868 [99].

La instrucción femenina se había limitado en España también a la enseñanza primaria y a las asignaturas de «adorno». La R. O. de 11 de marzo de 1783, al mandar establecer escuelas femeninas gratuitas de barrio, dio un primer paso hacia la instrucción pública femenina, cuyo contenido recogió con pocas modificaciones el Reglamento de Quintana en 1821. En 1803 había ya 60 escuelas femeninas en la Corte, con 1.778 niñas matriculadas, pero de ellas muy pocas completaron los estudios [100]. En las ciudades de provincias más importantes también funcionaron escuelas femeninas en el siglo XVIII: en Bilbao, en 1797, 307 niñas recibían enseñanza primaria en las escuelas, lo que representaba casi un tercio de la población femenina en edad escolar en aquella Villa [101].

Pero hasta 1820 no puede decirse que se inicie un programa serio, siquiera modesto, en orden a la instrucción femenina. Fue entonces cuando una Junta de damas nobles patrocinó la creación de una escuela de niñas basada en la pedagogía lancasteriana, bajo la dirección de doña Ramona Aparicio, que fue declarada Escuela Central modelo.

Sólo tras el R. D. de 1838 progresa con mayor regularidad, aunque todavía con lentitud, la instrucción primaria femenina. Una constante polémica flanqueaba cualquier avance, no tanto sobre la conveniencia de que la mujer adquiriera cierto grado de instrucción, sino sobre el alcance y contenido de su educación, repitiéndose los tópicos y argumentos en pro y en contra.

Según los datos de Gil y Zárate, en 1846 había 153.000 niñas escolarizadas en toda España, que llegaron a 232.000 en

---

[99]   Las Licenciadas ARACELI MANCHEÑO y GLORIA SOLÉ preparan actualmente en la Universidad Complutense de Madrid sus tesis doctorales sobre distintos aspectos de la educación de la mujer en la España del siglo XIX.

[100]   «Resumen estadístico de la enseñanza primaria en la Villa de Madrid, desde el 1.º de julio de 1802 al 30 de junio de 1803.» Junta Real de Caridad de la Corte.

[101]   M. MAULEÓN: *La población de Bilbao en el siglo XVIII*. Prólogo de V. PALACIO ATARD. Valladolid, 1961, pp. 155-156. En 1797, el total de niños escolarizados en España era de 304.613, y el de niñas 88.513. Hay que poner en duda el rigor de los datos censales.

1850, con un total de 3.690 escuelas y 4.066 maestras; pero de éstas sólo 1.871 poseían título adecuado, y el mismo autor, singularmente autorizado para saberlo, declara que «por lo común, las de niñas son escuelas donde únicamente se enseña a hacer calceta y a coser, sin pensar de ningún modo en la educación».

Las reformas posteriores a la Ley Moyano, con la creación en 1858 de la Escuela Normal femenina, constituyó el primer pilar en el intento de una formación adecuada de las maestras. Mayor impulso recibió la instrucción femenina a partir de 1869 por iniciativa privada (Escuela de Institutrices, Asociación para la Enseñanza de la Mujer), como diremos en su momento.

La situación educativa femenina era, pues, todavía muy deficitaria y no sorprende que las estadísticas de instrucción primaria que publicaba por quinquenios el Ministerio de Fomento registren índices de analfabetismo en 1870 del orden del 81 por 100.

La sociedad española al terminar la época isabelina tenía, pues, planteado un problema educacional, en el que no siempre reparan suficientemente las historias generales y los historiadores. No eran sólo los desequilibrios de tipo económico los que escindían a los componentes de esa sociedad, sino también los bajos niveles educativos que afectaban al conjunto social, y la exclusión en la práctica de grandes sectores del mismo del acceso a la enseñanza, sobre todo la mujer y las clases económicas más débiles.

Los liberales durante la época isabelina crearon el cuadro institucional de la Instrucción pública: en 1838, la enseñanza primaria; en 1845 y 1857, la secundaria y la Universidad. Pero era preciso allegar recursos económicos y humanos para que tal aparato institucional recibiera «el espíritu científico». Los doce millones y medio de reales del presupuesto de Instrucción eran insuficientes para tal cometido, ni bastaban los recursos proporcionados por algunas fundaciones docentes y los procedentes de las Corporaciones locales y provinciales. Más difícil era aún crear el nutrido plantel de enseñantes que requerían tanto la instrucción primaria como la media y superior. Desgraciadamente el ideal de la «universalización de la enseñanza» no recibía prioridad en el contexto mental de la sociedad española, y los gobiernos lo relegaban a un segundo plano, supeditándolo a los más acuciantes de la política cotidiana.

CAPÍTULO 8

LA EVOLUCIÓN ECONÓMICA, 1808-1868

La economía de la España postnapoleónica está afectada por la caída de los precios, especialmente de los precios agrícolas. España no escapó a este fenómeno que tuvo carácter europeo. Tomando como base 100 el índice de 1808, los precios caen en España al índice 70 en 1843, el más bajo del siglo. Este es el exponente del relativo estancamiento en que se halla la vida económica española de la época. Tras el breve *boom* alcista que toca techo en 1846, se produce una nueva depresión en 1847-1848 de ámbito europeo: fue debida sobre todo al sector agrario, tras dos años de malas cosechas, en una época en que en la Europa continental y más aún en España predomina la economía agraria; pero debida también al desconocimiento en el uso del crédito dentro de la moderna economía capitalista, y a errores de previsión en la capacidad de amortización de las inversiones sobre todo en ferrocarriles y sociedades siderúrgicas. En los países avanzados en la economía industrial hubo quiebras de empresas y paro obrero, efecto que en España tuvo alcance limitado por el escaso desarrollo del sector secundario.

La recuperación de los años 1850-1854 y la posterior fase expansiva, impulsada por la guerra de Crimea, se reflejó también en la economía española, en la coyuntura de los «felices años cincuenta», hasta la depresión de 1866. En realidad durante estos años, el desnivel de las curvas de precios y salarios señalan, aunque en proporciones modestas, una acumulación de capital, reforzada por los beneficios de las colonias de Ultramar, que contribuyen en España a la expansión subsiguiente.

LAS CONDICIONES ECONÓMICAS GENERALES

Sobre el telón de fondo de las inflexiones de la coyuntura europea se proyectan las condiciones particulares en las que evoluciona nuestra economía entre 1808 y 1868.

La primera de estas condiciones viene dada por la separación de la antigua América española, consumada en el primer cuarto del siglo, que supuso la ruptura del eje económico antiguo, con la repercusión sobre los mercados, las materias primas y los fletes; e incluso sobre las acuñaciones monetarias, derivándose un problema dinerario que persistirá muchos años, hasta la creación en 1869 de la peseta como nueva unidad monetaria y hasta la adopción del monopolio emisor de papel-moneda por el Banco de España en 1874.

La separación de América, con excepción de Cuba y Puerto Rico, exigió un reajuste económico, del que se dedujeron varias consecuencias: la extensión del área de cultivos, aunque no se introdujeran simultáneamente mejoras en la técnica agrícola; la explotación del subsuelo, con el relanzamiento de la minería; y los estímulos para la creación de un mercado de capitales, cuya medida inmediata más importante fue la Bolsa de Madrid en 1831. Pero no se produjeron cambios notables en las estructuras económicas españolas, que seguían siendo las heredadas de la sociedad agraria del siglo XVIII, aún cuando se produjeran cambios importantes en la propiedad y uso de la tierra por efecto de la desamortización.

La economía española ofrece, por tanto, contrastes con las de otros países europeos del área continental de Occidente, además de Inglaterra, en los que el proceso de transformación hacia la economía industrial se activaba por entonces. Tres factores diferenciales deben ser subrayados entre estos países y el nuestro:

Primero, el factor geográfico: la estructura orográfica española crea graves obstáculos a las comunicaciones y transportes interiores, con dificultades técnicas y un costo mucho mayor para salvarlos, cualquiera que sea la solución adoptada.

En segundo lugar, la escasez de disponibilidades de fuentes de energía y de materias primas: la «primera revolución industrial» se llevó a cabo en Europa sobre la base del carbón mineral y el coque como fuentes de energía; en España los yacimientos asturianos proporcionaban recursos limitados en cantidad y sobre todo en calidad para estos fines, y su utilización a distancia se encarecía mucho por los costos de transporte de la mina al puerto, aun cuando se usara la vía marítima para aquellos lugares que fueran accesibles por mar. A esas dificultades naturales se unió al principio otra de tipo psicológico: la repulsa al uso de la hulla como combustible por vulgares prejuicios de opinión.

En tercer lugar, la escasez de capitales. La llamada «revolución industrial» en Inglaterra y en los países más adelantados del Continente fue facilitada por la fluidez y abundancia de capitales, por las disponibilidades de dinero barato, como consecuencia de la previa acumulación capitalista que tuvo su origen casi siempre en los beneficios del capitalismo comercial anterior. En España no se había dado este caso, y aunque se produjeron beneficios del sector comercial ultramarino en los últimos años del siglo XVIII, no bastaron a impulsar el desarrollo industrial. La ruptura posterior del comercio hispanoamericano cortó esta vía de capitalización.

El prof. Román Perpiná, al analizar el Censo de Manufacturas y Frutos de 1799 en relación con las variables de población y riqueza, observó «la inexistencia práctica de acumulación de capital en la estructura (española) de 1799». Así llega a la conclusión de que «las totales inversiones no llegaban, públicas y privadas, a un 3-4 por 100 de la renta total» [102]. A esto puede añadirse que la débil magnitud del mercado español, su gran dispersión espacial y el hecho de que «el exceso no absorbido del advenido factor trabajo» en las actividades industriales que atraen mano de obra, hiciera más rentables las empresas de menor proporción capital-producto que las de creciente proporción equipo-capital, al revés que en la Europa industrial, explica que no se produzca «una rápida mecanización del medio urbano».

Sólo en Cataluña hubo una transferencia de beneficios del comercio colonial al sector industrial ya en el siglo XVIII, como ha puesto de relieve Pierre Vilar. También un estudio reciente de Antonio García-Baquero comprueba que, a pesar de que los comerciantes españoles de Cádiz actúan en el siglo XVIII casi siempre como testaferros de firmas extranjeras, se produjo en aquel tiempo «una relativa acumulación de capital en dos sectores claros: de una parte, en los exportadores de productos agrícolas, los cosecheros, que no sufren intromisión

---

[102] R. PERPIÑÁ: «Población española y censo de riqueza de 1799», publ. en la Rev. Internacional de Sociología, vol. XIX, núm. 74, abril-junio, 1961, pp. 225-247.

extranjera en sus exportaciones, y de otro en los propios comerciantes». García Baquero ha estudiado veintiún inventarios
post-mortem que demuestran *incrementos espectaculares* de capitales en breve plazo [103]. ¿Por qué no se invirtieron, en tal caso,
esos capitales en la industria? ¿Puede atribuirse exclusivamente
a la desamortización eclesiástica la absorción en la tierra de los
excedentes de capital?

Las características, pues, de la situación económica española
durante los dos primeros tercios del siglo XIX han podido ser
definidas por Nicolás Sánchez Albornoz como las de una «economía dual», por la persistencia de las estructuras arcaizantes de
la economía tradicional, mientras aparecen aisladamente algunas
estructuras modernas. En todos los países hubo una etapa de
superposición de estructuras económicas antiguas y modernas
en los comienzos de la industrialización, etapa breve en los
países más adelantados; pero en España fue la lentitud de este
proceso lo que prolonga el *asincronismo*.

ANÁLISIS SECTORIAL. LA AGRICULTURA

El prof. Gonzalo Anes estima que no hay estadísticas válidas
para los análisis cuantitativos de la economía agraria en esta
época, por lo que considera metodológicamente preferible efectuar estimaciones indirectas, basadas sobre el comercio exterior
del trigo en relación a la producción de dicho cereal, dada la
importancia del trigo en nuestra economía agraria, de donde
pueden deducirse mejores índices aproximativos.

Se ha solido admitir que a raíz de la separación de la América continental española se extendió el área cerealística en España, aumentada también por las nuevas roturaciones después
de la desamortización, de modo que entre 1820-1860 llegaron a
cultivarse cuatro millones de hectáreas más de cereales, la mitad
de ellas dedicadas al trigo. Moreau de Jonès ya advirtió en 1833
que, después de la guerra de la Independencia, se puso en
explotación «una inmensa extensión de cultura», de modo que
en 1829 no sólo estuvo España en condiciones de autosuficien-
cia en el abastecimiento de granos, sino que también pudo ex-

---

[103] A. García-Baquero: *Cádiz y el Atlántico en el siglo XVIII (1717-1778)*, Sevilla, 1976, vol. I, p. 565.

portar un ligero excedente de un millón de fanegas. Por su parte Madoz, en 1835, está de acuerdo con Moreau de Jonès en que «hace muchos años la cosecha de granos sufraga y acaso excede el consumo de los españoles» [104]. Sin embargo, al prof. Artola no le parece aceptable «la tesis de la roturación masiva por los nuevos propietarios» salidos de la desamortización y atribuye más bien a las disposiciones proteccionistas de 1820 y 1834 el incremento de los rendimientos [105]. La cuestión que está por aclarar es si los rendimientos por unidad de superficie, no habiéndose producido mejoras técnicas de cultivo importantes, pueden ser suficientes para explicar el crecimiento global de la producción, sin una correlativa extensión del área cerealística cultivada.

Por su parte, R. Garrabou coincide con G. Anes en apreciar una etapa de expansión del cultivo y la producción a partir de 1830-1840, confirmada indirectamente por las estadísticas del comercio exterior desde 1849 [106]. La mejor articulación del mercado interior, con los progresos en los transportes, contribuyó más tarde al logro del autoabastecimiento, pero en la primera mitad del siglo este factor no representa una incidencia considerable en las mejoras obtenidas. A mediados de siglo es cuando la comercialización comienza a progresar y los antiguos mercados de carácter local ven surgir a su lado mercados comarcales de mayor amplitud, aunque todavía esté muy lejos la integración de un mercado nacional.

Sea como sea España dejó, pues, de ser un país crónicamente deficitario en trigo hasta 1820 para alcanzar el autoabastecimiento suficiente, y esto teniendo además en cuenta el aumento de población experimentado y el aumento del consumo, tanto absoluto como relativo, por las mejoras obtenidas en la dieta alimenticia [107]. Desde 1820 y hasta el último cuarto de siglo, sólo excepcionalmente hubo de importarse en España

---

[104] MADOZ: Nota núm. 6 al cap. tercero de la traducción española de *Estadística de España* de MOREAU DE JONÈS, Barcelona, 1835.

[105] ARTOLA: *La burguesía revolucionaria,* pp. 110-111.

[106] RAMÓN GARRABOU: «Las transformaciones agrarias durante los siglos XIX y XX», en *Agricultura, comercio colonial y crecimiento económico en la España contemporánea,* página 208. Actas del I Coloquio de Historia Económica de España, celebrado en mayo de 1972, Barcelona 1974.

[107] En 1829 se alcanza por primera vez en Madrid el consumo por habitante de una libra diaria de pan, cantidad que se estimaba desde tiempo atrás como dieta ideal. M. ESPADAS BURGOS: «Abastecimiento en el Madrid de Fernando VII», publ. en *Estudios sobre la España liberal,* editados por V. PALACIO ATARD, vol. 4 de Anexos de «Hispania», páginas 257-258, Madrid, 1973.

trigo, en casos de cosechas muy deficitarias por causas climato-
lógicas catastróficas. De ahí la euforia de los industriales pa-
naderos en 1833 y la legislación posterior sobre libertad de
precios.

Las crisis de subsistencias que periódicamente aparecen entre 1820-1868 y a las que hemos aludido, en nada son compa-
rables a los grandes azotes del hambre, que todavía se habían
padecido en 1804 y en 1812. A partir de 1868 las crisis de
subsistencias pueden considerarse dominadas. Esta fue «la gran
conquista de la agricultura española» del siglo XIX, como dice
Anes: haber acabado con las dramáticas hambres de los siglos
anteriores.

El otro renglón productivo que experimentó una fuerte expansión entre 1820-1860 fue el viñedo, pasando la superficie de
este cultivo de 400.000 a 1.200.000 hectáreas, distribuidas en
casi toda la geografía del país. Así, el vino y los aguardientes
que componían uno de los capítulos de nuestra exportación
tradicional, fueron durante varios decenios la más importante
de nuestras partidas en la balanza exterior.

Pero el progreso de la agricultura se vio frenado por la falta
de capacidad inversora o de reinversión de beneficios para las
mejoras conducentes a una explotación más rentable. Por otra
parte, la poca capacidad adquisitiva de la población campesina,
por la rentabilidad escasa obtenida por los cultivadores directos
y la baja cuantía de los jornales, restaba posibilidades a nuestro
sector primario de crear el mercado necesario al progreso industrial.

DE LA ARTESANÍA ANTIGUA A LA MODERNA INDUSTRIA

Durante todo el siglo XIX se mantienen las industrias
artesanas antiguas, con sus formas de trabajo tradicionales,
aunque los gremios habían desaparecido definitivamente por el
R. D. de 2 de diciembre de 1836. Muchos talleres artesanos se
conservan, como hemos dicho, y sólo en algunos sectores son
desplazados por los modernos procedimientos de fabricación
que introduce la industria capitalista: en los sectores siderúrgico
y textil este avance será decisivo; aún cuando, como ha observado el prof. Nadal, uno y otro sector siguen un desarrollo
estructural muy dispar.

La siderurgia, industria arquetípica de bienes de equipo, se desenvuelve a lo largo del siglo XIX con un ritmo titubeante. Hasta 1828 la producción de hierro había estado casi exclusivamente confinada a las ferrerías antiguas, con 21.000 toneladas de producción, salvo los altos hornos de La Cavada y Liérganes, al servicio de la industria de armamentos y construcciones navales, cuyo declive desde comienzos del siglo XIX era evidente. Lo mismo podemos decir que había ocurrido con la pretendida empresa siderúrgica de Sargadelos y con las fábricas de Orbaiceta y Trubia después de la guerra de la Independencia [108].

La siderurgia moderna tiene su primer emplazamiento en Marbella (Málaga). Allí fundó don Manuel Heredia, promotor de la Sociedad La Constancia, el primer alto horno malagueño abastecido de carbón de leña. Más tarde, un catalán recriado en Málaga, Juan Giró, estableció nuevos altos hornos en Marbella. Pero la producción en hornos de carbón vegetal resultaba mucho más cara que la obtenida por medio de carbón de coque. La tonelada de hierro colado en Málaga salía a 632 reales, cuando en Asturias resultaba a 348, en 1855.

Por esta razón, la siderurgia asturiana tomará la delantera a partir de 1862. Se había fundado en Mieres un alto horno en 1848, que tuvo una vida inicial zarandeada, cambiando de manos varias veces la sociedad titular. Luego, en 1857, se creó la Sociedad Duro y Compañía en La Felguera, cuyos altos hornos usaron el coque. Así, la siderurgia asturiana se pone en cabeza de la producción en España hasta 1879, fecha en que se inicia el gran despegue de la industria vizcaína.

En Vizcaya se había instalado en 1849 un alto horno de carbón vegetal en Bolueta (Epalza y Compañía). A partir de 1860 la Compañía Ybarra, que había continuado la antigua empresa siderúrgica de Villota en Guriezo (Santander), impulsó la instalación de altos hornos en Baracaldo (fábrica del Carmen) en los que, a partir de 1865, introdujeron el uso del coque.

En 1866, al final del período que ahora estudiamos, y según los datos de la encuesta gubernativa sobre el derecho diferencial de bandera, la siderurgia moderna española constaba de veintisiete altos hornos de carbón vegetal y ocho de coque. En 1865 se habían producido 49.500 toneladas de hierro colado y

[108]   J. ALCALÁ-ZAMORA y QUEIPO DE LLANO: *Historia de una empresa siderúrgica: Los Altos hornos de Liérganes y La Cavada, 1622-1834,* Santander, 1974, pp. 132 y ss. J. E. CASARIEGO: *El marqués de Sargadelos o los comienzos del industrialismo capitalista en España,* Oviedo, 1950, pp. 162 y ss.

42.300 de forjado. De ellas, 27.000 en Asturias, 23.000 en Vizcaya y 20.000 en Málaga.

Pero la demanda de hierro crece mucho más deprisa que la producción nacional. La maquinaria textil (hiladoras continuas, selfactinas, telares mecánicos), los utensilios agrícolas, las construcciones navales y, sobre todo, las construcciones ferroviarias dan lugar a necesidades crecientes. La marina mercante, que se reconstruye entre 1830 y 1860 emplea todavía cascos de madera; sólo a partir de esta fecha se introducen los cascos metálicos, pero éstos son construidos en el extranjero durante bastantes años. La ley de ferrocarriles de 3 de junio de 1855 concedió exenciones aduaneras a los carriles y material de importación: en los seis años de mayor actividad constructora, entre 1860 y 1865, con 3.679 km. de vía, se importan 482.171 toneladas frente a 228.277 producidas por la siderurgia nacional. Así se desaprovechó la gran oportunidad de fomentar la industria a base de las construcciones navales y ferroviarias, en opinión de Nadal [109]. En 1862, las *Observaciones que varios fabricantes de hierro hacen* denunciaban el hecho de que siendo el consumo anual de hierro en España de tres millones de quintales, un millón ochocientos mil eran de importación: «nuestras fábricas», decían, «a la hora presente hubieran podido producir lo bastante para abastecer el mercado».

En cuanto a la industria textil, la principal y más característica de bienes de consumo, su desarrollo se consolidó favorablemente. Desde 1832 las fábricas catalanas de hilados y tejidos usan el telar mecánico y la máquina de vapor. Las fábricas de Bonaplata, Vilaragut, Fabra, Güell, Muntadas y otras, introducen los procedimientos modernos de fabricación.

Los nuevos métodos de trabajo provocan en esta industria

---

[109] J. NADAL: «Los comienzos de la industrialización española (1832-1868): la industria siderúrgica», publ. en *Ensayos sobre la economía española a mediados del siglo XIX*, editados por el Banco de España, Madrid, 1970, p. 215. Pero, como expone ANÍBAL CASARES en su obra *Estudio histórico-económico de las construcciones ferroviarias en España en el siglo XIX*, Madrid, 1973, p. 323, «sería ilusorio pensar en aquella época que el impulso y despegue de las construcciones se hubiese podido lograr a través del apoyo de la industria nacional, en especial en orden al aprovisionamiento del material móvil, para cuyas construcciones no estaba ni técnica ni financieramente España preparada. Sin embargo, no es menos cierto que una leve visión de conjunto y perspectiva futura hubiera podido estimular por parte de la actuación gubernamental la actividad de transformación de productos metálicos, en orden al aprovisionamiento de raíles y otros productos de hierro forjado, batido o estirado en barras, que tan gran peso han venido representando en nuestra balanza comercial, para atención de las necesidades de la construcción ferroviaria».

nuevos problemas sociales. El «antimaquinismo» de los obreros y artesanos, característico en toda la Europa de la industrialización incipiente, que entrañaba la amenaza de desempleo, se manifestó con quemas de fábricas y destrucción de maquinaria. En España hay noticia de un motín en Alcoy en 1821 en el que se destruyeron telares mecánicos. El suceso más característico de este tipo suele considerarse el incendio de la fábrica «El Vapor» de Bonaplata, en agosto de 1835.

En 1847 existían 4.583 fábricas textil-algodoneras, con 97.346 obreros y una potencia de 2.095 caballos, de los que todavía sólo 301 eran generados por la fuerza motriz del vapor. En 1860 se había ya operado el fenómeno de concentración; el número de fábricas había disminuido a 3.600, pero el número de obreros había aumentado a 125.000 y la potencia total utilizada era de 7.800 caballos, la mayor parte obtenidos del vapor. Este fuerte tirón marcaba una línea expansiva que había de confirmarse más tarde, salvado el breve bache ocasionado por el corte de las importaciones de algodón de los Estados Unidos durante la guerra de Secesión.

EL SECTOR COMERCIAL

La discusión de las doctrinas proteccionistas y librecambistas llena todo este período, alternando las medidas proteccionistas de carácter general con otras liberalizadoras, como las excepciones en favor de las importaciones de materiales ferroviarios.

Antes de la reforma arancelaria de 1849 el volumen de nuestro comercio exterior se cifraba en 700 millones de reales las importaciones y 500 millones las exportaciones. A partir de esta fecha experimenta el comercio exterior un aumento considerable: en el quinquenio 1850-1854 el promedio anual es de 732 y 682 millones respectivamente; pero en el quinquenio 1860-1864 dicho promedio asciende a 1.812 millones de reales las importaciones y 1.220 millones las exportaciones. «Este crecimiento menor de las exportaciones representa, con todo, una tasa del 5,7 anual acumulativo, lo que es bastante apreciable», opina Nicolás Sánchez Albornoz [110].

[110] N. SÁNCHEZ-ALBORNOZ: «El trasfondo económico de la Revolución», publ. en «Revista de Occidente», núm. 67, y reproducido en la obra *La Revolución de 1868* citada en la nota núm. 86, pp. 64-79.

Por consiguiente, se multiplica por 2,5 nuestro comercio exterior, aunque el crecimiento de las exportaciones sea más débil que el de las importaciones. Gabriel Tortella interpreta que la expansión del comercio exterior entre 1850-1865 no es síntoma de desarrollo económico, pues las partidas más importantes corresponden: en las importaciones, al ferrocarril (carriles, equipo y bienes de otras clases que se introdujeron abusivamente al amparo de la franquicia ferroviaria); y en las exportaciones, a los minerales.

El prof. Tortella opina que toda la economía española se sacrificó al ferrocarril: «mientras se construía el ferrocarril la economía española permaneció estancada», llega a afirmar [111]. Esta opinión, que parece acertada en cuanto a la prioridad del ferrocarril en las medidas económicas tomadas en aquella época, no es compartida por otros historiadores en cuanto a los resultados finales sobre el estancamiento económico. El crecimiento sectorial experimentado aisladamente no se enmarcó en un crecimiento general por la retracción inversora debida a las pocas disponibilidades de capital autóctono, que sólo en una pequeña parte fueron atraídas por las inversiones ferroviarias, en las que la participación extranjera directa en 1868 era alrededor del 60 por 100 sobre el total de acciones y obligaciones. Tal participación extranjera incidió masivamente sobre las redes principales (M. Z. A. y Norte).

Las grandes dificultades de la expansión del comercio eran, como en otros sectores económicos, la escasez de dinero y crédito. No obstante, también en el comercio interior se consiguió progresar al ampliarse las áreas de mercado, y esto precisamente a favor de las mejoras introducidas en la infraestructura de los transportes y comunicaciones. Pero toda nueva posibilidad expansiva se veía contrarrestada por la falta de iniciativa empresarial y por la reducida capacidad de compra del consumidor español que, haciendo de la necesidad virtud, se hallaba secularmente adaptado a una vida austera, obligada por la baja cuantía de las rentas y jornales.

Las mejoras técnicas, además de los transportes y comunicaciones, contribuyeron en esta época a perfilar mejores horizontes para las actividades comerciales, tanto en el ámbito interior

---

[111] G. TORTELLA: «La evolución del sistema financiero español de 1856 a 1868», página 137, en *Ensayos sobre la economía española a mediados del siglo XIX*, editados por el Banco de España, Madrid, 1970. En otras obras suyas ha insistido en este punto de vista.

como en el exterior. El problema de las equivalencias de pesos y medidas era una traba constante al desarrollo de los mercados intercomarcales. Desde 1849 existía en España una Comisión permanente encargada de establecer y clarificar las equivalencias, que fueron establecidas por R. O. de 9 de diciembre de 1852, una de las últimas disposiciones emanadas de Bravo Murillo.

Pero el efecto decisivo había de venir de la introducción del sistema métrico decimal desde 1858, aunque su adopción se hiciera lentamente. La unificación de pesas y medidas simplificó la abigarrada y casi inextricable complejidad de las medidas antiguas de valor meramente local. Las perspectivas de un mercado mundial alentaron la iniciativa de la Asociación Internacional para la unificación de pesos, medidas y monedas, creada en 1855, que apoyó el sistema decimal adoptado por Francia. La Exposición Universal de París aquel año fue ocasión propicia para difundir esta idea.

En esta línea de las mejoras técnico-comerciales, orientadas a la formación de mercados cada vez más amplios, hay que señalar la organización de exposiciones y ferias de carácter regional, la primera de las cuales tuvo lugar en Barcelona en 1841. Sólo en una etapa posterior se había de celebrar en España, precisamente en Barcelona, la primera Exposición Internacional en 1888.

MEJORAS DE LA INFRAESTRUCTURA. TRANSPORTES, COMUNICACIONES Y OBRAS PÚBLICAS

Hasta la época del ferrocarril, la carretera fue en España la vía de comunicación preferente en los transportes interiores, tanto para las mercancías como para los viajeros. No se daban en la Península Ibérica las condiciones hidrográficas precisas para la navegación fluvial, y la construcción de canales de navegación resultaba demasiado cara y difícil. Durante el siglo XVIII el marqués de la Ensenada y el conde de Floridablanca plantearon el problema de las comunicaciones interiores, se hicieron planes de construcciones camineras, que por primera vez trazaron efectivamente una red de caminos, al mismo tiempo que se intentaba llevar adelante un esfuerzo importante en la construcción de canales.

Pero desde la guerra de la Independencia se desiste en España del sistema de canales para la navegación fluvial, que todavía en 1804 había tenido su más brillante y utópico proyecto en el llamado «plan de los cuatro Grandes de España», por el que se pretendía terminar los canales de Castilla, de Aragón, del Guadarrama y Manzanares, enlazándolos entre sí; además, contruir uno nuevo desde Aranjuez hasta Valencia, uniendo el Tajo y el Turia, y otro hasta Ayamonte, apoyándose en el Guadiana y el Guadalquivir. Todo ello a realizar en veinticinco años: una red navegable fluvial de 1.500 kilómetros de longitud cruzaría el interior de España.

Cuando en nuestro país se desiste del sistema de canales navegables, se construyen todavía en Francia, favorecida por las óptimas condiciones de sus ríos, 3.200 km. de canales entre 1800 y 1847; es decir, en vísperas de la gran revolución de los transportes que significó el ferrocarril.

En cambio, durante la primera mitad del siglo XIX se prosiguió en España la construcción de caminos. Tras la guerra de la Independencia hubo de atenderse a la reparación de las destrucciones y deterioros ocasionados. Luego, las alteraciones políticas del período final de Fernando VII y la guerra carlista, así como los apuros de la Hacienda pública, mantuvieron a ritmo lento las construcciones. Pero terminada la guerra carlista se reactivaron las obras: desde 1840 se construyeron un promedio de 100 km. anuales, que se incrementaron hasta 600 km. en 1855. Resultado de ello fue que en 1868 existía una red de carreteras de 18.000 km., de ellos 9.500 construidos durante el reinado de Isabel II. Una vez más, los moderados en el poder habían afrontado las necesidades de una política práctica y se preocuparon de trazar el marco legislativo de la misma. La ley de carreteras de 7 de julio de 1851 fijó la clasificación de las carreteras en tres clases, cuya construcción y mantenimiento corría a cargo del presupuesto de obras públicas del Estado, de las Diputaciones provinciales y de los Ayuntamientos.

Hasta los años sesenta todas las mejoras en las comunicaciones y transportes interiores se debieron al progreso de los caminos y carreteras. Las mejoras afectaron a las mercancías, por las mayores facilidades de desplazamiento, aún cuando no se introdujeran adelantos importantes en la construcción de las carretas, galeras y servicios utilizados a este fin. Muy principalmente afectaron al transporte de viajeros, con la multiplicación de las líneas de diligencias, desde que en 1836 se reorganizó la Real Compañía de Diligencias.

Complemento de la red de carreteras en el transporte interior fue la navegación de cabotaje en las zonas litorales. La naturaleza ha proporcionado en este caso favorables condiciones a España gracias a la articulación de sus costas: así, un gran número de puertos naturales pueden ser utilizados como fondeaderos, sin necesidad de grandes obras de fábrica. De todas maneras, durante el gobierno de Bravo Murillo en 1852 se preparó la ley de Puertos y el plan de construcciones navales que se pondría en marcha más tarde, para potenciar nuestra navegación de cabotaje: desde entonces se atendió sistemáticamente a la construcción y conservación de muelles, diques y obras de protección, así como la señalización mediante faros costeros y luces en las embocaduras de los puertos.

Carecemos hasta ahora de estadísticas adecuadas para conocer el desarrollo del movimiento de mercancías por las carreteras y de la navegación de cabotaje de este período. Sólo de la utilización de los canales se conservan datos precisos. Por eso no podemos saber en qué medida incidió la modernización de los transportes antes de la aparición del ferrocarril. Precisamente por carecer también de estadísticas sobre las magnitudes macroeconómicas fundamentales en el siglo XIX, como son el producto nacional bruto y la formación de capital, no es posible tampoco determinar la influencia del ferrocarril en el aumento del producto nacional bruto, ni en la formación de capital, aunque no pueda dudarse de que la «revolución de los transportes» contribuyó decisivamente a ello.

El ferrocarril fue el gran protagonista de esta revolución al mediar el siglo XIX. Casares Alonso, en su importante y reciente estudio de las construcciones ferroviarias españolas en el siglo XIX, establece cuatro etapas: las tres primeras corresponden al período que abarca este capítulo. La fase inicial o preparatoria, entre 1829-1844, se caracteriza por la mella que hacen sobre los equipos dirigentes los ejemplos de otros países más adelantados, sin que se llegue a tomar decisivamente en consideración el «hecho ferroviario». En el segundo período, que comprende los años 1844-1855, se llevan a cabo las primeras experimentaciones: se hacen tanteos, aun cuando existen factores limitativos; pero el gobierno, la clase política y la sociedad adquieren conciencia de la importancia del ferrocarril para la economía del futuro: en estos años falta todavía una regulación legal adecuada, pero se piensa ya en ella y se realizan trabajos preparatorios. Ciertamente esta fase es también la de los especuladores y logreros, que piensan en los pingües negocios sus-

ceptibles de proporcionar las concesiones ferroviarias y no en
unos planes constructivos ordenados al interés general. Por fin,
la tercera fase, que arranca de la Ley general de Ferrocarriles
del 3 de junio de 1855, en la que se proclama al ferrocarril
como «el poderoso medio de todas las empresas industriales y
elemento generador del progreso y la civilización». Desde entonces y hasta 1865 hay un período de *despegue* o de «máximo crecimiento». El cuarto período que señala Casares, entre
1865-1900, de «tendencia normalizada con desarrollo cíclico»
excede el marco cronológico de este capítulo, y de él nos ocu-
paremos más adelante.

El 23 de marzo de 1843 se había hecho la primera concesión ferroviaria a favor de la Compañía Roca, para la construcción del ferrocarril de Barcelona a Mataró, inaugurado el 28 de
octubre de 1848 y por ello fue el primero que circuló por
España, con sus 28 km. de recorrido abiertos al público. El 6
de abril de 1845 se otorgó la concesión del ferrocarril de
Madrid-Aranjuez, que fue concluido en 1851; línea que se
prolongaría por concesión previamente hecha, al trayecto
Aranjuez-Alicante. En 1845-1846 se efectuaron, entre otras
concesiones posteriormente abandonadas, la de Sama de Lan-
greo a Gijón, el ferrocarril del carbón; la de Madrid a Irún, que
en esta concesión primera, luego rectificada, se trazaba vía Bilbao; la de Madrid-Barcelona, por Guadalajara y Zaragoza; y las
de Córdoba-Sevilla y Sevilla-Jerez-Cádiz. Un afán desmedido
de especulación, como señala Francisco Weiss San Martín en su
ya clásica *Historia de los Ferrocarriles españoles,* hizo que se prodi-
garan durante aquellos años las solicitudes y las concesiones [112].

Las primeras concesiones ferroviarias no respondieron a
un estudio planificado general. Una R. O. de 31 de diciembre
de 1844 autorizaba con carácter provisional y sin normas fijas
las primeras concesiones. En 1848 presentó Bravo Murillo a las
Cortes un primer proyecto de Ley de Ferrocarriles, al que siguieron otros dos posteriores de los ministros Seijas Lozano y
Reinoso. Ninguno llegó a aprobarse y durante algunos años
persiste una normativa confusa, a veces contradictoria, hasta
que se aprobó la Ley general de 1855, en la que se plasmó la
orientación definitiva de nuestras construcciones ferroviarias.

---

[112] F. WEISS: *Historia general de los Ferrocarriles españoles, 1830-1941,* Madrid,
1967, p. 41, dice que la falta de regulación legal «había dado lugar a un sinnúmero de
concesiones caóticas e irrealizables». En las pp. 54-56 se refiere a los debates en el
Senado, sobre las especulaciones en las concesiones ferroviarias, en 1853.

Los criterios sobre los que se realizaron estas construcciones fueron los siguientes:

a) Criterios financieros. Tras los primitivos proyectos de Bravo Murillo y Reinoso para que las construcciones se hicieran por cuenta del Estado, directamente o mediante concesiones subvencionadas y suficientemente garantizadas, se optó por las concesiones a empresas privadas, que podrían estar subvencionadas, y que en todo caso revertirían al Estado a los 99 años (art. 15).

Dados los altos costes previsibles de financiación y ante la escasez de capitales propios disponibles, se facilitaban las inversiones extranjeras, tanto en capital como en materiales de construcción y bienes de equipo. Las primeras tímidas construcciones, anteriores a la ley de 1855, se habían iniciado con capital español y con asistencia técnica inglesa. A partir de 1855 será el capital francés el que acuda a nuestras inversiones ferroviarias. La R. O. de 15 de febrero de 1851 había dado normas para facilitar la importación de útiles destinados a estas obras. El art. 20 de la ley de 1855 establecía franquicias arancelarias durante el plazo de construcción y en los años siguientes.

b) Criterios de planificación de la red ferroviaria. Aunque en los primeros momentos estos criterios resultan imprecisos y muchos son sólo de alcance local, ya desde el proyecto de ley de Bravo Murillo se abre paso la idea de una red radial a escala nacional con centro en Madrid, en la que parecen revivir los criterios sostenidos en los tiempos del conde de Floridablanca para la construcción de carreteras. El proyecto de ley de 1848, en efecto, disponía el estudio por cuenta del Estado de cuatro líneas que, partiendo de la capital de la nación, se dirigieran a Francia, Portugal, Cádiz y un puerto del Mediterráneo. El resultado definitivo del mapa ferroviario español, establecido según la ley de 1855, se correspondió esencialmente con la idea de la red nacional con centro en Madrid.

c) Criterio estratégico. A la hora de iniciarse los tendidos de las líneas ferroviarias se optó por un ancho de vía distinto del francés, de 1,44 m. de distancia entre carriles, que era también el adoptado en los países centroeuropeos, fijándose definitivamente en España el ancho de 1,67 m. Esto fue motivado por un criterio estratégico, semejante al que prevaleció en Rusia. El recuerdo de la invasión napoleónica estaba todavía demasiado próximo y despertó la preocupación de que el ferrocarril pudiera ser utilizado como instrumento favorecedor de una nueva invasión extranjera. Para evitar este peligro se optó por cambiar

el ancho de vía. De ahí el problema posterior de la acomodación de nuestros trenes a la circulación general en los circuitos
europeos.

El ritmo de las construcciones ferroviarias fue relativamente
lento hasta 1858. A finales de ese año el total de líneas cons-
truidas y abiertas al público era de 850,9 km. A partir de esa
fecha y hasta 1866 se verifica el gran empujón de las construcciones ferroviarias: los años punta en cuanto a la apertura al
público de nuevas líneas son 1860, con 764,3; 1863, con 837,7;
y 1865, con 766,5 km. El número total de kilómetros de
vía construidos y abiertos al público a finales de 1866 era
de 5.145,6 [113].

En 1864 se habían terminado las líneas Madrid-Irún, por
Valladolid-Miranda-Alsasua y la de Alar del Rey-Santander.
En 1866 quedaban completadas las líneas Madrid-Cádiz, la de
Madrid-Zaragoza-Barcelona, la de Madrid-Almansa-Alicante y
Valencia, y la de Alcázar de San Juan-Ciudad Real a Badajoz y
la frontera portuguesa.

Las principales compañías promotoras en 1866 eran la de
Madrid-Zaragoza-Alicante, con apoyo de la Sociedad Mercantil
e Industrial, de la Casa Rotschild francesa, que adquirió los primitivos derechos del marqués de Salamanca y cuyo capital social
en octubre de 1865 era de 456 millones de reales en acciones;
la Compañía de Caminos de Hierro del Norte de España, finan-
ciada por el Crédito Mobiliario, filial del Crédit Mobiliaire de
los banqueros Pereire, con un capital inicial en acciones de 95
millones en 1858; los ferrocarriles de Sevilla-Jerez-Cádiz, con
alta participación de capital español junto a la Compañía General de Crédito, del grupo financiero Prost, que más adelante
sería el núcleo integrador de los Ferrocarriles Andaluces. Las
Compañías Z. B. P. y A. V. T., que en 1866 tenían en explotación 605 y 364 km. de línea, pasaron posteriormente a fusio-
narse con la Compañía del Norte.

El efecto de la crisis económica europea de 1866 repercutió
inmediatamente en las construcciones ferroviarias españolas,

---

[113] Estas cifras difieren insignificantemente de las que da CASARES en su *Estudio
histórico-económico de las construcciones ferroviarias,* ya citado, anejo 2. Para los tres años
mencionados, las cifras de Casares son: 764,7 km, 831,3 y 764,4 respectivamente, con
un total en 1866 de 5.152,2 km. abiertos al público. Tortella critica el procedimiento
de las construcciones ferroviarias entre 1856-1866 por concentrar las disponibilidades
de inversión antes de que hubiera una demanda cuantitativamente importante. JOSÉ L.
GARCÍA DELGADO rectifica algunas apreciaciones de Tortella, en *Orígenes y desarrollo del
capitalismo en España. Notas críticas,* Madrid, 1975, pp. 37 y ss.

quedando casi paralizadas: en 1867 sólo se abrieron 41,3 km. nuevos de vía. El total construido a finales de 1868 era de 5.371,1 km. (según Casares, 5.381). Será preciso esperar a la época de la Restauración para que advenga el segundo gran período de inversiones y construcciones ferroviarias.

Finalmente, en el capítulo de las mejoras de la infraestructura de las comunicaciones hay que anotar también los avances en la transmisión de noticias, cuestión que afecta al nivel informativo general (posibilidad de difusión de los periódicos), pero de modo muy particular al progreso de la actividad económica. Dos hechos son en esta época particularmente interesantes al respecto:

a) La mejora de los servicios postales, a lo que contribuyen no sólo las facilidades de tráfico por vía terrestre y marítima, sino también la generalización del sello postal para el franqueo, que se introduce en España en 1851, con el abaratamiento consiguiente del mismo.

b) La invención en 1844 del telégrafo Morse. En 1852 se estableció en España el servicio de telégrafos y en diez años se tendieron casi 7.000 km. de líneas en la Península, así como el primer cable submarino con Baleares.

EL SISTEMA FINANCIERO Y MONETARIO

La situación monetaria en España hacia 1820 era extraordinariamente confusa y, por supuesto, resultaba la más heterogénea de Europa. Durante la guerra de la Independencia el gobierno de Cádiz había autorizado la circulación de moneda inglesa (un soberano = 93 reales y 12 maravedís) y portuguesa (un real = 40 reis). Las tropas francesas habían hecho circular moneda de aquel país y el propio José I acuñó moneda. La recogida de esta moneda no fue fácil [114]. Al contrario, el dinero extranjero llegó a circular más abundantemente, hasta el punto de que en 1842 se estimaba que la mitad de las monedas circulantes en España eran extranjeras. La moneda de plata francesa de peor ley que la española (un «napoleón» de plata = 5 fran-

[114] JUAN SARDÁ: *La política monetaria y las fluctuaciones de la economía española en el siglo XIX,* Madrid, 1948, pp. 31, 45 y 99 principalmente. (Hay una reedición, Barcelona, 1970.)

cos = 18 reales y 24 maravedís) había motivado el inevitable
fenómeno de evasión de la moneda española. También circu-
laba en abundancia la moneda de cobre, la «calderilla» catalana
sobre todo. Además, la existencia todavía de «vales reales» cau-
saba un efecto perturbador, aunque desde 1818 se les privó de
poder liberatorio, incluyéndoles en los planes de arreglo de la
Deuda como una parte de la misma y despojándoles del carácter de papel-moneda.

La posterior disminución de las acuñaciones dificultó la circulación monetaria. Para sostener la circulación de moneda española de plata frente a la francesa se optó por rebajar el contenido metálico fino de las monedas españolas, por R. D. de 15
de abril de 1848, que constituyó una efectiva devaluación de la
moneda.

La reforma de 1848 fijaba las acuñaciones españolas sobre la
unidad monetaria del real de plata devaluado, a fin de «naciona-
lizar la circulación monetaria, eliminando definitivamente al napoleón e impedir la exportación de moneda de plata», como
hace ver Sardá [115]. El nuevo real de plata se acuñaría a la talla
de 175 en el marco de 4.608 granos. Se fijó también la siguiente escala de acuñaciones:

En oro, el doblón o centén = 100 reales.

En plata, el real, la media peseta (= dos reales), la peseta
(= cuatro reales), el medio duro (= diez reales) y el duro
(= veinte reales).

En cobre, la moneda fraccionaria (medio real, décima, cuar-
tillo).

Pero la situación monetaria internacional se alteró en
1850-1851 por la irrupción del oro de California y, más tarde,
de Australia, que amenazaba desestabilizar la relación del valor
oro-plata. Varios países, entre ellos España, suspendieron las
acuñaciones de oro por temor al hundimiento de este metal
como patrón monetario. A su vez, desde la guerra de Crimea
comenzaba a escasear la plata en Europa.

La escasez de dinero metálico, el insuficiente desarrollo del
crédito y la casi nula circulación de papel-moneda obstaculiza-
ban el comercio y la vida económica en general. Para afrontar
este problema se tomaron las disposiciones legislativas de 1856
respecto a la Banca, autorizándose entonces a la Banca privada
la emisión de papel-moneda; y se regularon las Sociedades de

---

[115] El valor del marco fino de plata acuñado en 1849 resultaba a 195,2 reales. En el
sistema anterior resultaba a 188,3 reales.

Crédito que contribuyeron a la expansión posterior, hasta la crisis de 1866.

Ante las dificultades dinerarias se hizo una nueva reforma del sistema monetario, que suponía otra devaluación, el 26 de abril de 1864. Se trataba de una reforma nominalista, manteniéndose el bimetalismo del patrón oro-plata. La unidad monetaria sería el escudo, estableciéndose acuñaciones de oro, plata y plata de ley inferior (o sea, una especie de vellón de plata) y las monedas fraccionarias de cobre. Las monedas de oro serían el doblón (= diez escudos) y otras monedas de cuatro y dos escudos. Las de plata, el escudo (= diez reales) y el duro (= veinte reales). Las de plata inferior, la peseta (= cuatro reales), la media peseta y el real. Sardá se pregunta si no fue aquel momento el más indicado para que España adoptara el monometalismo del patrón oro. «Sin embargo, sería mucho pedir que en aquel momento en que todavía era incierta la evolución de los precios de los dos metales y el bimetalismo era un sistema muy extendido, los hombres de la época hubieran podido prever el futuro» [116].

Por entonces se creaba la Unión Monetaria Latina, integrada el 23 de diciembre de 1865 por Francia, Bélgica, Suiza e Italia, cuya unidad monetaria fue el *franco*, denominación que conservan hoy en día Francia, Suiza y Bélgica; adoptándose un patrón bimetálico oro-plata en una relación de 15,5 a 1.

España no se adhirió a la Unión Monetaria Latina, pero preparó la definitiva reforma monetaria consagrada por el ministro Laureano Figuerola el 19 de octubre de 1868, que establecía la nueva peseta como unidad de nuestro sistema monetario, con leyes y pesos iguales al franco. Aun cuando la creación de la peseta se suele considerar el hecho capital en la reforma del sistema monetario, C. Fernández Pulgar y Rafael Anes opinan que este efecto fue debido sobre todo a la ley de 19 de marzo de 1874 que concedió al Banco de España el monopolio emisor del papel-moneda [117].

En cuanto al crédito, la banca y la bolsa, es sabido que desde 1808 el Estado echó mano de los empréstitos exteriores para salvar sus necesidades de Tesorería, con el correlativo endeudamiento exterior. El primer intento serio de frenar y reconver-

---

[116] SARDÁ: o. c., p. 138.

[117] CARLOS FERNÁNDEZ PULGAR y RAFAEL ANES: «La creación de la peseta en la evolución del sistema monetario de 1847 a 1868», publ. en *Ensayos sobre la economía española a mediados del siglo XIX*, editados por el Banco de España, p. 181.

tir la Deuda hecho por Bravo Murillo en 1851 no dio resultados suficientes, y las empresas exteriores del gobierno de la Unión Liberal aumentaron el endeudamiento exterior. Al ocurrir la Revolución de 1868 los gobiernos echaron mano de una nueva fuente de recursos para salir de apuros: las riquezas del subsuelo, para lo cual se promulgó la nueva Ley de Minas de 29 de diciembre de 1868, a la que nos referiremos en posterior capítulo, pero que abría la puerta a la explotación colonial de este sector por Compañías extranjeras.

En realidad, el rescate de la Deuda exterior no fue posible hasta comienzos del siglo XX, con la repatriación de capitales de América, como tendremos ocasión de ver, y en todo caso hasta la guerra europea de 1914.

Las bases de la moderna Banca española no se crean tampoco hasta 1874. Todo el período anterior que arranca de las disposiciones legales de 1856 sobre Bancos privados de emisión y Sociedades de Crédito se caracteriza por la poca consistencia de esos tanteos iniciales bancarios, a favor de la coyuntura expansiva, pero que no pudieron consolidarse y terminaron con la depresión de 1866-1874.

El antiguo Banco de San Carlos, que había tenido su origen a finales del siglo XVIII en los intentos de fundar un Banco Nacional promovidos por el arbitrismo de Cabarrús, aquél «brillante pero excéntrico hombre de negocios», como le ha llamado con todo fundamento el prof. Hamilton, se hallaba en situación muy deteriorada en 1829. Para arreglarla se creó el nuevo Banco Español de San Fernando por R. C. de 9 de julio de 1829, con un capital de 60 millones de reales, de los cuales las dos terceras partes aportaba el extinguido Banco de San Carlos, el que al mismo tiempo renunciaba a sus créditos contra el Estado, en una operación especulativa de la que dio cuenta Ramón de Santillán en su importante *Memoria histórica sobre los Bancos*.

De hecho, hasta 1843, el nuevo Banco actuó bajo «un intenso, creciente y absorvente servicio al Estado, con gran descuido del sector privado», como resume Tortella [118]. En 1844 el marqués de Salamanca fundó el Banco de Isabel II que innovó los métodos bancarios con lo que hoy denominaríamos «agresividad competitiva», por lo que se suscitaron fricciones

---

[118] G. TORTELLA: «El Banco de España entre 1829 y 1939. La formación de un Banco central», en el libro editado por el Banco de España: *El Banco de España, una historia económica*, Madrid, 1970, p. 268.

con el Banco de San Fernando; pero la crisis financiera de
1846-1847 comprometió la situación de ambas entidades, por
lo que se llegó a la fusión de las dos el 25 de febrero de 1847;
operación que no sirvió para arreglar el estado financiero del
nuevo Banco hasta que asumió la dirección del mismo, en
1849, un competente economista como era don Ramón de Santillán.

La ley de 28 de enero de 1856, que rebautizó el Banco de
San Fernando con el nombre de Banco de España, nombre
conservado hasta nuestros días, reguló las actividades de las
sociedades bancarias, autorizando la pluralidad de los bancos de
emisión privados a razón de uno por plaza, en concurrencia con
el Banco de España y sus sucursales. Esta ley potenció el desarrollo bancario, según se ha dicho; pues hasta entonces esta
actividad había estado limitada a bancas de tipo familiar o banqueros de pocas pretensiones (Remisa, Girona) o entidades de
crédito y descuento de dimensiones locales reducidas (Banco de
Barcelona, 1844; Banco de Cádiz, 1846).

A raíz de esta Ley se crearon dieciocho nuevas instituciones
bancarias, algunas de las cuales han sobrevivido hasta nuestros
días, como los Bancos de Bilbao y de Santander, fundados en
1857. En general, la actividad de las nuevas empresas bancarias
no pasó de niveles mediocres, aunque contribuyó al crecimiento de la circulación fiduciaria y al estímulo de la limitada
expansión de aquellos años. Pero esta incipiente banca nacional
no estuvo en condiciones de cubrir las exigencias de inversión
que requería el desarrollo español, y la mayor parte de estas
sociedades no pudieron resistir la crisis de 1866-1874.

Paralelamente a la ley de Sociedades bancarias se promulgó
la de Sociedades financieras o de crédito, que constituyeron los
canales para la inversión extranjera, fundándose filiales de fuertes sociedades internacionales. Así, la Sociedad del Crédito General Mobiliario, filial de la Sociedad francesa del mismo nombre; o la Sociedad Mercantil e Industrial y la Compañía General
de Crédito, que ya han sido mencionadas en la financiación de
las empresas ferroviarias.

Además de seleccionar sus inversiones hacia los ferrocarriles
estas sociedades invirtieron en actividades comerciales y en servicios públicos: Gas Madrid, fundada en 1856 por el Crédito
Mobiliario; la sociedad de seguros El Fénix, fundada en 1864
con capital francés y que algunos años más tarde se fusionó con
La Unión, sociedad aseguradora del grupo Prost.

Aunque las grandes inversiones mineras son posteriores a la

Ley de 1868, que permitía las concesiones perpetuas, ya anteriormente este sector había sido objeto preferente de las inversiones extranjeras: en 1853 se había fundado la Compagnie Royale Asturienne de Mines con capital belga, y en 1866 la Tharsis Sulphur con capital inglés. El capital de las inversiones españolas en este sector totalizaba menos de la tercera parte.

El conjunto de capitales movilizados por las sociedades bancarias, de crédito, de seguros, empresas industriales y concesionarias de obras públicas, que se cifraba en 730,3 millones de pesetas en 1858, ascendió a 1.210,3 millones en 1864, lo que representa una masa bastante importante de capital, al que debe añadirse el representado por la emisión de obligaciones.

Por otra parte, el mercado de dinero se agilizó con las operaciones bursátiles iniciadas en Madrid en 1831, aunque también entrañó riesgos por las operaciones meramente especulativas, que la ley reguladora de la Bolsa de 1846 trató tardíamente de frenar, sin conseguirlo; de lo que se dedujo el *crack* de 1847.

La ley de Sociedades por acciones de 1848 permitió, a su vez, la constitución de empresas industriales, aunque el volumen de capital de las de esta naturaleza «no alcance a ser el 10 por 100 del total», debido a las dimensiones reducidas con que eran concebidas, particularmente las empresas textiles; por eso Artola, contra la opinión de Tortella, sostiene que «no es la limitación legal sino estructural lo que condiciona el desarrollo de la industria manufacturera»[119].

LA CRISIS DE 1866. SITUACIÓN ECONÓMICA DE ESPAÑA EN VÍSPERAS DE LA REVOLUCIÓN DE 1868

A los «felices años cincuenta» sigue en Europa y también en España la depresión de 1866-1874. La crisis monetaria había empezado a dejarse sentir en Londres en 1864, con la contracción consiguiente. En España se produjo un efecto análogo: aumento del tipo de interés, reducción de la circulación fiduciaria, a pesar del satisfactorio encaje metálico de los bancos. Según Tortella se produjo un «exceso de cautela» por la alarma ocasionada por la suspensión de pagos de la Sociedad Catalana General de Crédito, lo que agravó la situación del mercado de

---

[119] ARTOLA: *La burguesía revolucionaria*, p. 84.

dinero. A eso hay que añadir, como está dicho, el endeudamiento del Estado por la «política de prestigio» del gobierno de O'Donnell y la pérdida del crédito exterior en 1865-1866.

El «pánico» de Londres de 1866, que empezó por la quiebra de la Overend Guerney Co., se reproduce en España con retiradas masivas de capitales, quiebras o suspensiones de pagos en cadena de sociedades de crédito, bancos y empresas. El hecho de que ninguna de las sociedades españolas quebradas tuviera vínculo con la Overend Guerney Co., ni con otras sociedades inglesas, le induce a pensar a Nicolás Sánchez Albornoz que «dentro del contexto mundial de la crisis financiera, las razones que determinaron el *crack* en España fueron locales». Para Tortella la causa principal es imputable al exceso de las inversiones ferroviarias, tesis que ponen en duda otros historiadores, como hemos dicho. La crisis agraria iniciada en 1867 formó en parte, tal vez, su componente psicológico, además de constituir un factor económico de la misma.

El uso indebido que se había hecho del crédito, no controlado por desconocimiento de sus leyes económicas reguladoras, precipita aquella situación; a la vez que la inestabilidad monetaria se halla afectada por el desequilibrio de la relación plata-oro, mientras se prolonga el período alcista de la plata hasta 1874. El hecho es que en España seis de los veintiún Bancos existentes en 1866, así como diecinueve de las treinta y ocho Sociedades de crédito, desaparecieron en aquella crisis. En 1866 se «inició el desmantelamiento general del sistema bancario español, que tuvo lugar durante los años siguientes», comenta Tortella; y así concluyó «la accidentada historia de la primera gran expansión de la Banca en España» [120].

Alrededor de 1860 España, como la mayor parte del Continente europeo, se mantenían dentro de las coordenadas de una economía agraria, aun cuando se hubiera iniciado la primera de las tres fases que Hoffmann distingue en la «revolución industrial», o los comienzos del «take-off» de Rostow. En España los comienzos de la moderna industrialización están cronológicamente entre 1830-1860; pero el desfase en el desarrollo de la economía industrial con relación a los países más avanzados se acentuará posteriormente, al no activarse nuestro proceso económico.

---

[120]   G. TORTELLA: «La evolución del sistema financiero, etc.», trabajo citado en la nota núm. 111, p. 144.

La persistencia de las estructuras de la economía agraria tradicional frenaron la capacidad de cambio, y el lento advenimiento de la era industrial ha permitido destacar a Nadal que en España no hay propiamente «revolución industrial» hasta 1913, pues persiste hasta entonces en la fase primera de Hoffmann.

Precisamente una crisis agraria grave se implica en la situación económica y política deteriorada de 1866. La mala cosecha de aquel año obligó a cortar la exportación de excedentes de granos, que los dos años anteriores habían tenido fuerte demanda y buenos precios en Europa. La carestía y el hambre del invierno 1867-1868 y las malas perspectivas agrícolas de la cosecha de 1868 no serán, por supuesto, los factores determinantes de la Revolución de 1868, pero ciertamente crearon un clima psicológico propicio.

La circular del 4 de marzo de 1868 a los gobernadores civiles revela el malestar popular por la carestía y el desempleo [121]. Las autoridades centrales y locales han dejado numerosos testimonios, en la primavera y verano de 1868, demostrativos de su preocupación por los motines habituales en este tipo de circunstancias [122].

La situación financiera se hallaba muy comprometida y el último gobierno Narváez apeló a forzar la presión tributaria, con los previsibles resultados del enervamiento de los contribuyentes. Nicolás Sánchez-Albornoz hace notar, en su análisis de «El transfondo económico de la Revolución», las quejas de los financieros y hombres de negocios amenazados de quiebra, de los ahorradores e inversionistas en general, de los cosecheros e industriales, de los contratistas e industriales: en ellos estuvo el motor económico de la Revolución, propiciando un cambio en la política económica de tipo liberal, como el que efectivamente hizo el primer ministro de Hacienda de la Revolución, Figuerola.

Así, pues, sobre ese trasfondo de crisis económica, de malestar popular, a lo que se añade la remoción de ideas en algunos sectores de la clase política, podía actuar con éxito la conspiración que venía urdiéndose desde varios años antes para derribar a Isabel II.

---

[121] N. Sánchez-Albornoz: *Las crisis de subsistencias en España en el siglo XIX*, Rosario, 1963, pp. 40-42.

[122] Antonio Fernández García: *El abastecimiento de Madrid en el reinado de Isabel II*, Madrid, 1971, pp. 78-79.

SEGUNDA PARTE

LOS COMIENZOS DE LA ERA INDUSTRIAL

EL SEXENIO REVOLUCIONARIO, 1868-1874

CAPÍTULO 1

LA REVOLUCIÓN DE 1868. LOS PREPARATIVOS

El republicanismo revolucionario al estilo de Mazzini, que culminó en la Europa de 1848, es la expresión del «momento romántico» de la Revolución; es decir, de aquel estado de ánimo colectivo propenso a creer posibles todos los sueños ideales.

Pero la frustración de las revoluciones europeas del 48 dio marcha atrás al idealismo utópico de la «revolución espontánea». Sin embargo, todavía en 1868 los republicanos revolucionarios alentaban esperanzas en España. La Revolución se les aparecía como una solución catastrófica para conseguir de un golpe, mediante la conquista del poder por la fuerza, un cambio institucional que derribara lo existente, tras de lo cual emergería el nuevo orden ideal. Era algo así como un *mesianismo del caos,* otra forma más de mesianismo renacida en la España romántica del siglo XIX.

La Revolución a que aspiraban los republicanos se conciliará con la Revolución que preparan los conspiradores en vísperas de 1868 en cuanto se opone al sistema político establecido, porque se denuncia en él la *corrupción* y los vicios de la oligarquía dirigente: además de la *política viciada* por la tiranía y el despotismo, Prim denuncia «el ahínco en la inmoralidad... convirtiendo la administración en granjería» (manifiesto del 18 de septiembre). En el célebre «España con honra» del día 19, Serrano y los demás firmantes recriminan el hecho de que «la Administración y la Hacienda (son pasto) de la inmoralidad y del agio»; y algunas Juntas aludirán también en sus proclamas a «la inmoralidad que nos degrada» [1].

---

[1] Algunos de estos textos han sido reproducidos recientemente por V. Bozal: *Juntas revolucionarias. Manifiestos y proclamas de 1868,* Madrid, 1968, pp. 71, 74, 81 y 86. Sobre las actuaciones de las Juntas, M. M. DE LARA: *El cronista de la revolución española de 1868. Narración fiel de todos los sucesos... con todos los documentos oficiales que se*

Se trata, pues, de *purificar* a España de los *hombres corrompidos* que la gobernaban. Es una *Revolución purificadora,* aspecto ético que, por supuesto, no se antepone al *aspecto político,* pero que lo refuerza en su misma simplicidad.

El aspecto político quedaba indefinido en los momentos iniciales de la Revolución, como corresponde a la heterogeneidad de elementos concurrentes en la acción revolucionaria y la escasa precisión de los compromisos previos. Por eso mismo, la tarea que se proponen algunas Juntas revolucionarias es llenar de contenido doctrinal el pronunciamiento de la bahía de Cádiz. Ese será el papel de los demócratas en la Revolución. En este sentido tendrá razón Castelar cuando diga que la Revolución ha triunfado apoyada en dos fuerzas: la militar y la de las ideas, que da consistencia moral a la fuerza material.

En ningún caso se concreta el programa social. «Ante los hechos sociales que estallaron en el país, los hombres del 68 se mostraron absolutamente incapaces de comprenderlos», escribía Jaime Vicens [2]. Ninguna reivindicación de esta naturaleza, como no sea la abolición de quintas; pero nada que signifique el planteamiento de la «cuestión social», que al margen de estos hechos y a instancias de la industrialización incipiente se hacía sentir ya en España.

El primer número de *La Federación,* en 1869, el órgano de las asociaciones obreras del Centro federal de Barcelona declaraba que «la República democrática federal es la forma de gobierno que más conviene a las clases trabajadoras». Era, pues, el objetivo político a alcanzar por éstas tras la Revolución septembrina. Sin embargo, a finales de mayo de 1870, uno de los militantes obreros más activos, Anselmo Lorenzo, manifestaba en un artículo publicado en *La Solidaridad* la decepción de los obreros internacionalistas respecto a la Revolución de 1868: «Nada podían ni debían esperar de unos hombres que en año y medio que se encuentran en las Cortes no se han atrevido a proponer ni una reforma en beneficio de las clases proletarias... Estamos convencidos que la República federal y todas esas libertades que se llaman políticas son insuficientes para realizar las reformas sociales de que somos partidarios». Estos dos puntos de vista controvertidos subsistirían entre dirigentes políticos y obreros apoliticistas durante el sexenio.

han publicado durante su curso hasta la constitución del gobierno provisional, Barcelona, 1869.

   [2] J. Vicens Vives: *Historia social y económica de España y América,* t. VI, vol. II, página 374, Barcelona, 1959.

Se trataba ciertamente de una Revolución con un objetivo político de alcance inicial *impreciso*. El curso de los acontecimientos irá marcando rumbos distintos y objetivos cambiantes a lo largo de seis años.

En cuanto a la táctica revolucionaria seguida para alcanzar el poder pasó por dos tiempos:

a) La conspiración previa, en la que se aglutina un frente subversivo de amplio espectro político, en vista de las intentonas progresistas frustradas en 1866.

b) El pronunciamiento militar, complementado en segundo término por la «revuelta popular».

Desde 1854 iba emparejada esta doble acción de la fuerza militar y la colaboración civil en el momento insurreccional. Pero, tanto en 1868 como en 1854, la «revolución de las barricadas» era sólo complemento del pronunciamiento militar, factor inicial y decisivo.

En 1868 la sublevación del Ejército está secundada por primera vez por la Marina. Las fuerzas militares alzadas hacen un llamamiento al pueblo. «A las armas, ciudadanos, a las armas», serán las palabras iniciales del general Prim en su primer manifiesto, con cierto aire retórico que evoca los antecedentes franceses y su simbólica canción.

Tuñón de Lara da mucha importancia a la participación popular en la insurrección armada de 1868 [3]. Es verdad que el 18 de septiembre en Cádiz el general Primo de Rivera reparte armas a «paisanos» y que algunos paisanos se suman el día 20 en Sevilla a la insurrección militar. Algo parecido ocurre en Córdoba y Huelva, e incluso la sublevación en Alcoy y Béjar tiene carácter civil y popular, no existiendo en estos puntos guarnición militar. Pero lo cierto es que tales hechos ocurren cuando ya el alzamiento militar en España está camino del triunfo definitivo.

El punto de vista que considera importante la participación popular en la fase insurreccional lo habían sostenido los republicanos revolucionarios protagonistas de la Revolución de septiembre, como Paul y Angulo, quien atribuye a la *masa popular* en Cádiz un papel relevante. Sin embargo, Paul y Angulo argumenta *pro domo sua,* porque él mismo había reclutado y *pagado* a unos cientos de campesinos en Jerez, en un año de hambre y desempleo, y los había introducido en Cádiz para dar

---

[3] M. Tuñón de Lara: «El problema del poder en el sexenio 1868-1874» en los ya citados *Estudios sobre el siglo XIX español*, p. 94.

respaldo popular a la sublevación de los militares unionistas y progresistas. Por eso me parece correcta la interpretación de Hennessy en su sólido estudio sobre el movimiento federal entre 1868 y 1874: «Solamente después que triunfó la Revolución se convirtieron las masas en algo digno de consideración. El papel desempeñado por el pequeño núcleo de demócratas de Sevilla ganándose a la guarnición fue mucho más importante que ningún otro mítico levantamiento de masas» [4]. Y Anselmo Lorenzo deja sentenciado el tema cuando refiere que antes de la Revolución existían grupos armados de trabajadores dispuestos a luchar en las barricadas «si para el triunfo hubiera sido necesario y no hubiera tenido influencia preponderante la insurrección militar» [5].

La Revolución de 1868 se proyecta y realiza, pues, dentro de objetivos limitados de contenido político: el primero y principal, derrocar a Isabel II; el segundo, el sufragio universal como expresión suprema del espíritu y de la doctrina democrática. De las «dimensiones del cambio» que pueden definirse en una Revolución, sólo se aprecian en la de 1868 las relativas a la transferencia del poder por la fuerza y la alteración de las instituciones [6]. Carece de programa social concreto, que ni siquiera planteará en su fase republicana. Por eso, en 1872 y 1873 las sociedades obreras revolucionarias alentarán, contra la revolución política, la revolución social. Los fracasos insurreccionales republicanos en noviembre de 1872 acabarán de destruir la tibia relación entre las federaciones obreras bakunistas y los republicanos federales más radicalizados o «intransigentes». Menos aún los movimientos cantonalistas de 1873, en que participaron unos y otros, pudieron restablecer unas relaciones de confianza de ambos sectores.

Sin embargo, y a pesar de la ausencia de programa social concreto, se toman durante el «sexenio» algunas medidas precursoras de la «legislación social». Las principales, que ha señalado M. R. **Alarcón**, son éstas [7]:

a) Las **informaciones parlamentarias** sobre la situación de

---

[4] C. A. M. HENNESSY: *La República Federal en España. Pi y Margall y el movimiento republicano federal, 1868-1874*, p. 65, Madrid, 1966. (La edición original inglesa es de 1962.)

[5] A. LORENZO: *El proletariado militante. Memorias de un internacional*, reedición de Toulouse, 1946, vol. I, p. 21.

[6] A. S. COHAN: *Theories of Revolution. An Introduction*, Londres, 1975, p. 31.

[7] M. ALARCÓN CARACUEL: *El derecho de asociación obrera en España, 1839-1900*, Madrid, 1975, pp. 210 y ss.

la clase obrera, por iniciativa de Fernando Garrido el 12 de julio de 1869, quien hubo de insistir el 15 de junio de 1871, nombrándose sucesivamente varias comisiones.

b) Las exenciones tributarias a las cooperativas obreras concedidas a título particular, sin que prosperara una disposición de carácter general en este sentido.

c) La ley de 24 de julio de 1873 sobre protección del trabajo infantil: los menores de diez años podrían hacer faenas agrícolas, pero se les prohibía el trabajo en fábricas, talleres, fundiciones y minas; se limitaba también el horario máximo por jornada según las edades; se prohibía el trabajo nocturno a los niños menores de quince años y a las niñas menores de diecisiete; y se obligaba a las fábricas distantes más de 4 km. de lugares poblados a tener escuela primaria propia.

LOS PARTIDOS DE LA REVOLUCIÓN

Las fuerzas desencadenantes de la Revolución son tres, cada una con su papel:

a) Los unionistas, que aportan sobre todo fuerza militar, cerca de cincuenta generales que constituían la mayor parte de los mandos altos del Ejército.

b) Los progresistas, que representan a la vez una fuerza militar, por el atractivo de Prim sobre grandes sectores de la oficialidad, y una suma de colaboraciones civiles, sobre todo económicas, por las vinculaciones del propio Prim a la burguesía industrial catalana.

c) Los demócratas, sector civil con poco apoyo militar, pero con aportaciones doctrinales interesantes y respaldo en los medios populares.

En toda situación previa a una crisis política grave hay una *ruptura del consenso* con el régimen, o se produce el abandono de muchos de quienes le sirven de soporte. Gentes dentro de la situación hacen el juego a situaciones futuras, ya sea por oportunismo o por convicción. Esto ocurrirá en España en vísperas de 1868.

Nos hemos referido anteriormente al vacío en que la Reina Isabel se vio envuelta desde que el gobierno queda en manos de González Brabo. Incluso miembros de la nobleza que antes frecuentaban las ceremonias palatinas dejaron de asistir a ellas.

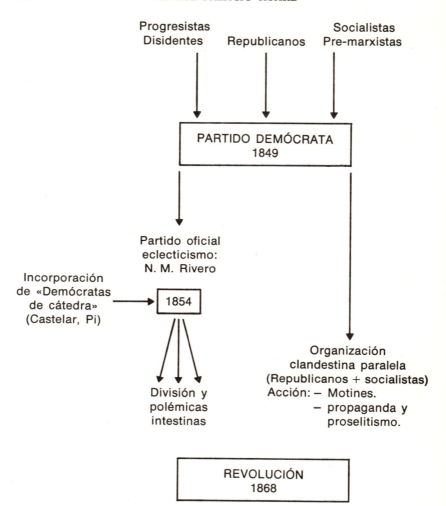

Progresistas
Disidentes   Republicanos   Socialistas
Pre-marxistas

PARTIDO DEMÓCRATA
1849

Partido oficial
eclecticismo:
N. M. Rivero

Incorporación
de «Demócratas
de cátedra»
(Castelar, Pi) → 1854

División y
polémicas
intestinas

Organización
clandestina paralela
(Republicanos + socialistas)
Acción: − Motines.
      − propaganda y
       proselitismo.

REVOLUCIÓN
1868

EL PARTIDO DEMÓCRATA
ANTES DE LA REVOLUCIÓN
DE 1868

Desde su voluntario exilio en Biarritz, O'Donnell rechazaba las propuestas subversivas de los progresistas; pero al ocurrir su fallecimiento el 5 de noviembre de 1867, los militares de la Unión Liberal, contenidos a duras penas hasta entonces por su jefe, pasaron a la oposición activa y a la conspiración. Al frente de ellos, el general Serrano tratará de atraerse a los que se habían mantenido en la fidelidad a Isabel II, como es el caso del general Fernández de Córdoba.

La incorporación de la Unión Liberal a la conspiración, aunque se produce cronológicamente en el último período de la misma, será decisiva para su éxito y significa la más grave ruptura del consenso del régimen de Isabel II.

El cerebro de la conspiración es don Juan Prim, erigido en cabeza de los progresistas. Este partido se hallaba desde 1865 en fase de renovación y reorganización. Las viejas figuras militares y civiles, Espartero y Olózaga, fueron apartadas de la dirección para que tomaran el relevo otras nuevas y más jóvenes: Prim y Sagasta. Estos progresistas renacidos ganan adeptos entre los desertores de la situación establecida.

El 2 de mayo de 1864, en el banquete político de los Campos Elíseos, Prim anunció que «a los dos años y un día la bandera progresista (ondearía) triunfante desde Cádiz a La Junquera, desde Badajoz a Irún» [8]. A partir de entonces se puso a conspirar, intentando varios golpes de fuerza, los más importantes de los cuales fueron los de Villarejo de Salvanés el 3 de enero de 1866, con la caballería de Aranjuez y Ocaña, y el de los artilleros del Cuartel de San Gil, el 22 de junio del mismo año, aunque este golpe se precipitó sin autorización de Prim, que dirigía los preparativos desde el exilio.

Estos pronunciamientos progresistas fallidos, al estilo antiguo, llevaron al ánimo de Prim el convencimiento de que era preciso ampliar la base progresista a derecha e izquierda, hacia la Unión Liberal y el Partido demócrata.

Los demócratas son, efectivamente, la tercera de las fuerzas desencadenantes de la Revolución. La obra del prof. Antonio Eiras Roel es un acabado estudio del Partido desde sus orígenes hasta la Revolución [9]. Los demócratas surgen del ala izquierda extremista del progresismo y cristalizan en la organización de un partido en 1849. Desde el Trienio Constitucional hubo entre los progresistas exaltados algunos individuos de ideas radica-

[8] R. OLIVAR BERTRAND: *El caballero Prim*, Barcelona, 1952, vol. II, pp. 182-183.
[9] A. EIRAS ROEL: *El partido demócrata español (1849-1868)*, Madrid, 1961.

les criptodemocráticas, que solían manifestarse con exabruptos verbales. Romero Alpuente se desahogaba diciendo que para «purificar la atmósfera política» en Madrid convendría matar a catorce o quince mil hombres en una noche. Las estridencias de lenguaje serán una constante que Hennessy comprueba en los demócratas, incluidos los de 1868, y que a fin de cuentas nada había de beneficiarles en su imagen.

Después de frustrada la «conciliación liberal» en 1837 se agudizó la radicalización del ala izquierda progresista [10]. Las dos connotaciones de la incipiente tendencia democrática serán el sufragio universal y la exaltación de los principios del liberalismo radical. Andrés Borrego atribuye la aparición del nuevo partido demócrata a la incapacidad del partido progresista, durante los primeros años del reinado de Isabel II, para asumir los ideales democráticos.

En sus orígenes este partido, como dice Eiras, tiene una elaboración doctrinal bastante débil, recibida de las fuentes divulgadas en Europa. Ni siquiera los llamados «demócratas de cátedra» serán muy originales, con excepción de Pi y Margall.

La base de los adheridos al Partido Demócrata es doble:

a)   Casi todos sus dirigentes pertenecen a las clases medias. Se trata de una minoría ilustrada, hombres de profesiones liberales, profesores, abogados y médicos con frecuencia, movidos por la fuerza de las ideas abstractas en una línea de puro *idealismo,* que carecen del sentido de la realidad cotidiana, lo que les induce a comportamientos poco eficaces.

b)   Las *clases populares,* sin instrucción, *apasionadas,* en las que empieza a percibirse el «problema social», que en número todavía reducido proporcionan algunos elementos activos.

La tendencia democrática que cristaliza al fin en el Partido oficial proviene de tres sectores ideológicos distintos: los progresistas-disidentes, casi siempre monárquicos o monarquizantes, o en todo caso eclécticos en la cuestión de régimen, como Cristino Martos, Manuel Becerra y Nicolás M. Rivero; los republicanos, como José M. Orense, marqués de Albayda, Emilio Castelar o Francisco Pi y Margall; y los socialistas utópicos, al estilo de Fernando Garrido y Sixto Cámara.

Esta diversidad originaria se mantendrá después en el seno del partido: de ahí la poca cohesión interior con que actúa. Pero

---

[10]   FERNANDO GARRIDO, tanto en su *Historia contemporánea,* como en su *Historia del último Borbón,* y los demás republicanos históricos del siglo XIX suelen interesarse en señalar los antecedentes remotos del republicanismo democrático español, y coinciden en encontrarlos en las facciones extremistas del progresismo.

había una coincidencia básica en dos principios: la soberanía popular, que se expresa en el sufragio universal; y los derechos individuales imprescriptibles, y por ello ilegislables e irrenunciables.

Hasta 1849 las actividades de los demócratas se dispersaron en iniciativas individuales y poco pensadas por lo general (publicación de algunos periódicos de corta vida, participación en algunos motines). Pero a comienzos de aquel año se decide la fundación de un partido para actuar dentro de la legalidad. Su presentación pública se hizo a través del Manifiesto del 6 de abril de 1849. Se declaraban en él los derechos individuales: seguridad, propiedad, inviolabilidad de domicilio y de conciencia, libertad de pensamiento y de instrucción, de asociación, de reunión y de profesión u oficio. Se hacía una prolija exposición de principios políticos y administrativos. Se hacía expreso acatamiento del trono de Isabel II, de la religión católica «como única religión del Estado», de la unidad nacional y de respeto a la familia y al orden social [11]. Era el precio pagado para actuar en la legalidad.

El jefe del partido fue Nicolás M. Rivero. En 1850 los demócratas consiguieron cuatro diputados y en las Cortes posteriores tuvieron corta representación parlamentaria, pero desplegaron acción proselitista, a base de la oratoria y de los periódicos, aunque en verdad no parece que consiguieran muchas adhesiones. Se ensayó también el proselitismo a través de las escuelas de obreros.

Pero además del Partido demócrata oficial y legal, existían organizaciones paralelas, que actuaban en la clandestinidad, de matices republicanos y socialistas. Desde el primer momento se perfila, pues, un partido oficial democrático-liberal, y otro partido extraoficial de carácter republicano que apoya por táctica al anterior, pero con su ideario propio, como ha hecho notar Eiras Roel.

Tras la Revolución de 1854 se incorporan los «demócratas de cátedra», que intentan dar consistencia ideológica al partido, desbancando a los «demócratas de populacho». Entre ellos destacan dos figuras intelectuales con porvenir político: Castelar, que desde 1857 explicará Historia de España en la Universidad de Madrid, y Pi y Margall, que precisamente en 1854 publica su ensayo sobre *La revolución y la reacción*. Pi quería apartar a los demócratas de los progresistas, que se le antojaban meros opor-

---

[11] El texto del Manifiesto en ARTOLA: *Programas y partidos*, vol. II, pp. 37-45.

tunistas, y dar una base filosófica al partido: sin filosofía no hay Revolución, dirá. Desconfía del Estado como encarnación del poder y sustituye la idea de poder por la de pacto. Anticipándose en 1854 al contractualismo de Proudhon propone la descentralización. Pero tomará de Proudhon la idea-fuerza de que la Revolución es la encarnación de la Justicia.

Entre 1856-1866 se hacen patentes las discrepancias internas sobre programa político (monarquía y república, unitarismo y federalismo) así como sobre temas sociales. Se reavivaron las actuaciones clandestinas de las sociedades secretas, como «Los Carbonarios» que fundó Ceferino Tresserra a finales de 1857 a la manera italiana, con «chozas» y «ventas». A la vez los grupos clandestinos se lanzaban a la acción armada: sublevaciones en Utrera, Morón, Arahal, La Carolina; algunas partidas se «echan al monte» en Despeñaperros. Según Garrido fue «el primer chispazo en que la democracia ensayaba su virtualidad sin compromisos ni mezclas» [12].

Las polémicas intestinas clarificaron posiciones y dieron base a una notable actividad periodística y panfletaria. Entre los panfletarios destaca Roque Barcia, incansable en sus clamores contra el Trono, contra el feudalismo subyacente y contra la Iglesia. En cuanto a los periódicos, desde 1856 se publicaba *La Discusión,* inspirado tanto por Rivero como por Castelar; sin embargo éste comenzó en 1863 a publicar su propio periódico, *La Democracia.*

Prim había incorporado, pues, a la conspiración y al frente revolucionario a fuerzas tan heterogéneas como los demócratas y los unionistas. Por un momento se sugirió la posibilidad de extenderlo hasta *los carlistas.* Para intentar esta aproximación viajó a Gratz a finales de 1867 el entonces capitán de artillería don Félix Cascajares, misión de la que habla Emilio de Arjona en sus *Páginas de la historia del partido carlista* [13], y que recogen otros historiadores. Cascajares entregó a don Carlos en Gratz una amplia «memoria» en la que le invitaba a ponerse al frente de la insurrección, pidiéndole que «una vez en Madrid, procla-

---

[12] EIRAS: o. c., p. 237, que se apoya en el testimonio del propio Fernando Garrido.

[13] E. DE ARJONA: *Páginas de la historia del partido carlista. Carlos VII y D. Ramón Cabrera,* París, 1875. Arjona fue militar y actuó como secretario de don Carlos entre 1869 y 1872. Cascajares fue más tarde arzobispo y Cardenal. Sagasta hizo una breve confidencia sobre su intervención en este asunto, mencionando una sola entrevista suya con Cabrera. Así consta en NATALIO RIVAS: «Historia de un busto» en *Anecdotario histórico,* Madrid, 1946, pp. 163-168.

mase V. M. la sanción de su derecho por el sufragio universal, que yo creo ha de ser casi unánime».

Don Carlos recabó el consejo de Cabrera, quien por enfermedad no se trasladó a Gratz. Entonces el propio don Carlos viajó a Londres y allí prosiguieron los contactos entre Cabrera, Sagasta, Prim y Cascajares. Las propuestas finales están resumidas por Sagasta en una breve nota que decía así: «Los liberales proclamarán la libertad, Cortes Constituyentes, abajo doña Isabel y su Dinastía. Los carlistas, a don Carlos (rey) constitucional. Carlistas y liberales pedirán la sanción de la revolución por el sufragio universal que aclare la legitimidad de don Carlos VII. Don Carlos, en su Manifiesto a los españoles, al expresar el derecho que le asiste a la Corona como Rey legítimo, pedirá su sanción al sufragio universal, acatando el derecho público admitido por la moderna Europa y robusteciendo así el suyo propio» [14].

La intervención de Cabrera parece que cortó este intento de «conjunción progresista-carlista». El viejo general se mantuvo intransigente y don Carlos no se avino a fundar su soberanía en el sufragio universal.

LA FORMACIÓN DEL FRENTE REVOLUCIONARIO. ¿QUIÉN PAGÓ LA REVOLUCIÓN?

La conspiración seguía su curso. ¿De dónde salió el dinero para financiarla?

Tres parecen haber sido las fuentes que corrieron con los gastos: Por de pronto, el duque de Montpensier, marido de la infanta Luisa Fernanda y cuñado, por tanto, de la Reina, facilitó tres millones de reales. Sus ambiciones eran conocidas de tiempo atrás. En su residencia de Sevilla, el palacio de San Telmo, se conspiraba abiertamente desde que el general don Fernando Fernández de Córdoba le visitó el 17 de enero de 1868 por encargo de Serrano y Dulce. «El duque de Montpensier me escuchó en silencio, guardando las reservas propias y necesarias. Rogóme que volviera a la noche siguiente para que, en presencia de la infanta, le explicara de nuevo nuestro pensamiento; y llegado que fue este instante, estuve todavía más

---

[14] ROMÁN OYARZUN: *Historia del carlismo*, 2.ª ed., Madrid, 1944, pp. 244-247.

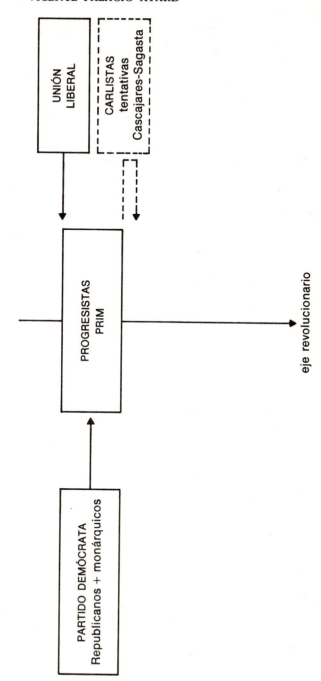

LA FORMACIÓN DEL
FRENTE REVOLUCIONARIO
EN 1868

UNIÓN LIBERAL

CARLISTAS
tentativas
Cascajares-Sagasta

PROGRESISTAS
PRIM

eje revolucionario

PARTIDO DEMÓCRATA
Republicanos + monárquicos

explícito... Diéronse SS. AA. por enterados; despidiéronme con exquisitas y señaladas muestras de aprecio...,» cuenta Fernández de Córdoba [15].

A la vista de esta participación notoria de los Montpensier en la conspiración, González Brabo decretó el 7 de julio de 1868 el destierro de los duques, para que no se tomara «el nombre de VV. AA. como enseña de propósitos revolucionarios y términos de maquinaciones que la autoridad tiene el sagrado deber de impedir».

El segundo canal de financiación fueron las recaudaciones por las «juntas» conspiratorias, que dieron pie a discusiones posteriores entre progresistas y demócratas sobre la administración de los fondos recaudados.

Por fin, la ayuda de la burguesía catalana. Prim «conectaba» a los generales de la conjuración con los grandes fabricantes de Barcelona. Jaime Vicens hizo hincapié en la participación catalana en la Revolución de septiembre [16]. Los industriales estaban resentidos de la corrupción y el favoritismo en los negocios que se tramitaban en Madrid. Prim era «el ídolo de los menestrales y de los burgueses (catalanes), el hombre que traería a España la libertad y el progreso con el mantenimiento de la ley y del orden».

Resultante de este apoyo catalán fue el hecho de que numerosos altos cargos de la Revolución recayeran en catalanes: tres ministros del gobierno revolucionario y 32 gobernadores civiles. Por un momento parecerá como si los catalanes fueran a «imponer en España el régimen que deseaban». Vicens atribuye a *falta de paciencia* el que esta iniciativa catalana se malograra, provocando una reacción general. Más tarde, al sobrevenir los giros violentos del cantonalismo revolucionario, Cataluña «en un último esfuerzo de recapacitación» no se hizo solidaria. Precisamente tras la *Commune* de París y el caos cantonalista de la República, la burguesía catalana tomará parte activa en los preparativos de la Restauración; cambio de actitud que se reflejará, según se ha dicho, en la evolución de *El Diario de Barcelona* bajo la dirección de Mañé y Flaquer. De este modo, las mismas fuentes que financiaron el nacimiento de la Gloriosa de 1868 iban a costear sus exequias en 1874.

Pero no adelantemos acontecimientos. De momento la conspiración está en marcha y cuenta con el general Prim y los

[15] FERNÁNDEZ DE CÓRDOBA: *Memorias*, ed. c., vol. II, pp. 347-350.
[16] J. VICENS VIVES: *Cataluña en el siglo XIX*, Madrid, 1961, pp. 412 y ss.

progresistas como núcleo del frente revolucionario. Prim desconfiaba mucho de los demócratas, que aportaban pocos efectivos militares y mantenían grandes exigencias ideológicas. Pero comprendió la necesidad de contar con ellos.

La atracción inicial de los demócratas se había logrado en el Pacto de Ostende (16 de agosto de 1866), en el que intervinieron Prim, Milans del Bosch, Sagasta, Ruiz Zorrilla, Becerra y Carlos Rubio. Era un pacto de unidad de acción para crear un centro revolucionario dirigido por Prim, con un representante progresista (Joaquín Aguirre) y otro demócrata (Manuel Becerra). Los objetivos eran el destronamiento de Isabel II y la convocatoria de Cortes constituyentes por sufragio universal para decidir el futuro.

Muchos demócratas, sobre todo del ala republicana, se sintieron marginados del Pacto de Ostende y del *centro revolucionario* con sede en Bruselas, y crearon otro *centro revolucionario* en París. Esto revelaba la endeblez de la alianza, que sólo tras muchos esfuerzos ratificó las cláusulas de Ostende en el Pacto de Bruselas del 30 de junio de 1867.

La atracción de los militares unionistas la facilitó el último gobierno Narváez. Parece ser que González Brabo, entonces ministro de la Gobernación, quería restablecer un acuerdo entre moderados y progresistas, después de los sucesos de junio de 1866, destruyendo en cambio a los demócratas y a la Unión Liberal. Al menos Ricardo Muñiz, secretario de Prim y uno de los principales comprometidos en aquellos sucesos, refiere el buen trato que recibieron en esa ocasión de parte de González Brabo y cuenta la anécdota de la fuga rocambolesca de Joaquín Aguirre, facilitada por el ministro; y también da noticia de las manifestaciones conciliadoras hechas por González Brabo [17]. El marqués de Lema se hace eco de estos hechos y comenta: «Las concomitancias de éste (González Brabo) con elementos progresistas nada tenían de extraño, ya que había pertenecido a ese partido y esos rasgos de generosidad, un tanto ligera e impolítica, son muy propios del carácter de los hombres públicos que han influido en España» [18].

No se llevó adelante este propósito de González Brabo, si lo tuvo; pero en cambio se tomaron medidas efectivamente contra varios generales de la Unión Liberal. Entonces es cuando

[17] R. MUÑIZ: *Apuntes históricos sobre la Revolución de 1868,* Madrid, 1885.
[18] MARQUÉS DE LEMA: *De la Revolución a la Restauración,* Madrid, 1927, vol. I, páginas 72-73.

Prim intentó atraerse a O'Donnell, que no se prestó a ello. Sólo después de su muerte, Serrano y Dulce celebraron una reunión en la fonda *La Bilbaína,* de Bayona, en la que se convino la alianza de los unionistas.

Sucede luego la muerte de Narváez, la sustitución en la Jefatura del gobierno por González Brabo, el reforzamiento autoritario de éste, con las reformas del reglamento de Cortes, las arbitrariedades en los nombramientos de los generales Novaliches y Concha, el consiguiente disgusto de los generales moderados y el aislamiento que en torno a sí mismo y a la Reina crea el gobierno. «Había un gobierno que apenas contaba sino con la adhesión de los hombres públicos que lo componían» [19].

Era el momento propicio para el alzamiento.

[19] MARQUÉS DE LEMA: o. c., vol. I, p. 112.

CAPÍTULO 2

EL TRIUNFO DE LA REVOLUCIÓN

Desde que Vicens hizo referencia a la crisis económica paralela a los preparativos y al desencadenamiento de la Revolución de 1868 se ha solido insistir en los «factores económicos» de la misma. Pero Artola ha observado ya la insuficiencia probatoria que tienen, cuyo valor e importancia son limitados [20]. Se trata, sin duda, de factores coadyuvantes a la situación revolucionaria de 1868, cuya motivación estriba sobre todo en los factores políticos.

La «Gloriosa», con toda su carga de nobles idealismos, fue una revolución de carácter político, tal vez la más impolítica de las revoluciones políticas. Por sus resultados había de ser también la más inútil. De ahí los frecuentes juicios adversos que ha merecido, a quienes, desde las más distintas ópticas, la han examinado en su tiempo y en el nuestro [21].

LOS SUCESOS DE SEPTIEMBRE Y EL TRIUNFO DE LA «GLORIOSA»

«De nuevo una revolución en España»: Así anunciaba el diario *Köhlniche Blätter* del 20 de septiembre de 1868 los sucesos iniciados dos días antes en la bahía de Cádiz [22]. A la prensa alemana no le sorprendió la noticia: se esperaba en cualquier momento, y desde el mes de julio anterior aquellos periódicos

[20]   M. ARTOLA: *La burguesía revolucionaria*, pp. 363 y ss.
[21]   J. MAÑÉ Y FLAQUER: *La Revolución de 1868 juzgada por sus autores*, 2 volúmenes, Barcelona, 1876.
[22]   «Schon wieder eine Revolution in Spanien», prólogo de V. PALACIO ATARD al libro de LUIS ÁLVAREZ GONZÁLEZ: *La Revolución de 1868 ante la opinión pública alemana*, Madrid, 1976, que es el primer volumen de un amplio estudio sobre el tema.

vaticinaban el desenlace de la situación española. Lo mismo puede decirse de la prensa británica o de la francesa [23].

El alzamiento de septiembre es el resultado de un proceso a la vista de todos, del que todo el mundo hablaba en España y fuera de España: un proceso de quebramiento interno del poder, flanqueado por una conspiración para derribarle.

La Revolución se inicia en Cádiz y se resuelve a los pocos días en Madrid, con el intermedio de la «batalla» de Alcolea y la sublevación de las provincias. Resumamos brevemente la crónica de los sucesos. Desde Cádiz parte Prim en una fragata para sublevar el litoral levantino. Al mismo tiempo, una columna mandada por Serrano se organiza en Sevilla para seguir, vía Córdoba, la marcha hacia Madrid.

En el gobierno, al conocerse las primeras noticias, cunde la incertidumbre. La Reina suspende sus baños en Lequeitio y se instala en San Sebastián. El día 19 presenta allí su dimisión González Brabo. Se nombró para sustituirle como jefe de gobierno al general don José Gutiérrez de la Concha, marqués de La Habana, dispuesto a hacer frente con las armas a la insurrección, para lo que dispone se organicen cuatro grandes zonas militares: Cataluña y Aragón, bajo el mando del conde de Cheste; Galicia, Castilla la Vieja y Vascongadas, encomendada a Calonge; Castilla la Nueva, a cuyo frente se halla Manuel G. de la Concha, marqués del Duero; y Andalucía, el punto crítico, para el que se designa a Novaliches.

Todos estos preparativos gubernamentales eran inútiles. Novaliches intentó hacer frente a la situación, se aproximó a Córdoba y libró el día 28 la *batalla* de Alcolea; simple encuentro, no batalla, aclara el general Carlos Martínez Campos: «El combate de Alcolea se produjo sin que hubiera guerra. Fue como un trueno sin tormenta, o como un chispazo sin corriente» [24]. Pero fue bastante para decidir la suerte de la Revolución. Una reunión de generales en el Ministerio de la Guerra optó por deponer la lucha. Concha envió telegráficamente su dimisión a San Sebastián.

[23] R. OLIVAR BERTRAND: «Diez años de vida española vistos por los ingleses, 1868-1878» publ. en la «Rev. de Estudios Políticos», núm. 137, 1964, pp. 19 y ss. MARÍA VICTORIA ALBEROLA: *La revolución de 1868 y la prensa francesa*, Madrid, 1973, página 71, dice: «Cuando se van conociendo las primeras noticias de la revolución (a los periódicos franceses) les suena todo a cuento ya sabido. Una agitación más de estos españoles que no saben arreglar sus asuntos sino a través de los militares».

[24] C. MARTÍNEZ DE CAMPOS, DUQUE DE LA TORRE: *España bélica, siglo XIX*, Madrid, 1962, p. 212. Reproducido en «La batalla de Alcolea y el general Serrano» en la revista «Historia y Vida», septiembre, 1968.

Una vez más se hacía patente que las revoluciones triunfan cuando el orden establecido no sabe o no puede resistir por estar moralmente vencido de antemano. Así se comprobó en aquella ocasión en el derrotismo del telegrama-parte que puso el general Paredes al dar cuenta de lo ocurrido en Alcolea, en la inactividad del conde de Cheste, en los proyectos de huida regia antes de Alcolea.

Isabel II había pretendido regresar a Madrid con Marfori para hacer frente a los acontecimientos. Le disuadieron. Algunos consejeros (Alcañices, Salamanca) opinaban que abdicara en Alfonso XII, encomendando la Regencia a Espartero. Pero las noticias que llegaban a San Sebastián eran cada vez más catastróficas. El día 30 Isabel II cruza la frontera y se refugia en Pau.

Un día antes las calles de Madrid se llenaban de gentes que confraternizaban con la Revolución, al saberse lo ocurrido en Alcolea. El mismo día se extendía la sublevación por todo el país. Prim desembarca en Barcelona; las guarniciones de Cartagena, Alicante, Valencia, Figueras, Zaragoza, Valladolid, Santander y otras se suman a la insurrección, además de haberlo hecho todas las unidades navales.

Casi sin resistencia la Revolución ha triunfado. Pero hay que organizar el triunfo.

DUALIDAD DE PODERES. «JUNTAS» Y GOBIERNO

Al compás del triunfo en cada ciudad se constituían públicamente las «Juntas revolucionarias» como autoridades provisionales. En Madrid se instalaron en el primer momento dos Juntas, una de los demócratas, presidida por N. M. Rivero, y otra de los progresistas, en la que figuraban Madoz, Muñiz, Figuerola y otros. Ambas juntas se refundieron el día 5 de octubre en una sola que adoptó la denominación de «Junta Suprema de Gobierno», denominación pretenciosa pero que servía para justificar el encargo que hizo al general Serrano de formar un gobierno provisional.

En efecto, el vencedor de Alcolea presidió el gobierno salido de la Revolución, en el que figuraban, además del duque de la Torre, otros tres unionistas (el almirante Topete, Romero Ortiz y Adelardo López de Ayala), y cinco progresistas (Prim en el ministerio de la Guerra, Álvarez Lorenzana, Figuerola, Sa-

gasta y Ruiz Zorrilla). Los demócratas no formaban parte del
mismo. Se le ofreció una cartera ministerial a Rivero, que no
aceptó por rechazarse su exigencia de que se nombrara otro
ministro del partido demócrata, Becerra o Martos. Los demócratas monárquicos quedaban, pues, marginados del gobierno. El ala republicana del partido ni siquiera fue tenida en
cuenta.

Desde el 8 de octubre había, por tanto, gobierno. Sin embargo, las Juntas no se disuelven. Desde el comienzo de la
Revolución y a lo largo del sexenio 1868-1874 los conflictos de
poder serán constantes. La Revolución se resuelve en una permanente «crisis revolucionaria». Cada una por su lado, las fuerzas que se coaligaron para hacer la Revolución se afanarán por
ocupar los centros de poder: Tuñón de Lara ha hecho un breve
análisis de estos conflictos desde su propia óptica política [25].
Entre el 18 y el 29 de septiembre la situación había sido muy
fluida, como es natural, en los nacientes poderes revolucionarios. Desde la instauración del gobierno provisional el centro
del poder debe pasar a sus manos. De hecho este gobierno era
emanación del poder militar, no de las Juntas, aunque éstas lo
legitimasen formulariamente.

Los demócratas, que habían quedado fuera del gobierno,
retenían unos instrumentos de poder paralelo: las Juntas revolucionarias, dominadas por ellos casi siempre, y sostenidas por
los milicianos, que ahora se llamaban los Voluntarios de la Libertad. Los demócratas se consideraban, además, el cerebro de
la Revolución, como depositarios de la carga ideológica de los
grandes principios. «¿Qué importa que no estén nuestros hombres en el poder si están nuestras doctrinas?», se dirá en el
periódico La Discusión. El día 8 de octubre, en efecto, la Junta
madrileña había formulado la declaración de principios. «Con
rara unanimidad», escribe el prof. Eiras, «las juntas de ciudades
y villas, y aun las formadas en distritos urbanos y en pueblos
rurales, adoptaron como programa de la Revolución el mismo
que hemos visto defender al partido demócrata a lo largo de
veinte años» [26]. A los puntos enunciados por los primeros
manifiestos de las Juntas de Sevilla y Málaga hubo poco que

[25] TUÑÓN DE LARA: «El problema del poder en el sexenio», ya citado. Esta óptica
le lleva a identificaciones apresuradas de los «cuadros» dirigentes con categorías socio-
económicas; así como de las funciones de la Guardia Civil con la garantía de las estructuras de la propiedad agraria.
[26] EIRAS: o. c., p. 380.

añadir, como no fueran la separación de la Iglesia y el Estado, el matrimonio civil y la libertad de trabajo, que enunció la Junta de Zaragoza.

La Junta de Madrid y algunas de provincias no se limitaron, sin embargo, a la definición de principios. La madrileña junta, que usaba el equívoco nombre de Superior de Gobierno, propuso medidas urgentes de «salvación pública»: extinción de todas las Órdenes religiosas establecidas con posterioridad a 1835, exclaustración voluntaria de todas las comunidades religiosas, abolición de privilegios concedidos a cualquier asociación religiosa. Parecía de momento que la «salvación pública» consistía sobre todo en una urgente expansión anticlerical. El gobierno decretaba ese mismo día, por cuarta vez, la expulsión de la Compañía de Jesús [27].

Las declaraciones de principios fueron acompañadas también de hechos de fuerza promovidos por las Juntas: destrucción de templos en Málaga, clausura de conventos en Sevilla, cierre del Seminario de Valladolid. El tema eclesiástico se iba a plantear, una vez más, en términos de enconada pasión, que luego se reflejará en las discusiones de las Cortes Constituyentes. Por eso, los abusos y extralimitaciones cometidos aquellos días movieron a declarar al obispo de Jaén, Monescillo: «no piden libertad de cultos, sino libertad de agresión».

Pero no era sólo en materia eclesiástica en la que las Juntas imponían decisiones al gobierno. La Junta de Madrid nombró, por supuesto, las autoridades municipales y provinciales, y además designó al Rector de la Universidad, cargo que fue ofrecido a Sanz del Río, quien renunció a favor de don Fernando de Castro. También pretendió la Junta tomar medidas sobre aranceles de aduanas y fijar un jornal mínimo (siete reales y medio).

La fuerza que amparaba el poder de las Juntas eran los Voluntarios de la Libertad, como queda dicho: fuerza instituida de hecho, si no de derecho, pero que dominaba la calle y resultaba, por eso, eficiente. El armamento de los milicianos se había logrado por la entrega de fusiles de los arsenales del Ejército, en connivencia con algunos jefes militares de los depósitos de armas. Los Voluntarios de la Libertad cobraban un sueldo, por lo que muchos obreros sin trabajo en aquel año de crisis encon-

---

[27] HENNESSY atribuye a los numerosos masones miembros de las Juntas el anticlericalismo que fue la nota dominante en todas. «Este odio era particularmente fuerte contra los jesuitas.» O. c., p. 57.

traron la ocasión propicia de asegurarse un jornal o soldada alistándose en la milicia. Ahora bien, careciendo de organización adecuada, sin encuadramiento debido y sin disciplina, los milicianos incurrieron a veces en procedimientos tumultuarios: asaltos, detenciones arbitrarias, linchamientos, incluso crímenes. El propio general Prim fue testigo en la Puerta del Sol de una de estas acciones tumultuarias de los «voluntarios», que pudo cortar por su intervención personal. Se planteaba, pues, no sólo un conflicto de poder Gobierno-Juntas-Voluntarios, sino una cuestión de orden público porque la milicia de la Revolución se constituía no en guardadora, sino en perturbadora del «orden revolucionario».

Prim hizo frente a este primer conflicto con la decisión y tenacidad que le caracterizaban. Exigió el desarme de los Voluntarios: el Decreto de 17 de octubre, que eufemísticamente se refería a la «reorganización de los Voluntarios de la Libertad» era el primer paso para su desarme y posterior disolución. Al llevar a la práctica la «reorganización» hubo resistencia armada por parte de los milicianos en algunos lugares, sobre todo en Cádiz y Málaga, donde el general Caballero de Rodas, con una columna militar les redujo por la fuerza el 13 de diciembre y el 2 de enero, respectivamente.

Prim exigió también la desaparición de las Juntas como poderes paralelos. Para conseguirlo se adoptaron en este caso procedimientos políticos, procurando el trasvase de los miembros de las Juntas a otros cargos de la Administración local o del Estado. De este modo, sin crear mayores dificultades, las Juntas se fueron autodisolviendo en corto plazo.

Así quedó resuelto este primer conflicto de poder. La figura de Prim como hombre de gobierno se había revelado desde los primeros días con fuerza y talento. Era hombre de resistencia física envidiable, lo que le permitió estar en permanente servicio de trabajo durante días y noches, atento a todos los acontecimientos, a dominar todos los problemas, a mantener o restablecer todos los controles. En una carta íntima que escribe el día 19 de noviembre a un amigo suyo sevillano, Antonio Arístegui, le cuenta a manera de breve desahogo: «¡Cómo vivo!... Desde las siete de la mañana hasta las quince (sic) de la noche estoy en escena. Hay días que creo que no puedo más, pero *como he de poder,* renace el espíritu y *puedo*» [28].

---

[28] R. OLIVAR: o. c., vol. II, p. 259.

LA CUESTIÓN DE RÉGIMEN

Unionistas y progresistas retenían en sus manos el gobierno. La mayor parte de los centros de decisión están también en sus manos. Cuentan además con el Ejército. Sólo hicieron concesiones a los demócratas en cuanto a los principios ideológicos.

Sin embargo, los matices de esos principios y las metas inmediatas de la Revolución se diversificaron al día siguiente del triunfo, como ocurre en todas las Revoluciones en las que hay una concurrencia de factores discrepantes. Liquidado el doble conflicto de poder entre el Gobierno por un lado y las Juntas y los Voluntarios de la Libertad por otro, se plantearía una *colisión de programas:* por de pronto sobre la cuestión de régimen. ¿Monarquía o República?

Unionistas y progresistas eran, como sabemos, inequívocamente monárquicos. Entre los demócratas no existía criterio unánime. En las ruidosas asambleas que celebraron en el Circo Price de Madrid los días 11 y 18 de noviembre de 1868 habían estado en juego dos fórmulas opuestas. Cristino Martos defendió la accidentalidad de las formas de gobierno, en tanto que José M. Orense propuso que el partido demócrata aceptara la República Federal como la forma auténtica de la democracia española.

La verdad es que las discusiones teóricas sobre el federalismo difícilmente trascendían de las minorías intelectuales y no resultaban demasiado inteligibles en los sectores populares. Una conocida anécdota que contaba Echegaray refleja esa situación: En Sevilla, donde el doctor Federico Rubio tenía gran ascendiente popular, discuten varios amigos. «Pero, ¿qué es eso de la Federal?», pregunta uno de ellos; y otro responde: «pues su mismo nombre lo dice, la de don Federico».

Frente a los demócratas republicanos se mantiene el grupo de los «cimbrios» monarquizantes, cuyo Manifiesto del 12 de noviembre declara que la Monarquía «es la forma que imponen con irresistible fuerza la consolidación de la libertad y las exigencias de la Revolución»; y confiesan su fe democrática y monárquica «los unos porque han profesado siempre este principio y aman y respetan las tradiciones del pueblo español; los otros, porque... consideran que el establecimiento de un poder amovible en estos momentos sería un peligro constante para el afianzamiento pacífico de la libertad y la consolidación de las conquistas revolucionarias».

Demócratas monárquicos y progresistas decidieron disputar la calle a los republicanos, y así tuvieron lugar en Madrid aquellas singulares manifestaciones que los días 15 y 22 de noviembre se celebraron con un recorrido inverso: desde la plaza de Oriente hasta el Obelisco del Dos de Mayo, la de los monárquicos; desde el Obelisco a la plaza de Oriente, la de los republicanos, como si en esa contraposición de itinerarios se expresara la de sus principios [29].

El gobierno, en el preámbulo al Decreto de convocatoria de Cortes Constituyentes había ya hecho saber que sería «neutral pero no escéptico» y que «prefería la forma monárquica... y celebrará, por consiguiente, que salgan victoriosos de las urnas los mantenedores de este principio». El 5 de enero reaccionaron los republicanos publicando un manifiesto contra el gobierno, al que acusaban de «traidor a la Revolución», de emplear métodos «dictatoriales» y adjetivándole con los dicterios que son hábito corriente de todas las oposiciones airadas en todos los tiempos. El manifiesto lo firmaban los «marqueses republicanos» Albayda (J. M. Orense) y Santa Marta; los panfletarios de turno, Roque Barcia y Fernando Garrido; y los cerebros de alcurnia intelectual, Castelar y Figueras, entre otros.

Pero políticamente este manifiesto se volvió contra ellos. Porque los compromisos previos establecidos al formarse el «frente revolucionario» (Ostende, Bruselas) no aludían a la forma de régimen que debiera establecerse, y este ataque destemplado al gobierno monarquizante le dejó con las manos libres para replicar, ratificando oficialmente su toma de posición a favor de la Monarquía en la declaración pública que hizo el 11 de enero, en las vísperas electorales: «Juzga el gobierno que tienen más seguro porvenir las instituciones liberales garantizadas en la solemne y sucesiva estabilidad del principio monárquico, que sometidas al peligroso ensayo de una forma nueva, sin precedentes históricos en España y sin ejemplos en Europa dignos de ser imitados».

La cuestión de régimen debía resolverse en las Cortes Constituyentes. Hasta entonces el gobierno se limitaba a preparar la solución monárquica.

---

[29] *Historia de España* de LAFUENTE, t. XXIV, pp. 6-7. M. FERNÁNDEZ ALMAGRO: *Historia política de la España contemporánea*, 2.ª ed., Madrid, 1962, vol. I, pp. 30-31.

CAPÍTULO 3

LA MONARQUÍA DEMOCRÁTICA

Desde 1834 a 1868 se había realizado el ensayo de una Monarquía constitucional, basada en el sistema censatario, que establecía una desigualdad de derechos políticos por selección de la riqueza o de la inteligencia. Desde 1869 a 1873 se ensayará la nueva «Monarquía democrática», sobre los dogmas de la soberanía nacional y el sufragio universal.

La Monarquía democrática será, pues, la primera singladura en la navegación de la *Gloriosa,* el desenlace inmediato de la Revolución. Cuando aquel experimento fracase en febrero de 1873, tendrá lugar una nueva singladura revolucionaria: la República.

El establecimiento de la Monarquía democrática se hizo, a su vez, en dos tiempos: Primero, la aprobación de la Constitución, que dispone en su art. 33 la forma monárquica del Estado. Segundo, la elección de Rey. Mientras esta complicada operación se realiza, la alta magistratura del Estado recaerá en una Regencia. Pero el centro del poder estará más firmemente en el nuevo jefe del gobierno, Prim, que en el Regente Serrano.

LAS ELECCIONES A CORTES CONSTITUYENTES

El Decreto del 6 de diciembre de 1868 convocó elecciones a Cortes Constituyentes por sufragio universal, que sería ejercido por todos los españoles varones mayores de veinticinco años. Las elecciones habrían de celebrarse entre el 15 y el 18 de enero de 1869. Las Cortes quedarían constituidas el 11 de febrero.

Había en total 82 circunscripciones, habiéndose desdoblado las provincias de mayor población en la circunscripción de la capital y las comarcales. Previamente se habían opuesto dos criterios en el gobierno respecto a la mecánica electoral: los progresistas preferían las circunscripciones de carácter provincial; los unionistas eran partidarios de mantener los distritos comarcales. Se llegó, pues, a un compromiso entre ambas opiniones, aun cuando la solución se aproximaba más al criterio de los progresistas: circunscripción provincial y desdoblamiento sólo en las de mayor censo [30].

¿Cómo se llevó a efecto la elección? ¿Cuáles fueron sus resultados? ¿Qué grado de sinceridad y pulcritud hubo en las elecciones?

Martínez Cuadrado considera que no hubo arbitrariedades gubernamentales y que Sagasta, desde el ministerio de la Gobernación, dirigió las operaciones electorales correctamente. Se dio amplia libertad de prensa, de expresión y de reunión. Por otra parte, al producirse el aumento masivo del electorado por el paso del sufragio censatario al universal se invalidaban los mecanismos del antiguo «encasillado»; y en los tres meses previos a las elecciones no es pensable que hubiera tiempo material para inventar otras corruptelas apropiadas.

El caso es que en los años electorales inmediatamente posteriores, incluso en 1876, estas elecciones del 69 tuvieron bastante buena fama en cuanto a la corrección con que se realizaron. El propio autor recoge la intervención de J. M. Orense, presidente del Comité nacional republicano, al discutirse las actas en las Cortes del 69, en la que denunció la «farsa indigna, llevada a cabo de la misma manera que en tiempo de la Unión Liberal... El sufragio universal ha sido adulterado por el actual ministerio; los gobernadores de provincia han repetido, algunos con exceso, los ejemplos de otras dominaciones; han existido idénticas violencias; se han repartido con profusión credenciales de todas clases, prometido empleos y cometido no pocas injusticias...» Pero ya sabemos que J. M. Orense era hombre de lenguaje habitualmente estridente, por lo que sus palabras pierden credibilidad.

---

[30]   Para todo esto me fundo en el trabajo de MIGUEL MARTÍNEZ CUADRADO: «La elección general para Cortes Constituyentes de 1869 (Estudio sociopolítico)», publ. en la «Rev. de Estudios Políticos», núm. 132, 1967, pp. 65-93, refundido posteriormente en su obra: *Elecciones y partidos políticos en España (1868-1931)*, Madrid, 1969, vol. I, páginas 61-90.

Sin embargo, un hecho en el que Martínez Cuadrado no ha reparado tal vez lo suficiente es que en las once provincias (con veinticinco circunscripciones en total) en que obtuvieron más nutrida votación los republicanos y en las que sacaron 74 de sus 85 diputados, los gobernadores civiles eran precisamente republicanos. ¿Influyeron aquéllos en el resultado? ¿Fue que el gobierno había designado gobernadores civiles republicanos en aquellas provincias donde se presuponía una fuerza de opinión republicana más importante? Ricardo Muñiz, el secretario de Prim, asegura en sus *Apuntes* que los republicanos debieron sus diputados «a los trece gobernadores que se les dieron y que, como era natural, todos protegieron la candidatura republicana»

En cualquier caso hay una correspondencia entre la filiación política de los gobernadores civiles y el resultado electoral: en general, donde eran monárquicos salieron triunfantes las candidaturas monárquicas; donde eran republicanos, tuvieron los republicanos sus votaciones más lucidas. Esto es por lo menos sospechoso. Pero tiene razón Martínez Cuadrado al afirmar que estas elecciones no fueron menos correctas que otras anteriores o posteriores. No se podía pensar, que de la noche a la mañana, se alcanzase una pureza electoral perfecta. El desarraigo del fraude electoral es un proceso lento en toda Europa, incluida la Inglaterra del siglo XIX [31].

Por eso coincido con Martínez Cuadrado cuando dice que el análisis de estas elecciones no hay que hacerlo desde una óptica del siglo XX, sino desde la situación de entonces y considerar la improvisación de unas circunstancias revolucionarias excepcionales, así como «los impresionantes índices de analfabetismo... y ante todo, el tratarse de un primer acceso de las masas al voto». Evidentemente cabría inquirir: ¿Cómo se manipularon los votos de los analfabetos? ¿Qué clase de influencias «morales» se ejercieron sobre los electores, y no sólo desde el gobierno?

El cuerpo electoral, calculado sobre el censo de población de 1860, sería de 3.801.071 electores; pero, teniendo en cuenta el crecimiento de la población y los datos de la Dirección general de Estadística (*Anuario* 1866-1867), el número real de electores en 1869 lo estima Martínez Cuadrado en cerca de cuatro millones. Por haberse perdido las actas de la elección no le ha

[31] CORNELIUS O'LEARY: *The Elimination of corrupt Practices in British Elections,* Oxford, 1962. La impugnación de las actas de Santander por el marqués de Albayda la recoge CARLOS CAMBRONERO en *Las Cortes de la Revolución,* Madrid, s. f., p. 5-6.

sido posible establecer con exactitud el cómputo electoral en todas las circunscripciones. Pero de los datos firmes conocidos deduce que la participación del electorado fue de un 70 por 100, participación alta teniendo en cuenta la práctica electoral de aquel tiempo en el que las abstenciones alcanzaban cifras muy elevadas [32].

El número total de diputados a elegir era de 381: de ellos, 352 en la España peninsular, 18 en Cuba y 11 en Puerto Rico. Martínez Cuadrado ha identificado la filiación de 341 de los diputados peninsulares: Monárquicos gubernamentales (progresistas y unionistas) y demócratas cimbrios, 236; republicanos, 85; carlistas, 20. Los republicanos obtuvieron todos los escaños en Cádiz (capital y Jerez), Lérida y Huesca; 10 de los 11 de Sevilla (todos los de la capital y la circunscripción de Morón, 2 de los 3 de Ecija); fuertes mayorías en Barcelona, Gerona y Zaragoza; y minorías importantes en Tarragona, Valencia, Alicante, Murcia, Málaga, Badajoz y Palencia [33].

Los republicanos elegidos en algunas grandes ciudades se autoatribuían una fuerza representativa mayor, según la inveterada pretensión de la urbe frente al campo y su diferente significación electoral, aun cuando la *desigualdad cualitativa* del voto no sea precisamente un dogma democrático. Un diputado republicano dijo en las Cortes: «Esta minoría republicana representa aquí la voluntad y pensamiento de Barcelona, Valencia, Málaga, Cádiz, Sevilla, Zaragoza... Los monárquicos sois representantes de Chinchón, Tarancón, Almorchón y las Ventas de Alcorcón...»

---

[32] En las elecciones de 1864, con un censo de 166.291 electores, hubo 102.610 votantes, lo que representa el 38 por 100 de abstenciones. En las de 1865, con 418.271 electores y 223.211 votantes, la abstención fue del 47 por 100. En las elecciones de agosto de 1872, con 4.030.792 electores, y 1.878.105 votantes, las abstenciones son del orden del 54 por 100.

[33] FERNÁNDEZ ALMAGRO: o. c., 2.ª ed., vol. I, p. 43, da otro reparto más impreciso de los escaños a título aproximativo: 160 progresistas, 80 unionistas «aproximadamente», «cerca de 40» demócratas, «no pudiendo fijarse el número exacto de esta mayoría gubernamental, ni de las minorías de oposición, por lo indeterminado o fluctuante de algunas filiaciones». La identificación pormenorizada que hace S. PETSCHEN de 326 diputados que actuaron en las Cortes proporcionan estos datos: 3 eclesiásticos, 20 carlistas, 82 de la Unión Liberal, 127 progresistas, 73 republicanos y 21 demócratas; cifras que se aproximan mucho a las establecidas por Martínez Cuadrado, teniendo en cuenta que no siempre el número de escaños coincide con el de actas, por recaer a veces la elección de un mismo diputado en varias circunscripciones. PETSCHEN: *Iglesia y Estado. Un cambio político. Las Constituyentes de 1869*. Prólogo de J. GIMÉNEZ y M. DE CARVAJAL, Madrid, 1975, pp. 360-427.

LA CONSTITUCIÓN DE 1869

La ley fundamental del nuevo orden nacido de la Revolución la harán las Cortes de 1869. Siempre se han recordado aquellas Cortes como la culminación de la oratoria política y parlamentaria del siglo XIX, y en su tiempo se escribieron varios libros sobre los oradores del 69. Según Fernández Almagro aquellas sesiones «tenían algo de Areópago, mucho de Academia o Ateneo y no poco de Club, e inmediatas resonancias de Logias» [34]. Fue, en efecto, también aquella la Edad de Oro de la Masonería.

El 11 de febrero de 1869 se inauguran las Cortes. Serrano resignó ante ellas el gobierno provisional, siendo ratificado en el mismo con el título de «Presidente del Poder Ejecutivo», con lo que no se prejuzgaba la cuestión de régimen. Nicolás M. Rivero, demócrata que propugnaba la «conciliación monárquica» de los revolucionarios, hizo posible extender la coalición gubernamental hasta los «cimbrios»; en compensación fue nombrado presidente de las Cortes.

Una comisión constitucional de quince miembros (cinco por cada uno de los grupos de progresistas, unionistas y cimbrios) presidida por Olózaga, el gran hacedor de Constituciones, preparó en veinticinco días el proyecto, que fue presentado a las Cortes el 30 de marzo. El debate transcurrió entre el 6 de abril y el 31 de mayo. Se trabajó rápidamente, en sesiones de no muy larga duración, excepto los últimos días.

En realidad los grandes debates se limitaron a los artículos 20 y 21 del proyecto, refundidos finalmente en el art. 21 de la Constitución, y al art. 33. El art. 21 trataba de un doble problema:

a) La cuestión de la libertad religiosa. La discusión se centró sobre si debía declararse esta libertad o mantenerse la unidad católica.

b) La naturaleza de las relaciones Iglesia-Estado. ¿Estado confesional o separación de ambas potestades?

La discusión de estos problemas ha sido analizada recientemente en un lúcido estudio de Santiago Petschen, en el que examina los presupuestos sociológicos e ideológicos del debate constitucional sobre la cuestión religiosa. La discusión se caracterizó por el tono apasionado que hasta cierto punto excedió al

---

[34] FERNÁNDEZ ALMAGRO: o. y ed. c., vol. I, p. 46.

de otras ocasiones anteriores, por el ambiente caldeado en toda
Europa desde la reacción liberal y positivista contra la *Quanta
Cura* y el *Syllabus* de Pío IX, ambiente que anunciaba la *Kulturkampf* como una «cruzada» contra el *obscurantismo eclesiástico*
predicada por el científico alemán Virchow.

Se esgrimirán en pro y en contra de la libertad religiosa toda
clase de argumentos. Petschen los ha clasificado en argumentos
filosóficos y religiosos; otros de carácter pragmático o sociológico (el orden público, el papel de la Religión en la sociedad, o
el argumento contrario de la acomodación a los tiempos); argumentos históricos (las «glorias de España»); así como los es-
grimidos en función de la interpretación subjetiva de la voluntad popular o la valoración de la vigencia del Concordato
de 1851 [35].

El canónigo Manterola y los tradicionalistas invocan la autoridad de la *Quanta Cura* y el *Syllabus,* lo que enardecía más a
sus adversarios. Éstos reclamaban la libertad de pensamiento y
de conciencia por ser un derecho fundamental e inalienable: lo
hacían en tono profético unas veces, como gustaba a Pi y Margall; en tono mesurado y grandilocuente otras, como Castelar
en el famoso discurso sobre la tolerancia; y no faltaba el tono de
intemperante violencia algunas veces, como el del médico ateo
Sunyer Capdevila, que declaraba «la guerra a Dios, a los reyes y
a la tuberculosis». La discusión rebasaba los límites estrictos del
derecho contitucional y de los principios políticos para entrar
así en la pugna entre la Ciencia y la Fe, la Universidad y la
Iglesia, la Religión y el Progreso.

En aquel ambiente caldeado, Montero Ríos denunciaba el
fanatismo, tanto religioso como antirreligioso, y argumentaba a
favor de la libertad con razones pragmáticas, como era la necesidad de atraer a los extranjeros para las actividades económicas, comerciales o industriales. Diríamos, con lenguaje de hoy,
que Montero Ríos pretendía *desdramatizar* el problema. Pero
cada argumento tiene su réplica y su contrarréplica. Los defensores de la unidad religiosa oponían a Montero Ríos que sólo si
había orden público los extranjeros se sentirían atraídos.

La defensa de la *confesionalidad* del Estado reúne mayor número de votos que la *unidad* religiosa. Reconocer la confesionalidad es simplemente reconocer un hecho social. Los progresistas y unionistas sostenían una postura acomodaticia, práctica,
intentando una solución intermedia entre el régimen concorda-

---

[35] S. PETSCHEN: o. c., pp. 255-307.

tario y la separación absoluta de la Iglesia y el Estado. En pro de la separación total Iglesia-Estado sólo se manifestaban los republicanos, incluso alguno, como el doctor Federico Rubio, que era de confesión católica.

Pero esta cuestión implicaba otra: la del mantenimiento del culto y clero. Las opiniones a favor de que el Estado se hiciera cargo de tales gastos aducían razones en virtud de la obligación contraída por las expropiaciones de la desamortización; otras veces, la conveniencia de tener sujeta a la Iglesia, resucitando la vieja pretensión progresista de convertir a los clérigos en una especie de funcionarios del Estado: una Iglesia sin este control constituirá «un poder formidable», aduce Romero Ortiz; o bien, el convencimiento de los progresistas, como el escéptico Pedro Mata, de que era necesario el apoyo de la Iglesia al nuevo régimen por pura táctica política.

En contra de las subvenciones al culto y clero no dejarán de manifestarse con fuerza opiniones radicales, como la de Pi y Margall, para quien una Iglesia privilegiada ejercería una presión continua sobre el Estado. En lo único que hubo coincidencia de pareceres entre tradicionalistas, como Guillermo Estrada, y los no-católicos, como Castelar y Pi, fue en la supresión de las regalías, es decir, los derechos de Patronato, pase regio y presentación de obispos retenidos por la Corona.

Sin embargo, los gubernamentales a la vez que aceptaban la obligación por parte del Estado de sostener el culto y clero, eran defensores de la conservación de las regalías, ya como principio dentro de un Estado confesional (postura del ala derecha de la Unión Liberal) o como simple táctica y contrapartida a la financiación del Estado (punto de vista de los progresistas) [36].

El debate concluyó con la aprobación del texto refundido de los arts. 20 y 21 del proyecto en el que había de ser art. 21 de la Constitución, en los términos siguientes:

Párrafo 1. «La nación se obliga a mantener el culto y los ministros de la Religión católica». Es una transcripción literal del art. 11 de la Constitución de 1837, suprimiéndose la última frase de este: «que profesan los españoles». Se declara, pues, una obligación sin dar razón de ella.

Párrafo 2. «El ejercicio público o privado de cualquier otro culto queda garantizado a todos los extranjeros residentes en España, sin más limitación que las reglas universales de la moral y el derecho».

[36] S. PETSCHEN: o. c., pp. 342-344.

Párrafo 3. «Si algunos españoles profesasen otra religión
que la católica, es aplicable a los mismos todo lo dispuesto en el
párrafo anterior». Estos dos párrafos introducían, por consiguiente, la libertad de cultos.

Petschen comenta la solución alcanzada: «Se hacía así una
transición centrista entre las fuerzas políticas agentes del cambio y las inmovilistas. A la derecha se le negaba la unidad católica y se le concedía el mantenimiento del culto y clero católicos. A los de la izquierda no se les aceptaba la separación de la
Iglesia y el Estado, pero se les reconocía el derecho a la libertad
religiosa. Era una solución de término medio, la mejor que
podía haberse encontrado, inspirada por el sentido práctico
progresista y que integraba el principio democrático de las libertades individuales». Pero, algunos años más adelante,
cuando se vuelva a un período constituyente en 1876, resuci-
tará con toda su fuerza el antagonismo de las posiciones discuti-
das en 1869 y sus argumentos respectivos.

El otro tema debatido con acalorada pasión fue el contenido
en el art. 33, es decir, la cuestión de régimen. El proyecto
constitucional afirmaba la Monarquía, aunque el Rey que iniciara la nueva Dinastía sería elegido por las Cortes. El art. 33
estaba redactado escuetamente: «La forma de gobierno de la
nación española es la Monarquía». Se opusieron con toda clase
de argumentos filosófico-políticos Pi y Margall y Castelar, que
propugnaban la República federal; o García Ruiz y Sánchez
Ruano, republicanos unitarios. Castelar clamaba que un Rey
puede descender de una nube, pero no salir de una urna electoral. Sin embargo, la alianza gubernamental defendió sólida-
mente las instituciones monárquicas, aunque con ciertas vague-
dades de principio a tenor de las circunstancias, y el art. 33 fue
aprobado por 214 votos contra 71.

El análisis de conjunto de la Constitución de 1869 ha sido
hecho monográficamente por Antonio Carro, para quien aquella Constitución «es un código político democrático, perfectamente sistematizado y claro, aunque casuista y largo» [37]. Consta
de un preámbulo, doce títulos y 112 artículos, más dos disposiciones transitorias.

Las fuentes en que se inspira son: las constituciones españolas de 1812 y 1837 para la parte orgánica; la Constitución de
los EE. UU. y la *Common Law* británica para la declaración de

---

[37]   A. CARRO MARTÍNEZ: *La Constitución española de 1869.* Prólogo de M. FRAGA
IRIBARNE. Madrid, 1952, p. 140.

derechos individuales, la organización judicial autónoma y el Senado; y, por fin, la Constitución belga de 1831. Carro nos recuerda que casi todos los demócratas españoles de 1869 habían vivido algún tiempo de su exilio en Bélgica; esa vivencia directa debió contribuir a que «Bélgica fuera el gran espejo de los constituyentes españoles de 1869».

En cuanto al contenido dogmático la Constitución sienta los derechos y garantías individuales en el título I. El título II trata del carácter y naturaleza de los poderes públicos. La declaración amplísima de derechos y, además, las garantías de los mismos introducen en la Constitución un casuismo meticuloso (arts. 2 al 31), queriéndose cerrar así el paso a la arbitrariedad. Son derechos que están por encima del legislador y por eso mismo imprescriptibles e inalienables.

Durante los debates sobre estos artículos, aceptados sin dificultades, se manifestó el radicalismo verbal de algunos diputados, como el ya conocido de J. M. Orense, quien pidió se suprimieran todas las cárceles, porque entendía que nadie puede ser reducido a prisión por ningún motivo.

El contenido orgánico explicita la división y distribución de poderes. El legislativo reside en las Cortes, pero «la iniciativa de las leyes corresponde al Rey y a cada uno de los cuerpos colegisladores» (art. 54). Las Cortes, en efecto, son bicamerales, con un Senado elegido por compromisarios-electores de circunscripciones provinciales, a razón de cuatro senadores por provincia (art. 60). El Senado se renovará por cuartas partes cada vez que se celebran elecciones al Congreso de Diputados (art. 60). El Congreso se compondrá de diputados elegidos a razón de uno por cada 40.000 habitantes, de acuerdo con las condiciones que establezca la ley electoral que se promulgue al efecto. Las Cortes se reunirán todos los años, decidirán sobre sus Reglamentos y nombrarán sus respectivas Mesas presidenciales.

La Monarquía tendrá carácter hereditario en la dinastía «que sea llamada a la posesión de la Corona» (arts. 77 y 78). Las facultades del Rey están contenidas en los arts. 67 al 76, que forman el título IV. Su persona es inviolable y no sujeta a responsabilidad, nombra y separa a los ministros del gobierno, hace ejecutar las leyes y tiene las facultades clásicas de acuñar moneda, conceder empleos y honores, dirigir las relaciones exteriores e indultar a los delincuentes. El art. 74 establece las restricciones a estas facultades en los casos en que el Rey necesite autorización de una ley especial para ejercitarlas. Por una sola vez en cada legislatura el Rey podrá suspender las Cortes (art. 71).

La autoridad y facultades del Rey quedan disminuidas con relación a las anteriores Constituciones. «El Rey queda sólo como un poder constituido, moderador e inspector de los demás poderes y titular del Ejecutivo que ejercen sus ministros»[38]. Para la elección de Rey, a tenor de lo dispuesto en el art. 1 de las disposiciones transitorias de la Constitución, se promulgó una ley especial el 10 de junio de 1870.

El poder judicial resultaba, en cambio, fortalecido, reforzándose la inmunidad de jueces y magistrados, cuyo nombramiento se hará con arreglo a la ley orgánica de Tribunales, aunque se facultaba al monarca para nombrar hasta una cuarta parte de los magistrados de las Audiencias y del Tribunal Supremo (arts. 94 y 95). Se reconocía la unidad de códigos y de fueros.

El art. 99, que sólo él forma el título VIII, deja imprecisas la organización y atribuciones de las Diputaciones y Ayuntamientos, estableciendo unos principios generales, el primero de los cuales era reconocer a las entidades locales el «gobierno y dirección de los intereses peculiares de la provincia o del pueblo»; pero en el principio cuarto se preveía también la intervención del Rey y las Cortes «para impedir que las Diputaciones provinciales y los Ayuntamientos se extralimiten en sus atribuciones en perjuicio de los intereses generales y permanentes».

Entre los derechos individuales reconocidos en el título I a los españoles hay dos muy importantes, en virtud de los dogmas democráticos: el sufragio universal (art. 16) y el de libertad de reunión y asociación (arts. 17 al 19).

Los revolucionarios de 1868 consideraron siempre el sufragio universal como la conquista más valiosa de la Revolución. Cánovas del Castillo, contrario al mismo, entendió que era la clave de la nueva situación política. Fue Cánovas uno de los pocos diputados que en las Cortes se opuso a la aceptación de la doctrina del sufragio universal; pero su discurso en contra tuvo una resonancia notable. Sánchez Agesta advierte que, a pesar de ser un discurso de oposición, ningún otro fue tantas veces aludido en los debates.

Dos fueron los ejes argumentales de Cánovas en aquel discurso: Primero, el sufragio no es un derecho natural, pues no se deduce de la simple condición de hombre; es un derecho con-

---

[38] SÁNCHEZ AGESTA: *Historia del constitucionalismo*, p. 317.

dicionado a la posesión de determinadas capacidades (edad, sexo, no estar incurso en criminalidad penal, goce de facultades mentales sanas). Las capacidades requeridas podrían ser ampliadas, de modo que quedaran excluidos del voto los ignorantes y los mendigos. En resumen, Cánovas volvía al principio doctrinario del sufragio restringido. Segundo, el sufragio universal abre la puerta al juego incoherente de las masas en la vida pública y a la democracia socialista [39]. Por eso estaba convencido Cánovas de que el único modo de poner en práctica el sufragio universal sería falsearlo.

Aunque el art. 17 reconocía el derecho de asociarse «para todos los fines de la vida humana que no sean contrarios a la moral pública», el art. 19 establecía la cautelosa posibilidad de suspender o disolver las asociaciones «cuyo objeto o cuyos medios comprometan la seguridad del Estado». Estas restricciones fueron introducidas por un triple aunque diverso recelo contra las asociaciones religiosas, las sociedades obreras o las republicanas revolucionarias.

Muy pronto iba a tener que echar mano Sagasta, ministro de Gobernación, de este recurso. El 25 de septiembre de 1869 dirigió a los gobernadores civiles una circular en la que, lamentándose del mal uso que algunos hacían de los derechos individuales consagrados en la Constitución, especialmente en materias de reunión y asociación, y si bien hasta aquel momento el gobierno había mostrado «una tolerancia mal comprendida y peor pagada», a la vista de los preparativos que se hacían de «actos de resistencia y agresión que no pueden en alguna manera consentirse» por quienes «quieren ahogar la libertad en los horrores de la anarquía», encargaba expresamente:

a) que se intimara a todas las asociaciones que no estuvieran reguladas según las normas constitucionales, a que lo hicieran inmediatamente;

b) «a reprimir con mano fuerte y por todos los medios que las leyes ponen a su alcance los excesos y atentados que se cometan» contra la Constitución monárquica de la nación, contra la propiedad, la honra o la vida de los ciudadanos» y contra la moral; y

c) a reprimir los excesos de cualquier clase en reuniones o manifestaciones públicas [40].

---

[39] SÁNCHEZ AGESTA: o. c., pp. 309-314.
[40] El texto de la circular de Sagasta lo ha recogido ALARCÓN, o. c., en Anexo, páginas 356-359.

Esta circular coincidía con los primeros alzamientos federalistas y el trágico asesinato del gobernador civil interino de Tarragona con que dieron comienzo, por lo que no parece fruto de un caprichoso autoritarismo de Sagasta.

Así, pues, la extensión de los derechos individuales consagrada en la Constitución se vio muy pronto en la práctica sometida a una doble tensión conflictiva: entre quienes pretendían usarlos para la finalidad de subvertir el propio ordenamiento del Estado y las autoridades dispuestas a contener cualquier acción erosiva del mismo.

Los constitucionales del 68, con un entusiasmo *maximalista* nada infrecuente en nuestro país, estaban convencidos de haber hecho la Constitución «más democrática» del mundo en aquel momento, lo cual era probablemente cierto. Pero los correctivos prácticos que se dedujeron de su aplicación aguaron el triunfalismo oratorio de los primeros momentos.

LA REGENCIA DE SERRANO Y EL GOBIERNO DE PRIM. MOVIMIENTO PACTISTA Y ALZAMIENTOS FEDERALES EN 1869

Al quedar aprobada la Constitución había que reajustar los instrumentos de poder. Por de pronto, y en tanto se procediera a la elección de Rey, debía nombrarse una Regencia. La Constitución, en su art. 83, se refería a una Regencia formada por una, tres o cinco personas. Los republicanos propusieron la Regencia colegiada, pero se aprobó la fórmula unipersonal, siendo elegido el general Serrano, duque de la Torre, el 15 de junio por 144 votos contra 45. Castelar dijo aquello de que se le encerraba a Serrano en una «jaula de oro» para que gobernara Prim.

Así fue, en efecto. Nombrado Prim jefe de gobierno, además de conservar el ministerio de la Guerra, realizó varios reajustes de carteras. Prim tenía interés entonces en extender el consenso revolucionario por el ala izquierda, sobre el eje de gravedad de los progresistas, para prevenir los nuevos conflictos que ya amagaban. A principios de julio de 1869 ofreció a los federales las carteras de Hacienda y Fomento, que no aceptaron.

Los progresistas se mantuvieron en el eje del poder hasta la proclamación de la República, como antes habían sido el eje de la conspiración. El Ejército fue el principal instrumento de poder durante el período 1868-1873, como afirma Tuñón de Lara, porque no hubo cambios en su composición, en su espíritu y en sus mandos. Durante aquellos seis años fue casi el único factor de equilibrio, sólido y estable. Porque las Cortes, de quienes debiera emanar el poder, adolecieron de falta de solidez y continuidad: hubo cinco elecciones generales en seis años, con altos índices de abstención electoral y grandes bandazos en sus resultados, favorables siempre a los gobiernos que convocaban las elecciones. Las Cortes se incapacitaron así como institución para servir de soporte firme al poder.

El 11 de enero de 1870 hizo Prim una reorganización definitiva de su gobierno a base de los progresistas, con dos ministros demócratas (Rivero y Becerra) y el unionista almirante Topete en Marina. Para contrapesar a la Unión Liberal, Prim se había atraído a los demócratas. Pero los tres grupos gubernamentales se entendían mal entre sí, por razones ideológicas y, sobre todo, personales. Prim intentaba consolidar un nuevo partido *radical,* que ampliara la base del progresismo histórico, y que hiciera posible afrontar los problemas de fondo.

Por de pronto, y aparte el problema de Cuba, al que nos referiremos luego por separado, las dos principales cuestiones de gobierno eran:

a) El conflicto con los federales, que estalla en los motines y alzamientos de septiembre-octubre de 1869.

b) La elección de Rey.

En el seno del republicanismo federalista existían disensiones: unos, en la línea dura o «intransigente», apelaban a la violencia y a la insurrección, como los exaltados Orense, Sunyer Capdevila, Paul y Angulo y el general Juan Contreras. Otros, en actitud «benévola», repudiaban el motín, tratando de mantenerse dentro de un comportamiento legal: tal es el caso de Pi, Figueras, Castelar y las figuras más responsables del federalismo en las Cortes. Pero la disensión interna tenía un fundamento en el recelo de las «juntas» locales contra toda dirección impuesta desde Madrid por el Consejo directivo federalista.

Además, la disensión en estas filas no era sólo imputable a cuestiones de táctica, sino también a matices ideológicos. Ya sabemos que dentro del federalismo había una tendencia liberal y otra de tipo socialista; unos era librecambistas en Andalucía y otros proteccionistas en Cataluña.

El escaso éxito parlamentario de la minoría federal durante el período constituyente dio fuerza a las juntas locales y al «movimiento pactista» que se desarrolló de mayo a junio de 1869. Las Juntas de las provincias celebraron entre sí *pactos sinalagmáticos,* con la doble finalidad de organizar el movimiento federal y de servir de base futura para construir el Estado sobre los «libres contratos entre las partes libres». Estos pactos interprovinciales deberían culminar en el Pacto nacional.

Los federales de Aragón, Cataluña y Valencia concertaron el pacto de Tortosa, en el que se declaraba que era el primer paso para «convertir el pronunciamiento de septiembre en una Revolución». Las Juntas andaluzas tuvieron un pacto en Córdoba, las de Castilla la Vieja en Valladolid. Hennessy, que ha destacado el carácter caótico del movimiento pactista, afirma que «la herencia de los pactos fue la confusión entre unos y otros pactos, entre ellos y el Pacto nacional, y entre la minoría (parlamentaria) y toda la organización pactista. Esta confusión en las atribuciones y en la responsabilidad se aumentó por el hecho de que muchos diputados, con la mira puesta en los comités regionales, más buscaran órdenes de éstos que de quienes los habían elegido» [41]. En resumen, en la actuación de los federalistas en 1869-1870 no hubo plan, organización, ni cabeza rectora. Aquel movimiento se resintió de falta de dirección, de carencia de jefes responsables y con don de mando, por lo que resultó tan anárquico como luego resultaría, por análogas razones, la I República.

El primer momento de los motines y alzamientos armados federales abarca los meses de septiembre-octubre de 1869. Estalló la insurrección en Tarragona el 21 de septiembre, al llegar de Madrid uno de los activistas de los planes subversivos, el general Pierrard: en aquella ocasión fue muerto el gobernador civil interino, según se ha dicho. Fue entonces cuando redactó Sagasta la aludida circular a los gobernadores civiles del 25 de septiembre. En el debate en las Cortes celebrado a primeros de octubre sobre la necesidad de suspender las garantías constitucionales, Sagasta se refirió a la indefensión del Estado por el ejercicio abusivo de los derechos individuales que la Constitución consagraba como absolutos, ilegislables, inalienables, imprescriptibles. Sagasta apostilló: «y también inaguantables».

La insurrección se había corrido por Cataluña y el Pirineo aragonés, por Zaragoza, Valencia y Andalucía. Sunyer en el Ampurdán llegó a mandar una partida de 2.000 hombres. En Barcelona el gobierno dominó sin dificultad la situación y en

41 HENNESSY: o. c., p. 118.

Cataluña en general no encontró la revuelta el eco que esperaban sus promotores. En Aragón, partidas de campesinos amotinados llegaron a las puertas de Zaragoza, pero fueron disueltas.
En Andalucía los alzamientos tenían lugar en poblaciones de
segundo orden (Utrera, Carmona, Puerto de Santa María). El
foco más grave fue el de Valencia, donde el estado de insurrección se prolongó del 6 al 16 de octubre, siendo necesaria la
intervención de una importante fuerza militar para restablecer
la autoridad. Poco a poco los anárquicos motines locales se
apagaron, dejando una secuela de partidas de bandoleros en las
zonas rurales en que esta lacra era ya endémica.

Desde el plano sociológico el alzamiento federal del año
1869 se presenta con características propias. No cuenta con
fuerzas militares organizadas, ni intenta por eso ningún golpe
del tipo pronunciamiento. Aunque se llegan a movilizar algunos
miles de hombres en armas (45.000 si damos crédito al general
Estévanez) carecía de encuadramiento y mandos profesionales.
Hubo tres generales (Pierrard, Contreras y Estévanez) que participaron en la revuelta, pero se sumaron a ella muy pocos
oficiales.

En estas condiciones los federales alzados en armas no pudieron sostenerse en las ciudades ni hacer tampoco la guerra
regular. Degeneran en partidas que se «echan al monte», pero
al no encontrar tampoco apoyo en las zonas rurales su actuación
declina en una forma de bandolerismo. En Sierra Morena y en
Córdoba se prolongó esta situación con caracteres más graves,
para acabar con la cual el gobernador civil, Julián Zugasti, no
tuvo inconveniente en 1870 en aplicar la «ley de fugas», novedad ilegal ensayada con resultados eficaces [42].

Los alzamientos federalistas tuvieron por jefes a elementos
civiles improvisados guerrilleros; pero a diferencia de los alzamientos carlistas no eran nobles provincianos ni campesinos,
sino hombres de profesiones liberales, con residencia habitual
en los medios urbanos: abogados, como Salvoechea, Paul y Angulo, Lostau, Castejón; médicos, como Sunyer Capdevila; y
hasta un cura renegado, como Enrique Romero.

Los fracasos obligaron a los federalistas a una autocrítica,
como sostiene Hennessy, porque «desacreditaron la idea de la

[42] FERNÁNDEZ ALMAGRO: o. y ed. c., vol. I, pp. 58 y ss. Para defenderse de las
acusaciones de que fue objeto por el empleo de procedimientos ilegales para la represión, ZUGASTI escribió su extensa obra, que es ya clásica en el tema: *El bandolerismo: un
estudio social y memorias históricas,* Madrid, 1876-1879, 10 vols. BENJAMÍN JARNÉS hizo
en 1934 una síntesis de esta obra.

revolución espontánea, recalcaron la necesidad de obtener apoyo del extranjero antes de intentar otro levantamiento y subrayaron la ineludible necesidad de que los federales aclararan sus objetivos y reorganizaran los fundamentos de su partido» [43]. Una de las consecuencias fue el alza del prestigio de Pi a costa de Castelar. En marzo de 1870 fue elegido Pi y Margall presidente del Directorio del partido. Pero los federales de provincias impidieron cualquier aproximación a Prim. También se acenturaron las disidencias doctrinales entre *pactistas* (Pi) y «federales verdaderos» (Revilla y otros) más cercanos a los republicanos unionistas.

La doble raíz intelectual del federalismo español, que ha sido señalada por Gumersindo Trujillo, se mantenía en pie: por un lado, la raíz krausista (Revilla-Salmerón), que propende a la organización desde arriba, el Estado como poder compatible con la pluralidad de los componentes sociales, el regionalismo y el interés por el *estudio* del problema social sin adscripción a doctrina determinada; por otro, la raíz socialista de Pi y Margall, que a base del pactismo pretende montar de abajo arriba toda la organización, el federalismo como medio de aproximación al ideal anarquista y el reconocimiento de un tímido reformismo social y económico [44].

En todo caso, de la autocrítica de los federalistas no salió un movimiento de convergencia, inspirado por una dirección indiscutida. De ahí las estériles discusiones doctrinales y la incapacidad organizativa en que se consumieron. En 1873 se había de manifestar la inmadurez ideológica en los proyectos constitucionales de la República Federal. Esta falta de convergencia condujo, en definitiva, a una doble deserción: por un lado los excesos revolucionarios apartaron a la burguesía regionalista; por otro, la clase obrera fue a encuadrarse en sus propias organizaciones.

LA ELECCIÓN DE REY

La elección del nuevo Rey afectaba a un doble plano: el nacional y el internacional, porque las potencias exteriores no permanecerían impasibles ante la solución que se intentara, te-

---

[43]   HENNESSY: o. c., p. 125.
[44]   GUMERSINDO TRUJILLO: *El Federalismo español. (Ideología y fórmulas constitucionales.)* Madrid, 1967.

niendo en cuenta sobre todo el momento de las relaciones internacionales que se hallaban en Europa muy alteradas por la tensión creciente entre la Francia de Napoleón III y la Alemania de Bismarck. No perdamos de vista el hecho de que, no obstante el cuidado con que se llevó este asunto por parte de Prim y de los gobernantes españoles, la elección de Rey fue el factor desencadenante de la guerra franco-prusiana de 1870.

El largo y complejo problema de la elección de Rey podemos recapitularlo en tres tiempos: *a*) una fase de tanteos, que alcanza hasta junio de 1870; *b*) La decisión frustrada de la candidatura Hohenzollern (junio-julio 1870); y *c*) la fase final, de julio a noviembre de 1870, a base de la candidatura de la Casa de Saboya, que termina con la elección de Amadeo I.

Expongamos brevemente cada una de estas tres fases.

a) Tanteos iniciales. Las candidaturas que juegan principalmente son la del duque de Montpensier y la de Fernando de Coburgo, rey viudo de Portugal.

Antonio de Orléans, duque de Montpensier, era el candidato de Serrano y de los generales unionistas. Ya desde antes de la Revolución estaban comprometidos con él. Pero Prim y los progresistas se oponían absolutamente a que la Corona recayera en Montpensier. Olózaga patrocinaba el nombre de Fernando Coburgo y Prim, adhiriéndose a esta candidatura, tenía otra alternativa en reserva: la Casa de Saboya.

En el primer momento la cuestión parece centrarse, pues, entre Montpensier y Coburgo. Prim impidió que Montpensier regresara a España después del triunfo de la Revolución, con el pretexto de no crear al gobierno mayores dificultades con los demócratas, obstaculizando así incluso físicamente su campaña. Para contrarrestar en parte la acción de Prim, el general Serrano nombra embajador en Lisboa a un incondicional montpensierista, Cipriano del Mazo. Pero a esta candidatura se oponía también Napoleón III por razones obvias, ya que se trataba del representante de la dinastía destronada en Francia en 1848, suplantada por Bonaparte.

Fernando de Coburgo, padre del rey Luis I de Portugal y viudo de la reina María, vivía en tranquilo apartamiento y en relaciones públicas con la joven alemana Elsa Essler. Le faltaba ambición. Anteriormente había rechazado proposiciones al trono de Grecia. Olózaga y los progresistas argumentaban a favor de Coburgo con la vista puesta en un objetivo que les era grato: la «unión ibérica». Eran en Europa aquellos los años del pangermanismo, del pan-eslavismo, del pan-latinismo; la Europa de las «uniones nacionales», de la unidad alemana, de la unidad italiana. Sobre ese fondo europeo hay que situar el reverdecimiento en España de un «pan-iberismo» que tuvo amplia acogida en los medios progresistas, en los federales y en las logias masónicas. Pero el pan-iberismo levantaba siempre suspicacias en Portugal, fomentadas adecuadamente por Inglaterra, que hacía revivir el fantasmal peligro de una «absorción» española.

Ante todo, lo primero que se requería era que Fernando de Coburgo diera el asentimiento a su candidatura. Para conseguirlo se le encomendó a Ángel Fernández de los Ríos, en enero de 1869, una misión secreta en Portugal [45]. Hay que decir que, en general, en este y en los otros casos, las gestiones del gobierno no se llevaron normalmente por la vía diplomática ordinaria, sino que para sustraerlas a la publicidad se basaron casi siempre en agentes confidenciales. Con unas credenciales de este carácter, firmadas por Prim, Sagasta, Figuerola y Ruiz Zorrilla se presentó en Lisboa Fernández de los Ríos, consiguió una entrevista con Coburgo, pero obtuvo de éste una negativa a la propuesta. «Con toda claridad y resuelta entereza, que no admitía réplica, afirmó que en ningún caso podría acceder a lo que se le pedía.»

Entonces es cuando Prim tantea a la Casa de Saboya, acreditada entre los demócratas de toda Europa y protegida de Napoleón III. Por otra parte, los tratados de Utrecht reconocían el derecho sucesorio de la Casa de Saboya en España, a falta de la Dinastía borbónica. Aunque no fuera el caso de extinción dinástica previsto en Utrecht, la designación ahora de un miembro de la Casa saboyana podría obviar dificultades internacionales y obtener el consenso necesario de las potencias. El embajador español en Florencia, Francisco de Paula Montemar, recibió encargo confidencial de Prim de sondear la aceptación en aquella Corte. Se hizo primero un ofrecimiento a Amadeo, duque de Aosta, hijo del Rey de Italia; en vista de su negativa se tanteó la candidatura del joven duque de Génova, sobrino de Víctor Manuel I; pero tampoco su madre dio el consentimiento. ¿Se proyectaba sobre estas negativas la sombra del archiduque Maximiliano, fusilado por Juárez en Querétaro, en su fallido intento de hacerse coronar Emperador en Méjico?

[45]   De la gestión de FERNÁNDEZ DE LOS RÍOS en Cintra y Lisboa, así como de todo el asunto de la candidatura Coburgo, hizo aquél una relación (*Mi misión en Portugal*, París, 1877). NATALIO RIVAS: «Fernando Coburgo y España» en *Anecdotario histórico*, ya citado, pp. 653-768, expone ampliamente esta gestión valiéndose de las relaciones de Fernández de los Ríos y de otros papeles confidenciales.

Ante el rechazo de Coburgo y de Saboya, Prim autoriza un primer sondeo cerca de la Casa real prusiana. Los Hohenzollern habían dado ya un rey a Rumania, Carol. Un antiguo embajador en Berlín, Eugenio Salazar y Mazarredo, sugirió la candidatura de Leopoldo, hijo de la rama segundogénita de los Hohenzollern, católico, de 35 años de edad y casado con María Antonia de Braganza-Coburgo, es decir, hija precisamente de Fernando de Coburgo. Reunía, pues, un conjunto de cualidades óptimas para el propósito. Desde el punto de vista diplomático era un arma de doble filo: no sería fácil obtener la aquiescencia de Napoleón III, aun cuando se garantizase por el francófilo Prim la absoluta inocuidad de esta elección respecto a la posición diplomática española; para algunos, en efecto, el nombramiento de un Rey de origen prusiano supondría la posibilidad de acercar a España al círculo de la nueva potencia alemana en Europa, rompiendo la estricta dependencia de las coordenadas inglesa y francesa en que hasta entonces se veía situada. La disparidad de puntos de vista en esta materia con Prim determinó la salida del gobierno del ministro de Estado Manuel Silvela, el 2 de noviembre de 1869.

Todo este cúmulo de dificultades en torno a las candidaturas parece que despejaban el camino a don Antonio de Montpensier o, en último extremo, a la solución republicana. «Difícil es hacer un Rey, —dijo Prim—, pero más difícil hacer la República en un país donde no existen republicanos.» ¿Era sincero este monarquismo de Prim?

Natalio Rivas lo puso en duda, sospechando que el conde de Reus abrigaba ambiciones más altas y que, tras desacreditar la vía de la Monarquía democrática, aspiraría a una República autoritaria, en la que él asumiría la Presidencia: por eso, opina N. Rivas, consiguió Prim «que la Constitución de 1869 se confeccionase de forma que sólo fuese viable con la República» [46]. Pero esta suposición, aparte de no ser exacta en cuanto a la interpretación de la Constitución de 1869, se contradice con la conducta posterior de Prim y el rechazo expreso de la proposición sugerida en 1870 por el enviado de la República francesa a Madrid, conde Kératry, para que se proclamase Presidente de la República. «Prefiero el papel de Monck al de Cromwell», fue su respuesta.

Para oponerse a Montpensier intenta Prim volver a la carga con Coburgo y convencerle. Pero los montpensieristas, que no

---

[46] N. Rivas: o. c., p. 656.

dejaban de maniobrar entre todos los bastidores, consiguen que Fernando de Coburgo se case con su amiga Elsa. Este matrimonio morganático parecía descartarle definitivamente de la lista de candidatos. No fue así, y todavía en marzo y abril de 1870 se llevaron a cabo nuevos intentos de presión sobre Fernando, anunciándose el envío de una comisión a Lisboa, que tampoco tuvieron éxito. Es más, saliéndose Fernando de Coburgo del ámbito confidencial en que hasta entonces se habían mantenido los contactos, puso un telegrama al embajador portugués en Madrid, el 5 de abril, en estos términos: «Sírvase usted manifestar a ese Gobierno que el Rey don Fernando, no pudiendo aceptar el trono de España en el caso de ser elegido, no puede tampoco recibir la comisión que, según se dice, viene a Lisboa [47].

¿Sería, pues, inevitable Montpensier? Los montpensieristas se habían movilizado en todos los terrenos, pero contra su candidatura estaban alzadas tres barreras: la tajante oposición de Prim, el veto de Napoleón III y la impopularidad del duque. Tuvo lugar entonces el duelo de Montpensier con el infante don Enrique. El impulsivo infante había hecho público un escrito en el que se declaraba «enemigo político del duque francés», así como «el profundo desprecio que me inspira su persona... por su truhanería política». El desafío se resolvió en un duelo a pistola que tuvo lugar el 12 de marzo de 1870 y en el que don Enrique cayó muerto al tercer disparo, si bien el duelo no era *a muerte*. Este homicidio, aunque fuera en *el campo del honor,* como entonces se decía, acentuó la impopularidad del duque y descartó finalmente sus posibilidades.

b) Intermedio: la candidatura Hohenzollern.

Agotadas todas las candidaturas hasta entonces propuestas, se intenta barajar nombres nuevos, pero sin éxito: Alfonso XII, Espartero, el general Serrano. El hijo de Isabel II no podía ser tomado en consideración porque Prim ratifica el 11 de junio de 1870 su veto a los Borbones: «jamás, jamás, jamás». Espartero, de 77 años de edad, sin hijos, vivía en Logroño retirado de toda veleidad política: Francisco Salmerón y los republicanos patrocinan su candidatura como último recurso para impedir la estabilización del régimen monárquico. «Espartero rey es España con honra» se dirá en la nutrida propaganda que se hace a su favor. Don Pascual Madoz recibió el encargo de efectuar una gestión personal con el viejo militar progresista,

[47] N. RIVAS: o. c., p. 698.

que tuvo el buen sentido de negarse «por sus muchos años y poca salud». Por fin, aunque la ambiciosa mujer del duque de la Torre animaba a éste y aunque parece que se produjeron algunas insinuaciones a su favor, tampoco fueron tomadas en consideración.

Como último recurso intenta Prim llevar adelante el «proyecto Hohenzollern». El 17 de febrero de 1870 hace una oferta formal. El trono se ofrece a Leopoldo de Hohenzollern-Sigmaringen en primer lugar, o en otro caso a su hermano Federico [48]. En abril envía Bismarck a Madrid al Dr. Bucher y al mayor von Versen, que serán sus agentes en este negocio. Quedaba descartada cualquier alianza antifrancesa.

Toda la negociación se lleva con mucho sigilo, entre Prim, Sagasta y Salazar por parte española, teniéndose al margen al embajador español en Berlín, Juan Antonio Rascón. La razón del sigilo, claro está, no es otra que evitar alarmas prematuras de Napoleón III, a quien Prim creía poder persuadir en las entrevistas amistosas e informales que sostendría con él en el balneario de Vichy, en el mes de julio, donde le daría cuenta privada y reservadamente del proyecto. La verdad es que Prim nunca pensó establecer a Leopoldo en el trono de España sin el consentimiento del Emperador francés.

Por parte de Bismarck tampoco se imprimía rapidez al asunto y hasta el 1 de junio demora la contestación a una carta de Prim del 24 de abril. A partir de junio se aceleran las cosas. Salazar y Bucher visitan en Sigmaringen a Leopoldo, quien acepta en principio la oferta, a reserva del beneplácito del rey Guillermo de Prusia. Éste da su aprobación, aunque contrariado, el 21 de junio.

El éxito de la operación era delicado y dependía, por de pronto, de que se mantuviera el secreto hasta las entrevistas de Vichy. Una incidencia desafortunada rompió este secreto. La transcripción del telegrama en que Salazar anunciaba su regreso a España sufrió un error de fecha. Por eso, cuando llega Salazar

[48] La controvertida candidatura prusiana ha dado lugar a numerosa bibliografía histórica durante los últimos veinte años. G. BONNIN: *Bismarck and the Hohenzollern Candidature for the Spanish Throne. The Documents in the german Diplomatic Archives*, Londres, 1957. J. DITTRICH: *Bismarck, Frankreich und die spanische Thronkandidatur der Hohenzollern. Die «Kriegschuldfrage» von 1870*, Munich, 1962. L. D. STEEFEL: *Bismarck, the Hohenzollern Candidacy and the Origins of the Franco-Prussian War*, Cambridge, Mass., 1962. Una puesta a punto en H. S. WILLIAM: «The Origins of the Franco-Prussian War revisited: Bismarck and the Hohenzollern Candidature for Spanish Throne», en «The Journal of Modern History», 45, 1973, pp. 83-91.

a Madrid el 26 de junio no le espera Prim, que se hallaba ausente. Salazar comete entonces la indiscreción de comunicarle a Ruiz Zorrila *muy confidencialmente:* «ya tenemos Rey». La noticia se difunde. Prim regresa a Madrid en ambiente de rumor y expectativa, pero sabía que ya nada había que hacer: «candidatura perdida», fue su comentario. Había, en todo caso, que salvar las consecuencias.

En un intento último de clarificar la situación, Prim comunica el 2 de julio las circunstancias del proyecto al embajador francés en Madrid, Mercier, con las explicaciones oportunas. Simultáneamente el embajador español en París, Olózaga, recibe instrucciones para hacérselo saber a Napoleón III. Olózaga ofreció a Napoleón el envió inmediato de un emisario a Leopoldo para gestionar una retirada honrosa de su candidatura. Un ofrecimiento análogo había hecho en Madrid el Regente Serrano al embajador francés. El 12 de julio Leopoldo de Hohenzollern, en efecto, había retirado su candidatura por indicación expresa del rey Guillermo I, quien envió para ello a Sigmaringen un ayudante personal, el coronel Stranz.

Pero todo era inútil. La reacción francesa al conocerse el primer anuncio de la candidatura Hohenzollern puso al rojo la cuestión. El discurso del ministro Gramont en la Asamblea, el 6 de julio, era de un tono desafiante contra Alemania. Olózaga escribe al día siguiente desde París: «En Madrid no se veían más que los peligros de la interinidad... Aquí no ven más que la humillación (de Francia)... Lo que más ha perjudicado ha sido la reserva absoluta que se ha guardado con este gobierno. Por eso han creído que había habido un complot con Bismarck».

Las tres gestiones superpuestas para obtener la renuncia de Leopoldo a su candidatura se embrollaron mutuamente y dieron lugar a varios malentendidos, a lo que deben añadirse las intempestivas actuaciones del embajador francés, Benedetti, ante Guillermo I en Ems; y por fin el famoso telegrama trucado por Bismarck para su difusión en la prensa francesa. Todo ello conduce al resultado ya inevitable: la pérdida de todo control en los órganos de opinión y de gobierno franceses. El 19 de julio comienza la guerra franco-prusiana. El 24 de julio, Olózaga en un despacho a Sagasta daba una explicación muy sencilla: «En Prusia deseaban la guerra y aquí la necesitaban». La emperatriz Eugenia había dicho: «C'est ma guerre...» [49].

---

[49] BONNIN: o. c., p. 120.

Un error de interpretación del verdadero alcance de la «candidatura prusiana» a la Corona española desató el conflicto. España, que no tenía contraído ningún compromiso con Bismarck, declaró su neutralidad, secundando la propuesta inglesa del 17 de agosto, junto con casi todas las potencias europeas. A finales de julio había vuelto a Madrid el mayor von Versen para proponer una alianza, rechazada por Prim del mismo modo que después de Sedán rechazó la propuesta del enviado francés Kératry. Sagasta, en despacho al embajador en Berlín, Rascón, era terminante: «En el asunto de la candidatura (de Leopoldo) no ha habido una relación ni compromiso alguno de gobierno a gobierno... Prusia podrá sentir más o menos que España no esté con ella en la guerra; pero ni Prusia tiene derecho a esperarlo, ni España está obligada a hacerlo».

c) El desenlace: la candidatura de Amadeo de Saboya.

La liquidación de la candidatura Hohenzollern a causa del conflicto franco-prusiano dio pie a nuevas sugerencias, por muy sofisticadas que pudieran parecer. Así las candidaturas escandinavas que sugirió el banquero judío Guedalia: un hermano de Cristián IX de Dinamarca, Hans de Glucksburg; la del príncipe Óscar de Suecia-Noruega; o la del príncipe Federico de Hesse-Cassel, cuñado de Cristián IX. Prim no intervino directamente ni hizo ninguna oferta formal. Pero estas candidaturas, inviables desde el punto de vista español por la confesionalidad religiosa de dichos príncipes, demuestran los límites casi del absurdo que estaba tocando el problema de la elección de Rey.

Todavía se hizo un último intento cerca de Fernando de Coburgo. Previamente había sido nombrado Fernández de los Ríos embajador en Lisboa con instrucciones de Prim: «no dar el más pequeño paso en punto a candidatura mientras no se le encargue... y preparar al mismo tiempo bien el terreno, por si de pronto tuviera usted que moverse en él» [50]. Probablemente era esta una última solución de recambio que Prim tenía pensada si fallaba la candidatura prusiana: una nueva oferta portuguesa, con la interposición de los buenos oficios de Napoleón III cerca del rey Luis de Portugal. «Los días que mediaron del 9 al 15 de julio fueron fecundos en consejos de la real familia (portuguesa)», cuenta Natalio Rivas y parece también que llegaron «indicaciones muy expresivas de Londres y de Florencia» a la Corte portuguesa.

50 N. RIVAS: O. C., pp. 739 y ss.

El 15 de julio el embajador Fernández de los Ríos telegrafió a Prim: «Al fin puedo responder que don Fernando acepta», y explicaba las condiciones exigidas por Coburgo: elección inmediata sin propuesta previa, garantía de varias potencias extranjeras, garantías respecto a la situación personal de su mujer. Fernández de los Ríos recomendaba la máxima rapidez en la tramitación de todo para evitar nuevas intrigas que desbarataran la aceptación lograda. En efecto, muy pronto don Fernando empezó a titubear, a condicionar nuevamente la aceptación, resolviéndose por fin el 7 de agosto a retirarla.

Parecía todo en un callejón sin salida. La última oportunidad era volver a la candidatura italiana. El conde de Montemar inicia sus gestiones en Florencia en agosto. Víctor Manuel I intercede con su hijo Amadeo, duque de Aosta, presionándole para que aceptase la Corona ofrecida. Según Fernández Almagro «es seguro que las Logias de España y las de Italia ejercieron presión bastante para que don Amadeo aceptara la Corona» [51]. Prim eran masón, el «hermano Washington», habiendo cedido a don Ramón Calatrava el puesto de Gran Oriente. Fernández Almagro opina que Prim nunca pensó servir a la Masonería, sino servirse de ella, y tal vez esta fue la gran ocasión.

Mientras se gestiona la candidatura italiana, la guerra franco-prusiana sigue su curso. Ocurre el desastre de Sedán, la proclamación del gobierno provisional de la República francesa y las tentativas de los republicanos españoles de hallar respaldo en el gobierno francés. Nuestro embajador Olózaga obtiene de Jules Favre la promesa de no interferirse en los asuntos españoles. Por su parte el gobierno español intentó mediar para la firma de una paz honorable entre Francia y Alemania, coincidiendo con la propuesta inglesa de un armisticio. El nuevo gobierno francés, en cambio, pretendió involucrar a España en el conflicto bélico. Cuando el 19 de octubre llegó a Madrid el conde Kératry, amigo personal de Prim, además de insinuarle que proclamara la República y se alzara con la presidencia, le propuso una alianza: España contribuiría con 80.000 hombres a la guerra contra Alemania, a cambio de 50 millones de francos y el auxilio naval francés en Cuba. Prim rechazó tales ofrecimientos.

El 2 de noviembre anuncia, por fin, Amadeo de Saboya su decisión de aceptar el trono español en el supuesto de ser elegido por las Cortes y bajo la condición de que *todas las potencias*

---

[51] FERNÁNDEZ ALMAGRO: o. y ed. c., vol. I, p. 82.

fuesen consultadas y diesen su consentimiento. Prim quiso inútilmente evitar este trámite público depresivo para el patriotismo español. La obtención del placet no ofrecía, por lo demás, inconveniente alguno.

El debate en las Cortes tampoco tuvo dificultades, aun cuando Castelar pronunciase en aquella ocasión uno de sus más famosos discursos. El 16 de noviembre se procedió a la elección de Rey. Amadeo de Saboya tuvo 191 votos a favor. Hubo 91 votos que se dispersaron entre la República Federal (60 votos), el duque de Montpensier (27 votos), la República unitaria (2 votos) y don Alfonso de Borbón (2 votos). Se contaron también 19 abstenciones.

Comunicado oficialmente el resultado, don Amadeo se embarcó en un navío español rumbo a Cartagena. Antes de que la travesía terminara ocurrió en Madrid un acontecimiento que había de cambiar todas las previsiones de su reinado: el asesinato de Prim.

EL ASESINATO DE PRIM

Prim fue tiroteado a las 7 de la tarde del 27 de diciembre de 1870 en la calle del Turco, cerca de la de Alcalá. El día 30 fallecía de las heridas recibidas. Con su muerte desaparece el «hombre fuerte» de la Revolución. Fue uno de los magnicidios que han influido más decisivamente en la historia contemporánea de España. No sólo porque el reinado de Amadeo I se iniciara bajo los peores auspicios, sino porque truncaba el proceso político de la Revolución de 1868.

¿Quién mató a Prim? Como otros muchos magnicidios, éste no quedó suficientemente esclarecido. Hoy la historia puede acudir al amplísimo sumario de 18.000 folios de que consta el proceso judicial abierto hasta el 5 de octubre de 1877, incoado nuevamente en 1886 y cerrado de modo definitivo en 1893. El señor Pedrol Rius ha hecho un esclarecedor estudio sobre el mismo [52]. En el sobreseimiento de 1877 hubo un interés político, dice Pedrol, «y se escogió para ello el peor camino». La

---

[52] A. PEDROL RIUS: *Los asesinos del general Prim*, Barcelona, 1960. En la exposición de este punto sigo fundamentalmente la obra de Pedrol. Hay una 2.ª ed. de la misma, Barcelona, 1971. Cito por la primera edición.

Historia conoce errores análogos, antiguos o modernos. Enterrar un asunto sucio sin la acción de la justicia es como cerrar una herida en falso: al final algo huele a podrido y la infección no se cura.

Todo induce a pensar en un crimen cuidadosamente preparado, no por fanáticos asesinos aislados, sino por fuerzas importantes: lujo de medios en la ejecución del atentado, huida y silencio en el extranjero de los ejecutores, asesinato o muerte airada de algunos testigos.

Tres son los móviles clásicos en un asesinato, recuerda Pedrol Rius: la venganza (pasión), la demencia y la ventaja o provecho que puede obtenerse del mismo (en este caso, el objetivo político). En la muerte de Prim hay que retener este último. ¿Quién pretendería beneficiarse con su desaparición física?

Ninguna ventaja inmediata se deducía para alfonsinos ni carlistas. En medio del sinnúmero de acusaciones, sospechas legítimas y falsas pistas, nadie acusó a los alfonsinos: sólo la tardía e insidiosa sospecha lanzada por Paúl y Angulo en plena Restauración. Pero él era la persona más descalificada para acusar a nadie, por ser uno de los principales acusados. Podía deducirse quizá una ventaja hipotética y remota para los republicanos, pero no próxima: no puede fundarse tampoco en esa hipotética ventaja ninguna acusación contra las organizaciones o los partidarios de la República, aunque es evidente que intervino como ejecutor un republicano, Paúl y Angulo, y con él algunos fanáticos o simples pistoleros a sueldo. Se ha apuntado también a los intereses antillanos, amenazados por la aspiración de Prim de dar una solución definitiva al problema de Cuba [53], pero sin ninguna prueba o indicio admisible.

En cambio, Prim era el obstáculo principal para Montpensier y el tapón que evitaba el desplazamiento de la Revolución hacia la izquierda. No hay pruebas que compliquen directamente a Montpensier en el asesinato, pero gentes montpensieristas intervinieron en los preparativos del atentado frustrado contra Prim en el mes de noviembre anterior: el coronel Solís Campuzano, ayudante suyo, un tal José López (Juan Rodríguez López, su verdadero nombre), maleante de profesión, huido a Bayona, que reclutó un grupo de ex presidiarios para llevar a cabo el atentado. ¿Existe acaso relación directa entre estos dos

---

[53] FERNÁNDEZ ALMAGRO: o. y ed. c., vol. I, p. 87, que recoge las sospechas apuntadas en el *Diario* de Céspedes, tomadas en consideración por E. S. SANTOVENIA en su biografía de Prim. Ninguna aclaración sobre esto en el estudio biográfico de R. OLIVAR.

atentados? Faltan pruebas, por las irregularidades del proceso, pero al menos existen sospechas.

Uno de los encartados era José María Pastor, jefe de la escolta del general Serrano, aventurero e intrigante. Anduvo en tratos extraños con gente del hampa, a alguno de los cuales escondió en su casa en vísperas del crimen, en diciembre de 1870. Pastor no supo responder a las acusaciones de culpabilidad en el proceso. En 1877 se hallaba en la cárcel y la presunción de su culpabilidad impedía al juez acceder al sobreseimiento deseado por el gobierno. Pero «el hecho de que Pastor estuviera al inmediato servicio del general Serrano no nos certifica, ni mucho menos, que estuviera trabajando en favor de su jefe» [53 bis]. No utilizó tampoco a gentes de filiación serranista, defendió a Solís y distribuyó alguna vez las subvenciones de los montpensieristas.

La opinión señaló siempre a Paúl y Angulo como el principal brazo ejecutor. Era un señorito rico de Jerez, probablemente un neurótico, que alardeaba de revolucionario. Había sido admirador de Prim, a quien luego odiaba por considerarle traidor a la Revolución. Sus ataques, insultos y amenazas se prodigaron en *El Combate,* periódico por él dirigido. Según Morayta, historiador y Gran Oriente de la Masonería, Paúl y Angulo tenía manía persecutoria contra Prim. El que Paúl y Angulo, masón, asesinara a Prim, también masón, no quiere decir que el crimen fuera un ajuste de cuentas de las Logias.

El 25 de diciembre de 1870 Paúl y Angulo cesa la publicación de *El Combate,* anunciando su propósito de cambiar la pluma por el fusil, abandona su casa de Madrid y dice que sale de viaje. ¿Coartada? La relidad es que permanece en Madrid, en otro domicilio, y que se disfraza: el día 26 se afeita la barba rojiza, se tiñe las cejas, se quita las gafas azules que usaba y cambia la levita que habitualmente vestía por otras prendas. *Pero no pudo cambiar su voz.* Por la voz le reconocieron el ayudante de Prim, Moya, presente en el momento del atentado, otros dos testigos que pasaban cerca del lugar, e incluso parece que también Prim identificó aquella voz, de creer la declaración que en el sumario hizo Moreno Benítez, presente en el atentado.

Además, Paúl y Angulo nunca pudo explicar qué hacía o dónde se hallaba en el momento del crimen, ni se presentó nunca ante la justicia que le reclamaba, ni siquiera cuando esta-

[53 bis] PEDROL: o. c., p. 78.

ban en el poder sus correligionarios políticos republicanos. Nunca quiso Paúl y Angulo que la justicia aclarara este crimen. Por fin, cuatro de los individuos que tomaron parte en el atentado, huidos al extranjero (Huertas, Almella, Ubillos y Montesinos), eran guardaespaldas de Paúl y Angulo.

En el sumario se siguió la táctica del calamar, como indica Pedrol: echar tinta, confundirlo todo con declaraciones y testimonios contradictorios, multiplicar pistas falsas, testigos falsos y hasta sustracción de algunas pruebas. Hay quien quiere que la justicia haga luz, para llegar a la verdad. Hay quien entorpece la acción de la justicia, para que las cosas no lleguen a saberse. Así ocurrió en este caso. Se conocen los nombres de algunos autores materiales del atentado; pero hubo además inductores y protectores con fuerza y dinero para pagar el silencio de unos, costear el exilio de otros y eliminar físicamente a algunos testigos comprometedores. Además de Pastor, el nombre de Solís Campuzano queda en entredicho. Los hilos de la sospecha conducen a círculos próximos a Montpensier, aun cuando nada pueda atribuirse a él directamente.

ESPAÑA Y LA CUESTIÓN ROMANA

Amadeo I llega a España cuando se había liquidado *de hecho* la llamada «cuestión romana». Roma había sido incorporada militarmente al Reino de Italia el 20 de septiembre de 1870. El nuevo monarca español pertenecía a la casa de Saboya, que había despojado al Papa de sus Estados temporales. Así la «cuestión romana» fue un motivo más de tensión entre los españoles por motivos confesionales y causa de conflicto entre la Iglesia y el Estado, uno más que añadir a los que se hicieron patentes en la discusión del art. 21 de la Constitución.

La «cuestión romana» fue un problema internacionalizado por los años sesenta. El prof. Jesús Pabón nos ha dejado un cumplido estudio de este problema desde el punto de vista español [54]. Se planteó en estos términos: ¿Debía Roma incor-

---

[54] J. PABÓN: *España y la cuestión romana*, Madrid, 1972. La versión original fue presentada al XLV Congreso di Storia del Risorgimento Italiano, septiembre de 1970 con el título: *Il problema di Roma nella politica della Spagna*, y publicada en las Actas del mismo.

porarse a la Italia unida? ¿Debía Roma mantenerse aparte como patrimonio común del orbe católico?

Hubo argumentos para todos los gustos en la polémica que se encendió en España, como en otros países de la Cristiandad, en 1860, cuando la guerra de Italia. Esa polémica resucita en 1870, al producirse la ocupación de Roma, justamente cuando está sobre la mesa el tema de la elección de Rey de España. Los defensores del poder temporal de los Papas se oponen a la incorporación de Roma al Reino de Italia, pues ellos identifican la independencia del Pontificado con la conservación de su soberanía territorial. Los que se inclinan a favor de la anexión reconocen que sin Roma no existe la unidad a la que legítimamente aspiran los italianos.

El Episcopado español apoyó incondicionalmente a Pío IX frente al Reino de Italia, con esa «insobornable devoción a Roma» mantenida antes del Concilio Vaticano I y en el Concilio mismo por nuestros obispos, que ha sido subrayada por Martín Tejedor [55]. La actitud del Episcopado era secundada prácticamente por todo el clero, que presionaba sobre los medios políticos y sobre la opinión pública para evitar el reconocimiento del Reino de Italia. Estas presiones alcanzaron incluso los más altos niveles, coaccionando la conciencia de Isabel II cuando todavía era Reina: el propio P. Claret declara en sus *Escritos autobiográficos* que amenazó a la Reina con dejar de confesarla si accedía al reconocimiento.

Sin embargo, en julio de 1865, bajo el gobierno de O'Donnell, España reconoce al Reino de Italia como una situación de hecho, con la salvedad de que «no entendemos en modo alguno debilitar el valor de las protestas formuladas por la Corte de Roma». Ocurre luego la Revolución de 1868. El arzobispo de Santiago, Doctor García Cuesta, publica en aquella ocasión una pastoral contemporizadora, pues hablaba de no oponerse «al desenvolvimiento político» y no mezclar a la Iglesia en el asunto de los candidatos al trono, «ni condenar ninguna forma de gobierno». Pero la mayor parte del Episcopado era fervientemente hostil al nuevo régimen salido de la Revolución, hostilidad compartida por casi todo el resto del clero.

Esto no obstante, el gobierno provisional revolucionario nombró a Posada Herrera el 27 de diciembre de 1868 embajador en Roma; pero en la capital pontificia no se le aceptaron las

[55] J. MARTÍN TEJEDOR: «España y el Concilio Vaticano I», publ. en «Hispania Sacra», t. XX, pp. 99-175, Madrid, 1967.

cartas credenciales y sufrió repetidos desaires hasta que hubo de regresar a España el 15 de febrero de 1869. A pesar de todo, el gobierno de la Revolución deseaba evitar la ruptura total con Roma y mantuvo allí al encargado de negocios Fernández Jiménez. También en Madrid se mantuvo varios meses el Nuncio Alessandro Franchi, quien recibió el 16 de octubre instrucciones del Secretario de Estado Antonelli: «El Santo Padre, teniendo en cuenta los intereses religiosos de España y con objeto de tutelarlos en el mejor de los modos, oído el parecer de una congregación especial de Cardenales, ha determinado que Vuestra Excelencia continúe en Madrid como persona privada. Podrá tener relaciones oficiosas con el nuevo gobierno, limitándose sólo a comunicaciones verbales, excluyendo cualquier escrito... Podrá seguir ejerciendo las facultades de delegado de la Santa Sede para los asuntos espirituales, usando en los documentos relacionados con el ejercicio de las mismas el título de Nuncio apostólico en el Reino de España» [56].

Además de ejercer estas facultades, el Nuncio se entrometía en la política, con el deseo de restablecer en el trono a Isabel II. En carta escrita a Isabel II el 8 de enero de 1869, el propio Franchi decía a la Reina destronada: «por mi parte no he dejado ni dejo pasar ocasión alguna sin que procurase influir en el triunfo de V. M. Éste es mi principal objeto, éste es mi voto ardiente, ésta es mi fundada esperanza». En junio de 1869 salió por fin Franchi de Madrid, quedando el secretario Bianchi encargado de los asuntos de la Nunciatura.

Pero aun cuando el Nuncio practicara la habitual duplicidad diplomática vaticana, y aun cuando en Roma actuara Severo Catalina como «Representante confidencial» de Isabel II y se tolerara la presencia de agentes carlistas, el gobierno español revolucionario no quería la ruptura [57]. Necesitaba hacerse reconocer, para adquirir respetabilidad exterior y fuerza moral interior. Se interponían, sin embargo, dos cuestiones de fondo: el carácter de las relaciones entre España y el Pontífice, roto unilateralmente el Concordato; y las repercusiones del Concilio Vaticano I, cuando se celebró éste. El 11 de marzo de 1870 co-

[56] V. CÁRCEL ORTÍ: «La Iglesia en la tormenta», publ. en el núm. extra de «Historia y Vida» dedicado a *La primera República* (1973), pp. 46-57. El mismo autor tiene en preparación, bajo el patrocinio de la «Fundación March» un amplio trabajo titulado: *Documentos vaticanos sobre la Revolución y la Primera República (1868-1874)*.

[57] Sobre las actuaciones de Severo Catalina en Roma hace algunas indicaciones el MARQUÉS DE LEMA: o. c., vol. I, pp. 361 y ss.

municó Sagasta oficialmente que el gobierno «no aceptaría las decisiones conciliares sino en cuanto sean conformes a las leyes del Estado».

Por otra parte, la legislación anticlerical desde los primeros momentos de la Revolución y los hechos violentos producidos (supresión de los jesuitas, de órdenes conventuales, de colegios fundados después de 1837, disolución de asociaciones piadosas y supresión de subvenciones) contribuyó también a enervar el ánimo de las gentes y a enrarecer las relaciones entre el gobierno de Madrid y la Santa Sede. La tensión en la calle desencadenó actos de violencia por ambas partes: amago de asalto a la Nunciatura en Madrid, linchamiento del gobernador civil en Burgos.

Pero tampoco la Santa Sede deseaba en aquellos momentos llegar a un rompimiento total con el gobierno español. A evitarlo contribuyó por entonces la «prudencia» que se atribuye al Secretario de Estado, Antonelli, político perspicaz, diplomático calculador y sinuoso. Ya se sabe que dos no riñen si uno no quiere. Y aquí ninguno de los dos quería llegar a la riña abierta, aunque la situación fuese tensa. El Papa no reconoció al gobierno de la Revolución, pero tampoco lo condenó como pretendía Isabel II.

Los acontecimientos de septiembre de 1870 sobrevinieron por fin: el encargado de negocios español en Roma, Fernández Jiménez, siguiendo instrucciones de Sagasta, aconsejó a Pío IX que no abandonara Roma, aunque se produjera la ocupación militar italiana, decisión que como sabemos tomó definitivamente el Papa, a pesar de los muchos consejos recibidos en contrario.

El 18 de octubre el conde Visconti-Venosta, ministro de Asuntos Exteriores italiano, expuso en un documento oficial a todas las potencias las razones que justificaban la ocupación de Roma y su anexión al Reino de Italia. La respuesta oficial española la transmitió Sagasta el 14 de noviembre, dos días antes de la elección de Amadeo I. En esta declaración se dice que España comprende y acepta las razones italianas. Pero añade: el problema consiste ahora para Italia en «sacar incólume el poder espiritual del Jefe de nuestra Santa Religión de entre las ruinas del poder temporal de los Papas. En este resultado España tiene más interés que ninguna otra de las potencias cristianas. La religión católica, que en ella ha sido hasta ahora de derecho una de las bases de su existencia política y que hoy, aun después de establecida la libertad de cultos, es un hecho en la inmensa mayoría del pueblo español, le hace considerar como cosa propia todo lo que atañe a la suerte del Pontificado». El ministro que escribía este despacho oficial era anticlerical y masón. El jefe del gobierno, Prim, también. He aquí, pues, un modelo a la vez de perspicacia política, de prudencia y de moderación que no ha solido ser frecuente entre nuestros gobernantes.

Amadeo I quiso mantener buenas relaciones con el Papa, esperando obtener al fin su reconocimiento. Pero Pío IX se cerró absolutamente en su actitud frente al rey español de la Casa de Saboya, la Casa italiana *usurpadora* de Roma. Durante su reinado las relaciones se hicieron más tirantes que en el período anterior. Ya no contaba la «prudencia» de Antonelli. Tampoco se mantuvo siempre en el campo gubernamental la prudencia que Prim y Sagasta habían demostrado, al desviarse hacia la izquierda de los radicales las riendas del gobierno, que hizo nuevos gestos de anticlericalismo hostil.

La última resaca de la «cuestión romana» en España fue, pues, la imposibilidad de entendimiento entre la Iglesia y la Monarquía de Amadeo de Saboya.

EL REINADO DE AMADEO I

Al desembarcar en Cartagena Amadeo I el 30 de diciembre de 1870 le esperaba la noticia de la muerte de Prim. Era la peor noticia para una bienvenida. Al llegar a Madrid el recibimiento oficial solemne contrastó con la frialdad del público, en un día en que la nieve cubría Madrid, como si el clima quisiera ambientar también los ánimos. Su desfile a caballo desde la basílica de Atocha al palacio de Oriente no pudo arrancar los aplausos de los madrileños, escépticos, indiferentes u hostiles.

Quienes le trataron coinciden en señalar las cualidades humanas y políticas de Amadeo. Falto de ambición, aceptó con ánimo resignado su destino, sólo porque su padre invocó el interés de Italia «y ante este sagrado nombre me doblego» [58]. El rey y su mujer, María Victoria, extremaron la buena voluntad para hacerse aceptar. Pero Amadeo carecía de atractivo y del don de la simpatía. La dificultad del idioma acentuaba la

---

[58] CONDE DE ROMANONES: *Amadeo I de Saboya, el rey efímero. España y los orígenes de la guerra franco-prusiana de 1870*, Madrid, 1940, pp. 50-51.

lentitud de su comprensión. Romero Robledo, partidario suyo, comentó aunque con evidente injusticia: «es un idiota».

Tenía en contra suya a los republicanos, a los carlistas, a los isabelino-alfonsinos. Se ha dicho que Cánovas del Castillo fue el organizador del «vacío» en torno al Rey Amadeo. En realidad el vacío era espontáneo, como espontánea era su impopularidad. Al ser elegido rey se puso en escena en el teatro Calderón de Madrid, con gran éxito, una comedia bufa titulada *Macarronini I,* parodia ultrajante del monarca extranjero. La aristocracia se negó a frecuentar el Palacio Real. Buena parte del Ejército se negó a prestar el juramento de fidelidad exigido a jefes y oficiales el 24 de enero de 1871. El pueblo desahogaba su hostilidad contra el *rey masón* de la Casa de Saboya celebrando un homenaje a Pío IX el 18 de junio de 1871 al grito de «viva el Papa Rey».

En vano viajó Amadeo por Levante y Cataluña en el verano de 1871, para despertar allí sentimientos a su favor; inútil fue su visita al anciano «ídolo» Espartero para otorgarle el título de «Príncipe de Vergara».

Desde el primer momento había captado Amadeo la dificultad de romper el hielo que congelaba sus relaciones con los españoles de todas las condiciones sociales, y tomó muy pronto la resolución de no tratar de imponerse al pueblo español, como lo dijo en la «coletilla» que leyó ante las Cortes en el Mensaje de la Corona, en abril de 1871. No quería ser Rey de un partido; pero inevitablemente era el Rey «de los 191» que le habían elegido [59].

En estas condiciones, a falta de un consenso popular, sólo el respaldo de un consenso unánime de la clase política dirigente acerca del ejercicio de las funciones de gobierno hubiera podido salvar la situación. Pero ni siquiera los partidos amadeístas, en los que había de apuntalarse necesariamente la nueva Monarquía, se ponían de acuerdo. La clase dirigente divorciada del país y dividida entre sí era fuente constante de conflictos de poder y de crisis de gobierno.

El núcleo principal de esa clase dirigente seguían siendo los progresistas y los radicales que, en opinión de Tuñón de Lara, hubieran podido constituir los cuadros de una «revolución burguesa» [60]. Pero a la muerte de Prim se fraccionaron en capillas personales. Los llamados «radicales», por considerarse en la

[59] FERNÁNDEZ ALMAGRO: o. y ed. c., vol. I, pp. 111 y ss.
[60] TUÑÓN DE LARA: «El problema del poder en el sexenio», p. 107.

línea directa de la herencia de Prim, formaron la capilla de Ruiz Zorrilla. Los progresistas históricos o «constitucionalistas» tuvieron a Sagasta como jefe de fila, mucho más dúctil y flexible políticamente que el jefe radical. Los restos de la deteriorada Unión Liberal giraban en torno a los denominados «fronterizos» del general Serrano, que de mal grado había acatado la candidatura saboyana. Algunos antiguos unionistas, como Cánovas del Castillo, se apartaron del régimen. Los demócratas amadeístas se escindían en los clanes rivales de Rivero y Martos. Otros pequeños grupos no tenían más calificación que la de quienes los encabezaban, como los llamados «economistas» de Antonio Gabriel Rodríguez, a quienes hoy denominaríamos tecnócratas.

El primer gobierno de Amadeo fue de coalición de progresistas, unionistas y demócratas, bajo la presidencia de Serrano; parecía una reedición del gobierno provisional de 1868. Pero este gobierno estaba minado por las contradicciones entre Sagasta y Ruiz Zorrilla, que será la mayor fuente de conflictos durante el reinado. No se ha estudiado suficientemente el transfondo de intereses económicos que pueden estar subyacentes. Pero no van a ser, en todo caso, las medidas de índole económica las que definan este conflicto. Hay, por de pronto, un antagonismo de carácter y de conductas en la rivalidad Sagasta-Ruiz Zorrilla. Hay también unas tendencias políticas divergentes: mientras Sagasta trataba de ganar a la derecha unionista, Ruiz Zorrilla quería atraerse la izquierda de los demócratas. Por su parte Serrano, oportunista siempre, procuraba aumentar el número de sus adeptos entre la clase militar desde la muerte de Prim.

Las elecciones generales de marzo de 1871, en las que actuó como subsecretario de Gobernación Romero Robledo, eran las segundas tras la Revolución y su trascendencia sería decisiva para el asentamiento o no del régimen amadeísta. Hubo 2.700.000 votantes de un censo de 4.030.792; o sea, la participación reflejada era de un 67,5 por 100. La coalición gubernamental obtuvo 235 actas, con 1.700.000 votos, frente a los 137 diputados de todas las oposiciones, que sumaban un 1.000.000 de votos. La distribución de los distritos electorales de 1870 daba ventaja a las zonas rurales, que aportaron sus actas con mayor docilidad al gobierno. La mayoría era suficientemente amplia para haber podido gobernar sin agobios. Pero, como opina Martínez Cuadrado, «esa mayoría no era coherente, por cuanto la coalición gubernamental tampoco lo era»: de ahí que este autor crea que dicha consulta electoral descubre ya «los gérmenes de descomposición» del régimen monárquico-democrático de Amadeo I[61].

Las oposiciones se distribuyeron así: 52 actas los republicanos, con notable descenso sobre 1869 y con bastante movilidad en su geografía electoral, aun cuando conservaban sus mejores posiciones en algunas capitales y en Cataluña y Levante, apareciendo en algunas nuevas zonas (Norte cantábrico), pero pierden otras (Badajoz). Los carlistas conseguirán 51 diputados, éxito resonante en aquel momento, de cuyas consecuencias hablaremos en páginas posteriores al referirnos a la reorganización carlista. Los moderados (monárquicos isabelinos), 18; los canovistas (alfonsinos), 9, los montpensieristas, 7.

La doble consecuencia de la disensión interna de los gubernamentales y la relativa fuerza de las oposiciones motivó la inestabilidad de los gobiernos. La primera crisis se produce el 20 de julio, dando entrada a un gobierno de Ruiz Zorrilla con los radicales, que sólo duró hasta que se reanudaron las sesiones de Cortes tras las vacaciones estivales.

¿Qué alternativas eran posibles a Ruiz Zorrilla? Sólo dos: Sagasta y Serrano. Las dos se ensayarán sin que se resuelva la crisis de poder. El Rey Amadeo sugería el nombre mágico de Espartero, como si apelase en efecto a un mago capaz de trastrocar la realidad. Pero ni Espartero aceptó, ni aquel intento era ya capaz de recomponer la imposible unidad progresista. El 22 de noviembre de 1871 el duque de Baena diagnosticaba la situación: «Están divididos estos partidos, hasta el punto que se hace imposible toda conciliación... Si éste (el poder) queda en manos de los conservadores revolucionarios sin tener el apoyo de las clases conservadoras, tendrán enfrente a los progresistas, demócratas, alfonsinos, carlistas, republicanos y no podrán sostenerse; y si el gobierno va a los de (Ruiz) Zorrilla, andará la revolución sin dirección y sin freno hasta la República. En ambos casos la dinastía italiana está muerta».

Tras un gobierno Malcampo, de corte de Sagasta, entra éste a presidirlo en enero de 1872. Sagasta era hombre con sentido de la autoridad, dispuesto a ejercerla contra las asociaciones obreras internacionales en las que se percibía la amenaza de una Comuna como la de París.

---

[61] MARTÍNEZ CUADRADO: o. c., vol. I, p. 122. Los datos los tomo también de dicho autor, quien ha establecido la identificación política de 372 diputados, quedando sin establecer la de otros 19.

Para hacerse con fuerza parlamentaria disolvió las Cortes y convocó nuevas elecciones en el mes de abril. Sin embargo, la situación resultaba de tan poca consistencia que aquel año se convocarían nuevas elecciones generales a Cortes en agosto, tras provocarse la crisis extraparlamentaria del gobierno Sagasta el 24 de mayo de 1872. En estos meses había comenzado la nueva guerra carlista, que Sagasta quiso contener con el pacto de Amorebieta, después de una inicial victoria sobre los carlistas vizcaínos. El régimen de Amadeo se sentía, pues, amenazado por la izquierda revolucionaria y por la derecha en armas.

El gobierno formado por Serrano quiere suspender las garantías constitucionales. El Rey Amadeo, consecuente con el carácter democrático de su monarquía, se niega a ello: «yo contrario», dice a Serrano, quien se ve precisado a dimitir el 10 de junio.

Llega el turno de un nuevo gobierno Ruiz Zorrilla, que había renunciado antes a su acta de diputado para coaccionar al Rey y amenazaba romper con el régimen. Falto de apoyo parlamentario disuelve las Cortes y en las nuevas elecciones de agosto, en las que se produjo una gran abstención (54 por 100 de abstenciones), obtuvieron los radicales una fuerte mayoría de 274 diputados, mientras los progresistas de Sagasta, antes mayoritarios, veían reducidos a 14 sus escaños y el propio Sagasta no consiguió hacerse elegir. Los republicanos obtenían 79 actas y 9 los alfonsinos. Es significativo que por primera vez se presentaran ya bajo etiqueta «alfonsina» los candidatos monárquicos, aun cuando Cánovas tampoco obtuvo acta. También era significativa la recuperación de los republicanos [62].

Pero aquel gobierno tenía que enfrentar, además de la guerra de Cuba surgida en 1868 y que seguía su curso, la guerra civil carlista en la Península y un estado insurreccional de los republicanos (Ferrol 10-20 de octubre, luego otras rebeliones en Andalucía). No pudo cumplir su promesa de suprimir las quintas. Agravó las tensiones con la Iglesia, en una escalada sin sentido. En las propias filas radicales hay amagos de quiebras y rupturas con el ala derecha de Gasset que tenía el importante periódico *El Imparcial.*

---

[62] MARTÍNEZ CUADRADO: o. c., vol. I, pp. 167-168, dice que el deseo de Ruiz Zorrilla de realizar unas elecciones «relativamente limpias» se reflejó en los datos estadísticos muy completos sobre los resultados que «nos permite hoy disponer de un valiosísimo instrumento de estudio», caso que no se repetiría por ningún gobierno hasta Maura en 1907.

Así se disipa toda posibilidad de supervivencia del intento amadeísta. Es el propio rey quien lo comprende claramente. «Ante el espectáculo incoherente que ofrecía la política española —escribe el conde de Romanones—, Don Amadeo cruzándose de brazos exclamaba: Estamos en una casa de locos» [63]. La liquidación de su reinado se precipita con el incidente de los artilleros: un plante de los oficiales de esta Arma con el pretexto del nombramiento de Hidalgo de Cisneros para Capitán General de Cataluña; en realidad, el comienzo de una intriga de Nicolás M. Rivero y de los republicanos para poner fin a la situación imposible.

Ruiz Zorrilla propone disolver el Cuerpo de Artillería. Amadeo no da su consentimiento. Entonces Rivero provoca una votación de confianza en las Cortes a favor del gobierno, el 7 de febrero de 1873. Así fuerza el choque entre las Cortes y el Rey. Amadeo firma al día siguiente el decreto de disolución del Cuerpo de Artillería y anuncia simultáneamente su propósito de abdicar.

No quiso aceptar aquel monarca el ofrecimiento hecho por el general Concha y los artilleros, dispuestos a dar un golpe de Estado. A las 13,30 del día 11 entregaba Amadeo el acta de abdicación en el Congreso y se retiraba a la embajada de Italia sin esperar respuesta. Inmediatamente, el Congreso y el Senado, constituidos anticonstitucionalmente en Asamblea Nacional, asumieron «el poder supremo y soberano de la nación». Así fue como unas Cortes monárquicas se dispusieron a proclamar la República.

[63] C. DE ROMANONES: o. c., pp. 133-134.

...trucción pública es objeto de atención en las Cortes de Cádiz, pero sólo la obra de reconstrucción institucional y administrativa de los ...ados en el poder permitió encauzar e impulsar el marco legislativo de la educación. Este sentido tienen el «plan Pidal» de 1845 y la Ley Moyano de 1857. (Inauguración del Paraninfo de la Universidad Central)

...paña no se produjo en el siglo XVIII una previa acumulación capi-..., como ocurriera en Inglaterra, que permitiera el despegue de la ...ición industrial». La escasez de capitales será una constante en ...nomía española de los dos primeros tercios del siglo XIX, aunque ...naron medidas para activar el mercado de dinero y el crédito, ...la creación de la Bolsa de Madrid en 1831, y las Leyes de 1856 ...Banca Privada y Sociedades de Crédito, así como sobre Socie-...Anónimas. La falta de empresarios, en unas clases medias poco ...gadas, frenaba también el impulso capitalista. (Interior de la Bolsa nueva en 1851)

Durante la primera parte del siglo XIX pocos nombres pueden destacarse entre los hombres de negocios y banqueros que promueven el cambio de la economía antigua hacia la moderna economía industrial capitalista: Salamanca, Aguado, Remisa, Sevillano. La persistencia de las estructuras arcaizantes de la economía tradicional, mientras aparecen aisladamente algunas estructuras modernas, ha permitido a Nicolás Sánchez-Albornoz definir aquella situación como una «economía dual» mantenida durante muchos años. (Retrato de Gaspar Remisa, marqués de Remisa, por Vicente López)

Aunque los gremios habían desaparecido en 1836 definitivamente, muchos talleres artesanos se conservan. Sin embargo, en la siderurgia y en los textiles, irrumpen las fábricas modernas, aun cuando el desarrollo estructural de uno y otro sector sea muy dispar. (En el grabado *Los herreros,* de Goya, representación de la vieja artesanía, en la col. Frick de Nueva York)

El ferrocarril fue el protagonista de la «revolución de los transportes» continentales en el siglo XIX. Más tarde, los *vapores* completaron lución de los transportes ultramarinos. Estas modificaciones de la infraestructura incidieron posteriormente en la economía españo resultados a veces ambiguos, que están siendo debatidos actualmente por los historiadores economistas. (Llegada a Madrid en 1864 c *directo* de París)

Sobre el sector comercial se proyectan las discusiones entre las doctrinas proteccionistas y librecambistas, discusión que encuentra en Ca particular resonancia. La expansión del comercio tropezaba principalmente con la escasez de dinero y crédito, y la reducida capacidad de c del consumidor español. No obstante, el comercio interior progresó al ampliarse las áreas de mercado gracias a la mejora en los transpe comunicaciones. (El mercado de la plaza del Borne, hacia 1860, según el pincel de Ramón Martí y Alsina)

neral Prim, espada del progresismo, que toma el relevo
ejo ídolo Espartero, será el cerebro y el brazo fuerte de la
ución de 1868. Militar brillante, político clarividente,
irador nato, aunó las fuerzas que derribarían de un golpe
no poco firme de Isabel II, deteriorado por el juego de
ncias palatinas nefastas. Cuando el primer magnicidio
estra historia comtemporánea corte la vida de Prim
an conciliador» de las heterogéneas fuerzas de la Re-
ón, ésta quedará sin norte hasta su definitiva autodestrucción

En los comienzos de la Revolución de 1868 hubo una importante participación catalana. Don Juan Prim conectaba con varios sectores de la
burguesía industrial de Cataluña. Numerosos catalanes ocuparon altos
cargos de Gobierno. Pero el desquiciamiento posterior de la Revolución
española y los ecos de la Comuna de París produjeron un desplazamiento de la burguesía catalana, que llegó a ser uno de los pilares de la
Restauración alfonsina. (El grabado recoge una escena de los excesos
revolucionarios en Barcelona en septiembre de 1868)

La Revolución de septiembre de 1868 es
obra, ante todo, del Ejército y la Marina;
ésta por primera vez toma parte en un
pronunciamiento. Pero además de progresistas y unionistas, que cuentan con
la fuerza militar, en la Revolución participan los demócratas, sector civil con
poco apoyo militar, pero con aportaciones doctrinales firmes. Los demócratas son el alma de las «juntas revolucionarias» de 1868, que constituyen inicialmente una dualidad de poderes, junto
al Gobierno, hasta que éste consigue
disolverlas. (El grabado representa una
Junta revolucionaria de barrio en 1868)

La «Gloriosa», con toda su carga de nobles idealismos, fue una revolución de carácter político, tal vez la más impolítica de las revoluciones políticas. Por sus resultados finales había de ser también la más inútil. Pero dio lugar a una gran movilización de ideas, difundidas en reuniones y asambleas. El Circo Price fue en Madrid el lugar habitual para estas concentraciones públicas. (Exterior del Circo Price en 1868, según un grabado de la época)

En 1872 el carlismo estaba de nuevo en armas. En torno a él se polariza la resistencia a la ruptura que el liberalismo significa en el seno de la cambiante sociedad decimonónica. Esta fuerza de resistencia es tanto más efectiva cuanto más débil es el soporte social de la fuerza «agresora» que impulsa a la transformación, dado el grado de ruralización de la sociedad y la escasa consistencia de las clases medias. (En el grabado, manifestación en Madrid de mujeres carlistas para protestar de las detenciones preventivas efectuadas en 1872)

La República Federal fue el último desenlace de la Revolución de 1868. El intento de establecer la Federación de arriba abajo choca con la corriente popular que trata de imponerla de abajo arriba. Precisamente cuando gobierna Pi y Margall, el hombre de más sólida doctrina federal, estalla la insurrección de los cantones. (Retrato y autógrafo de Francisco Pi y Margall)

e el reinado de Isabel II se había ensayado la monarquía consti-
l basada en el sufragio restringido censatario. Durante el rei-
e Amadeo de Saboya se ensayará la nueva «monarquía demo-
», según los dogmas de la soberanía nacional y el sufragio uni-
Pero Amadeo I encontró en torno suyo un vacío espontáneo de
políticas, como espontánea era su impopularidad por su condi-
e extranjero. Así se disipan pronto las posibilidades de aquel
nento que Prim había ideado, pero que no pudo dirigir. (Salida
e Palacio de Amadeo de Saboya en febrero de 1873)

La inviable realidad de la I República, en su versión federal de 1873 y en su versión «ducal» de 1874, había quedado evidente. Las disensiones internas, la insolidaridad esencial de los republicanos, los maximalismos ideológicos y los conflictos de poder dieron al traste con el régimen. No le fue así difícil a Cánovas organizar el movimiento alfonsino restaurador, que se ofrecía como única alternativa; aunque fue Martínez Campos quien, contra el parecer de Cánovas, tomó la decisión de restaurar la monarquía por medio de un golpe militar. (Entrada de Alfonso XII en Madrid en enero de 1875, según un grabado de la época)

Cánovas del Castillo se propuso y logró ensanchar la base política de la Restauración, el consenso de poder. Su «sistema» se reflejó en la Constitución de 1876, que no sería una Constitución de partido, porque abría posibilidades para un amplio espectro de fuerzas políticas. El pragmatismo que caracteriza el pensamiento y la obra de Cánovas le hacía entender la política como «el arte de aplicar en cada época de la Historia aquella parte del ideal que las circunstancias hacen posible»

Durante la mayor parte del siglo XIX el catalanismo tuvo un[e] damentos literarios y económicos: la poesía y el arancel, l[realidades que el profesor Pabón señala en los orígenes de[l movimiento. Más tarde, con el Centre Català fundado por A[en 1882 y con la primera Lliga de Catalunya formada en[toma cuerpo el catalanismo político. (En el grabado, retr[Manuel Milà i Fontanals, figura representativa de la erudici[ón lite]raria catalana, fallecido en 1884)

El *sistema* de la Restauración se basó en dos partidos, *turnantes* en el poder a la manera inglesa. Por algunos años el modelo inglés fue b[ien] bien adaptado, no sólo en la alternancia, sino en las autolimitaciones y controles voluntarios. Así, la monarquía restaurada pudo salvar e[l escollo del prematuro fallecimiento de Alfonso XII. (*Juramento de la Reina Regente en 1885*, cuadro de F. Jover y J. Sorolla[)

Benito Pérez Galdós fue el restaurador de la novela española en el último cuarto del siglo XIX. La parte más considerable de su obra literaria abarca los *Episodios nacionales*, en los que el eje de la trama lo constituye la Historia de España desde Trafalgar hasta los primeros años de la Restauración. Su interpretación, apasionada y viva, de esa historia esclarece muchos matices de la sociedad del siglo XIX

...poca de la Restauración la *alta burguesía* parece haberse extendido en número e influencia, diversificada en varios componentes: los titu- ...e las funciones públicas elevadas, los grandes financieros, los empresarios industriales de mayor relieve, los terratenientes. La *alta bur*- ...tiene una importante representación en Barcelona. Pero allí también se hacen más ostensibles los contrastes con el nuevo proletariado ...rial, en cuyo seno surge una protesta violenta que llegará en algunos casos al terrorismo. (*El Gran Teatro del Liceo en la noche del 7 de noviembre de 1893*, por Rosal)

Barcelona, centro de la zona de mayor crecimiento industrial de España, fue también centro de la mayor conflictividad laboral y política años finiseculares, siendo con frecuencia sus calles escenario de graves tumultos. (*Motín en las Ramblas*, por J. Arrau)

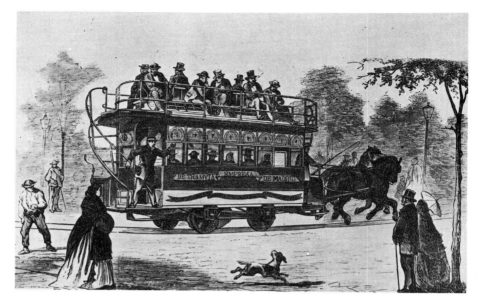

El urbanismo moderno, con sus problemas y soluciones, hace su aparición en las grandes ciudades. La necesidad de extender el área urbana, por el crecimiento demográfico, desborda las viejas murallas, que en muchos casos son derribadas, mientras se trazan los nuevos «ensanches» de calles rectilíneas. Mejoran los servicios de abastecimientos, se introduce el alumbrado eléctrico y los tranvías, primer intento de solucionar el transporte colectivo en el interior de las grandes poblaciones. (En nuestros grabados, el primer tranvía de Madrid en 1870, y la inauguración del alumbrado eléctrico en la Puerta del Sol en 1878)

El periodismo moderno surge tambié[n] época de la Restauración. Las mejor[es] nicas, como el correo y el telégraf[o] miten ampliar y acelerar la transmis[ión] noticias; la renovación del utillaje imprentas, la difusión de la prensa e[n] que superan el marco local gracias a[l] carril, todo ello contribuye a impu[lsar] periodismo de aire más moderno, en[...] se perfilan también mejor las corrie[ntes] opinión. (Redacción de un periód[ico] 1884, grabado de la época)

S. Ramón Cajal

El profesor Gil Vernet ha escrito que «la concepción utilitaria que de la ciencia tenía la mayoría de los profesores llevaba aparejada la renuncia de éstos a la investigación, que quedaba completamente marginada de la Universidad». Sin embargo, a finales del siglo algunas personalidades aisladas comenzaban a destacar como cabezas de escuela en la promoción científica. (Retrato y autógrafo de Santiago Ramón y Cajal)

La valoración cuantitativa y científico-económica de la ingenierí[a espa]ñola en el pasado siglo está aún por hacerse. Recordem[os, por] ejemplo, los experimentos en la navegación submarina de M[onturiol] e Isaac Peral, o los que en esta época iniciara Torres Quevedo [sobre] la automatización. (En el grabado, homenaje al marino Isaa[c Peral] en 1890

En el «remanso» de la Restauración hay corrientes subterráneas que afloran de vez en cuando con estruendo de guerra. Guerra de ideas. En el campo de la educación es donde saltan a la vista los conflictos de mentalidades. Fue entonces cuando Francisco Giner de los Ríos cuajó la idea de crear la Institución Libre de Enseñanza. Se trataba de emplear la «vía educativa» para reformar España. (En la foto, Francisco Giner de los Ríos con sus discípulos y colaboradores Manuel Bartolomé Cossío y Ricardo Rubio)

Se había vivido en toda Europa, y también en España, el conflicto entre la Ciencia y la Fe, la mentalidad positivista y la concepción religiosa de la vida. El exponente anecdótico de esa «guerra de ideas» es el *brindis del Retiro* del joven Menéndez Pelayo, en mayo de 1881. (Retrato y autógrafo de Marcelino Menéndez Pelayo)

La «cuestión social» se planteó en la mentalidad de las
clases dirigentes como un problema en el que el Estado
ejercería una acción protectora de los obreros. A nivel de
las clases obreras la respuesta la dan los movimientos asociativos que pretenden la «redención del proletariado». En
España el movimiento asociativo surgió en 1869 en torno a
la línea bakunista de la A. I. T. Más tarde, en 1888 se
creaban los sindicatos marxistas de la U. G. T. (Retrato
de Bakunin, quien ejerció la máxima influencia en el
movimiento obrero español durante el último tercio
del siglo XIX)

Pablo Iglesias se incorporó en 1873 a la Asociac[
Arte de Imprimir y desarrolló a partir de ella el
núcleo de acción marxista, fundando en 1879 el P.
(Retrato de Pablo Iglesias, joven)

...stria moderna no estaba orientada en España hacia la competitividad exterior, sino a un mercado interior protegido. La industria textil ...nera, con las telas estampadas o *indianas*, logró los progresos más sólidos. A fin de siglo la producción textil algodonera española, localizada en Cataluña, se situaba en sexto lugar de Europa. (*Tienda de indianas*, por Planella)

...diciones excepcionalmente ventajosas del hierro vizcaíno determinaron la implantación en la margen izquierda del Nervión de la moderna ...ia. Además de compañías mineras inglesas, francesas y belgas, los yacimientos vizcaínos fueron explotados por algunos empresarios de aquella provincia, cuyos beneficios permitieron la acumulación de capital que hizo posible el despegue industrial de Vizcaya. (El ...e Guinea representa la fábrica de hierro de Nuestra Señora del Carmen en Baracaldo, en 1877, precursora de los futuros Altos Hornos de Vizcaya)

Durante los años de la Restauración se opera un cambio en la estructura financiera española: la aparición de una capacidad inversora de[l capital] español que parcialmente releva al capital extranjero. La banca privada, que en parte había conseguido sobrevivir tras el derrumbam[iento de] 1866-1874, y particularmente los bancos vasco-navarros, consolidaron sus posiciones apoyados en su interacción sobre la economía i[ndustrial,] minera y exportadora. (Papel-moneda de 100 reales de vellón emitido por el Banco de Bilbao hasta 1874, fecha en que se reservó el m[onopolio] de emisión al Banco de España)

La banca oficial tiene su principal entidad en el Banco de España, nombre con el que en 1856 se rebautizó al Banco de San Fernand[o, que] hasta 1900 se limitó a ser instrumento del Tesoro Público, sin tomar parte importante en operaciones de crédito que hubieran podido b[eneficiar] a la agricultura, a la industria o al comercio. (En la foto, el nuevo edificio del Banco de España en Madrid en 1890)

CAPÍTULO 4

LA PRIMERA REPÚBLICA

De la Monarquía Democrática a la República Federal: segundo ensayo político de la Revolución, último desenlace de la misma. Desenlace lógico por lo demás. No le faltaba razón a Castelar cuando declaraba ante las Cortes republicanas el 25 de agosto de 1873: «Yo he creído siempre que la Revolución de septiembre... llevaba en su seno la República, como la semilla la raíz, como la raíz la planta, como la planta el fruto» [64].

Aunque sea también un desenlace paradójico, porque lo efectúan unas Cortes monárquicas, en virtud de la alianza *oportunista* entre los radicales y los republicanos; o más bien, en virtud de una maniobra entre Nicolás M. Rivero y Figueras, completada por otra de Cristino Martos contra Rivero. Por eso no le falta razón a Hennessy al decir que «la primera República debió su existencia a una vil intriga política» [65].

Lo cierto es que el partido radical, que desde las elecciones de agosto de 1872 constituía el soporte parlamentario de Amadeo I estaba minado por los personalismos propios de todos los partidos que carecen de consistencia social; sobre todo, por la

[64] FERNÁNDEZ ALMAGRO publica una carta fechada en diciembre de 1868 en que el «larvado republicanismo» de N. M. Rivero se hace patente desde aquellos momentos y en que justifica la lógica de la táctica por él seguida, que tiene por horizonte final la República. En dicha carta escrita a un amigo de Granada, que fue reproducida en 1869 por algunos periódicos, Rivero se expresaba así: «Yo soy y seré republicano, y si en los momentos presentes he proclamado la monarquía es por la convicción íntima que tengo de que sólo con esta forma de gobierno puede ser fecunda la Revolución de septiembre. Observe usted que esta grandiosa obra ha sido producto de los esfuerzos de tres partidos, dos de los cuales no son republicanos ni demócratas; en esta situación yo he preferido transigir con la monarquía, con tal de atraer a la democracia a esos mismos partidos e interesarlos en consolidar la grande obra revolucionaria... Asegurados hoy los principios democráticos, la República no está más que aplazada...». O. c., 2.ª ed., vol. I, página 461 (Nota 1 al cap. 5).

[65] HENNESSY: o. c., p. 173.

no encubierta rivalidad entre Ruiz Zorrilla y Rivero por un lado, y de Rivero y Martos por otro. Además, se trataba de un partido cuyo monarquismo-accidentalista podía desviarse fácilmente ante cualquier eventualidad; o como dice Ferrando Badía «en su seno tampoco reinaba el *consensus* monárquico necesario para luchar incondicionalmente por la Monarquía» [66].

Este mismo autor resume la historia de aquella primera República «internamente y en cuanto a política se refiere (como) la historia del fracaso del intento de establecer la federación desde arriba» [67]. El federalismo discurre por dos vertientes: la oficial, que pretende implantar la República federal de arriba abajo; y la vertiente popular, en la que se expresa el otro intento de implantarla de abajo arriba. El conflicto entre estas dos concepciones del federalismo llena el marco revuelto de los once meses de la República federal. Después, a la República federal de 1873 sucederá la «República ducal» de 1874.

La caída de la República nos ofrece otra aparente paradoja: pues si es verdad que la trajeron los monárquicos, la derribaron los republicanos en enero de 1874, después de agotarse en sus propias insuficiencias para retener entre las manos las riendas del Estado.

EL ESTABLECIMIENTO DE LA REPÚBLICA

Los radicales controlaban la situación amadeísta, como hemos dicho, desde junio de 1872, ratificados por las elecciones de agosto siguiente. Los federales, bajo el reinado de Amadeo I, consiguen mantenerse en posiciones que pudiéramos denominar de reserva activa, no obstante los fracasos que cosecharon al recurrir a hechos de fuerza, como los del otoño de 1869 y 1870, o el traspié electoral de 1871, compensado en agosto de 1872. En 1871-1872 los republicanos habían llegado a tener contactos con los carlistas para conjuntar una doble acción armada contra Amadeo de Saboya.

Pero frente a la postura extremista de los «intransigentes», Pi y Margall hizo adoptar dentro del partido republicano la

---

[66] JUAN FERRANDO BADÍA: *Historia político parlamentaria de la República de 1873*, Madrid, 1973, p. 58.
[67] FERRANDO BADÍA: o. c., p. 321.

política de «oposición legal», aunque por escaso margen de votos. Los sucesos de la *Commune* de París en 1871 dividieron a los federales más y más: fue un efecto general en toda Europa en la que se quebrantó la solidaridad internacional republicana ante los excesos del ala socialista.

Desde la formación del gobierno de Ruiz Zorrilla en junio de 1872 Castelar anunció que apoyaría a los radicales en el poder. Era una actitud plenamente coherente con la imagen que del «camino hacia la República» se había formado Castelar. De hecho, los «republicanos benévolos» son los que harán viable el advenimiento de la República; mientras que los «intransigentes», cuyo jefe es el general Contreras, y entre quienes pululan los demagogos al estilo de Roque Barcia, se consumen en un ineficaz verbalismo, como el que destilan las páginas de *El Tribunal del Pueblo* en 1872.

Hennessy ha hecho una descripción muy ajustada de los intransigentes: «eran los revolucionarios profesionales, periodistas malhumorados y frustrados buscadores de empleo que vieron en los clubs radicales y en el desempleo de la capital el medio de contrapesar la tradicional debilidad del partido en Madrid y en la explotación del descontento social la forma de forzar la mano de la cauta jefatura oficial... Como oportunistas que eran, prometían todo cuanto les pudiera servir para comprar el apoyo de las masas y, menos cohibidos que los *benevolentes*, ofrecían reformas sociales en las que no tenían verdadero interés. Trabajando en la organización conspiratoria, confiaban conseguir sus fines por medio de la organización secreta, pero incapaces de aprender de los errores pasados continuaron asiéndose al mito de la revolución espontánea» [68].

El fracaso del plan insurreccional de los intransigentes, en octubre-diciembre de 1872, refuerza a Pi y Margall en la dirección del partido y consolida la línea «benévola». Son los hombres de esta línea los que mantendrán contactos con Ruiz Zorrilla, con Martos y Rivero, y los que de este modo crearon la situación del 11 de febrero de 1873.

En esa fecha se proclama la República, en una transmisión ordenada y pacífica del poder. Fue una transmisión en orden, efectuada por las instituciones constitucionales vigentes, pero al margen de la legalidad constitucional. La convocatoria de la Asamblea Nacional era ilegal, porque el art. 47 de la Constitución prohibía expresamente la deliberación conjunta del Con-

---

[68] HENNESSY: o. c., pp. 154-155.

greso y el Senado. La abdicación de Amadeo I era ilegal, porque el art. 74 de la Constitución exigía para ello que el rey estuviera autorizado por una ley especial, que en este caso no se votó.

Rivero, presidente del Congreso, había preparado la maniobra. Olvidándose de la Constitución de la que eran mandatarios, los diputados aprobaron la propuesta del presidente según la cual «la renuncia de Amadeo de Saboya a la Corona de España devuelve a las Cortes españolas la integridad de la soberanía y de la autoridad», por lo que se invitaba al Senado a reunirse conjuntamente con el Congreso para que «acuerden lo conveniente acerca de este documento y acerca del ejercicio de la autoridad» [69].

Reunidos ambos cuerpos colegisladores en «Asamblea Nacional», consiguió Martos desplazar del sillón presidencial a Rivero, mediante una hábil maniobra dialéctica en la que cayó su rival, e inmediatamente se aprobó por 256 votos contra 32 la propuesta defendida por Pi y Margall: «La Asamblea Nacional reasume todos los poderes y declara como forma de gobierno la República, dejando a las Cortes Constituyentes la organización de esta forma de gobierno. Se elegirá por nombramiento directo de las Cortes un Poder Ejecutivo que será amovible y responsable ante las Cortes mismas».

No se proclamó expresamente la República federal, aunque casi todos los republicanos eran federales, por el temor de Pi a que una tal proclamación prematura, sin fijar el nuevo texto constitucional, provocara un proceso caótico de abajo-arriba al establecerse de hecho los nuevos poderes; lo que podría obligar al gobierno a encauzarlos luego por la fuerza, cosa que era necesario evitar del mismo modo que, y por la misma razón, evitó que se proclamara la República federal después de la expulsión de los radicales del gobierno en el mes de abril [70].

Las Cortes eligieron el primer gobierno (Poder Ejecutivo) de la República a las doce de la noche de aquel mismo día. Figueras fue nombrado presidente, con Pi y Margall en Gobernación, Castelar en Estado y Nicolás Salmerón en Gracia y Justicia. Además de estos cuatro republicanos, había cinco ministros radicales ex amadeístas (Becerra, Echegaray, Francisco Salmerón, el general Fernando Fernández de Córdoba y el con-

[69] FERNÁNDEZ ALMAGRO: o. y ed. c., vol. I, pp. 161 y ss.
[70] F. PI Y MARGALL: *La República de 1873. Apuntes para escribir su Historia*, Madrid, 1874, pp. 29-31.

traalmirante Beránger). A los pocos días, el 24 de febrero, hubo un reajuste y tres radicales fueron sustituidos por los republicanos Tutau, Chao y Sorní («el ministerio de los pájaros», como se le motejó con humor). Los radicales sólo conservaban Guerra y Marina, con Acosta y Oreyro, respectivamente.

El gobierno se esforzaba por dar sensación de orden. Pi desde Gobernación y Castelar desde Estado trasmitían las consignas de «orden, paz, justicia». Sólo algunos motines aislados perturbaron el orden; aunque los sucesos de Montilla (Córdoba) el 12 de febrero tiñeron de sangre aquella jornada.

En España no había republicanos. Pi reconocía que el republicanismo carecía de raíces y de asistencias en el país. La aceptación de la República se produce sin expectación ni clamor popular. Las clases populares politizadas hacia la izquierda, basculaban en todo caso hacia los ideales revolucionarios bakunistas. En Madrid algunos grupos movilizados por los círculos republicanos *intransigentes* recorrieron las calles con gritos y pancartas. Las reacciones populares violentas, como la de Montilla, traducían en todo caso el «mesianismo de la Revolución». Hennessy afirma que «la imagen popular de la República Federal contenía un elemento mesiánico que para los jornaleros andaluces significaba la satisfacción de sus ansias de tierra y de reemplazar la opresión del cacique por el reino de la justicia social» [71].

En el extranjero la República española fue recibida con general desconfianza. Sólo los Estados Unidos y Suiza la reconocieron. Francia no lo hizo ni bajo la República de Thiers, ni bajo la de Mac-Mahon. Tampoco Inglaterra, poco propicia siempre al «federalismo ibérico», por la posible absorción de Portugal en el mismo. En todo caso, en la Europa posterior a la Comuna parisina los sucesos españoles de 1873 eran acogidos con precavidas reservas, incluso con hostilidad. «El grito estridende de nuestra primera República, desorganizada y convulsa, era un anticuerpo en el seno de esta sociedad (europea) estable y con un proyecto ambicioso de paz» bajo la égida bismarckiana, explica el prof. Nazario González [72].

Dentro de España los soportes, pues, de la República eran escasos:

---

[71] HENNESSY: o. c., p. 179.
[72] NAZARIO GONZÁLEZ: «¿Por qué fracasó la primera República?», publ. en el número extra 3 de «Historia y Vida» dedicado a *La primera República* (1975), páginas 169-178.

a) Un sector de la burguesía liberal de izquierdas, al que pertenecían los políticos profesionales incubados en la revolución, ya fuesen republicanos históricos o radicales oportunistas, unos y otros «a la caza de empleos». Esta increíble disputa intestina entre los promotores de la República se refleja en los lemas contrapuestos y las reclamaciones de una «República para todos» o de «la República para los republicanos».

b) Algunos intelectuales idealistas como Pi y Margall, el krausista Nicolás Salmerón, o el orador por excelencia Castelar.

c) La imprecisa colaboración de algunos elementos obreros, según se ha dicho, dada la inhibición política propugnada por los internacionalistas.

A falta de otros soportes, piensa Nazario González, que a la República sólo hubiera podido salvarla un grupo de hombres excepcionales por su talento político y dotes de mando. Tampoco los tuvo.

A esa debilidad constitutiva hay que añadir las disensiones ideológicas de los republicanos: unitarios o federales, intransigentes o benévolos; y hasta las rivalidades personales entre Figueras y Pi, entre Pi y Castelar. Todo ello produce ese efecto paralizante para la acción constructiva, ese loco desgaste de recursos, cuando la situación económica y financiera del Estado está gravemente comprometida, y la ineficacia es total para hacer frente a las tres guerras civiles que simultáneamente llega a tener planteado el Estado republicano: la carlista, la cantonal y la de Cuba.

LA PRIMERA ETAPA DE LOS GOBIERNOS REPUBLICANOS.
LAS ELECCIONES

En una primera etapa se mantiene el compromiso de gobierno entre radicales y republicanos federalistas, bajo la presidencia de Figueras. Ligados a su propia demagogia tienen que hacer concesiones: supresión del impuesto de consumos, supresión de quintas y reorganización de la milicia a base de ochenta batallones de voluntarios que cobrarían dos pesetas diarias (17 de febrero de 1873). Se intenta sustituir el antiguo Ejército, suspendiéndose las ordenanzas militares, creándose de nueva planta otro Ejército de voluntarios. «Ningún federal, comenta Hennessy, dudó de que la nueva fuerza sería más eficaz que el antiguo ejército de movilizados; pero los patriotas de dos pesetas eran poco más que un populacho de desempleados armados que se había alistado pensando en el botín. El fracaso de crear una fuerza popular eficaz significó que el gobierno se viera obligado a confiar en el Ejército regular que, abrumado por el descontento, se convirtió en fácil presa de la propaganda alfonsina» [73].

Los problemas acuciaban. El tesoro, sin fondos; la situación financiera, gravísima. En 1873 dejan de pagarse los intereses de la Deuda. Lógicamente se produce un descenso en la cotización de los fondos públicos y una materialización de la moneda metálica. No se trata de una «conspiración de dinero» contra la República, sino de una lógica «conversión» del dinero ante la insolvencia del Estado. Al formarse, al fin, el gobierno de Castelar se afrontó mal que bien la gestión financiera, como tendremos ocasión de comprobar [74].

En Barcelona se proclama por tres veces el Estat Català; el 12 y el 21 de febrero, el 8 de marzo. En esta última ocasión, para revocarlo hubo el gobierno de hacer concesiones, entre ellas la disolución de los cuerpos regulares del Ejército en Cataluña, con lo que aquella región quedó a merced de los carlistas en armas.

Parecía necesario, con carácter perentorio, el establecimiento de la Constitución de la República y para ello se requería la convocatoria de Cortes Constituyentes. Disueltas las Cortes *amadeístas* el 22 de marzo se anunciaron elecciones generales a celebrar entre el 10 y el 13 de mayo, debiendo quedar constituidas las nuevas Cortes el 1 de junio. Hasta esa fecha actuaría una Comisión permanente de las Cortes, con poderes muy mal definidos, que se convirtió en una fuente de conflictos con el gobierno, así como de los radicales y los federales intransigentes entre sí.

El mal llevado maridaje de radicales y republicanos estalla al fin en conflicto abierto el 23 de abril. Martos, alcalde de Madrid, de acuerdo con el general Serrano y Sagasta, moviliza en la plaza de toros algunos batallones de la Milicia e intenta un golpe de estado. Golpe fallido porque Nicolás Estévanez se anticipó con las milicias de los federales intransigentes, auxiliado también por varias unidades regulares.

---

[73] HENNESSY: o. c., p. 183.
[74] Sobre los «agobios financieros de los gobiernos republicanos», J. A. LACOMBA: *La primera República. El trasfondo de una Revolución fallida,* Madrid, 1973, pp. 53 y ss.

El resultado del fracasado golpe del 23 de abril fue la salida de los radicales del gobierno. Al fin la República era «de los republicanos». Pero el proceso de disgregación del poder no se detiene. Las autoridades municipales legislaban por su cuenta sin atender las disposiciones gubernativas: una especie de cantonalismo administrativo de hecho sería preludio del futuro cantonalismo armado. En aquel río revuelto los federales intransigentes ocupaban puestos de control con golpes de audacia. Ejemplo: durante las 48 horas que, entre Acosta y Nouvilas, estuvo el ministerio de la Guerra en manos del general Pierrard, decretó éste 145 ascensos entre sus partidarios.

La convocatoria electoral fue un estrepitoso fracaso. Las oposiciones de todos los matices preconizaban la abstención. Los radicales la anunciaron el 6 de mayo, aunque algunos candidatos se presentaron a título individual. El gobierno intenta contar con una oposición parlamentaria y pretende convencer a Ríos Rosas, el antiguo prestigioso unionista, para que acuda con su partido a las elecciones, prometiéndole 60 diputados en las futuras Cortes. Todo en vano, Ríos Rosas no caerá en la trampa. Los dirigentes de la A. I. T. recomiendan a las clases obreras la abstención. Alfonsinos y carlistas hacen lo mismo.

De nada vale que el gobierno prometa una «purificación» del sistema electoral. De nada sirve tampoco que rebajen a 21 años la edad con derecho a voto. Sobre el censo de 4.551.436 electores, según la estimación de Martínez Cuadrado, se recontaron 1.855.115 votantes [75]. Es decir, la abstención alcanzó el 61 por 100 del electorado. La apatía del cuerpo electoral fue la nota dominante, la más significativa.

En Madrid, donde había 93.307 electores, sólo ejercieron el voto 21.088, de los que unos 8.000 eran funcionarios del gobierno; es decir, la abstención en la capital de España fue del orden del 73 por 100. El candidato con más votos en Madrid hubo de contentarse con 5.031 a su favor. En Barcelona, a pesar de la vieja tradición republicana, de 63.000 electores sólo hubo 17.500 votantes, con un índice de abstención del 73,5 por 100. En total, cuarenta de los diputados elegidos en España tuvieron menos de mil votos cada uno. El caso límite fue probablemente el de Guipúzcoa, donde por otra parte la guerra carlista tenía mayor auge. El caso más insólito se produjo en Cartagena, donde fue elegido un candidato-ficción, un inexis-

---

[75] MARTÍNEZ CUADRADO: o. c., vol. I, pp. 190 y ss.

tente señor Lapizburu, que por cierto obtuvo 9.622 votos, la votación más nutrida de toda la elección [76].

La distribución de actas, como consecuencia de los resultados electorales fue: 343 republicanos federales, 1 unitario, 20 radicales, 7 sagastinos y 3 alfonsinos. Pero los federales no formaban un grupo unido y coherente. Hennessy distingue por lo menos tres subgrupos:

a) El de Castelar, Salmerón y casi todos los *benévolos,* que reclamaban un gobierno fuerte para evitar el naufragio de la República.

b) El de Pi y Margall, apoyado por intransigentes o benévolos fluctuantes, incluido el inefable J. M. Orense.

c) El de los intransigentes extremistas, con el general Juan Contreras y Roque Barcia.

Estos últimos componían el grupo más reducido en las Cortes, pero dieron en ellas la tónica vociferante e hicieron apelación a la calle para presionar sobre los parlamentarios.

Casi al mismo tiempo que se conocían en España los resultados electorales se producía en Francia un giro a la derecha en el gobierno de aquella República, que no dejaría de ejercer influjo a corto plazo en España: la entrada del general Mac-Mahon en el poder.

LOS GOBIERNOS DE PI Y MARGALL Y SALMERÓN. EL ALZAMIENTO CANTONAL. LA CONSTITUCIÓN FEDERAL

Al reunirse las Cortes, presenta Figueras la renuncia de su gobierno, de la que se deriva una crisis laboriosa, poniéndose de manifiesto las incompatibilidades personales entre los jefes de fila del federalismo. Una primera lista de ministros propuesta por Pi y Margall el 8 de junio fue rechazada. Figueras, que se veía por este motivo obligado a continuar en el ejercicio del gobierno a pesar suyo, tomó la increíble decisión de abandonarlo, huyendo a Francia el día 10. Ante el desbarajuste consiguiente y la situación tumultuaria de las Cortes, el general Mariano Socías, Capitán general de Madrid, alertó a la guarnición contra un posible golpe de Estado de los intransigentes

---

[76] HENNESSY: o. c., pp. 193-194.

planeado por los generales Pierrard, subsecretario de Guerra, y Contreras.

El día 11 se pudo llegar a un compromiso, formándose un gobierno presidido por Pi, con el apoyo de un piquete de la Guardia Civil en las Cortes, mandado por el coronel Iglesias. En el gobierno sólo figuraban personajes de segunda fila o absolutamente desconocidos (Muro, José F. González, Benot, Sorní, Ladico, más Estévanez en Guerra y Federico Aurich, general de la Armada, en Marina).

Aquel mismo día en las Cortes formulaba Pi los propósitos del gobierno: «salvar la República y el orden». Es decir, según Ferrando Badía, «este gobierno intentaría realizar la aspiración de la derecha —orden— y de la izquierda —federación» [77]. Ahora bien, el programa concreto de actuación no era posible precisarlo en aquel momento «porque antes es preciso que nos pongamos de acuerdo los ministros». Y aunque el día 13 pronunció un discurso programático en las Cortes, no hubo manera de llevarlo a la práctica. El programa se refería a objetivos políticos, la Constitución, la separación Iglesia-Estado, reformas militares y fiscales, reformas sociales (jurados mixtos, reglamentación del trabajo infantil y femenino, reformar «en beneficio de las clases jornaleras la forma de venta de los bienes nacionales», o sea, la desamortización).

No había acuerdo entre los ministros, sometidos a las facciones de las Cortes, aunque el día 21 planteó Pi la cuestión de confianza, ganando la votación por 176 votos contra 49, tras lo cual se propuso rehacer el gobierno.

En el nuevo había dos ministros pimargalianos, además del Presidente, y cinco castelarinos, así como los ministros militares Estévanez y Aurich. El programa del gobierno lo resumía Pi en las palabras «orden y progreso». Eran unas hermosas palabras cuando la realidad consistía en la agitación parlamentaria de las facciones obstruccionistas, en la conspiración cantonalista próxima a estallar, en la situación agravada de la guerra carlista en el norte, tanto en Vascongadas como en Cataluña. Añadamos a este panorama la conspiración alfonsina que se iniciaba en las filas del Ejército. José María Orense anuncia que los «intransigentes» se retiran de las Cortes. Ellos demostraron, durante el breve período transcurrido, cómo un grupo reducido de extremistas puede hacer imposible la vida parlamentaria.

---

[77] FERRANDO BADÍA: o. c., p. 206.

El gobierno Pi no tardó en ser desbordado por la insurrección cantonal. La doctrina federal, opina Fernández Almagro, «en su versión castiza y rústica», no en la versión libresca de Pi y Margall, «dio por fruto el cantón... En última instancia el federalismo o cantonalismo a la española podía pensar en unir, en asociarse con vistas a superior unidad; pero lo que le atraía y fascinaba de la Federación, por lo pronto, era el empezar por romper el vínculo del pueblo con la capital de la provincia, y de ésta con el poder central» [78].

El Comité Central de Salvación Pública de los intransigentes, en el que figuraban Contreras, Pierrard y Roque Barcia, planeaba el alzamiento en las provincias. Cartagena inició la sublevación el 12 de julio. Un huertano inculto, hombre de acción con gran atractivo personal, Antonio Gálvez Arce (Antonete) proclama el cantón, y al día siguiente consigue que se sumen a la rebelión los barcos de la escuadra surtos en el puerto, así como dos regimientos regulares. Llega el general Contreras, extendiéndose el alzamiento a Murcia. La fotaleza de la plaza naval cartagenera y la fuerza militar en ella concentrada, con 15.000 hombres de armas, 533 piezas de artillería y grandes reservas de municionamiento, serán la base del «cantón murciano», el primero en alzarse y el último en rendirse, pues prolongó casi seis meses su resistencia. Para algunos historiadores tiene aquel episodio aire de epopeya, para otros se trata de una seudo-epopeya solamente. Ricardo de la Cierva la califica de «tragicomedia huertana» [79].

El 21 de julio el gobierno central declara piratas a los barcos de la escuadra cartagenera, lo que dará lugar a incidentes internacionales por el apresamiento de varias unidades navales por las escuadras de Alemania e Inglaterra. Pero el gobierno del cantón proclama en Cartagena, el 27 de julio, el gobierno provisional de la federación española, presidido por el general Contreras, al que más tarde relevaría Roque Barcia.

Entre tanto, el movimiento cantonalista se había extendido: el 18 de julio por la tarde Valencia proclama su cantón, y casi simultáneamente lo hacen en Málaga, Sevilla, Cádiz y Almansa. Siguen las proclamaciones cantonales en Granada, Castellón, Ávila, Salamanca, Bailén, Andújar, Algeciras... Hubo además

---

[78] FERNÁNDEZ ALMAGRO: o. y ed. c., vol. I, pp. 177-178.
[79] Una breve síntesis expositiva e interpretativa de este autor en «El cantón de Cartagena» publ. en «Historia y Vida», núm. extra 3 dedicado a *La primera República* (1975), pp. 146-155.

actos semejantes en Toro, Béjar, Écija, San Lúcar de Barrameda y en algunos puntos de menor importancia, en los que el cantón duró breves horas. Cataluña, en cambio, quedó al margen del movimiento.

Evidentemente existe una «pluralidad de manifestaciones cantonales», o sea, modelos diferentes. En unos casos, como en Valencia, parece que predomina el *regionalismo burgués;* en otros, tienen participación los internacionalistas; en alguno, como ocurre en Granada, parece convertirse en el feudo de un tiranuelo. «En realidad la acción obrera en la cantonal responderá muchas veces a supuestos ideales y caerá en la revuelta del odio», declara Ferrando Badía. «Porque la liquidación social se entenderá en un puro sentido físico, la anarquía como salvoconducto de irresponsabilidad y el colectivismo como apropiación de lo ajeno» [80].

Hubo cantones, como Valencia, Málaga y Sevilla, donde los federales republicanos y los extremistas de la A. I. T. sostuvieron conflictos y luchas entre sí. En Cartagena, en cambio, Antonete Gálvez «no toleró desmanes» y en los seis meses del cantón se mantuvo un respeto absoluto a las personas.

Ante el alzamiento cantonal, ¿cuál es la posición del gobierno? Pi y Margall no era el hombre adecuado para emplear la fuerza contra los cantonales. En el mes de junio había evitado un alzamiento en Sevilla gracias al telégrafo. Cuando amenazaba la insurrección, mandó al general Ripoll que se situara en Córdoba con 2.000 hombres para actuar en Andalucía pero no «en son de guerra». Debía apelar «ante todo a la persuasión y al consejo» según las instrucciones [80 bis].

Pi y Margall intentó desarmar políticamente a los cantonales precipitando a última hora la aprobación de una Constitución federal. A tal efecto se leyó en las Cortes el 17 de julio un proyecto de Constitución. Pero el cantonalismo era precisa-

---

[80] FERRANDO BADÍA: o. c., pp. 351-352. Para este autor en la cantonal se superponen tres revoluciones: la regional, la social y la política. Aunque el regionalismo y el socialismo fueron «fuerzas» del movimiento cantonal, la dirección del mismo sólo podía recaer en los hombres capacitados para ello, los que integraban la «burguesía de agitación», concepto que usa siguiendo a J. M. JOVER (*Conciencia obrera y conciencia burguesa en la España contemporánea*, Madrid, 1962). TERMES entiende que, si bien algunos obreros internacionalistas participaron en la insurrección cantonal, está demostrado que los dirigentes de la Federación Regional «no colaboraron en la sublevación, ni auxiliándola materialmente ni prestándole apoyo ideológico» (*El Movimiento obrero en España. La Primera Internacional (1864-1873)*, Barcelona, 1965, pp. 106-108).

[80 bis] PI Y MARGALL: *La República de 1873*, ed. A. JUTGLAR, 1970, p. 152.

mente la réplica de los federalistas intransigentes de provincias contra el intento de establecer la República federal de arriba-abajo y no a la inversa.

Al retirarse de las Cortes los diputados «intransigentes» Pi y Margall había declarado en las Cortes el 2 de julio: «Si la República hubiese venido de abajo a arriba, las provincias habrían empezado por constituirse en cantones y hubiera desaparecido el poder central. Entiendo que habríamos llegado, más o menos tarde, a reconstituir la unidad nacional estableciendo una República como todos la deseamos; pero habríamos atravesado un período largo, trabajoso y muy ocasionado a conflictos y per-turbaciones... No se realizan los deseos de los pueblos promo-viendo insurrecciones, que son siempre una calamidad para las sociedades; se logran los deseos de los pueblos propagando y difundiendo las ideas, llevándolas a los comicios cuando los comicios se abran, explanándolas después con fuerza y con ím-petu en las Cortes cuando las Cortes están abiertas, y no retra-yéndose la minoría (intransigente) como se retrajo ayer» [81].

Sorprende a primera vista la lentitud con que se daban los pasos hacia la Constitución federal; pero se explica por varias razones: Primera, por las ideas contradictorias y confusas sobre lo que aquel federalismo debiera ser: así lo reprochaba Echega-ray en las Cortes el 7 de marzo de 1873. Segunda, por la desconfianza del mismo Pi en la posibilidad de encauzar desde arriba la República federal, ante la actitud de las provincias, como se revela en el discurso citado, que le inducía a seguir una táctica dilatoria.

En esta opinión coincide G. Trujillo en su estudio sobre el federalismo español: «los partidarios de la República federal no llegaron a tener una noción clara ni de si el procedimiento de establecimiento de la Federación había de partir "de abajo" o "de arriba"; de si lo que querían realmente de verdad era un Estado federal; no estaban tampoco muy claras sus ideas sobre las garantías constitucionales de que habían de gozar las auto-nomías regionales tan celosamente defendidas, ni sobre los me-dios de acción con que, en todo caso, debería contar el Poder federal para no verse condenado a la ineficacia. Y sobre todo sus dirigentes no tuvieron conciencia —o las circunstancias no permitieron que la expresaran y obrasen en consecuencia— de lo que para la cohesión del partido hubiese significado un acuerdo básico sobre estas materias. Y esto, sin duda alguna,

---

[81] FERRANDO BADÍA: o. c., p. 216.

fue un importante factor del fracaso del ensayo federal. Una mayor atención a los problemas de técnica jurídica del federalismo hubiera proporcionado a sus seguidores una imágen más concreta y tangible de lo que se quería. Ello hubiese evitado las incoherencias e incertidumbres que muestra el estudio de las actividades de esta fuerza política, tanto en la fase inmediatamente pre-republicana, como bajo esta última legalidad» [82].

En 1872 había sido presentado un proyecto de Constitución federal a la Tercera Asamblea del partido, preparado por Salmerón y Chao, que no fue aceptado imputándosele excesivo centralismo. La Comisión de Cortes, durante el mes de junio y primera mitad de julio de 1873, estudiaron varias iniciativas, sin que llegara a cuajar un proyecto concreto. Pero, ante lo crítico de las circunstancias, el día 17 se leyó en las Cortes el proyecto ultimado por Castelar en veinticuatro horas. Dos miembros de la Comisión disintieron y formularon otro en forma de voto particular; «proyecto cuya característica más acentuada es la prolijidad con que aparece regulada la materia de los derechos individuales» [83].

El proyecto de Castelar consta de un título preliminar no articulado y otros 17 títulos, con 117 artículos en total. Sus principales fuentes de inspiración eran la Constitución española de 1869 y la de los Estados Unidos de América.

En el preámbulo se expresan las tres directrices que han presidido su redacción [84]: La salvaguardia de las libertades democráticas conquistadas por la Revolución de 1868; la división de poderes, para evitar cualquier forma solapada de dictadura; y la división del territorio atendiendo a razones históricas o conveniencias actuales.

La doctrina del liberalismo radical contenida en el título I de la Constitución de 1869 pasa íntegra a la declaración de principios del título preliminar y al título II de 1873: 29 de los 31 artículos de aquélla se incorporan a éste. Se añaden los artículos sobre libertad de cultos y separación de la Iglesia y el Estado (arts. 34-37). Se amplía el derecho de asociación (art. 25). En el título preliminar se declaran los derechos naturales y liberta-

---

[82] G. TRUJILLO: o. c., p. 168.

[83] G. TRUJILLO: o. c., pp. 180-187 y 189-203.

[84] El texto de este proyecto, aunque desgraciadamente no recoge el preámbulo, puede verse en *Constituciones y Leyes Fundamentales de España (1808-1947)*, ed. preparada por A. PADILLA, Universidad de Granada, 1954, pp. 122-141. El texto constitucional, incluido el Preámbulo, puede verse en J. L. FERNÁNDEZ-RÚA: *1873. La Primera República*, Madrid, 1975, Apéndice, pp. 555 y ss.

des inherentes a «toda persona humana» y en el título II los «derechos de los españoles».

Los títulos III y IV contienen «los principios de la organización estatal». El art. 1 de la Constitución declaraba: «Componen la nación española los Estados de Andalucía Alta, Andalucía Baja, Aragón, Asturias, Baleares, Canarias, Castilla la Nueva, Castilla la Vieja, Cataluña, Cuba, Extremadura, Galicia, Murcia, Navarra, Puerto Rico, Valencia y Provincias Vascongadas». Además de los *Estados* integraban la *Nación española* los *territorios* de Filipinas, Fernando Poo y otros establecimientos en África, que podrían elevarse a la condición de Estados «a medida de sus progresos» (art. 2).

El individuo soberano ejerce directamente su soberanía a través del sufragio, e indirectamente a través de los órganos políticos de la República: el Municipio, el Estado y la Federación, cada uno de ellos titular también de la soberanía en su respectiva esfera.

El poder se divide en legislativo, ejecutivo y judicial, más un denominado «poder de relación». El legislativo reside en las Cortes bicamerales. El Senado se compone de cuatro senadores por Estado, elegidos por dos años, exigiéndose la edad de cuarenta años para ser senador. El Senado tiene sólo un veto suspensivo sobre las decisiones del Congreso y ejerce la tutela política de los derechos constitucionales. El Congreso lo formaban los diputados, mayores de 25 años de edad, elegidos a razón de uno por cada 50.000 habitantes. Su mandato era también de dos años. Al Congreso corresponde la iniciativa de las leyes, junto con el Jefe del Estado y el gobierno. No puede ser disuelto por el Poder Ejecutivo. El gobierno no responde ante las Cortes, es decir, no se exige la confianza parlamentaria. Las dos cámaras se reúnen separada pero simultáneamente y en algunos casos se prevé su reunión conjunta (art. 58).

Los títulos IX y XI tratan del poder ejecutivo y del de relación. El «poder de relación» es el del Presidente de la República; el Ejecutivo del gobierno. Es decir, se produce una división del Ejecutivo. El Presidente de la República, elegido por cuatro años por sufragio universal indirecto, no es reelegible, según el modelo entonces vigente en los Estados Unidos de América. Nombra y separa al jefe del gobierno, tiene iniciativa legislativa y debe promulgar las leyes, nombra embajadores, puede convocar reuniones extraordinarias de las Cortes, tiene el derecho de gracia y vela por las Constituciones particulares de los Estados que componen la Federación.

El gobierno lo forman los ministros reunidos en Consejo. Reglamenta la ejecución de las leyes, vigila su cumplimiento, redacta los presupuestos, nombra los funcionarios federales y debe velar por la seguridad interior y exterior de la República.

El poder judicial reside en el Tribunal Supremo, integrado por tres magistrados por cada Estado. Además de las funciones judiciales ordinarias, debe vigilar la constitucionalidad de las leyes y entiende en los problemas de competencia entre los distintos poderes o de los Estados con la Federación.

Las colectividades federadas son, en el primer escalón, los Municipios; en el segundo, los Estados. Cada Estado tendrá su Constitución particular, que no podrá contradecir lo dispuesto en la Constitución Federal. Los Estados miembros no pueden dividirse ni asociarse entre sí. Los Estados son competentes en todas las materias que no se delegan expresamente en el poder Federal. Tienen, pues, su Hacienda propia, sus servicios e instituciones de Instrucción pública, obras públicas y seguridad interior.

El título V contiene las competencias expresas del poder Federal: relaciones internacionales, comunicaciones generales (correos, telégrafos, ferrocarriles); deuda pública y contribuciones nacionales, aduanas, pesas y medidas; códigos legales de carácter general; servicios de sanidad y educación, etc.

Los municipios gozan de autonomía administrativa, económica y política (art. 106), y sus atribuciones se desglosan en las funciones legislativas, que corresponden al Ayuntamiento; las ejecutivas, al Alcalde; y las judiciales que recaen en un Tribunal municipal nombrado por sufragio universal directo, lo mismo que el alcalde y los concejales.

Estima Trujillo la preponderancia de las atribuciones federales sobre las de los Estados particulares, criterio en que se basa toda la Constitución: «este carácter centralista y de escasa preocupación por las garantías de las autonomías de las colectividades federadas traduce la poca influencia que en el proyecto tienen las ideas de Pi y Margall» [85].

La guerra cantonal primero, y luego la suspensión de las Cortes en septiembre impidieron que el proyecto se aprobara. En realidad, sólo fue discutido durante tres días, formulándose numerosas enmiendas. Una vez más se ponía en evidencia la inmadurez del federalismo español.

---

[85] G. TRUJILLO: o. c., p. 203.

En efecto, la guerra cantonal absorbió durante aquellos meses la atención principal del gobierno. Pi y Margall, incapaz de dominar la situación, había dimitido el 18 de julio. Había pretendido ensayar una utópica solución: aprobar la Constitución en una sesión permanente de las Cortes y negociar luego el sometimiento de los cantonales sin acudir a reducirlos por las armas.

El 20 de julio formó gobierno Salmerón, que conservó los tres ministros del gobierno anterior más autoritarios (Maissonave, en Gobernación; González Iscar, en Guerra, y Carvajal, en Hacienda) y nombró cinco nuevos ministros (Soler, Moreno Rodríguez, Oreyro, José F. González y el Dr. Palanca). Fue entonces cuando el ministro de Marina saliente, Aurich, evolucionó hasta pasarse a las filas del carlismo.

Para restablecer el orden *manu militari* Salmerón hubo de reorganizar el Ejército y restablecer la disciplina, dando paso en los altos mandos a generales y jefes monárquicos, como Martínez Campos, o no-republicanos, como Pavía. Este general, nombrado Capitán general de Andalucía, dominó con 2.000 hombres Sevilla, Cádiz y la mayor parte de la región (finales de julio-primeras semanas de agosto). Sólo Málaga resiste hasta el 18 de septiembre, porque el ministro Palanca vetaba el ataque militar directo a aquella ciudad en la que tenía compromisos personales. Por su parte, Martínez Campos había entrado en Valencia el 8 de agosto, liquidando el cantón.

Hennessy se pregunta cómo con tan pocos efectivos se dominó una sublevación tan extensa, en la que indudablemente había una participación popular. La respuesta está en la falta de dirección de los cantonales y en la imposible coordinación entre ellos [86].

Sólo el cantón murciano, como hemos dicho, resistió hasta el 11 de enero de 1847. En los primeros momentos de euforia había pensado Antonete en operaciones ofensivas y el ejército cantonal ocupó Orihuela el 31 de julio. Pero el 10 de agosto la columna gubernamental que mandaba el general Salcedo le derrota en Chinchilla. Pocos días después, tras aplastar el cantón valenciano, el general Martínez Campos pone sitio a Cartagena, sitio que fue dirigido posteriormente por los generales Ceballos y López Domínguez. A la vez, la escuadra gubernamental trataba de bloquear por mar la plaza, aunque con poco éxito. El

[86] HENNESSY: o. c., p. 227.

general Ceballos sometió a Cartagena a un fuerte bombardeo desde el 26 de noviembre al 9 de diciembre. López Domínguez reanudó el bombardeo el 3 de enero. La resistencia de los defensores se quebranta: la Junta Soberana de Salvación Pública de Cartagena, bajo la presidencia de Roque Barcia, decide capitular el 11 de enero. Algunos de los cantonales, entre ellos Antonete Gálvez, consiguieron huir en la fragata *Numancia,* que en este caso no quiso tener un final numantino [87].

LA «REPÚBLICA CONSERVADORA». CASTELAR

El 5 de septiembre había dimitido Salmerón, al verse en un callejón sin salida, entre el veto del Dr. Palanca al asalto militar de Málaga, y la exigencia del general Pavía de ser autorizado para tomarla; de lo contrario, dejaría el mando. Además, Salmerón recomendaba el «giro a la derecha» para salvar la República, obteniendo el reconocimiento de las potencias extranjeras. Así, pretextando escrúpulos morales para firmar dos sentencias de muerte propuestas por la autoridad militar, ya que él no era partidario de la pena capital, aunque las sentencias fueran en aquel caso ajustadas a derecho, optó por presentar la dimisión.

Por lo demás, el alzamiento cantonal había desmantelado la izquierda de la República y ésta no podía encontrar ya más apoyo que en la derecha, aún con los riesgos que entrañaba este cambio de signo. La derrota cantonalista acentuaba las discordias de la izquierda. Los informes de Lafargue y la Nueva Federación (de signo marxista) enviados al Consejo General de la A. I. T. de Londres censuraban el «descabellado» alzamiento cantonal y la participación de los bakunistas en el mismo [88].

---

[87]   R. DE LA CIERVA, en el artículo citado, se refiere al final prosaico de algunos de estos cantonalistas cartageneros. El general Contreras reconoció a Alfonso XII en 1880, igual que otro de los jefes militares de Cartagena, Félix Ferrer. Roque Barcia aceptará trabajar en un Diccionario Etimológico bajo el patrocinio regio. Antonete Gálvez, que se sublevó de nuevo más tarde, obtuvo por dos veces el perdón de Alfonso XII «y agradecido a tantas comprensiones acabó sus días como agente electoral del partido conservador en Murcia». Sic transit gloria mundi.

[88]   En este sentido está redactado también el informe de FEDERICO ENGELS: «Los bakunistas en acción. Informe sobre la sublevación española del verano de 1873». Publ.

Castelar sería, pues, el hombre del giro a la derecha y de «la República conservadora». Fue nombrado presidente el 6 de septiembre, formando gobierno con ministros del anterior (Maissonave y Oreyro, entre otros), y nombrando algunos nuevos (Sánchez Bregua, Pedregal y del Río).

El programa de Castelar podría sintetizarse así: reconstrucción de la unidad nacional frente al cantonalismo, aunque sin renunciar a las posibilidades federales; restablecimiento del orden frente a la anarquía: «necesitamos orden, autoridad, gobierno», dijo en su discurso de presentación ante las Cortes; tender la mano de la República para que fuera «de todos, para todos y por todos». Pero esta República obra «de todos», necesitaba por tanto el concurso de la mayoría no-republicana. Encerrada en esta contradicción la República caminaba hacia su final autodestrucción.

El gobierno obtuvo el 13 de septiembre autorización de las Cortes para «adoptar las medidas extraordinarias de guerra que estime necesarias». El día 20 hizo aprobar cuatro decretos: la suspensión transitoria de las garantías individuales de la Constitución vigente, o sea, la de 1869; la supresión de todas las licencias de armas; la restricción de la libertad de desplazamientos, con el uso obligatorio de un salvoconducto para salir del término municipal de residencia; y la censura de prensa, «medidas que un año antes él mismo hubiera calificado de tiránicas» [89]. Acto seguido suspendió las Cortes hasta el día 2 de enero. Comenzaba de este modo el gobierno autoritario de Castelar, su auténtica «dictadura republicana».

Tres tipos de medidas tuvo que poner en práctica para salir al paso de las tres graves crisis del Estado:

a) Ante la crisis militar (cantonal, carlista y cubana) habrá de robustecer el Ejército. Para ello restablece el Cuerpo de Artillería, las Direcciones generales militares y devuelve el mando a los militares capacitados, haciendo abstracción de sus

en MARX Y ENGELS: *Revolución en España*, 2.ª ed., Caracas-Barcelona, 1966, pp. 223-248. El informe termina con esta última conclusión: «En una palabra, los bakunistas nos han dado en España un ejemplo insuperable de cómo *no* se debe hacer una revolución». Las acusaciones de Engels contra los bakunistas españoles en el alzamiento cantonal responden al contexto de la ruptura ocurrida en el seno de la Internacional entre marxistas y anarquistas.

[89] JOSÉ L. FERNÁNDEZ-RÚA: *1873. La Primera República*, Madrid, 1975, p. 411. Una buena exposición de conjunto de la gestión de Castelar en el gobierno, puede verse en CARMEN LLORCA: *Emilio Castelar, precursor de la Democracia Cristiana*, Madrid, 1966, pp. 178-209.

ideas políticas, según la norma emprendida ya antes por Salmerón: Martínez Campos y Primo de Rivera son destinados al Ejército del norte contra los carlistas, Jovellar a Cuba. Generales y oficiales monárquicos toman el mando de las unidades del Ejército. Castelar había llegado a un acuerdo con Pavía, Capitán general de Madrid, para «hacer patria, país y ejército» y acabar así de una vez con las tres guerras civiles.

b) Ante la comprometida situación financiera y la perentoria necesidad de conseguir recursos urgentes para las tres guerras, obtuvo de las Cortes autorización para arbitrar medios hasta cien millones de pesetas de la manera que el gobierno estimara más ventajosa. Disponía además de la autorización del 25 de agosto para emitir un empréstito forzoso de 175 millones de pesetas y una suscripción de 180 millones en valores. Los dos objetivos del ministro de Hacienda, Pedregal y Cañedo, fueron allegar recursos «y mantener en lo posible el crédito del Estado... Para todo ello se recurrió al dinero interior, a través de empréstitos forzosos y emisión de billetes hipotecarios, y al capital exterior, mediante operaciones no excesivamente onerosas» [90].

c) Ante el deterioro de las relaciones entre la Iglesia y el Estado, procurar una distensión negociando un «modus vivendi» con la Santa Sede. La situación se había enrarecido, dentro del clima ya tenso, a raíz del proyecto de Constitución Federal del 17 de julio, en cuyos artículos 35 y 36 se prohibía, tanto al gobierno federal como a los Estados y Municipios, que subvencionaran directa o indirectamente el culto. También se leyó en las Cortes el 2 de agosto un proyecto de ley de separación de la Iglesia y el Estado.

El arzobispo de Valladolid, cardenal Moreno, encabezó una carta colectiva enviada a las Cortes el 1 de agosto, protestando de tales intentos. Todo el episcopado español se sumó a la protesta. «Con esta medida, escribían los obispos, no se trata de proclamar la independencia absolutamente necesaria de las dos potestades, como a veces se finge, ni de evitar la confusión, o mezcla de sus respectivos derechos y atribuciones, y ni aún siquiera de garantizar los efectos naturales de la libertad de cultos; a no ser que por ésta se entienda la libertad de irreligión o más bien la libertad de ataque contra la religión en la que con frecuencia, y quizá sin quererlo el legislador, degenera la de

---

[90]   LACOMBA: o. c., p. 64. También los documentos 20 y ss. publicados en Apéndice, pp. 218-219 y ss.

cultos... El objeto verdadero de esa separación es el de que se prescinda o se contraríen en todo lo relativo al régimen y gobernación del estado, los eternos principios del orden religioso, político y social que enseña la Iglesia católica» [91].

Planteadas las cosas en estos términos por una y otra parte era difícil la distensión. Pero para la Iglesia existía también un problema grave de carácter interno en cuanto a su organización, por los numerosos obispados vacantes desde 1868, ya que la Santa Sede se había abstenido de nombrar obispos al negarse a reconocer el derecho de Patronato al Rey Amadeo I. Los intentos de deshielo con la Iglesia le valieron a Castelar la acusación de «vaticanista» y desencadenaron contra él la ofensiva de Pi, Figueras y Salmerón. No obstante estos ataques, Castelar quiso proveer las sedes vacantes de Toledo, Santiago y Tarragona, a reserva de la ratificación pontificia. No hubo ya materialmente tiempo de que el «modus vivendi» de Castelar, intentado en diciembre, progresara porque el final de su mandato sobrevino inmediatamente.

El otro problema fundamental, el del ordenamiento constitucional del régimen, había quedado aplazado al suspenderse las Cortes el 20 de septiembre.

Las Cortes reanudaron sus sesiones el 2 de enero de 1874. Castelar expuso en un breve informe la obra del gobierno durante el «descanso» parlamentario: «Nuestra situación, grave bajo varios aspectos, ha mejorado bajo otros. El orden se halla más asegurado, el respeto a la autoridad más exigido arriba y más observado abajo. La fuerza pública ha recobrado su disciplina y subordinación. Los motines diarios han cesado por completo... Es necesario cerrar para siempre, definitivamente, así la era de los motines populares, como la era de los pronunciamientos militares». Hablaba de atraer hacia la República a todas las clases, y concluía: «Proponiéndonos una conducta de conciliación y de paz, que aplaque los ánimos y no los encone, que sea a un tiempo la libertad y la autoridad, señores diputados, podéis apelar de las injusticias presentes a la justicia definitiva; y cuando haya pasado el período de lucha y de peligro, encerraros en el olvido del hogar, mereciendo a vuestra conciencia y esperando de la historia el título de propagadores, fundadores de la República en España» [92].

[91] V. CÁRCEL ORTÍ: «La Iglesia en la tormenta», p. 56. Artículo citado en la anterior nota núm. 56.
[92] *Diario de Sesiones,* 3 enero 1874.

La propuesta de un voto de confianza originó el debate. Nicolás Salmerón, presidente de las Cortes, abrió el fuego con una acusación: «Se ha roto la órbita trazada a la República conservadora por los principios democráticos», para proponer luego que «si no hay salvación para la situación presente dentro de la órbita del partido republicano, antes que romperla nosotros con mano sacrílega, digámoslo a la faz del país; declaremos que no es posible gobernar con nuestros principios, con nuestros medios, con nuestros procedimientos; y con el patriotismo a que siempre ha respondido esta Cámara decida que vengan otros hombres y otros partidos» [93].

Castelar se defiende con el argumento de «la República posible» frente a la utopía de los idealistas. Pronuncia un largo discurso con todos los resortes de su elocuencia. Hace ver la ruina que amenaza a la República: «Pues ya estamos desacreditados todos, todos sin excepción... ¿No veis que nuestros errores se tocan más cerca? Por consecuencia, ¿qué va a pasar a esta República que ha consumido sus dinastías de pensadores, sus dinastías de filósofos, sus dinastías de economistas, sus dinastías de oradores? ¿Qué le va a pasar mañana?»

Puesta a votación la cuestión de confianza, Castelar tuvo 120 votos en contra y sólo 100 a favor. Había sido derrotado. A altas horas de la madrugada los diputados se disponían a elegir un quinto Presidente del Poder Ejecutivo de la República, el doctor Palanca. Pero la votación no pudo concluirse. El general Pavía pasaba a la acción.

EL GOLPE DE ESTADO DE PAVÍA

El Capitán general de Madrid había premeditado su intervención en el caso de que las Cortes derrotasen a Castelar. Al conocer el resultado adverso de la votación, saca a la calle un batallón de infantería, una batería de artillería, unas compañías de guardias civiles que sitúa frente a las Cortes, y pone varios retenes en diversos lugares de Madrid para impedir cualquier maniobra de los milicianos republicanos.

A las 6,55 de la mañana del día 4 el presidente de las Cortes, Salmerón, recibe un aviso para que desalojen todos los

---

[93] *Diario de Sesiones*, 4 enero 1874.

diputados el local. Intenta éste repercutir sobre Castelar la responsabilidad: «El gobierno presidido por el digno e ilustre patricio don Emilio Castelar es todavía gobierno... y puesto que es todavía gobierno, sus disposiciones habrá tomado ya».

Empieza entonces una escena con pretensiones de drama y que media hora después concluirá en sainete. Castelar responde a Salmerón: «Yo, señores, no puedo hacer otra cosa más que morir aquí el primero con vosotros...». Varios diputados pronuncian frases heroicas, se habla de resistir en los escaños hasta la muerte. Alguno más práctico propone rectificar la votación anterior, renovando la confianza a Castelar, que no acepta: «para que no se dijera nunca que (el gobierno) había sido impuesto por el temor de las armas». Al ministro de la Guerra dimisionario todo lo que se le ocurre es anunciar un decreto destituyendo del mando a Pavía. En el *Diario de Sesiones* del día 4 han quedado recogidas todas estas incidencias. A las 7,30 varios guardias civiles hacen unos disparos al aire en los pasillos del Congreso y entran en el salón de sesiones. Mientras se retiran hacia las galerías algunos diputados, buscando la salida, insultan a la fuerza pública, «quedando terminada la sesión en el acto», dice púdicamente la prosa oficial [94].

Uno de los testigos, Nicolás Estévanez, cuenta en sus *Memorias* un relato colorista. Los diputados que decían dejarse matar en los escaños, corrían hacia las puertas. «No rehúyo la parte de responsabilidad que pueda corresponderme en la increíble vergüenza de aquel día; todos nos portamos como unos indecentes» [95].

Así había concluido la República federal.

LA «REPÚBLICA DUCAL». EL MAC-MAHONISMO DE SERRANO

Pavía se encontró con el poder en la mano aquella mañana del 4 de enero de 1874. No lo quería para él; por eso llamó a Serrano, el hombre de las ocasiones turbias, según Fernández Almagro, inteligente, con múltiples contactos, idóneo para improvisar un gobierno en circunstancias excepcionales.

[94] C. LLORCA, o. c., pp. 206-209, recoge el relato de los últimos momentos de las Cortes republicanas según la versión del *Diario de Sesiones,* que habla de la presencia en la sala de «soldados». La versión de MORAYTA está reproducida por FERNÁNDEZ ALMAGRO, o. c., vol. I, nota 30, pp. 467-468.

[95] ESTÉVANEZ: *Fragmentos de mis memorias,* Madrid, 1903, p. 466.

A instancias de Serrano se celebró una reunión de personalidades: militares (Concha), marinos (Topete y Beránger), progresistas históricos (Sagasta y Alonso Martínez), radicales (Rivero, Becerra, Montero Ríos, Martos, Echegaray, Mosquera), un republicano unitario (García Ruiz). Fue convocado también Castelar, que no asistió. Cánovas y Elduayen, monárquicos alfonsinos, convocados igualmente, se retiraron no queriendo comprometer a su partido en aquella operación, porque Cánovas sabía esperar, reservándose para hacer su juego a plazo más largo.

De aquella reunión salió el nuevo gobierno provisional. Se encargó a Serrano, duque de la Torre, la Presidencia del Poder Ejecutivo. Esta denominación evocaba evidentemente la República. El gobierno estaba formado a base de radicales (Martos, Echegaray, Mosquera): a fin de cuentas el propio general Pavía era radical. Figuraban también Sagasta, el republicano García Ruiz, el almirante Topete y el general Zavala.

El 8 de enero un decreto del duque de la Torre confirmaba la nueva situación republicana: «La opinión pública, sirviéndose del brazo providencial del Ejército, ha disuelto las últimas Cortes Constituyentes. El país ha prestado a este acto su más unánime consentimiento; el Poder Ejecutivo de la República acepta toda su responsabilidad y, en consecuencia, decreta lo siguiente: Artículo 1.º. Se declaran disueltas las Cortes Constituyentes de 1873. Artículo 2.º. El Gobierno de la República convocará Cortes ordinarias tan luego como, satisfechas las necesidades del orden, pueda funcionar libremente el sufragio universal. Firmado: Francisco Serrano, duque de la Torre».

Liquidada, pues, la República federal, se estaba aún muy lejos de la Restauración monárquica. Se declaró el mantenimiento de la Constitución de 1869, aunque provisionalmente en suspenso. Serrano aspiraba a gobernar con plenos poderes por tiempo indefinido. Cánovas del Castillo, en carta a Isabel II fechada el 9 de enero, interpretaba el nuevo gobierno como el intento de Serrano de «consolidar la República unitaria con su presidencia vitalicia»; y en la carta que el día 17 siguiente escribió al príncipe Alfonso, calificaba aquella situación de «mac-mahonismo», por analogía con el proceso que estaba ocurriendo entonces en la Tercera República francesa: «la aspiración perpetua al poder supremo de un soldado con fortuna» [96].

---

[96]   M. DE LEMA: o. c., vol. II, pp. 644-646, publica íntegra esta importante carta, primera dirigida por Cánovas al Príncipe Alfonso.

A fin de granjearse una aureola militar, Serrano acude al Ejército del Norte para dirigir las operaciones contra los carlistas, que por entonces habían puesto sitio a Bilbao, hecho militar que iba a tener una repercusión importante en la suerte de la guerra [97]. Encargó la jefatura del gobierno al general Zavala, que introdujo el 13 de mayo algunos reajustes en su composición.

Zavala dimitió a su vez la jefatura del gobierno el 3 de septiembre, relevándole en el puesto Sagasta. La situación se hallaba cada vez menos clarificada hacia el futuro. Aquella interinidad prolongada indefinidamente no parecía ofrecer alternativa. Se intentaba sugerir de nuevo la candidatura de un príncipe prusiano, ahora Federico Carlos Hohenzollern-Sigmaringen, hermano de Leopoldo, para el caso de una eventual Restauración monárquica [98]. Cánovas manejaba los hilos del partido alfonsino, mientras en el Ejército se superponía una doble conspiración militar para restaurar la Monarquía en el hijo de Isabel II.

El mac-mahonismo del general Serrano tenía frente a sí la guerra carlista, la de Cuba y la marejada creciente del monarquismo alfonsino. Bajo este triple embate cayó la «República ducal» de 1874.

[97] El sitio de Bilbao de 1874 ha sido objeto de estudios clásicos de la historia militar de aquella guerra. Recientemente se ha publicado un original trabajo de ESTÍBALIZ RUIZ DE AZÚA: *El sitio de Bilbao en 1874. Estudio del comportamiento social de una ciudad en guerra*, Bilbao, 1976. Prólogo de V. PALACIO ATARD: «Bilbao bajo las bombas carlistas».

[98] M. ESPADAS BURGOS: *Alfonso XII y los orígenes de la Restauración*, Madrid, 1975, páginas 26-30.

CAPÍTULO 5

LA GUERRA DE CUBA Y LA GUERRA CARLISTA

Durante el sexenio de 1868-1874 el proceso interno de la Revolución está interferido por dos crisis bélicas: una externa, o al menos periférica al núcleo social y geográfico de España y a los problemas directamente debatidos en la Revolución española, la guerra de Cuba; otra interna, inserta en ese mismo proceso, como una respuesta de masas a la tentativa progresista; ese es el caso del carlismo en armas desde 1872.

La presión que desde fuera y desde dentro se ejerce por estas situaciones conflictivas bélicas, con el aditamento de otras presiones internacionales, constituye un lastre que dificulta la navegación del que podríamos denominar, ya de por sí, poco marinero barco de la Revolución, que en los bandazos de las tormentas perderá el gobernalle, quedará a la deriva y se irá desencuadernando hasta hundirse en el mar de confusiones y contradicciones que, en último término, constituye la historia de estos seis años.

LA CRISIS HISPANO-CUBANA. LA EVOLUCIÓN INTERNA DE CUBA EN LA PRIMERA MITAD DEL SIGLO XIX

Tuñón de Lara ha llamado recientemente la atención sobre la naturaleza de las relaciones hispano-cubanas en los primeros sesenta años del siglo XIX [99]. El paso de la economía ganadera a la agrícola había modificado la base económica de la isla a finales

---

[99] TUÑÓN DE LARA: «España y Cuba en la primera mitad del siglo XIX», publ. en *Estudios sobre el siglo XIX español*, pp. 239-280.

del siglo XVIII, con el cultivo preferente de la caña de azúcar y también del tabaco y del café. En la primera mitad del siglo XIX continuó extendiéndose el área azucarera, sobre todo en la región de La Habana, zona de grandes hacendados propietarios de ingenios de azúcar, que se beneficiaron del hundimiento del azúcar haitiano. El tabaco se cultivó con preferencia en la provincia de Pinar del Río (Vuelta Abajo), aplicándose a él cultivadores medianos y pequeños, pero el Estado se reservaba el monopolio de compra y comercialización de la producción. A mediados del siglo XIX decae la importancia del café, por la competitividad de otros países.

Durante el primer cuarto del siglo XIX no había repercutido en Cuba ni en Puerto Rico el movimiento independentista de la América continental española, y las islas antillanas constituían una reserva colonial con posibilidades de aprovechamiento económico. Durante bastantes años la prosperidad económica de Cuba fue pareja con la buena inteligencia entre hacendados criollos y comerciantes españoles.

Como efecto del tipo de cultivos agrícolas que desde el último tercio del siglo XVIII se habían desarrollado en Cuba hubo una demanda de mano de obra que debió importarse: de ahí la presencia de negros esclavos. Según el censo de 1827 la población cubana estaba formada por 331.000 blancos y 394.000 negros. Los blancos en su mayoría eran hacendados criollos, más los comerciantes y los funcionarios peninsulares, así como un número relativamente importante de franceses de origen haitiano, llegados a Cuba tras la revolución de 1805 en Haití. La población de color era en parte libre, unas 107.000 personas, permaneciendo el resto en su condición de esclavos.

En 1817 se firmó el compromiso internacional para la abolición de la trata de negros, no obstante lo cual continuó la admisión clandestina en Cuba. Pero, después de la «conspiración de la Escalera» en 1843 y bajo el recuerdo de la revolución negra de Haití, se produjo en Cuba un sentimiento de temor en ciertos sectores blancos, contrarios al aumento de la densidad de la población de color. El conde de Cheste, que fue Capitán general de la isla, trató en 1853-1854 de forzar la resistencia de los intereses de los azucareros esclavistas para cortar el tráfico de negros. Se manifestaban, pues, entre los blancos influyentes del país dos tendencias opuestas. El conde de Cheste fue relevado del mando después de la Revolución de 1854. Los grandes hacendados esclavistas tenían en Madrid buenas relaciones e incluso financiaban varios periódicos.

Pero a raíz de las medidas liberatorias de la emigración tomadas en España en 1853, se procuró canalizar la salida de españoles hacia Cuba y Puerto Rico. Así, la importación de mano de obra negra en Cuba es compensada por estos inmigrantes gallegos, vascos y cantábricos principalmente. Esto había determinado que se alterase la relación cuantitativa de la población en 1868: los blancos eran ya 800.000, en tanto que la población de color, negros o mulatos, llegaban a 600.000 (de ellos, 350.000 esclavos, el resto libres, es decir, proporcionalmente iba en aumento la población de color libre).

Un sector amplio de la sociedad blanca lo componían gentes desarraigadas del país, comerciantes advenedizos que buscaban la realización de beneficios rápidamente para retornar a la Península, o funcionarios que procuraban enriquecerse pronto; los nuevos ricos criollos educaban a sus hijos en los Estados Unidos. El Capitán general Lersundi, en carta dirigida el 15 de junio de 1866 a Cánovas del Castillo, que era entonces ministro de Ultramar, describía aquella situación: «Aquí todo el mundo vive de paso... Este es un campamento de un ejército de negociantes y mercaderes... Los hijos de éstos, educados aquí o en los Estados Unidos, se quedan acá a disipar lo que sus padres ganaron; y esto es tan cierto que apenas se encuentran dos docenas de familias donde los nietos conserven algo de los abuelos. No hay, pues, tradición en nada y, por consiguiente, en el orden moral no hay raíz ni consistencia para nada».

Precisamente tres días antes de que Lersundi escribiera esta carta se había publicado un Real Decreto sobre reorganización de la administración antillana, encaminada a cortar abusos, a raíz de la encuesta iniciada por el R. D. de 25 de noviembre de 1865 sobre las reformas políticas, económicas y administrativas que parecieran convenientes por los adelantos observados en el orden cultural, por la extensión de sus riquezas y de su comercio exterior que «las coloca ya en una situación excepcional» [100].

En efecto, la introducción de las mejoras técnicas en el molino azucarero de vapor y en el trapiche de hierro, en vez del de madera, produjeron un aumento de la riqueza cubana: en 1861, el 71 por 100 de los molinos de azúcar usaban la fuerza del

---

[100] M. FERNÁNDEZ ALMAGRO: *Cánovas, su vida y su política*, Madrid, 1951, páginas 153-154. Este autor recuerda la anécdota referida por Ch. Benoist de la arquita de plata donde Cánovas guardaba la copia en pergamino de las respuestas dadas a la encuesta de 1865, como una de las obras de gobierno en que había puesto mayor ilusión.

vapor. La zona azucarera se extendía desde Habana-Matanzas hacia el E. y el SE., duplicándose la superficie de cultivo entre 1827 y 1860. Simultáneamente se producía la concentración de la industria del tabaco.

A partir de 1860, sin embargo, los grandes comerciantes de origen peninsular, más ricos, pudieron invertir en la compra y modernización de los ingenios de azúcar, pues los métodos modernos resultaban demasiado costosos para los recursos limitados de muchos hacendados criollos. Por lo demás, a mediados de siglo el azúcar de caña cubano encontró una competencia cada vez más fuerte en los mercados europeos por el auge del azúcar de remolacha, que se había introducido en Europa a principios de siglo, durante las guerras napoleónicas. Así, la producción cubana dependerá cada vez más del mercado norteamericano, al que se destina la mitad de las exportaciones.

LAS RELACIONES HISPANO-CUBANAS. LAS ASPIRACIONES NORTEAMERICANAS SOBRE CUBA

De este modo se explica que en la década de los años cincuenta empezara a perfilarse entre algunos criollos cubanos una tendencia *anexionista* a los Estados Unidos, donde todavía entonces se mantenía el régimen esclavista de los Estados del Sur.

Por su parte, desde mucho antes en Estados Unidos se pensaba en la conveniencia estratégica de la posesión de Cuba y en la posibilidad de comprar la isla a España, de la misma manera que en 1803 se había adquirido la Luisiana y en 1819 Florida. En 1823, Adams escribía: «La anexión de Cuba a nuestra República Federal será indispensable para el mantenimiento de la integridad de la propia Unión». Esta idea será una constante a lo largo del siglo.

En 1843, el Secretario de Estado, Buchanan, encargó al embajador en Madrid, Saunders, que sugiriera la compra de la isla antillana por 50 millones de dólares. En España no se toman en consideración estas sugerencias y entonces tienen lugar las intentonas secesionistas armadas de Narciso López, en 1849 y 1851, fracasadas por falta de suficientes apoyos interiores y exteriores. Era el momento en que los anexionistas cubanos habían establecido en Nueva York un «Consejo cubano» presidido por Gaspar Bethéncourt.

A raíz de la Revolución de 1854, el entrometido embajador norteamericano, Pierre Soulé, renovó la oferta de compra, subiendo el precio hasta 130 millones de dólares. A pesar de que el «anexionismo» quedó desacreditado tras las expediciones de Narciso López, en Estados Unidos tomaba cada vez más fuerza la idea de apropiarse Cuba. Las gestiones de Soulé en Madrid respondían al llamado «informe de Ostende», realizado por encargo del Secretario de Estado W. L. Marcy y redactado en Aquisgrán el 15 de octubre de 1854 por tres embajadores norteamericanos en Europa, Soulé, Mason y Buchanan.

El texto de aquel informe es suficientemente explícito y en él puede leerse lo siguiente: «Ciertamente la Unión jamás podrá disfrutar de reposo, ni conquistar una seguridad verdadera, mientras Cuba no esté comprendida entre sus límites. Su inmediata adquisición por parte de nuestro gobierno es de capital importancia, y no podemos dudar de que será una acción devotamente deseada por sus habitantes... Creemos firmemente que, debido al desarrollo de los acontecimientos, ha llegado la hora de que tanto los intereses de España como los de Estados Unidos se cifran en la venta de la isla y la transacción será igualmente honrosa para ambas naciones... Pero si España, sorda a las voces de los propios intereses... rehusase vender Cuba a los Estados Unidos... entonces toda ley, divina o humana, justificará que liberemos ese territorio de España... En estas circunstancias no deberíamos tener en cuenta los costos, ni considerar lo que España podría oponer en contra nuestra. Nos debemos abstener de entrar en la cuestión de si la presente situación de la isla justifica semejante medida. Sin embargo, no cumpliríamos con nuestro deber, ni seríamos merecedores de nuestros bizarros antepasados, traicionándonos ante la posteridad, si permitiésemos que Cuba se africanice y se convierta en un segundo Santo Domingo, con todos sus horrores para la raza blanca» [101].

Estas aspiraciones de Estados Unidos se vieron frenadas por Inglaterra durante los primeros setenta años del siglo. En el plano internacional, durante ese tiempo, Cuba era el centro de un triángulo cuyos vértices estaban en Londres, Washington y Madrid, contrapesando Inglaterra los tirones de los Estados Unidos. Vino luego el paréntesis forzoso impuesto por la gue-

---

[101]   El texto completo del «Informe de Ostende» puede verse en Apéndice al libro de D. B. CHIDSEY: *La guerra hispano-americana, 1896-1898*, Barcelona-México, 1973, páginas 175-184. (La edición original del libro de Chidsey es de Nueva York, 1971.)

rra de Secesión norteamericana entre los Estados del Sur y los del Norte. Terminada la secesión sudista, el gobierno estadounidense renueva la acción.

Pero hacia 1860 parte de los criollos cubanos evolucionan hacia una tendencia *reformista,* de la que son portavoces Delmonte y Aldama, que en lo social defienden la abolición de la esclavitud. Gobiernan entonces en Cuba los Capitanes generales Serrano y Dulce, que entre 1859-1864 apoyan a los reformistas y afianzan la posición española. Ésta es la línea que deseaba apoyar Cánovas durante su breve paso por el ministerio de Ultramar a que antes nos hemos referido.

Frente a los reformistas autonomistas se alzó el partido de los esclavistas, hostil a toda reforma. Se autotitularon *incondicionales españoles,* queriendo capitalizar a su favor los sentimientos patrióticos en España. En Madrid disponían de medios, relaciones y fuerza, por esta confusión de sentimientos e intereses; y en La Habana procuraron captarse a los Capitanes generales.

Mientras tanto, en la zona oriental de la isla se empezaba a incubar un *nacionalismo cubano,* en el que se conjugaban dos elementos heterogéneos y hasta divergentes: los criollos blancos, para quienes la aspiración era un objetivo político, la emancipación de la patria, en una evolución cada vez más neta del autonomismo reformista al separatismo; y la población negra, cuyo objetivo primordial tenía carácter social: acabar con la esclavitud.

La insurrección de Cuba. La guerra de los Diez Años

El 10 de octubre de 1868, Carlos Manuel Céspedes se alzó en el ingenio de la Demajagua, cerca de Yara («el grito de Yara»), organizándose el primer núcleo insurrecto en Bayamo. La población rural, blanca o de color, se alza siempre bajo la dirección de los criollos blancos. Los historiadores se han preguntado por la acción de la Masonería como enlace y elemento organizativo que tenía su apoyo en las conexiones con los Estados Unidos.

El Capitán general Lersundi, abandonado a sus propios recursos por la simultánea revolución de septiembre en la Península, organiza la resistencia contra los insurrectos a base de voluntarios cubanos leales, por lo que la lucha en sus comienzos constituye propiamente una guerra civil cubana, como había ocurrido en los primeros años de las guerras de Emancipación en la América continental. El Casino Español de La Habana y los «Voluntarios de la Isla de Cuba» fueron instrumentos activos del partido español contra los insurrectos. Los «Voluntarios», 35.000 en 1869, son demasiados para una simple tropa asalariada al servicio de intereses particulares; por eso Manuel Espadas opina que deben estimarse otros valores más elevados, aunque los esclavistas los bastardearon y se aprovecharon de ellos [102].

El programa reformista bajo Amadeo I significaba el fin de la esclavitud y la autonomía política. Este programa topó con la oposición de los «negreros» en Madrid, cuya figura principal era el marqués de Manzanedo. Los Círculos Hispano-ultramarinos desencadenaron en España una propaganda patriótica, a la que se suma el «Fomento del Trabajo» de Barcelona. Se formó así la *Liga Nacional* en España con gentes de diversas calificaciones políticas, pero con intereses económicos comunes para defender «la integridad nacional» y oponerse «a las funestas reformas proyectadas».

Entre tanto, en Cuba el general Dulce había relevado del mando a Lersundi, intentando sin éxito reducir la sublevación por la vía negociadora (enero-junio de 1869). Simultáneamente la misión de Sickles en Madrid volvía a la carga con Prim para la cesión de Cuba, mediante compra, a los Estados Unidos.

La alternativa a la política pacificadora de Dulce fue la «guerra sin cuartel» bajo el mando de Caballero de Rodas (julio de 1869-diciembre de 1870), proseguida por el general conde de Balmaseda (diciembre de 1870-junio de 1872). Las tropas gubernamentales se apuntan éxitos locales en la «campaña de los Cien días» (marzo-junio 1870), en las operaciones de Balmaseda contra Maceo en Oriente y contra Agramonte en Camagüey. Pero no se dan batallas campales que puedan decidir militarmente el conflicto. Es una guerra de desgaste, de sorpresas y pequeñas acciones, de represalias, en la que las enfermedades en la manigua causaban más bajas que el fuego enemigo.

Balmaseda creía poder terminar militarmente la guerra si recibía desde España un cuerpo expedicionario de 8.000 hombres. Este refuerzo no le será enviado. El desgaste se hacía notar también entre los insurrectos, cuyas disensiones inter-

---

[102] M. ESPADAS: O. C., pp. 282-284.

nas eran síntoma de quebranto moral. La creciente oposición a Céspedes consiguió destituirle en 1873, siendo Cisneros Bethéncourt quien le sustituyó.

Por otra parte, cada vez era más ostensible el entrometimiento y las presiones norteamericanas, con la consiguiente alarma inglesa. Inglaterra temía el expansionismo norteamericano en el Caribe por la repercusión que pudiera tener sobre Jamaica y las posesiones insulares británicas. El 18 de enero de 1873, *The Saturday Review* escribía: «América es fuerte y España débil, y América codicia un territorio (Cuba) que difícilmente puede apropiarse sin un pretexto para una querella preliminar... Cuando Cuba forme parte de los Estados Unidos no pasará mucho tiempo sin que salgan diciendo que las Antillas inglesas deben, a su vez, ser anexionadas a Cuba».

Los Estados Unidos practican entonces el *filibusterismo*, es decir, el envío de expediciones a Cuba con hombres y armamento para apoyar la insurrección. El apresamiento de barcos *filibusteros* motivó además incidentes diplomáticos, por la interpretación del artículo 7 del Tratado de 1795 con respecto a los súbditos norteamericanos apresados *in fraganti* en la práctica del filibusterismo. El caso del «Virginius», capturado el 31 de octubre de 1873 por la fragata española *Tornado* cerca de Santiago de Cuba con armas y municiones, fue el caso más sonado de aquellos incidentes: el capitán del *Virginius,* 36 tripulantes y 16 hombres del pasaje fueron fusilados en Consejo de guerra. La reacción belicista de los Estados Unidos pudo ser contenida por la firma de un protocolo el 25 de diciembre de aquel año por el que España devolvía el buque y ponía en libertad al resto de los tripulantes. «El caso del *Virginius* se cerraba como un claro antecedente del 98, bajo el predominio de la fuerza y de la necesidad de España de salir de su aislamiento diplomático» [103].

La guerra continuaba entre tanto. Al dejar el mando el conde de Balmaseda, y tras los breves períodos de los generales Ceballos y Pieltain, fue nombrado el general Jovellar en noviembre de 1873. Eran los últimos tiempos de la República española, que dejó pendiente de resolución esta guerra, cuyo fin no se alcanzaría hasta la paz del Zanjón en 1878.

---

[103] M. ESPADAS BURGOS: «La cuestión del "Virginius" y la crisis cubana durante la I República», publ. en *Estudios de Historia Contemporánea*, vol. I, coordinados por V. PALACIO ATARD, Madrid, 1976, pp. 329-354.

LA REORGANIZACIÓN CARLISTA TRAS LA REVOLUCIÓN DE 1868. CARLOS VII

Desde 1848-1851 el carlismo como fuerza política se hallaba en descomposición. Julio Aróstegui, en un inteligente y sugestivo, aunque discutible, ensayo metodológico, cree que el carlismo debe interpretarse como una de las respuestas, en el *status* político español de la primera mitad del siglo XIX, a la «disturbación del sistema socioeconómico del Antiguo Régimen» [104]. La explicación del carlismo se encuentra, según este autor, en primer lugar a nivel de conflicto social, sólo subsidiariamente como conflicto ideológico y «menos aún como jurídico-político».

En cualquier caso, es cierto que en toda Europa, a lo largo del siglo XIX, se produce un esfuerzo de reacomodación tras el proceso revolucionario liberal; y en España, cuando ocurre la ruptura del liberalismo en el seno de una sociedad cambiante desde las estructuras estamentales a las clasistas, se provoca una resistencia muy fuerte, que se polariza hasta 1876 en el carlismo. Esta fuerza de resistencia es tanto más efectiva cuanto más débil es el soporte social de la fuerza «agresiva» que impulsa a la transformación, dado el grado de ruralización de la sociedad y la escasa consistencia de las clases medias.

Ahora bien, esta fuerza de resistencia no se decanta primordialmente de los conflictos sociales o socioeconómicos, que pueden ser coadyuvantes; o al menos hasta ahora no está probada esa prioridad. No es fácil eludir el hecho de que la aparición histórica del carlismo está condicionada a factores ideológicos, así como su supervivencia en el siglo XIX. Es cierto también que la historiografía sobre el carlismo ha padecido una sobrecarga polémica ideológica, de la que se deducen deficiencias explicativas que Aróstegui señala: pero una de estas deficiencias, la que se refiere a las mutaciones socioideológicas del grupo, sólo es subsanable desde una valoración profunda del contenido ideológico y no sólo de su contexto. La propia sobrecarga polémica-ideológica de la historiografía es ya un dato que sólo se explica por el valor del mismo.

---

[104] J. ARÓSTEGUI: «El carlismo en la dinámica de los movimientos liberales españoles. Formulación de un modelo», publ. en *Actas de las I Jornadas de Metodología aplicada de las Ciencias Históricas,* Universidad de Santiago de Compostela, vol. IV, pp. 225-239, 1976.

Esto parece evidente en el caso de la *resurrección* carlista de 1869. Entre 1851 y 1868 el carlismo, derrotado en su empecinado recurso a las armas, más parece una frustracción que una esperanza, se halla a falta de jefe y de programa, sobre todo porque en el seno del liberalismo isabelino se había operado una «reacomodación» no sólo socialmente conservadora, sino de aproximación política a la Iglesia y de protección a la religión católica. Únicamente el factor «fuerista» podía mantener en aquella época de eclipse carlista un contraste con el liberalismo uniformizador, aceptado cada vez menos reticentemente entre los liberales de los países de tradición foral.

Pero en 1868 se desploman dos cosas: la Reina titular de la rama dinástica rival y el «tradicionalismo isabelino». Quedaba vacante el trono y la bandera frente a la Revolución.

En ese momento el carlismo puede ofrecer una alternativa, basada en la imagen de un jefe nuevo, que tiene el atractivo de la juventud, y en un programa de ideas y de acción. Para concretar esta alternativa hubo de salvarse una crisis interna de identidad del carlismo, que tiene dos vertientes: la personal, la designación de Carlos VII, duque de Madrid, como titular de la jefatura, forzando la abdicación de su padre, el infante don Juan [105]; y la ideológica, ratificándose tras algunas vacilaciones el programa de unidad católica, monarca paternalista que gobierna «y no sombra de rey», descentralización y antiliberalismo, como se expresa en la *Carta a los españoles* del 30 de junio de 1869; además de algunas adiciones que se contienen en ella sobre la necesidad de salvar la Hacienda y el crédito público, la protección a la industria y la conveniencia de «crear instituciones nuevas, *si las antiguas no bastasen,* para evitar que la grandeza y la riqueza abusen de la pobreza y de la humildad» [106].

---

[105] La muerte de sus tíos Carlos, conde de Montemolín, y Fernando, y la declaración de la *ilegitimidad de ejercicio* de su padre, el infante don Juan, hecha por la princesa de Beira, viuda de Carlos María Isidro, le convirtieron en 1861 en jefe de la causa carlista. La princesa de Beira, en su famosa carta del 15 de septiembre de 1861 condenó los *errores* ideológicos de don Juan, proclive al liberalismo, condenación ratificada en la *Carta a los españoles* que en 1864 publicó el periódico *La Esperanza.* El 27 de julio de 1862 don Juan, por su parte, había reconocido a Isabel II como Reina. Esta crisis interna tuvo dos actos finales: la carta de don Carlos a su padre en septiembre de 1866, declarando asumir la jefatura política del carlismo, y la abdicación de don Juan a favor de su hijo firmada en París el 3 de octubre de 1868, al día siguiente del destronamiento de Isabel II por la Revolución.

[106] El texto íntegro de este Manifiesto de Carlos VII a los españoles, redactado por Aparisi y Guijarro, puede verse en el libro del CONDE DE RODEZNO: *Carlos VII, duque de*

En los meses inmediatos a la Revolución el proceso de decantación ideológica se movió entre los límites de algunas larvadas concesiones cripto-liberales, como las contenidas en la carta que el 22 de octubre de 1868 dirigió Don Carlos a los soberanos extranjeros, aireadas por uno de sus asesores, Carlos Algarra; y la postura reflejada en el artículo de Navarro Villoslada, que tituló «El Rey que se necesita», en que se ratificaba el concepto de la Monarquía tradicional y católica [107].

Durante el período de «trono vacante» la propaganda carlista se lanzó a un esfuerzo proselitista apoyado en casi un centenar de periódicos y numerosos folletos [108]. Aparisi, Vildósola, Gabino Tejado y Villoslada destacan entre sus firmas. Lo que se ofrece a los españoles, una vez en evidencia el fracaso de la Monarquía liberal, es la Monarquía contrarrevolucionaria. Las elecciones a las Constituyentes de 1869 dieron a los carlistas, como sabemos, una alentadora representación parlamentaria. Desde entonces se perfilan dos tendencias:

a)   La que preconiza la acción legal, la lucha política y parlamentaria, en la que insisten Nocedal y muchos neo-carlistas.

b)   La que postula la solución militar como única valedera, según el criterio del general Díaz de Rada.

Los pequeños conatos de partidas carlistas alzadas en 1869 sin éxito y, por el contrario, el resultado electoral de 1871, inclinaron el ánimo de Don Carlos a apoyar a Nocedal, nombrado jefe del partido tras la reunión celebrada en Vevey en agosto de 1871 [109]. Pero el cambio de signo de las elecciones de abril de 1872, en que los carlistas perdieron casi la mitad de sus diputados, reforzaron otra vez la tendencia de Díaz de Rada. Una orden circulada por Carlos VII contenía al mismo

---

Madrid, Madrid, 1944, pp. 104-112. Para todos estos aspectos y documentos me remito también a A. PIRALA: *Historia contemporánea. Segunda parte de la Guerra Civil. Anales desde 1843 hasta el fallecimiento de Alfonso XII,* Madrid, vol. II, 1893. Además, la obra citada de C. SECO: *Tríptico carlista,* Barcelona, 1973.

[107]   En el mensaje de don Carlos a los monarcas extranjeros anunciaba: «Me esforzaré en conciliar lealmente las instituciones útiles de nuestra época con las indispensables de lo pasado, dejando a las Cortes generales, libremente elegidas, la grande y difícil tarea de dotar a mi patria de una Constitución que, según espero, sea a la vez definitiva y española». Esta definición parecía ofrecer a los revolucionarios triunfadores de la «Gloriosa» la alternativa monárquica que en la fase conspiratoria se había intentado negociar por los progresistas en las entrevistas de Gratz y de Londres.

[108]   Sobre la prensa y la propaganda carlista en esta época, OYARZUN, o. c., páginas 270-281.

[109]   Para entonces se había liquidado la jefatura «histórica» de Cabrera, que terminó abandonando las filas carlistas.

tiempo la denuncia de las manipulaciones electorales y el aviso de una declaración de guerra.

«El duque de Madrid se ha servido disponer que la minoría carlista se abstenga de sentarse en el Congreso. El gran partido nacional acudió a las urnas aceptando una legalidad que rechazan sus principios, para admitir la lucha en el mismo terreno elegido por sus enemigos. Los resultados han probado que la farsa ridícula del liberalismo sólo sirve para cohibir la opinión pública, atropellar los derechos que proclama, llevar la mentira a las Cortes y el luto a las familias. El duque de Madrid, vistos estos desmanes, protesta ahora ante el país retirando sus representantes: mañana protestará en el terreno que le exigen la Patria oprimida y las aspiraciones de su corazón español.»

Tres días antes de la apertura de las Cortes, el 21 de abril de 1872, fue el día D fijado por los carlistas. Dorregaray se alza en Valencia, el coronel Ferrer en el Maestrazgo. Hay algunas partidas en Aragón y Cataluña, y con mayor empuje en Vascongadas y Navarra: pero ni Pamplona, ni Vitoria, ni Bilbao se sublevan. Fallaban, una vez más, las ciudades. Una columna mandada por el general Moriones aplasta en Oroquieta, el 4 de mayo, a las mal organizadas tropas carlistas vascas, que firmarán el «convenio de Amorebieta» con el general Serrano (24 de mayo), bajo la promesa de respeto a los fueros y a las personas; mientras el impulsivo Don Carlos repasaba la frontera pirenaica que prematuramente había cruzado.

Sólo en Aragón y Cataluña se mantuvieron algunos grupos alzados. Allí el infante don Alfonso Carlos había asumido la jefatura militar. Pero Carlos VII escribía a su hermano: «Tenemos pocas armas, porque las que había se han evaporado; tenemos pocos recursos, porque las promesas de facilitarlos el día de la lucha han sido palabras vanas; a tales contratiempos podemos oponer una fuerza invencible: la constancia». Y también añadía: «Si conseguimos vivir dos meses con las armas en la mano, el gobierno, que no tiene un céntimo, caerá sin remedio; el ejército, que se bate con desaliento y disgusto, vendrá a nosotros».

A finales de 1872 el carlismo encontraba una nueva esperanza en el fracaso de Amadeo I.

LA GUERRA CARLISTA DURANTE LA REPÚBLICA

Pero fue la proclamación de la República lo que avivó la guerra carlista. «Ante la aparición de una confesada República anticlerical, el levantamiento carlista tomó el aspecto de una cruzada nacional», escribe Hennessy [110].

Además de algunas partidas difusas por toda España, la guerra se fija en las dos zonas principales consabidas: País vasconavarro y Levante (Cataluña-Maestrazgo). Al cabo de treinta y cinco años se volvía a restablecer la geografía de la guerra carlista.

El general Antonio Dorregaray dirige las operaciones en el norte, penetra en Navarra, suma las fuerzas de Teodoro Rada y de Lizárraga, organizando paulatinamente un Ejército, y obtiene el 5 de mayo de 1873 la primera victoria importante en Eraul. Los generales Nouvilas y Pavía tratan inútilmente de reducirle en una serie de marchas, contramarchas y pequeñas acciones. En julio, Nouvilas pide el relevo, sustituyéndole en el mando Sánchez Bregua, que tampoco consigue ninguna victoria.

Los carlistas dominaban en Navarra y en Guipúzcoa, salvo las capitales, en gran parte de Vizcaya, Álava y el norte de Burgos. Conquistan Estella el 25 de agosto, y se disponen a atacar Bilbao y Vitoria, mientras Carlos VII retorna a España. En septiembre, Moriones asume otra vez la jefatura del Ejército gubernamental y se enfrenta a Dorregaray en la batalla de Montejurra, el hecho militar más importante hasta entonces de aquella guerra. El ataque de Moriones fue contenido (8 de noviembre de 1873) y tuvo que replegar sus fuerzas sin conseguir el objetivo de reconquistar Estella. Tampoco pudo Moriones más tarde librar a Tolosa del asedio carlista, y la villa guipuzcoana fue conquistada por Lizárraga (8 de marzo de 1874).

En cambio los carlistas sufrieron un gran fracaso en Bilbao, como en la primera guerra. A finales del año 1873, dueños de toda la provincia de Vizcaya, salvo de la capital y de la zona de la ría hasta el abra de Portugalete, consiguen formalizar el sitio de Bilbao el 29 de diciembre, sitio que se prolongó 125 días. Pero Bilbao resistió. Los carlistas cometieron en 1873-1874 el mismo error estratégico que en 1836: dar prioridad a Bilbao sobre Vitoria [111]. La guarnición de 4.800 hombres mandada por

---

[110]   HENNESSY: o. c., p. 180.
[111]   Sobre el valor estratégico de Vitoria para la marcha general de la guerra ha

el general Castillo y los 1.100 voluntarios civiles del «batallón de Auxiliares» soportaron todos los ataques, bien apoyados por la población civil que aguantó con decisión la situación de emergencia, incluido el bombardeo artillero del casco urbano [112]. Aunque la columna de socorro mandada por el general Moriones fue rechazada en San Pedro de Abanto el 25 de marzo, los refuerzos llevados por don Manuel de la Concha (42.000 hombres en total) batieron a los 18.000 carlistas en la línea Somorrostro-Galdames a finales de abril; y el 2 de mayo de 1874 llegaban a la ciudad sitiada, obligando al adversario a retirarse definitivamente.

Sin embargo, la posterior ofensiva de Concha sobre Estella fue frenada en Monte Muru (27 de junio), donde perdió la vida el general liberal. En esta acción y en la batalla de Abárzuza los carlistas parecían rehacerse militarmente, hasta el punto de intentar asediar Pamplona e Irún.

En Cataluña y el Maestrazgo la guerra era mucho más fluida que en el País Vasco. Alfonso Carlos sólo mandaba pequeños efectivos y algunas guerrillas que se sostenían gracias a la indisciplina del Ejército gubernamental. Martínez Campos había denunciado a las Cortes aquel estado de indisciplina de los soldados, que arrojaban peladuras de fruta a los coroneles y hacían «bailar» a los oficiales. En el otoño de 1873, Alfonso Carlos intentó coordinar la acción de las guerrillas con poco éxito, aun cuando tomó y perdió Cuenca varias veces.

Fue entonces el momento político culminante de la guerra. La República Federal había sido sustituida por la «República ducal». Psicológicamente era la ocasión de renovar la alternativa de una Restauración carlista, suavizando las posturas integristas. De hecho, desde 1868 se había mantenido la doble línea ideológica: acomodaticia y oportunista, una; intransigente, *integrista*,

---

insistido JULIO ARÓSTEGUI, apoyado en casi todos los autores que han tratado el aspecto militar del conflicto, incluido Pirala, en su importante libro: *El carlismo alavés y la guerra civil de 1870-1876*, prólogo de V. PALACIO ATARD («Un planteamiento renovado del carlismo decimonónico»), Vitoria, 1970.

[112] Acerca del comportamiento social de la Villa sitiada me remito al reciente estudio de ESTÍBALIZ RUIZ DE AZÚA mencionado en la anterior nota 97. El sitio «reafirmará como nota más distintiva, el carácter liberal de la Villa», dice la autora, página 226. Y un testigo excepcional de aquel acontecimiento, que tenía entonces diez años de edad y se llamaba Miguel de Unamuno, comentaba en 1918: «el liberalismo instintivo de un pueblo mercantil, en cuya ría entraban aguas del mar que besan las orillas de los pueblos todos, se iba despertando». UNAMUNO: «La comunión de la Historia», artículo publicado en la revista «El Sitio», Bilbao, 1918. El autor de *Paz en la guerra* supo captar al vivo la intrahistoria de aquel conflicto.

la otra. El Manifiesto de Morentín, publicado el 18 de julio de 1874 decía: «España es católica y monárquica y yo satisfaré sus sentimientos religiosos y su amor a la integridad de la Monarquía legítima. Pero ni la unidad católica supone un espionaje religioso, ni la integridad monárquica tiene nada que ver con el despotismo. No daré un paso más adelante ni más atrás que la Iglesia de Jesucristo. Por eso no molestaré a los compradores de sus bienes...» Decía también que no se restablecerían «tribunales e instituciones que no concuerdan con el carácter de las sociedades modernas». Nocedal y los integristas acusaron a los pro-liberales, apuntando así a una escisión que amagaba dentro del carlismo.

También aquel año de 1874 Carlos VII había organizado un gobierno formal en el territorio vasco a él sometido, con sede en Vergara. Hubo servicio ferroviario y correo regular con Francia, emitiéndose sellos postales. Funcionó la Universidad de Oñate y se estableció un Tribunal Supremo de Justicia. Pero la administración se desenvolvía por cada una de las Diputaciones Forales, resucitándose también las Juntas de Merindad. Este mecanismo particularista de gobierno perjudicaba gravemente a las necesidades de la guerra. Cada provincia quería que sus unidades militares se batiesen sólo dentro de sus límites territoriales. El cuadrilátero militar defensivo de Álava se apoyaba en un punto, Lapoblación, que pertenecía a Navarra: la negativa de la Diputación alavesa a contribuir a los gastos de fortificación de aquel punto, en noviembre de 1874, es uno de los más elocuentes ejemplos de la insolidaridad que habría de minar la causa carlista [113].

En las vísperas de la Restauración el carlismo no estaba todavía militarmente vencido. Será ésta una penosa herencia que pasará a Alfonso XII para su liquidación, como ocurría en el caso de Cuba. Pero el carlismo, tanto en lo militar como en lo político, había perdido a finales de 1874 sus mejores oportunidades.

El carlismo, que en 1872-1876, como en 1833-1840, se había tipificado en la defensa de unas formas de vida todavía apegadas a la realidad española, encauzó la protesta con gran vigor en 1872, resucitando de su letargo, cuando la tambaleante situación revolucionaria pareció ofrecer oportunidades para una alternativa. El haber radicalizado sus posiciones religiosas, políticas y económicas le parece a Julio Aróstegui indicio de una

---

[113] J. ARÓSTEGUI: *El carlismo alavés*, pp. 92-93.

lucha social subyacente. Esta hipótesis merecerá ser comprobada con otros estudios de ámbito local que renueven la historiografía existente. Hacerlo así no restará toda su importancia, por otra parte, al «factor mentalidades» que, sin duda, late en todo este problema. Pero en todo caso, y desde el punto de vista sociológico, no se puede ya simplificar la identificación del carlismo estrictamente con los elementos rurales, aunque en ellos tuvo considerable arraigo, porque «la tendencia carlista no fue homogénea, socialmente, jamás».

CAPÍTULO 6

LOS COMIENZOS DEL ASOCIACIONISMO OBRERO

Disueltos definitivamente los gremios el 12 de diciembre de 1836, instituciones propias de la antigua sociedad estamental, se prohibió cualquier otro tipo de asociación de trabajadores en la incipiente sociedad industrial, con lo que se produjo una evidencia de desamparo para las clases obreras, atendidas antes en algunas necesidades por las cofradías y hermandades gremiales.

Para salvar este vacío, la R. O. de 28 de febrero de 1839 autorizó la creación de sociedades obreras de socorros mutuos o fines benéficos. A su amparo se crearon las primeras nuevas asociaciones; entre ellas, en 1840, la Sociedad de Mutua Protección de Tejedores de algodón de Barcelona (conocida brevemente como Sociedad de Tejedores) que tuvo vida activa y accidentada [114].

A partir de 1848 el mutualismo obrero se extendió, encubriendo a veces verdaderas «sociedades de resistencia», lo que motivó la R. O. de 25 de agosto de 1853 para cortar supuestos abusos introducidos al amparo de la orden de 1839, disponiendo se remitiera por los gobernadores civiles nota circunstanciada «de las sociedades de este género que se hallen establecidas en la provincia de su mando... a fin de preparar con estos datos un proyecto de ley para la definitiva organización de las expresadas asociaciones» [115].

[114] MANUEL R. ALARCÓN CARACUEL ha publicado una obra de conjunto sobre *El derecho de asociación obrera en España (1839-1900)*, Madrid, 1975, en cuya valiosa información apoyo mi exposición con frecuencia, aun cuando no comparto muchas de sus interpretaciones. M. TUÑÓN DE LARA: *El movimiento obrero en la Historia de España*, Madrid, 1972, se propone el estudio de la acción obrera partiendo de la estructura socioeconómica, para determinar sobre ella la estructura y las características de la acción de los movimientos obreros.

[115] ALARCÓN, o. c., en el Anexo I-9, pp. 319-320 publica el texto de esta disposición.

Algunas sociedades de tipo educativo (escuelas de obreros) fueron también centros de acción política y de proselitismo. En Madrid, desde 1847, funcionaba el Fomento de las Artes, escuela en la que expusieron su filosofía política Moret, Pi y Margall y Castelar, entre otros jóvenes profesores [116]. Algo análogo ocurría con los casinos obreros, como el Ateneo Catalán de la Clase Obrera en Barcelona, en 1861 [117].

También en la fase de tanteos iniciales se pueden contar las experiencias aisladas del socialismo utópico, bajo la influencia de Fourier, que pretendieron crear varios falansterios, entre ellos el de Tampul, cerca de Jerez, fundado en 1841 por Manuel Sagrario Veloy, fracasando la experiencia.

Los socialistas utópicos o republicanos-sociales, como Fernando Garrido, dedicaban preferente atención a la siembra de ideas, mediante la publicación de periódicos; labor que compartían con actos de agitación y motines, unos de carácter político, otros de carácter laboral [118].

DEL BIENIO PROGRESISTA A LA REVOLUCIÓN, 1854-1868

El amotinamiento obrero ocurrido en Barcelona, Mataró, Manresa y Valls, a mediados de julio de 1854, se superpuso a los sucesos de la «Revolución de 1854». El origen del motín fue una manifestación típica del *antimaquinismo*, en este caso contra las *selfactinas* que suplantaban mano de obra sin mejoras salariales. Nombrado Madoz gobernador civil de Barcelona se llegó a un acuerdo a base de usar las selfactinas y de un aumento salarial. A finales de aquel año se constituyó en Barce-

---

[116] D. ABAD DE SANTILLÁN: *Historia del movimiento obrero español*, vol. I: *De los orígenes a la Restauración borbónica*, Madrid, 1967, p. 95, destaca el papel del Fomento de las Artes en los inicios del movimiento obrero, siguiendo las memorias de Anselmo Lorenzo.

[117] MAX NETTLAU, en su obra clásica sobre la historia de la Internacional en España, equipara la labor del Ateneo obrero de Barcelona con el Fomento de las Artes de Madrid. CASIMIRO MARTÍ no lo entiende así y piensa que la trayectoria del Fomento de las Artes fue más coherente que la del Ateneo. *Orígenes del anarquismo en Barcelona*, Barcelona, 1957, pp. 30-31. Prólogo de J. VICENS VIVES.

[118] F. GARRIDO: *Historia de las clases trabajadoras*, vol. 4: *El trabajador asociado*, páginas 127-129, Madrid, 1971. (Es reedición de la 4.ª parte de su *Historia de las clases trabajadoras, de sus progresos y transformaciones económicas*, etc., cuya publicación original data de 1883.)

lona, por vez primera, una agrupación de varias sociedades obreras que se llamó «Unión de Clases».

Durante todo el bienio progresista (1854-1856) la conflictividad laboral se mantuvo en Barcelona. Los fenómenos típicos de la industrialización incipiente se hacían allí notar, sin que los gobernadores civiles progresistas acertaran a encauzarlos. En mayo de 1855 provocó Laureano de Figuerola un debate en las Cortes con motivo de una interpelación sobre el estado de la provincia catalana: expuso el conflicto de las selfactinas, defendió la libre contratación de mano de obra y denunciaba la asociación *secreta* de algunos obreros que coaccionaban «a las masas de honrados trabajadores» [119]. En aquel debate quedaron definidos los principios del liberalismo económico, propios de la burguesía industrial.

En la contestación de Madoz, entonces Ministro de Hacienda, se acusó al carlismo de fomentar estos desórdenes y a una parte del clero de predicar ideas socialistas y comunistas, excitando a los trabajadores a cometer «toda clase de excesos contra los fabricantes». El caso es que a raíz de varios incidentes graves, el Capitán general de Cataluña, don Juan Zapatero, suspendió las asociaciones obreras. Esto desencadenó una huelga general en Barcelona el 2 de julio de 1855 que se prolongó nueve días y en la que se cometieron actos de violencia. La acusación anterior de Madoz a los carlistas como causantes de los incidentes obreros se repitió ahora contra el P. Palau y otros sacerdotes.

El P. Francisco Palau, carmelita, había creado en 1852 una Escuela obrera, siendo él en cierto sentido un adelantado del asociacionismo cristiano obrero que floreció más tarde. Modernas investigaciones no permiten sostener el protagonismo del P. Palau y de su «Escuela de la Virtud» en la huelga de 1855. Según Casimiro Martí «las acusaciones de que fue objeto eran una táctica empleada por las fuerzas en el poder para asimilar las protestas obreras a la insurrección carlista (el P. Palau había militado en las filas del carlismo) desprestigiando así el movimiento obrero ante la opinión liberal y justificando la represión de las manifestaciones obreras *manu militari*» [120].

Sin embargo, estas imputaciones no provenían sólo de los

---

[119]   El texto está fragmentariamente reproducido por ALARCÓN, o. c., Anexo II-9, páginas 340-343.

[120]   C. MARTÍ, en su colaboración a la obra miscelánea *Historia del movimiento obrero cristiano* dirigida por el DR. S. H. SCHOLL, Barcelona, 1964, pp. 209-210.

progresistas en el gobierno: también las comparte Fernando Garrido, contemporáneo de aquellos sucesos y cuya filiación republicano-socialista no es necesario recalcar. Garrido habla de «los trabajos secretos de los jesuitas, que en todas partes donde los trabajadores se organizan procuran introducir sus agentes» y acusa a la Escuela del P. Palau de practicar un confusionismo, pues si bien se predicaba en ella el socialismo cristiano era «para calumniar a los verdaderos socialistas». Añade que han hecho «paradas generales de trabajo... cuando convenía a los intereses carlistas, como, por ejemplo, en 1855» [121]. Es, pues, éste un punto que bien merecería esclarecerse mejor, en función al mismo tiempo de la tesis de Aróstegui sobre la conflictividad social subyacente en el fenómeno carlista.

La huelga de Barcelona de 1855 se resolvió con la intervención personal de Espartero por medio de su ayudante el coronel Saravia, usando a la vez de las amenazas y las promesas. Éstas se redujeron a presentar ante las Cortes, el 8 de octubre de 1855 un proyecto de ley firmado por el ministro de Fomento, Alonso Martínez, sobre «el ejercicio, policía, sociedades, jurisdicción e inspección de la industria manufacturera», o más sencillamente conocido como proyecto de ley sobre la industria manufacturera [122]. En el preámbulo se declara que la asociación es un derecho natural, pero que sólo debiera reconocerse cuando tuviera un «fin laudable». En los arts. 2 al 13 se establece la libertad de contratación; el contrato colectivo se admite para los talleres de más de veinte obreros; se fijan las infracciones penalizadas, entre ellas la huelga («el abandono colectivo del trabajo»); se atribuyen a los patronos poderes disciplinarios; y en contrapartida los patronos serían responsables de las condiciones de salubridad del trabajo. En los arts. 14 y 15 se exigía autorización gubernativa previa para fundar asociaciones, limitadas a las de carácter mutualista, de ámbito local y con un número de miembros no superior a 500. Los arts. 17 al 22 creaban unos jurados «de prohombres de la industria» nombrados entre fabricantes, empresarios o jefes de taller y entre los mayordomos, sobrestantes u obreros, para resolver los problemas que pudieran plantearse. Además, por el art. 23, el gobierno se reservaba la facultad de nombrar unos inspectores de la industria para examinar contratos, reconocer las instalaciones y formular estadísticas.

[121] F. GARRIDO, o. c. pp. 128-129.
[122] ALARCÓN, o. c., pp. 323-333, Anexo I-14, publica íntegro este proyecto de ley.

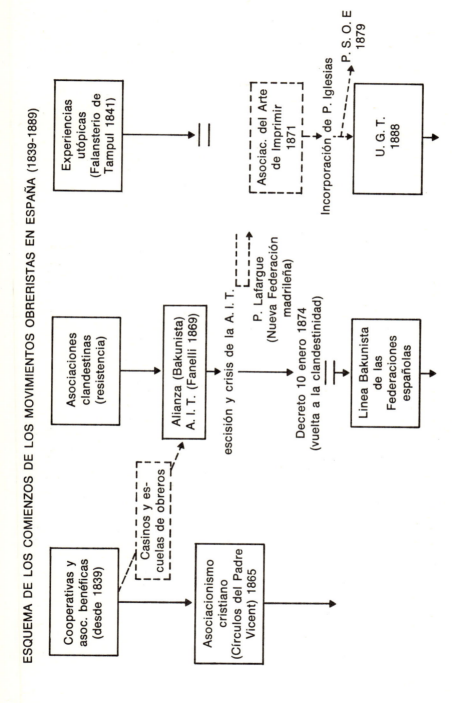

ESQUEMA DE LOS COMIENZOS DE LOS MOVIMIENTOS OBRERISTAS EN ESPAÑA (1839-1889)

Este proyecto ha sido interpretado por Casimiro Martí como un primer esbozo de legislación social para la regulación de las relaciones laborales, a pesar de estar concebido con criterios muy restrictivos. Los obreros reaccionaron contra él, recogiéndose unas 33.000 firmas para elevar su disconformidad ante las Cortes, reclamando en cambio libertad de asociación, jurados mixtos y reducción de la jornada laboral a diez horas. Las firmas procedían en su mayoría de Cataluña (22.000), habiéndose obtenido 4.540 en Sevilla, 1.280 en Alcoy, 1.141 en Navarra y en menor número en Antequera, Valladolid, Málaga y Córdoba: en Madrid sólo se recogieron 600 firmas, dato bastante significativo [123].

En cualquier caso el proyecto fue letra muerta, pues se produjo la salida de Espartero del gobierno el 13 de julio de 1856, antes de que fuese aprobado por las Cortes.

Durante los años siguientes continuó la creación de cooperativas y centros culturales. En diciembre de 1865 representantes de 22 entidades se reunieron en un Congreso Obrero en Barcelona a fin de fundar una federación de cooperativas. En septiembre de 1867 una titulada liga socialista-republicana de Barcelona envió un mensaje al II Congreso de la A. I. T.

LA FUNDACIÓN DE LA A. I. T.

En efecto, el 28 de septiembre de 1864 se había constituido la Asociación Internacional de Trabajadores (A. I. T.), como resultado de una serie de contactos preliminares en 1862-1863 entre obreros franceses e ingleses. Surgió así la idea de una Asociación Internacional, a la que concurrieron las Trade Unions británicas, las sociedades proudhonianas francesas y suizas, las fundadas por Bakunin en varios países, diversos grupos mazzinianos, blanquistas franceses, otros de varia definición y, finalmente, los marxistas [124].

---

[123]   C. SECO: «Estudio preliminar», p. XXIV, ed. de *Actas de los Consejos y Comisión Federal de la Región Española, 1870-1874*, 2 vols., Barcelona, 1969. Por supuesto el número de firmas no estaba sólo en función de la organización asociativa, sino también de las dificultades con que tropezaron los organizadores para la recogida, como ellos lo indican en la misma «exposición» a la Comisión de Cortes.

[124]   E. DOLLÉANS: *Historia del movimiento obrero*, vol. I: *1830-1871*, Madrid 1969, pp. 240-260.

A partir del I Congreso, que tuvo lugar en Ginebra en 1866, la A. I. T. celebrará congresos anuales. Pronto se puso en evidencia la rivalidad interna de sus distintos componentes, en cuanto a la doctrina, el programa y la organización. El enfrentamiento principal se produjo entre Marx y Bakunin, que en 1864 había fundado en Italia la Alianza Internacional de la Democracia Socialista, organización semi-secreta que tenía por objetivo mantener el control del movimiento obrero.

En el Congreso de Basilea de 1869 estalla el choque entre Marx y Bakunin. Dolléans atribuye a la guerra del 70 la causa principal del declive de la I Internacional. Sin embargo, la escisión interna es bastante anterior a la guerra. Marx y Bakunin oponían concepciones y doctrinas inconciliables sobre los objetivos, los medios de acción y la organización de la A. I. T.

En cuanto a la doctrina, chocaba el comunismo marxista con el colectivismo ácrata; se oponían en la aceptación o el rechazo de la idea del Estado. Respecto a los medios de acción, Marx se inclinaba por la acción política y la fase previa del Estado democrático en el camino hacia el sistema comunista; Bakunin desconfiaba de utilizar la vía política de la democracia burguesa, prefiriendo la «violencia revolucionaria» (huelgas generales, insurrección de las comunas, actos de sabotaje). Por fin, en cuanto a la organización, Marx quería un organismo centralizado, en tanto que Bakunin era partidario de la autonomía de las federaciones y organismos obreros.

Pero no eran sólo estas cuestiones de táctica y de doctrina las que oponían a Marx y Bakunin en el seno de la A. I. T. Existía entre ellos una animosidad personal o, si se prefiere, «una oposición de temperamentos» según dice Dolléans. Bakunin era ruso y Marx alemán. Marx desconfiaba de los eslavos, del paneslavismo y de «ese maldito ruso». Bakunin sentía animadversión hacia los alemanes («la guerra contra los alemanes es buena e indispensable», dirá) y, en particular, hacia Marx.

El choque, pues, entre Marx y Bakunin, la guerra de 1870 y la Comuna de París cortaron el primer momento expansivo del movimiento obrero internacional. El gobierno Thiers se dirigió a todos los gobiernos europeos alertando la peligrosidad de la A. I. T., dando lugar a una reacción antisocialista. Las Trade Unions y los blanquistas se separaron de la Internacional.

Entonces tuvo lugar el último acto del enfrentamiento marxista-bakunista. En el Congreso de La Haya de 1872 (2-7 de septiembre) Marx hizo que se votara la expulsión de Bakunin de la organización. Los bakunistas reunieron su propio congreso a los pocos días en Saint-Imier (15-16 septiembre). Era la escisión definitiva. Marx se quedó sólo en la A. I. T. y, tras el Congreso de Ginebra de 1873, la I Internacional fue disuelta.

Desde entonces Marx se aplicó a montar partidos socialistas nacionales que, en 1889, fundarán la II Internacional. Bakunin mantuvo la Alianza con bastante fuerza en Italia y en Suiza, y con menos amplitud en Bélgica y en algunas regiones de Francia y España, desafiando las prohibiciones legales.

LA A. I. T. EN ESPAÑA, 1869-1874

Al Congreso de Bruselas de la A. I. T. en 1868 asistió un delegado español, A. Marsal Anglora, maquinista barcelonés [125]. Simultáneamente la Revolución del 68 abrió la mano a las asociaciones obreras. Entonces llega a Madrid el italiano José Fanelli, que fundó la primera Sección española de la A. I. T. con 22 obreros. En mayo de 1869 funda otro núcleo en Barcelona. Según Nettlau, Fanelli no siguió en Madrid estrictamente las instrucciones de Bakunin y confundió la A. I. T. y la Alianza. En todo caso la sección española de la Internacional recibió la impronta «aliancista» desde el primer momento.

Los obreros españoles, según se ha dicho, se decepcionaron pronto de la «revolución democrática» de septiembre y también del republicanismo federalista: algunos de ellos encontrarán una nueva esperanza redentora en el bakunismo anarquista. En poco tiempo creció el número de federaciones de la Sección española. Farga Pellicer, delegado al Congreso de Basilea de 1869, declara la existencia de 195 secciones con 25.000 afiliados, de ellos 7.080 en Barcelona. Las dos terceras partes de las sociedades radicaban en Cataluña (cuencas del Llobregat, Cardoner, Noya y Ter) [126]. En 1870 se funda el periódico *La Solidaridad,* sustituido al siguiente año por otro titulado *La Emancipación,* cuyo director, José Mesa, se pasó al grupo pro-marxista al sobrevenir la escisión.

El I Congreso Regional de la Sección española tuvo lugar en Barcelona (18 al 25 de junio de 1870). Las *Actas* registran la

---

[125]   J. TERMES ARDÉVOL: *El movimiento obrero en España. La I Internacional 1864-1868),* pp. 5 y 18. Prólogo de CARLOS SECO, Barcelona, 1965. Marsal Anglora usó el seudónimo de Saro Magallán.

[126]   TERMES O. c., pp. 46-47.

vivacidad de las discusiones y, en general, el radicalismo de las decisiones. En el II Congreso celebrado en Zaragoza (abril de 1872) se quiso evitar el planteamiento de la escisión interna que afectaba a la A. I. T. Al ocurrir el fracaso de la Comuna de París se había refugiado en España Paul Lafargue, yerno de Marx, que fundó la Nueva Federación Madrileña y quiso minar la fuerza bakunista en la organización española, aunque no tuvo éxito en el empeño. Al celebrarse el III Congreso en Córdoba (diciembre 1872-enero 1873) se había consumado ya la ruptura de La Haya y Saint-Imier: entonces los grupos españoles rechazaron las resoluciones de La Haya, amañadas «a voluntad del Gran Sultán de Londres» (Marx) y se adhirieron casi en bloque a la Alianza de Bakunin, pues muy pocos siguieron la línea marxista de Lafargue, quien acabó disolviendo la Nueva Federación.

En realidad aquellas luchas intestinas mellaban el espíritu idealista de los obreros españoles más sensibilizados. Anselmo Lorenzo, que asistió como delegado a la Conferencia de Londres (septiembre de 1871), previa al Congreso de La Haya, relata su decepción por lo que allí contempló: «De la semana empleada en aquella conferencia guardo triste recuerdo. El efecto causado en mi ánimo fue desastroso: esperaba ver yo grandes pensadores, heroicos defensores del trabajador... y en su lugar hallé graves rencillas y tremendas enemistades entre los que debían estar unidos en una voluntad para alcanzar un mismo fin. Si mi fe hubiera necesitado estímulos para sostenerse y si no tuviera descontados los efectos disolventes de la ambición, de la vanidad y de la envidia, la Conferencia de Londres... hubiera sido una tremenda desilusión... Puede asegurarse que toda la sustancia de aquella Conferencia se redujo a afirmar el predominio de un hombre allí presente, Carlos Marx, contra el que se supuso pretendía ejercer otro, Miguel Bakounine, ausente... Asistí una noche en casa de Marx a una reunión encargada de dictaminar sobre el asunto de la Alianza, y allí vi a aquel hombre descender del pedestal en que mi admiración y respeto le habían colocado hasta el nivel más vulgar, y después varios de sus partidarios se rebajaron mucho más aún, ejerciendo la adulación como si fueran viles cortesanos delante de su señor» [127].

[127] ANSELMO LORENZO: *El proletariado militante*, vol. I, pp. 188-190. Cito por la edición de Toulouse, 1946.

LA REPRESIÓN DE LA A. I. T. EN ESPAÑA, 1871-1874

Según Alarcón «las sucesivas persecuciones contra la Internacional... constituyen, sin duda, el rasgo más característico del sexenio 1868-1874 desde el punto de vista de las relaciones Estado-clase obrera» [128].

El primer momento de esta represión se sitúa en el contexto de la reacción europea después de la Comuna de París. Marxistas y bakunistas han estado de acuerdo en hablar del «pánico» de la burguesía europea contra la A. I. T. a raíz de la *Commune.* En España la alarma crece por la llegada de numerosos refugiados franceses y las sospechas de conexiones entre los revolucionarios de aquel país y de éste [129].

Casimiro Martí ha encontrado una copia transcrita por el encargado de negocios de Italia de la circular enviada por Sagasta a los gobernadores civiles el 28 de mayo de 1871 con instrucciones represivas. Al día siguiente el diputado carlista Jove y Hevia plantea en las Cortes un debate sobre los refugiados de la Comuna. Pi y Margall defendió las ideas socialistas, no los hechos de la Comuna de París. Pero la moción de apoyo al gobierno en el asunto de los refugiados obtuvo 235 votos a favor contra 25, lo que significa que muchos republicanos votaron de acuerdo con las medidas precautorias de Sagasta.

Poco después, el 12 de junio, se produjo otro debate sobre la A. I. T. por haber presentado un diputado internacionalista obrero, Baldomero Lostau, una enmienda al Discurso de la Corona en que declaraba que la Revolución de septiembre «había dejado a las clases obreras, las más numerosas de la sociedad, sujetas como antes al yugo de todos los monopolios e injusticias político-sociales que la han mantenido en penosa servidumbre». Al defender su enmienda, Lostau ataca los métodos represivos de Sagasta.

Le replica el diputado Gabriel Rodríguez, quien denuncia que la A. I. T. es contraria a la Monarquía y al Estado republicano, porque se propone la destrucción del Estado. Lostau estuvo poco afortunado en su rectificación. A Alareón le parece que revela un «tono claudicante» que culminó con la «increíble» declaración de que la A. I. T. había favorecido el orden

---

[128]   M. R. ALARCÓN: o. c., p. 209.
[129]   Hoy sabemos, por ejemplo, por el estudio de A. OLIVESI, que en la *Commune* de Marsella había un depósito de armas para los revolucionarios españoles.

público mejor que el gobierno. Esto dio pie a un durísimo discurso de Sagasta contra la organización Internacional. Lostau quiso retirar su enmienda, que a pesar suyo fue sometida a votación, obteniendo 164 votos en contra y ninguno a favor [130].

El gran debate sobre la legalidad de la A. I. T. se suscitó en octubre-noviembre de 1871. Jove y Hevia interpela al gobierno sobre la «tolerancia» dada a la Internacional. El nuevo ministro de la gobernación, el sagastino Candau, afirmó que consideraba la A. I. T. fuera de la ley. El debate, desde el punto de vista jurídico, se centró en las intervenciones de Castelar y Alonso Martínez, sobre la interpretación de los arts. 17 y 19 de la Constitución y el 198 del Código penal.

Castelar defendió la A. I. T. por no ser inmoral, no comprometer la seguridad del Estado y ser menos peligrosa que los carlistas. Defiende, pues, su licitud jurídica, pero Castelar se manifiesta opuesto a ella por principios políticos (derechos individuales y derecho de propiedad). Finalmente argumentó que «es indispensable separar la línea de la moral de la línea del derecho, porque el origen de todas las tiranías proviene de confundir la moral con el derecho».

La réplica del radical Alonso Martínez afirmó la inmoralidad de la A. I. T., aunque no se probara ningún delito específico, por sus ataques a la familia, a la religión y a la patria, así como por los métodos de violencia a que recurría, como en la Comuna de París. Castelar retiró su proposición. «Se había demostrado suficientemente que, desde el punto de vista jurídico, la causa de la Internacional tenía poca defensa», comenta Alarcón.

La discusión desde el punto de vista político se centró entre Salmerón y Cánovas del Castillo. El fondo de la cuestión estribaba, según Salmerón, en saber si era lícito «plantear la reforma de todas las instituciones sociales» desde la legalidad vigente; argumentó a favor del derecho de asociación por ser un derecho natural y también porque era preferible consentir cauces legales a las asociaciones obreras que oponerles diques que pueden desbordarse. Cánovas objetó que la defensa del orden social es la base de la legitimidad del poder. Si la muchedumbre se vale de los derechos políticos que se le han dado «para ejercer tiránicamente su soberanía», la respuesta será siempre la dictadura: «tal es la historia eterna del mundo», y para evitar la dictadura hay que evitar el factor que la desencadena.

Concluido este debate en las Cortes y vuelto Sagasta al poco

---

[130] ALARCÓN: o. c., pp. 166 y ss.

tiempo al gobierno, expidió el 16 de enero de 1872 una circular a los gobernadores civiles para que consideraran la A. I. T. «como fuera de la Constitución del Estado y dentro del Código penal». Pese a esta prohibición, la Federación Regional Española celebró su II Congreso en Zaragoza, como se ha dicho, aunque con asistencia reducida.

La participación de algunos internacionalistas en el movimiento cantonal bajo la República y en otros hechos sangrientos (sucesos de Alcoy, 8 al 11 de julio de 1873) volvió contra ellos a quienes, como Salmerón y Castelar, les habían defendido anteriormente en las Cortes.

Tras el golpe de Estado de Pavía, y dado el conato de huelga general desencadenado en Barcelona, el gobernador militar de aquella plaza publicó un bando disolviendo allí la A. I. T. Al día siguiente el Presidente del Poder Ejecutivo, general Serrano, firmaba el decreto de disolución de la organización obrera internacional en España.

Sin duda era un duro golpe y significaba la vuelta a la clandestinidad. Ocultamente se celebró en Madrid un IV Congreso (junio de 1874), y la Comisión federal clandestina se instaló en Barcelona, decidiendo «limitar su actividad a la reorganización de estos pequeños núcleos de adictos; no pudo, por tanto, extenderse numéricamente», pero sí mantener parte de la organización e intervenir en Congresos y reuniones internacionales [131]. El eclipse se mantuvo hasta 1881.

Pero el «eclipse» bakunista permitió alentar un grupo obrero que se había fundado en 1871: la Asociación del Arte de Imprimir. En ella ingresó en 1873 Pablo Iglesias, que le dio pronto el sello marxista. Iglesias contaba con la benevolencia de Felipe Ducazcal, antiguo cajista de imprenta y miembro de la Asociación, que pertenecía a la clientela política de Romero Robledo y que fue gobernador civil de Madrid durante los primeros tiempos de la Restauración. De aquel grupo saldría más tarde un nuevo movimiento obrerista español, cuya línea política fue el P. S. O. E., fundado en 1879, y cuya línea sindical fue la U. G. T., creada en 1888.

---

[131]	TERMES: o. c., p. 121. C. SECO en el «Estudio preliminar» a la edición de *Actas* citada en la nota 123, p. LIV, comenta: «El movimiento obrero español, iniciado de hecho en 1855, alcanzaba ahora —al cabo de dieciocho años de un vertiginoso recorrido hacia la izquierda— su frente maximalista, bajo el signo —utópico— de la Acracia».

LA MONARQUÍA
DE SAGUNTO

CAPÍTULO 1

LA RESTAURACIÓN CANOVISTA

La Restauración, dice el prof. Pabón, sucede a un período extraordinario en el que todo resultó imposible: Monarquía y República, centralización y federación, la guerra y la paz. En contraste, «la Restauración había de ser norma, equilibrio y estabilidad, final de un estado de excepción» [1].

La Restauración está asociada no sólo al nombre del rey Alfonso XII, nuevo titular de la Corona, sino al de un hombre que hizo posible, paso a paso, el camino hacia el restablecimiento de la Casa de Borbón en el trono, y a quien se deben las líneas esenciales del orden entonces fundado: Cánovas del Castillo.

García Escudero se ha referido en una obra reciente a las protestas que «de uno y de otro extremo» se levantaron en 1972 al publicar varios periódicos madrileños unos artículos de homenaje a Cánovas con motivo del 75 aniversario de su muerte. Desde un extremo se protestaba porque se pretendiese hacer «neo-canovismo» liberal; desde el otro, «porque se elogiase un experimento de convivencia estrictamente burgués». Ante tal doble reacción, García Escudero comenta: «Cuando se condena, por ejemplo, lo que el canovismo tuvo de pacto restringido a la burguesía se actúa como si lo sustancial fuesen las fuerzas que concilió y no el principio de conciliación» [2].

En efecto, la fórmula política ensayada por Cánovas del Castillo bajo la Monarquía de Sagunto fue la de crear un Estado de derecho inspirado en el principio y el espíritu de conciliación, dando cabida a la gama de fuerzas políticas más amplia posible, no sólo las que habían apoyado directamente la Restau-

---

[1] J. PABÓN: *Cambó,* vol. I: *1876-1918,* Barcelona, 1952, p. 45.
[2] J. M. GARCÍA ESCUDERO: *Historia política de las dos Españas,* Madrid, 1975, vol. I, página 98.

ración, sino incluso las que habían protagonizado la Revolución de 1868; para conseguir de este modo un *organismo político* en el que convivieran armónicamente quienes hasta la víspera se habían enfrentado en un antagonismo aniquilador.

La Monarquía restaurada en Sagunto abarca en el tiempo una primera fase, una «edad de oro» que se extiende desde 1875 a 1898, o si se prefiere retocar la cronología, hasta 1902. Es a ese período al que propiamente cabe llamar «la Restauración canovista». En ese momento concluye el ciclo revolucionario del siglo XIX, el ciclo de la revolución liberal, para iniciarse el ciclo de la revolución socialista, bajo la inspiración de Bakunin y de Marx, según la expresión formulada por el prof. Carlos Seco [3]. *Remanso* tras las agitaciones revolucionarias y plataforma de despegue de nuevas situaciones de conflicto y revolución.

En los períodos subsiguientes, en la llamada etapa revisionista de la Restauración, entre 1898 y 1912, la obra de Cánovas se somete a una crítica interna, porque el tiempo va dejando desfasado el «organismo político» ideado en 1875. Desfasado y sin lograr la adecuación necesaria, el envejecido sistema de la Monarquía de Sagunto entrará en su período de liquidación final a partir de 1912.

Pero en 1875 la Restauración había basculado entre dos opciones: o volver pura y simplemente a la situación anterior al 68, con el restablecimiento de la Constitución de 1845; o iniciar desde la posición centro-derecha de los restauradores una *apertura* hacia la izquierda. En una palabra, la alternativa en 1875 era convertir el golpe de estado de Sagunto en un simple «anti-Alcolea», barriendo a la izquierda, actitud que podríamos denominar contrarrevolucionaria; o por el contrario hacer de Sagunto la pista de arranque de un modelo integrador en el que sólo quedarían fuera quienes se autoexcluyeran voluntariamente: por la derecha los carlistas, todavía alzados en armas; por la izquierda los republicanos.

La primera opción tenía en 1875 numerosos e importantes valedores, no lo olvidemos: los antiguos moderados isabelinos, tanto civiles como militares (Cheste, Balmaseda, Martínez Campos). Pero Cánovas hizo triunfar la segunda: ese es su mérito y el positivo saldo político suyo en aquella hora decisiva. En las vísperas de la Restauración no habían faltado agoreros que vaticinaban, como Gasset desde las columnas de *El Imparcial,* que «la Restauración borbónica sería para España la calamidad

---

[3] C. SECO: *Alfonso XIII y la crisis de la Restauración,* Barcelona, 1969, pp. 14-18.

más grande, porque vendría escondido en su seno, respirando odio y crueldad, el demonio de la venganza». Cánovas hizo que tales augurios no se cumplieran, que la Restauración fuera exactamente lo contrario: no la oportunidad de la venganza, sino la hora de la conciliación y de la paz.

Cánovas sabía que la Revolución de 1868 no había pasado en balde y que en la historia nunca se puede dar marcha atrás sin riesgo de accidente. «Su gran mérito fue, no sólo haber aprovechado la lección de todos los que fracasaron antes que él, sino haber sabido valerse de todos aquellos fracasos como apoyo y refrendo de su éxito definitivo» [4]. Nada, pues, de un retorno al pasado. Todas las soluciones anteriores se hallaban desacreditadas. El intento canovista aspiraba a perfilar un futuro político absolutamente renovado; por eso no es gratuita la afirmación de Comellas: «el sistema político más completo, homogéneo y fecundo que ha edificado el liberalismo español».

La crítica, sobre todo después del 98, cargó las tintas negras en los aspectos negativos de la obra de Cánovas, que los tuvo como toda obra humana y fue, como tal, imperfecta. Sus imperfecciones dieron pie a la denuncia tan manida de la dicotomía entre la España real y la España oficial; la «fantasmagoría» que el Ortega y Gasset joven creía percibir en el montaje canovista. La crítica, casi a un siglo de distancia, ya hemos dicho que vuelve a señalar los puntos oscuros de aquella obra, con más carga de pasión que de razón, más preocupada por presuntas analogías presentes o por exigencia de unos dogmas que hacen abstracción de lugar y tiempo, incurriendo así en el pecado antihistórico por excelencia que es el anacronismo. Pero también la crítica histórica ha sabido interpretar correctamente lo que significó la obra de Cánovas, sin prejuicios de partido o de doctrina. Aparte los eruditos estudios de Fernández Almagro, son dignos de contrastarse los planteamientos de los profesores Comellas y Seco. El «lado bueno» no se oculta a algunos ensayos de interpretación desde ópticas muy ajenas a cualquier política monárquica, como Vicens Vives o Francisco de Ayala [5].

Tras la Restauración lo que se hace, para no ir a contrapelo de la historia, es una reacomodación del sistema. Julio Aróste-

[4] J. L. COMELLAS: *El sistema político de Cánovas*, textos de una conferencia pronunciada en el Ateneo, Madrid, 1961, p. 13. En otros trabajos suyos el mismo autor ha realizado un inteligente análisis del «sistema canovista», que en parte sirven de fundamento a mi interpretación del mismo; sobre todo en: *La teoría del sistema liberal español*, Madrid, 1962, y en la biografía de *Cánovas*, Madrid, 1965.

[5] F. AYALA: «España a la fecha», artículo publicado en la revista «Mañana», 1966.

gui ha expresado gráficamente este modelo de reacomodación, según el gráfico que se expone en la pág. 493. La interacción de fuerzas históricas, a partir de 1868, compone una suma de vectores que representan elementos de *transformación* y otra suma de elementos *conservadores*. El esfuerzo de reacomodación de estos elementos dará por resultante la admisión de ciertos principios o programas procedentes de las fuerzas contrarias, tanto carlistas como revolucionarias. De ahí la situación o *status* posterior a la Restauración. Naturalmente ese *status* quedará sometido a la dinámica de las nuevas fuerzas históricas, de cuya interacción resultará el deterioro final del sistema.

Insisto. En la «edad dorada», hasta 1898, la Restauración logra fundamentalmente un Estado neutral, «dar a España un organismo político»; logra una *concordia* basada en ese organismo. ¿Era esto todo lo que importaba? Por supuesto, no. Por eso unas veces los contemporáneos y otras los historiadores posteriores han señalado ciertos «vacíos». Desde el punto de vista estrictamente político se denuncia el enfoque inadecuado a la integración de las regiones en el Estado: siguiendo los principios más puros del liberalismo decimonónico y, tal vez, no lo olvidemos, como reacción tras el inmediatamente anterior desquinciamiento cantonal, se propugnó la línea centralista, que cristalizará en la abolición de los fueros de las provincias vascas (21 de julio de 1876). Hay también un «vacío educativo», al menos la postergación a un segundo plano de los problemas educativos del país, sobre los que podrán alzar su crítica los hombres de la Institución Libre de Enseñanza. Se toma en cuenta además el vacío sobre el «problema social», o si se quiere, la no prioridad a los problemas sociales que se deducían del progresivo avance de la sociedad industrial, así como a las situaciones agrarias necesitadas de reforma. Por fin, se advierte la inexistencia de una política económica coherente, en función de las necesidades generales de la nación y no de los grupos minoritarios, atentos a sus particulares intereses.

A Cánovas, una vez conseguido el éxito de implantar el «organismo político» por él propuesto, gracias a la inteligente colaboración de su oponente Sagasta, le faltaba la gana, ya que no el talento, para sugerir, si no un ideal estimulante, algo que diera nervio a su propio partido para ser más que un mero administrador electoral, algo que lo enraizara en las capas más profundas de los problemas nacionales. La crítica posiblemente más dura, por más ponderada, la hizo poco antes de la muerte de Cánovas, en 1897, uno de sus ex delfines contestatarios,

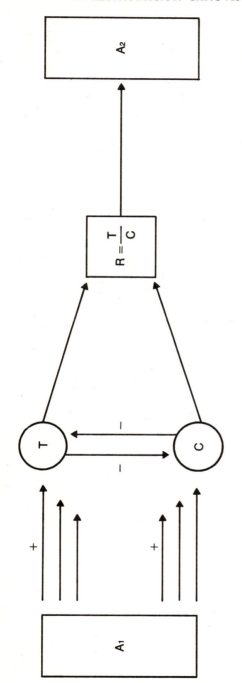

INTERACCIÓN DE FUERZAS HISTÓRICAS:
DE LA REVOLUCIÓN A LA RESTAURACIÓN.

A₁ = status anterior a 1868.
T = suma de vectores que representan elementos de *transformación*.
C = id. íd. *conservadores*.
R = esfuerzo de *reacomodación*. (Admisión por los vencedores de ciertos postulados de las fuerzas contrarias, tanto *carlistas* como *revolucionarias*.)
A₂ = status posterior a la Restauración.

Francisco Silvela, cuando declaró que la política de aquél «se funda en el rebajamiento y en el achicamiento de todo cuanto le rodea».

LOS PREPARATIVOS DE LA RESTAURACIÓN: SAGUNTO

La inviable realidad de la I República en 1873-1874 había quedado evidente ante la expectación de España. Las disensiones internas, la insolidaridad esencial de los republicanos, los maximalismos ideológicos y los conflictos de poder habían dado al traste con las posibilidades de aquel régimen.

En 1874 se preparaba la Restauración monárquica sin que la «República ducal» de Serrano pudiera impedirlo. Pero, ¿cómo se haría la Restauración y en qué titular recaería la Corona? En un penetrante estudio, Manuel Espadas Burgos ha examinado los distintos planos sobre los que se proyecta la problemática de la Restauración [6]. En primer lugar, el plano europeo. La Alemania bismarkiana de los años setenta está omnipresente en Europa: ni siquiera Cánovas puede ignorarla. Bismarck sentía por los años 1873-1874 un evidente despego por la candidatura *ultramontana* del príncipe Alfonso, cuando en Alemania estaba en auge el *Kulturkampf*. De ahí que en agosto de 1873 el embajador francés La Rochefoucault se hiciera eco de las posibilidades de un Federico Carlos de Hohenzollern al trono de España. El príncipe Alfonso, más perspicaz que La Rochefoucault, escribirá por esas fechas a su madre Isabel II: Bimarck no cometerá la torpeza de Maximiliano en Méjico, ni de Amadeo en España.

De todos modos, la cuestión del clericalismo ultramontano era un punto sensible en la coordenada exterior alemana y en la interior española. A la opinión se la zarandeaba con los maximalismos clericales y anticlericales. El «manifiesto de Sandhurst» tuvo como finalidad cortar las desorientaciones en este aspecto, enunciando la armonía entre «la propia historia» y la «marcha progresiva de la civilización», la concordia entre la Monarquía Católica y el Siglo liberal [7]. Precisamente porque la materia era

[6] M. ESPADAS BURGOS: *Alfonso XII y los orígenes de la Restauración*, Madrid, 1975. Prólogo de V. PALACIO ATARD: «La Restauración a un siglo de distancia».
[7] El texto íntegro del Manifiesto de Sandhurst, reproducido muchas veces, puede verse en M. FERNÁNDEZ-ALMAGRO: *Cánovas*, pp. 266-267.

delicada de exponer la redacción fue trabajosa. Isabel II había dado su conformidad a una declaración que decía: «Seré tan católico como mis antepasados». Pero el texto definitivo quedó enmendado de otra manera: «Ni dejaré de ser... como todos mis antepasados, buen católico, ni como hombre del siglo, verdaderamente liberal». El futuro Alfonso XII tranquilizaba a su madre, con desenfadado humor juvenil, en una carta fechada el 16 de diciembre de 1874: «Permíteme que te diga que es más afirmativo el decir que seré como mis antepasados buen católico, que no decir que seré tan católico como ellos; porque en lo primero parto de ser buen católico, y en lo segundo podría imitar al que quisiese, porque entre tantos antepasados ha habido de todo» [8]. Aquella doble afirmación de catolicismo y liberalismo resultaba chocante en el ambiente enrarecido de España por los radicales comportamientos clericales y anticlericales. Con una pincelada de ironía Pérez Galdós lo refleja en una anécdota: «¿Liberal y católico? ¡Pero si el Papa ha dicho que el liberalismo es pecado! Como no sea que el príncipe Alfonso haya descubierto el secreto de introducir el alma de Pío IX en el cuerpo de Espartero...».

En cuanto a Francia, potencia siempre entrometida en nuestra política interior del siglo XIX, no contaba como fuerza de presión en los años iniciales de la República surgida de la derrota de Sedán. En todo caso, la República del «septenado» mac-mahonista ejercía un valor de ejemplaridad sobre Serrano en las calendas de 1874. Un testigo directo de aquellos acontecimientos, A. Houghton, dedica una amplia segunda parte de sus *Memorias* a analizar las «vacilaciones del *mariscal* Serrano» durante unos meses en los que, caso de apuntarse la victoria definitiva sobre los carlistas, pensaba en la posibilidad de consolidar en su persona la «República ducal» conservadora [9]. ¿Creían, en efecto, todavía en el otoño de 1874, el duque de la Torre y sus consejeros en la estabilidad del precario poder republicano que detentaban? En cualquier caso, la incapacidad militar ante los carlistas debilitaba día a día la posición de Serrano, aun cuando la llegada del embajador Hatzfeldt a Madrid y la «demostración naval» alemana en Santander quisieran interpretarla algunos como un apoyo de Bismarck al duque de la Torre [10].

[8] ESPADAS: o. c., pp. 394-395.
[9] A. HOUGHTON: *Les origines de la Restauration des Bourbons en Espagne*, París, 1890, pp. 119-267. Las alusiones al *mac-mahonismo* especialmente en las pp. 130-131.
[10] HOUGHTON: o. c., p. 224.

Precisamente en España y en Francia se produjeron dos
fenómenos paralelos e inversos, que Cánovas del Castillo explicaba algunos años más tarde al duque de Aumale con estas muy
expresivas palabras: «En Francia se ha hecho la (tercera) República con los monárquicos; en España yo he hecho la Monarquía
con los republicanos».

La otra potencia mundial, Inglaterra, que en la primera mitad del siglo, en la época de Palmerston, había sido una fuente
continua de intrigas en la política española, había abrazado
ahora el «espléndido aislamiento» de Gladstone y Disraeli. No
interfirió para nada directamente en los preparativos de la Restauración, aunque indirectamente fuera aquella Monarquía
constitucional y parlamentaria el modelo a que aspiraba Cánovas; y por ello se envió al príncipe Alfonso a culminar sus
estudios en la escuela militar de Sandhurst, para que tuviera la
vivencia directa de la educación política británica.

El Vaticano, en cambio, incidía directamente sobre la situación interna española, no sólo por efecto de las relaciones
Iglesia-Estado, sino por el ambiguo trato mantenido por la
Santa Sede con los agentes carlistas y alfonsinos, y muy en
particular por la comunicación epistolar directa de Isabel II con
Pío IX. Recientemente, María F. Núñez ha exhumado veintisiete piezas del Archivo Secreto Vaticano que abarcan cronológicamente desde el 23 de noviembre de 1872 hasta el 21 de
enero de 1875, entre las que destacan las cuatro *Bases de convenio* presentadas a Isabel II en París por el agente carlista don
Francisco de la Torre y las diez cartas cruzadas entre la Reina
exiliada y el Papa [11]. La ingenuidad política y la angustiada
preocupación religiosa de conciencia de Isabel II quedaba expuesta a ser manipulada por unos y otros.

Isabel, «con una actitud de confianza ilimitada en el
Pontífice, quería descargar en él la responsabilidad de sus actos políticos y familiares, para serenar su conciencia», explica
M. F. Núñez; de ahí los apremiantes consejos solicitados del
Santo Padre en materia de política interior. Casi en vísperas de
Sagunto la Reina escribía a Pío IX, el 27 de noviembre de 1874,
estas palabras verdaderamente desconcertantes si ignorásemos
el talante humano y el despiste político de Isabel II: «Yo estoy
dispuesta a todo, incluso a reconocer a don Carlos, si Vuestra

---

[11]   M.ª FELIPA NÚÑEZ: «Documentos sobre el problema de la sucesión de Isabel II», publ. en *Estudios de Historia contemporánea*, vol. I, coordinados por V. PALACIO
ATARD, Madrid, 1976, pp. 354-407.

Santidad juzga que con los principios que él representa puede hacer un bien a la Iglesia, ¿porque qué importan las cuestiones de derechos ante una cosa tan alta? Ruego a Vuestra Santidad me signifique su voluntad, pues soy Madre y al dar este paso quizá mis hijos se me pongan en contra si no saben que es la voluntad expresa de Vuestra Santidad».

Menos mal que el Papa, mejor avisado de los acontecimientos que se avecinaban en España, le contestó el 4 de diciembre: «...Mientras le agradezco la confianza que ha querido depositar en mí, lamento no poderla aprovechar por las muchas dificultades que encontraría si quisiese ponerla en práctica. Creo que Vuestra Majestad... deberá convencerse de que, aunque yo pudiera ser juez competente, también es siempre verdad que el juicio no convenga pronunciarlo en las actuales circunstancias».

Pío IX había mantenido hacia la «República ducal» de 1874 la misma desconfianza que hacia los otros poderes salidos de la Revolución de 1868. El Papa había dado todo su apoyo a la reconciliación dinástica entre don Carlos e Isabel, pero se abstuvo de aventurar un paso en falso.

Si del plano internacional pasamos al plano dinástico, siguiendo a M. Espadas, descubriremos los dos impulsos promotores de la Restauración: los círculos cortesanos de Isabel II y la iniciativa canovista. Ambos impulsos se asientan en criterios opuestos: el espíritu de revancha, la prisa por alcanzar el objetivo; la apelación al golpe de Estado, en los primeros; el sentido autocrítico, la rectificación histórica, la asunción de muchos factores de 1868, el *modus operandi* civil aunque sin rechazar el respaldo militar, pero sin apresuramientos en ningún caso, en la segunda.

Hasta que se impuso el criterio de Cánovas hubo intrigas, ambiciones personales, camarillas. En torno a la exiliada Isabel II se perpetuaban bastantes malos hábitos de su reinado, fomentados por la Reina María Cristina y por Marfori. Aun cuando se obtuvo la abdicación de Isabel II a favor de su hijo, la dirección del partido alfonsino quedó encomendada primeramente al duque de Montpensier, reconciliado tras el pacto de Cannes. Sólo en 1873 se perfila la acción de Cánovas.

La Restauración, encauzada políticamente por Cánovas, tuvo sin embargo una solución militar, no deseada por el nuevo jefe del partido alfonsino. Ello es debido a que en los preparativos restauradores se interfiere un plano militar. Un sector del Ejército (los generales Gutiérrez de la Concha, Cheste, Caballero de Rodas, Balmaseda, Martínez Campos) se proponían restaurar la Monarquía mediante el pronunciamiento. Todos esos nombres están de algún modo ligados a Cuba, así como cierto número de empresarios catalanes (Güell, Foxá, Ferrer i Vidal, Amell i Bou) vinculados por sus negocios antillanos, junto con los hacendados cubanos y hombres de negocios, como Zulueta, que formaron el *partido español intransigente* de la Isla, y que prestó apoyo económico al partido alfonsino en la Península, por lo que se puede hablar de un «transfondo cubano» de la Restauración.

Los militares mantienen varias líneas de conspiración, que se entrecruzan, superponen o divergen en ocasiones. Una de esas líneas conspiratorias, encabezada por el general conde de Balmaseda y secundada por Martínez Campos, es la que culminará con éxito en Sagunto.

Martínez Campos, opuesto a Cánovas en cuanto a táctica política, había censurado la inhibición de éste al producirse el golpe de estado de Pavía. Cánovas se reafirmaba en el punto de vista de que el Rey debía alcanzar el trono por un movimiento de adhesión popular, aunque contaba con la asistencia militar, según el plan del general Manuel Gutiérrez de la Concha, marqués del Duero, tras el levantamiento del sitio de Bilbao el 2 de mayo de 1874. La derrota y muerte de Concha el 27 de junio de aquel mismo año ante Estella frustró estos planes.

Pero un proyecto de insurrección militar no puede aplazarse indefinidamente. La conspiración había acumulado importante número de adhesiones en diversas unidades del Ejército; la falta de resolución para ponerla en práctica empezaba a debilitarlas. En la carta que Martínez Campos escribió a Cánovas el 27 de diciembre, al salir para Sagunto, comunicándole la resolución que había tomado sin consentimiento del jefe del partido alfonsino, decía: «Tengo menos elementos de fuerza para el primer momento que hace mes y medio; casi estoy por decir que tengo menos de la tercera parte, pues he ido perdiéndolos paso a paso, yo creo que por las dilaciones... La decisión que tomo hoy la debí tomar hace cuarenta y cinco días. No me arrojo ni por amor propio ni por derecho; lo hago por la fe y convicción que tengo; lo hago porque ustedes aseguran que la opinión está hecha... Exijo, sí, que si el movimiento triunfa en Madrid, sea usted el que se ponga al frente del gobierno... No hay de mí a usted antipatía política alguna... La diferencia entre usted y yo estriba en los distintos modos de proceder en la cuestión de alzamiento» [12].

---

[12] FERNÁNDEZ ALMAGRO: *Cánovas*, pp. 272-274, publica el texto íntegro de la carta.

El resultado de esta decisión fue la proclamación de Alfonso XII por la brigada del general Dabán en la mañana del 29 de diciembre, cerca de Sagunto, siendo el general Martínez Campos quien asumió el mando. Los hechos son muy conocidos y no es preciso insistir en ellos: la vacilación inicial de Cánovas ante el hecho consumado de Sagunto, la resolución favorable del golpe de estado con las adhesiones del general Jovellar, jefe del Ejército del Centro, y de Fernando Primo de Rivera, Capitán general de Madrid; la incapacidad del gobierno para resistir, tras la conversación telegráfica mantenida por Serrano desde Tudela con Sagasta la noche del 30 de diciembre. A la mañana siguiente la *Gaceta de Madrid* publicaba el decreto firmado por Cánovas, en virtud de los poderes previamente recibidos de Alfonso XII, por el que constituía el Ministerio-Regencia hasta la llegada del Rey.

Pero el éxito político del golpe de Sagunto, en lo que tuvo de más perdurable, no puede regateársele a Cánovas, que desde enero de 1873 lo había preparado. El problema que afrontó al asumir la jefatura del partido alfonsino fue el de *ensanchar la base política* sobre la que apoyarse, del mismo modo que afrontó el problema de ampliar el consenso de poder una vez lograda la restauración. Para conseguirlo era imprescindible la cancelación del pasado y la reconciliación ante el futuro. El siglo XIX había conocido intentos anteriores fracasados de «reconciliación liberal». Ahora esa posibilidad no quedará frustrada.

Al partido alfonsino, en la fase previa a la Restauración, se sumaron no sólo los antiguos moderados isabelinos o los políticos de la Unión Liberal, como el propio Cánovas; sino también progresistas y gentes que no pertenecían a ningún partido. Al encargarse en 1873 de la jefatura del movimiento alfonsino, escribió Cánovas a Isabel II que «en política sólo se es leal con los fuertes». Para toda clase de tratos o alianzas sabía Cánovas que necesitaba formar un partido fuerte; y en dos años lo formó.

En una de las primeras sesiones de las Cortes de 1876, el diputado Alfonso Pidal, representando la derecha más conservadora, criticó a Cánovas por imponer suma lentitud de procedimiento a los preparativos de la Restauración; a lo que Cánovas replicó que sus esfuerzos «para ensanchar la base de la Restauración habían producido los resultados que permitieron se asociasen al grito de Sagunto los que algún tiempo antes hubieran dejado que éste se ahogase en el vacío» [13].

[13] M. DE LEMA: o. c., vol. II, pp. 735 y ss.

Ensanchar la base política, el consenso de poder, antes y después de la Restauración, será la constante de Cánovas. Tal ensanchamiento tendrá una eficacia práctica y quedará propiciado en la Constitución de 1876, que no fue una Constitución «de partido», porque abría posibilidades para un amplio espectro de fuerzas políticas. Pero a la hora del éxito, pues éxito suyo fue el haber encauzado el poder tras el golpe de Sagunto no preparado por él, no faltaron a Cánovas los detractores o simplemente los cicateros, como hemos visto.

La Restauración, ¿era obra de los golpistas de Sagunto o de quienes habían creado los medios políticos sobre los que había de asentarse? Discusión bizantina, a la que Cánovas daba altanera respuesta en otra discusión del Senado, de la que el marqués de Lema se hace también eco: «¿Quién puede arrogarse el derecho de decir que ha hecho la Restauración?... Los movimientos del país que condujeron a aquella solución salvadora necesitaron en un instante de dirección. Que ellos existían, que nosotros no los creamos de ninguna manera, es verdad; pero es evidente que hubo un instante en que necesitamos una organización. Pues bien, esa organización... la hice yo, y la llevé tan adelante, que ya en el punto a que la llevé, cualquiera, en cualquier momento y en cualquier circunstancia, la habría realizado».

LOS HOMBRES DE LA RESTAURACIÓN: CÁNOVAS Y SU «SISTEMA»

Durante los casi once años del reinado de Alfonso XII, la Monarquía restaurada tuvo fundamentalmente dos hombres de gobierno: Cánovas y Sagasta. Hay otras figuras de segundo plano que ocasionalmente desempeñan por breve tiempo la presidencia del Consejo de ministros (Jovellar, Martínez Campos, Posada Herrera). Cánovas fue el ideador del sistema político y coejecutor del mismo con Sagasta.

Cánovas, en 1875, estuvo al frente de una derecha moderada que usó del poder sin fines monopolísticos y que obtuvo el asentimiento de una izquierda también moderada, dirigida por Sagasta, para hacer viables las alternativas de poder y oposición. Por eso la consolidación de la Monarquía restaurada cabe atribuirla a dos ideas-fuerza, que se personifican en las figuras de

Cánovas y de Sagasta. Si el logro de la Restauración es cosa de Cánovas, la consolidación de la Monarquía fue obra de ambos.

Antonio Cánovas del Castillo había nacido en Málaga el 8 de febrero de 1828. Su padre, Antonio Cánovas García, era maestro de escuela, que regentaba clases en el Consulado de Comercio y en el Colegio de Huérfanos del Ejército y la Marina. Su madre, Juana del Castillo, era hija de militar, de posición económica modesta. Antonio era el mayor de seis hermanos. Su padre quiso que cursara estudios mercantiles, porque como dijo el propio Cánovas, en aquellos tiempos «en Málaga no se cultivaban más letras que las de cambio». Esperaba que se labrara de este modo su hijo una posición económica más desahogada que la «honesta mediocritas» del matrimonio Cánovas-Castillo [14].

Huérfano a los quince años de edad se traslada a Madrid, bajo la protección algo cicatera de Serafín Estébanez Calderón, primo de su madre, quien le aconsejó siguiera estudios eclesiásticos. Pero no hizo caso de tal consejo y en el curso 1846-1847 se matriculó en la Facultad de Derecho. Gracias a un empleo de 8.000 reales en la Compañía del Ferrocarril de Madrid-Aranjuez pudo costearse los estudios y ayudar a su madre económicamente. Comparte, pues, estudios, empleo e inicia escarceos periodístico-literarios. El periodismo era entonces una vía de introducción en la política: desde el primer momento se manifestó contrario al autoritarismo de Narváez y Bravo Murillo; se relacionó, en cambio, con O'Donnell que sintió gran aprecio por el joven Cánovas. Esto nos explica su primera intervención pública en la «vicalvarada», cuando tenía veintiséis años, que le ligó a la Unión Liberal hasta la Revolución de 1868. Su carrera política siguió los escalones de Gobernador civil, Director general y Subsecretario, hasta que en el último gobierno de O'Donnell (junio de 1865-julio de 1866) desempeñó la cartera de Ultramar [15].

De formación liberal, tanto por su ascendencia familiar como por sus estudios jurídicos, fue profesionalmente hombre del Derecho vocado a la política; pero fue también cultivador de la Historia por afición. Esta doble formación intelectual se reflejaría en la concepción de la política y en su comportamiento público. El cultivo de la historia potenció el sentido de

---

[14] FERNÁNDEZ ALMAGRO: *Cánovas*, pp. 3-8. Para los datos biográficos remito a esta obra, que sigue siendo la principal y más documentada biografía del personaje.

[15] FERNÁNDEZ ALMAGRO: *Cánovas*, pp. 73 y ss.

la evolución y, a la vez, la necesidad de conservar los sentimientos e instituciones arraigadas en el pasado. La Historia y el Derecho hicieron de él un hombre que sabía matizar, artista de la transigencia y la moderación, sin menoscabo de la autoridad. El sentido jurídico inspirará sus actos políticos y de gobierno, ajeno a cualquier arbitrariedad y violencia.

La mentalidad que sirve de soporte a ese comportamiento responde a tres connotaciones que José Luis Comellas ha destacado: su pragmatismo, su eclecticismo y el concepto de nación, soberanía nacional y constitución interna [16]. Algunos añaden: su pesimismo.

a) Pragmatismo. El liberalismo español anterior, ya sea en su faceta doctrinaria como en la progresista, ya fuera radical o democrático, había adolecido de *rigidez de principios*. De ello se deducía la incomunicabilidad, el maximalismo, el *antagonismo aniquilador*. «Gobernar es resistir», se decía en tiempo de Narváez. «Gobernar es transigir», será uno de los lemas de Cánovas. García Escudero recuerda el juicio que Cánovas merece a Pérez Galdós: es un político conservador, demasiado conservador quizá, pero antes de él los conservadores se habían identificado por los políticos «autoritarios». Cánovas no será autoritario. Se le tachará de soberbio, de altanero, no será simpático en el trato personal; pero nadie dirá de él que ejerció el poder con abuso de autoridad, porque siempre se autolimita voluntariamente.

Algunos minimizan el valor del principio pragmático de la transigencia, porque para ellos simplemente Cánovas *cede* el ejercicio de la autoridad dentro del mismo bloque de poder que integra también a los contrarios. Sin embargo, no puede minimizarse, a mi entender, el significado de su renuncia al ejercicio del gobierno como demostración de un sentido político de la alternativa en la ampliación *práctica* del consenso.

El pragmatismo de Cánovas se revela, antes de la Restauración, cuando dice a los amadeístas en las Cortes de 1870: «Si vosotros, por un procedimiento que no es el mío, por una doctrina que no es la mía, acertáis a hacer una Monarquía capaz de realizar el Derecho, de amparar la libertad y los intereses de

---

[16]   El prof. COMELLAS, que ha hecho un gran esfuerzo de síntesis en la interpretación de las ideas de Cánovas, se lamenta de que el político malagueño «no haya compuesto nunca un cuerpo de doctrina formalmente estructurado», aunque parece que alguna vez proyectó hacerlo. Por eso, por su dispersión en el tiempo y en el espacio, «tampoco resulta fácil resumir de un plumazo las directrices del sistema», aunque sus ideas básicas estuvieran ya perfiladas por los años sesenta. COMELLAS: *Cánovas*, p. 148.

todos, contad con mi respeto, contad con mi lealtad». Del mismo modo que confesaba, en las Cortes de 1880, que si la República se hubiese consolidado en 1873, en un régimen de orden y libertad, «la habría tratado como gobierno legal y no hubiera hecho nada, absolutamente nada, para destruirla».

Cánovas es, pues, un hombre de sentido realista, escéptico ante los principios absolutos. «Decir política es decir ciencia de lo mudable, de lo relativo y contingente; ciencia sujeta en sus conclusiones prácticas al siglo, al pueblo, al momento en que su consiguiente arte se ha de aplicar», dirá. Política «es el arte de aplicar en cada época de la Historia aquella parte del ideal que las circunstancias hacen posible». En Cánovas estas afirmaciones se repiten de mil maneras, en mil ocasiones distintas: «En política todo lo que no es posible es falso» [17].

Por eso Comellas tiene razón al definir el sistema canovista como «terriblemente práctico, en el que lo de menos será el basamento doctrinal y lo de más el *equilibrio funcional* de la maquinaria política» [18].

b) Eclecticismo. La política es un arte de realidades, es el arte del compromiso, el arte de transigir. ¿Sólo esto? Maura le reprochará: «Gobernar es dirigir». Pero si Cánovas puede ser el artista del compromiso y la transacción, ello se debe al eclecticismo de su doctrina supeditada a encontrar el «equilibrio funcional». Compromisos que tienen menos, pues, de doctrinales que de funcionales, entre fuerzas opuestas. La oposición de fuerzas políticas debe producir la resultante del equilibrio. Sin este equilibrio, ya lo sabemos, sobrevienen el caos o la dictadura. Cánovas se explica: «No existe posibilidad de gobernar sin transacciones justas, honradas, inteligentes». Esto significa comunicación con el contrario, aceptación de sus posibles razones; flexibilidad, no encastillamiento.

Su eclecticismo no significa indiferencia en lo ideológico. Fundamentalmente la formación de Cánovas es doctrinaria: pero su doctrinarismo liberal no bebió exclusivamente en las fuentes francesas, que eran con mucho las más conocidas en España, sino también en las inglesas. García Escudero afirma que en Cánovas hay una reviviscencia de Burke: «en Burke ya está todo Cánovas». Si no todo, sí gran parte. Por de pronto,

---

[17] CÁNOVAS DEL CASTILLO: *Problemas contemporáneos*, vol. I, p. 15; vol. III, p. 279. Estas ideas se repiten en otros muchos textos y discursos reunidos en la miscelánea que lleva ese título.

[18] COMELLAS: *El sistema político*, o. c., p. 22.

Cánovas hará suyo el doble principio de *conservation* y de *correction:* las dos ideas-fuerza que deben mover la política, la sociedad, el Estado.

c) El concepto de nación, de soberanía nacional y de Constitución interna. La nación es una creación histórica: es obra de Dios, por medio de los hombres, a través del tiempo, con un destino propio. Cánovas vive la época de exaltación de los nacionalismos europeos, pero no exaltará el nacionalismo español. ¿Tiene algo que ver esto con el «pesimismo» que se le atribuye? En todo caso su formación histórica le incita a observar el pasado para afianzar el concepto de «nación española» y reconocer la «constitución histórica» que está en la esencia del doctrinarismo.

Se ha dicho que la formulación de la «constitución histórica» tiene un lado polémico, puesto que si esa «constitución» es una creación de la Historia, se requiere formular un concepto previo de la propia Historia, que derivará en el enfrentamiento crítico de los españoles con todo su pasado, la asunción o el rechazo del mismo por unos y otros. Pero también tiene un lado constructivo, a los efectos concretos de superar la antinomia constitucional entre los principios de soberanía nacional y soberanía monárquica. Cánovas entiende que existe una «voluntad nacional» fundada en la naturaleza histórica de la nación, que es una «voluntad objetiva» y, por tanto, ajena al voto de los hombres.

«Muy bien puede una nación desear ser lo que no es, dice Cánovas, pero el cambio o transformación no depende de su propio gusto... Mal, pues, que a sus ciegas pasiones pese, toda nación que a impulso de ellas ilegítimamente ejerce la soberanía, sin remedio continúa siendo en su interior lo mismo que antes y en su estado normal era...» Hay una «soberanía nacional» que reside en la *voluntad permanente* de la nación, determinada por su naturaleza, de la que han surgido unas instituciones políticas básicas cuya perdurabilidad debe respetarse. «La soberanía nacional es aquel estado de la voluntad nacional que... está conforme con su espíritu y su naturaleza», dice. Si la *voluntad general* a la manera roussoniana no respeta esta *soberanía nacional* es que la usurpa. La soberanía no reside, pues, en los individuos en un momento aislado, la nación no es el plebiscito de todos los días, proclamado por Renán. La soberanía nacional radica en una continuidad histórica, como creación de las sucesivas generaciones pasadas, presentes y futuras. Nadie, en un momento dado, tiene derecho a sustituirla.

Tal formulación de la doctrina de la «Constitución interna» tiene como corolario el que cualquier Constitución escrita sólo será viable si se acomoda a aquella. Y de la Constitución histórica española Cánovas extraerá dos principios, que se traducen en dos instituciones claves de la articulación del organismo nacional y, por tanto, indiscutibles. Cánovas las enunció ante las Cortes de 1876, al defender el proyecto constitucional, en un párrafo famoso: «Invocando toda la historia de España creí entonces, creo ahora, que, deshechas como estaban por motivos de fuerza sucesivos todas nuestras Constituciones escritas, a la luz de la historia y a la luz de la realidad presente sólo quedaban intactos en España dos principios: el principio monárquico... y, de otra parte, la institución secular de las Cortes».

d) Pesimismo. Por mucho pesimismo que se le atribuya es absurdo presentar como paradigmática una frase suya: «Son españoles... los que no pueden ser otra cosa». Esta frase resulta tremendamente demoledora si se la desplaza del contexto en que la pronunció. Merece la pena que lo recordemos. Al tratarse en 1876 en la Comisión de Cortes del artículo primero de la Constitución, que define en cuatro párrafos quiénes son los españoles, le preguntó en voz baja Alonso Martínez sobre los términos en que convenía dejar la redacción definitiva del mismo, y fue entonces cuando, o por «chistoso alarde de ingenio» o por «un escape de mal humor», Cánovas dijo en el mismo tono de voz, al oído de su interlocutor, aquella frase que tanto ha circulado luego [19].

El pesimismo, en la medida en que inspiraba su comportamiento, responde al ejercicio de la crítica histórica por él practicado, al análisis de la decadencia del siglo XVII, tema preferido de sus estudios; a la necesidad de evitar que se repitiese la inadecuación entre medios y fines que caracteriza a otras situaciones históricas de nuestro «glorioso pasado», y al convencimiento de que la regla de oro del *patriotismo* presente («callado, melancólico, paciente») estriba en no gastar más de lo que disponemos. En cierto modo anticipa un *patriotismo crítico,* del cual la siguiente «generación del 98» dejará el más completo testimonio.

García Escudero, sin embargo, reprocha a Cánovas su inhibición en formular un ideal nacional común, inhibición que atribuye a ese pesimismo. «Olvidó que una patria no es sólo venir del mismo sitio. Una patria es, sobre todo, ir al mismo

---

[19] FERNÁNDEZ ALMAGRO: *Cánovas,* p. 339.

lugar»[20]. Pero, podríamos preguntarnos, ¿de qué medios disponía Cánovas para enervar a los españoles en ese ideal común, en ese «proyecto de futuro» necesario, pero que ni él ni nadie concibió entonces?

Cualesquiera que sean las connotaciones de la mentalidad de Cánovas, lo cierto es que su «sistema», sencillo de concebir, porque consta de elementos muy simples, no es fácil de ejecutar, porque se basa en un equilibrio de fuerzas opuestas y dinámicas, como expone magistralmente el prof. Comellas. Consta de dos pares de fuerzas: el par *depositario* de la soberanía y el *par* ejecutante de la política.

El primero lo integran el Rey, que representa el principio de autoridad, y las Cortes, en las que reside el principio de libertad: ambos se oponen y se necesitan a la vez. Cada una de estas fuerzas debe ser independiente de la otra, lo que no sería factible si el Rey debiera su existencia a las Cortes, ni éstas fueran una creación de la Corona. El par *ejecutante* son los dos partidos turnantes en el poder, la derecha y la izquierda, que también se oponen y se necesitan. Cánovas pretende inspirarse en el *modelo británico* del que es adaptable el mecanismo parlamentario. Pero no hay analogía de situación entre España y el Reino Unido para que el modelo funcione del mismo modo: no es análogo el nivel educativo y, por tanto, su reflejo en la mentalidad colectiva; ni se asemejan las estructuras socio-económicas, mucho más complejas en aquel país.

El «organismo político» de la Restauración constará, pues, de los elementos fundamentales señalados por Cánovas: El Rey, las Cortes, los partidos turnantes en el gobierno. La Constitución escrita se encargará de articular todos esos elementos. Hay que hacerla, como los partidos. El Rey y las Cortes, por el contrario, no es preciso inventarlos. El Rey está dado por la Historia: en aquel momento, Alfonso XII. Las Cortes, potencialmente existentes, tendrán que actualizarse mediante una elección general.

Así se logra crear por primera vez en el siglo XIX, como decíamos siguiendo a Vicens Vives, un Estado neutral: remanso de vida política civil en orden, medio propicio al progreso. «Desde 1808, escribe Vicens, el Estado había sido beligerante respecto a cada uno de los españoles, los cuales habían sido sucesivamente purificados, depurados, confiscados, etc., llamáranse carlistas o liberales, progresistas o socialistas. Ahora bien,

[20]   GARCÍA ESCUDERO: o. c., vol. I, p. 117.

en 1876, los hombres de la Restauración acordaron que esto tenía que terminar. Y terminó. El Estado que entonces fundaron fue un Estado neutral, gobernado por hombres de los partidos políticos, pero para un país legal. Este hecho permitió no sólo una paz estable, sin excesivos dispendios ministeriales, sino también un empuje sin precedentes en la vida económica española. Entre 1878 y 1898 se desarrollan y acumulan energías económicas poderosísimas, porque ya no se tuvo miedo al día de mañana» [21].

LOS HOMBRES DE LA RESTAURACIÓN: SAGASTA Y SU «PRAXIS» POLÍTICA

Sagasta, junto a Cánovas, fue el co-ejecutor del «sistema», que, gracias a él, pudo funcionar. García Escudero aun añade el nombre de Castelar en la *trilogía* de los «artífices de la Restauración», porque fue el republicano que, sin dejar de serlo, en un determinado momento admitió aquel régimen como el único posible para España, según veremos [22].

En todo caso, Sagasta y Cánovas serán figuras contrapuestas y paralelas: «espíritus antitéticos, temperamentos opuestos que, por su misma contradicción se complementaban, unidos por un punto de coincidencia trascendental a través de sus dispares criterios: lograr que la Restauración tuviera un sentido netamente liberal, acomodándose a las exigencias de los tiempos» [23]. El prof. José Cepeda ha hecho notar la necesidad de comprender el carácter de Sagasta para la correcta inteligencia de la «chocante evolución» de su vida política [24].

Práxedes Mateo Sagasta es la contrafigura de Cánovas en la Restauración, distinto por formación, por temperamento y por trayectoria ideológica [25]. Nacido en Torrecilla de Cameros (Rioja), en 1825, de familia de clase media, estudió ingeniero

[21] J. VICENS VIVES: *Manual de Historia económica de España*. Con la colaboración de J. NADAL OLLER. Barcelona, 1959, p. 552.

[22] GARCÍA ESCUDERO: o. c., vol. I, pp. 138 y ss.

[23] CONDE DE ROMANONES: *Sagasta o el político*, Madrid, 1930, p. 85.

[24] J. CEPEDA: «La figura de Sagasta en la Restauración», publ. en «Hispania», número 92, 1963, pp. 581-602.

[25] Es un caso curioso el que a José Práxedes Mateo Sagasta se le conozca normalmente por su segundo nombre y su segundo apellido.

de caminos, pero no ejerció esta profesión, dedicándose en cambio al periodismo y a la política desde edad temprana. Carecía de la sólida cultura literaria, política y humanística de Cánovas: de ahí el poco aprecio inicial de éste, que en los primeros momentos de la Restauración hubiera preferido a Ruiz Zorrilla como base de la izquierda dinástica. Pero se asemejaba a Cánovas en su talante contemporizador, en ser opuesto a cualquier extremismo y en compartir por igual su sentido de la autoridad y de la libertad, cosa infrecuente en la izquierda española: por eso se convertirá en el enemigo implacable de los anarquistas españoles.

Hombre intuitivo, bien distinto en esto a Cánovas, así como en las dotes de simpatía, que reforzaban sus dotes de ingenio y su ocurrente gracejo. Azorín dibujó en un solo trazo ese contraste: «A Cánovas se le admiraba, a Sagasta se le quería».

Maniobrero hábil, zigzagueante en política, ministro con la Revolución del 68, con Amadeo I, con la «República ducal» del 74, para terminar presidiendo la alternativa liberal en los gobiernos de la Restauración, aparece ante nuestros ojos como una especie de Talleyrand español.

Cuidaba de la popularidad, esa popularidad siempre apetecida por los políticos de izquierda, y en su caso estudiada, cultivada cuidadosamente, a la manera de un político norteamericano de nuestros días, como dice Cepeda. Cultiva las relaciones públicas, prodiga saludos a las gentes de toda condición, visita a los enfermos durante las epidemias, se hace aclamar ruidosamente en las calles o en los pueblos.

Fue siempre un liberal con poca doctrina pero con mucha convicción. Masón del grado 33, en la época dorada de la Masonería, se comportó como hombre de Estado respetuoso con la Iglesia, manteniendo la máxima corrección al distinguir los sentimientos personales y las realidades sociológicas y políticas, como lo demostró en el caso de «la cuestión romana» en 1870, según dijimos. Desde este punto de vista, él significa un paréntesis entre el anticlericalismo del siglo XIX y el del siglo XX. Parlamentario experto en treinta y cuatro legislaturas, no escribió ningún libro, pero pronunció 2.542 discursos y redactó cientos de artículos en La Iberia. Según Azorín, «hizo algo más que no escribir libros... no leyó nunca ninguno. No necesitaba él leer nada. Lo que dicen los libros son cosas que se repiten de uno en otro y que son sabidas desde hace muchos años. ¿Qué necesidad hay de ir a estudiarlas a los libros, si la vida, la realidad, nos las ofrece?»

Más hombre de acción que de reflexión, *político práctico* y no dogmático, sus doctrinas pueden parecernos fluctuantes, como su política, pero en todo caso su liberalismo es una manera de ser, más que una manera de pensar [26].

Defiende, eso sí, invariablemente unos principios: la soberanía nacional; las libertades individuales, sin consentir que menoscaben el orden público o social; el principio monárquico. No trata de comprender los problemas sociales de la nueva era que adviene y carece por ello de programa en este aspecto, lo que explicará la ausencia de una seria preocupación social en su partido.

El conde de Romanones, biógrafo apasionado y apologista de Sagasta, por sus afinidades políticas con él, señala dos etapas en su vida: la etapa de ímpetu combativo que alcanza hasta la República de 1873. Luego, una etapa de «experiencia desilusionada». Es en esta segunda etapa cuando le toca desempeñar su papel preponderante en la política española de la Restauración. El profesor Pabón, tan sobrio siempre y atinado en el enjuiciamiento de los hombres, hizo de él este comentario: «Era Sagasta figura idónea para la adaptación. El tiempo no había menguado su inclinación al poder político y había desarrollado su paciencia y su habilidad de gobernante. Naturalmente bondadoso, la borrasca de sus años agitados tuvo las suficientes compensaciones, y el revolucionario condenado a muerte en 1863, era un hombre exento de rencor, generoso y simpático. Nadie mejor que él podía intentar la domesticación de esa fuerza española, naturalmente inclinada a imponer la libertad en el "trágala" callejero. Con Sagasta el liberalismo de hoguera y antorcha había de transformarse en un liberalismo al baño María» [27].

Así es como aquel hombre desilusionado cumplió su principal misión en la historia, que Cepeda nos recuerda. Agrupar el rebaño de la izquierda liberal bajo el signo de la Monarquía restaurada. Fue «el viejo pastor» como le llamaron los suyos. Incorporó la izquierda al sistema canovista, salvándola de la frustración de la etapa revolucionaria del 68 y capacitándola para seguir actuando constructivamente en el orden nuevo, evitando la esterilidad de la inhibición.

[26] Cepeda: o. c., p. 539.
[27] Pabón: *Cambó,* vol. I, p. 168.

LA «PACIFICACIÓN» MILITAR: EL FIN DE LA GUERRA CARLISTA. LA GUERRA CUBANA

Dos tareas simultáneas tenía que abordar inmediatamente la Monarquía restaurada: La pacificación militar, poniendo fin a la guerra carlista y a la guerra de Cuba; la pacificación política, mediante un sistema pluralista de gobierno, basado en una nueva Constitución. La Restauración intenta con ello realizar ese esfuerzo de reacomodación de las fuerzas históricas españolas del siglo XIX a que he aludido anteriormente.

Al comenzar el año 1875 el carlismo en armas había sufrido ya el quebranto de una guerra prolongada, sostenida con escasos recursos materiales, aunque con evidente espíritu de lucha. Cánovas creyó necesario dar el golpe definitivo, mediante un esfuerzo en la movilización militar y en la concentración de las operaciones. La campaña de 1875 en Cataluña, sostenida por Jovellar y Martínez Campos, culminó con la toma de Seo de Urgell (26 de agosto de 1875) y la derrota de Dorregaray, que hubo de retirarse a Navarra, mientras la mayoría de sus fuerzas se entregaban al adversario o repasaban la frontera francesa.

A finales de 1875 la relación de fuerzas era de una abrumadora superioridad alfonsina: más de 150.000 soldados de infantería, más de 5.000 de caballería y 500 piezas de artillería; frente a 33.000 infantes, 1.700 jinetes y 100 cañones carlistas. El final de la lucha, en estas condiciones, no podía hacerse esperar. Tras las victoriosas operaciones de Quesada en Vizcaya, se logró la convergencia sobre Guipúzcoa de las tropas de Moriones y Loma por el oeste y el sur de aquella provincia, y las de Martínez Campos desde el Valle del Baztán, que produjeron el hundimiento de este frente carlista, la deserción y la desbandada. «No hubo quien preparase un abrazo de Vergara... La guerra carlista de Álava, Guipúzcoa y Vizcaya terminó como por evaporación, a mediados de febrero», comenta el historiador carlista Román Oyarzun [28]. Casi simultáneaménte el general Primo de Rivera tomaba Montejurra y entraba en Estella (16 de febrero de 1876), rectificando el descalabro que año y medio antes sufriera allí el marqués del Duero. Era el golpe final en Navarra: el ejército carlista se disipa, aun cuando todavía libre pequeñas escaramuzas, hasta que don Carlos abandone la lucha, internándose en Francia por ·el paso de Arnegui el 28 de fe-

---

[28] R. OYARZUN: o. c., pp. 424-425.

brero. Alfonso XII, que había asistido a los últimos episodios de la campaña, regresa en triunfo a Madrid, donde se le recibe el 20 de marzo.

El éxito militar se completó con otro éxito político. El 11 de marzo de 1875 había sido reconocido Alfonso XII por el caudillo carlista de la primera guerra, el general Ramón Cabrera. Aunque de otro signo, constituyó igualmente un éxito político para Alfonso XII la visita que hizo en Logroño, aprovechando su primer viaje al frente Norte en 1875, al otro viejo caudillo de la primera guerra, el general Espartero, que significaba el acatamiento del progresismo histórico.

La guerra de Cuba fue encauzada militarmente por el general Martínez Campos, nombrado en 1876 general en jefe. Mediante una serie combinada de operaciones ocupó estratégicamente la isla, aislando a los adversarios, y asediando a Máximo Gómez en la provincia de Oriente y a Maceo en Las Villas. Pero Martínez Campos pretendía conseguir el sometimiento de los insurrectos por la negociación, y no sólo aplastar la rebelión por la fuerza. Por eso ofrece reformas político-administrativas y concesiones al autogobierno. El resultado de esta doble política fue la paz del Zanjón, el 12 de febrero de 1878, que significaba el perdón y el indulto para los rebeldes, así como la posibilidad de expatriarse quienes lo desearan; la libertad de los esclavos; y el compromiso de establecer reformas orgánicas.

Dentro del «espíritu de Zanjón» se fortalece en Cuba la corriente autonomista, que cristaliza en el Partido liberal cubano, integrado por criollos, que acepta la unidad superior dentro de la Monarquía española. Frente a él la «Unión Constitucional» de los *españoles incondicionales,* se opone a las concesiones autonómicas: «estaba compuesto y dirigido por las familias españolas de latifundistas, negociantes y especuladores, secundadas por quienes... eran sus cómplices en la explotación de la isla», tal y como lo describe Pablo de Azcárate [29]. Este partido, verdadera oligarquía de la isla, con fuerza en Cuba por la administración corrompida y dominada por ellos, y con capacidad de influir decisivamente en Madrid, «agotó todos los recursos imaginables para ir dando largas a la cuestión cubana».

Así, los llamados «incondicionales» impiden que las reformas anunciadas en Zanjón se lleven a efecto [30]. Cuando An-

---

[29] P. DE AZCÁRATE: *La guerra del 98,* Madrid, 1968, p. 18.
[30] Para conocer los errores de la política española en Cuba con posterioridad a la paz del Zanjón, AZCÁRATE remite al básico libro de LUIS ESTÉVEZ Y ROMERO: *Desde el Zanjón hasta Baire,* La Habana, 1899.

tonio Maura, ministro de Ultramar en 1893, quiso establecer el *régimen de autonomía* fue rechazado tanto por liberales como por conservadores y obligado a dimitir en marzo de 1894. El proyecto de autonomía de Maura limitaba las atribuciones del representante del gobierno (Gobernador general), que estaría asistido por una especie de consejo consultivo, llamado «Consejo de Administración». Establecía también una asamblea cubana propia (Diputación insular), formada por diputados elegidos en las seis provincias cubanas, en vez de enviar representantes a las Cortes españolas; y fortalecía el autogobierno municipal con alcaldes elegidos por los mismos pueblos.

Estas concesiones, que no satisfacían del todo al Partido liberal autonomista cubano, fueron sin embargo torpedeadas por los «incondicionales», como se ha dicho. Es entonces cuando se radicalizan los sentimientos de muchos sectores de la población cubana, que evolucionan desde el autonomismo al separatismo. En 1892, José Martí, acuciado por el temor de que prosperase la tendencia autonomista, había fundado el Partido Revolucionario Cubano, netamente separatista, que contó con el beneplácito norteamericano en aquel momento.

La tensión separatista se hace más y más notoria en 1894. Tardíamente, como es sabido, el 13 de febrero de 1895, el entonces ministro de Ultramar, Abárzuza, consigue que las Cortes españolas aprueben la Base primera de una nueva Ley autonómica para Cuba, proyecto «acogido con entusiasmo por amplios sectores de la opinión pública cubana». Pero cuando ya la autonomía parecía alcanzable, diez días después de la aprobación en Madrid, se iniciaba con *el grito de Baire* la segunda guerra cubana de la independencia (24 de febrero de 1895).

CAPÍTULO 2

LOS INSTRUMENTOS DEL PODER.
LA CONSTITUCIÓN, LOS PARTIDOS
Y EL EJÉRCITO

Al mirar hacia atrás, en 1875, las discordias y anarquía de los años precedentes no sólo ponían de manifiesto el cansancio colectivo y la aspiración generalizada a un régimen de gobierno estable, sino también una especie de sentimiento de culpabilidad de todos, como el que reflejan las palabras de Navarro Rodrigo en la *Revolución de España,* en 1877: «Cuando un pueblo pasa en tan pocos años por tantos cataclismos... no hay que buscar responsabilidades aisladas y personales, porque la responsabilidad es de todos los partidos y de todos los ciudadanos. Todos, todos somos cómplices; no hay en la nación ningún inocente y el reo principal es la nación».

Al renunciarse al cómodo recurso del «chivo expiatorio», tantas veces inventado en análogas circunstancias para eludir las responsabilidades colectivas, se contribuía a rehacer de nueva planta el organismo político. Ese cansancio y ese sentimiento colectivo ayudaron, sin duda, a Cánovas en la tarea constituyente.

LA OBRA CONSTITUYENTE: LA CONSTITUCIÓN DE 1876

La Constitución y los partidos serían las nuevas bases del ejercicio del poder. La Constitución había de fijar las reglas fundamentales del orden político que se estableciera. Los partidos, ateniéndose a ellas, servirían de instrumentos ejecutivos.

Durante dos meses y medio cedió Cánovas la presidencia del gobierno a Jovellar, al menos nominalmente, para atender él la redacción del anteproyecto constitucional, con el asesoramiento de una nutrida comisión de notables. Cuando el proyecto había cuajado retomó la presidencia del Consejo y convocó elecciones generales el 31 de diciembre de 1875, por el procedimiento vigente del sufragio universal.

Las elecciones, que tuvieron lugar el 20-23 de enero de 1876, bajo la dirección de Romero Robledo como ministro de Gobernación, uno de los más acreditados electoreros, dieron una mayoría dócil al gobierno. «Reducida la lucha en los distritos a pequeñas escaramuzas entre candidatos ministeriales y un pequeño grupo de oposición legal, no podía esperarse ningún resultado espectacular ni grandes sorpresas», según Martínez Cuadrado [31]. La abstención de los carlistas y de los republicanos, con excepción de Castelar, despejó las facciones en lucha y los resultados pueden cifrarse en 333 diputados ministeriales, 50 de distintos grupos de oposición (constitucionales, radicales, demócratas) y otros 13 varios. La abstención electoral fue alta, un 45 por 100, aunque inferior a las elecciones de la Primera República y a las últimas de Amadeo de Saboya [32].

Naturalmente, hubo inevitables denuncias de fraude electoral, especialmente las aireadas por Castelar y Azcárate, no tanto por falseamiento de actas como por las presiones ejercidas desde el poder sobre los candidatos de la oposición. Romero Robledo revalidó el título de «Gran Elector» que Olózaga había atribuido en tiempos de la Unión Liberal a Posada Herrera. En opinión de Fernández Alamagro, que considera «cándido prejuicio teorizante» el supuesto atribuido por Azcárate a la Monarquía doctrinaria de necesitar imperativamente el falseamiento del sufragio, no escatima su dura crítica, sin embargo, a Romero Robledo porque «sentó un pésimo precedente, del que se aprovecharon los ulteriores ministros de la Gobernación en mayor o menor grado, según sus respectivos modos de ser. Pero es evidente que, de los amaños y fraudes electorales, perpetuados en punible costumbre, se llegó a hacer argumento contra la Monarquía, cuya fuerza dialéctica no supo Cánovas calcular» [33].

Las Cortes quedaron abiertas el 15 de febrero. El mensaje de la Corona, que era una ratificación del Manifiesto de Sand-

---

[31] MARTÍNEZ CUADRADO: *Elecciones y partidos,* o. c., vol. I, p. 224.
[32] Del censo electoral calculado en 3.939.612 electores en 1876, votaron 2.119.494. Recordemos que en las elecciones de agosto de 1872 la abstención alcanzó el 54 por 100 y en las de mayo de 1873 el 61 por 100.
[33] FERNÁNDEZ ALMAGRO: *Cánovas,* p. 331.

hurst, se refería a la *pacificación* necesaria y a la *reconstrucción* del país. Los debates sobre la Constitución se desenvolvieron con relativa tónica moderada y sin complicaciones. Las voces más destacadas de la oposición fueron las de Pidal, por la derecha, que acusaba al proyecto de conservar el espíritu y la doctrina de 1869; y las de Sagasta y Castelar, por la izquierda, para quienes precisamente el nuevo texto constitucional significaba la liquidación del espíritu del 69. A Pidal contestó Cánovas con sarcástica palabra: la nueva Monarquía no podía resultar grata a quienes se anclasen en las doctrinas de la Edad Media.

El único artículo que provocó un encrespamiento considerable fue el 11, que trataba de la confesionalidad del Estado y de la tolerancia religiosa. Volvieron a resucitar las polémicas y los argumentos de 1869. Hubo además una fuerte presión de la diplomacia pontificia, basada en que la redacción del artículo contradecía los acuerdos concordatarios [34]. El episcopado intervino con cartas pastorales y «exposiciones» al Rey, alentando la alarma ante «la desaparición de nuestra querida unidad católica mediante la base 11 proyectada». Los informes del Nuncio Simeoni al Secretario de Estado Antonelli eran tendenciosos respecto a la actitud de Cánovas [35].

El artículo en cuestión fue aprobado el 12 de mayo por 221 votos contra 83, y quedó enunciado en los tres párrafos siguientes:

«La Religión católica, apostólica y romana es la del Estado. La Nación se obliga a mantener el culto y sus ministros.»

«Nadie será molestado en territorio español por sus opiniones religiosas, ni por el ejercicio de su respectivo culto, salvo el respeto debido a la moral cristiana.»

«No se permitirán, sin embargo, otras ceremonias ni manifestaciones públicas que las de la religión del Estado».

Esta fórmula, que amparaba la confesionalidad del Estado y la tolerancia religiosa, haciéndolas compatibles, dio luego motivo a fricciones y dificultades en la interpretación o alcance del mismo artículo. Pero Alfonso XII y Cánovas habían cumplido las promesas del Manifiesto de Sandhurst.

La totalidad de la Constitución fue aprobada el 24 de mayo en el Congreso por 276 votos a favor y 40 en contra. El 22 de

---

[34] Sobre este punto, el breve trabajo de J. BARBERINI: *El artículo 11 de la Constitución de 1876. La controversia diplomática entre España y la Santa Sede,* Roma, 1962. También M. F. NÚÑEZ, en su magnífico libro *La Iglesia y la Restauración 1875-1881,* Santa Cruz de Tenerife, 1976, pp. 201-245.

[35] M. F. NÚÑEZ: o. c., pp. 232-233.

junio quedaba ratificada en el Senado por 130 votos contra 11. Sancionada por el Rey el día 30, se publicó en la *Gaceta* el 2 de julio. Al cabo de sesenta años de tentativas invalidadas España iba a tener un instrumento constitucional estable.

La Constitución consta de 89 artículos distribuidos en 13 títulos. La principal característica que se ha señalado en la misma es la sobriedad en la declaración de principios, lo que permite una posible elasticidad en la interpretación de los mismos; con lo cual las leyes orgánicas que habían de desarrollarlos no quedaban rígidamente sujetas a los dogmas de un partido, sino adaptables a los diversos programas [36]. Por ejemplo, la Constitución no establecía el principio electoral censatario ni el sufragio universal, porque remitía este punto a la Ley electoral que se redactase al efecto: y así con la Constitución de 1876 existieron sucesivamente los dos procedimientos. Sin declaraciones programáticas la Constitución quedaba, pues, abierta a todas las posibilidades.

A fin de obviar las enojosas discusiones sobre la soberanía nacional y el «poder constituyente» de las Cortes, los artículos relativos al Rey y a las Cortes quedaron fuera de toda disputa. La Corona y las Cortes se sobreentendía que eran instituciones anteriores y previas a cualquier constitución escrita y en ambas recaía el poder legislativo. El Rey estaba facultado para convocar, suspender o disolver las Cortes.

Estas Cortes eran bicamerales, con el Congreso de los Diputados y el Senado. Los diputados se elegían a razón de uno por cada 50.000 habitantes. La primera ley electoral, aprobada el 20 de julio de 1877, estableció el sufragio censatario restringido a los contribuyentes que pagaran 25 ptas. de contribución territorial o 50 de contribución industrial. La ley electoral de 20 de junio de 1890 estableció, en cambio, el sufragio universal para los varones mayores de veinticinco años.

El Senado se compone de miembros de varias procedencias: senadores por derecho propio, senadores vitalicios nombrados por la Corona y senadores electivos por las Corporaciones y los mayores contribuyentes. Los dos primeros grupos no podrán exceder el número de 180, siendo otros tantos los electivos y renovándose éstos por mitades cada cinco años (arts. 20-24).

La iniciativa legislativa le corresponde al Rey o a cada uno de los cuerpos colegisladores (art. 41), los cuales no pueden deliberar juntos ni en presencia del monarca (art. 39). Las leyes

---

[36] SÁNCHEZ AGESTA: *Historia del constitucionalismo*, ed. cit., pp. 344 y ss.

fiscales o relativas al crédito público se presentan primero en el Congreso (art. 42). Las leyes rechazadas por cualquiera de los cuerpos colegisladores o vetadas por el Rey no podrán proponerse de nuevo en la misma legislatura (art. 44).

El título I de la Constitución recogía los derechos individuales clásicos del liberalismo: seguridad personal, inviolabilidad de domicilio y correspondencia, libertad de residencia, libertad de conciencia, de profesión y de instrucción, derechos de reunión, asociación y petición, igualdad ante los empleos públicos y garantías jurídicas penales y procesales (Arts. 4 al 16).

El poder ejecutivo reside en el Rey y sus ministros, nombrados libremente por él. La persona del Rey es sagrada e inviolable (art. 48) y sus facultades se desarrollan en el título VI. Los ministros refrendan los actos ejecutivos y asumen la responsabilidad de los mismos.

La Constitución nada decía de la *acción recíproca* de las Cortes sobre el gobierno, pero de hecho se establece un sistema de *doble confianza*, de manera que existirá un convencional y sofisticado régimen parlamentario a la inglesa. Sólo contando con la confianza del Rey y de la mayoría parlamentaria se podrá ejercer el gobierno. El Congreso de Diputados ratifica con sus votos la confianza al gobierno. En el caso de que el Rey encargue formarlo a un partido minoritario, como ocurrió en el caso de la primera crisis del «turno», tendrá que usar de la facultad de disolución de las Cortes, para que el nuevo gobierno pueda «hacer una elección» en la que obtenga mayoría. «Los partidos con un ritmo equilibrado se turnan cuando ha transcurrido un plazo razonable o cuando dificultades internas han deshecho la mayoría como instrumento de gobierno. En estas condiciones el gobierno parlamentario es claramente una ficción. Pero una ficción que dio un pasable juego durante un cuarto de siglo, mientras Cánovas y Sagasta mantuvieron la hegemonía de dos grandes partidos que aceptaban las reglas del juego como un compromiso de honor»[37].

La «administración de justicia» (así se denomina el título IX, en lugar de «el poder judicial»), establece la unidad de códigos (art. 75), la *potestad* judicial de los tribunales (art. 76) y la inamovilidad de jueces y magistrados (art. 80), base de su independencia.

La administración provincial recae en las Diputaciones y Ayuntamientos, cuya organización se remite a las respectivas

[37] SÁNCHEZ AGESTA: o. c., p. 342.

leyes orgánicas, pudiendo el Rey y las Cortes impedir la extra-limitación de funciones de las autoridades locales (art. 84). El último título y artículo de la Constitución hacía particular referencia a las provincias de Ultramar que «serán gobernadas por leyes especiales».

LOS PARTIDOS

El ejercicio del poder debía, pues, quedar normalizado a través de los partidos. Según Cánovas el régimen de partidos «es preferible... a otras formas de gobierno, susceptibles en ocasiones de mayores males... Un solo partido no puede asegurar y hacer duradera la Restauración... Mi deber es procurar, en cuanto esté a mi alcance, la formación de grandes partidos políticos, en los cuales pueda apoyarse el trono para las diversas soluciones que exijan los tiempos». Cánovas había declarado también en el Congreso la necesidad y el propósito de atraer hacia el trono de Alfonso XII «a todos los partidos que pudiera acercar, a todos los hombres políticos sin excepción alguna, que me fuera posible atraer»[38]. Lógicamente, una exclusión: los que se declarasen contrarios a la Monarquía.

Fue aquella la ocasión para que surgiera un partido socialista respetuoso con la institución monárquica, como había de ocurrir con el laborismo británico. Pero la línea obrerista más importante había adoptado la vía revolucionaria bakunista; y más tarde, al fundarse el P. S. O. E. en 1879 optó también por una adscripción republicana, con lo que el socialismo inicial quedaría automarginado, aparte su poca importancia numérica y organizativa. De todas maneras, la distancia entre el proceso de desarrollo de la sociedad industrial inglesa y la estructura socioeconómica de España en el último cuarto del siglo XIX hacía impensable el modelo británico.

El prof. Juan Linz cuestiona por qué un sistema alzado sobre el *modelo británico* no integró a grandes sectores de la burguesía industrial y de los profesionales, ni movilizó a amplios sectores del pueblo, y le «parece difícil contestar satisfactoriamente sin una investigación específica sobre los partidos conservador y liberal, su organización, liderazgo y clientela». Más tarde, al

[38] «Diario de Sesiones del Congreso», 4 de mayo de 1876.

deteriorarse el sistema, la interrogación podrá extenderse al por qué no surgió un partido social católico [39].

En realidad la base del consenso se fue ensanchando, sobre la plataforma de la Constitución de 1876 que, como dice Carlos Dardé, «por no ser obra de partido no gustó a ninguno, pero sirvió para que todos gobernasen con ella» [40]. Pero este ensanchamiento se contuvo en límites recortados. Durante la «edad de oro» de la Restauración, de la que ahora nos ocupamos, hubo dos partidos de gobierno. En algún momento, hacia 1878, según Comellas, pensó Cánovas en la conveniencia de cuatro partidos, «siempre que queden bien alineados y se contrapongan armónicamente dos a dos» [41]. Menos propicio fue Cánovas a admitir un sistema tripartidista (derecha, centro e izquierda), tal vez para evitar el recuerdo de la trilogía del reinado de Isabel II. En efecto, cuando el general Serrano, reconciliado ya con la Monarquía de Alfonso XII, intentó un tercer partido no prosperó la tentativa.

A fin de cuentas, la operación se concretó en un bipartidismo, la derecha y la izquierda del régimen. Dos partidos que estarían identificados ante los principios esenciales, porque de lo contrario, entendía Cánovas, «si hubiese entre ellos abismos, el advenimiento de cada uno (al poder) equivaldría a una revolución».

Esa identidad en lo esencial no elimina las discrepancias sustanciales y la lucha legal por el poder, combatiendo al partido gobernante, pero sin ánimo de destruirlo como elemento de recambio. Esta será la gran diferencia en el sistema de partidos durante el segundo ensayo de la Monarquía constitucional con relación al de Isabel II. La pacífica convivencia de los partidos será garantía de la pacificación política de los españoles, siempre que aceptaran encuadrarse en esas dos grandes disciplinas. Por algunos años el modelo inglés fue bastante bien adaptado, no sólo en la alternancia ordenada y pacífica, sino en las autolimitaciones y controles voluntarios, que dieron impulso al régimen parlamentario como freno del poder. Por entonces estuvo libre del posterior deterioro, cuando el régimen parlamentario se convirtió más bien en una traba del poder, dificultando el funcionamiento de los gobiernos.

[39] JUAN J. LINZ: *El sistema de partidos en España.* Madrid, 1976, pp. 25-26. (El original inglés data de 1966.)

[40] CARLOS DARDÉ MORALES: *El partido liberal de la Restauración, 1875-1890,* tesis doctoral leída en la Universidad Complutense de Madrid, 1974, aún inédita.

[41] COMELLAS: *Cánovas,* p. 209.

El «par necesario» de partidos de que habla Comellas se formó, pues, alrededor de Cánovas y de Sagasta. En ambos casos se trata de «partidos de notables», como suele ser por entonces la característica general europea. El soporte social de los partidos no lo constituyen, por tanto, las masas, sino gentes relevantes, con la adhesión de miembros de las clases medias, que forman la «clase política» del país. Desde este punto de vista sociológico, ambos partidos tienen plataformas comunes, si bien en el partido conservador pueda advertirse una mayor presencia de elementos aristocráticos [42].

El Partido Liberal Conservador lo formó Cánovas procedente del Centro liberal. Incorporó nuevas adhesiones hacia la izquierda (Romero Robledo) y hacia la derecha: la repesca de los moderados históricos, la inclusión renovadora y difícilmente disciplinable de Silvela y, sobre todo, la derecha confesional de Pidal y la Unión Católica.

Esta asociación se fundó en 1881 bajo la presidencia del cardenal de Toledo, monseñor Moreno, impulsada por Pidal. No pretendía exactamente ser un partido político, sino un grupo de presión influyente. El 8 de diciembre de 1882 dirigió León XIII a los católicos españoles la encíclica *Cum multa,* exhortándoles en la línea del *ralliément* de los católicos franceses. Cánovas consideró el momento oportuno para invitar al catolicismo militante a integrarse en el sistema, abandonando el ostracismo voluntario. La Unión Católica hubiera podido derivar hacia un partido del tipo *Zentrum* alemán, pero combatida por la derecha confesional ultra, terminó incorporándose al Partido conservador: «La Unión Católica era inviable y así lo vieron los que la habían patrocinado. Pidal tuvo que renunciar al gran partido católico para entrar por su cuenta y la de quienes le siguieron en el partido más afín» [43]. A estos católicos que adoptaron una línea conciliadora ante la Monarquía liberal se les tachaba despectivamente de «mestizos», de «mulatos de la raza cristiana», por quienes seguían empeñados, como Gabino Tejado, en el maniqueísmo de que sólo hay «un partido de Dios» y un «partido del Demonio».

El otro polo del par de fuerzas fue la izquierda organizada por Sagasta. El núcleo inicial estaba en los antiguos constitucionalistas de Amadeo. El 6 de noviembre de 1875, en un acto celebrado en el ya clásico Circo Price, se anunciaba el Partido

[42] DARDÉ: tesis citada en la nota 40.
[43] GARCÍA ESCUDERO: p. c., vol. I, pp. 146-147.

Liberal Constitucional como el más liberal dentro de la Monarquía y defensor de la Constitución de 1869. El partido se reforzó hacia la izquierda con la *fusión* de los grupos de Alonso Martínez y Vega de Armijo en 1880, por lo que fue conocido entonces con el nombre de Partido *fusionista*. Un contrapeso hacia la derecha significó la incorporación al grupo de Sagasta del general Martínez Campos.

La ampliación del consenso izquierdista se logró con la atracción de radicales y demócratas, como Martos, Romero Girón y Montero Ríos. La trabajosa operación de aglutinar a la izquierda en el partido de Sagasta culmina en 1885, formulándose el llamado proyecto de *ley de garantías,* que contiene unas bases de acuerdo para un programa de gobierno. Este acuerdo, según Artola, refleja «el abandono sucesivo de posiciones por parte de las fuerzas democráticas... para terminar conformándose con un proyecto en el que no se toma en consideración más que lo relativo a los derechos individuales y la responsabilidad de los funcionarios por su violación, el establecimiento del jurado y el reconocimiento del sufragio universal» [44].

La mano tendida hacia la izquierda alcanzó el «posibilismo» de los antiguos republicanos. Algunos personajes, como Almagro y Abárzuza, se incorporaron en efecto al partido de Sagasta: y aunque Castelar conservó su fidelidad republicana «por convicción y por conciencia», definió el «posibilismo» en el célebre discurso del 7 de febrero de 1888, discurso que viene a ser su despedida de la política activa: «Cuando en un tiempo en que nuestro fanatismo nos llevó a creer en la completa incompatibilidad de la Monarquía con las libertades públicas, en vano existía el principio monárquico en Inglaterra, en Bélgica, en Suecia, Noruega..., nosotros erre que erre en que la Monarquía y la libertad eran incompatibles. Pero yo voy a decir una cosa: vuestra Monarquía, con las libertades que hoy tiene, es una Monarquía liberal... (que) se convertirá en Monarquía democrática tan pronto se establezca el jurado popular y el sufragio universal». Conseguida la ley del sufragio universal en 1890, «vuestra Monarquía será la fórmula de esta generación» [45].

Fuera del régimen de la Restauración se mantienen unos

---

[44]   ARTOLA: *Partidos y programas,* vol. I, pp. 331-338. Para DARDÉ la ley de garantías fue un resultado del compromiso entre Sagasta, que transigió con el sufragio universal, y los grupos izquierdistas, que retiraron la exigencia de la reforma constitucional.

[45]   Sobre la evolución del «posibilismo» de Castelar, ha matizado bien CARMEN LLORCA las dos etapas, cortadas por la fecha de 1888; o. c., pp. 268-309.

partidos en franco deterioro. Los carlistas, vencidos militarmente, sufren la escisión *integrista* de quienes sostienen el extremismo intransigente, el maximalismo de Nocedal que ataca a los «mestizos».

Los republicanos históricos se descomponen: No por sabida merece dejar de recordarse la frase con que Sol y Ortega describió gráficamente la situación de los republicanos, cuando le ofrecieron la presidencia del partido: «El partido republicano se almorzó a Ruiz Zorrilla, se comió a Figueras y a Pi, se merendó a Salmerón; conmigo no tiene ni para un tente-en-pié». Reagrupados por breve tiempo en 1893, en la llamada Unión Republicana, pronto continuó el proceso de disgregación. Aparte los posibilistas, sólo Ruiz Zorrilla aspira a restaurar la República mediante la conspiración y el golpe militar.

Cánovas se equivocó cuando inicialmente creyó que el antiguo líder radical podría ser la cabeza aglutinante de la izquierda dinástica bajo la Restauración: Ruiz Zorrilla, que se titula jefe del Partido Reformista Republicano, se consumirá en una ineficaz acción conspiratoria con la Asociación Republicana Militar. En 1895 el partido de Ruiz Zorrilla se dislocó en un ala derecha, el Partido Republicano Nacional, y en una ala izquierda, presidida por el doctor Esquerdo, de la que algunos años después surgiría un personaje nuevo, Alejandro Lerroux, reorganizador del republicanismo al comenzar el siglo XX.

En 1879-1880 se funda el Partido Socialista Obrero Español, en el que Pablo Iglesias impone su criterio de un partido de la clase *obrera,* frente a la opinión del médico Jaime Vera, que consideraba superflua y restrictiva la calificación *obrera* del partido [46]. El crecimiento inicial organizativo del P. S. O. E. fue muy lento y la línea «guesdista» impuesta por Iglesias le apartaba de toda semejanza con la línea del socialismo parlamentario y colaboracionista de Jaurès y Millerand en Francia. El anti-intelectualismo fue también característica inicial del partido, que dejó su huella por mucho tiempo. Hasta 1910 no consiguió el P. S. O. E. hacer elegir un diputado a Cortes y en 1916 todavía sus afiliados se limitaban a 12.631. Mientras tanto, las Federaciones anarquistas, resucitadas de la clandestinidad en 1881, se mantenían en el terco apoliticismo bakunista.

La tardía y mediocre aparición del socialismo político y su actitud radical frente al «sistema», tal vez motivada por la debi-

---

[46] J. J. MORATO: *Pablo Iglesias educador de muchedumbres.* Barcelona, 1968, páginas 48-49. (La edición original es de Espasa-Calpe, Madrid 1931.)

lidad de su base, incapacitó a este partido para tomar parte en el «revisionismo constructivo», a la manera del papel que habían de jugar en Inglaterra el Partido laborista y en Alemania el Partido socialista lasalliano, además del ya aludido «modelo francés». En las resoluciones votadas en el Congreso del P. S. O. E. en Barcelona, en agosto de 1888, se aprobó esta: «Que la actitud del Partido Socialista Obrero con los partidos burgueses, llámense como se llamen, no puede ser conciliadora ni benévola sino, como lo viene observando desde su fundación, de guerra constante y ruda» [47]. Tal decisión había de condicionar, probablemente de modo negativo, la historia posterior del partido.

Así, pues, fuera de los partidos del «sistema» no había prácticamente ninguna organización política eficaz, salvo los partidos regionales catalanes, que empezaron a dar muestras de vitalidad a finales de siglo, como tendremos ocasión de decir. Los partidos del *sistema* constituyeron un armazón sólido, en armónica inteligencia fundamental, sobre un soporte social bastante homogéneo, por lo que se ha hablado del «bloque de poder» que retiene los centros de control del Estado y del gobierno durante todo este período [48].

EL PODER OLIGÁRQUICO Y EL CACIQUISMO

No basta preguntar quién ejerce el poder, sino cómo y para qué lo ejerce. El poder oligárquico del «sistema» de partidos montado en el último cuarto del siglo XIX tuvo como finalidad primordial mantener la propiedad privada «en el fundamento *único* del orden social», por usar la expresión de García Escudero [49]. Se legisla «para propietarios, arrendadores, acreedores, prestamistas; para el que tiene». En esta legislación coinciden conservadores y liberales, y tal vez el ejemplo más demostrativo se encuentre en la suspensión de la base 5.ª del arancel de 1869, pues la polémica proteccionismo-librecambismo se marginó de los dogmas de partido, coincidiendo en la defensa proteccionista tanto seguidores de Cánovas como de Sagasta,

[47] J. J. MORATO: o. y ed. cit., p. 77.
[48] M. TUÑÓN DE LARA: «La burguesía y la formación del poder oligárquico: 1875-1914», en *Estudios sobre el siglo XIX español,* Madrid, 1971, pp. 151-238.
[49] GARCÍA ESCUDERO: o. c., vol. I, p. 206.

identificados más por la aproximación de intereses concretos que por razones de principios.

Es cierto que este *poder oligárquico* se ejerció también para impulsar un no despreciable despegue económico de los sectores secundario y terciario (ferrocarriles, industrialización de áreas regionales, mejoras de servicios públicos). Pero los fallos estructurales, a los que nos referiremos en otro capítulo, permitieron algunas formas de colonialismo financiero, amparadas en la base proteccionista; así como se mantuvo el estancamiento de una gran parte de la economía agrícola, salvo los agrios de Levante, los progresos del viñedo en los años felices derivados de la filoxera en Francia y los adelantos del olivar principalmente. La falta de inversiones en el campo limitó la expansión de la economía agraria española. No obstante lo cual la industria conservera y la remolacha azucarera empezaron a cobrar auge.

El ejercicio del poder se redujo en la práctica a la clase política controlada por los dos partidos turnantes. Pero también ha quedado dicho cómo se ejerció ese poder: en un Estado neutral de derecho, con el disfrute hasta entonces inédito de una amplia libertad política, en un clima de libertad intelectual, que puso las bases del renacimiento cultural y literario español, por iniciativa pública o privada, como en el caso de la Institución Libre de Enseñanza.

Se ejerció también, es cierto, por la retención de los resortes de representación, ya sea bajo el régimen censatario de 1877, ya bajo el sufragio universal de 1890. En uno y otro procedimiento falla la autenticidad representativa. Juan Linz se pregunta por qué los dos partidos permanecen tan poco diferenciados y no asimilan nuevos problemas ni integran nuevos sectores sociales. Inteligentemente se niega a darse por satisfecho con el tópico del caciquismo. «Situar la explicación en el caciquismo y en la corrupción electoral... viene a ser confundir la descripción de unos hechos con su explicación. La pregunta permanece: ¿por qué tales medidas llegaban a ser posibles o necesarias?»

Tuñón de Lara ha apuntado en unos trazos demasiado abocetados a la distinción de dos burguesías: la *alta,* sobre todo financiera, ligada a los grandes propietarios de la tierra que forman el *bloque de poder* de la Restauración; y a la *otra burguesía,* la de las «verdaderas clases medias» que no participan del poder oligárquico [50]. El bloque de poder se forma entre

[50] TUÑÓN DE LARA, art. cit. en la nota 47, pp. 156-157.

1875-1900, la «otra burguesía» cobra personalidad más tardíamente «y tiene una primera frustración importante en 1917». Este segundo período escapa, pues, a nuestro trabajo ahora, pero dejo apuntada esta vía de análisis porque puede ofrecer interesantes perspectivas para la historia del período revisionista de la Restauración, aun desde ópticas histórico-políticas alejadas de los enfoques de Tuñón.

Por supuesto, la España de la «edad dorada» de la Restauración es una España rural, ya sea la de los latifundios (las 8.052 cuotas impositivas por contribución rústica superiores a las 1.000 ptas., de las que 3.550 corresponden a Andalucía y 2.538 a Castilla la Nueva y Extremadura) o la de los minifundios de Galicia y parte de Castilla la Vieja. Es una España en la que los centros de poder a nivel local están manejados por los gobernadores civiles y por algunas familias influyentes.

De la estructura social de aquella España agraria, con niveles de infra-desarrollo industrial que la alejan de otros países más progresivos, aunque próximos en vecindad geográfica, se deduce, como expone el prof. Linz con sucinta precisión:

a) El predominio numérico del electorado campesino y el numero cuantioso de electorado analfabeto. El dato básico es, no lo olvidemos, éste: en 1890, cuando se aprueba el sufragio universal, casi el 90 por 100 del electorado corresponde al sector agrario.

b) La existencia de una burguesía propicia a aliarse con la aristocracia, en contraste con el sentimiento antinobiliario de los liberales de otros países.

c) Los estamentos profesionales (abogados, médicos), funcionarios civiles y oficialidad militar que «constituían una parte importante de las clases medias», que «no poseían intereses económicos específicos, como los fabricantes y los comerciantes» y cuyos «modos de vida y carreras dependían en gran medida del favoritismo y el padrinazgo del gobierno», constituyendo ellos una reserva de la élite política gobernante.

Sobre estas hipótesis de trabajo me parece que puede clarificarse la realidad del «bloque de poder» o de la «oligarquía gobernante» en el primer período de la Restauración y dar razón de la misma, así como hallar una explicación más precisa al hecho del *caciquismo* como instrumento del poder. Por eso merecen la pena los trabajos emprendidos en esta dirección por diversos autores y bajo ópticas distintas. Así, José Varela Ortega, que comprueba la no identificación de terratenientes e industriales con la clase política, a la que consideran a veces hostil; pero que muestra unas estructuras del poder local, que merecen ponerse en relación con los estudios de Tusell mencionados más abajo [51].

El análisis sociológico de los gobernantes hecho por Diego Mateo del Peral abarca un período demasiado extenso, desde 1868 a 1915, que hubiera sido preferible desglosar en las distintas etapas que tienen coherencia interna dentro de ese plazo; pero no obstante los límites metodológicos que reducen su alcance, como señala García Delgado, permite comprobar el predominio regional originario de Andalucía en las altas esferas de gobierno, y la relativa postergación de Cataluña, si bien debe matizarse que «Cataluña incidía sobre la política económica hecha en Madrid con fuerza irresistible... aunque sólo fuera por la conversión de Cánovas a las tesis proteccionistas» [52]. También observa la disminución *drástica* de la vieja nobleza, especialmente entre los conservadores, «a favor de la burguesía media, mas ésta demuestra su integración en el sistema al ser ennoblecida a su vez con títulos alfonsinos». Lo cual, a mi modo de ver, no es sino otro reflejo del modelo británico, aquí seguido en los aspectos formales más fácilmente accesibles que en los estructurales.

El mismo autor descubre la capacitación universitaria de los ministros de Hacienda y Fomento, «lo que supone una cierta adaptación del sistema a las exigencias de los cargos». En los ministerios económicos «cabe insistir en la idea de que el sistema de selección imperante entonces tenía una cierta dosis de funcionalidad» [53]. La vinculación de los gobernantes con el mundo de los negocios está clara: además de las Compañías ferroviarias, «los grandes bancos y las sociedades de crédito, las

[51] Me refiero a la tesis doctoral de J. VARELA ORTEGA, que estando ya en imprenta mi libro, acaba de ser publicada con el título: *Los amigos políticos. Partidos, elecciones y caciquismo en la Restauración (1875-1900)*, Madrid, 1977. El mismo autor ha dirigido la edición de un número monográfico de «Revista de Occidente» dedicado al tema *El caciquismo*, núm. 127, 1973.

[52] D. MATEO DEL PERAL: «Aproximación a un estudio de las autoridades económicas de España», vol. I, p. 103, en la obra *La Banca española de la Restauración. Datos para una historia económica*, Madrid, 1974, 2 vols., publ. por el Servicio de Estudios del Banco de España, bajo la dirección de G. TORTELLA CASARES. Ver la crítica de J. L. GARCÍA DELGADO en *Orígenes y desarrollo del capitalismo en España. Notas críticas*. Madrid, 1975, pp. 50-54. Mateo no ha tenido en cuenta las relaciones con la gran propiedad agraria y en el engarce con los negocios sólo considera las sociedades anónimas, cuyo número y desarrollo en aquella época es proporcionalmente no demasiado importante.

[53] D. MATEO: o. c., vol. I, p. 527.

Compañías mineras y muchas otras cortejaban a los políticos, grandes y pequeños, para que les presidieran o se sentaran en sus Consejos de Administración». Diego Mateo aventura una hipótesis que, con las reservas debidas a la metodología empleada, no deja de ser digna de repensarse: «Es posible, sin embargo, que los terratenientes resulten, en fin de cuentas, haber tenido menos importancia de la que se les suele prestar» [54].

El fallo de la participación está en razón directa con la formación del poder oligárquico: así surge el traído y llevado tema del *caciquismo*. En realidad es el problema de la correspondencia de la base social de los partidos y la estructura social de España. Oligarquía y caciquismo se enlazan en una especie de dualismo fatal desde que Joaquín Costa promoviera en 1901 la famosa encuesta del Ateneo. El «régimen canovista» al cabo de un cuarto de siglo podía ser tachado de «oligárquico, servido, que no moderado, por instituciones aparentemente parlamentarias» [55]. Precisamente, a partir de 1890, la sofisticada democratización del sufragio universal falseado, contribuyó a potenciar más el caciquismo. Es interesante la observación de que la creación del juicio por jurados, como objetivo democrático, por la ley de 20 de mayo de 1888, supuso la paradójica intromisión caciquil en la administración de justicia, a la hora de designar las listas de vecinos capacitados para el desempeño de tal cometido [56].

Los caciques y el caciquismo tenían antecedentes notorios en España. La conocida y humorística definición de Rico y Amat en su *Diccionario de los políticos* reflejaba una situación generalizada a mediados del siglo [57]. García Escudero explica muy bien

---

[54] TUÑÓN supone, en cambio, que los grandes propietarios agrarios constituyen el sector social dominante, tanto por la abrumadora importancia de la agricultura en la economía, como por la «concentración en grandes propiedades de la mitad o más de las tierras». Estos grandes propietarios parecen ligarse directamente a la nobleza, en opinión de Tuñón de Lara. En realidad, entre los grandes propietarios agrarios hay de todo, nobles y no-nobles. Por otra parte, en el estudio de TUSELL que citamos en páginas posteriores sobre el caso de Andalucía, se comprueban los supuestos de JUAN LINZ acerca del número no muy elevado de nobles que alcanzan representación política directa. Entre 1891 y 1901 el número total de nobles elegidos diputados en Andalucía oscila entre el 13,5 por 100 y el 21,3 por 100.

[55] J. COSTA: *Oligarquía y caciquismo como la forma actual de gobierno en España. Urgencia y modo de cambiarla.* Madrid, 1902, p. 16.

[56] DARDÉ: tesis doctoral citada en la nota 40.

[57] Una nueva reedición del sugestivo *Diccionario* de RICO Y AMAT ha sido publicada en la «Colección Bitácora», con un comentario preliminar de D. SEVILLA ANDRÉS, Madrid 1976.

que en una sociedad a medio hacer, sin el sentido de la verdadera función y servicio del Estado, y en la que las relaciones
individuales, la familia y los amigos son el último criterio que
mueve los vínculos colectivos, el caciquismo tiene su razón de
existir, según lo interpretara Ortega y Gasset como *reacción vital*
ante *un sistema legal inadaptado* a la situación de España [58].

El optimismo con que algunos sectores públicos acogieron
en 1890 el sufragio universal, creyendo en la panacea de su
virtualidad para la transformación radical del país, al que arran-
caría de su indiferentismo, se vio contrastado por la observación
realista de quienes afirmaban, como Sánchez de Toca, que para
la masa agraria la política era impenetrable tramoya.

Muy recientemente ha estudiado a fondo el prof. Javier
Tusell el caso andaluz, donde el sistema caciquil se realizará en
grado máximo y donde después de 1890 tendrá su momento
óptimo [59]. Al examinarlo de cerca, el fenómeno caciquil se di-
versifica en sus formas y modalidades, tiene «un carácter plural» con diferencias notables entre el medio urbano y el medio
rural, con diferencias que se basan en los condicionamientos
geográficos y sociológicos de los distritos. «Dentro de la general característica que se da en ambos (y que consiste en ser un
estado de tutela del electorado por una determinada clase política) se puede decir que el medio urbano supone una mayor
aproximación (aunque sea todavía lejana) al modelo de comportamiento político ideal. En las capitales de provincia... existe
cierta competitividad y la adulteración aún presente, no alcanza
a tener carácter sistemático.» En los medios rurales la corrupción «está tan generalizada que constituye, por sí misma, el
sistema» [60]. Claro es que dentro de la misma Andalucía hay
«gradaciones» diferentes en el fraude, siendo las provincias de
Granada y Almería las que alcanzan las cotas más altas de manipulación.

Los dos instrumentos del sistema caciquil son el *encasillado* y
el *pucherazo*. El encasillado «es el producto de un pacto o transacción entre las necesidades de una mayoría estable para el
gobierno y la realidad de la política española a nivel local o
provincial». La operación discurre por tres planos: el nacional,
en el que manipulan los oligarcas a los que se refería Costa y,
sobre todos ellos, el «Gran Elector» que es siempre el ministro

[58] GARCÍA ESCUDERO: o. c., vol. I, pp. 201 y ss.
[59] J. TUSELL: *Oligarquía y caciquismo en Andalucía (1890-1923)*, Madrid, 1976.
[60] TUSELL: o. c., pp. 266-267 y 192 y ss.

de la Gobernación; el nivel provincial, en el que el gobernador civil se convierte en el gran intermediario; y por fin, el nivel local, en el que los caciques son los muñidores de sus clientelas, en base a favores y relaciones de tipo personal.

El pucherazo, en sentido amplio, es el conjunto de medios de presión y de coacción que se ejercen sobre el electorado: violencia y fraude en la composición de las mesas, compra del voto (que es la forma más frecuente en los medios urbanos), fenómeno por otra parte algo tardío que, en opinión de Tusell, significa ya una evolución del electorado antes desinteresado. En sentido restringido, «el *pucherazo* viene a ser la trampa que se realiza en el interior de un colegio electoral en el momento en que se está verificando la elección y que tiene por objeto deformar los resultados veraces para sustituirlos por otros más satisfactorios para un candidato» [61].

El caciquismo no fue cosa exclusiva, ciertamente, de Andalucía, ni de España. Examinado en un contexto europeo, ya a finales del siglo XIX, en la encuesta del Ateneo hay alusiones a situaciones semejantes, al menos en Italia y países del Mediterráneo. En páginas anteriores nos referimos a las corruptelas electorales británicas que se prolongan durante muchas décadas del siglo XIX. No le falta razón a Tusell en nuestros días cuando dice que «en todas las latitudes y en todas las épocas han existido tipos de comportamiento político semejantes al español» [62]. Por eso García Escudero hace hincapié en que lo malo del sistema caciquil no fue su explicable inicial existencia, sino su prolongación en el tiempo, en pleno siglo XX: se prefirió mantener indefinidamente la falsedad, dice, a fomentar la educación política de las masas [63]. Pero estos son ya problemas que exceden a nuestra historia del siglo XIX: la manipulación de la masas en la acción política o en la inhibición deliberada durante el siglo XX, y no sólo a lo largo del reinado de Alfonso XIII, sino también durante la Segunda República y los tiempos posteriores.

[61] En los capítulos I y II trata el prof. TUSELL extensamente del funcionamiento del encasillado y del pucherazo. Los textos citados los tomo de las pp. 53 y 144
[62] TUSELL: o. c., pp. 506 y ss.
[63] GARCÍA ESCUDERO: o. c., vol. I, p. 204.

LA PRÁCTICA DEL «TURNO»

Según Pabón la aceptación del «turno de partidos» se debe a dos motivaciones: la influencia del modelo extranjero y la posibilidad de una síntesis superadora de las antinomias liberales anteriores, de una tradición inactual y de un progresismo que renegaba de la historia. El *turno necesario* se llevó a cabo con bastante corrección y en la práctica funcionó aceptablemente hasta 1909. Cánovas había reconocido en sus declaraciones públicas y en conversaciones privadas la conveniencia de formar pronto otro partido fuerte, capaz de constituir una alternativa «turnante». En 1879, al observar los progresos de Sagasta, confesará su deseo de que «el partido constitucional se colocara, y pronto, en condiciones de ser llamado al poder».

En la práctica del turno caben distinguir dos etapas. La primera corresponde al reinado de Alfonso XII, desde el Ministerio-Regencia al cuarto gobierno presidido por Cánovas. Hasta 1881 Cánovas presidió tres gobiernos, con los breves paréntesis de Jovellar y Martínez Campos, y parecía «el hombre indispensable». López de Ayala dirá aquello de que a Víctor Manuel le era imprescindible Cavour; a Guillermo I, Bismarck; y a Alfonso XII, Cánovas del Castillo, «su hombre irreemplazable e insustituible». Sin embargo, Cánovas pensaba que *otro* era también indispensable para que el sistema funcionase a plazo medio o largo. Además, *los otros* se impacientaban por la que ya empezaban a llamar «dictadura» de Cánovas, por su prolongación en el ejercicio del poder. Era, pues, el momento psicológico para producir la crisis de gobierno y ensayar el turno.

Así, el 6 de febrero de 1881 Sagasta forma su primer ministerio con Alfonso XII, en el que se mantuvo hasta el 13 de octubre de 1883. La crisis de 1881 fue el exponente más claro del problema de conjugar las *dos confianzas,* no previsto en la Constitución, pero que será la norma habitual durante todo el período. En esta crisis extraparlamentaria el Rey había tomado la iniciativa de relevar al gobierno: pero al confiárselo a Sagasta hubo de darle el decreto de disolución de las Cortes para que pudiera «fabricarse» una mayoría parlamentaria en las elecciones consiguientes.

El primer gobierno Sagasta no hizo oscilar el péndulo político bruscamente, a golpe de bandazos. Se mantuvo en una línea de prudente continuidad: rechaza la idea de la reforma constitucional y aplaza de momento la cuestión del sufragio universal. Pasa, pues, la prueba del poder con relativo éxito y consolida con ello el «sistema» de la Restauración.

A Sagasta le sustituye un breve gobierno de la entonces llamada Izquierda Dinástica (Posada Herrera y López Domínguez) para dar paso en el turno al cuarto gobierno Cánovas (18 de enero de 1884), el llamado gobierno Cánovas-Pidal, por la significación del personaje de la Unión Católica, asociación que, al derivar hacia la órbita de Cánovas, rompió la tendencia del catolicismo político militante hacia el carlismo. Desde entonces Cánovas prestará bastante atención también a que no se forme un «tercer partido» confesional dentro del régimen.

La muerte prematura de Alfonso XII el 25 de noviembre de 1885 y la consiguiente Regencia de María Cristina inicia una etapa nueva en las alternativas de gobierno. A la muerte del Rey la situación era especialmente delicada, porque del matrimonio de Alfonso XII con su segunda mujer, María Cristina de Habsburgo-Lorena, quedaban dos hijas: la princesa de Asturias, Mercedes, y la infanta María Teresa; pero la Reina viuda se hallaba en su tercer embarazo, del que podría nacer un varón, con mejor derecho en ese caso a la Corona que su hermana mayor. El problema era este: ¿Se proclamaba Reina a la princesa Mercedes según el artículo 60 de la Constitución? ¿Se esperaba, ante aquella situación insólita, a que la Reina diera a luz? La solución, convenida por Cánovas y Sagasta, fue designar a la Reina viuda como Regente a título indeterminado «del príncipe o princesa que deba legítimamente suceder» a Alfonso XII «según lo dispuesto en el art. 60 de la Constitución». Así es cómo al nacer Alfonso XIII el 17 de mayo de 1886 quedó proclamado Rey desde la cuna.

El «pacto del Pardo», llamado así con cierta impropiedad [64], puso de acuerdo a Cánovas y Sagasta en el modo de afrontar la situación político-constitucional. El 27 de noviembre de 1885 accedía de nuevo Sagasta a la jefatura del gobierno, en el que se mantuvo casi cinco años, durante los cuales se llevó a cabo la obra legislativa más importante del partido liberal: sufragio universal, juicio por jurados, las pretendidas reformas hacendísticas de Camacho y las militares de Cassola, la ley constitutiva del Ejército de 1889, el Código civil, el retorno a las fórmulas proteccionistas en la economía.

---

[64] Sobre la conversación mantenida por Cánovas y Sagasta en vísperas de la muerte del Rey, que dio pie a que se hablara del «pacto del Pardo», véase la versión de FERNÁNDEZ ALMAGRO en su biografía de *Cánovas*, pp. 422-428.

Hasta la trágica muerte de Cánovas, hubo todavía otros dos gobiernos presididos por el jefe conservador: el quinto, llamado de Cánovas-Silvela, formado el 8 de julio de 1890, y en el que las discrepancias de criterio del viejo jefe y el joven delfín se manifestaron hasta provocar finalmente la disidencia silvelista; y el sexto, que abarca desde el 23 de marzo de 1895 hasta el asesinato de Cánovas el 8 de agosto de 1897, prolongado interinamente por Azcárraga durante unas semanas. Estas situaciones conservadoras se alternan con el tercero y el cuarto gobierno Sagasta, este último iniciado el 4 de octubre de 1897, que había de afrontar la guerra de 1898.

Los problemas sociales derivados de la incipiente industrialización, la agitación obrera y la escalada del terrorismo finisecular, los problemas exteriores de Marruecos, las Carolinas y Cuba, y la aparición del catalanismo político son el telón de fondo sobre el que los partidos turnantes se mueven, y que socavan la estabilidad del «sistema» que algunos creían alcanzada para siempre.

EL EJÉRCITO DURANTE LA RESTAURACIÓN

El Ejército politizado del siglo XIX dejó paso durante la Restauración a un Ejército apartado de la función política, pero interesado en su modernización profesional. El análisis de la guerra franco-prusiana de 1870 fue un revulsivo en los medios militares de toda Europa y también en España.

Cánovas era el hombre de la política civil y de que el Ejército se mantuviera en los cuarteles. Stanley Payne subraya la contrapartida: «si los líderes civiles de la Restauración confiaban en evitar la intervención de los militares en la política, sentían también la recíproca obligación de abstenerse ellos de intervenir en los asuntos militares» [65]. Esta afirmación es preciso matizarla. Ciertamente Cánovas vivió siempre bajo la preocupación de evitar el *militarismo* a la antigua usanza de los tiempos isabelinos; de ahí su negativa a la aceptación de una Izquierda Dinástica (Serrano, López Domínguez) que renovara la imagen de un partido apoyado en una espada; de ahí también la educación

---

[65] S. PAYNE: *Los militares y la política en la España contemporánea.* (Alençon), 1968, página 43. (La edición original norteamericana data de 1967.)

militar de Alfonso XII y la idea del Rey-Soldado que aglutina a todo el Ejército. Pero la abstención recíproca de la intervención civil en la reorganización profesional del Ejército sólo se cumple a medias.

Durante la *edad dorada* de la Restauración se llevarán a cabo reformas que significan la reorganización y la mejora técnica militar, bajo la iniciativa de los propios militares. Como observa el capitán Fernando Puell es «un período muy activo de reformismo militar» que se pone de manifiesto en la nutrida bibliografía publicada entonces, con testimonios tan interesantes como los de Navarro Muñoz, Blázquez y Luis Vidart, entre otros [66], y también en la prensa militar de la época, aunque su calidad e interés sea en este caso menor.

Los tres momentos más importantes de las reformas militares bajo la Restauración están jalonados por las fechas de 1878-1882, 1887-1889 y 1893. La Ley Constitutiva del Ejército de 1878 recogía la aspiración del general Martínez Campos de lograr la unidad de las fuerzas armadas, cuya clave estará en la reorganización del Estado Mayor. Esta aspiración se ratificará también posteriormente, cuando en 1882 sea dicho general el creador de la Academia General Militar de Toledo. El comandante Alonso Baquer, uno de nuestros más prestigiados estudiosos de estos temas, afirma que «a partir de Martínez Campos los cuadros del Estado Mayor son más tácticos y operativos que nunca lo fueron y de rechazo les ocurre lo mismo a los Cuerpos de Artillería e Ingenieros» [67].

En la crítica reformista militar se tenían presentes los dos modelos de Ejército entonces más admirados de Europa:

a)   El modelo prusiano de Ejército continental, con la prioridad de su Estado Mayor, cuya eficacia· había quedado patente, y su sistema de reclutamiento y movilización.

b)   El modelo británico de Ejército expedicionario, nutrido por soldados profesionales, para actuaciones ultramarinas y coloniales; modelo más grato a Cánovas, quien no olvidemos era un político experto en cuestiones militares, porque aminoraba los altos costos y evitaba los problemas de la tecnificación alemana, y porque eludía el sostenimiento de un Ejército permanente numeroso susceptible de caer en la tentación «milita-

<hr>

[66]   F. PUELL DE LA VILLA: comunicación presentada a la mesa redonda sobre «Los militares y el poder en el mundo ibérico», celebrada en la Casa de Velázquez, Madrid, el 12 de mayo de 1977.

[67]   M. ALONSO BAQUER: *El Ejército en la sociedad española*, Madrid, 1971, p. 178.

rista» de intervenir en la política civil. Es verdad que en 1878, al terminar las guerras civiles en la Península y en Cuba, había una inflación de mandos militares. Pero el problema se resolvió con prudencia mediante una reducción de los ingresos en las Academias militares.

En la Europa de la *paz armada* las grandes potencias imperialistas aumentaron considerablemente sus presupuestos militares (equipo, armamento y gastos de entretenimiento). En España, sin apetencias de hacer política de gran potencia, reducidos sus problemas de defensa a conservar el territorio nacional (incluidas las islas antillanas) y limitadas las posibilidades del gasto por las estrecheces financieras del Estado, se redujeron los capítulos presupuestarios militares, aun cuando a medida que disminuyó el número de las plantillas de jefes y oficiales pudieron aumentarse sus sueldos, incluso por encima del nivel medio de las alzas salariales.

La crítica objetiva del Ejército hecha por los militares españoles durante la «edad dorada» de la Restauración se dirigía principalmente sobre estos tres puntos:

a)   La supresión de la «redención a metálico» en el reclutamiento militar, haciendo efectivo el servicio obligatorio para todos los jóvenes. El modelo prusiano de 1867 había introducido el servicio obligatorio en activo durante tres años, otros cuatro en la reserva y diez más en la Landwehr o milicia auxiliar. En España la ley de reclutamiento de 1877 fijó el servicio obligatorio en activo durante tres años, pero podía eludirse en algunas situaciones especiales (hijos de viuda, determinados trabajos exentos) y, sobre todo, mediante el pago de una «cuota» de 1.200 ptas., que redundaba en beneficio de los jóvenes de las clases medias.

b)   La inefectividad de la movilización por la mala distribución regional de la organización militar y la escasez de recursos y transportes.

c)   La inadecuación del Cuerpo de Estado Mayor, caballo de batalla de las discusiones que enfrentaban a las distintas Armas del Ejército entre sí, lo que estaba también en relación con el conflicto entre las Armas generales y los Cuerpos facultativos, con el complejo caso de la dualidad de grados y empleos que podía darse.

Todo este movimiento interno de «profesionalización» del Ejército, surgido de la crítica reformista militar, o si se quiere, como afirma Fernando Puell, del nacimiento de una «filosofía militar», culmina en los proyectos del ministro general Manuel

Cassola, en 1887. Los dos puntos clave eran: suprimir la redención a metálico y descorporeizar el Estado Mayor para abrirlo a una selección de oficiales de las cuatro Armas (Infantería, Caballería, Artillería e Ingenieros) a la manera prusiana. Sus proyectos de ley «rigurosamente preparados y altamente coherentes entre sí» tropezaron con una resistencia interna dentro del Ejército y también de los políticos civiles.

La supresión de los «soldados de cuota» tropezó con la oposición de las clases medias. La reforma del Estado Mayor puso en contra al arma de Artillería. Las reformas de Cassola se denunciaron como «la revancha de las Armas generales contra los Cuerpos especiales». Alonso Baquer recrimina a los políticos españoles que en 1888, «diez años antes del Desastre del 98... se empeñaron en cerrar el paso a una puesta a punto de las fuerzas armadas» [68]. En verdad, cabría preguntar si las reformas de Cassola eran proporcionadas a la capacidad de una sociedad no industrializada como la española. Por otra parte, Linz hizo una interesante observación sobre el estudio de los efectos del reclutamiento, «que pueden haber jugado un papel en la radicalización de las clases humildes» [69], aunque tal vez este efecto se haya producido en un período posterior al que ahora nos ceñimos.

Cuando el general López Domínguez asume en 1893 el ministerio de la Guerra, dará marcha atrás al esfuerzo reformista de Martínez Campos y de Cassola: sus «reformas» no significaron otra cosa que «una restricción del gasto militar a costa de la reposición del material, y una última consolidación de la autonomía orgánica de las Armas, Cuerpos y servicios que dificultó por varios decenios la acción como un todo de nuestro Ejército».

Tampoco se llevó a cabo una reorganización a fondo de la Marina, necesaria sobre todo cuando había de defenderse un territorio ultramarino amenazado. «La escuadra de 1885 contaba con ciento treinta y cuatro unidades heterogéneas, de las cuales todavía ocho eran de vela... Lo único estratégicamente útil eran trece fragatas, de ellas cinco blindadas, más cinco pe-

---

[68] ALONSO BAQUER: o. c., pp. 187-189. Sobre las reformas de Casola me remito a la síntesis de J. R. ALONSO: *Historia política del Ejército español,* Madrid, 1974, páginas 415-417.

[69] JUAN J. LINZ: «Cinco siglos de historia española: cuantificación y comparación», publicado en la obra miscelánea de D. S. LAUDES y otros autores: *Las dimensiones del pasado. Estudios de historia cuantitativa.* Madrid, 1974, p. 214. (La edición original de Yale Univ. Press está fechada en 1972.)

queños cruceros» [70]. Aún cuando en 1887 se promulgó la ley de renovación de la escuadra, las construcciones navales siguieron un ritmo muy lento. «Algunas unidades llegaron a estar diez años en el astillero», dice José R. Alonso. El presupuesto de Marina se consumía sobre todo en mantener un excedente de personal desproporcionado a las unidades navales efectivas. La desconsoladora historia de la construcción del submarino inventado por el teniente de navío Isaac Peral es un ejemplo de la falta de criterios y recursos que sobre el armamento naval se padeció en aquella época.

En resumen, el Ejército durante la Restauración no incurrió en acciones conspirativas (con la excepción casi insignificante de la Asociación Militar Republicana de Ruiz Zorrilla), y se aplicó a un esfuerzo de autocrítica reformista, que tendía a la creación de un Ejército nacional moderno. Este esfuerzo fue frenado por López Domínguez «último representante de la preponderancia decimonónica del espíritu de cuerpo». Se careció de política naval. Así sobrevino la nueva crisis militar cubana de 1895 y la guerra contra los Estados Unidos en 1898.

Tampoco gobernaron los militares, aunque tuvieron alguna influencia dentro de cada partido. Pero desde la Comuna de París se admitía en Europa por todos los gobiernos que el Ejército, además de ser una fuerza para la defensa exterior, constituía una fuerza interior de defensa contra la subversión. En 1883 un hombre de izquierdas, como Canalejas, reconocía en las Cortes que a la violencia subversiva se debe oponer la fuerza militar y «a esta condición general de Europa y de la vida moderna no debemos sustraernos».

Durante el «remanso» de la Restauración no fue preciso recurrir a esta medida. Pero cuando las agitaciones sociales se agravaron en los albores del siglo XX el Ejército fue utilizado en funciones de orden público. Al mismo tiempo, el sistema de reclutamiento y la redención a metálico del servicio obligatorio probablemente incidió en el comportamiento político, tanto de las clases medias beneficiarias del mismo, como en las clases populares, entre las que se manipuló por la oposición radicalizada.

[70] JOSÉ R. ALONSO: o. c., p. 419.

CAPÍTULO 3

LA DISTENSIÓN DE LA IGLESIA Y EL ESTADO LIBERAL

Ya sabemos hasta que punto se habían deteriorado las relaciones entre la Santa Sede y la Iglesia española de una parte, y el Estado surgido de la Revolución de 1868 de otra. La conflictividad en las relaciones entre la Iglesia y el Estado liberal había sido una constante desde 1820, sólo paliada transitoriamente por el Concordato de 1851. El grado máximo de conflictividad corresponde a los años 1868-1873, sin que los contactos de Castelar con la Santa Sede en noviembre-diciembre de 1873, tuvieran tiempo de producir resultados positivos duraderos.

Al advenimiento de la Monarquía de Alfonso XII el problema planteado, pues, era este: ¿Se alcanzará la distensión entre la Iglesia y el Estado liberal español, soldándose definitivamente la anterior ruptura, lográndose una «inteligencia cordial» para acabar con la permanente situación de conflicto?

LA SITUACIÓN EN ENERO DE 1875

Al comenzar la Restauración de Alfonso XII había en España, incluidas las provincias de Ultramar, sesenta y seis diócesis episcopales, de las que sólo se hallaban cubiertas treinta y tres con sus obispos titulares, más un auxiliar en Toledo. Desde 1868 no se había producido ningún nombramiento episcopal, ya que el «motu proprio» de Pío IX preconizando varios obispos, en enero de 1874, no fue aceptado por el gobierno salido del golpe de estado de Pavía.

Los treinta y tres obispos existentes, pues, al advenimiento de Alfonso XII procedían de la época isabelina, habían vivido el Concilio Vaticano I y habían asumido «una actitud tradicionalista y cerrada a todo lo que significara cambios e innovaciones, actitud que los Nuncios trataron de conservar e incrementar»[71]. La mayoría eran originarios de Castilla la Vieja y León, procedentes de familias modestas o de clase media; también había un núcleo de seis obispos andaluces, de origen familiar más distinguido. Pero cualquiera que fuera su procedencia social o regional, su formación intelectual y eclesiástica era bastante homogénea.

La provisión de diócesis vacantes constituía la primera necesidad para restablecer el gobierno ordenado de la Iglesia, y en las instrucciones al Nuncio Simeoni se señalaba éste como el principal objeto de su atención. Por su parte, Cánovas aceptó el 21 de enero de 1875 los nombramientos del año anterior promovidos por Castelar. Durante el período 1875-1879 se nombraron treinta y un obispos nuevos. En pocos años, pues, quedó renovada la mitad del Episcopado. Esto permite hablar a la doctora Núñez del hecho de una «restauración» de la Iglesia durante este período: algunos de los nuevos obispos, como los futuros cardenales Ceferino González, Salvador Casañas y Ciriaco Sancha, descollaron por sus desvelos en cuanto a la formación teológica e intelectual del clero y por su apertura a los problemas sociales en el campo pastoral, según las directrices de León XIII[72].

La actitud del Vaticano no se correspondió inicialmente con las buenas disposiciones del gòbierno canovista, y se mantuvo reticente y hostil, a lo que contribuyó la falta de perspicacia del encargado de la Nunciatura en Madrid, monseñor Bianchi, que en su informe a la Secretaría de Estado del 1 de enero de 1875 emitía el siguiente juicio sobre el Ministerio-Regencia, de cuyo juicio no se sabe que admirar más, si su reticencia o su equivocación: «El presidente Cánovas es muy liberal, y aunque es bastante inteligente y orador de valía, no se le conocen dotes de gobierno; flexible en política y seguidor de la libertad de cultos... La entrada de estos dos sujetos (Romero Robledo y López de Ayala) ha producido un verdadero disgusto y la más triste impresión.... El nuevo gobierno en conjunto, como ve V. E. R., no representa una política franca y totalmente opuesta a los

---

[71] MARÍA F. NÚÑEZ: o. c., pp. 81-84.
[72] NÚÑEZ: o. c., pp. 98 y ss. Con razón el prof. J. M. CUENCA ha escrito que en la Monarquía de Sagunto el espíritu de conciliación se refleja en las preconizaciones episcopales. *El Episcopado español en el Pontificado de Pío IX. Apunte sociológico*, Valencia, 1974. p. 91.

principios de la Revolución». Años más tarde, siendo ya Nuncio en Madrid, monseñor Angelo Bianchi seguía informando reticentemente al Vaticano, el 10 de diciembre de 1879: Cánovas «con la Iglesia se ha portado mediocremente, haciéndole el bien, pero no todo cuanto ha podido».

Este tipo de informaciones tendenciosas de los Nuncios Bianchi, Simeoni, Cattani, así como sus maniobras e intrigas, no favorecía la clarificación de las relaciones y provocó tensiones durante algún tiempo, resueltas al fin por la paciencia infinita y el sólido espíritu cristiano de Cánovas, así como por el nuevo giro introducido en la Santa Sede por León XIII.

LA ACTITUD DEL GOBIERNO DE LA RESTAURACIÓN Y LA IGLESIA. EL ARTÍCULO 11 DE LA CONSTITUCIÓN

El gobierno de la Restauración desea eliminar las tensiones anteriores y cualquier malentendido nuevo entre el Estado y la Iglesia.

Los motivos políticos de Cánovas eran muy claros: Primero, obtener el reconocimiento de Alfonso XII por el Santo Padre, para afianzar la Restauración descolocando al carlismo residual. Segundo, asegurar la paz religiosa de los españoles, para que el aquietamiento de los espíritus fuera una realidad, además de la pacificación militar. Tercero, llegar al acuerdo cordial entre la Monarquía liberal y la Iglesia. Cánovas lo desea como creyente y como político, para superar los hostiles planteamientos anacrónicos.

Desde el primer momento hizo Cánovas una declaración gubernamental prometiendo reparar los agravios padecidos por la Iglesia a raíz de 1868, manifestando expresamente, y en contraste con el carlismo, que no se proponía por ello hacer de la Iglesia «instrumento y bandera de sus aspiraciones políticas».

Pío IX nombró Nuncio a Simeoni, pero siguiendo la habitual táctica dilatoria vaticana, fue demorando el viaje a Madrid hasta el mes de mayo de 1875. Más tarde, el gobierno se lamentaba de que «nada parece haber hecho el Nuncio para cooperar a terminar la guerra civil». No obstante, el gobierno se anticipa a tomar unilateralmente medidas de desagravio a la Iglesia, en la creencia de que el Nuncio «obligaría al clero de España a recogerse a los deberes de su santo ministerio», procurando que cesara en la actitud beligerante procarlista de numerosos eclesiásticos en plena guerra civil. Incluso se dieron disposiciones, como ayudas económicas a clérigos carlistas, aunque pudieran emplearse «en propio daño de la causa del Rey».

Pero en esta primera época de la Restauración las relaciones Iglesia-Estado se enrarecieron sobre todo con motivo del art. 11 de la Constitución y su posterior aplicación, hasta comienzos de la década de 1880. Pío IX manifestó su expreso deseo de que fuese abolida la libertad de cultos en España, invocando el art. 1 del Concordato. Simeoni informaba siempre desfavorablemente a la Santa Sede, sin que sirvieran a convencerle las explicaciones del gobierno y su evidente espíritu conciliador. Los prejuicios con que llegó el Nuncio a España quedan expuestos en su despacho a la Secretaría de Estado en agosto de 1875: «La condición de la Iglesia aparece cada vez más desfavorable, pues no sólo no se puede concebir ninguna fundada esperanza de obtener reparación de las injurias sufridas en las pasadas revoluciones, sino que además temo, Dios no lo quiera, que deba someterse a otras desgracias».

La actitud energuménica de parte del Episcopado, alentado por el Nuncio, veía peligros por todas partes para la religión en España y presagiaba en Cánovas, nada menos, que el destructor sutil de la Iglesia en España. Aunque, en general, las autoridades civiles locales dieron una interpretación restrictiva de las normas de tolerancia, llegando alguna vez a prohibir el anuncio en la prensa de actos religiosos de las Iglesias disidentes, por lo que el gobierno hubo de llamar al orden a quienes se excedían en su celo, este comportamiento, por otra parte correcto, de las más altas instancias de gobierno motivó fricciones con las autoridades eclesiásticas.

El juramento de la Constitución dio lugar a la resistencia de muchos eclesiásticos e incluso de funcionarios civiles, por razones de conciencia, llegándose a un compromiso revelador de la buena voluntad del gobierno, a base de la fórmula de que «no se entendía obligarlos a nada que se opusiese a las leyes de Dios y de la Iglesia».

El proyecto de Ley de Instrucción Pública presentado en diciembre de 1876, tachado de «esencialmente racionalista y encaminado al monopolio estatal», fue rectificado en 1878. Ya era para entonces pontífice León XIII, quién advirtió, sin embargo, al embajador Cárdenas «que el proyecto de Ley de Instrucción Pública no podía ser aprobado por el Vaticano en tanto no se conforme con el espíritu y con la letra del art. 2 del

Concordato». El proyecto recibió así un nuevo frenazo, y cuando más adelante volvió a discutirse se suscitaron otras alarmas y tensiones.

La dotación del clero y el pago de la misma a los eclesiásticos fue causa de repetidos problemas, que casi siempre tenían su razón de ser en las dificultades presupuestarias para atender esta obligación, dada la penuria de recursos del Tesoro.

La actitud de los católicos seglares militantes en la política sobre bases confesionales basculó desde el distanciamiento inicial, no sólo de los carlistas, sino de otros sectores de carácter tradicionalista, hasta la aproximación facilitada por el culto obispo fray Ceferino González, que tendió a suavizar las relaciones y acortar distancias. El espíritu renovador de León XIII contribuyó a ello. Ya hemos dicho que la Unión Católica, creada en 1881, evolucionó hacia la aceptación de la línea canovista, sin renunciar al objetivo constitucional del restablecimiento de la *unidad católica*, mediante la acción política legal. Sin embargo, la Unión Católica no tuvo porvenir, al generalizarse el convencimiento público de que la política de la Restauración no representaba peligro alguno para la Iglesia, sino todo lo contrario. Por su parte, Cánovas prefería incorporarse este grupo que dar ocasión a un «tripartidismo» confesional, como hemos dicho.

Precisamente surgirá entonces, en la extrema derecha confesional carlista, en 1888, el *integrismo*, con la bandera de la intransigencia absoluta. El integrismo puede considerarse como una reacción contra la aproximación lograda, después de tantas dificultades y esfuerzos, entre la Iglesia y el Estado liberal [73].

En efecto, «bajo el pontificado de León XIII correrían nuevos vientos que disiparían las antiguas nieblas», he escrito yo en otra ocasión. «Poco a poco la distensión entre la Iglesia y el Estado liberal de la Monarquía española se iba a conseguir definitivamente. Después de setenta años de conflictos casi continuos, de suspicacias y oposiciones larvadas, se lograría el objetivo conciliador de Cánovas. Un sector de obispos prestigiosos, de espíritu abierto y comprensivo, facilitaron al fin el entendimiento. La publicación, más tarde, de la *Inmortale Dei* (1 de noviembre de 1885) y la *Libertas praestantissimun* (20 de junio de 1888) fijaron la nueva vía [74].

---

[73] J. N. SCHUMACHER: «Integrism. A study in nineteenth Century Spanish politic-religious Thought», publ. en «The Catholic Historical Review», vol. XLVIII, 1962.
[74] V. PALACIO ATARD: prólogo a la obra de M. F. NÚÑEZ citada en la nota 34.

León XIII accedió a ser padrino de Alfonso XIII y otorgó a la Reina Regente la Rosa de Oro como prueba de esta reconciliación. Entonces se activa la restauración de la Iglesia. En las «instrucciones» al Nuncio Cattani se describía el deplorable estado interno de las diócesis españolas, faltas de gobierno y acción pastoral; y se llamaba la atención sobre los decaídos estudios eclesiásticos [75].

LA RECONSTRUCCIÓN ECLESIÁSTICA

La reconstrucción religiosa abarcó la renovación y pujanza de los Seminarios y los estudios eclesiásticos superiores, cuyas dos creaciones principales, de singular transcendencia para el futuro de la Iglesia española, fueron la Universidad de Comillas (fundada en 1892) y el Colegio Español en Roma, establecido aquel mismo año gracias al esfuerzo de don Manuel Domingo y Sol, fundador de los Sacerdotes Operarios Diocesanos.

Entre la prensa confesional, sin dejar de estar en gran parte politizada por las disensiones internas de los católicos, fomentadora de discordias, se abrieron paso algunas revistas de alta cultura y calidad, como *La Ciudad de Dios*, publicada desde 1891. Sin embargo, J. M. Cuenca no oculta el déficit en el ambiente intelectual católico finisecular, a pesar de algunos casos notables aislados, como el citado fray Ceferino González, restaurador del neotomismo; pero ya se sabe que la siembra educativa no puede recogerse a corto plazo. Sobre todo el déficit era ostensible entre los seglares, con la excepción de Menéndez Pelayo. La presencia de la intelectualidad católica en la España del último cuarto del siglo XIX fue *irrelevante* en el momento de máxima expansión del positivismo científico, y en todo caso «desproporcionada a la magnitud de los recursos a su alcance» [76].

Al amparo benévolo de la Restauración se produjo también un restablecimiento de las Órdenes religiosas, del que derivaría más adelante otro problema, por la multiplicación exagerada de congregaciones y la recepción de muchas de origen extranjero: el *anticlericalismo* reactivado a principios del siglo XX tiene a

---

[75] NÚÑEZ: o. c., pp. 315 y ss.

[76] J. M. CUENCA: «Aproximación al estudio del catolicismo peninsular de fines del siglo XIX», publ. en «Atlántida», vol. IX, mayo-junio, 1971, p. 323.

veces su razón o su pretexto en esta introducción masiva de Órdenes religiosas.

En realidad, la aparición del anticlericalismo político finisecular habrá que buscarla en varias direcciones. Ricardo de la Cierva apunta a los efectos producidos por las maniobras del cardenal don Félix Cascajares. Este antiguo amigo de Prim, que trató de conectar al carlismo dentro del frente conspiratorio de 1868 según sabemos, trabajaba desde 1891 para robustecer un partido confesional, captando al partido conservador. «Por ello, explica La Cierva, se convierte en un peligroso enemigo para Cánovas. Intriga tenazmente cerca de la Reina María Cristina, que no le hace demasiado caso; y trata de ganarse a Pidal, Silvela, Villaverde y Martínez Campos. El intento fracasa.... Pero Cascajares acumulaba así leña eclesiástica a la casi delirante politización de la controversia clerical que el siglo XIX transmitirá, al rojo vivo, sobre el XX» [77].

Muchas de las Órdenes se dedicaron a la enseñanza, tanto primaria como secundaria. Además una nueva pedagogía cristiana se enfrentaba con el laicismo de la Institución Libre de Enseñanza. Las dos figuras más importantes en este sentido fueron el P. Manjón, fundador de las Escuelas del Ave Maria, y don Enrique de Ossó, amigo y condiscípulo de Domingo y Sol, fundador en 1876 de la Compañía de Santa Teresa, congregación femenina dedicada exprofeso a la enseñanza, secundando las directrices de León XIII sobre la educación de la juventud como escudo de la fe [78]. Por entonces se formaba también un jóven sacerdote, nacido en 1874, el P. Pedro Poveda, que había de ser años después uno de los reformadores de la pedagogía y del apostolado por la enseñanza en España.

Pero hay que convenir con J. M. Cuenca que esta restauración religiosa se resintió «de un indudable desfase con algunas de las más agobiantes exigencias de la coyuntura histórica» finisecular: el descuido de la cuestión social. Así, parte de las masas agrarias de Andalucía y Levante se alejan de la Iglesia. Por otra parte, el crecimiento urbano deja en el abandono los suburbios industriales de las ciudades: concentradas las antiguas parroquias en el centro de las poblaciones, no se atiende debida-

---

[77] R. DE LA CIERVA: *Historia básica*, o. c., p. 134.
[78] Sobre la importancia de la obra pedagógica y social del P. Ossó existe la biografía escrita por mons. MARCELO GONZÁLEZ: *Don Enrique de Ossó o la fuerza del sacerdocio*, Barcelona, 1953. Sobre el P. Manjón, el estudio de J. MONTERO: *Manjón, precursor de la Escuela activa*, Granada, 1958, con amplias referencias a la nutrida bibliografía sobre el fundador de las Escuelas del Ave María.

mente a la creación de otras nuevas en los barrios periféricos mal urbanizados, a los que afluyen los campesinos transvasados al sector industrial. Así, por efecto de estas migraciones, la Iglesia pierde contacto con estas masas campesinas que llegan a la ciudad.

En 1890, monseñor Spínola, obispo de Málaga, escribía en una carta pastoral: «Los obreros, con quien nadie contaba y que parecían dormidos, congréganse en numerosas asambleas, discuten con calor, y proclaman en voz alta y con fiereza los derechos de que se creen asistidos, aprestándose a reivindicarlos, y al intentarlo vuelven los ojos irritados contra la Iglesia». Pero este punto nos lleva ya a otro tema que hemos de tratar por separado, el de la Iglesia, la cuestión social y las asociaciones obreras católicas.

CAPÍTULO 4

LA POLÍTICA INTERNACIONAL
DE LA RESTAURACIÓN

El encuadramiento internacional de la Restauración está en las dos coordenadas de la «Europa bismarckiana», donde se ha alzado el poder continental del nuevo Imperio alemán; y donde el «espléndido aislamiento» británico ampara el más fuerte impulso expansivo colonialista en Asia y en África.

Tres problemas hubo de enfrentar España en este período: el de Marruecos, proyectado inicialmente sobre los principios de la Conferencia de Madrid (1880) y sobre la discusión derivada del «reparto de África», que sería encauzado posteriormente por la Conferencia de Algeciras (1906); la cuestión de las islas Carolinas, motivo del incidente con Alemania en 1885; y el problema cubano, del que surgió la guerra contra los Estados Unidos en 1898.

Las cuestiones de las Carolinas y de Cuba llevaron, pues, al enfrentamiento directo de España con dos grandes potencias; pero en el modo de tramitarlos y resolverlos se dio una singular paradoja. «El incidente de las Carolinas se resolvió por vía diplomática, sin el recurso a la fuerza, y la potencia más fuerte reconoció el derecho del débil, aun cuando el más fuerte era en este caso la Alemania poderosa del Canciller de Hierro, que afirmaba la eficacia de la fuerza y el fuego como fuentes del derecho y como argumentos convincentes en el orden internacional. En el caso de Cuba, por el contrario, la potencia que alardeaba de fidelidad democrática no tuvo inconveniente en emplear la fuerza para imponerse al débil» [79].

Desde el punto de vista interno español, el encuadramiento de la política internacional de la Restauración hay que situarlo

---

[79] V. PALACIO ATARD: «La cuestión de las islas Carolinas. Un conflicto entre España y la Alemania bismarckiana», en *Homenaje a Jaime Eyzaguirre,* núm. 8 de la revista «Historia», Universidad Católica de Chile, 1969, pp. 427 y ss.

en el «pesimismo» al que el prof. Jover se refiere como marco psicológico de la época. Ese pesimismo, que culmina en la «literatura del Desastre», es anterior al 98 y está presente en los niveles intelectuales y políticos, de que son ejemplo Lucas Mallada y Cánovas del Castillo. «El pesimismo constituye, pues, el más profundo hecho de psicología colectiva desde el cual cabe explicar el comportamiento exterior de la España del último cuarto del siglo» [80]. Jover subraya también que existe otro factor generalizado en los niveles de las clases medias y populares, actuante sobre la psicología colectiva en base al sentimiento nacionalista: el «orgullo nacional» y el pundonor ante las ofensas extrañas. La instrucción recibida, la ligereza o la baja calidad de la prensa periódica estimularán a veces estos sentimientos de modo irresponsable.

LOS CRITERIOS DE LA POLÍTICA INTERNACIONAL CANOVISTA

No hace muchos años se publicó el importante estudio de Julio Salom sobre la política exterior canovista, primer intento de interpretación en profundidad, que ha renovado el enfoque de la misma en los primeros años de la Restauración, cuando está vigente el «sistema bismarckiano» [81].

Como es sabido la política internacional de Bismarck se apoya en dos puntos esenciales:

a) El acuerdo tácito anglo-alemán, por el que Alemania se reserva el control del Continente europeo, en tanto que el Reino Unido se asegura el dominio de los mares y la expansión ultramarina.

b) La postergación de Francia vencida en 1870, impidiendo que pueda reconstruir una alianza continental.

Esta era la realidad europea de la «paz armada». ¿En qué medida se insertaba España en esa realidad alrededor de 1875? Cánovas se atiene a dos criterios muy firmes: Primero: la *política de potencia* no se mendiga, se sostiene con el propio poder. La política de gran potencia es, pues, un lujo de los poderosos;

---

[80] J. M. JOVER: «Caracteres de la política exterior de España en el siglo XIX», en *Homenaje a Johannes Vincke*, vol. II, Madrid, 1962-1963, p. 781.

[81] J. SALOM COSTA: *España en la Europa de Bismarck. La política exterior de Cánovas (1875-1881)*, Madrid, 1967. Prólogo de JOSÉ M. JOVER.

está fuera de las posibilidades de España en el último cuarto del siglo XIX. Nada, pues, de practicar una «política de prestigio» a la manera de la vieja Unión Liberal.

Segundo: España no tiene intereses encontrados con otras potencias, y por tanto no debe subordinar los suyos a rivalidades ajenas. En los años de la expansión imperialista que culmina en la Conferencia de Berlín, el objetivo será eludir las ocasiones de conflicto.

Para conseguir tal objetivo se ofrecen dos opciones: la «neutralidad activa» o la política «de recogimiento». La neutralidad activa, en cualquier país, en cualquier momento, sólo es posible si se dispone de recursos para hacerla respetar por los demás: no era este el caso de España. Por tanto, sólo cabe «el recogimiento», el repliegue sobre sí mismo, para no arriesgar la obra de reconstrucción interior con aventuras exteriores. A veces esto se ha tachado de abandono, de voluntario y deliberado aislamiento. Salom rectifica: «Efectivamente, los hechos nos muestran que Cánovas buscó el acuerdo político con las grandes potencias cuando lo consideró necesario para el interés nacional y en la medida en que le fue posible» [82].

Esta política de recogimiento entraña, de todos modos, dos riesgos: la indefensión diplomática ante un *casus belli* no deseado, como ocurriría en 1898; y la falta de maduración de una opinión pública respecto a nuestras conveniencias, necesidades y obligaciones en la política internacional, así como sobre la capacidad de satisfacerlas, cosa que se puso de relieve en 1885.

Entre 1875 y 1881 las directrices de la política internacional de Cánovas darán una prioridad a la defensa de la Monarquía restaurada contra los presuntos enemigos exteriores: así, las relaciones con Francia están marcadas por la preocupación de evitar el apoyo que los carlistas pudieran obtener de los legitimistas franceses, y las connivencias de los republicanos exiliados con sus afines en el vecino país.

Aparte esto, y como corolario del desinterés por mezclarse en los enredos de las potencias extranjeras, se practicará una política de amistad con todas: las que de antaño limitaban la órbita de nuestras tradicionales relaciones (Inglaterra, Francia) y la nueva potencia de la Alemania imperial. Cuando la política más desenvuelta del gobierno Sagasta en 1881-1883 hizo posible la *gaffe* del brindis de Alfonso XII en el Kursaal de la pequeña ciudad de Homburg, en la que sugirió una colabora-

---

[82]   J. SALOM: o. c., p. 415.

ción militar con Alemania, los malos efectos producidos contribuyeron a la caída de Sagasta y se corrigió esta ligereza [83]. Más
tarde, en 1886, en la nueva situación de gobierno liberal, el
ministro de Estado Segismundo Moret volvería a la política
internacional «de acción» como alternativa al recogimiento canovista.

LA CUESTIÓN DE MARRUECOS Y LAS TENDENCIAS «AFRICANISTAS»

En medio de las controversias internacionales había un
punto que no podía soslayar España debido a su emplazamiento
geográfico: el *status* internacional de Marruecos, cuando la
penetración africana de las potencias europeas podía alcanzar
a los territorios del Mogreb al otro lado del Estrecho. En la
época inicial del «reparto de África» el *status* marroquí quedó
fijado en la Conferencia de Madrid de 1880, en la que España
se alineó al lado de Inglaterra para garantizar la integridad territorial y la soberanía de Marruecos; pero se transigió, en cambio,
con las peticiones francesas de ratificar el derecho consuetudi-
nario llamado «de protección», extraño derecho por el que los
marroquíes al servicio de funcionarios o comerciantes extranjeros quedaban exentos de obligaciones fiscales respecto al
Sultán [84].

El principio de integridad territorial subsistió hasta principios del siglo XX. Pero las aspiraciones económicas de Francia,
Inglaterra y Alemania se fueron perfilando cada vez más, refle-
jadas en las influencias que alcanzaron a través de sus Consulados y de la «protección» a los moros notables. España se mantuvo ajena a esta penetración y, por consiguiente, a la competencia internacional sobre Marruecos, aunque sin renunciar a
unos legítimos derechos «de seguridad» para intervenir en las
decisiones internacionales acerca del Sultanato marroquí. Sólo a

---

[83]   Sobre el viaje de Alfonso XII a Francia, Alemania, Austria y Bélgica existe la
crónica oficiosa de ALFREDO ESCOBAR. Fernández Almagro toma de éste la alusión al
brindis del Kursaal. La crisis del gobierno Sagasta la desencadenó el debate sobre el viaje
regio. FERNÁNDEZ ALMAGRO: *Historia política,* o. y ed. cit., vol. I, pp. 394-401 y nota 28
de la p. 491.

[84]   SALOM: o. c., pp. 367-377.

partir de 1902, y en virtud de las aspiraciones francesas sobre Marruecos, justificadas por la vecindad de los establecimientos franceses en Argelia, volvió a replantearse el *status* internacional convenido en 1880.

Esta política de marginación española de los intereses en Marruecos no podía evitar, sin embargo, algún incidente aislado en las plazas de soberanía, como el que en 1893 creó en torno a Melilla un momento de grave tensión. El gobierno español acertó a controlar en este caso el enardecimiento popular, presto a reavivarse contra el moro, como ocurriera en la guerra de 1860. Todo se redujo finalmente a unas operaciones militares de alcance local y la resolución del incidente se encomendó a la vía diplomática, llevada satisfactoriamente por el general Martínez Campos con el Sultán Muley Hassán: el acuerdo suscrito el 5 de marzo de 1894 ampliaba los límites territoriales de Melilla, obteniéndose además una reparación en metálico.

Ahora bien, si España no participaba de la euforia expansionista de las potencias europeas, en los medios intelectuales se había difundido, en cambio, la idea de un «africanismo civilizador» que hallaba algunos centros de recepción: la Real Sociedad Geográfica desde 1876, la Sociedad Española de Africanistas y Colonistas, fundada por Joaquín Costa en 1883.

El más representativo de estas tendencias es probablemente el pensamiento africano de Costa: participaba a la vez de la mentalidad positivista de la época y del utopismo idealista que caracteriza todos los proyectos de ese «rotundo» hombre del Pirineo. Uno de sus planes fabulosos era la irrigación del Sáhara a base de las aguas subterráneas, idea compartida entonces por otras personas de justificada fama, como Fernando Lesseps, y que aspiraba a la transformación del desierto africano en una zona verde.

Al pretender que España dirigiera su esfuerzo para rescatar el Sáhara no preconizaba un imperialismo colonialista de simple explotación económica, sino más bien un generoso humanitarismo colonizador. España realizaría así en África una misión civilizadora, como en siglos anteriores realizara en América: el idioma castellano sería la lengua común de las razas africanas y soñaba con ver los centros escolares españoles llenos de estudiantes de color.

Las realizaciones de este «africanismo» llevadas a cabo por iniciativas privadas, con escasa cooperación oficial, suponen una mínima participación en el vasto movimiento de las exploraciones del Continente negro. Pero dos de ellas tuvieron consecuencias políticas al formalizarse el establecimiento de España en nuevos territorios:

a) Las exploraciones de Manuel Iradier y otros en la zona continental de la Guinea Ecuatorial (1884-1886), desde Río Campo hasta Río Muni, y por el interior en la cuenca del Río Benito. Aunque en virtud de la Conferencia de Berlín (noviembre de 1884-enero de 1885) y del protocolo franco-alemán de 24 de diciembre de 1885 se pretendió ignorar esta «toma de posesión» española, las negociaciones bilaterales hispanofrancesas prolongadas entre 1886 y 1891 mantuvieron las reivindicaciones de España, hasta que el 27 de junio de 1900 se firmó el tratado franco-español que fijaba los límites del territorio continental de Río Muni atribuido a la soberanía española.

b) Las exploraciones en la costa de Río de Oro (Sáhara) iniciadas por el capitan Emilio Bonelli en 1881, que determinaron el establecimiento español en Villa Cisneros y la notificación pública de la ocupación hecha el 26 de diciembre. Siguieron otras exploraciones por la costa, entre Cabo Bojador y Cabo Blanco, y por zonas interiores del desierto. La apropiación francesa de territorios vecinos reprodujo las pretensiones de recortar las zonas de influencia española, que siguieron una negociación paralela a la de los límites de la Guinea ecuatorial, hasta el tratado de París de 1900.

EL INCIDENTE DE LAS CAROLINAS. LA APROXIMACIÓN HISPANO-ALEMANA: LA «CONVENCIÓN DEL MEDITERRÁNEO»

El 6 de agosto de 1885 el conde Solms, embajador alemán en Madrid, notificó la decisión de su gobierno de establecer el protectorado sobre las islas Carolinas y Palaos, «salvo los derechos bien fundados de tercero». Alemania consideraba las Carolinas y Palaos territorios sin dueño y estaba interesada principalmente en tener en aquella zona una base logística para el carboneo de sus buques. Con este acto tomaba estado la disputa por la posesión de los archipiélagos del Pacífico.

El antecedente inmediato está en la negativa de Inglaterra y Alemania, en 1875, a reconocer la imposición aduanera exigida por el cónsul español en Hong-Kong sobre los barcos que tocaban en las islas Palaos, así como las reclamaciones angloalemanas sobre Joló. El incidente se arregló por el protocolo de

11 de mayo de 1877, que facultaba a Inglaterra y Alemania a comerciar libremente en Borneo y Joló. Eran los años de esplendor de la «alianza tácita» anglo-alemana.

En las islas Carolinas existían firmas comerciales inglesas, alemanas y norteamericanas, rivales entre sí. En 1884 acuden todas ellas al Gobernador General de Filipinas para que estableciera la autoridad efectiva de España sobre el archipiélago. Así tuvo lugar el primer viaje del crucero «Velasco», que ejerció actos de autoridad e impuso la *pacificación* a algunos jefes indígenas en las Palaos. Una Real Orden de 3 de marzo de 1885 mandaba establecer el gobierno regular en los dos archipiélagos, por lo que el 10 de agosto salía de Manila una nueva expedición naval española.

Hay, pues, una coincidencia cronológica entre el propósito alemán y la decisión española sobre las Carolinas. La actitud del gobierno español fue buscar un arreglo amistoso sobre la base del protocolo de Joló de 1877. El comportamiento popular, en cambio, sensibilizado por una prensa irresponsable y desafiante, fue de exaltación agresiva (manifestaciones, ataques a consulados y a la embajada alemana en Madrid). En ese clima de exaltación se abrían «suscripciones patrióticas» para improvisar una flota de guerra, y se hablaba nada menos que de un ultimátum a la Alemania de Bismarck.

La propuesta oficial española, aceptada por el Canciller alemán, pedía «negociaciones amistosas» y, en caso de no llegar a un acuerdo, confiar la resolución al arbitraje de un tercero. La *vía diplomática,* en efecto, iba a prevalecer; mientras tanto, barcos españoles y alemanes procedían sin incidentes a la ocupación simultánea de posiciones en las islas.

Bismarck propuso el 21 de septiembre al papa León XIII como *árbitro*. España lo aceptó como *mediador*: León XIII daría un *laudo,* que debería servir de base para un acuerdo posterior bilateral. En efecto, el laudo pontificio fue emitido el 22 de octubre. Sin entrar a discutir los alegatos de las dos partes, el Papa proponía un convenio sobre estas bases: 1.º: Reconocimiento de la soberanía española sobre Carolinas y Palaos, con la obligación por parte de España de hacerla efectiva. 2.º: Libertad de comercio y pesca a favor de Alemania, así como derecho a una estación naval de carboneo en las islas. Los colonos alemanes tendrían la posibilidad de establecerse en ellas en igualdad de condiciones a los españoles.

Este laudo fue ratificado por el protocolo hispano-alemán de Roma el 17 de diciembre de 1885. Era el triunfo de la razón y el derecho sobre la simple presión del poder y de la fuerza. La fe en la *vía diplomática* salvó un momento comprometido para España.

Inglaterra, como siempre, estuvo atenta a pescar su parte en este pequeño río revuelto: el protocolo de Madrid, firmado el 8 de enero de 1886, concedía a los ingleses iguales privilegios que a los alemanes en los archipiélagos de Carolinas y Palaos, excepto la estación naval de carboneo.

La actitud alemana se granjeó en España muchas simpatías. También sirvió de apoyo a la «política de alianzas» propiciada por Moret. «La ocasión sobrevendrá cuando... la constitución del subsistema mediterráneo en conexión con el sistema continental de la Triple Alianza le depare ocasión para llevar a cabo un acercamiento de España al sistema mencionado», explica Jover [85].

A Bismarck no le pareció oportuno, ni antes ni después de 1886, una alianza directa entre Alemania y España. Pero en 1887 una «convención del Mediterráneo» podía servir de instrumento para fomentar en Italia y en Austria la posición antifrancesa, cooperando a mantener el aislamiento internacional de la República. Así es como tomó forma el tratado ítalo-español de 6 de mayo de 1887, con la aquiescencia de Inglaterra, que veía también la manera de procurarse una clientela mediterránea (Italia, España) frente a las pretensiones francesas en Egipto y Marruecos. Al tratado ítalo-español, convenido por plazo de cuatro años renovables, se sumó inmediatamente Austria. La vía de la alianza hispano-alemana, había dicho Bismarck, pasaba por Viena.

A partir de 1890, cuando quiebra el sistema basado en la «inteligencia tácita» anglo-alemana, la convención del Mediterráneo dejará de tener sentido. Por eso, en 1895 no fue ya renovada. Las posiciones de Italia y de Inglaterra se habían modificado. Tampoco para España tenía interés el mantenimiento de una alianza, cuyo carácter antifrancés resultaba inoportuno: le convenía sumar amigos en Europa, no justificar animadversiones. Aquel tratado no ofrecía la contrapartida de una alianza alemana de carácter general, pues la convención no era aplicable a espacios geográficos distintos del Mediterráneo. De ahí que ningún provecho se deducía para España de ella, cuando en 1895 se renovaba la guerra en Cuba.

---

[85] J. M. JOVER: «Caracteres de la política exterior», trabajo citado en la nota 80, página 789.

CAPÍTULO 5

EL «DESASTRE» DE 1898

La guerra se había reanudado en Cuba en marzo de 1895, precisamente a los pocos días de aprobarse en Madrid el proyecto de autonomía, sospechosa coincidencia. Era una guerra dura, más que por las acciones militares, de tipo guerrillero, por las condiciones de la naturaleza, el clima y la enfermedad. Encargado del mando el general Weyler, recurrió a procedimientos que entonces parecieron extraordinarios, aunque luego se han visto repetidos en ocasiones semejantes en las guerras coloniales. Tal fue la orden de «concentración de pacíficos», dada en 1897, por la que se obligaba a la población rural dispersa a *concentrarse* en núcleos urbanos, a fin de restar apoyos a las guerrillas insurrectas.

Pero el factor decisivo en la guerra cubana fue la intervención de los Estados Unidos, que se produjo escalonadamente de tres maneras:

a) Por la ayuda material a los rebeldes, con armas y municiones: según el historiador norteamericano Flack, entre junio de 1895 y mayo de 1897 salieron de los Estados Unidos cuarenta y dos expediciones con armas para Cuba [86]. Se recurría, pues, a los métodos del «filibusterismo».

b) Por la presión diplomática directa sobre Madrid, con la propuesta de la compraventa de la isla.

c) Por la declaración final de la guerra.

---

[86] HORACE E. FLACK: *Spanish-Americam diplomatic relations preceding the War of 1898*, obra publicada en 1902. Los datos los tomo de AZCÁRATE: o. c., p. 38.

LA INTERVENCIÓN NORTEAMERICANA Y LA PROYECCIÓN INTERNACIONAL

El profesor Pabón explicó lúcidamente las dos ideas básicas en que se apoya la posición norteamericana sobre la «cuestión de Cuba». Son estas: Cuba es necesaria a la defensa estratégica de los Estados Unidos; la isla podrá ser adquirida mediante compra a España.

Desde el punto de vista norteamericano se daba por supuesto que la colonia antillana resultaba para España una carga inútil y costosa, una colonia indiferente a cualquier actitud sentimental, sujeto pasivo de una operación de compraventa[87]. Existían antecedentes: Estados Unidos había comprado a Napoleón en 1803 la Luisiana, previamente cedida por España; y en 1819 adquirió la Florida por compra directa al gobierno español. En capítulo anterior recordamos las ofertas hechas en 1848 y en 1854 a España por parte del gobierno de los Estados Unidos. Como sabemos, el «Manifiesto de Ostende» de 1854 fue terminante al dictaminar la cuestión: Estados Unidos debía comprar Cuba a España, pero si ésta no aceptaba el trato, la isla debería conquistarse por la fuerza. Luego vino el paréntesis de la guerra civil norteamericana. Terminada la secesión sudista los Estados Unidos volvieron a la carga, con las presiones de Sickles sobre Prim en 1869.

En 1876 el Departamento de Estado intentó que las potencias europeas aceptaran la necesidad de una intervención militar extranjera para restablecer la paz en Cuba, supuesta la incapacidad de hacerlo España: este sentido tiene la famosa *nota número 266;* pero las potencias europeas, y singularmente Inglaterra, no dieron su consentimiento. José M. Allendesalazar sintetiza el alcance de las respuestas a la «nota núm. 266»: «Cuba era un asunto español de acuerdo a derecho y norteamericano según la ley del más fuerte. Europa se mantendría al margen»[88].

A partir de 1895 se reanuda en los Estados Unidos el deseo de adquirir Cuba. La ayuda a los insurrectos enmascara las verdaderas intenciones de la intervención norteamericana, que nada tenían que ver con la «liberación de Cuba», sino con el dominio sobre la misma. El presidente Cleveland se encuentra ante un estado de sobreexcitación psicológica colectiva en su

---

[87] J. PABÓN: «El 98 acontecimiento internacional», publ. en *Días de ayer,* Barcelona, 1963, pp. 139-195.

[88] J. M. ALLENDESALAZAR: *El 98 de los americanos,* Madrid, 1974, p. 28.

país, desatada por una campaña belicista en la que la prensa juega el principal papel.

En el fino análisis que Allendesalazar ha hecho de la «generación americana del 98» se nos recuerda el espectro psicológico de aquella época «optimista, desgarrada, creativa y tremendamente cruel», con el potente crecimiento industrial que sigue a los años de «la conquista del Oeste» y el empuje de los hombres de empresa. El sentimiento de superioridad racial se afirma en el espíritu público, así como el convencimiento de «los beneficios incalculables que traerá al mundo la expansión más rápida posible de su esfera de influencia». John Fiske, en 1885, había relanzado la doctrina del «Destino manifiesto». En la inefable obra de Strong, como califica Allendesalazar el libro *Our Country,* «leída ávidamente en el país» se asentaba la convicción de que la raza anglosajona «está destinada a desposeer a muchas razas más débiles, asimilar otras y moldear las restantes hasta que.. haya anglosajonizado a toda la Humanidad» [89]. Algunos años después, al otro lado del Atlántico, Jacob Stephens, exponente máximo del imperialismo racista británico, proclamaba algo parecido en su doctrina de la *Australia blanca:* «No existe en el mundo un interés social más trascendental que el de reservar Australia para que la raza británica se extienda de mar a mar sin mezclarse con ninguna raza inferior».

Las obras del joven capitán de navío Alfred Th. Mahan (*The Influence of Sea Power upon History 1660-1783,* publicada en 1890, y *The Interest of America in Sea Power; Present and Future,* en 1897) contribuirán a fomentar ese clima ideológico y psicológico sobre el que será posible un estallido belicista colectivo. Mahan enseñaba que el destino de un pueblo está ligado a su potencia naval y que ésta no es posible sin bases exteriores: «como las aves terrestres no pueden volar lejos del litoral» así las flotas requieren bases ultramarinas; se preconiza una política de penetración económica exterior, inversión de capitales y conquistas de mercados.

Este ímpetu expansivo generalizado adopta en el caso de Cuba dos modos de comportamiento: los que se inclinan por la presión diplomática dentro de las formas del derecho, para llegar al acuerdo de compraventa; y los belicistas resueltos, que no se detendrán ante ningún obstáculo y exigen la resolución incluso por los medios de la guerra. Como siempre, palomas y halcones; pero el objetivo era el mismo.

---

[89]   ALLENDESALAZAR: o. c., p. 79.

Un reciente libro del historiador norteamericano Chidsey, no ha escatimado duras frases para calificar aquel estado de ánimo: «Los Estados Unidos estaban deseosos de pelea como cualquier matón de taberna. Cada vez era más antipatriótico estar a favor de la paz. La furia aumentaba. Reuniones masivas de protesta adoptaban resoluciones por todo el país» [90]. Sin embargo, los «expansionistas de 1898» que reclamaban la guerra no está claro que fueran de modo unánime los hombres de negocios y de empresa, salvo los inversores norteamericanos en Cuba. Todavía en 1896 el presidente Cleveland opone a los belicistas su propia convicción: «Sé que podremos comprar la isla a España. La guerra sería más costosa y su declaración un agravio». Las razones económicas de carácter general en el expansionismo norteamericano a finales del siglo XIX han sido señaladas por los historiadores de aquel país: los índices de la producción industrial y la acumulación de capital explica las presiones sobre Cleveland y Mac Kinley para abrir nuevas perspectivas de mercado e inversión [91]. Las inversiones en Cuba, en azucareras, minas y ferrocarriles, eran en 1898 del orden de los cincuenta millones de dólares. El interés económico se sumó en todo caso al primordial interés militar y estratégico de dominar las islas del Caribe, especialmente al perfilarse la idea del Canal de Panamá.

En la preparación psicológica de la guerra influirán decisivamente los periódicos, «la aparición de una nueva manera de entender el periodismo», que se revela en los dos titanes, Pulitzer y Hearst, rivales empedernidos a quienes el conflicto de Cuba ofrecía una oportunidad para «dilucidar su supremacía: Hearst salió triunfador y durante muchos años diría que la guerra de Cuba había sido su guerra» [92]. Parece que su rival Pulitzer había confesado a sus amigos que una guerra de dimensiones no muy grandes aumentaría considerablemente la tirada de sus periódicos, como ocurrió en efecto.

---

[90] DONALD B. CHIDSEY: *La guerra hispano-americana, 1896-1898*. Barcelona, 1973, página 54. (La edición original norteamericana se publicó en 1971.)

[91] WALTER LA FEBER: *The New Empire: an Interpretation of American Expansion 1860-1898*, Cornell Univ. Press, 1969.

[92] ALLENDESALAZAR: o. c., p. 95. La conocida anécdota del dibujante Remington, enviado por Hearst a La Habana para que remitiera información gráfica sobre las «atrocidades» de los españoles en la guerra cubana es el mejor exponente de esta afirmación. Cuando Remington le dice que piensa regresar porque no ve allí los motivos deseados, Hearst pone su famoso telegrama: «Quédese en La Habana y haga dibujos. La guerra la haré yo».

Entre tanto, la posición española ante la presión norteamericana, según expone Pabón, era salvaguardar Cuba evitando la intromisión armada de los Estados Unidos y la guerra contra ellos. Cánovas y Sagasta coinciden en el fondo de la cuestión, así como en los medios de afrontarla: acción militar contra los insurrectos y reformas político-administrativas. Pero se diferencian en la táctica: Cánovas pretendía primero la sumisión *manu militari,* luego las reformas; Sagasta daba prioridad a éstas, creyendo que desarmarían moralmente a los rebeldes [93].

La voluntad española de conservar Cuba se basa en el convencimiento de que la «perla de las Antillas» es un territorio español, no una colonia, y no puede comprarse o venderse como una mercancía. Los gobernantes españoles se daban cuenta de que todas las cautelas eran precisas para tratar con los Estados Unidos, porque no disponía España de medios para sostener un conflicto armado contra la nueva potencia americana. Una prensa «infame», como la calificó Pi y Margall, alentó de forma irresponsable en España la respuesta belicista popular al desafío norteamericano. La opinión española fue así inducida a error y, según dice Pabón, se «produjo un belicismo frívolo, causa fundamental de la reacción ante el desastre. En el *numantinismo* de una decisión heroica no se hubiera dado la decepción posterior».

España no contaba para sostener su posición frente a Estados Unidos más que con su razón, basada en el derecho; con la posibilidad de resolver el conflicto interior cubano sin intervención militar extranjera; y con el respaldo moral de las otras potencias. ¿Podía, de verdad, contar con este último apoyo?

Al cuajar el conflicto hispano-norteamericano en torno a Cuba, en 1896-1898, la situación internacional no es la misma que veinte años antes. El equilibrio triangular que en torno a Cuba se había mantenido hasta los años setenta, entre Washington-Madrid-Londres, no existía ya. En el orden internacional se había consagrado el «derecho de la fuerza». La razón de la fuerza en la política norteamericana de entonces se llamaba *política del bastonazo* («big stick policy»). Inglaterra, que pronto aplicó la «razón de la fuerza» a Francia en el ultimátum de Fachoda, había recibido ya el «bastonazo» de los Estados Unidos en 1896, en la cuestión de los límites de la Guayana. Ahora le tocaba el turno a España.

Todavía en 1896 el duque de Tetuán, ministro de Estado

---

[93]   PABÓN: O. C., p. 147.

con el último gobierno Cánovas, planteó en un *Memorándum* a las potencias europeas la cuestión de Cuba, solicitando la asistencia internacional a las razones de España. La reacción norteamericana fue fulminante: el embajador Taylor hizo saber al duque de Tetuán, el 10 de agosto de 1896, «que provocando España la cooperación de Europa a su favor en una cuestión americana, las consecuencias inevitables serían un cambio completo de actitud por parte de su gobierno... Toda intervención de Europa en asuntos americanos tenían que ofenderle». En vista de ello, los gobiernos europeos se inhiben.

LA DECLARACIÓN DE GUERRA

La guerra fue declarada por los Estados Unidos en vista de que España no vendía la colonia y ante el temor de que prosperase el régimen autonómico concedido. Azcárate subraya que «a partir de este momento vemos cómo el gobierno americano... aumenta sus exigencias y acorta los plazos en los cuales ha de realizarse la pacificación» [94].

El 29 de noviembre de 1897 se había aprobado una Constitución política para Cuba, con un gobierno autónomo, una Cámara de diputados cubana, así como una especie de Senado (Consejo de administración), con plenitud de facultades de gobierno, excepto en materias de política internacional y defensa militar. El 1 de enero de 1898 entra en funciones este gobierno cubano. Doce días después el presidente Mac Kinley entiende que el régimen autonómico ha fracasado y manda hacer una demostración naval ante la isla. El 25 de enero entró en la bahía de La Habana un viejo acorazado, el *Maine:* el 15 de febrero ocurrió la explosión del barco americano.

La explosión del *Maine* fue inmediatamente manipulada por la prensa, por el «World» de Pulitzer y el «Journal» de Hearst. «La nación había enloquecido... Se escribieron cientos de miles de cartas al Presidente y a los miembros del Congreso» pidiendo la guerra, según cuenta Chidsey [95]. El grito de «acordaos del *Maine*» fue ya un arquetipo de grito de guerra. Mientras

---

[94]   AZCÁRATE: o. c., p. 53.
[95]   CHIDSEY: o. c., p. 69.

tanto el «World» y el «Journal» aumentaban su tirada por encima del millón de ejemplares, cifras fabulosas entonces.

Sin embargo, el informe de la comisión militar norteamericana, a pesar de todas las presiones, fue relativamente circunspecto. En sus conclusiones 7.ª y 8.ª decía que el *Maine* había sido destruido a causa de una mina submarina que ocasionó la explosión de dos o más santabárbaras de proa, pero que «no había podido obtener ninguna evidencia que fije la responsabilidad de la destrucción del *Maine* en una persona o personas». La comisión investigadora española declaró, por su parte, que fue una explosión producida desde el interior del buque, lo que descartaba toda responsabilidad de las autoridades españolas.

La cuestión estribaba, pues, en dejar bien claro si la explosión había sido interna o externa, y en todo caso comprobar sus causas. España ofreció someterse a un arbitraje neutral, pero los Estados Unidos no aceptaron, culpando al gobierno español sin más pruebas. Azcárate recoge el severo juicio de Flack, que los historiadores posteriores han confirmado: «Tenemos que reconocer que la conducta de nuestro gobierno en el asunto del *Maine* fue indefendible. En conclusión, creemos poder declarar que la intervención a causa de la destrucción de nuestro acorazado no tuvo justificación jurídica o moral, y que el futuro condenará la conducta de nuestro gobierno en este caso».

El propio embajador en Madrid, Woodford, escribía el 2 de marzo al presidente Mac Kinley: «¿Podrá darle (a la intervención armada) su aprobación el sano juicio de nuestro pueblo y el juicio definitivo de la Historia? Esta preocupación me oprime...» A esta situación se llega después de una doble negociación sostenida a instancia de los Estados Unidos. Una negociación oficial, pública y conocida, en la que los norteamericanos alegan sentimientos humanitarios en defensa de los cubanos para justificar su intromisión. Otra negociación confidencial, ocultada, para la compra de la isla y el traspaso pacífico de la soberanía [96].

La negociación confidencial culmina en febrero de 1898 con la gestión en Madrid del «general Porter», secretario particular y enviado personal del presidente Mac Kinley. Temeroso el gobierno norteamericano de tener que negociar no con España, sino con el gobierno cubano autónomo, decide precipitar las cosas: el llamado agente Porter propone la inmediata venta de

---

[96] Sobre esto, PABÓN, o. c., pp. 169 y ss. También FERNÁNDEZ ALMAGRO: *Historia política*, ed. cit., vol. III, pp. 55 y ss.

Cuba a los Estados Unidos por 300 millones de dólares, más un millón de comisión para los mediadores españoles; la alternativa sería la guerra.

La Reina Regente tramitó el asunto con la máxima corrección: informó discretamente a todos los políticos importantes, incluidos carlistas y republicanos, y avisó que entregaría el poder a quien aconsejase aceptar la propuesta. Nadie dio este consejo.

Al fracasar la negociación confidencial, se insiste por la vía oficial: el 17 de marzo tiene lugar la dramática entrevista del ministro de Estado Moret con Woodford, quien propone un acuerdo sobre estas bases: «Los Estados Unidos pagarían la suma que se fije por la compra de Cuba... El acuerdo de la venta no se hará constar en el *Memorándum* que se publique. Se tratará en términos generales del arreglo de todas las diferencias entre las dos naciones, designando como árbitro a la Reina de Inglaterra en caso de desacuerdo sobre algún extremo. Un *Memorándum secreto,* firmado al mismo tiempo, fijará los términos del acuerdo y evitará toda diferencia».

Pero España no vende; sólo queda la amenaza de la guerra. El presidente del gobierno Sagasta dice aquello de que España está entre la guerra y el deshonor. En un último intento, la nota oficial española del 25 de marzo apelaba «a la natural intervención de las Cámaras insulares»: o sea, opone una Cuba autónoma a una Cuba anexionada a los Estados Unidos. Este viraje estratégico, explica Pabón, «obligaba al gobierno de Estados Unidos, reducido ahora a la negociación pública, a un viraje mayor: Cuba independiente frente a Cuba autónoma». Por eso la réplica del Secretario de Estado W. R. Day exigía no la autonomía de Cuba, sino la independencia. «Los Estados Unidos no pueden ayudar a la puesta en vigor de una sistema de autonomía», dice otro telegrama de Day a Woodford [97].

Ante el ultimátum norteamericano, España se dirige por tercera vez a las seis principales potencias europeas para que actúen de mediadoras en el conflicto. La clave de la cuestión está en Inglaterra, que no arriesgará la amistad de los Estados Unidos, porque la convicción más fuerte del ministro del Foreing Office, Balfour, era mantener siempre unidos a los dos pueblos anglosajones.

España, abandonada a su suerte, se encuentra ante una situación límite. Allendesalazar ha pretendido explicarla según

---

[97] ALLENDESALAZAR: o. c., p. 113.

la llamada «teoría de los juegos» en el análisis de las relaciones internacionales y exculpar de paso, quizá no muy convincentemente, las responsabilidades del presidente Mac Kinley [98]. La «lista de prioridades» de España y los Estados Unidos ante el conflicto cubano se configuró de tal modo que la segunda prioridad norteamericana y la tercera española, la guerra, van a coincidir al ser desplazadas las anteriores. Cuba autónoma era la única opción inadmisible para Estados Unidos. De ahí que Mac Kinley presente exigencias a Madrid cada vez más inaceptables hasta provocar la guerra, y la guerra tendrá lugar a pesar de todas las concesiones que Madrid hace.

El 11 de abril dirige Mac Kinley su Mensaje al Congreso, que aprueba el día 18 la «resolución conjunta», base del ultimátum trasmitido el día 20, por el que se conminaba a España a abandonar Cuba. España da los pasaportes al embajador Woodford. El 25 de abril el Congreso de los Estados Unidos declara formalmente la guerra a España.

LOS ACONTECIMIENTOS BÉLICOS. DE CAVITE A SANTIAGO. LA INSURRECCIÓN EN FILIPINAS

La guerra tuvo dos escenarios: las Antillas y el archipiélago filipino; y se resolvió en tres acciones principales: Cavite, Santiago y Manila.

España mantenía su soberanía en Filipinas con apoyo de una reducida fuerza militar. Al contrario de lo ocurrido en América, no se había producido allí una instalación importante de población española a lo largo de tres siglos y medio. Tampoco había ligados intereses económicos fuertes con la metrópoli. Sólo las ordenes Religiosas afirmaron su presencia permanente.

En la década de los años noventa subyacía un estado de insurrección alentada por el descontento de los indígenas ante

[98] El presidente Mc Kinley es un personaje bastante enigmático. Escribía poco y por eso ha dejado escasos testimonios documentales sobre sus planes y pensamientos íntimos. Generalmente los historiadores le han considerado hombre de carácter débil, que cedía a las presiones públicas, aun cuando le crearan problemas de conciencia. De ahí que, por los días en que se veía ya desbordado en el camino de la guerra contra España, refiera un amigo de su confianza que «estaba abatido, ojeroso, y no pocas veces, en momentos de intimidad, sus ojos se llenaban de lágrimas», según el testimonio que el propio Allendesalazar recoge en su libro.

los abusos de los administradores; también por las quejas contra las ordenes religiosas, algunos de cuyos miembros en aquellas latitudes no eran modelo de vida apostólica y cuyos intereses prevalecían a veces arbitrariamente; y finalmente por los sentimientos independentistas que se fraguaban en la «Liga filipina» fundada por José Rizal en 1892, y en la organización clandestina del Katipunán, creada por Andrés Bonifacio y Doroteo Arellano.

Desde 1896 se extiende la insurrección tagala por la provincia de Manila. Para dominarla aplica el Capitán general Camilo Polavieja la política de mano dura, y Rizal es condenado a muerte. Pero la insurrección continúa, alentada por otro jefe, Emilio Aguinaldo. Sustituido Polavieja por el Capitán general Fernando Primo de Rivera, se aplica éste a una doble acción militar y negociadora que concluye con el pacto de Bial-Na-Bató (23 de diciembre de 1897), por el que Aguinaldo se rindió, permitiéndole expatriarse junto con otros jefes insurrectos.

Aguinaldo desde el exilio de Hong-Kong entra en contacto con el cónsul norteamericano en Singapur, quien le promete ayuda si regresa a Filipinas para reavivar la insurrección. Antes de que este regreso se produzca, ya Estados Unidos había declarado la guerra a España.

En efecto, la escuadra mandada por Dewey había salido de Hong-Kong rumbo a Manila. La escuadra española en Filipinas tenía que optar entre las dos estrategias posibles: impedir el acceso de Dewey a la bahía de Manila, librando batalla en las defensas exteriores, o consentir su entrada para luchar con el apoyo de la artillería del fuerte de Cavite. Prevaleció esta última y el almirante Montojo situó sus barcos al amparo de aquella fortaleza. El 30 de abril entraba en la bahía de Manila la escuadra de Dewey con siete acorazados y 134 cañones. Montojo contaba con seis cruceros de madera y 60 cañones. El 1 de mayo se libra el desigual combate que se resuelve en pocas horas. Cavite cayó en manos de los norteamericanos.

El gobierno español intentó llevar refuerzos a Filipinas: la escuadra del almirante Cámara zarpó de Cádiz el 16 de junio, vía Suez; pero los ingleses le negaron el paso por el canal. A este propósito dice Fernández Almagro, quien da un amplio resumen de todas las operaciones: «Cerrar el canal de Suez a la escuadra de Cámara constituía un gran servicio que Inglaterra prestaba a Estados Unidos» [99]. Sin embargo, la escuadra de

---

[99]   FERNÁNDEZ ALMAGRO: o. y ed. cit., vol. III, p. 143.

Cámara era «en su conjunto una escuadra nada orgánica, por improvisada», y difícilmente hubiera podido hacer frente en Filipinas a la flota norteamericana. En cambio, el 30 de junio llegaron a la isla de Luzón refuerzos enemigos. El general Wesley Merrit asumió el mando y atacó Manila, que se rindió el 14 de agosto, cuando ya había sido firmado el armisticio general.

Para esta última fecha, en efecto, la guerra se había decidido en el frente del Caribe con el desastre de Santiago. La escuadra de Cervera, que había hecho escala en Martinica el 10 de mayo, rumbo a Cuba, recibió la noticia del desastre de Cavite. Siguió su viaje y arribó el 19 a Santiago para carbonear, tras conseguir forzar el bloqueo del puerto. Pero quedó atrapada allí. El carboneo se realizó con lentitud por falta de medios; desde el día 26 nuestra escuadra estaba embotellada por la de Scheley, a la que se unió seguidamente la del almirante Simpson.

Aunque los norteamericanos no estaban inicialmente en condiciones ventajosas para emprender operaciones en tierra, efectuaron el 6 de junio un desembarco en Guantánamo. Estas tropas, junto con las del jefe cubano Calixto García, se aproximaron a Santiago, y el general Shaffter intentó el asalto directo el 1 de julio. La tenaz defensa de El Caney por Vara del Rey y de Loma San Juan por Linares causaron grandes pérdidas al ejército atacante, que llegó muy quebrantado ante las defensas exteriores de Santiago.

Entonces se consumó el sacrificio de la escuadra de Cervera. El 25 de junio el almirante español telegrafiaba al Capitán general de La Habana, Blanco: «Escuadra de bloqueo es cuatro veces superior, por lo que salida sería nuestra destrucción, absolutamente segura». En comunicación posterior al general Linares, Cervera explica: «Considero la escuadra perdida y el dilema es: perderla, destruyéndola, si Santiago no resiste, contribuyendo a su defensa; o perderla sacrificando a la vanidad la mayor parte de su gente.., Declaro del modo más categórico que la horrible y estéril hecatombe que significa la salida de aquí... nunca seré yo quien la decrete».

El Capitán general Blanco quería que la escuadra saliera, en un imposible propósito de que alcanzara La Habana. En Madrid, en las Cortes y en la prensa se excitaba al combate naval. El 2 de julio Blanco da la orden terminante a Cervera. El día 3, a las 9 de la mañana, los seis barcos de Cervera zarparon de la bahía. En cuatro horas de combate quedaron destruidos. El parte oficial del vencedor Simpson dice así: «Mi escuadra ofrece a la nación, como regalo en la fiesta de la Independencia, la destrucción de toda la escuadra de Cervera. Ninguno de sus buques ha escapado» [100].

Destruida la escuadra sobrevino la rendición inevitable de Santiago el 17 de julio. En las negociaciones de rendición, el general Shaffter no consintió que interviniera Calixto García, ni permitió que el Ejército cubano entrara en la plaza. Calixto García protestó en vano. Shaffter cumplía órdenes de su gobierno.

LA SITUACIÓN EN PUERTO RICO

La «pequeña Antilla» se había mantenido en calma hasta los años ochenta, en que cristaliza un movimiento autonomista criollo. La sociedad puertorriqueña del siglo XIX respondía a una estructura agraria patriarcal, con una burguesía de hacendados cultivadores de azúcar y de café, y unas clases trabajadoras en estado de abandono natural. El censo de 1887 registra una población de 800.000 habitantes, de los que 500.000 vivían «aislados de toda civilización y cultura». La economía evolucionaba del simple consumo interior a la agricultura comercial, que tendía a ligar a Puerto Rico con el mercado norteamericano.

Por otra parte, los funcionarios de la administración española no estaban libres de vicios y corruptelas, con las prácticas habituales de un colonialismo primitivo. En España se subestimaba el caso de Puerto Rico y alguien llamó a sus habitantes «ciudadanos de tercera clase». La instrucción pública apenas era atendida más que en sus grados elementales, el índice de analfabetismo total era superior al 80 por 100. Sólo en 1881 se había creado el primer Instituto de Segunda Enseñanza. Ante esta situación, los criollos jóvenes que deseaban cursar estudios se desplazaban a los Estados Unidos, a Francia o a España. Así, en los sectores cultos criollos surgió el ideal autonomista.

La Asamblea de Ponce (7-9 de marzo de 1887) sentó las bases del Partido Autonomista, que surge de las cenizas del antiguo Partido Liberal Reformista, bajo la dirección de Ramón Baldorioty de Castro, con el objeto de lograr «la mayor descentralización posible dentro de la unidad nacional». Pero la burguesía criolla cultivada intelectualmente se hallaba dividida en

---

[100] FERNÁNDEZ ALMAGRO: o. y ed. cit., vol. III, pp. 122-135.

facciones personalistas: Cepeda contra Baldorioty, Muñoz Rivera contra Cepeda.

Muñoz Rivera condujo a una fracción del Partido Autonomista a entenderse con Sagasta y el Partido Liberal español. En 1896 se trasladó una Comisión a Madrid que negoció y obtuvo la concesión de la autonomía.

Pero la insurrección cubana había repercutido en el ánimo de los exiliados puertorriqueños en Estados Unidos, partidarios de la separación de España: unos se inclinaban por la independencia pura y simple, otros por la anexión a los Estados Unidos; algunos pretendían un «ideal antillano» común con Cuba (el doctor Ramón Betances y Eugenio Hostos), otros temían la sumisión de Puerto Rico a Cuba.

En efecto, el «Club Borinquén», fundado en Nueva York y presidido por Sotero Figueroa, entró en contacto con el Partido Revolucionario Cubano en 1892, y prácticamente se convirtió en una Sección de éste. Las relaciones de estos dos factores no eran fáciles de armonizar, ya que los cubanos pretendían manejar a Puerto Rico como un instrumento subordinado. Además, dentro de Puerto Rico tenían poco eco los llamamientos a la insurrección armada hechos desde Nueva York por el doctor Henna, un médico de Ponce exiliado, seguidor de las orientaciones del doctor Betances, que radicaba en París. Henna y el Club Borinquén quisieron crear un Partido Revolucionario Puertorriqueño, pero a instancias de Betances acataron la subordinación al Partido Revolucionario Cubano [101]. Estas disputas intestinas de los exiliados permitieron que la tranquilidad y el orden de la «pequeña Antilla» apenas se vieran alterados por la insurrección de Cuba.

Al estallar la guerra entre Estados Unidos y España en abril de 1898 hubo en Puerto Rico grandes manifestaciones de fidelidad a España, y el Gobernador, general Macías, recibió toda clase de ayudas de la población. Pero no se ignoraba el apetito de los Estados Unidos sobre Puerto Rico: en agosto de 1867 el Secretario de Estado William H. Seward intentó comprar los islotes Culebra y Culebrita. Se trataba de un interés logístico en la estrategia naval, para disponer de estaciones carboneras en el Caribe. Hasta entonces no hubo inversiones de capitales norteamericanos en la isla.

---

[101] Sobre los fallidos planes de Rius Rivera, Forrest, Morales y Mattèi para provocar la insurrección puertorriqueña, véase el importante estudio del prof. CARMELO ROSARIO NATAL: *Puerto Rico y la crisis de la guerra hispanoamericana (1895-1898)*, Hato Rey, 1975, pp. 98-122.

Pero la decisión de *conquistar y retener* Puerto Rico surge al producirse la situación de guerra contra España, en junio de 1898. Mientras el general Miles prepara en Florida la expedición que tiene por objetivo la conquista de Puerto Rico, en la isla decae la «euforia patriótica» de los primeros momentos. La evidente inferioridad militar española hace estragos en el espíritu de resistencia frente a los norteamericanos. El profesor Rosario Natal dice con frase gráfica: «En gran medida, Puerto Rico ya estaba invadido psicológicamente antes de que las tropas norteamericanas comenzaran sus operaciones de desembarco en julio de 1898» [102].

Al inquirir las razones de la decisión de Mac Kinley de «conquistar y retener» Puerto Rico, Rosario Natal sostiene que «la interpretación económica de las causas de la guerra, si bien es aplicable en gran medida al caso de Cuba, no lo es para el caso de Puerto Rico: el interés del capital privado norteamericano en la isla fue una secuela de la conquista, no su causa». La *decisión histórica* tomada por el presidente Mac Kinley fue motivada por consideraciones «de naturaleza política».

Por la enmienda Teller a la resolución del Congreso sobre el ultimátum a España, los Estados Unidos renunciaban a ejercer la soberanía sobre Cuba, pero no se mencionaban las otras posesiones españolas: así, Filipinas y Puerto Rico serían el «botín de guerra» del anexionismo norteamericano, que al esgrimir contra España el argumento de «Cuba independiente» se veía forzada a renunciar a la anexión directa de la Gran Antilla. En la estrategia del Caribe, Puerto Rico sería una excelente base militar estadounidense [103]. España, al no vender Cuba, hizo posible su independencia. La independencia de Cuba, de rechazo, fue el motivo de la anexión de Puerto Rico.

El 25 de julio el navío *Gloucester* desembarca las primeras tropas norteamericanas en Guánica, cerca de Ponce, al mando de Miles. No hubo defensa posible y todo se redujo a un paseo militar. Ponce fue ocupado el 28 de julio. En una campaña de diecinueve días los norteamericanos se apoderaron de la isla. El 12 de agosto se firmaba el armisticio, cuyo art. 2 reconocía la ocupación militar de Puerto Rico, por lo que la capital, San Juan, se entregó pacíficamente.

[102] C. ROSARIO NATAL: o. c., p. 188.
[103] C. ROSARIO NATAL: o. c., pp. 197 y ss.

EL TRATADO DE PARÍS

Al recibirse en España las noticias de los desastres de Cavite y Santiago cundió un repentino desengaño y el deseo unánime de poner inmediato fin a las hostilidades. El gobierno francés gestionó en Washington la posibilidad de un armisticio. Las proposiciones trasmitidas el 30 de julio por el gobierno americano contenían las siguientes bases: renuncia de España a Cuba, cesión de Puerto Rico y de la bahía de Manila a los Estados Unidos, discusión posterior de la suerte del archipiélago filipino.

Sagasta dio cuenta de estas proposiciones a todos los jefes políticos, incluidos los republicanos Salmerón y Castelar. Todos se declararon en favor de la paz. La única discrepancia fue la de Romero Robledo. Fernández Almagro glosa la situación: «No cabía contraponer a este respecto, como en otras ocasiones, la España oficial y la España real, distinción que precisamente por entonces comienza a cobrar muy expresivo valor en la dialéctica de la política y de la cultura nacionales, y que tal vez fuera don Francisco Giner el primero en usar. Las "dos Españas" coincidían en el momento que estamos historiando en una vehemente ansia de paz, como antes en un afán belicista también extendidísimo» [104].

El resultado fue la firma del «protocolo de Washington» del 12 de agosto, que anunciaba para el 1 de octubre en París la apertura de negociaciones para el tratado de paz, según las bases propuestas.

Las comisiones negociadoras estuvieron presididas por William R. Day y por Eugenio Montero Ríos, quien nos ha dejado un relato de lo actuado en París [105]. No hubo deliberación, sino acatamiento de un *dictado* que no admitía réplica, ante el que sólo cabía formular la protesta para salvar el derecho ante la fuerza. Por eso Montero Ríos, en carta del 18 de octubre, proponía reemplazar el tratado por un acta «en la que consten las exigencias que hacen los Estados Unidos a España y la manifestación de ésta de la absoluta imposibilidad en que se

---

[104] FERNÁNDEZ ALMAGRO: o. y ed. cit., vol. III, p. 155.

[105] E. MONTERO RÍOS: *El tratado de París,* Madrid, 1904. El *Libro Rojo* español sobre la Conferencia de París, publ. en 1899, contiene también una selección documental sobre los pasos dados hasta la firma del tratado de paz. Una excelente exposición de conjunto en la citada obra de FERNÁNDEZ ALMAGRO.

halla, por falta de medios, de oponerse a tales exigencias, y que, en su consecuencia, cede a la fuerza, abandonando lo que los Estados Unidos exigen que entregue y protestando contra la injusticia y la violencia de tales exigencias».

Los norteamericanos no admitieron enmiendas. España renuncia por el art. 1 a su soberanía en Cuba. No se admitió la enmienda española para asegurar la transferencia de la soberanía al pueblo cubano. Aumentaron además las exigencias iniciales: así la cesión de la isla de Guam en las Marianas (art. 2) y la de todo el archipiélago filipino (art. 3), con Mindanao y Joló, contra una indemnización de 20 millones de dólares. «Es verdad que los negociadores españoles no consiguieron la más mínima concesión de sus adversarios», dice Pablo de Azcárate. «Pero lograron lo único que era posible lograr en sus circunstancias, a saber: silenciar los argumentos contrarios y forzar al gobierno de los Estados Unidos a refugiarse, a propósito de cada punto litigioso, en lo que era su exclusivo y único argumento: la fuerza» [106].

El 10 de diciembre se firma el tratado de París. El 1 de enero se efectuó en La Habana la transmisión de poderes a los Estados Unidos. La independencia cubana fue reconocida posteriormente por el tratado entre Cuba y los Estados Unidos del 25 de marzo de 1903, no sin antes haber sido incluida en la Constitución de la República cubana del 12 de junio de 1901 la llamada «enmienda Platt». Tiene razón Vladimirov cuando afirma que «con la inclusión de la Enmienda Platt en la Constitución de Cuba se estableció en ella una forma especial de Protectorado» [107]. Esta cláusula permaneció en vigor hasta 1934. En cuanto al propósito de «retener» Puerto Rico se ha prolongado hasta nuestros días. En Filipinas, los Estados Unidos tuvieron que hacer frente a una prolongada resistencia de los tagalos para conseguir imponer su dominación, hasta que en 1946, después de la segunda guerra mundial, reconocieron la independencia del país.

Se consumó así la gran Derrota. El «Desastre» fue ante todo una derrota militar. España condujo las negociaciones antes de la guerra y durante ella con realismo y dignidad. Azcárate rectifica otros juicios anteriores: «Es obligado reconocer que cuando se examinan la actitud y la conducta de los gobernantes

---

[106] AZCÁRATE: o. c., p. 202.
[107] L. VLADIMIROV: *La diplomacia de los Estados Unidos durante la guerra hispano-americana de 1898*. Moscú, 1958, p. 303.

de España... no se puede por menos de llegar a la conclusión de que las acerbas y durísimas críticas de que les hizo objeto la "generación del 98" fueron exageradas e injustas».

LAS CONSECUENCIAS DEL «DESASTRE»

El 98 produjo inmediatamente un efecto de estupor en la España *sin pulso* denunciada por Silvela: un trauma colectivo que se refleja en la amarga «polémica de las responsabilidades», fruto de la insolidaridad ante la derrota, y de la que surgiría el enfrentamiento entre la clase política civil y militar. A plazo medio produjo, en cambio, reacciones saludables: el intento de revisar el sistema canovista desde dentro del mismo, suscitado por el general Polavieja en el Manifiesto del 1 de septiembre de 1898, planteado sin éxito por el gobierno de Silvela (marzo de 1899-diciembre de 1900) y renovado posteriormente por Maura y Canalejas; el aliento «regeneracionista» insuflado en la política, cuya fuerza se acrecienta por los años primeros del siglo XX; el examen de conciencia o autocrítica nacional reflejado en la que Miguel de los Santos Oliver llamó en 1907 «literatura del Desastre» y que inspira «el feroz análisis de todo» que hicieran los escritores de la generación del 98.

A la amargura de los años inmediatos al 98 seguirá una estimación ambivalente, positiva y negativa, de España vista no con ojos casticistas, sino europeos, de cara a un futuro mejor: es el dolor de una España que no les gusta, una «España que bosteza», pero junto a la cual otra España quiere vivir «y a vivir empieza».

En esa llamada al renacimiento de España no sólo constituyen esos escritores la voz y el acicate crítico, sino que ellos mismos protagonizaron el renacimiento literario del «medio Siglo de Plata» de nuestras letras.

En el orden internacional, el «Desastre» influyó en la decisión española de transferir la soberanía de los restos de nuestro imperio en los archipiélagos del Pacífico, llegándose al acuerdo con Alemania para la venta de Carolinas, Marianas y Palaos (30 de junio 1899). También influyó en el recorte de nuestras pretensiones en cuanto a los límites del Sáhara y Guinea ecuatorial frente a Francia (tratado de 1900).

Además de los efectos psicológicos, políticos e intelectuales, el Desastre del 98, al liquidar los últimos restos de la «economía colonial» contribuyó a la repatriación de capitales que fueron una de las palancas de nuestro saneamiento financiero y de la activación económica en los primeros lustros del siglo XX.

CAPÍTULO 6

LA APARICIÓN DE LOS REGIONALISMOS POLÍTICOS

Durante el tiempo de la Restauración toman forma diversas corrientes de sentimientos regionalistas en países que tenían una personalidad histórica y cultural propia dentro del ámbito de la Monarquía española. Algunas de ellas tienen su origen en el renacimiento cultural surgido del Romanticismo en la primera mitad del siglo XIX, como le ocurre al catalanismo, que durante el último cuarto de siglo evoluciona de la expresión cultural hacia la política. Otros se estabilizan en la fase cultural y literaria, como es el caso de los regionalismos gallego y valenciano. En cambio, tras la abolición definitiva de los fueros vascos en 1876, el sentimiento foralista resentido genera una protesta radicalizada por el «bizcaitarrismo» separatista de Sabino Arana.

Todas estas tendencias de exaltación regionalista, de oposición al «centralismo» perfeccionado de la administración liberal son anteriores al Desastre del 98. Pero una de las repercusiones del mismo fue, sin duda, la activación de los regionalismos políticos, especialmente en Cataluña, donde su soporte social había adquirido mayor consistencia.

EL CATALANISMO POLÍTICO

El profesor Pabón sintetiza con trazos magistrales las cuatro corrientes originarias del catalanismo político [108]. Aunque no sigamos literalmente el orden de su exposición, procuramos acomodar la nuestra a la suya.

[108] J. PABÓN: *Cambó*, vol. I, cap. III, pp. 97-163.

a) La Renaixensa cultural, que se basa en la lengua y es la primera que aparece en el tiempo. Se menciona la *Oda a la Patria* de Carlos Aribau en 1833 como la proclamación de la lengua catalana, símbolo vivo de su cultura. En el Romanticismo europeo se dan este tipo de movimientos restauradores de las lenguas locales: el bretón de los «Academi Ureiz» en 1839, el «Félibrige» provenzal en 1854. En Cataluña, desde 1839, se concreta con Rubió i Ors un movimiento literario *consciente* en torno al periódico *Renaixensa* (Milà, Rusinyol, Juan Maragall, Víctor Balaguer, Jacinto Verdaguer, Antonio Bofarull), movimiento que se ratifica en torno a los Juegos Florales iniciados en 1859.

b) El proteccionismo económico, en pugna con el librecambismo, en cuya larga polémica Cataluña adquiere conciencia de su personalidad económica, sobre todo en el período 1840-1868, con las reformas arancelarias de 1849 (proteccionista) y de 1862 (liberalizante). El triunfo del liberalismo económico en la Revolución de 1868 y el arancel de 1869 provoca entre las clases empresariales de Cataluña una reacción proteccionista, fundándose el Fomento de la Producción Nacional, llamado a constituir un activo grupo de presión.

Las rectificaciones parciales al arancel librecambista entre 1876-1881 en la primera fase de la Restauración, no son mantenidas por Sagasta en base a los tratados comerciales bilaterales (tratado hispano-francés de 1882, *modus vivendi* con Inglaterra en 1884). Posteriormente, la conversión de Cánovas al «proteccionismo» se plasma en el arancel de 1891, y la polémica a favor del mismo ganará terreno, a semejanza de lo que ocurre en otros países de Europa, hasta que el arancel de 1906 refuerce la línea proteccionista. Inicialmente se había perfilado, pues, el catalanismo sobre estas dos realidades señaladas por Pabón: la poesía, la realidad cultural; y el arancel, la realidad económica.

c) La tradición regionalista. Es una corriente de derechas, que se apoya en la historia y en la defensa del derecho catalán: la raíz *foralista* del catalanismo. Los carlistas y los grupos confesionales católicos son sus principales receptores. El obispo de Vich, monseñor Torras i Bagès es su figura más representativa. Luego, Manuel Durán i Bas encabeza la escuela del derecho catalán.

d) El federalismo, corriente de izquierdas, basada en la *filosofía política,* a diferencia de la anterior que buscaba sus fundamentos en la historia, distinción que estableciera en su tiempo Rovira i Virgili. De las tesis abstractas de Pi i Margall saldrán dos líneas diferentes: una, la del federalismo anarquista, que desembocó en el cantonalismo primero y finalmente en la F. A. I. en el siglo XX; otra puramente federalista sobre la base autonómica de las regiones históricas. Valentín Almirall pasó del federalismo abstracto al catalanismo político concreto al formar en 1882 el Centre Catalá.

Durante la mayor parte del siglo XIX el catalanismo había sido, pues, fundamentalmente económico y literario. Sólo más tarde, con el Centre Catalá y luego con la primera Lliga de Catalunya, en 1887, toma cuerpo el catalanismo político. Esta Lliga la formaba un grupo juvenil de la burguesía ilustrada, con Durán i Ventosa, Prat de la Riba, Puig i Cadafalch.

Las diversas corrientes del catalanismo político inicial se refunden en el manifiesto de la *Unió Catalana* (16 de marzo de 1897): «Queremos la lengua catalana con carácter oficial y que sean catalanes todos los que en Cataluña desempeñen cargos públicos; queremos Cortes catalanas, no sólo para ordenar nuestro derecho y nuestras leyes civiles, sino para todo cuanto se refiere a la organización de nuestra tierra; queremos que catalanes sean los jueces y magistrados, y que dentro de Cataluña se fallen en última instancia los pleitos y causas; queremos ser árbitros de nuestra administración, fijando con entera libertad las contribuciones e impuestos; queremos, en fin, la facultad de poder contribuir a la formación del Ejército español por medio de voluntarios o dinero, suprimiendo en absoluto las quintas y levas en masa, y estableciendo que la reserva regional forzosa preste servicio solamente en Cataluña» [109].

Silvela tendió un cable al catalanismo político al constituir su gobierno tras el Desastre (marzo de 1899), dentro del que podíamos denominar primer intento de apertura revisionista, para lo que nombró a Durán i Bas ministro de Justicia y al doctor Robert alcalde de Barcelona. Unos incidentes desafortunados, con motivo de la visita de la escuadra francesa a Barcelona en el verano de 1899, dieron al traste con aquel propósito, al dimitir Durán y el doctor Robert, que se sintieron coaccionados a pretexto de las represiones gubernativas. Don Francisco Silvela, en carta a un amigo suyo catalán, se lamentó: «Veo fracasar mis mejores intenciones... A ellas se responde desde ahí con mayores desvíos y agravios contra el gobierno, contra la Reina y contra todo el país, sin que a ello se oponga ni resisten-

---

[109] FERNÁNDEZ ALMAGRO: o. y ed. cit., vol. III, p. 190.

cia ni protesta por parte de los que no simpatizan en su pensamiento y en su corazón con los extravíos». Se iniciaba, pues, un camino de mutuas incomprensiones.

Después del Desastre el catalanismo político creció vertiginosamente, pero tambien *caóticamente,* según Pabón, hasta que Prat de la Riva puso orden al fundar el 25 de abril de 1901 la nueva *Lliga,* en la que se incorporaba la Unió Regionalista fundada en 1900 por el doctor Robert. En ella se integraban grupos heterogéneos intelectuales (Puig i Cadafalch, Durán Ventosa), económicos (Rusinyol), los tradicionalistas de Vich (Verdaguer i Callis), castelaristas (Sunyol) y la masa neutra movilizada a la política (doctor Robert). En las elecciones a Cortes de mayo de 1901 sacaron triunfantes sus cuatro candidatos por Barcelona. Era la primera réplica al sistema de partidos políticos «oficiales» del turno. Una perspectiva, por consiguiente, que se abría como una gran interrogación hacia el futuro. El que esa posibilidad de futuro no se integrara en el mecanismo del sistema de poder constituye uno de los capítulos más desafortunados del primer tercio del siglo XX.

REGIONALISMO GALLEGO Y VALENCIANO

El nacimiento del «galleguismo» cultural se remonta también a las corrientes generales del Romanticismo. Tuvo una amplia fase literaria, tal vez por la gran tradición de la literatura galaica [110]. Pero en el siglo XIX apenas sale de esta fase, no pasa a la acción política. En el aspecto político sólo debemos tener en cuenta las tendencias de base carlista y poco más. No es una casualidad que Vázquez Mella sea uno de los fundadores de la Asociación Regionalista Gallega.

Una primera generación literaria, entre 1840-1850 (Pintos, Añón, Faraldo, Neira, Posada) sólo «aboceta, proyecta, sueña lo que política y culturalmente alcanzarán otras» posteriores. Su obra es «esporádica, circunstancial, fragmentaria o póstuma». La aparición de la segunda generación la sitúa el profesor José L. Varela hacia 1857, aunque su actuación formal es posterior a 1868: Vicetto, Murguía, Rosalía de Castro, Pondal. Historia y literatura se unen en un esfuerzo común.

---

[110] Véase el excelente estudio de JOSÉ LUIS VARELA: *Poesía y restauración cultural de Galicia en el siglo XIX,* Madrid, 1958.

Rosalía de Castro representa la vena puramente literaria. Curros Enríquez la vena política progresista insertada en la poesía. La plenitud de esta corriente literaria gallega se alcanza en la época de la Restauración. En 1877 se llegan a publicar simultáneamente tres revistas en gallego.

Pero el movimiento cultural no se puede divorciar tajantemente de lo político: «tan inconcebible es un regionalismo exclusivamente político como un regionalismo exclusivamente cultural» [111]. Este movimiento pasa consecutivamente por tres fases: la invocación de una antigua región autónoma (el celtismo, el reino suevo), la petición de reformas administrativas descentralizadoras, la actualización del autogobierno político.

La corriente político-intelectual gallega logra su más alto exponente en Alfredo Brañas, con su libro *El Regionalismo* publicado en 1889, y con el discurso de apertura de la Universidad de Santiago pronunciado en octubre de 1892 sobre la crisis económica y la descentralización regional, tema entonces muy de actualidad. Brañas creía que el regionalismo y la descentralización se inscribían en un movimiento de carácter general que, manteniendo la unidad y la integridad de la nación española, tendía a configurar dos poderes, central y regional, de cuya armónica conjugación se obtendría el saneamiento de la crisis económica que atravesaba el mundo.

Pero este movimiento de eruditos y poetas, sin conseguir eco popular en aquella época, no pudo servir de base a la organización asociativa, salvo los casos de la ya mencionada Asociación Regionalista Gallega, fundada en 1891, y la Liga Gallega en 1897, débiles intentos debidos al mimetismo de lo catalán.

También en Valencia, durante este período de la Restauración, alienta un «valencianismo» cuyo motor principal fue la «Sociedad del Rat penat» a partir de 1878, y que tuvo en Teodoro Llorente la más excelsa figura, el gran patriarca de las letras y de la cultura valenciana hasta que ocurrió su fallecimiento en 1911 [112]. Este movimiento, aplicado al cultivo de la lengua, del folklore y de la cultura popular, carece de significación política, bien acogido por las clases medias y aceptado por los partidos de gobierno de la Restauración.

---

[111] VARELA: o. c., p. 81. El «ámbito político» del renacimiento literario gallego lo analiza el autor en las páginas siguientes.

[112] A. CUCÓ GINER: *Esquema histórico del valencianismo político*, extracto de una tesis doctoral publicada en «Anales de la Universidad de Valencia», 1970.

Hacia 1900, despues del Desastre, surgen pequeños grupos inconformistas que preconizan un valencianismo político de imitación catalana. En 1904 se funda el grupo «València Nova», que en 1907 convoca la primera Asamblea Regionalista, siguiendo el ejemplo de la Solidaridad Catalana entonces en boga. Pero este intento no tuvo éxito y cayó en el vacío por la doble reacción contraria, tanto de la derecha del régimen como de los republicanos «blasquistas», o sea, del rescoldo republicano bastante arraigado regionalmente, al que daba nombre la figura política y literaria de Vicente Blasco Ibáñez.

La izquierda republicana será en Valencia, en esta época, tan hostil como la derecha a toda exaltación *política* de signo regionalista, salvo el sector carlista.

EL NACIONALISMO VASCO. SABINO ARANA Y EL «BIZCAITARRISMO» INICIAL

La ley aprobada en las Cortes el 21 de julio de 1876 abolía los fueros de Vizcaya, Guipúzcoa y Álava. La guerra carlista había terminado pocos meses antes. La vieja aspiración del racionalismo liberal del siglo XIX conseguía, por fin, su objetivo. Hay que reconocer que Cánovas atenuó un poco las formas, evitando que el texto legal introdujera los términos «abolición» o «supresión», remitiéndose a las «reformas del antiguo régimen foral», además de suprimir directamente las exenciones tributaria y del servicio militar.

El final de la guerra carlista había producido una reacción antiforalista exacerbada en los más diversos ámbitos sociales de la geografía humana española, inducida tal vez desde algunos niveles de gobierno o, en todo caso, compartida por ellos, no obstante las maneras suaves de Cánovas del Castillo [113].

No faltaron voces que, con criterio sereno, denunciaron lo impolítico de la medida. Al debatirse en el Senado la propuesta abolitoria fue el general Ignacio del Castillo, defensor liberal en

---

[113] J. M. DE ANGULO Y HORMAZA: *La abolición de los fueros e instituciones vasconga-das*, Bilbao, 1886. Reedición con notas, San Sebastián, 1976. La posición antiforal se refleja en la obra de un guipuzcoano contemporáneo, adicto a Cánovas, FERMÍN DE LASALA Y COLLADO: *Última etapa de la unidad nacional. Los fueros vascongados en 1876.* Especialmente, a este respecto, el vol. II.

1874 de la invicta Villa de Bilbao contra los carlistas precisamente, quien advirtió: «No se piense que producirá resultado material favorable a sus intereses (la supresión de los fueros). Día vendrá en que la decisión de este asunto lo probará así y aplazo la contestación para ese día». En el Congreso, la voz más destacada fue la del diputado alavés Mateo B. de Moraza, quién pronunció vehementes discursos, argumentando que los fueros no eran incompatibles con la unidad constitucional y «van a ser la víctima propiciatoria escogida en holocausto de una satisfacción que la historia imparcial, desapasionada y serena juzgará desde hoy mismo como un acto al que no revisten altas razones de Estado» [114].

Extinguidas a lo largo de 1877 las Diputaciones *forales,* que se negaron a prestar el solicitado consentimiento foral a la nueva ley, como Cánovas deseaba, se procedió en 28 de febrero de 1878 a establecer con las nuevas Diputaciones *provinciales* el «concierto» económico que se preveía en el art. 4 de la ley abolitoria, para fijar la cuota contributiva de las provincias y las facultades administrativas de las nuevas Diputaciones.

Pero nunca se extinguen los sentimientos por decreto; el sentimiento foralista permaneció latente en los años siguientes. Se manifestó de mil formas, desde los concursos plásticos hasta los artículos y escritos varios, desde los discursos solemnes hasta los sermones en las iglesias, como aquel que en Guernica pronunciara don Resurrección María de Azkue en el 19 aniversario de la abolición foral: «¿Sabéis dónde está muy vivo, más que en ninguna otra parte, el roble de Guernica? En los corazones de los verdaderos euskaldunes tiene raíces más hondas que en la tierra de su país».

Este foralismo sentimental herido, además de refugiarse en la nostalgia carlista, había de generar la irrupción de un «nacionalismo radical», repentinamente formulado por Sabino de Arana y Goiri. Así, en contraste con otros regionalismos peninsulares, el nacionalismo vasco no tiene una fase preliminar literaria, sino que aparece desde el primer momento como una formulación política.

La ausencia de la fase literaria se ha explicado a veces porque la lengua euzkara carecía de cultivo literario, salvo algunas formas folklóricas de poesía popular. No había sido usada como

---

[114] Los *Discursos de Mateo Benigno de Moraza en defensa de los Fueros vascongados. Julio 1876-mayo, 1877,* han sido reeditados también con ocasión del Centenario por la Diputación Foral de Álava, Vitoria, 1976.

vehículo intelectual ni poético culto, aunque era objeto de la erudita atención de los filólogos, por sus singularidades y enigmas originarios, ya se tratara de eruditos vascos, como Azkue, ya extranjeros, como el príncipe Bonaparte. El uso de la lengua euzkara se hallaba entonces en regresión entre la población vasca, como consecuencia de la incipiente urbanización del país y la recepción masiva de inmigrantes no-vascos [115].

El «nacionalismo» de Sabino Arana se apoyará en unos «hechos diferenciales»: la raza, la lengua, las costumbres, las convicciones religiosas. Arana nació el 26 de enero de 1865 en Abando, anteiglesia rural anexionada a Bilbao, la Villa en la que casi por las mismas fechas nacía una de las figuras intelectuales vascas más insignes, Miguel de Unamuno. El contraste de estos dos contemporáneos es fiel reflejo de la mentalidad liberal-urbana y de la rural-carlista. Arana era de familia carlista; su padre, Santiago, fue militante muy activo en las filas de don Carlos; pertenecía a una clase media acomodada, constructor de embarcaciones en un pequeño astillero de Ripa, en la ría bilbaína [116].

Sabino era el menor de varios hermanos y hermanas: uno de ellos, Luis, había de ser su más constante colaborador en el empeño político. Estudió medicina en Barcelona, precisamente por los años en que se producía la evolución del catalanismo literario al campo estrictamente político. Así, cuando en 1888 regresa a Bilbao tiene ya formado su propósito. En 1890 publicó varios artículos en una revista, que tres años despues reedita con el expresivo título de *Bizkaya por su independencia*, en forma de folleto, en el que está contenido prácticamente lo esencial de sus planteamientos.

Precisamente a raíz de esa publicación se reúnen los dos hermanos Arana con un grupo de diecisiete amigos, el 3 de junio, en el caserío de Larrazábal (Begoña), para celebrar una merienda-cena y explicar sus ideas. Parece ser que no tuvo mucho éxito y, según Jemein, el biógrafo y amigo de Sabino Arana, sus oyentes «le increparon con cierta dureza por sus atrevidas doctrinas, llamándole poco menos que loco o visiona-

---

[115] La lengua fue una preocupación constante de Arana, que publicó varios trabajos sobre ortografía y numeración euzkérica, así como otros de carácter filológico. Opositó a una cátedra de lengua vasca creada por la Diputación de Vizcaya, siendo coopositores suyos Miguel de Unamuno y Resurreción M. Azkue, quien obtuvo la plaza.

[116] CEFERINO DE JEMEÍN: *Biografía de Arana Goiri'tar Sabin*, Bilbao, 1935.

rio»[117]. No obstante, persiste en su propósito, funda en Bilbao el 25 de julio de 1894 el primer «batzoki» (centro o lugar de reunión), empieza a publicar un semanario titulado *Bizkaitarra* y poco después funda el Partido Nacionalista Vasco.

La atracción proselitista basada en el catolicismo frente al liberalismo y en la identidad vasca frente a la centralización se confundía aparentemente con las bases doctrinales carlistas: para diferenciarlas Sabino Arana publicó el escrito *El partido carlista y los fueros vasconavarros*, en el que hace solemnes declaraciones antimonárquicas y antiespañolas.

Sabino Arana no profundizó en la elaboración doctrinal. En 1894 redactó unos breves apuntes, con el título de *Doctrina política,* que sirvieron de base a todas las exposiciones de su tiempo. Murió joven, en 1903, de la enfermedad de Addison, que ha sido llamada la enfermedad de los poetas. Unamuno le equiparó a Rizal. Poeta y no político, quiso hacer política y no poesía. Poco despues de su muerte se publicó un compendio de sus ideas, en forma de catecismo, titulado *Ami vasco,* en el que se refunden con las de su testamentario político, Engracio de Aranzadi.

Hay que destacar tres afirmaciones definitorias del *radicalismo* con que se presentó el nacionalismo vasco: la exaltación político-religiosa, el racismo integral y la pasión antiespañola.

En la *Doctrina política* de 1894 los puntos 2 y 9 establecían la identidad de Bizcaya con la unidad católica, y el punto 6 anteponía «Jaun-Goikua» (Dios) a «Lagi-zarra» (Ley vieja): «Bizcaya se establecerá sobre una completa e incondicional subordinación de lo político a lo religioso, del Estado a la Iglesia». Este concepto teocrático integrista y elemental se reafirmará en *Ami Vasco,* por ejemplo, en el punto 92: «La palabra Dios significa acatamiento absoluto de los derechos de Cristo y de la Iglesia sobre Euzkadi, con radical exclusión de toda herejía, de todo cisma, de todo espíritu racionalista o liberal, de todo culto no católico, de toda tolerancia pública u oficial con el error». Incluso se esboza a veces una convicción mesiánica, como en el punto 104: «Euzkadi es cristiana, Euzkadi cree en Dios, Euzkadi sabe que Dios no abandona nunca a los pueblos que bien le sirven... ¿Qué ha de temer, pues, Euzkadi de ningún poder

---

[117]   M. GARCÍA VENERO: *Historia del nacionalismo vasco,* Madrid, 1945, pp. 233 y ss. STANLEY G. PAYNE: *El nacionalismo vasco, de sus orígenes a la E. T. A.,* Barcelona, 1974, páginas 79 y ss. (La edición original norteamericana es también del año 1974.)

de la tierra el día en que, dueña de sí y libre de los errores y maldades con que otros pueblos la han contaminado, se convierta por entero a Dios y se esfuerce por servirle como le sirvieron los antiguos vascos?»

El racismo integral queda definido en los puntos 49 y 50 del *Ami Vasco:* «¿Qué es nacionalismo vasco? El sistema político que defiende *el derecho de la raza vasca* a vivir con independencia de toda otra raza. ¿Cuál es la base de este sistema? La distinción que existe entre la raza vasca y las demás que pueblan la tierra». También une los conceptos de raza y lengua, y pide por ello no sólo el cultivo de la lengua, sino que se reintegre la «pureza» de la raza, limpiándola «de los elementos extraños que pudieron contaminarla». Por eso Sabino Arana se oponía enérgicamente a los matrimonios interraciales de vascos originarios con gentes de otras regiones.

El radicalismo antiespañol se basa en una interpretación histórica segun la cual nada había en común entre los vizcaínos, y por extensión los otros vascos, y los demás pueblos de España, excepción hecha de la persona del Rey; y aun así hace notar que en 1379 fue el Señor de Vizcaya proclamado Rey de Castilla y no a la inversa. Al nacionalismo vasco le faltó la solidez de una escuela histórica como la catalana.

Euzkadi nada tiene, pues, que ver con España. Hasta la adopción tardía y definitiva de este vocablo de nueva invención, Sabino Arana usó indiferentemente el antiguo término «Euskalerría» (Euzkal-Herria = País Vasco) y el neologismo «Euzkaria». Euzkadi es una Confederación de seis pueblos o «Estados vascos» (Bizkaia, Araba, Gipuzkoa, Laburdi, Nabarra-Benabarra, y Zuberoa), que se constituirán por voluntad libre de cada uno de ellos (art. 7 de *Doctrina política*). Toda la acción inicial de Arana se proyecta sobre Vizcaya, de ahí su «bizkaitarrismo». Por eso inventó una bandera («ikurriña») para Vizcaya, la bicrucífera blanca y verde sobre fondo rojo. Su hermano Luis diseñó luego otra bandera confederal de Euzkadi, con la cruz blanca sobre seis bandas listadas rojas y verdes; pero esta «ikurriña» no hizo fortuna y quedó ignorada, siendo la «bizcaitarra» la que se generalizó como símbolo de todo el país.

A la muerte de Sabino Arana la irrupción política del nacionalismo vasco había logrado escasos resultados, reducidos a Vizcaya y, en menor medida aun, a Guipúzcoa. Sabino moría desilusionado de la poca difusión del Partido Nacionalista Vasco y parece ser que recomendó un cambio de táctica, cuyo alcance no está claro [118]. Segun Engracio de Aranzadi le aconsejó Sabino formar un «partido españolista y explotar a España». Algo parecido había escrito a su hermano Luis, con palabras también elementales: «Mi consejo es este: hay que hacerse españolistas y trabajar con toda el alma por el programa que se hace con este carácter». ¿Era esto una rectificación del primitivo radicalismo antiespañol?

Con la muerte del fundador terminaba un período de siembra confusa de ideas, pero de afirmación de sentimientos. Desde el conato de rectificación final en el planteamiento del nacionalismo vasco por parte de Sabino Arana hasta nuestros días han pasado muchas vicisitudes políticas, que han zarandeado la vida del Partido Nacionalista Vasco y se han producido mutaciones de todo género en el contexto socioeconómico de ese País. Pero en el trabajo más sosegado de la investigación científica se ha profundizado en algunos campos concretos históricos (antropología cultural, medievalismo, instituciones, historia demográfica y social). Sin embargo, se echa de menos, yo así lo creo, la escuela historiográfica que al ahondar en la identidad de lo vasco en el pretérito no se limite a aislar lo particular y específico, sino que lo sitúe en el complejo histórico de vinculaciones y solidaridades con los otros pueblos de España, en cuyo medio se proyecta el tiempo pasado, pero también el futuro inmediato que a todos nos atañe. En una palabra, una historia que nos haga ver y comprender, desde la perspectiva vasca, libre de parroquialismos de aldea, el conjunto de la historia española y de la historia general, para la mejor inteligencia mutua de esa entidad histórico-social que es el resultado de los siglos pretéritos y el horizonte del mañana próximo.

[118] PAYNE, o. c., pp. 991-102, alude al artículo del semanario *La Patria,* de fecha 22 de junio de 1902, en que se habla de desistir del radicalismo separatista y de «redactar un programa completo de un nuevo partido vasco que sea a la vez español, que aspire a la felicidad de este país dentro del Estado español». En carta de Sabino Arana a su hermano Luis, comentando la idea por él esbozada en dicho artículo, dice: «Escribiré mi pensamiento y se lo expondré a tres o cuatro nacionalistas, por si Dios me lleva antes de llegar al fin del plan, para que ellos puedan continuarlo». Este *esoterismo* sólo lo justifica Arana por la dificultad de hacer comprensible el cambio; y ya que no invocaba razones claras, exigía plena fe en él: «Esto parece un contrasentido (la nueva versión de su doctrina); pero si en mí se confía, debe creerse».

SOCIEDAD Y ECONOMÍA EN EL ÚLTIMO TERCIO DEL SIGLO XIX

CAPÍTULO 1

LA «CUESTIÓN SOCIAL». LOS MOVIMIENTOS Y ASOCIACIONES OBRERAS

La Restauración de 1875 abordó con resultados positivos el problema político, pues consiguió un orden estable dentro de un Estado legal, en el que fue factible la «reconciliación liberal», aspiración frustrada varias veces a lo largo del siglo XIX. Resolvió también con éxito las relaciones entre la Iglesia y el Estado liberal, llegando a superar los enfrentamientos anteriores, aun cuando no fue cosa de un día conseguirlo. Fue además una época de prosperidad económica en términos generales, que se tradujo en notables incrementos de la riqueza nacional y, sobre todo, en el «despegue» de la economía industrial, aun cuando las líneas estructurales que sirven de soporte están siendo analizadas con criterios divergentes por los historiadores que modernamente se encaran con el tema.

En cambio, los gobiernos de la Restauración no abordaron debidamente otros problemas, dejando un «vacío» en torno a los mismos, o al menos un planteamiento insuficiente, que habría de heredar la España de los albores del siglo XX. Tres grandes problemas puede decirse que adolecen de tales insuficiencias:

a) La participación política, según ha quedado expuesto en los anteriores capítulos: el déficit de la «participación» fue cubierto con el cupo del «caciquismo».

b) Los problemas educativos: aun cuando desde mediados del siglo se enunció legalmente la importancia de la «instrucción pública» y la Administración creó las estructuras educativas fundamentales, desde la escuela primaria hasta la Universidad, nunca se dio carácter prioritario a estos problemas, relegados en la consideración presupuestaria y sometidos a tensiones ideológicas subyacentes a la «guerra de ideas» que encrespaba a «las dos Españas».

c) El tercer vacío es el de la «cuestión social».

Este «vacío» resulta aparentemente chocante si se considera la numerosa literatura que sobre la «cuestión social» se publica a finales del siglo, ya sea en forma de libros, artículos de periódicos, discursos y conferencias. El mero recuento cuantitativo de tal literatura nos pone delante de los ojos una realidad que no podía escapar a ninguna observación.

El análisis cualitativo nos llevaría a distinguir entre los escritos de los teóricos de la sociedad y los de los políticos de acción, como es el caso de Cánovas entre estos últimos. En el ideario de Cánovas el planteamiento de la «cuestión social» es tardío y aunque evoluciona desde la primera etapa (en torno al debate sobre la A. I. T. en 1871) hasta la fase de madurez (a partir de 1890-1891), y aunque por lo general él supera los enfoques habituales de las clases conservadoras, la clarificación de su «pensamiento social» está muy lejos del nivel de elaboración de su «pensamiento político». De ahí que adoleciera de incomprensión e insuficiencia, que para la dialéctica escolástica de algunos historiadores se explica por la pura adscripción a los «intereses de la burguesía» dominante; pero que hubiera podido encontrar su correctivo en una formación doctrinal más completa, a la que se aproximó en los últimos años de su vida, al defender la intervención del Estado en la necesaria «reforma social».

Mientras tanto, a nivel de las clases obreras, el problema se planteaba en términos de organización, de movimientos asociativos de caracterización ideológica dispar, pero coincidentes en reclamar la «redención social» por la propia acción de los obreros.

LA «CUESTIÓN SOCIAL» EN LA MENTALIDAD GOBERNANTE

La tradición liberal doctrinaria había identificado la «cuestión social» con la «cuestión obrera», es decir, el problema de la adaptación del obrero en el seno de la sociedad industrial. El estallido revolucionario de la Comuna de París suscitó en toda Europa una respuesta defensiva de las clases medias o de las oligarquías gobernantes, tanto en el plano político-jurídico represivo como en el plano intelectual. En España la revista *La Defensa de la Sociedad* refleja esta actitud frente al internacionalismo de la A. I. T., «el más grande peligro que hayan corrido jamás las sociedades humanas» según se decía en ella, y en la cual escriben personas de significación política distinta y hasta opuesta, pero identificadas en alzar la barrera defensiva contra la revolución social: Ríos Rosas, Cánovas, Segismundo Moret, Cándido Nocedal, entre otros muchos.

Mientras los obreros sólo tengan como medio de acción la «fuerza bruta», la respuesta a la acción será también la fuerza. Planteados así los términos del problema, Cánovas entenderá que se excluye «otra resolución del Estado que no sea la de combatirlos a todo trance, empleando en ello cuantos medios depositen en sus manos las naciones» [1]. Por tanto, frente a la *subversión* proletaria, y paralelamente a la *respuesta represiva,* se abriga el propósito de *integrar* al obrero en la sociedad, con medidas de *reforma social,* casi siempre promovidas por el Partido Conservador, el cual acusará no sin razón a veces al Partido liberal de incapacidad para asumir esta política integracionista.

Pero la clase política de los primeros años de la Restauración, ya sea liberal o conservadora, no propone soluciones constructivas y la legislación *protectora* de los obreros tarda en aparecer, apelándose en todo caso retóricamente al «paternalismo» individualista, a los «deberes morales» del patrono no impuestos por vía coactiva. Sólo a finales de 1883, como veremos, se creó la Comisión de Reformas Sociales, primer organismo gubernamental al que se encomienda el estudio de tales problemas. Ni siquiera se contempla durante muchos años una ley que regule las asociaciones obreras, aun cuando ya en diciembre de 1876 presentara en el Senado el marqués de Cáceres por primera vez una proposición de ley sobre sociedades obreras que cayó entonces en el vacío. Por cierto que, un poco a contrapelo de la tónica general, al defender el marqués de Cáceres su proposición de ley expuso el parecer de que «la cuestión social es el problema más importante de nuestros tiempos».

Alrededor de 1891 se percibe la modificación que se opera en la mentalidad gobernante con respecto a la «cuestión social». Ese año ocurrieron dos hechos importantes, cuyo impacto a corto y medio plazo se dejó sentir: la Conferencia de Berlín sobre cuestiones obreras, convocada por el Kaiser Guillermo II, y la publicación de la encíclica *Rerum novarum* por León XIII, el pontífice sobre quien ejerció bastante ascendiente nuestro Jaime Balmes.

La Conferencia de Berlín respondía al propósito del Empe-

---

[1] CÁNOVAS DEL CASTILLO: *Problemas contemporáneos,* vol. III, p. 493.

rador alemán por practicar una *sozialpolitik,* y no una mera política represiva, para abordar las «reformas» integracionistas que descalificarían la vía revolucionaria. Transcurridos ya muchos años desde la Comuna, la actitud no-revolucionaria de la social-democracia europea (las Trade Unions, los fabianos en Inglaterra, los partidos socialistas en Alemania y en Francia) parecía abonar aquel propósito.

La Monarquía imperial alemana estaba influenciada por las doctrinas de Lorenz von Stein, cuya influencia también en España constituye un caso singular, pues como hace ver Luis Díez del Corral, el pensamiento conservador se ha nutrido en nuestro país casi exclusivamente de Francia, desde J. de Maistre a Charles Maurras, con muy poco conocimiento de Burke y absoluta ignorancia de Stahl o Treitschke [2]. Razones de vecindad geográfica e histórico-cultural, así como las facilidades en el conocimiento del idioma, explican esta preponderancia francesa, que se refleja en el carácter abstracto y poco operativo del conservadurismo español, incluido Donoso [3].

Von Stein es todo lo contrario: «Ya es hora, —dice— de que la investigación sobre la esencia y la vida del Estado saque el concepto y el significado de la Monarquía de aquella forma mística en que estuvo sujeto hasta ahora». Pretende, pues, situar a la institución monárquica sobre una base racional y actual, en la dialéctica entre sociedad y Estado. Para el pensador alemán la «cuestión social» evolucionará por una de estas tres vías: la agravación del predominio de las clases poseedoras, lo que considera moralmente malo y económicamente perjudicial; la revolución, cuyos resultados son igualmente nocivos; o la reforma de las relaciones «propiedad-no propiedad» que conduzca a la que él llama «sociedad del interés recíproco».

Para von Stein la oposición dialéctica entre capital y trabajo no se resuelve en la ruptura (la lucha de clases de Marx), sino en la superación armónica de los contrarios. Esa «sociedad del interés recíproco» sólo puede conseguirse por medio del Estado, bajo la dirección de una institución que esté por encima de los intereses sociales particulares e imponga a la clase poseedora la idea de que es interés suyo no sólo el mejoramiento del obrero, sino su acceso a la propiedad. Esa institución es la «Monarquía de la Reforma Social», la única que se halla por

---

[2] L. VON STEIN: *Movimientos sociales y Monarquía.* Traducción por E. TIERNO GALVÁN. Prólogo de L. DÍEZ DEL CORRAL. Madrid, 1957.

[3] DÍEZ DEL CORRAL en el prólogo citado, pp. XIX y ss.

encima de los conflictos e intereses de la sociedad y que tiene como finalidad propia levantar a la clase inferior, «hasta entonces social y políticamente sometida, utilizando en este sentido el poder supremo del Estado confiado a ella», según von Stein [4].

Por otra parte, la *Rerum novarum*, aun cuando su eco en la mentalidad de la Iglesia y de los católicos militantes fue más bien escaso a corto plazo, puso el acento en el problema social, replanteando la actitud de los cristianos ante el mismo, de que se dedujo a plazo medio el nada desdeñable impulso del «cristianismo social», que adquirió a finales del siglo alguna fuerza. Oscar Alzaga, aunque niega a Cánovas la condición de precursor del cristianismo social, reconoce que «fue a través de su persona como la encíclica ejerció su influencia inmediata en España» [5]. En el *Diario de Sesiones,* del Congreso, a últimos de mayo y primeros de junio, se registran las intervenciones de varios diputados, entre ellos Cánovas, sobre la adecuación de la legislación a las enseñanzas de la Encíclica.

El Cánovas de la última época admite el intervencionismo estatal como ordenador del sistema social e instrumento de la reforma, así como considera superada la inhibición del Estado en materia económica, reconociéndole una función subsidiaria en la *práctica* para resolver los problemas asistenciales, o sea, de seguridad social; le incumbe también la política fiscal, admitiendo la idea de un impuesto progresivo sobre la renta; la limitación al derecho absoluto de propiedad consagrado por la tradición romanista, rectificando el *ius utendi atque abutendi,* y hace notar «la dificultad de que se mantengan íntegros y sin prudentes transacciones así la desigualdad excesiva y egoísta de los bienes, como las relaciones puramente mecánicas del capital con el trabajo»; además, reconoce la intervención estatal en los contratos reguladores del trabajo [6].

Cánovas, en la etapa final de su vida, llegó al convencimiento de que «el Estado del porvenir ha de estar influido, antes que por nada, por el hecho novísimo de que sobre los antiguos problemas políticos claramente prepondera el problema social» [7]. El fuerte viraje producido tardíamente en la mentalidad de este hombre se descubre en esa confesión, que contradecía su miopía anterior para la «cuestión social».

[4] L. von Stein: o. c., p. 309.
[5] O. Alzaga: *La primera democracia cristiana en España,* Barcelona, 1975, p. 55.
[6] Cánovas: *Problemas contemporáneos,* vol. III, pp. 558 y ss.
[7] Cánovas: *Problemas contemporáneos,* vol. III, p. 161.

La evolución de la mente de Cánovas fue seguida por algunos sectores del Partido conservador, los más activos en tomar iniciativas legislativas protectoreas del obrero, y por los carlistas que daban entonces el aporte más interesante al cristianismo-social (Enrique Gil Robles, Juan Vázquez de Mella).

LA COMISIÓN DE REFORMAS SOCIALES

Nos hemos referido a la mentalidad de la «clase política» gobernante. ¿Cuáles fueron las realizaciones efectivas inspiradas por ella?

El 5 de diciembre de 1883, siendo Segismundo Moret ministro de Gobernación del ministerio presidido por Posada Herrera, se creó la Comisión de Reformas Sociales. Fue designado Cánovas del Castillo presidente de la Comisión y el republicano Gumersindo Azcárate secretario. Poco después, al acceder Cánovas nuevamente al gobierno, la presidencia de la Comisión se encomendó a Moret.

Monárquicos de los dos partidos turnantes y republicanos trabajarán, pues, en la labor encomendada a esta Comisión. Coincidía la evolución de las ideas de Azcárate con la de Cánovas y otros hombres de su tiempo en materia social, desde el *paternalismo* de algunos de ellos, en los años setenta, hasta la intervención de la Sociedad y el Estado. Para afrontar estos problemas Azcárate no regateaba su colaboración activa, haciendo abstracción de ideas políticas o religiosas: «El hambre no es católica ni protestante —dirá—. Bienvenido será todo el que procure soluciones para la cuestión social: no nos importa que pertenezca a la escuela de Bakounine, o que comulgue con Lassalle, o que crea en el Evangelio de Cristo» [8].

El antecedente más inmediato de la Comisión de Reformas Sociales era la Comisión de información parlamentaria que se designó por las Cortes en 1871, sin que llegara a actuar eficazmente. El objeto de la Comisión creada en 1883 era de carácter

---

[8] P. DE AZCÁRATE: *Gumersindo de Azcárate. Estudio biográfico documental*, Madrid, 1969, pp. 87-88. En el apéndice documental de esta obra se publican nuevos escritos de Azcárate sobre el problema social, no reunidos en el tomo de *Estudios sociales* de sus *Obras completas*. Como es sabido, en 1903 Azcárate pasó a presidir el Instituto de Reformas Sociales.

no sólo informativo, sino también consultivo, incluso estableciendo por medio de ella una colaboración entre técnicos, administrativos, patronos y obreros para preparar la legislación protectora de los trabajadores, según se dice en el preámbulo del Real Decreto fundacional.

Además de la Comisión central se preveía la creación de Comisiones provinciales y locales, en las que se reflejaba igualmente el deseo de establecer comunicación entre los distintos sectores sociales y la Administración. Las «instrucciones» para las Comisiones provinciales y locales redactadas el 30 de abril de 1884 disponían que las presidiera el gobernador civil y que estuvieran formadas por dos propietarios de fincas urbanas y rústicas, cuatro industriales, dos comerciantes, diez obreros y otros varios representantes de las clases profesionales (incluidos dos representantes de la prensa), de los Ayuntamientos, Diputaciones y de la judicatura.

La competencia de la Comisión abarcaba las materias señaladas en el artículo 1.º: jurados mixtos, cajas de socorro, regulación del trabajo femenino e infantil, higiene y sanidad de talleres o fábricas, crédito agrícola, reforma de las leyes desamortizadoras, sociedades de socorros mutuos y cooperativas, viviendas para obreros.

Pero las posibilidades abiertas por el R. D. de 1883 a la colaboración tripartita se frustraron pronto en la práctica, tanto por el desinterés mostrado por parte de los obreros y sus organizaciones, como por el consiguiente burocratismo rutinario en que fue decayendo la Comisión, sobre todo a partir de la reforma de 1890.

Con todo, la Comisión de Reformas Sociales desenvolvió una triple actividad:

a) La «información» sobre la situación real de los obreros mediante encuestas directas. La primera *Información escrita y oral sobre el estado y necesidades de la clase obrera,* practicada en 1884-1885, respondía a un cuestionario de 195 preguntas sobre 32 temas; heterogéneo y no demasiado sistemático, entraban en él materias de primordial interés: desde gremios, huelgas y jurados mixtos, hasta impuestos, crédito y obras públicas, pasando por las condiciones de la vida material y moral; la participación en beneficios y salarios, las condiciones del trabajo industrial o agrícola y la emigración.

A esta información acudieron varias organizaciones obreras, entre ellas la Asociación de Tipógrafos, representada por García Quejido, y la Agrupación Socialista Madrileña, con un informe escrito redactado por Jaime Vera y un informe oral de Pablo Iglesias. Pero desde el primer momento se puso de relieve la reticente desconfianza hacia la Comisión por parte de la representación obrera. García Quejido manifestó textualmente: «Nosotros consideramos totalmente ilusoria la labor de esta Comisión» y aseguró que las reformas eran simples remiendos de los que no cabía esperar el arreglo de la sociedad, pues por buena que fuese la voluntad de la Comisión representaba «los intereses de la clase explotadora». Ni siquiera los jurados mixtos se le antojaban otra cosa que «el lazo con que se ha de hacer que los trabajadores acaten de una manera consciente lo que hoy por la ley se les impone». En los mismos términos se expresó Pablo Iglesias, en un amplio discurso, exponiendo la doctrina de la lucha de clases y la confianza única de los trabajadores en su propia organización como medio de lucha y de emancipación: empezó su exposición confesando que la razón por la que aceptaba intervenir ante la Comisión era la difundir las ideas socialistas, y así lo hizo, en efecto, en su alegato. Todo él fue una crítica de cualquier proyecto reformista, que los partidos burgueses patrocinan «por su propia conveniencia», y declaró finalmente que los objetivos socialistas los «alcanzaremos apercibiéndonos para las dos luchas que se preparan, para la lucha económica y para la lucha política» [9].

Estaba claro, pues, que se oponían los *principios abstractos* a los intentos *prácticos* de promover una política de mejoras concretas, descalificados tales intentos por los representantes obreros.

b) La preparación y estudio de proyectos de ley. Los más importantes proyectos estudiados en aquellos años fueron la ley del descanso dominical, la ley sobre el trabajo de la mujer y de los niños y, tras trece años de laboriosa preparación, la ley de accidentes del trabajo de 1900, llevada a feliz término por el ministro Eduardo Dato, de la que se dice que arranca verdaderamente la legislación laboral española moderna, junto con la ley de Inspección del trabajo de 1904, pues de nada sirve una

---

[9] La Comisión de Reformas Sociales publicó seis vols. de *Información oral y escrita practicada en virtud de R. O. de 5 de diciembre de 1883.* El vol. I corresponde a la «información oral» en Madrid, publ. en 1889; el vol. II a la «información escrita» también en Madrid, publ. en 1890. Recientemente se ha editado un resumen antológico de estas obras por Editorial Zero con el título *La clase obrera española a finales del siglo XIX,* Madrid, 1970. En las citas que hago en el texto me remito a esta edición, pp. 8-12 (García Quejido) y 45-64 (P. Iglesias).

legislación protectora si no se habilitan las facultades inspectoras para su cumplimiento.

c) Las publicaciones sobre temas sociales directamente editadas por la Comisión, que difundían la problemática social en áreas cada vez más amplias, incidiendo de este modo en la movilización de las mentalidades.

La obra de la Comisión se reflejó así en muchos de los debates de las Cortes. Manuel R. Alarcón ha formado un cuadro estadístico con el número de ocasiones en que la «cuestión social» fue tratada en las Cortes entre 1875 y 1900, que por su interés indicativo reproduzco a continuación [10]:

Cuestiones	Número de ocasiones en que se trata el tema en el Congreso y en el Senado	Proposiciones y proyectos de ley	Disposiciones (leyes, decretos, órdenes)
Accidentes de trabajo .	13	7	2
Agricultura	40	8	2
Arbitraje	3	3	–
Crisis social (huelgas, manifestaciones, etc.) . .	66	–	–
Descanso	9	2	2
Educación	10	2	2
Emigración	20	2	26
Habitación	11	3	6
Mujeres y menores . . .	20	12	4
Reformas sociales	6	1	6
Salario	1	–	–
Total	199	40	50

Por fin, un R. D. de 23 de abril de 1903 sustituía la antigua Comisión por un nuevo Instituto de Reformas Sociales, cuya presidencia se encargó también a don Gumersindo Azcárate, y al que el viejo sociólogo republicano dedicó gran parte de sus afanes. Pablo Iglesias no quiso aceptar la secretaría del recién creado Instituto, manteniéndose en su línea refractaria al espíritu de colaboración expuesta en 1885.

[10] M. R. ALARCÓN en su cit. obra *El derecho de asociación obrera*, p. 304.

LAS ASOCIACIONES OBRERAS. EL BAKUNISMO. LA UNIÓN GENERAL DE TRABAJADORES. EL ASOCIACIONISMO CRISTIANO

La «cuestión social» se plantea a nivel de gobierno y de la mentalidad de las clases dirigentes como un problema en el que el Estado es llamado a intervenir para una acción tutelar, protectora del elemento más débil, mejorando las condiciones de vida o de trabajo de éste. En último término, esta acción tutelar crearía las bases para la integración de las clases obreras en la nueva sociedad industrial.

A nivel de las clases obreras la respuesta a la «cuestión social» nos la dan los movimientos asociativos que reivindican la acción de los mismos obreros para alcanzar la que denominan «redención del proletariado». En España el movimiento asociativo se centró a partir de 1869 en los internacionalistas de la A. I. T. Frenado desde 1873 por las medidas represivas, después del movimiento cantonal, y por la ilegalidad decretada el 10 de enero de 1874, el movimiento internacionalista de tendencia bakunista vuelve a la clandestinidad.

A partir de 1881 se autorizaron de nuevo las sociedades obreras internacionales. El Congreso Obrero de Barcelona, celebrado el 20 de octubre de aquel año, reconstruyó la Federación de Trabajadores de la Región Española, confirmando el ideal anarquista. Al Congreso de Sevilla de 1882 asistieron representaciones de 632 secciones y 209 federaciones locales, que agrupaban aproximadamente a 49.561 afiliados [11]. El turbio asunto de «La Mano Negra», aunque desautorizado por la F. T. R. E., y la represión policiaca consiguiente quebrantó bastante a la Federación, en la que se produjeron discrepancias intestinas de naturaleza bastante compleja, hasta que en 1888 se disolvió, fundándose entonces la organización anarquista que en octubre de 1889 se denominó «Pacto de Unión y Solidaridad».

Las disputas doctrinales en el seno del movimiento obrero anarquista giraban en torno al colectivismo bakunista o al «comunismo libertario» de Kropotkin, Malatesta y Reclus en

---

[11] No hay concordancia de cifras. Los datos mencionados los proporciona AN-SELMO LORENZO: *El proletariado militante*, vol. II, p. 242, ed. de Toulouse, 1947. Otros autores señalan 57.934 afiliados. Creo que la cuestión de la diferencia numérica no tiene mayor importancia. Es más significativo el desglose de estos asociados en dos grupos principales: el andaluz y el catalán, más proclives los primeros a las fórmulas del comunismo libertario, en tanto que los catalanes seguían la doctrina colectivista bakunista.

cuanto a la organización económica de la sociedad. «De cada uno según su capacidad, a cada uno según sus necesidades», será la fórmula kropotkiana, que pone el acento en los imperativos éticos. «De cada uno según su capacidad, a cada uno según su trabajo», será el lema bakunista.

Pero en las discusiones internas de los anarquistas se introdujo otro tercer elemento, la práctica terrorista que alcanzaba en la década 1891-1900 graves cotas: la bomba del Liceo de Barcelona el 8 de noviembre de 1893, la bomba de la calle de Cambios Nuevos contra la procesión del Corpus en Barcelona en 1894, el asesinato de Cánovas del Castillo por Angiolillo el 9 de agosto de 1897. El terrorismo en acción tuvo respuesta en las leyes antiterroristas de 10 de julio de 1894 y de 2 de setiembre de 1896, en las que se castigaban con pena de muerte los atentados perpetrados con explosivos y se preveía también la posibilidad de disolver las sociedades obreras cuyos afiliados aparecieran complicados en tales atentados. La aplicación de las leyes antiterroristas desarticuló el «Pacto de Unión y Solidaridad» en 1896-1897, dispersándose los grupos. Es la época que los anarquistas han llamado «heroica», época caracterizada no sólo por la persistencia de las acciones terroristas, sino también por la apelación frecuente a la huelga[12]. En realidad, el movimiento anarquista no se reorganizará ya hasta entrado el siglo XX en su nueva formulación anarcosindicalista, que cristalizó en España con la fundación de la Confederación Nacional del Trabajo en 1910.

El eclipse anarquista favoreció de algún modo la aparición del sindicalismo obrero de signo marxista. Las relaciones de los marxistas con las Federaciones anarquistas nunca fueron buenas: Pablo Iglesias fue expulsado del local donde se celebraba el Congreso de Barcelona en 1881. Ya dijimos que Iglesias se había incorporado en 1873 a la Asociación del Arte de Imprimir, de la que hizo el primer núcleo de acción marxista. La Asociación se vio protegida durante los primeros años de la Restauración por un antiguo miembro de la misma, Felipe Ducazcal, uno de los peones del ministro de la Gobernación canovista, Romero Robledo. Así pudo sortear varias dificultades iniciales.

La ley de Reuniones públicas del 15 de junio de 1880 y,

---

[12] J. GÓMEZ CASAS: *Historia del anarcosindicalismo español*, Madrid, 1968, pp. 67 y siguientes. MANUEL BUENACASA: *El movimiento obrero español. Historia y Crítica, 1886-1926*, reedición de París, 1966, pp. 37-46.

sobre todo, la Ley de Asociaciones del 17 de junio de 1887, la primera de esta naturaleza en la legislación española, aunque no significaban una mayor tolerancia que la establecida por la pura y simple declaración constitucional de tales derechos, beneficiaron al movimiento asociativo obrero porque, de acuerdo con M. R. Alarcón, puede admitirse que «este desarrollo legislativo (supone) un mayor grado de seguridad jurídica» [13].

El hecho es que en el Congreso fundacional de Barcelona, del 12 al 14 de octubre de 1888, se creó la Unión General de Trabajadores, que agrupaba en el primer momento a 27 secciones y 3.355 afiliados, una tercera parte de los cuales pertenecía a la Federación de Tipógrafos, verdadero núcleo de la nueva organización sindical, bajo el patrocinio del P. S. O. E. y la presidencia de Pablo Iglesias. El crecimiento de esta central obrera fue bastante lento. Al reunirse en 1899 el V Congreso de la U. G. T. se hallaban representadas 48 secciones con 6.437 asociados [14]. En esta fecha se decidió trasladar la sede central a Madrid.

El lento desenvolvimiento de la U. G. T. no es imputable al freno de la acción represiva gubernativa, ya que este sindicato no se mezcló en actuaciones terroristas. Es más, en 1896 Pablo Iglesias condenó públicamente a «los dinamiteros o terroristas, que con sus actos más que a nadie dañan a la clase obrera», aun cuando protestaba de la «tremenda persecución» de que con este motivo se quiere hacer objeto a los anarquistas en particular.

El cauteloso desarrollo del movimiento obrero de signo socialista, aunque poco nutrido numéricamente, perfilaba ya a finales del siglo XIX unas zonas de implantación geográfica en las que, al producirse su relanzamiento posterior a 1910, crecería con mayor fuerza: Madrid (capital) y las zonas mineras de Vizcaya y Asturias. En Barcelona concretamente, y en Cataluña en general, no había conseguido echar raíces, no obstante el mayor crecimiento fabril de esta región. Es posible, como escribe Tuñón de Lara, que «la insistencia de los socialistas en oponerse a la huelga general les (quitara) adeptos en los medios societarios catalanes; los socialistas catalanes se encuentran, a la vez, desbordados por la izquierda y privados de gran parte de su base moderada» [15].

---

[13] ALARCÓN: o. c., p. 247.
[14] MORATO: o. c., p. 87.
[15] TUÑÓN DE LARA: *El movimiento obrero en la historia de España*, Madrid, 1972, página 342.

Para completar el panorama del asociacionismo obrero en el último cuarto del siglo XIX hay que mencionar las sociedades de signo confesional católico.

El P. Gabriel Palau, jesuita, inspirado en la *Volksverein* alemana y en los cursos sociales realizados desde 1892, impulsó la llamada Acción Social Popular, especie de escuela de propagandistas, orientada más a formar cuadros políticos para un cristianismo social que a una acción sindical. Mayor crecimiento tuvieron los Círculos de Obreros fundados por el jesuita P. Antonio Vicent, abogado y graduado en ciencias biológicas.

Hombre, pues, de amplia y sólida cultura, el P. Vicent había hecho su primera experiencia en 1865, en Manresa, donde creó un centro obrero. Luego vino el exilio en Francia posterior a la Revolución de 1868 y sus contactos directos con el movimiento de René de la Tour du Pin y Albert Le Mun, conociendo de cerca el funcionamiento de los Círculos Obreros Católicos. Vuelto a España tras la Restauración, mantuvo siempre contactos internacionales con los grupos de Lieja y Malinas, así como con Ketteler y el catolicismo-social alemán, y muy particularmente desde 1883 con los sindicatos católicos alemanes. Sin embargo, la organización y el desarrollo de los sindicatos católicos alemanes y los Círculos españoles del P. Vicent tendrían un futuro muy diferente.

Desde 1879 a 1893 el P. Vicent fundó Círculos de Obreros que lograron una implantación numéricamente bastante importante en algunos medios rurales, sobre todo en la región valenciana. Confirmados en la Asamblea de Asociaciones Católicas (Tortosa, 1887) la organización de los Círculos fue concebida bajo el signo del *paternalismo*, causa de su frustración posterior por la falta de autenticidad que se dedujo de ello. Los Círculos se componían de dos clases de socios: de número (obreros) y protectores (patronos o personas influyentes). Los fines propuestos eran de tipo cultural (bibliotecas, escuelas), económicos (cajas de ahorro, mutualidades, cooperativas) y de asistencia espiritual o religiosa. La derivación proyectada hacia la creación de gremios profesionales no consiguió formar de momento más que una asociación: el gremio de carpinteros de Valencia [16].

---

[16] MONTSERRAT LLORENS: «El sindicalismo cristiano en España» en la obra dirigida por el DR. S. H. SCHOLL: *Historia del movimiento obrero cristiano*, pp. 209-214, Barcelona, 1964. Sobre el P. Vicent, el libro del P. FLORENTINO DEL VALLE: *El P. Antonio Vicent S. I. y la Acción Social Católica en España*, Madrid, 1947; el art. de M. LLORENS en «Estudios de Historia Moderna», t. IV, pp. 395-445, Barcelona, 1955; y la introducción de J. M. CUENCA a la reedición de *Socialismo y anarquismo*, Madrid, 1972.

En 1893 publicó el P. Vicent su principal obra teórica-doctrinal: *Socialismo y anarquismo*, que en realidad es una glosa amplia de la *Rerum Novarum*. En mayo de aquel año reúne en Valencia una asamblea con representantes de 98 Círculos y otras asociaciones similares de toda España. La más importante resolución es la que reagrupaba todos estos centros en una Confederación Nacional de Corporaciones Católicas de Obreros, cuya sede inicial se fijó en Valencia, pero luego se trasladó a Madrid, en 1896. Es entonces el momento de mayor expansión proselitista y asociativa de la *agremiación*, como la llama el P. Vicent. Se alcanzó aquel año la cifra de 168 Círculos con 38.670 asociados, más de la mitad de los cuales correspondían a la región valenciana.

Más que por el número, importante para el grado de sindicación obrera de la época, nos interesa analizar la *calidad* de los *socios obreros:* casi todos eran campesinos, y en menor número aparecen los artesanos o pequeños industriales, elementos residuales del proletariado antiguo o tradicional. En los círculos no figuran los obreros de las modernas fábricas. El corporativismo, inspirado en el gremio antiguo, que venía a ser una especie de «sindicato mixto», no tuvo éxito. Por eso, hacia 1905, el P. Vicent y otros seguidores suyos (Severino Aznar, Manuel Simó, los PP. Gafo y Salaberri) empezaron a experimentar un cambio de mentalidad, y a repensar críticamente sus ideas, iniciándose una evolución hacia la auténtica asociación sindical obrera. Pero cuando en 1911 falleció el P. Vicent tenía conciencia de su fracaso y fue preciso aguardar algunos años todavía hasta que se crearan los modernos sindicatos católicos.

Aun cuando desde 1891 se hizo la siembra renovadora de la *Rerum novarum*, el panorama que presenta «la respuesta del catolicismo hispano finisecular al reto planteado por la cuestión social» es, como dice J. M. Cuenca, «poco halagüeño». No se puede ocultar el fallo en el intento de crear un seudo-sindicalismo obrero católico. El prof. Cuenca se sorprende de que precisamente en Cataluña no hubiera tenido lugar un movimiento sindicalista católico. Lo atribuye a la *obsesión ideológica* del alto clero (mons. Torras i Bagès, mons. Morgares), cuyo objetivo principal fue el *catalanismo político,* y a la mitificación del sistema gremial por los historiadores románticos, que *difuminaban* «los verdaderos contornos del problema obrero» [17].

---

[17] J. M. CUENCA: «Aproximación al estudio del catolicismo peninsular a fines del siglo XIX», publ. en «Atlántida», IX, núm. 51, mayo-junio 1971, pp. 314-336.

CAPÍTULO 2

LA SOCIEDAD DE LA REVOLUCIÓN Y LA RESTAURACIÓN

La estructura de la sociedad de 1860 revela todavía la casi absoluta base agraria. La ruralización del hábitat y el predominio total de las actividades económicas del sector primario son evidentes. El alto porcentaje de servidumbre doméstica y de los jornaleros del campo, el número considerablemente superior de artesanos sobre el de obreros de la nueva industria, la distribución de la renta, que en sus tres cuartas partes corresponde a la agricultura; todo ello prueba el grado de ruralización de la sociedad. Se podían apreciar, sin duda, algunas diferencias regionales, pero todavía no excesivamente tipificadas, salvo en las zonas de asentamiento latifundista.

La estructura que se deduce de la composición humana y social de España en 1900 conserva bastantes rasgos de la de cuarenta años antes. Pero también se descubren las novedades que la dinámica del cambio han operado. Sustancialmente no se han modificado los componentes numéricos de la sociedad y su encuadramiento legal. Se mantienen, por supuesto, rasgos de ruralización predominantes. Pero ya cuantitativamente los «obreros nuevos» sobrepasan a los «artesanos antiguos», como corresponde a la introducción alcanzada por la industria moderna. El aumento de los servicios, la extensión de las áreas urbanas, el crecimiento de la clase media de los funcionarios, consecuencia de la burocratización de la administración pública, todo ello es índice de la sociedad nueva. El desarrollo burocrático llegará hasta incurrir en esa inflación de empleos de la que Segismundo Moret hablaba al referirse a «la sopa boba de los conventos (que) se ha cambiado ahora por el puestecillo en algún ministerio».

La cristalización de las diferencias regionales, tanto desde el punto de vista económico como desde el punto de vista social, es también un hecho en 1900. La economía y la sociedad se han diversificado en ámbitos regionales. Esto se advierte sobre todo en Cataluña (Barcelona) y en el País Vasco (Vizcaya). Las actividades financieras e industriales consolidan la burguesía catalana entre 1876-1886, como apuntó hace tiempo el prof. Vicens Vives. La atracción de mano de obra forastera da nueva fisonomía a Barcelona.

En Vizcaya, durante la última década del siglo, surge una potente alta burguesía de siderúrgicos, mineros y navieros, que impulsa la industrialización regional, con la consiguiente atracción de mano de obra extraña. En Asturias se perfila un grupo caracterizado de empresarios mineros. En todas estas zonas de mayor crecimiento industrial y especialmente en los medios urbanos se extiende la franja de las clases medias, entre las altas clases directivas y el proletariado.

En cambio, en la España meridional, en la Submeseta sur y Andalucía, la zona de los grandes terratenientes y de los jornaleros agrícolas, se mantiene la disociación entre el pequeño grupo de los que tienen mucho y los muchos que no tienen nada más que su fuerza de trabajo. También a nivel de instrucción pública es esta la España que ofrece índices más bajos, reflejados sobre todo en la inasistencia escolar voluntaria y el analfabetismo.

Seguramente para profundizar en este proceso de diversificación económico-social, en el último tercio del siglo XIX queda abierto un campo a la investigación de las distintas áreas regionales, provinciales y locales, que constituye actualmente un aliciente a nuestros jóvenes historiadores.

EL POTENCIAL HUMANO

El censo de 1860, como se ha dicho anteriormente, dio una población total de 15.673.000 habitantes. El siguiente censo general, cuya confección se demoró hasta el 31 de diciembre de 1877 por diversas causas [18], entre ellas por esperar a que estuviera preparado el personal competente del Cuerpo de Estadística, registra un total de 16.634.345 habitantes. En 1887 se hizo

---

[18] A. SANZ SERRANO: *Resumen histórico de la estadística de España*, Madrid, 1956, páginas 172-173. Los dos vols. con los resultados definitivos del censo de 1877 se publicaron en 1883 y 1884.

un nuevo censo general de población, con algunas modificaciones técnicas en el procedimiento, obteniéndose la cifra de 17.565.632 habitantes. El último censo del siglo, y el primero que inicia la serie de los censos decenales en el último año de cada década, es el de 1900, cuyos datos registran una población de 18.617.956 habitantes.

Por tanto, en los últimos cuarenta años del siglo la población española crece en cifras absolutas cerca de tres millones de habitantes. Esto significa en términos relativos una desaceleración del ritmo de crecimiento con respecto al período inmediatamente anterior, y también un menor incremento con relación a los países de Europa que por aquellos años proseguían el despegue económico en la línea de la «revolución industrial». Romero de Solís distingue, dentro de estos cuarenta años, dos momentos demográficos distintos: el incremento anual medio durante los años 1857-1887 es de 0,43 por 100; luego sigue un período de revitalización demográfica, entre 1887-1900, con cotas de 0,46 por 100, y es en estos años finiseculares cuando ocurre «la definitiva incorporación al régimen moderno de población» [19].

La desaceleración demográfica entre los años 1860-1887 podría ser consecuencia de haberse alcanzado el tope de rendimiento de la economía antigua, que en último término era una economía de subsistencia, sin que se hicieran perceptibles todavía los efectos de la incipiente economía industrial. Son años, además, en que apenas puede hablarse de progresos en la calidad de la vida. En cambio, la re-aceleración del ritmo demográfico en los últimos años del siglo pudiera estar motivada por la aparición de la economía industrial, efecto que será continuado y más perceptiblemente acusado en la demografía española una vez entrado el siglo XX.

Tomada en su conjunto, para los años 1860-1900 y para todo el ámbito nacional, la demografía española pierde el compás europeo de los países más desarrollados económicamente. Así, el índice de crecimiento de Inglaterra y País de Gales es por entonces de 1,18 por 100 [20]. Pero la distribución regional de la población y su crecimiento dentro de España en este período manifiesta notorios contrastes, generados por la doble

---

[19] ROMERO DE SOLÍS: o. c., p. 234.
[20] Sobre la base 100 del año 1800, SAUVY da los siguientes índices de crecimiento en 1850-1900: Países Bajos 144-242, Reino Unido 131-189, Suecia 148-219, Alemania 151-250, Francia 129-143, Italia 134-173, España 149-177.

corriente migratoria interna: la que va del campo hacia la ciudad, en términos generales, y la que específicamente se orienta hacia las áreas de concentración industrial moderna, donde las ofertas de trabajo atraen mano de obra de procedencia dispar y lejana. Son los casos de las provincias de Barcelona y de Vizcaya.

En el período 1860-1900 la desaceleración del ritmo demográfico no es imputable al índice de natalidad, que sigue siendo alto, y fluctúa entre 39,8 por 1.000 en 1861 y 33,8 por 1.000 en 1900, con algunos altibajos, pero con una tendencia finisecular a disminuir. Sin embargo, también en esta variable hay que anotar un desequilibrio en la distribución regional, con la máxima del índice medio de natalidad en la provincia de Cuenca (41,6 por 1.000) y la mínima en la provincia de Barcelona (27,8 por 1.000); prueba de los distintos comportamientos regionales en la aparición de las características demográficas modernas.

En el último tercio del siglo XIX se mantienen dos signos negativos a los que es preciso aludir:

a) El índice de mortalidad *no reducido.*

b) la emigración *en aumento*

Aunque dentro de grandes oscilaciones anuales, según la situación epidemiológica del país, que inciden con ostensibles dientes de sierra en las gráficas, el índice de mortandad se mantiene alto. Fluctúa entre límites de 26,7 por 1.000, mínimo obtenido en 1861, y 37,9 por 1.000, máximo que corresponde al año 1885, año de la última gran epidemia de cólera. Pasado este azote extraordinario de la enfermedad, el índice de mortalidad tiende a disminuir con pequeñas inflexiones y se sitúa en 28 por 1.000 el año 1900. Comparativamente diremos que en esta fecha el índice de mortalidad en Inglaterra era de 17,2 por 1.000 y en Francia de 20,6 por 1.000.

La todavía elevada mortalidad hace referencia a las condiciones sanitarias y a la calidad de la vida. Aunque en 1847 se creó el Consejo de Sanidad del Reino y se adoptaron ideas correctas de policía sanitaria dentro de los conocimientos de la época, la ejecución de las medidas inspiradas por esas ideas de sanidad pública e higiene se veía entorpecida por el bajo nivel económico del país, por la escasez de recursos del Estado y de los municipios, y por el bajo índice de la cultura popular. No era fácil inculcar ideas de limpieza e higiene a la masa de la población. Sólo se consiguieron mejoras de mayor relieve en la higiene de mercados alimenticios en las ciudades importantes. Aun así, la mentalidad colectiva popular no estaba madura para la aceptación de medidas de esta naturaleza, salvo en los momentos convulsivos de las grandes epidemias. Fernández de los Ríos dice de Madrid, en 1876, «que en estos últimos años va ganando en condiciones de salubridad (y que) podría ser uno de los pueblos que mejores las tuvieran, si se miraran con menos indiferencia» [21].

La asistencia sanitaria por supuesto era deficiente, así como los establecimientos benéficos. J. M. López Piñero reproduce un texto de Concepción Arenal, fechado en 1861, que manifiesta la desatención en que se encontraba la asistencia hospitalaria por aquellos años [22]. Los esfuerzos privados de personalidades beneméritas, aunque casi ignoradas en nuestros días, contribuyeron al mejoramiento de la labor asistencial hospitalaria a finales del siglo XIX. En muchas provincias y pueblos fue, sobre todo, esta iniciativa de los benefactores privados la que suplió la indolencia o la incapacidad de las instituciones públicas.

La mortalidad infantil mantiene hasta fin de siglo altos coeficientes, en sus distintas clasificaciones de la mortalidad perinatal o de los primeros años de la vida. Todos los censos municipales acusan las cifras elevadas de muertos antes de los siete años de edad. Apenas se corrigen estos datos en el último cuarto de la centuria. En 1901, la mortalidad en el primer año de vida era de 6,5 por 1.000, y entre uno y cinco años de edad sumaba, en la misma fecha, otro 5,6 por 1.000. La esperanza de vida al nacer en 1900 era de 33,8 años para los varones y 35,7 para las mujeres.

Por otra parte, parece comprobarse el aumento de mortalidad en los suburbios urbanos y en las zonas de economía industrial. El paralelismo entre crecimiento industrial y crecimiento

---

[21] FERNÁNDEZ DE LOS RÍOS: *Guía de Madrid,* reed. facsímil de la original de 1876, página 8.

[22] J. M. LÓPEZ PIÑERO: *Medicina, Historia, Sociedad,* Barcelona, 1969, pp. 323-326. El muy sugerente trabajo de MARIANO y JOSÉ L. PESET: *Muerte en España. (Política y sociedad entre la peste y el cólera),* no alcanza a esta época excepto en lo que se refiere a la vacuna de Ferrán sobre el cólera. Los trabajos de ANTONIO FERNÁNDEZ GARCÍA sobre esta epidemia en Madrid revelan el interés que tiene el estudio de la proyección social de la enfermedad. Especialmente en «La epidemia de cólera de 1854-1855 en Madrid», publicado en *Estudios de Historia Contemporánea,* vol. I, coordinados por V. PALACIO ATARD, Madrid, 1976, pp. 223 y ss., hace consideraciones metodológicas interesantes sobre la epidemia como fuente para la historia social. El estudio interdisciplinar del hambre y la enfermedad desde el punto de vista médico e histórico-social es un campo apenas explorado hasta ahora y que puede incitar a los jóvenes historiadores españoles para abrir nuevas perspectivas a la historia social.

de mortalidad está reveladoramente estudiado en el caso de Baracaldo y la zona industrial de Vizcaya por Manuel González Portilla [23]. En las dos últimas décadas del siglo los índices de mortalidad en Bilbao y Baracaldo son superiores a la media española y a la media de Vizcaya. El hacinamiento y las viviendas insalubres, improvisadas para una población de aluvión; el trabajo duro de las minas y de las modernas fábricas, sin una regulación satisfactoria de los horarios laborales y sin una vigilancia efectiva sobre las condiciones de salubridad del trabajo; las enfermedades características de los núcleos industriales y mineros (tuberculosis, silicosis, sobremortalidad infantil) ocasionan el alza de la mortalidad. A veces este aumento se enmascara compensado por la llegada de inmigrantes de otras regiones y el índice máximo de nupcialidad propio de una población inmigrante joven.

Las enfermedades endémicas de tipo infecto-contagioso, el paludismo (zonas pantanosas) y la tuberculosis, continuaban ocupando un lugar principal entre las causas de mortalidad, sin que se hubiera modificado su incidencia social, pues si bien la mejor alimentación estableció un factor de corrección en algunos sectores de la sociedad, las condiciones de trabajo produjeron en otros el efecto contrario.

En cuanto a las epidemias, ya hemos dicho que durante este período se produjo el último gran brote de cólera morbo. En 1885 hubo en España 340.000 atacados, con 120.254 fallecidos, lo que eleva el índice de letalidad a 35,3 por 100, el más importante del siglo con relación a las anteriores epidemias coléricas, aun cuando el índice de morbilidad fuera en este caso menor sobre el conjunto de la población. La distribución provincial muy irregular acumuló el 50 por 100 de las víctimas en cinco provincias (Valencia, Zaragoza, Granada, Teruel y Murcia), lo que probablemente está en relación con las condiciones sanitarias del agua en tales zonas, así como con la crisis alimenticia previa en la región valenciana por el mal año de la cosecha de arroz.

Las crisis de subsistencias que, aunque mitigadas, aparecen todavía en los últimos lustros del siglo, tienen relación con los altos índices de mortalidad. Aparte la grave crisis de subsistencias de 1867-1868 a que hicimos referencia en otro lugar, y de

---

[23] M. GONZÁLEZ PORTILLA: «Aspectos del crecimiento económico que conducen al desarrollo industrial de Vizcaya», Universidad de Bilbao, 1972. Posteriormente me refiero con más detenimiento a esta importante obra.

las crisis alimenticias de carácter general, como la de 1887, deben tenerse en consideración las situaciones de carestía y hambre de ámbito local, como la mencionada de Valencia; tema este, por supuesto, hasta ahora insuficientemente estudiado.

El segundo signo negativo de nuestra demografía corresponde a la emigración. Aunque el problema es anterior a esta época, como ya sabemos, se agrava cuantitativamente en el último tercio del siglo. Precisamente es esta una época en que se presta mayor protección a los emigrantes no-clandestinos, desde que en 1853 se empezaron a levantar las antiguas restricciones. Este período liberalizador cristaliza en la R. O. de 31 de enero de 1873, por la que se suprime la fianza de 320 reales por emigrante exigida a los armadores de las embarcaciones, y por fin en la R. O. de 8 de abril de 1903, que suprime el pasaporte para la emigración.

El R. D. de 6 de mayo de 1882 había creado el Negociado de Emigración en el Instituto Geográfico y una Sección de Emigración en la Dirección General de Agricultura. Desde entonces los criterios de gobierno ante este problema pueden resumirse así: Primero, salvar el principio de libertad de emigración: «La libertad que el obrero tiene de buscar el sustento donde la voluntad le lleve.» Segundo, facilitar protección consular y diplomática a los emigrantes a países de Iberoamérica y África, evitando en lo posible las penosas situaciones creadas anteriormente. No perdamos de vista que la libertad de emigración evitaba la clandestinidad de las salidas, pero no impedía la existencia de un amplio cupo de emigración incontrolada. Por eso el marqués de Rays, que tuvo experiencia directa por desempeñar funciones administrativas en estos asuntos, advertía que «el emigrante que, seducido por falsas promesas siempre, abandona su país, corre a una desgracia casi cierta y es muy raro el que logra mejorar su suerte después de penalidades sin cuento». Tercero, encauzar la emigración dentro de la Península a los puntos de demanda ordinaria o extraordinaria de mano de obra (zonas industriales, construcción de vías férreas), o en todo caso a las Provincias de Ultramar (Cuba y Puerto Rico).

Estos principios admitían, pues, el derecho humano a la emigración, aun cuando pudiera ejercerse con resultados desfavorables; pero se reconoce también el contexto social en que este fenómeno se produce y, por tanto, la función fiscalizadora e interventora del Estado.

No puede evaluarse con exactitud el volumen de emigrantes. Sólo en 1882 dispuso el Ministerio de Gobernación que se hicieran estadísticas sobre el caso [24]. Los incompletos datos estadísticos españoles pueden subsanarse a veces por los datos oficiales de los países de recepción, como Argentina. Se puede recurrir también a cálculos estimativos indirectos.

Las direcciones de la emigración exterior fueron fundamentalmente dos: el Oranesado y Argel, en el norte de África francesa; y la América hispanoparlante. Los emigrantes a Orán y Argelia practicaban a veces la «emigración golondrina», es decir, con carácter transitorio para retornar tras un corto período de trabajo. Pero fue, en la mayor parte de los casos, una emigración estable. La proximidad de la costa española, especialmente de las provincias con fuerte excedente de población, como Alicante, Almería y Murcia, y el bajo coste del pasaje facilitaban la salida hacia unas regiones en que, desde la penetración colonial francesa en 1832, había demanda de colonos.

Aun cuando la emigración no estaba entonces todavía autorizada, antes de 1847 se habían establecido ya en Argelia francesa 31.528 españoles, junto a 47.272 franceses y 25.577 de otras nacionalidades [25]. Entre 1840 y 1881 culmina el proceso emigratorio español a la zona francesa norteafricana, que ha sido detalladamente estudiado por Juan B. Vilar. En los años sesenta y, sobre todo, en los calamitosos tiempos de 1867-1869 se produjo el máximo desbordamiento hacia Orán. El cónsul español en aquella plaza evaluaba en 30.000 el número de españoles establecidos en su circunscripción. El Oranesado fue, sin duda, la zona de mayor densidad de colonos españoles, aparte algunos emigrados políticos: aunque algunos emigrantes eran campesinos o artesanos, el mayor contingente lo daban los desertores del servicio militar; no eran pocos también los simples maleantes o criminales huidos de la justicia [26].

Según fuentes francesas, en 1886 había 92.290 españoles residentes en el Oranesado, que superaban en 12.000 a los

---

[24] En 1891 se publicó bajo la dirección de D. EDUARDO BENOT una *Estadística de la emigración e inmigración de España en los años 1882-1890* por el Instituto Geográfico y Estadístico, que constituye la principal fuente para aquel período. En el Archivo del Ministerio de Gobernación, leg. 2.129, existen algunos datos incompletos. Para la emigración a los países hispano-americanos en este período nos remitimos también a la publicación del Instituto de Reformas Sociales: *Emigración. Información legislativa y bibliográfica de la Sección primera técnico-administrativa*, Madrid, 1905. La revista de «Estudios Demográficos», vol. III, 1954, pp. 315-408 publicó un trabajo sobre el tema de M. GONZÁLEZ-ROTHVOS.

[25] JUAN B. VILAR: *Emigración española a Argelia (1830-1900). Colonización hispánica de la Argelia francesa*, Madrid, 1975, p. 159.

[26] VILAR, o. c., p. 308.

colonos de origen francés. Otros 48.599 españoles se hallaban establecidos en el Departamento de Argel, y 3.615 más en Constantina [27]. Posteriormente este movimiento emigratorio se fue frenando: la menor demanda de mano de obra, por utilizar los franceses a la población indígena, y las adversas condiciones climáticas (plagas y sequías) contuvieron la emigración española que, sin embargo, ha dejado hasta mediados del siglo XX una huella notoria en aquellos países. Entre 1882-1900 el número de emigrantes y repatriados españoles en Orán y Argel casi se equilibra, pudiendo decirse que al concluir el siglo este proceso de trasvase humano había terminado.

La emigración a Hispanoamérica tiene carácter de asentamiento permanente, siendo pocos los emigrantes que retornan. Según datos oficiales, entre 1867-1878, 54.000 españoles emigraron a América, con un «año punta», 1873, que registra la cifra de 12.000. Entre 1882-1890, unos 150.000 españoles se establecieron en América, aumentando esta cifra entre 1891-1896; aunque el desequilibrio emigratorio fue transitoriamente paliado por las repatriaciones después del Desastre del 98, volvió a relanzarse con fuerza hasta la guerra de 1914.

La población emigrante a América procedía en más de un 60 por 100 de Galicia y de Canarias, con una participación también importante de vascos, sobre todo al abolirse en 1876 la exención foral del servicio militar.

El principal país de recepción fue Argentina, cuya ley de Inmigración de 1876 favorecía las entradas. Según datos argentinos, en el quinquenio 1866-1870 entraron 16.000 españoles en el país, alcanzándose la cifra de 67.000 entre 1871-1885, para culminar en el quinquenio 1886-1890 con 135.000. El contraste de los datos argentinos con los españoles revela que, no obstante la tolerancia, se mantenía una no despreciable emigración incontrolada. También Brasil, Uruguay y Venezuela fueron países de recepción, así como Cuba y Puerto Rico hasta 1898.

Además de la emigración exterior, las migraciones interiores muestran los cambios estructurales que se producen en nuestra sociedad. El crecimiento de la población urbana, por atracción de habitantes de zonas rurales, es el fenómeno más característico. Donde mejor se refleja es en Madrid (capital) en el interior de la Península y en las zonas periféricas industriales.

Sin embargo, en 1900 todavía sólo hay dos ciudades que

[27] VILAR, o. c., gráfico 3, pp. 378-379.

sobrepasan los 500.000 habitantes y sólo otras cuatro tienen más de 100.000. De los 9.268 municipios españoles, todavía 7.216 tienen menos de 2.000 habitantes. Pero el proceso de urbanización se había iniciado, de todos modos. Las condiciones de la vida urbana se modificaban rápidamente, con el desarrollo de servicios municipales (abastecimiento de aguas, limpieza, sanidad, alumbrado, transportes urbanos y escuelas). El problema de la vivienda en las zonas urbanas introducía cambios en el hábitat tradicional: al hábitat mezclado anterior, que se conserva parcialmente, sucederá la diferenciación en barrios o zonas residenciales y en suburbios sin urbanizar, sin servicios públicos, con su corolario de hacinamiento y enfermedad (epidemias, algunas periódicamente habituales, como el tifus, o endemias como la tuberculosis).

El ejemplo de Bilbao y la margen izquierda de la ría (incluida la zona minera) es altamente ilustrativo de este fenómeno demográfico. En 1857, Vizcaya tenía 160.579 habitantes; de ellos 40.159 residían en Bilbao o en los municipios de la margen izquierda y la zona minera. En 1900 la población de Vizcaya era de 311.361 habitantes, es decir, el índice general pasa de 100 a 193,9: pero la capital y los quince antiguos municipios de la ría (margen izquierda) y de la zona minera reúnen 167.680 habitantes, es decir, su índice particular crece de 100 a 418; mientras que la Vizcaya agrícola y marinera, con 143.681 habitantes, ve frenado su índice particular de crecimiento a 119,3 [28].

LA ESTRUCTURA DE LA POBLACIÓN POR ACTIVIDADES ECONÓMICAS

Desde 1860 los censos de población se verifican por el sistema de empadronamiento nominal, con indicación de actividades profesionales. Los sucesivos censos generales de 1877, 1887 y 1900 permiten establecer una correlación de datos, pero las clasificaciones de los diversos censos no son homogéneas, es decir, no se mantienen las mismas rúbricas o encuadramiento de datos. La utilización comparativa resulta, por ello, complicada: las rúbricas deben reagruparse con riesgo de error.

[28]   GONZÁLEZ PORTILLA: o. c., datos tomados del original mecanografiado. Véase la posterior nota 64.

Otras imperfecciones y riesgos son inherentes no tanto al Cuerpo de Estadística, que perfecciona sus métodos, sino a la falta de colaboración y de cultura por parte del vecindario censado. En algunos casos, cuando un individuo declara varias profesiones o actividades económicas queda registrado en cada una de ellas. Por otra parte, es frecuente el pluriempleo profesional en las ciudades y el doble empleo en las zonas semi-industriales y mineras, donde el obrero, además del trabajo asalariado, cultiva a veces su huerto familiar. En ocasiones vemos las más peregrinas indicaciones *profesionales* en los individuos censados: «viudo», «pariente», «imbécil», entre los varones; «esposable», «mañosa», «católica» entre las mujeres por poner algunos ejemplos pintorescos y concretos.

Estas advertencias no están de más para tomar con toda clase de reservas los datos globales que pueden deducirse de los censos generales en cuanto a las actividades económicas de la población. Los resultados que se exponen no son, pues, rigurosos, y sólo resultan indicativos por aproximación.

En el censo de 1860 la población activa que depende de la agricultura (incluida la ganadería y la silvicultura) es de unos 4.250.000. Casi tres cuartas partes de la población está en dependencia directa del sector primario. La industria (incluidas la artesanía tradicional, las fábricas modernas y la minería) registra un total de 856.000 activos: 665.000 artesanos, 178.000 obreros, 13.000 fabricantes [29]. Los servicios y otras especificaciones englobarían unas 850.000 personas.

El censo de 1900 indica una población activa agrícola (incluida la ganadería, caza y pesca) de 4.558.251 habitantes, a la que cabría añadir una parte de los 596.087 peones y braceros que se registran separadamente. Esto supone un descenso proporcional de la población que vive del sector primario, que oscilaría ahora alrededor del 66 por 100 [30]. La industria ocupa algo más del millón de habitantes, pero lo más característico de esta población industrial es que el número de obreros de la nueva industria sobrepasa ya a los trabajadores artesanos. Claro

---

[29] M. Martínez Cuadrado: *La burguesía conservadora*, vol. IV de la *Historia de España* de la ed. Alfaguara, Madrid, 3.ª edición, 1976, pp. 334 y 340, señala una población activa en la industria en 1860 de un millón de personas, lo que representaría el 15 por 100 del total de activos, 1.250.000 en servicios, lo que equivaldría al 20 por 100.

[30] Acepto los porcentajes establecidos por Martínez Cuadrado, o. c., cuadro 27, página 329. Para los servicios Martínez Cuadrado da la cifra de 1.169.500 en el año 1900.

es que la mayor parte de este sector obrero se concentra en las pocas provincias afectadas por la implantación industrial moderna. Los servicios (incluidos comercio, transportes, profesiones liberales, funcionarios y empleados) alcanzan a 1.150.000. Hay un sector de rentistas (que viven de rentas inmuebles) del orden de 264.800. Otras especificaciones resultan confusas o poco significativas.

Comparando la situación de 1860 con la de 1900, en cuanto a las actividades económicas de la población, encontramos que se mantiene un alto porcentaje de la base agrícola en la economía y en la sociedad, por lo que puede hablarse fundamentalmente todavía de una sociedad campesina, en la que se conserva también un porcentaje elevado de servicio doméstico; pero la proporción del empleo en el sector primario tiende a reducirse en relación al conjunto de la población, así como disminuye el número de braceros, quizá en razón directa al número de emigrantes. Por el contrario, aumenta el número de propietarios y cultivadores directos, pequeños, medianos o grandes, como efecto de la desamortización principalmente, que llegan a ser unos 2.500.000 en 1900.

El despegue de la «nueva industria» se hace notar, no sólo en la reducción numéricamente algo imprecisa del artesanado antiguo, sino por el número de obreros fabriles (unos 706.400) y mineros (unos 76.180). El crecimiento del empleo en algunos servicios (transportes, 134.624; de ellos, 18.290 en ferrocarriles) constituye también un índice de las nuevas actividades económicas. El sector de servicios coincide con el desarrollo de las profesiones liberales, del comercio y de la burocracia (96.911 empleados públicos civiles de todas las categorías), aunque también con una inicial reducción del servicio doméstico.

En realidad, la estructura ocupacional de la población española entre 1860 y 1900 no ofrece cambios sustanciales cuando se toman los datos globalizados de toda la nación, aunque sí se apuntan algunas variaciones significativas. Probablemente el análisis de áreas geográficas locales permitiría detectar cambios más singulares. La posible, aunque discutible, disminución proporcional de la ocupación en la agricultura; el crecimiento del proletariado fabril y el aumento de algunos servicios serían las notas más destacables de este período.

LA ESTRUCTURA CLASISTA DE LA SOCIEDAD

Durante los dos primeros tercios del siglo XIX tiene lugar el proceso de disolución de la antigua sociedad estamental en la sociedad clasista. En el último tercio del siglo se consolidan las nuevas estructuras de la sociedad.

Para determinar los niveles de ingresos, que corresponden a las necesidades y al *decoro* propios de cada estrato social, sería interesante profundizar en las fuentes históricas de carácter fiscal, aun sabiendo de sus fallos y ocultaciones. Pero las cuotas contributivas, especialmente en las contribuciones directas, tomadas globalmente pueden inducirnos a errores de interpretación y su valor significativo no es muy apreciable, ya sea por la reducción fraudulenta de las cuotas o por la acumulación de varias en un solo propietario. Además, hay que considerar aparte el caso de las antiguas provincias exentas que, tras la abolición foral, tienen a partir de 1878 sus impuestos «concertados», con tarifas diferentes.

Sin embargo, el pago de la contribución industrial y la obtención de licencias para el ejercicio del comercio, de las actividades profesionales o industriales, resultará una información interesante si sus datos se usan para un análisis dinámico de carácter local, es decir, las altas y bajas en la contribución dentro de un mismo ámbito económico y en series de años comparativamente estimables.

De momento, la utilización de este tipo de fuentes de información histórica para nuestro siglo XIX está lejos de haber progresado lo suficiente como para servir de base al estudio de la composición de las distintas clases que integran la sociedad española. Los censos de población siguen siendo el medio más accesible para una primera aproximación a esta realidad.

Hay que volver a la pirámide escalonada de amplia base y altos escalones reducidos en la que se situaban los componentes de la sociedad al final de la época isabelina. En el peldaño más bajo no encontramos en 1900 contabilizados los «pobres de solemnidad», que todavía en 1887 se registran como pobres y hospitalizados, en cifras próximas a los 100.000. Otros integrantes de este peldaño parecen en regresión (servicio doméstico, jornaleros agrícolas). Pero se compensan estas disminuciones con la aparición del proletariado en actividades industriales modernas. Cuantitativamente la proporción de estos estratos más modestos de la sociedad clasista no parecen haberse modificado apreciablemente. Tal vez un 33 por 100 de la población corresponda a esta categoría sociológica, cuyo nivel económico viene determinado por el régimen salarial.

Por supuesto que la escala de los salarios obreros no es uniforme para el mismo trabajo, a causa de las diferencias locales. También las diferencias salariales de unos a otros oficios son muy acusadas. De otro lado, el coste de vida difiere igualmente de un lugar a otro, de donde se deducen situaciones divergentes entre quienes practican el mismo trabajo. André Marvaud recapituló muchos datos sobre el coste alimenticio y las raciones obreras, así como el alquiler de viviendas a principios del siglo XX. La Comisión de Reformas Sociales también registra datos de esta naturaleza, así como del régimen salarial. El nivel medio de salarios en Madrid (capital) en 1903 oscilaba entre 5,50 ptas. para las industrias de lujo; se mantenía entre 3,85 y 3,50 ptas. para las industrias del mueble, electricidad, cuero y edificación, y descendía a 2,40 y 2,30 ptas. para diversos y vestido [31]. Las jornadas de trabajo eran todavía de nueve a diez horas.

Más importante que recapitular aquí las series salariales de los distintos oficios y lugares, tarea prolija [32], creo que es recordar la estabilidad de los salarios nominales durante el período 1875-1900, con alzas no superiores al 10 ó 15 por 100. Como los precios hasta 1894-1895 tendieron a conservarse también estables, incluso con alguna baja en tejidos, vino, bacalao y trigo, los salarios reales experimentaron pequeñas mejoras. Pero el alza en los precios posterior a 1896 vino a absorber aquella ventaja en los años finales de la centuria.

Sin embargo, en algunos sectores los salarios nominales se mantuvieron bajos por la abundante reserva de mano de obra procedente de la inmigración. Así el salario nominal en la zona minera de Vizcaya, que era de 2,50 ptas. en 1876, sólo alcanzó 2,69 ptas. en 1890. Como durante este tiempo el índice de costo de vida de aquella zona subió de 108,9 a 130,4 en realidad el salario real se redujo.

En la dinámica del nuevo proletariado industrial, Vicens distinguía entre la mano de obra eventual, que aspira a situarse

[31] A. MARVAUD: *La cuestión social en España*, reedición de Madrid, 1975, p. 410. (La edición original, París, 1910.) Estos datos los toma de la publicación oficial *Memoria sobre el estado de la provincia de Madrid en 1903*. El autor subraya que fuera de la capital, en la provincia madrileña, los salarios son más bajos.

[32] TUÑÓN DE LARA: *El movimiento obrero*, o. c., pp. 262-263 y 311-313, resume algunas de estas series significativas, poniéndolas en relación con el costo de vida.

establemente, y para quienes el objetivo primario es la seguridad en el empleo (los «miserables», según él los calificaba) y los «operarios» que tienden a calificarse en los oficios y ascender en el nivel de vida, aproximándose a la modesta clase de los pequeños empleados y tenderos; para tales «operarios» el objetivo inmediato es el aumento salarial y la reducción de horas de trabajo.

El escalón de las «bajas clases medias» es muy difícil de precisar también, al menos con los datos que conocemos. Se incluyen en él las clases artesanas modestas de carácter urbano y los pequeños industriales y propietarios rurales. ¿Cómo concretar su número? Una parte considerable de los cuatro millones de agricultores no específicamente jornaleros (aparceros, arrendatarios, propietarios) se podrían considerar integrados en esta «baja clase media». Muchos son al mismo tiempo arrendatarios de tierras ajenas y cultivadores de sus pequeñas propiedades; otros, mineros y campesinos; algunos ejercen una profesión y cultivan una tierra, porque no es infrecuente la complementariedad de las rentas del trabajo personal y las rentas agrarias.

Pero entre el gran número de pequeños propietarios no fue raro, en los últimos lustros del siglo, quienes renunciaban a pagar la contribución. ¿Por falta de rentabilidad de los lotes malos desamortizados? Es probable. Sin embargo Jover piensa que quizá esta dejación voluntaria de propiedad de sus pequeñas fincas sea índice revelador de la situación económica agravada para las modestas clases rurales a finales del siglo.

En conjunto, un gran número de españoles que podríamos incluir en este escalón se diferencian más por la *consideración social,* por su estimación o «decoro» en los modos de vida, que por el nivel de rentas percibidas. Muchos de los que viven de las rentas de alquileres de inmuebles quedarían aquí clasificados. Esto mismo puede decirse de los 700.000 funcionarios, empleados, dependientes, comerciantes y hombres de las profesiones liberales que se registran en 1900.

La profesionalización burocrática fue afianzando socialmente la clase media de los funcionarios que controlan las actividades del país y adquieren, cada día más, conciencia de su importancia. Esta profesionalización se logró gracias a la selección de méritos mediante pruebas de acceso a la Administración (exámenes, concursos, oposiciones). La eficacia y la relativa honestidad de esta clase burocrática le asegura su influencia creciente. Es verdad que no faltan algunas denuncias contra la función parasitaria de los «burócratas madrileños», incluso algunos historiadores se hacen eco de estas vulgares expansiones, en muchos casos fruto de la envidia o la mediocridad. Aun cuando existan casos individuales de incapacidad e incuria, lo cierto es que la función pública fue perfeccionada a lo largo del último medio siglo con un personal cada vez más competente. Casi siempre las diatribas contra la burocracia del sector público, seleccionada mediante pruebas objetivas, procedían de quienes se sentían instalados cómodamente en el medio social, que son los que prefieren siempre la selección «a dedo».

La burocracia oficial (servicios públicos del Estado, provincia o municipio) formó un componente social específico en el conjunto de las clases medias. Ahora bien, su propia situación de satisfacción social y control administrativo, hizo aparecer en ella, ya antes de finalizar el siglo, la tendencia a formar una «burocracia cerrada», es decir, un *espíritu de cuerpo* basado en la solidaridad interna y en procurar cierto «nepotismo», facilitando el acceso a la función pública a los parientes próximos, hasta llegarse a crear verdaderas dinastías de funcionarios.

La «clase alta» se distribuye también por los escalones elevados de la pirámide social, con variantes de matiz en cuanto a su capacidad económica, la solidez de la fortuna, el nivel de renta y los recursos de poder. Cabría distinguir en esta *clase alta* cuatro componentes distintos: las funciones públicas elevadas (de gobierno, de la milicia, de la administración), los banqueros y grandes financieros, los grandes empresarios industriales, y los terratenientes. Pero la distinción, en cualquier caso, no resulta neta, puesto que esos cuatro componentes son intercambiables en una misma persona, familia o grupo familiar.

Si la importancia de la «mediana clase media» se ha ensanchado cualitativa y cuantitativamente, gracias al sector de la burocracia, los comerciantes y los empresarios medianos, la «clase alta» también ha experimentado en este tiempo una expansión numérica, según todos los indicios. Aun cuando el número de sociedades anónimas hacia 1900 es reducido todavía en el conjunto de las empresas económicas, que se acogen a otras formas legales mercantiles, la frecuencia en sus Consejos de Administración de nombres nuevos que se incorporan a otros antiguos conocidos nos pone en la pista del crecimiento numérico de la «alta burguesía».

Pero lo más significativo de la conjugación y comunicación de fuerzas entre las clases empresariales, altas o medianas, es la creación de asociaciones de empresarios, que por una parte son réplica a las asociaciones obreras y por otra establecen vínculos de trato y actuación, rompiendo el hermetismo social de los grupos más selectos.

Tal vez el factor determinante de la nueva sociedad sea la *movilidad* que le caracteriza: es decir, las posibilidades abiertas al talento o a la capacidad individual, aparte las condiciones familiares y de nacimiento.

En la sociedad antigua, para ascender en la pirámide social desde los escalones más bajos sólo había un camino directo: la Iglesia. Un tanto por ciento de altos dignatarios eclesiásticos se habían cubierto siempre en España, y también en el siglo XIX, con personas de rango aristocrático. Pero casi en igual proporción alcanzan las más altas dignidades individuos de origen social modesto, con frecuencia de la pequeña clase media. El mayor número de puestos del clero secular y regular se nutrían de gentes de condición aún más modesta, hijos de familias numerosas campesinas y pobres.

La otra vía de evasión para los campesinos modestos o los artesanos pobres era algunas veces, en la sociedad antigua, el ejercicio del magisterio de primeras letras.

Pero en la segunda mitad del siglo XIX el talento, el trabajo y la ambición tienen abiertas vías de acceso hacia las alturas de la sociedad [33]. Las tres vías principales son:

a) La carrera de las armas. El prestigio social del Ejército y el acceso del mismo a la política durante la «preponderancia militar» rodean a esta profesión de una aureola indiscutible, profesión que no se cierra como una casta aristocrática, salvo en la Marina. Gentes de toda condición acceden a la carrera militar, cuyo éxito dependerá de la valía personal.

b) El cultivo intelectual. Ya a mediados de siglo los hombres de letras, aun los de origen humilde, eran aceptados en la sociedad de las clases medias. Los estudios universitarios son un pasaporte hacia las alturas. El reconocimiento legal de este prestigio social lo había garantizado el sufragio censatario mientras se mantiene vigente, es decir, hasta 1890, salvo el período 1869-1877. Pero el prestigio social del abogado, del médico y posteriormente del ingeniero no exige una confrontación legal, y se basa en la estimación de que goza tanto en los niveles inferiores como en los superiores al mismo.

c) Los negocios. Las condiciones económicas de la época solicitan la iniciativa de los «hombres de negocios». Algunos,

[33] E. J. HOBSBAUM: *Las revoluciones burguesas,* Madrid, 1964, pp. 233 y ss. (La edición original inglesa está fechada en 1962.)

simples aventureros, caerán en el descrédito o fracasarán. Otras gentes de origen sencillo aprovechan las nuevas oportunidades para abrirse camino hacia posiciones económicas desahogadas, gracias a su capacidad de iniciativa y de empresa. Naturalmente, esta vía de los negocios tiene doble dirección: un ascenso hacia arriba, o un descenso por los peldaños de la ruina económica y social que lleva emparejado el empobrecimiento. La «movilidad» característica de la sociedad moderna lo es en los dos sentidos, aunque la milicia y la Universidad constituyan ascensos prácticamente irreversibles.

A pesar de la movilidad, y de las varias vías que la favorecen, no puede pensarse todavía en nada semejante a una *igualdad de oportunidades*. Son pocos los que disponen de condiciones exógenas, además de sus cualidades individuales de talento y capacidad, para dedicarse a los negocios o para seguir un «cursus honorum» universitario. La Iglesia, las armas y el periodismo seguían ofreciendo mayores facilidades en este sentido.

NIVELES DE INSTRUCCIÓN Y MENTALIDADES. LA REFORMA DE ESPAÑA POR LA EDUCACIÓN

Los manifiestos de las Juntas revolucionarias de 1868 habían levantado la bandera de la «libertad de enseñanza». Dentro del idealismo genérico de la Revolución, el 21 de octubre de 1868 se publicó un Decreto-ley declarando la libertad de enseñar: «Cuanto mayor sea el número de los que enseñan, mayor será también el de verdades que se propaguen, el de las inteligencias que se cultiven y el de las malas costumbres que se corrijan», declaraba el texto legal por mano del ministro Ruiz Zorrilla.

Por analogía con el liberalismo económico, decretado también entonces por Figuerola, «creía que esta libre concurrencia en el campo docente produciría análogos bienes en la cultura del país» [34]. Se facultó a los particulares para enseñar en las Universidades y centros docentes, según el modelo alemán del *privatdozent*. Se autorizó a entidades públicas o privadas a fun-

---

[34] J. GÓMEZ CRESPO: «La libertad de enseñanza en la Revolución española de 1868», publ. en «Anales del Instituto Nacional Luis de Góngora», Córdoba, 1972, páginas 31-41.

dar establecimientos de enseñanza, incluidas Universidades. Se fundan, en efecto, Universidades libres en Vitoria, en Córdoba, en Sevilla.

Muy pronto se pusieron en evidencia los abusos pues, a pretexto de libertad, se deterioraban los estudios, cayendo la calidad de la enseñanza, y convirtiéndose los centros en expedidores de títulos sin garantías. Hubo de darse marcha atrás. Los Decretos de 29 de julio y 29 de septiembre de 1874 devolvían al Estado el control directo de todos los centros docentes, confesando que «los resultados de esta inmoderada libertad han sido el desconcierto y la anarquía... No han sabido resistir los padres de familia, más cuidadosos de ordinario de que acaben sus hijos las carreras y ganen el título profesional, que no de adquirir un saber sólido y verdadero».

Aquella fue una experiencia fallida. Al sobrevenir la Restauración tenía que plantearse de nuevo el relanzamiento de la enseñanza en todos sus grados. Desgraciadamente, consideraciones de orden político hicieron recaer el Ministerio de Fomento en el marqués de Orovio, el que había desencadenado la primera «cuestión universitaria» contra los profesores krausistas en tiempo de Isabel II. Orovio iba a ver las cosas sólo por el ojo de la disputa ideológica y con su famosa circular del 26 de febrero de 1875 planteó la «segunda cuestión universitaria» al tomar medidas disciplinarias contra los profesores que no se sometieran al acatamiento de las doctrinas católicas o atacaran «directa o indirectamente» a la Monarquía restaurada. González Linares, Castelar, Giner de los Ríos, Nicolás Salmerón, Gumersindo Azcárate, Montero Ríos y otros profesores fueron separados de sus cátedras, hasta que el 10 de marzo de 1881 se les repuso en las mismas.

Ricardo de la Cierva señala la paradójica contradicción de Cánovas, que busca la convivencia política pero admite en aquel momento la intransigencia intelectural en el marco universitario: «Respondiendo con la violencia sectaria a la violencia sectaria de los demócratas de cátedra, que a raíz de su triunfo en 1869 excluyeron también de la Universidad a sus enemigos ideológicos, el gobierno campa por sus pocos respetos en la Universidad de la primera Restauración, designa arbitrariamente profesores y cátedras, y mina en los cimientos intelectuales del país la base de una convivencia imprescindible que, contradictoriamente, procuraba en los sectores políticos» [35].

[35] R. DE LA CIERVA: *Historia básica*, o. c., 2.ª ed., p. 114.

Fue entonces cuando don Francisco Giner de los Ríos cuajó la idea de crear la Institución Libre de Enseñanza. Alberto Jiménez recuerda la posición encontrada de estos dos malagueños: «Para Cánovas la cuestión universitaria era un incidente enfadoso e inoportuno que había que resolver rápidamente, dando satisfacción a determinados grupos políticos. Para Giner era el momento de traer a reflexión movimientos y aspiraciones ideales que venían ya de atrás, intentando adquirir formas concretas que le permitieran actuar fecundamente sobre el espíritu nacional» [36].

El grupo de profesores krausistas y otras personalidades afines fundaron en 1876 la Institución Libre de Enseñanza, con la pretensión de crear una Universidad paralela y un centro de segunda enseñanza modélicos. Pronto hubo que recortar los proyectos y, para no comenzar la casa por el tejado, la Institución se polarizó en atender la renovación de la escuela primaria y de la segunda enseñanza, así como la enseñanza de la mujer. Naturalmente, los institucionistas procurarían más tarde ir copando el mayor número de cátedras universitarias, así en Madrid como en Sevilla, Granada, Valencia, Valladolid, Santiago, Salamanca, Zaragoza, Barcelona y, sobre todo, Oviedo. Es lo que Pijoán, colaborador de Giner, llamó la «colonización con grupos escogidos de algunas Universidades e Institutos». Por decirlo con palabras de Alberto Jiménez, un institucionista histórico, «la cuestión universitaria se resolvió, pues, en una cuestión más amplia de educación, de la que había de surgir una renovación completa de la enseñanza, y dentro de ella un brillante resurgimiento de la Universidad española».

Por desgracia en este enfrentamiento en torno a la «cuestión universitaria» giraba un problema de mentalidades, entonces irreductibles. Se había vivido en toda Europa el conflicto entre la Ciencia y la Fe, la mentalidad positivista y la concepción religiosa de la vida. Y aunque tras Pío IX advenía León XIII, el primer Papa de la síntesis armónica entre la Iglesia católica y la cultura moderna, el acaloramiento de las disputas pasadas no se había enfriado. La carga religiosa en el ideal educativo enfrentaba a unos y otros en actitudes inconciliables. La prof. Gómez Molleda, en un sólido estudio monográfico, ha subrayado el «proceso a la Iglesia» entablado por los krausistas y el principio de neutralidad religiosa en la educación, sostenido por los hombres de la I. L. de E., que significaba «más que el

---

[36] A. JIMÉNEZ: *Historia de la Universidad española*, Madrid, 1971, p. 370.

respeto hacia todas las confesiones, desconfianza fundamental hacia una sola, la católica» [37].

Este conflicto de mentalidades tuvo manifestaciones constantes, tanto en las obras y congresos promovidos por los institucionistas como en la preocupación de los Congresos Católicos que se celebran entre 1889 y 1902. El exponente anecdótico de esa «guerra de ideas» es el *brindis del Retiro* del joven Menéndez Pelayo, en mayo de 1881, contra quien se alza «indignado», «lleno de exaltación» Giner de los Ríos, según refiere su amigo y discípulo M. Bartolomé Cossío. En otro lugar he escrito yo: «La España de la Restauración (la del *remanso*) es todo menos un mar encalmado de corrientes ideológicas. Ahora bien, la España de los años ochenta no es tampoco ninguna excepción en el mapa europeo de entonces.» Hay una coordenada general europea y otra particular española. «La determinación de esas dos coordenadas permite a un observador actual objetivar un proceso difícil aún de ser tratado con acertado tino, pero que al hacerlo podemos dar razón del mismo sin que nuestro ánimo quede prisionero de las viejas polémicas»[38].

La coordenada europea ya esta apuntada: el choque de la cultura moderna, cuya premisa fundamental es el binomio naturalismo-materialismo, que niega por tanto lo sobrenatural, y la cosmovisión de la Iglesia católica [39]. Los que pensaban que la cosmovisión católica es contraria al progreso del mundo denuncian como perniciosa la educación que servía de soporte a esa concepción del mundo. La Iglesia adopta entonces una posición defensiva ante el ataque. La otra coordenada, específicamente española, consiste «en la ruptura de la solidaridad de los españoles ante su pasado»: la historia española se presentaba no sólo como «la historia de una frustración, sino de un empeño falso». En España las dos mentalidades chocaban con más violencia porque cada una de ellas se encastillaba en una interpretación opuesta de la historia de España.

La profesora Gómez Molleda, que desde una postura crítica rinde homenaje al talento pedagógico de Giner, a su vocación docente, a la pacienzuda labor cotidiana de su contacto humano con los discípulos más escogidos, que prolongaron su obra en el

[37] M. D. GÓMEZ MOLLEDA: *Los reformadores de la España contemporánea*, Madrid, 1966, pp. 137 y ss., 257 y ss. Sobre los Congresos católicos, pp. 322 y ss.

[38] V. PALACIO ATARD: «Guerra de ideas en la España de ayer», publ. en *Ensayos de Historia contemporánea*, Madrid, 1970, pp. 199-226.

[39] J. LORZ: *Historia de la Iglesia*, Madrid, 1962, pp. 593 y ss.

tiempo y en el espacio; le reprocha, en cambio, la falta de tacto para asumir toda la Historia española[40]. Los institucionistas aplicaron un «revulsivo» que, sin duda, hacía falta para arrancar a España del quietismo enervante, cómodo, perezoso; pero no cuidaron el modo y la aplicación de las dosis; de ahí sus efectos en el choque de mentalidades que se produjo y sobre la antinomia España-Europa en que pareció emplazarse el problema.

Con lo que los hombres de la I. L. de E. tuvieron de positivo y de negativo, de éxito y fracaso, su legado a la renovación de la cultura española contemporánea ha sido tal vez el más importante del último siglo. Suplieron en parte la desidia del Estado, que en tiempo de la Restauración canovista no concedió prioridad al progreso educativo, hasta que el 18 de abril de 1900 desglosó del antiguo ministerio de Fomento el nuevo ministerio de Instrucción Pública y Bellas Artes. Pero, sobre todo desde 1881, los hombres de la Institución Libre de Enseñanza tuvieron gran influencia y desempeñaron puestos relevantes en la Dirección General de Instrucción Pública, cuando la cartera de Fomento estuvo a cargo de Albareda, German Gamazo, Sardoal, Montero Ríos, Navarro, José Canalejas, Moret, Groizard y García Alix.

El número de escuelas primarias había crecido paulatina pero lentamente: 20.113 en 1880, 24.449 en 1885, 35.649 en 1900. No obstante este aumento en términos absolutos, y teniendo en cuenta el crecimiento de la población, se mantenía todavía una desproporción grande entre los medios disponibles y las necesidades colectivas.

En 1900 el número de maestros era de 23.730 y el de niños escolarizados 1.617.824. Esto suponía que todavía el índice de escolarización con relación a la población total era casi de 1/12, y que permanecía todavía sin escolarizar un 60 por 100 de la población infantil en edad escolar.

Si descendemos a los índices de alfabetización, en 1860 el número de analfabetos representaba el 75,5 por 100 del censo de población, cifra que debe corregirse descontando el número de censados en edad preescolar; en 1900 ese porcentaje se mantenía aún en 63,7 por 100 en términos absolutos de la población censada, y era del 50 por 100 efectivo sobre los habitantes en edad de alfabetización[41].

---

[40] GÓMEZ MOLLEDA: o. c., p. 356.
[41] En 1860, entre la población censada de 15.673.481 habitantes, se registraban 11.837.391 analfabetos. El porcentaje por sexos se desglosaba en 86 por 100 de analfa-

Para la segunda enseñanza hubo sobra de planes de estudio y falta de presupuestos, entre otras cosas. Parece como si un desdichado maximalismo personalista nos llevase en España a la discontinuidad como norma en los «planes de estudio». Esto, que puede aplicarse también a algunos planes de Facultades universitarias en el último tercio del siglo XIX, es particularmente grave en el campo de la segunda enseñanza. Cada jefe de Departamento, es decir, cada Director general, hacía su «plan». Desde 1868 hasta 1900 se cuentan por lo menos nueve planes de estudio de Bachillerato distintos.

En cuanto a los Centros docentes, la segunda enseñanza pública se impartía en 58 Institutos Nacionales a finales de siglo, con poco menos de 15.000 alumnos. Los colegios privados, que en 1900-1901 eran 387 de carácter seglar y 79 regidos por religiosos, sumaban otros 30.000 alumnos. Hubo un progreso constante del alumnado de segunda enseñanza, pero con una cada vez más marcada preferencia por los colegios privados sobre los Institutos oficiales [42]. Esto empezaba a ser signo de una dicotomía social interna de las clases medias, cuyas preferencias por los colegios privados «de pago» estaba en función de la posición económica familiar; así como las preferencias por los «colegios de religiosos» estaba influenciada por las preocupaciones surgidas del aludido «conflicto de mentalidades» y el deseo de asegurar una educación católica a los hijos, no siempre garantizada en los centros oficiales por la actitud de una parte del profesorado.

En la estructura de los estudios universitarios, la novedad de más relieve introducida en el período revolucionario del 68 fue la supresión de la Facultad de Teología, desaparecida para siempre. Los planes de estudio de las Facultades universitarias y Escuelas especiales, varias veces también reformados entre 1875 y 1900, tendieron a un perfeccionamiento y modernización.

Pero en la Universidad finisecular todavía no estaba prevista la investigación científica como parte sustancial de sus tareas. «La concepción utilitaria que de la ciencia tenía la mayoría de

---

betismo femenino y 65 por 100 masculino. En 1900, de 18.618.068 habitantes censados, 11.874.890 no sabían leer ni escribir. Las cifras, pues, absolutas se mantenían estacionarias; las proporcionales disminuían en razón directa al aumento de la población. En realidad, en 1900, descontando los 2.598.244 niños en edad inferior a seis años, el analfabetismo real se totalizaba alrededor del 50 por 100 de la población.

[42]   Todavía en 1878-1879 se repartían casi en cifras iguales los alumnos de Institutos, que eran 12.734, y los de enseñanza privada, 14.290.

los profesores llevaba aparejada la renuncia de éstos a la investigación, que quedaba completamente marginada de la Universidad», explica Juan Vernet en una reciente y excelente síntesis histórica de la Ciencia española. En muchos casos también la aplicación a la política «restó a la docencia y a la investigación las figuras que más hubieran podido hacer por el desarrollo de la ciencia» [43]. El mismo autor atribuye a «los vaivenes políticos y la falta de continuidad en la política científica» el abandono en que se hallaban las instituciones: sirva de ejemplo el lamentable estado en que halló el Observatorio de Madrid el ministro don Juan de la Cierva, cuando lo visitó sin previo aviso en 1900.

Algunas personalidades aisladas comenzaban a destacar como cabezas de escuela en la promoción científica: en las ciencias sociales (Hinojosa y la Escuela de medievalistas e historiadores del Derecho; Menéndez Pelayo y la crítica literaria; los estudios histórico-filológicos de Menéndez Pidal); y también en las ciencias biológicas y naturales (el geólogo Lucas Mallada, el botánico Antonio Cipriano Costa, el zoólogo Jiménez de la Espada y las investigaciones de Santiago Ramón y Cajal sobre histología).

Al profesorado ordinario de Universidades, encuadrado en el escalafón de catedráticos, cuyos sueldos se asignaron en 1881 en escalas que iban de 3.500 a 10.000 ptas. anuales, se añadió en 1888 el cuerpo de Profesores auxiliares supernumerarios. En cuanto al alumnado, por R. D. de 22 de noviembre de 1888 se facilitó, además de la matrícula oficial, la llamada matrícula de enseñanza libre.

En mejores niveles pueden situarse los estudios técnicos. Juan Vernet, nada propicio al elogio fácil, opina que «la actividad de los ingenieros españoles —en todas sus ramas— fue notable en el siglo XIX y estuvo a la par, y aun por delante muchas veces, de las de sus colegas en otros países europeos en campos muy específicos, como los de la minería, caminos y electricidad» [44]. La valoración no sólo cuantitativa, sino científico-económica, de las aportaciones de la ingeniería española en el pasado siglo está aún por hacerse. Recordemos solamente, por su alto valor testimonial, el nombre de Leonardo Torres Quevedo, que inició sus trabajos en esta época y había de ser un pionero de la automatización y de las máquinas de calcular.

---

[43] JUAN VERNET GINÉS: *Historia de la Ciencia española,* Madrid, 1975, pp. 218 y 222-223.

[44] JUAN VERNET: o. c., p. 277.

Mención aparte hemos de hacer del avance que desde la Revolución de 1868 se logró en el planteamiento de la educación femenina. Algunas fuentes literarias (Leopoldo Alas, Pardo Bazán, Pérez Galdós) se han hecho eco de la situación cambiante, de las tensiones de la mujer en la sociedad nueva, como aquella «Tristana» que fracasa al pretender la emancipación por medio del trabajo, precisamente a causa de su falta de instrucción. Una nutrida publicística, en forma de revistas para la mujer, recoge también los reflejos de esta situación, y sobre todo algunas obras especializadas, como las de Concepción Arenal (*La mujer del porvenir, La mujer de su casa*). La superación del «ideal doméstico» se planteaba en el contexto de una polémica sobre la inferioridad intelectual *orgánica* de la mujer o simplemente debida a *causas educativas*. El feminismo en auge por toda la Europa de los años ochenta y noventa (Congresos Femeninos de Berlín, París, Bruselas) tuvo aquí resonancias en los Congresos Pedagógicos, sobre todo en el de 1892.

La Revolución de 1868 había puesto en práctica algunas iniciativas de los profesores krausistas: la irrupción de la mujer en la Universidad por la puerta falsa de las «conferencias dominicales» durante el curso 1869 no satisfizo a su iniciador, el Rector madrileño Fernando de Castro. Él mismo fue creador de la Escuela de Institutrices, que encajaba en sus objetivos de conseguir el control educativo: en varias provincias se fundaron también Escuelas de Institutrices según el modelo madrileño. Desde 1869 a 1898 cursaron 6.896 alumnas en las Escuelas de Institutrices. Todavía mayor importancia tuvo la Asociación para la Enseñanza de la Mujer, fundada en Madrid el 11 de julio de 1871, que irradió igualmente a provincias, y logró difundir los estudios femeninos de primera y segunda enseñanza, además de otros de comercio, correos y telégrafos y de varios oficios aptos a la mujer [45].

Entre 1868 y 1900 la mujer logró modestos pero constantes avances de participación en los niveles de la instrucción primaria y media. En 1875 cursaban en Burgos segunda enseñanza elemental 44 alumnas en el Instituto y 39 más en colegios privados: aunque puedan hoy parecernos exiguas estas cifras, no cabe duda que se estaba haciendo camino al andar. En 1887,

---

[45]   Sobre el tema de la instrucción de la mujer entre 1868-1900 me remito principalmente a la tesis doctoral que prepara actualmente en la Universidad Complutense de Madrid doña GLORIA SOLÉ. También a la tesis doctoral igualmente en preparación por don JOSÉ VIVAR sobre la enseñanza en Burgos en la segunda mitad del siglo XIX.

1.433 mujeres cursaban en toda España segunda enseñanza elemental y otras 1.082 enseñanzas especiales.

En el sexenio 1872-1877 cursaron 42 mujeres en España los estudios de segunda enseñanza superior que, como sabemos, estaban concebidos como enseñanza pre-universitaria. A partir de 1878 este número crece rápidamente: 52 aquel año, 90 en 1881, 166 en 1882 [46]. En 1881 consta también que nueve mujeres estudiaban en Facultades universitarias (cuatro en Barcelona, tres en Madrid, dos en Valladolid).

En octubre de 1877 se había prohibido la asistencia femenina a las aulas universitarias como causante de indisciplina entre los estudiantes varones, medida que no se cumplió estrictamente. El caso de María Castells en 1883 es una anécdota muy ilustrativa: había estudiado Medicina y solicitó la expedición de su título académico, lo que provocó un debate público sobre la conveniencia o no del ejercicio profesional por la mujer. El título le fue expedido e incluso recibió posteriormente la investidura doctoral en San Carlos. La condesa de Campo Alange ha recogido los nombres de las primeras mujeres españolas que se graduaron en Facultades universitarias desde 1882 hasta fin de siglo [47].

Aunque el número de mujeres que accedían a estudios superiores fuera reducido todavía en 1900, se había logrado un gran avance en la mentalización de amplios sectores sociales a favor de la equiparación de la mujer y el hombre en la instrucción, así como la participación activa de aquélla en puestos de trabajo que requerían estudios especializados. Concepción Arenal dejaba escritas unas palabras de duda y de esperanza: «¿Podrán llegar las mujeres a donde alcanzan los grandes hombres? El tiempo lo dirá...» El tiempo lo ha dicho en nuestro siglo XX.

---

[46] De estas 166 alumnas, 112 estudiaban cursos completos, las otras 54 asignaturas sueltas. Estos datos los toma G. SOLÉ de un artículo publicado en la revista «Instrucción para la Mujer», fecha 1 de enero de 1883.

[47] MARÍA LAFITTE, CONDESA DE CAMPO ALANGE: *La mujer en España. Cien años de su historia,* Madrid, 1964, pp. 165 y ss. La primera estudiante de Filosofía y Letras en Madrid fue doña María Goyri, que en 1890 contrajo matrimonio con don Ramón Menéndez Pidal.

CAPÍTULO 3

CRECIMIENTO ECONÓMICO EN EL ÚLTIMO TERCIO DEL SIGLO XIX

Al ocuparnos de la evolución económica entre 1808-1868 recordábamos algunas de las dificultades que se opusieron al desenvolvimiento de la economía industrial moderna en España. Esas mismas dificultades persistirán, en todo o en parte, durante el último tercio del siglo. Así, la escasez de capitales, no obstante la movilización del capital desamortizado y de la capitalización propia conseguida durante las décadas finales de la centuria. Nadal resalta el fracaso en este sentido de las «dos desamortizaciones», la del suelo y la del subsuelo, «que malograron las bases naturales, agrícola y minera, en que debiera haberse asentado la revolución industrial, en el sentido clásico de la expresión»[48].

El profesor Tortella, además de insistir en los efectos perjudiciales que de la desamortización se dedujeron para la industrialización, así como los derivados del déficit presupuestario constante y de la legislación mercantil, pone especial énfasis en destacar la absorción de recursos por las construcciones ferroviarias precipitadamente hechas entre 1855-1866, que impidieron la aplicación alternativa de tales recursos financieros[49]. Tanto Artola como García Delgado no comparten este punto de vista, según se dijo. Para García Delgado el ferrocarril contribuyó a articular el mercado interior, benefició la expansión bancaria y sus efectos se hicieron notar «sobre todo el conjunto de relaciones económicas» en cuanto fermento «que aceleraría toda una serie de transformaciones económicas y sociales irreversibles», como introducción de criterios de administración de empresas, movilización de recursos humanos y materiales, cambios en la estruc-

---

[48] J. NADAL: *El fracaso de la revolución industrial en España, 1814-1913*, Barcelona, 1975, p. 227.
[49] G. TORTELLA: *Los orígenes del capitalismo en España. Banca, industria y ferrocarriles en el siglo XIX*, Madrid, 1973, pp. 242 y ss.

tura social del país, «hechos éstos no por poco estudiados menos imprescindibles a la hora de una explicación global del proceso de industrialización española, a escala peninsular» [50].

La limitada capitalización propia, en la medida en que se reinvirtió dentro de España, contribuyó al despegue de algunos sectores. En todo caso, la escasez de recursos de capital se suplirá con inversiones extranjeras. Este hecho y la falta de una tecnología propia, que obliga a utilizar patentes extranjeras, conducen al endeudamiento exterior.

Durante el último tercio de la centuria persistirá también la escasez de fuentes de energía, que se cubrirá con el carbón inglés en los fletes de retorno de los barcos que exportan el mineral de hierro vizcaíno. Los transportes interiores, en cambio, merced a la segunda expansión ferroviaria, desde 1876, consiguen mejoras importantes, que se comprueban en el aumento del tráfico ferroviario (4.800 millones de toneladas de mercancías en 1899 en lugar de los 1.200 de 1865; 34,3 millones de viajeros en 1895 en lugar de los 11,6 millones transportados en 1865) así como en la disminución del costo por unidad transportada.

No obstante todo esto, todavía el crecimiento del mercado interior se halla retardado. No hubo en este período una transformación substancial de la economía agrícola, por lo que no sirve de apoyo suficiente a la demanda industrial; ni tampoco hubo transferencias de capital del sector agrario al de la industria.

En cualquier caso durante la Restauración se experimenta un crecimiento económico general y una primera fase de equipamiento industrial moderno, a lo que contribuyen la estabilidad política, la coyuntura europea entre 1876-1886, el crecimiento demográfico (mayor población y más joven, número creciente de consumidores, índice de empleo más elevado), además de las comunicaciones rápidas (navegación y ferrocarril).

Pero este desarrollo resulta poco equilibrado: sin plan, a base de tirones sectoriales inconexos y asincrónicos, sin contrapesos espontáneos. La consecuencia será que se afianzan unas estructuras económicas de base regional o incluso algunas de base nacional, poco conjuntadas, cuyos efectos se prolongarán en el siglo XX, en el que la reconstrucción de la economía industrial española tendrá que corregir muchos planteamientos iniciales deficientes.

---

[50]   J. L. GARCÍA DELGADO: *Los orígenes del capitalismo en España. Notas críticas,* Madrid, 1975, pp. 42-46.

Al aplicar las fórmulas de Hoffmann el análisis de la realidad española, el profesor Nadal comprueba que hasta 1913 España se halla en el primero de los tres estadios de la «revolución industrial». Los «estadios» de Hoffmann están en función de la *ratio* o relación entre los productos netos de las industrias de bienes de consumo y las de bienes de capital. El primer estadio se inicia con una relación de 5 (± 1) : 1. El segundo estadio, o fase intermedia, se alcanza cuando la *ratio* es de 2,5 (± 1) : 1. En el tercer estadio la relación es de 1 (± 0,5) : 1, esto es, se llega a un equilibrio o inversión de los productos netos de ambos subsectores.

Todavía entre 1820-1860 sólo la economía inglesa había pasado a la segunda fase de Hoffmann. Bélgica, Francia, Suecia, algunos estados alemanes, y los estados del NE. de los Estados Unidos se hallaban todavía dentro de las proporciones de la fase primera. También España, entre 1820-1860, se situó en los comienzos de dicha fase. Pero entre 1860 y 1900 varios países del Occidente de la Europa continental pasan a la fase segunda, y hacia 1900 Inglaterra, Suiza y los Estados Unidos alcanzan la fase tercera, aproximándose a ella Francia, Alemania, Bélgica y Suecia.

En España la *ratio* de la industria textil, característica de la producción de bienes de consumo, sobre la siderurgia (bienes de equipo) era en 1913, según el estudio de Nadal, de 5,6 : 1 [51]. Pero algunos logros parciales se habían conseguido: el caso más notorio corresponde al desarrollo de la producción textil precisamente, el sexto de nuestros renglones de exportación en 1913, con el 3,9 por 100 del total. En 1850 se importaban fibras, hilados y tejidos por un total del 36 por 100 de las importaciones; en 1913 esta cifra era del 15 por 100, cuyas dos terceras partes correspondían, además, a las materias primas. No se importaban ya tejidos manufacturados.

LA FINANCIACIÓN DEL CRECIMIENTO. CRÉDITO Y BANCA

La financiación de las actividades económicas durante esta época se apoya en inversiones extranjeras, en el ahorro propio y en los instrumentos del mercado de dinero: la bolsa, el crédito y la banca.

---

[51] Sigo en esto el importante estudio del prof. J. NADAL mencionado en la nota 48.

Hasta 1880 el volúmen total de capitales extranjeros había ocupado un lugar preferente en las inversiones. En esa fecha se cifra la deuda exterior pública en 2.200 millones de pesetas y en otros 2.000 millones las inversiones privadas. A partir de 1880 se registra una contención de las inversiones extranjeras, debido probablemente por un lado al cambio de coyuntura mundial y por otro al crecimiento del ahorro español. Entre 1881 y 1904 la Deuda exterior se reduce en 1.200 millones de pesetas; las inversiones privadas extranjeras aumentan en 1.500 millones. El total, pues, se mantiene casi estacionario.

Las inversiones extranjeras habían tenido siempre un carácter selectivo: hasta 1881, ferrocarriles y minas; desde 1881, además de estos subsectores, los servicios públicos (gas, alumbrado, tranvías, aguas) y las industrias de bienes de equipo. Son inversiones, según Tamames, que contribuyen poco al desarrollo global del país en que se invierte, pues los beneficios se transfieren al país inversor: en este sentido se habla de un «colonialismo económico» propio de las inversiones en países subdesarrollados. Sin embargo, esta afirmación no puede aplicarse con carácter general: sólo es válida parcialmente para los ferrocarriles y para algunas inversiones mineras, pero no para la minería del hierro vizcaíno, que reinvirtió en el país una parte considerable de los beneficios, dando así lugar a la industria siderúrgica y naviera de aquella región.

Los recursos del ahorro propio procedían en gran parte de la tesaurización por el desnivel precios-salarios, que desde 1876 siguen la evolución de la coyuntura general europea, ahorro que se hace principalmente a costa de las clases asalariadas; de la pérdida del valor de la moneda, lo que afecta sobre todo a las clases medias ahorradoras, con la tácita apropiación por el Estado de una parte de sus ahorros; de la capitalización de beneficios (exportación de mineral de hierro, de vinos, en el período 1881-1892, y frutas); finalmente, de la repatriación de capitales procedentes de América, así como la introducción de otros que acompaña al establecimiento de las Ordenes religiosas extranjeras: a finales del siglo XIX y comienzos del XX los capitales repatriados sobrepasaron «la cifra de 2.000 millones de pesetas según las estimaciones más moderadas» [52].

En la estructura financiera española se opera así un cambio durante los años de la Restauración: la aparición de una capaci-

---

[52] Banco Hispano Americano: *El primer medio siglo de su historia*, Madrid, 1951, página 10.

dad inversora del capital español que parcialmente releva al capital extranjero. También desde el 98 la repatriación de empresarios *indianos* constituye un elemento humano directivo en el impulso económico subsiguiente.

Todos estos medios de financiación se canalizarán a través de la Banca nacional, ya sea oficial o privada. La publicación de una importante obra colectiva del Servicio de Estudios del Banco de España ha puesto a punto algunos importantes aspectos del sistema bancario del último cuarto del siglo XIX [53]. La Banca oficial tiene su eje en el Banco de España, que desde 1874 goza del monopolio emisor del papel-moneda y que hasta 1900 fue un instrumento del Tesoro, por lo que no participó suficientemente en operaciones de crédito que hubieran podido beneficiar a los tres sectores económicos; incluso, según hace notar Rafael Anes, las 58 sucursales del Banco de España retrajeron recursos de las provincias hacia la Tesorería central, aunque por otra parte extendieron el uso de prácticas bancarias en regiones hasta entonces ignoradas. Sólo a principios del nuevo siglo cambió el signo de esta política monetaria y crediticia del Banco, que pasó entonces «a prestar la mayor parte de sus recursos a la industria y el comercio» [54].

La absorción de fondos disponibles por el Banco de España y por el Hipotecario tal vez expliquen el «raquitismo» de la Banca madrileña. Pedro Tedde hace un estudio regional de la banca privada, agrupándola en cinco zonas (Madrid, Barcelona, resto de Cataluña, País vasco-navarro y zona valenciano-balear) [55]. Explica el derrumbamiento a partir de 1882 de la Banca catalana, que transitoriamente se había rehecho después de la crisis de 1866-1874, como consecuencia de la propia estructura económica y bancaria atomizada de Cataluña, con la inveterada resistencia psicológica a la concentración en grandes empresas. Además esta banca, cuyos gestores financieros no parece gozaron de mucha imaginación para hacer frente a la política de inversiones, hubo de sufrir la competencia de considerable número de entidades bancarias extranjeras.

En contraste, los bancos vasco-navarros no sólo se recuperan de la crisis de 1866-1874, sino que consolidan sus posicio-

---

[53] *La Banca española en la Restauración*, 2 vols., Madrid, 1974. Bajo la dirección de G. TORTELLÁ, edición y revisión a cargo de PEDRO SCHWARTZ.

[54] R. ANES: «El Banco de España (1874-1914): un Banco nacional», en la obra colectiva señalada en la nota anterior, vol. I, pp. 125-215.

[55] P. TEDDE DE LORCA: «La Banca privada española durante la Restauración (1874-1914)», en la obra colectiva citada, vol. I, pp. 217-372.

nes, apoyadas en su interacción sobre la economía industrial, minera y exportadora de Vizcaya. Incluso en la fase de restricciones crediticias, entre 1885-1892, «las tres únicas sociedades que no sufren merma en sus activos ni retroceden en el ritmo de crecimiento son el Banco de Bilbao, el Banco del Comercio (con sede en Bilbao) y el Crédito Navarro» [56]. En 1900-1901 se fundan el Banco de Vizcaya y el Crédito de la Unión Minera, este último, de vida accidentada posterior a la guerra europea, que concluyó con una sonada quiebra.

Por eso puede hablarse de «estancamiento y auge» de la banca privada española a finales del siglo, pues si bien las sociedades de crédito de la mayor parte de la Península se hallaban en fase de estancamiento entre 1890-1898, los bancos vasco-cantábricos se mantuvieron en una línea de crecimiento constante y hubo un «movimiento bancario renovador» en las zonas fabriles de Vizcaya, Asturias y Santander [57].

Ahora bien, esta banca española adquiere un control bastante estricto de las empresas industriales y es la que impulsa, y también limita, el crecimiento; porque vino a cristalizar la línea autárquica y nacionalista de la política económica española, sobre la base del proteccionismo arancelario que, como sabemos, se impone en la última década en España como en el resto de Europa.

El mercado de valores se liberalizó a raíz del R. D. de 31 de diciembre de 1885, que aprobó el «Reglamento para la organización y régimen de las Bolsas de Comercio», en la línea del nuevo Código de Comercio, que tendía a desarrollar el principio de libertad en la creación de Bolsas de valores, ya privadas, ya oficiales.

Además de la Bolsa oficial de Madrid, en Bilbao como en Barcelona funcionaban unos «bolsines» de cambios a cargo de «corredores de comercio». En Bilbao se obtuvo el reconocimiento oficial de la Bolsa de Comercio el 21 de julio de 1890, cuya primera sesión se celebró el 5 de febrero de 1891 [58]. La Bolsa de Barcelona fue una creación más tardía, pues se constituyó oficialmente en 1916, ante las dificultades del «bolsín» en la liquidación de operaciones a plazo, lo que obligó a intervenir a los poderes públicos.

---

[56] TEDDE: o. c., pp. 316-319 y 351.
[57] TEDDE: o. c., p. 327.
[58] J. A. TORRENTE: *Historia de la Bolsa de Bilbao. 75 años: 1890-1965*, pp. 65 y siguientes Bilbao, 1966.

EL FERROCARRIL Y LOS TRANSPORTES

La ley general de ferrocarriles de 23 de noviembre de 1877 supone un relanzamiento en las construcciones ferroviarias, tras la crisis de 1866. Hubo una «euforia inversora» de capital extranjero a favor de las disposiciones legales y de la situación política estable, hasta la segunda crisis ferroviaria de 1885-1891, de extensión general europea, aunque mucho menos grave que la de 1866. Las causas fueron fundamentalmente de carácter financiero y monetario (en este caso, la caída del cambio exterior de la peseta). El ferrocarril exigía fuertes inversiones no sólo para las construcciones, sino para mejoras de conservación. De ahí la penuria financiera de las empresas ferroviarias a finales del siglo XIX y el desarrollo de un régimen de subvenciones y auxilios directos e indirectos.

En el período de 1865-1870 las cargas financieras de las Compañías superaron con mucho los productos líquidos de explotación. Entre 1871-1891 el saldo neto favorable es tan reducido que, según Casares, «no llegaban a cubrir las Compañías las atenciones financieras del capital, acciones y pago de impuestos» [59]. Por eso se incrementó el recurso a la emisión de obligaciones hechas en condiciones onerosas. El estado y estructura del capital financiero de las Compañías ferroviarias en 1891, según el cuadro 41 que ofrece Casares, era el siguiente:

	Valor nominal (en millones de ptas.)	Dinero encajado
Obligaciones	3.043,2	1.605,4
Acciones	987,3	849,7
	4.030,5	2.455,1
Subvenciones cobradas		675,1
Amortización de obligaciones		187,1

Las dificultades financieras hacían imposible a finales del siglo XIX mantener el paralelismo entre incremento de tráfico y modernización del equipo. No obstante, en 1901 se llegaba a los 13.168 km. de vía férrea de explotación y el índice de

[59] A. CASARES: *Estudio histórico-económico de las construciones ferroviarias*, o. c., página 273.

producción que establece Casares en función de los datos relativos de viajeros y mercancías transportados (1895 base 100) revelaban un crecimiento bastante regular, acentuado a partir de 1880:

$$1865 = 34,4$$
$$1875 = 56,0$$
$$1885 = 78,4$$
$$1895 = 100,0$$

Los kilómetros recorridos por trenes pasaron de 10,4 millones en 1865 a 36,5 millones en 1899. Ya se ha dicho que las toneladas métricas transportadas en la primera fecha habían sido 1,2 millón, y en 1899 llegaron a 4,8 millones; así como el aumento de viajeros fue de 11,6 millones a 34,8 en 1895.

Si estos datos nos hablan de la intensificación del servicio ferroviario, los efectos económico-sociales del ferrocarril se reflejan en la reducción del costo de los transportes. A finales de siglo, el coste de una tonelada/kilómetro por carretera era de 0,25 pesetas; por ferrocarril se reducía a 0,10 pesetas. El coste por viajero/kilómetro en las mismas fechas era de 0,10 pesetas por carretera y de 0,05 pesetas por ferrocarril. Los índices de economicidad son, pues, netamente favorables al ferrocarril y consiguientemente reveladores del ahorro social, cuyas cifras absolutas no pueden precisarse, pero que Casares estima, para todo el período 1861-1900, en 3.245 millones de pesetas [60]. Este mismo autor ha calculado el producto bruto generado por los ferrocarriles entre 1875-1900:

	Millones de ptas.	%
Sueldos y salarios	929,3	24,5
Intereses y obligaciones	2.102,1	55,3
Dividendos acciones	298,8	7,8
Impuestos directos	76,3	2,2
Amortización obligaciones	380,6	10,0
	3.787,1	
A deducir subvenciones	763,0	
	3.024,1	

---

[60] CASARES: o. c., cuadro de las pp. 376-377.

Como se ve por estos datos, el capital-obligaciones constituye una elevada carga financiera que absorbe la parte principal del producto bruto; el capital-acciones tiene una reducida participación, con una remuneración media de menos del 8 por 100 del producto, «indudable reflejo de la falta de rentabilidad económica de la actividad ferroviaria a lo largo del siglo XIX»; también es baja la participación de sueldos y salarios en el producto, con menos del 25 por 100. Por lo demás, una parte de la renta generada repercute en forma de «renta exterior», teniendo en cuenta la alta proporción del capital extranjero, ya sea en acciones u obligaciones.

En cuanto a los otros medios de transporte, la carretera quedó eclipsada por el ferrocarril hasta el uso del motor de explosión en los automóviles del siglo XX. De todas maneras la ley de carreteras de 1877 establecía una reorganización general para la construcción y conservación por el Estado de las carreteras nacionales, y por las instituciones locales de las denominadas provinciales y vecinales. La red de carreteras, debido a su postergación en el interés público, quedó insuficientemente atendida en los presupuestos, con los efectos consiguientes sobre su estado y conservación.

El transporte marítimo experimentó, en cambio, la revolución de la navegación a vapor. En 1886 la flota mercante española, que desplazaba un total de 610.000 toneladas, tenía todavía 220.000 de ellas en barcos a vela y 390.000 a vapor. Era una marina mercante *nacional,* por sus armadores y banderas, y de rango internacional por su importancia, pues ocupaba el noveno lugar en el Mundo. Pero las construcciones de los modernos vapores se habían hecho hasta entonces en astilleros extranjeros, sin que sirvieran de apoyo al desarrollo siderúrgico español.

La formación de Compañías de navegación de barcos a vapor exige fuertes inversiones, no sólo por el coste de los barcos, sino por el acondicionamiento de los puertos. Las Juntas de Obras del Puerto recién creadas y el despegue de los navieros vizcaínos en la última década constituyó la base de la moderna industria de construcción naval y de las empresas de transportes marítimos. La Compañía Trasatlántica, con sede en Barcelona, se había fundado en 1881 para el transporte de pasajeros. Luego se crearon Ybarra y Compañía, matrícula de Sevilla, y las Compañías de Sota y Aznar en Bilbao para el transporte de mercancías a grandes distancias. En 1900, la marina española desplazaba 786.000 toneladas, de las que 578.454 correspondían a vapores. El 38 por 100 de los barcos eran de la matrícula de Bilbao (177 unidades con 304.948 toneladas).

ANÁLISIS SECTORIAL. AGRICULTURA E INDUSTRIA

La agricultura española está condicionada por la distribución de la propiedad, la calidad de las tierras y la climatología. El problema de la distribución de la propiedad es doble y de signo inverso: el latifundio y el minifundio. En el siglo XIX era el resultado de antiguos condicionamientos históricos y de los efectos de la desamortización.

Las situaciones climáticas establecen una distinción fundamental entre la España húmeda y la España seca. En la España húmeda de la fachada cántabro-atlántica prevalece la pequeña o mediana propiedad, y a veces el minifundio, con un régimen de arrendamientos variado: Galicia, país de minifundio, con los foros y subforos; la cornisa cantábrica, con arrendamientos a largo plazo.

En la España seca está la zona levantina de regadíos, donde se daba la pequeña y mediana propiedad y el régimen de aparcería en los arrendamientos. Algunos tipos especiales de arrrendamientos en los cultivos de la vid en Cataluña produjeron conflictos graves entre arrendadores y arrendatarios (los *rabassaires*) a raíz de la filoxera.

La submeseta Norte y parte de Aragón eran zonas de propiedad media, con arrendamientos a corto plazo en condiciones poco favorables para los colonos, de que se derivaban situaciones óptimas para prácticas usuarias. También se daba una parcelación a veces exagerada y antieconómica.

En Cuenca, Guadalajara y Madrid la gran propiedad alterna con la propiedad media, en tierras por lo general de baja calidad. Los arrendatarios no suelen gozar de situaciones ventajosas. En la submeseta Sur (La Mancha y Extremadura) y en Andalucía, las zonas de latifundio por excelencia, se echa en falta absolutamente una clase media agraria.

En el cultivo y la producción agrícolas, durante el último tercio del siglo XIX, resaltan tres notas importantes: la disminución de las áreas de cultivo cerealístico, desde 1860 a 1892; el aumento de las áreas de viña y olivar; y la extensión de los regadíos y frutales.

Desde 1870 la reducción del cultivo cerealístico viene determinada por la competencia del trigo extranjero, tras el arancel liberalizador de 1869, además de la selección de zonas por la calidad de las tierras y por la aplicación a cultivos más rentables (vid, olivo, regadíos). A partir de 1891 el nuevo arancel proteccionista incide en el cultivo cerealístico, con nueva expansión del trigo, aunque en menor proporción que otros cultivos. García Lombardero ha comprobado, en el caso de Galicia, la expansión preferente de los piensos, cuyo resultado fue la mejora de la ganadería y el consumo de carne [61].

La introducción de nuevas técnicas de abono permitieron un incremento del rendimiento por unidad de superficie. El trigo, que en 1860 daba 5,8 quintales por hectárea, pasó en 1900 a 6,9. Naturalmente, las variaciones climáticas de un año a otro se hacían sentir en la irregularidad de las cosechas. De todos modos, la producción total media se mantuvo por debajo de la época óptima anterior. En los años buenos se alcanzaba una producción de 35 a 37 millones de quintales, en los malos bajaba hasta los 25. El consumo era alrededor de los 27 millones de quintales métricos, por lo que en los años de buena cosecha a principios de siglo se pudo obtener un excedente [62].

La superficie y el rendimiento de la vid obtiene los más sensibles aumentos por la filoxera francesa y la demanda de vino español. Según Vicens, España «monopoliza el comercio mundial del vino» desde 1882 [63]. Pero a partir de 1890 también hace aparición en España la filoxera, aunque sus estragos fueron menores gracias a replantarse con vides americanas inmunes. En 1860 la producción de vino se cifraba en 10,8 millones de hectolitros; en 1900 era de 21,6.

El desarrollo del olivo fue también cuantitativamente importante, pasando de 1,4 millones de hectolitros de aceite en 1860 a 2,1 en 1900. El olivar se fijó entonces definitivamente en dos áreas: Córdoba-Jaén y el Bajo Aragón-Tarragona. La demanda exterior aumentada desde 1870 por los mercados de América del Sur, sostuvo el estímulo de este cultivo.

[61] J. García Lombardero: «Aportación al estudio de la agricultura española 1891-1910: algunos problemas», publ. en «Anales de Economía», núm. 17, enero-marzo 1973, pp. 117-127.

[62] J. G. Ceballos Teresi: *La realidad económica y financiera de España en los treinta años del presente siglo*, vol. I, p. 28, Madrid (1931). Da la cifra de consumo de 26.828.866 qm. en 1901.

[63] Vicens Vives: *Manual de historia económica de España*. Con la colaboración de J. Nadal. Barcelona, 1959, p. 583.

La extensión de los regadíos y cultivos frutales afectó principalmente al área mediterránea: frutos secos (almendra) y naranjas. La remolacha azucarera se incrementó sobre todo a partir de la emancipación de Cuba.

El valor total medio de la producción agraria en el decenio 1891-1900, según evaluación de la Junta Consultiva de Agricultura era de 2.440 millones de pesetas anuales [64], lo que representaba un tercio de la renta nacional.

La minería tradicional (mercurio, cobre, plomo) había pasado prácticamente a manos extranjeras en virtud de la legislación promovida por el gobierno de la Revolución de 1868. La Casa Rotschild se hizo con el mercurio de Almadén, las minas de cobre de Río Tinto pasaron a propiedad inglesa. El cobre experimentó un aumento masivo de producción, desde las 213.000 toneladas extraídas en 1894 a los 2.700.000 de 1900.

La minería nueva (hierro de Vizcaya, carbón de Asturias) se retenía parcialmente en manos españolas, aunque importantes sociedades extranjeras también habían invertido en ella. La producción de carbón experimentó los siguientes aumentos:

1860,   270.000 toneladas
1890,   597.000 toneladas
1900, 1.360.000 toneladas

La producción de mineral de hierro tuvo aumentos más espectaculares, que en más de un 60 por 100 se exportaron a Inglaterra, y en otro 25 por 100 a Alemania, Francia y Bélgica:

1860,   173.000 toneladas
1880, 3.565.000 toneladas
1900, 8.675.000 toneladas

El valor total de la producción minera española en 1900 se estimaba en 400 millones de pesetas.

La pesca marítima seguía practicándose según los sistemas tradicionales en zonas también habituales para nuestros pescadores, tanto de altura como de bajura. Es un sector en que se

---

[64] CEBALLOS TERESI: o. c., vol. I, p. 41. El autor estima que el valor real de la producción agrícola española en 1895 alcanzaba los 3.500 millones de pesetas (o. c., vol. I, p. 523), estimación que no razona suficientemente y que puede resultar exagerada por exceso, aun cuando la evaluación de la Junta Agronómica peque probablemente por defecto.

innova poco, con un valor total aproximado de la pesca extraída del orden de los 60 millones de pesetas. Pero el mayor interés del sector pesquero estriba ahora en que servirá de base al desarrollo de la moderna industria conservera, que tendrá en Vigo su principal emplazamiento.

La industria fabril moderna está dirigida no a la competitividad exterior, sino al mercado interior protegido. De los dos grandes sectores industriales, siderurgia y textiles, ya dijimos que se habían diferenciado en su planteamiento y desarrollo, así como en sus resultados.

El problema de la localización de la siderurgia se había resuelto con el emplazamiento en la zona de la ría de Bilbao, próxima al mineral: el carbón seguía, pues, al hierro. Aunque se mantuvieron los establecimientos asturianos (Duro, en La Felguera), la producción siderometalúrgica vizcaína experimentó un tirón definitivo desde que terminó la segunda guerra carlista: las 49.547 toneladas de 1880 llegaron a ser 365.506 en 1900. El coste del mineral a pie de fábrica salía en Vizcaya a 4 pesetas, en Asturias a 27. La hegemonía siderúrgica vizcaína estaba, pues, llamada a imponerse en el futuro. En 1878 se había fundado la Sociedad Echevarría, en 1892 la Basconia, en 1902 se fusionaron tres empresas anteriores establecidas en Baracaldo en la Sociedad Altos Hornos de Vizcaya. El convertidor Bessemer, introducido en 1865, que transforma en acero el hierro con poco fósforo, los hornos Siemens y Thomas, el uso de la chatarra, contribuyen a esta fase expansiva de la siderurgia.

En 1902 se hallaban establecidas en Vizcaya veintisiete grandes empresas siderúrgicas y navales, además de otras industrias auxiliares metalúrgicas y de construcción naval, diecisiete Compañías navieras, cuarenta y cinco fábricas de industrias alimenticias y veintidós de cementos y cerámica para la construcción. En 1888 se habían fundado los Astilleros del Nervión, S. A., y en 1900, al crearse la Sociedad Euskalduna, se sientan las bases de la que será una fuerte industria moderna de construcción naval.

El análisis regional del desarrollo industrial de Vizcaya, entre 1876 y 1900 que ha realizado Manuel González Portilla en la Universidad de Bilbao, hace gran luz sobre este proceso [65].

---

[65] El estudio ejemplar del profesor M. GONZÁLEZ PORTILLA se titula *Aspectos del crecimiento económico que conducen al desarrollo industrial de Vizcaya*, Universidad de Bilbao, 1972. Los datos los tomo del texto original mecanografiado, que gentilmente me fue ofrecido por el autor. El mismo prof. GONZÁLEZ PORTILLA ha publicado en «Anales

La exportación del hierro está en el origen del desarrollo. Al suprimirse las restricciones forales a las salidas del mineral, la extracción y exportación cobró un auge vertiginoso. El hierro vizcaíno posee gran riqueza metálica (50 por 100), sus filones estaban a cielo abierto, favoreciendo con ello la extracción, la proximidad del mar facilitaba el transporte y la mano de obra barata se sumaba a todas las demás ventajas al establecer el precio de coste. Coincide cronológicamente esto con el encarecimiento del mineral inglés, cuyo precio sube un 320 por 100 entre 1867 y 1876. Cuando el hierro inglés se cotizaba a 33 chelines/tonelada en 1876, el hierro vizcaíno de la mejor calidad se cotizaba entre 9 y 6 chelines/tonelada.

Así, sociedades siderúrgicas europeas, sobre todo inglesas, se interesan por el hierro de Vizcaya y fundan sociedades mineras: en 1873 la Orconera Iron Ore, de capital inglés, que extrajo el 25 por 100 del total de la producción entre 1876-1880 y el 26,7 por 100 entre 1892-1901. La Société Franco-Belge de Somorrostro, fundada en 1876, extrajo el 13,3 por 100 entre 1892-1901. Las instalaciones de infraestructura de las explotaciones mineras y de transporte de mineral (ferrocarriles mineros, tranvías aéreos, cargaderos, embarcaderos) no resultan muy costosas por las condiciones geográficas de los yacimientos vizcaínos y se pagan con inversiones extranjeras.

Además, hubo también un número considerable de empresarios vizcaínos y algunas pequeñas compañías mineras del país (Martínez Rivas, Ybarra Hermanos y Compañía, etc.) junto a algunos inversionistas catalanes (Villalonga, Girona), que con un capital modesto pudieron acometer empresas mineras en condiciones beneficiosas.

De esta actividad minera sale la acumulación de capital que hace posible el despegue industrial de Vizcaya. Desde 1878 a 1899 el total de la produción del mineral de hierro en Vizcaya fue de 87.371.954 toneladas, con un índice de crecimiento

de Economía», núm. 24, octubre-diciembre 1974, un trabajo con el título: «El desarrollo industrial de Vizcaya y la acumulación del capital en el último tercio del siglo XIX»; y otro titulado «Evolución del coste de vida, los precios y la demografía en Vizcaya en los orígenes de la revolución industrial» en la obra *Movimiento obrero, política y literatura en la España Contemporánea*, ed. a cargo de M. TUÑÓN DE LARA y J. F. BOTREL, Madrid, 1974, pp. 53-66, en que desarrolla sus tesis anteriores. En el momento de redactar estas notas veo otro artículo de GONZÁLEZ PORTILLA, titulado «El mineral de hierro español (1870-1914): su contribución al crecimiento económico inglés y a la formación de capital vasco», publ. en la «Revista de Historia Social», año 1, núm. 1, abril-junio de 1977, pp. 55-112, en el que se hace referencia a los varios trabajos del autor.

anual del 16,05 por 100. Desde 1900 las cifras de producción empezaron a declinar. De ese total extraído en el período 1878-1899 el 89,3 por 100 se exporta (73.316.764 toneladas). Inglaterra es la principal consumidora (el 62,7 pot 100 del total producido y el 75 por 100 del total exportado). En 1899 el binomio hierro de Vizcaya-siderurgia inglesa estaba en su apogeo: ya se ha dicho que el 90 por 100 del mineral importado en Inglaterra procedía de España.

Los beneficios obtenidos por la exportación de hierro entre 1878-1900 suman 574.332.877 pesetas, favorecidos desde 1892 por la devaluación de nuestra moneda. De estos beneficios, una parte va a manos de las Compañías extranjeras, que los reexportan, un 46 por 100 probablemente; y el resto queda en manos de los empresarios vizcaínos. Éstos serán los que financien la industrialización de Vizcaya al reinvertir sus beneficios *in situ,* junto con algunas aportaciones de capital extranjero o procedente de otras regiones (como los banqueros catalanes mencionados antes). La acumulación de capital comercial antiguo no hubiera bastado de ninguna manera al despegue industrial de Vizcaya. El espíritu empresarial alcanzó entonces en esa provincia altos exponentes.

Las industrias textiles abarcan dos sectores cuyo crecimiento es positivo en esta época. La industria lanera (Tarrasa, Sabadell, Béjar) satura el mercado español y exporta, situándose en tercer lugar entre los países europeos. Pero, con todo, fue el sector algodonero el que logró mejores y más sólidos progresos, según dijimos en páginas anteriores. Después de la guerra de Secesión norteamericana las importaciones de algodón crecen constantemente: 39.000 kg. en 1876, 86.400 en 1899. El algodón hilado fabricado en 1882-1883 se calculaba en el Reino Unido en 41,8 libras por cabeza; en Suiza, en 17,35 libras; en Bélgica, Alemania y Francia, que ocupaban los lugares siguientes, 11,7, 7,11 y 6,6 libras respectivamente. España se situaba en sexto lugar con 5,83 libras.

El desarrollo de esta industria continuó con bastante regularidad, salvo crisis circunstanciales, y Nadal ha calculado el producto neto o valor añadido de las 80.616 toneladas de hilados fabricadas en 1913 en 105.977.357 pesetas, más 125.872.580 pesetas de valor añadido correspondiente a los tejidos fabricados con esos hilados, a los que debe aumentarse el valor añadido de los acabados que Nadal estima en 44.936.827 pesetas. En contraste, y para determinar la *ratio* de la escala de Hoffmann, a que hemos aludido como índice del proceso de la «revolución industrial», Nadal ha calculado el producto neto de la industria siderúrgica en 1913 en 76.706.198 pesetas, de las que, hechas las deducciones de costos de producción, incluido el carbón extranjero, queda un valor añadido total de 49.052.289 pesetas [66].

Otros subsectores industriales consiguieron asentarse en esta época: las industrias alimenticias, aguardientes y vinos de Jerez, Málaga y Cataluña; las harinas en Santander, hasta 1898, en que se perdió el mercado cubano; fábricas azucareras y conservas de pescado.

La industria química moderna aparece al constituirse en 1896 la Unión Española de Explosivos, sucesora de la Sociedad Española de Dinamita que se había fundado en 1872. La industria eléctrica comienza con los servicios de alumbrado público (Madrid en 1881, Barcelona en 1882) y también como fuente de energía (la central hidroeléctrica de la fábrica de Sedó en el Llobregat). En 1900 hay 480 centrales térmicas y 380 hidroeléctricas de pequeño volumen y alcance meramente local. La industria corchotaponera, según Vicens, tiene su edad de oro entre 1875 y 1900. Otros subsectores, como la industria papelera y de la construcción, no habían iniciado aún su despegue moderno, aunque en los años finales del siglo se fundan empresas y se sientan las bases de su ulterior desarrollo.

COMERCIO EXTERIOR E INTERIOR. HACIA UN MERCADO NACIONAL

El crecimiento del comercio interior y exterior está condicionado en el último tercio del siglo XIX por las mejoras de los transportes, por la rapidez de la información facilitada por los servicios de correos y telégrafos, por la introducción lenta pero constante del sistema métrico decimal, así como por la modernización del sistema monetario.

El volumen del comercio exterior se concreta en las siguientes cifras, en millones de pesetas:

[66] NADAL: o. c., pp. 226 y ss.

	Importaciones	Exportaciones	Total
1860	370,8	274,5	645,3
1900	944,5	794,0	1.738,5

Estas cifras apuntan a un desarrollo importante, con tendencia a disminuir el déficit crónico. Incluso en cinco años intermedios, entre 1888-1898, se logra un superávit.

La estructura de nuestro comercio exterior de importación se basa en tres notas características: el aumento de la importación de carburantes, fibras textiles y productos químicos; la disminución de las importaciones de maquinaria y materiales de construcción, aunque todavía constituyen un renglón principal; y la disminución de la importación de tejidos y alimentos. Todo ello es coherente con los progresos de la producción industrial española.

Las exportaciones, que se mantienen dentro de los renglones característicos de los países no desarrollados suficientemente en la economía industrial, experimentan algunas fluctuaciones en el conjunto proporcional de sus componentes:

	1880 %	1900 %
Productos agrarios	65	40
Productos mineros	20	35
Productos elaborados	5	11
Varios	9	15

El sistema arancelario había sido la clave del sistema comercial de este período, al que se ha aludido varias veces en páginas anteriores. La réplica al arancel librecambista de Figuerola la dieron los industriales catalanes en marzo de aquel año con las exigencias proteccionistas del Fomento de la Producción Nacional, secundadas luego por la Liga Vizcaína de Productores.

La Restauración frenó primeramente la política librecambista con la modificación de la base 5.ª del arancel de 1869. Los cerealistas castellanos experimentaron un alivio al encarecerse los fletes, que rectificaban la posibilidad de importar masivamente trigo extranjero a bajo precio. Por fin, el cambio de coyuntura en Europa hacia 1886 y la adopción de medidas proteccionistas en todos los países, excepto el Reino Unido, influyeron en el cambio de signo de la política comercial exterior española, con el proteccionismo del arancel de 31 de diciembre de 1891.

El proteccionismo configura, pues, a finales de siglo la tendencia autárquica que se prolongará durante la primera mitad del siglo XX y la consiguiente estructura industrial. El objetivo era autoabastecer un mercado de ámbito nacional, que por entonces echa sus bases estructurales, tanto de productos agrarios como industriales, evitando la competencia exterior mediante las barreras arancelarias, pero sin pretender en contrapartida la irrupción en los mercados internacionales. Con alimentos y materias primas caras «puede suponerse que la industria manufacturera sólo podrá producir a costes altos y que, por tanto, requerirá aun mayores protecciones», como explica Román Perpiñá. Así se inicia el despegue en el siglo XX de un capitalismo español de pocos medios y cortos vuelos [67]. La acentuación del proteccionismo europeo y la pérdida de las colonias Ultramarinas forzó aún más la línea proteccionista española en el arancel de 1906.

La articulación de la economía española a finales del siglo XIX queda, pues, montada sobre tres bases:

a) La agricultura del interior del país, de bajos rendimientos, sostenida por aranceles protectores y cuyos productos encuentran así salida a altos precios en el mercado nacional.

b) La industria de Cataluña y Vizcaya, protegida también por el sistema arancelario, que produce sólo para el mercado interior.

c) La región agrícola levantina, obligada a consumir productos internos a altos precios proteccionistas, y cuyos productos se exportan (agrios y frutas secas) obteniéndose así la renta necesaria para costear las importaciones de materias primas o bienes de equipo necesarios al sector industrial. Se establece, pues, un doble trasvase de rentas a favor de las zonas industriales periféricas a costa de las zonas agrícolas interiores [68].

En una palabra, la vida económica española queda supedi-

---

[67] R. PERPIÑÁ: *De estructura económica y economía hispana,* Madrid, 1952, pp. 325 y siguientes.

[68] PERPIÑÁ: o. c., pp. 408 y ss. S. ROLDÁN y J. L. GARCÍA DELGADO: *La formación de la sociedad capitalista en España, 1914-1920,* Madrid, 1973, vol. I, pp. 18-20. Prólogo de JUAN VELARDE FUENTES.

tada a la capacidad de compra del mercado interior, capacidad que se halla frenada por las estructuras agrarias antiguas, y cuyos productos esenciales son el trigo o los cereales castellanos, el aceite andaluz y levantino, y los vinos manchegos, andaluces, catalanes y castellano-riojanos. En segundo término, la economía española se vincula a la capacidad de venta en los mercados exteriores de los productos mineros y de algunos agrarios que se cultivaban ya con vistas a la exportación (agrios, fruta, vino, aceite). El único cambio importante introducido a finales del siglo en la economía agraria española había sido la aparición de estos sectores productivos con vistas a la agricultura de exportación.

La renuncia, en términos generales, a producir para el mercado exterior, salvo las excepciones mencionadas, no se compensa debidamente con la articulación de un sólido mercado nacional unificado, al menos en el sector agrícola, en el último tercio de la centuria. Las nuevas condiciones del transporte y de la producción favorecían la formación de un mercado nacional, pero sus logros eran todavía imperfectos.

En cambio, durante este período, la unificación de los precios agrícolas en ámbitos regionales permite hablar de la formación de este tipo de mercados. Este sería el fenómeno característico de la época, en espera de la próxima aparición de un mercado agrícola de ámbito nacional.

Un ejemplo ilustrativo de ello lo expone Jaime García Lombardero para el caso de Galicia [69]. Hasta 1880 se perciben dos series de precios diferenciados en Galicia: el de las provincias marítimas y el de las interiores. Desde 1880 los precios de las cuatro provincias se aproximan, acercándose con ello al precio medio regional. Entre las diversas causas que concurren a este fenómeno cabe destacar la construcción del ferrocarril Palencia-La Coruña y su apertura al tráfico en 1883, con lo que Galicia quedaba unida al resto de España por un sistema de transportes moderno, rápido y barato; también debe señalarse el aumento de las importaciones en las dos últimas décadas del siglo.

A finales del siglo XIX, y a raíz del Desastre de 1898, la economía española estaba necesitada de un esfuerzo de reconversión. A ello se dirigían las excitaciones de los *regeneracionistas,* con exuberancia retórica, al poner el acento en un «revisio-

[69]   J. GARCÍA LOMBARDERO: «La formación de un mercado regional, 1860-1890», publ. en «Moneda y Crédito», núm. 119, diciembre, 1971, pp. 67-88.

nismo económico» de las estructuras del país, tan importante como el revisionismo político-administrativo.

En verdad se viven por aquellos años, en la aparente España *sin pulso,* momentos de gran ímpetu y tensión. Por eso Jaime Vicens sintetizaba aquella situación en unas apretadas frases, con las que yo quiero poner punto final, porque han dejado abiertas muchas expectativas a la investigación que no han sido todavía colmadas: «El siglo XIX no termina con una España sin pulso, ni en la política, ni en la economía. Por el contrario, aparece entonces en el campo económico una generación poderosa, activa y dinámica, a la que se deberán en el decenio 1900-1910 tres de las grandes transformaciones económicas del siglo XX: el progreso agrario, por el empleo de abonos químicos y la difusión del regadío; la revolución de las industrias de transformación, por el empleo de la energía hidroeléctrica; y la aparición de la red bancaria contemporánea» [70].

[70] VICENS: *Historia económica,* o. c., p. 668.

BIBLIOGRAFÍA SELECCIONADA

MANUALES Y OBRAS DE CARÁCTER GENERAL

En los últimos diez años se han publicado numerosos manuales escolares y ensayos de interpretación de nuestra historia contemporánea, que abarcan los siglos XIX y XX. La lectura de varios libros de carácter general, desde perspectivas distintas, es un ejercicio que yo recomiendo siempre a mis alumnos universitarios, porque les ayudará a ampliar considerablemente su horizonte histórico, fomentará el ejercicio del espíritu crítico, propio del oficio de historiador, y aliviará el riesgo de incurrir en la aceptación de dogmatismos cerrados, no congruentes con el espíritu científico.

Las obras relativas a la historia contemporánea, incluso los manuales escolares, por el contenido propio del tema, suelen estar muy condicionadas por el enfoque político subyacente en los preconceptos mentales del autor. Esto es más notorio en los «ensayos de interpretación», cuya lectura, sin embargo, debe completar los manuales estrictamente escolares. Pero no ha de ignorarse nunca la recomendación de Lewellyn Woodward de que en historia contemporánea se procure conocer al autor del documento antes de valorar el documento; que, en el caso de la bibliografía general, es el libro.

Entre los manuales y lecturas que abarcan con amplitud y en forma global nuestro siglo XIX, merecen recordarse aquí: J. VICENS VIVES, *Historia social y económica de España y América,* tomo IV, vol. II *(Burguesía, industrialización, obrerismo),* Barcelona, 1959, una de las obras más ricas en contenido de esta naturaleza y de las más sugerentes, no obstante el plazo de tiempo transcurrido desde que fue redactada; obra de varios colaboradores, constituye un punto de referencia de la moderna historiografía española y de la escuela del historiador catalán prematuramente fallecido.

R. CARR: *España, 1808-1939,* Barcelona, 1969 (traducción de la obra original inglesa del mismo título, publ. en 1966, pero cuya redacción data de 1963-1964). La óptica del libro se proyecta más hacia los resultados del siglo XX. En conjunto la lectura de este libro se hace algo confusa al estudiante medio español, según manifestación repetida de mis alumnos. El prof. R. CARR ha mantenido en el St. Antony's College de Oxford un meritorio núcleo de investigación dedicado a la historia contemporánea de España.

M. ARTOLA: *La burguesía revolucionaria, 1808-1869,* vol. V de la *Historia de España,* editada por Alfaguara y dirigida por el propio prof. ARTOLA. Ofrece una elaboración original, que complementa sus numerosos estudios de la época de Fernando VII e Isabel II. El vol. siguiente de esta colección se debe a M. MARTÍNEZ CUADRADO: *La burguesía conservadora, 1869-1931,* Madrid, 1973. Del propio ARTOLA es otra obra de carácter general, con el título *Partidos y programas políticos 1808-1936,* cuyo primer vol. *(Los partidos políticos,* Madrid, 1974) analiza el sistema político español y los partidos; el volumen II contiene un importante repertorio documental referido a los programas de los mismos.

La obra de R. DE LA CIERVA: *Historia básica de la España actual,* Barcelona, 2.ª ed., 1974, está escrita con soltura y garra expresiva, aunque la mayor parte de la misma se refiere al siglo XX. DIEGO SEVILLA ANDRÉS: *Historia política de España, 1800-1973*, 2 vols. 2.ª ed., Madrid, 1974, excelente exposición de carácter escolar universitario, la mayor parte de cuyo primer vol. corresponde al siglo XIX.

Los textos constitucionales españoles han sido objeto de varias ediciones en los últimos lustros y constituyen un instrumento imprescindible. Entre esas ediciones pueden citarse las de A. PADILLA: *Constituciones y leyes fundamentales de España (1808-1947)*, Universidad de Granada, 1954, con un breve prólogo de L. SÁNCHEZ AGESTA. A este autor se debe una *Historia del Constitucionalismo español*, cuya 1.ª ed. data de 1955, pero de la que se han hecho reediciones posteriores, la última de la que tengo noticia es de 1973: su claridad de exposición, y la amplitud del contexto histórico en que sitúa el análisis de los textos constitucionales hacen de este libro una lectura muy recomendable para los estudiosos de nuestro siglo XIX y particularmente para quienes se inician en el mismo. Es también valiosa la publicación de D. SEVILLA ANDRÉS sobre las *Constituciones y otras leyes y proyectos políticos de España*, 2 vols., 1969. También la antología de E. TIERNO GALVÁN: *Constituciones y leyes fundamentales de España*, editada por Taurus, de la que se han hecho varias reediciones.

Después de la obra de VICENS antes mencionada se echa de menos un libro de conjunto sobre la sociedad española decimonónica: esta falta no puede suplirse con la obra miscelánea de ed. Guadiana que tiene por título *Historia social de España. El siglo XIX*, Madrid, 1972, aun cuando se reúnan en ella interesantes aportaciones de varios autores, entre los que yo mismo me cuento.

La historia económica ha sido objeto de varias síntesis o manuales escolares y de iniciación: el primero en el tiempo y todavía útil de manejar es el de J. VICENS VIVES (con la colaboración de J. NADAL): *Manual de Historia económica de España*, Barcelona, 1956, en el que el siglo XIX ocupa una amplitud destacada; aun cuando la investigación monográfica la haya superado en muchos capítulos, es todavía una buena introducción general a la temática de la cuestión. Más ceñido a la época que nosotros contemplamos es el libro de J. A. LACOMBA: *Introducción a la historia económica de la España contemporánea*, 2.ª ed. revisada, Madrid, 1972. También los dos vols. que forman la obra del prof. PEDRO VOLTES BOU: *Historia económica de España, siglos XIX y XX*, Madrid, 1974, en la que recopila importantes datos e informaciones sectoriales, aunque más completos para el siglo XX.

Una obra de interés general para la historia de la administración es la de ADOLFO POSADA: *Evolución legislativa del régimen local en España*, Madrid, 1910, que abarca desde 1812 a 1909 y contiene gran caudal informativo.

Entre los ensayos de interpretación de nuestra historia contemporánea debemos señalar algunos representativos de los diferentes puntos de vista. El punto de vista de la derecha tradicional quedó reflejado en el libro de E. AUNÓS: *Itinerario histórico de la España contemporánea, 1808-1936*, Barcelona, 1940. La óptica del liberalismo republicano en S. DE MADARIAGA: *España, ensayo de historia contemporánea*, que fue objeto de sucesivas reediciones y ampliaciones hechas desde la 1.ª ed. en 1931, hasta la 7.ª ed. de Buenos Aires, 1964. El punto de vista marxista lo expuso A. RAMOS OLIVEIRA, periodista de profesión y ex diputado socialista, dedicado a la docencia en el exilio, en su *Historia de España*, Méjico, 1952, 3 vols., de los que sólo una parte del segundo vol. abarca el siglo XIX. Más recientemente y con un método más riguroso ha renovado el punto de vista marxista M. TUÑÓN DE LARA en varias obras a las que nos referiremos por separado en el texto, debiendo citar aquí su libro de síntesis publ. en 1961 con el título *La España del siglo XIX (1808-1914)*, ed. en París, aunque impreso en Valencia. De esta obra hay una reedición hecha en Barcelona, 1968. Un nuevo planteamiento autocrítico en la interpretación política de la España contemporánea, con gran madurez de reflexión y densidad de conocimientos, a partir de los presupuestos de una derecha moderada, puede verse en la importante obra de J. M. GARCÍA ESCUDERO: *Historia política de las dos Españas,* Madrid, 1975, 4 vols., de los que sólo el primero se refiere al siglo XIX.

La historia eclesiástica de España contemporánea está a falta de una obra de síntesis, aun cuando haya progresado notablemente la investigación en este campo gracias a las monografías de Cárcel Ortí, J. M. Cuenca, M. Revuelta y las tesis doctorales realizadas en el Departamento de Historia Contemporánea de la Universidad Complutense de Madrid, algunas ya publicadas. Actualmente QUINTÍN ALDEA, investigador del C. S. I. C. y ex profesor de la Universidad Complutense, prepara un importante estudio sobre *Iglesia y sociedad civil en la España moderna y contemporánea,* que cubrirá el vacío señalado. Por su alto valor instrumental y la densidad de su contenido debemos recordar aquí la imprescindible obra de consulta que es el *Diccionario de Historia Eclesiástica de España,* dirigido por QUINTÍN ALDEA, TOMÁS MARÍN y JOSÉ VIVES, 4 vols., Madrid, 1972-1975, más un suplemento en preparación. Desde otro punto de vista, el libro de J. M. CASTELLS: *Las asociaciones religiosas en la España contemporánea. Un estudio jurídico-administrativo (1767-1965),* Madrid, 1973.

Las relaciones internacionales en el siglo XIX tampoco han sido objeto de un estudio de conjunto moderno. Todavía la obra de referencia clásica es la de J. BÉCKER: *Historia de las relaciones exteriores de España en el siglo XIX,* 2 vols., Madrid, 1924. Pero el prof. JOSÉ M. JOVER ha publicado un amplio y orientador estudio interpretativo, que suscitará sin duda nuevos estudios, con el título «Caracteres de la política exterior de España en el siglo XIX», en *Homenaje a Johannes Vincke,* vol. II, Madrid, 1962-1963, reeditado con otros estudios suyos en el libro de este autor: *Política, Diplomacia y Humanismo popular en la España del siglo XIX,* Madrid, 1976.

LA GUERRA DE LA INDEPENDENCIA

Las dos obras fundamentales y clásicas de la historiografía española sobre la guerra de la Independencia son: para los aspectos militares la del general J. GÓMEZ ARTECHE, *Guerra de la Independencia. Historia militar de España de 1808 a 1814,* 14 vols., Madrid, 1868-1903; y para el conjunto de los aspectos políticos en conexión, por supuesto, con los sucesos militares, la de JOSÉ M. QUEIPO DE LLANO, CONDE DE TORENO: *Historia del alzamiento, guerra y revolución de España,* editada primeramente en París en 1830, y muchas veces reeditada (una de las últimas ediciones más accesibles es la de la Biblioteca de Autores Españoles, Madrid, 1953).

Una síntesis breve y clara desde el punto de vista militar es la de uno de nuestros historiadores militares más prestigiosos, JUAN PRIEGO: *La guerra de la Independencia,* Madrid, 1947. Este mismo autor ha emprendido en 1972 la publicación de una obra monumental, de la que hasta el momento de escribir estas notas en 1977 se han publicado los cuatro primeros vols., con el título general: *Guerra de la Independencia, 1808-1814.* El vol. I trata de los antecedentes; los vols. II y III, las campañas de 1808; el vol. IV, las operaciones del año 1809. A CARLOS MARTÍNEZ VALVERDE se debe una reciente monografía sobre un aspecto bastante descuidado de estos estudios: *La Marina en la guerra de la Independencia,* Madrid, 1974.

Un extenso repertorio de títulos, que engloba la producción de doce años, entre los que halla lugar la nutrida bibliografía publicada con ocasión del sexquicentenario de la guerra, fue recopilado por J. MERCADER RIBA: «La historiografía de la guerra de la Independencia y su época, desde 1952 a 1964», publ. en «Índice Histórico Español», volumen IX, 1966. Entre las publicaciones españolas conmemorativas deben destacarse los tres vols. de *Estudios sobre la guerra de la Independencia,* que contienen las comunicaciones al II Congreso Internacional de Zaragoza, 1964-1966.

La bibliografía francesa cuenta con la obra fundamental de G. DE GRANDMAISON:

L'Espagne et Napoléon, 3 vols., París, 1926-1931. Para las relaciones anteriores a 1808, A. FUGIER: *Napoléon et l'Espagne, 1799-1808*, 2 vols., París, 1930. Además, las referencias en la monumental obra en 16 vols. de LOUIS MADELIN: *Histoire du Consulat et de l'Empire*, a partir del vol. 7.

Entre las fuentes y lecturas directas francesas se deben mencionar las memorias de los generales, jefes y políticos que hicieron la guerra de España y sirvieron al rey José. Ante todo, las *Mémoires et correspondance* del propio REY JOSÉ, 10 vols., editadas y anotadas por A. DU CASSE, París, 1853-1854; la *Correspondance* del embajador imperial en Madrid CONDE DE LA FOREST, que abarca 7 vols. editados por G. DE GRANDMAISON; y las *Mémoires* de ANDRÉ-F. MIOT DE MÉLITO, París, 1858. Las *Mémoires* del MARISCAL SOULT han sido editadas críticamente por L. y A. DE SAINT-PIERRE, París, 1955. Las *Memorias* del GENERAL BARÓN DE MARBOT han sido traducidas al castellano en edición reciente. Las *Mémoires* del MARISCAL SUCHET sobre sus campañas en España se publicaron en París, 2 vols., en 1834. Podemos recordar también las *Mémories militaires* del general HUGO, París, 1823; el t. IV de las *Mémoires* del general BARÓN DE THIÉBAULT; las del ayudante del Rey José, general BIGARRÉ, publicadas en Parías, 1893; y la *Histoire de la guerre de la Péninsule* del general FOY, 4 vols., París, 1827.

En 1970 publicó la editorial Flammarion una síntesis bien escrita, sin aparato crítico ni pretensión científica, de GEORGES-ROUX: *Napoléon et le guèpier espagnol*, que ha sido posteriormente traducida al castellano. Una puesta a punto del tema, breve, de carácter escolar, es la de J. R. AYMÈS: *La guerre de l'Indepéndence espagnole (1808-1814)*, París, 1973, de la que también se ha hecho una traducción española.

De las fuentes inglesas hay que mencionar sobre todo los 12 vols. de los *Dispatches* del DUQUE DE WELLINGTON, editados por CURWOOD, Londres, 1834-1839. La obra clásica de la historiografía inglesa es la de WILLIAM NAPIER: *A history of the War in the Peninsula and the South of France*, 6 vols., Londres, 1828-1840. El libro fundamental de la erudición histórica inglesa es el de CH. OMAN: *A history of the Peninsular War*, 7 vols., Oxford, 1902-1930. Son muy numerosas las biografías de Wellington. Una concisa y clara exposición de sus campañas la proporciona JACK WELLER: *Wellington in the Peninsula, 1808-1814*, 1.ª ed., 1962; 2.ª ed., 1969.

Al margen de esta triple serie bibliográfica española, francesa e inglesa, hay una obra reciente del prof. norteamericano GABRIEL H. LOVETT: *Napoléon and the birth of Modern Spain*, 1965, de la que existe traducción española con el título: *La guerra de la Independencia y el nacimiento de la España contemporánea*, 2 vols., Barcelona, 1975, en la que se hace un planteamiento de conjunto de los aspectos políticos y militares.

Sobre el gobierno francés en la España napoleónica, véase el documentado y sólido estudio de J. MERCADER RIBA: *José Bonaparte, Rey de España, 1808-1813. Historia externa del reinado*, Madrid, 1972.

LAS CORTES DE CÁDIZ Y LA CRISIS DEL REINADO DE FERNANDO VII

La historiografía liberal nos ha dejado una larga serie de obras sobre el reinado de Fernando VII. Entre ellas hay que recordar los tomos 16 al 19 de la *Historia general de España* de MODESTO LAFUENTE, y la *Historia de la vida y reinado de Fernando VII* de ESTANISLAO BAYO, 3 vols., Madrid, 1842.

Tienen especial interés las Memorias de los contemporáneos, algunas de las cuales son fácilmente accesibles al lector en ediciones o reediciones modernas. Así los *Recuerdos de un anciano* y otros escritos de ANTONIO ALCALÁ GALIANO, reeditados en la Biblioteca de Autores Españoles (B. A. E.), 1955, con prólogo de JORGE CAMPOS. La misma B. A. E. ha publicado las *Memorias* de Escóiquiz, Azanza, Villanueva, Ayerbe y otros documentos en dos vols. con el título *Memorias del Reinado de Fernando VII*, con estudio preliminar de M. ARTOLA. El t. V de las *Obras* de Mesonero Romanos, editadas por CARLOS SECO en la B. A. E. recoge las *Memorias de un setentón.* Las *Memorias* de JOSÉ GARCÍA DE LEÓN Y PIZARRO fueron editadas por A. ALONSO CASTRILLO, Madrid, 1952, por la editorial Revista de Occidente.

El prof. FEDERICO SUÁREZ, de la Universidad de Navarra, inició un replanteamiento de la historia del reinado de Fernando VII frente al que podríamos denominar esquema liberal de la misma, según nuevas bases documentales. Una síntesis de sus primeros trabajos puede verse en un pequeño libro titulado *La crisis del Antiguo régimen,* Madrid, 1950, 3.ª ed., 1969. A partir de 1961 el prof. SUÁREZ dirige la «Colección histórica» del Estudio General (luego Universidad) de Navarra, en la que se han publicado numerosas monografías de sus discípulos sobre distintos puntos concretos o problemas; así como los «Documentos del Reinado de Fernando VII», de los que hasta la fecha de redactar estas notas van publicados más de 24 vols., en algunos de los cuales se advierten descuidos de transcripción.

Precisamente el primer vol. de la serie documental, editado por F. SUÁREZ en 1967, se refería a los *Informes oficiales* sobre las Cortes de Cádiz. Este tema y la Constitución de 1812 ha motivado una nutrida y polémica publicística. De los testimonios iniciales de esa polémica tenemos dos documentos valiosos: La *Memoria en defensa de la Junta Central* de JOVELLANOS y el *Examen histórico de la reforma constitucional* de AGUSTÍN ARGÜELLES. (Este último ha sido reeditado con un comentario preliminar por J. LONGARES, Madrid, 1970.) Una *Antología de las Actas de las Cortes de Cádiz* fue publicada por E. TIERNO GALVÁN, 2 vols., Madrid, 1964. Con ocasión del sexquicentenario de las Cortes, la «Revista de Estudios Políticos» publ. el núm. 126 con carácter monográfico dedicado al tema, Madrid, 1962. Al redactar estas notas acaba de publicar un sugestivo enfoque sociológico de *Los grupos liberales antes de las Cortes de Cádiz* la prof. E. MARTÍNEZ QUINTEIRO, Madrid, 1977; que complementa una tesis doctoral suya inédita.

El tema de las Cortes de Cádiz es objeto de la atención preferente de M. ARTOLA, que publicó primeramente un estudio en 2 vols. sobre *Los orígenes de la España contemporánea,* Madrid, 1959, y luego lo trató extensamente en su voluminosa obra sobre *La España de Fernando VII,* t. XXVI de la *Historia de España* ed. por Espasa-Calpe, Madrid, 1968, bajo la dirección de D. RAMÓN MENÉNDEZ-PIDAL.

Los prof. M. ARTOLA y C. SECO, secundado éste por varios colaboradores de su antigua Universidad de Barcelona, han promovido también una revisión historiográfica de todo este período, pero con criterios diferentes a los del prof. F. SUÁREZ, sustentando los puntos de vista de la que se podría denominar escuela historiográfica neoliberal. Una síntesis de sus planteamientos puede verse en el importante prólogo de SECO al mencionado tomo de ARTOLA sobre la España de Fernando VII.

La incidencia de la situación de la Hacienda en la crisis política del Antiguo régimen la ha señalado JOSEP FONTANA primeramente en *La quiebra de la Monarquía absoluta,* Barcelona, 1971; y luego en *Hacienda y Estado en la crisis final del Antiguo régimen español: 1823-1833,* editado por el Instituto de Estudios Fiscales del Ministerio de Hacienda, Madrid, 1973. Esta misma institución ha publicado también el libro de JOAQUÍN DEL MORAL RUIZ: *Hacienda y sociedad en el Trienio Constitucional (1820-1823),* Madrid, 1975. Estas obras incluyen interesantes apéndices documentales. Para una primera aproximación directa a los documentos hacendísticos de la época puede verse el *Diccionario de Hacienda* de CANGA ARGÜELLES, del que ha hecho el Ministerio de Hacienda una reimpresión de la edición de 1834, Madrid, 1968, 2 vols. (Hay otra reedición moderna no facsimilar del *Diccionario* en la B. A. E.)

Las relaciones Iglesia-sociedad civil y la «conflictividad de mentalidades» que se suscita en esta época tiene su mejor introducción en el denso y ágil estudio de M. REVUELTA GONZÁLEZ: *Política religiosa de los liberales. El Trienio Constitucional,* Madrid, 1973.

La última década del reinado de Fernando VII, hasta hace pocos años la menos estudiada, ha sido objeto últimamente de interesantes monografías, aparte las mencionadas en relación a la Hacienda. Uno de los puntos más obscuros, el Manifiesto de los Realistas puros y la cuestión de los Agraviados, ha sido replanteado a fondo por SECO, TORRAS, SUÁREZ y ARÓSTEGUI, en varios trabajos que se citan pormenorizadamente en las notas del capítulo correspondiente de mi libro. Lo mismo puede decirse de la crisis dinástica de 1830-1833. Sobre los emigrados políticos, además del libro de V. LLORENS: *Liberales y románticos. Una emigración española en Inglaterra (1823-1834)*, Méjico, 1954; véase el de R. SÁNCHEZ MANTERO: *Liberales en el exilio*, Madrid, 1975.

LA MONARQUÍA LIBERAL. CARLISMO Y DESAMORTIZACIÓN

La España isabelina no ha sido objeto, como tantos otros grandes temas decimonónicos, de un estudio de conjunto. Ni siquiera la figura de la desgraciada Reina cuenta con una biografía que agote los aspectos humanos y políticos: hoy por hoy la mejor introducción biográfica es la de CARMEN LLORCA: *Isabel II y su tiempo*, Alcoy, 1956, para la que utiliza documentación original del Archivo de Palacio. Un aspecto monográfico de la historia política que gravitó sobre el destino humano de la Reina ha sido tratado por M. T. PUGA: *El matrimonio de Isabel II*, Pamplona, 1964.

El maniqueísmo de la historia contemporánea a que aludíamos en el prólogo de nuestra obra es evidente en la historiografía del reinado de Isabel II. Los historiadores de aquel tiempo oscilan desde el extremo apologético de MANUEL ANGELÓN: *Historia de Isabel II, reina de España*, 2 vols., Barcelona, 1860-1861; al polo opuesto de MANUEL HENAO Y MUÑOZ: *Los Borbones ante la Revolución*, 2 vols., Madrid, 1869; o a la farragosa *Historia del reinado del último Borbón de España*, 3 vols., Barcelona, 1868, de FERNANDO GARRIDO, que al menos tiene la particularidad de apuntar aspectos sociales no tratados por la bibliografía estrictamente política.

De la historiografía de aquel tiempo siguen teniendo valor los vols. 20 al 23 de la *Historia de España* de LAFUENTE, continuada por D. JUAN VALERA con la colaboración de A. BORREGO y de A. PIRALA. Son también piezas historiográficas fundamentales algunas memorias de coetáneos: así las del MARQUÉS DE MIRAFLORES, *Memorias del Reinado de Isabel II;* y las del general FERNANDO FERNÁNDEZ DE CÓRDOBA, *Mis memorias íntimas*, ambas reeditadas en la B. A. E., con estudios preliminares de M. FERNÁNDEZ y M. ARTOLA. También las *Memorias* de RAMÓN DE SANTILLÁN, editadas en la «Colección histórica» de la Universidad de Navarra, 2 vols., 1961, especialmente interesantes en los aspectos hacendísticos. Por fin, en esta serie de fuentes no deben olvidarse los *Anales del Reinado de Isabel II* de JAVIER DE BURGOS, 6 vols., Madrid, 1850-1851: es una publicación póstuma realizada por su hijo Augusto, quien reelaboró el tomo V y redactó el VI.

Sobre el carlismo y la primera guerra carlista la obra clásica de la historiografía liberal es la de ANTONIO PIRALA: *Historia de la guerra civil y de los partidos liberales y carlistas*, Madrid, 1853, 5 vols. Hay una 2.ª ed. ampliada, en 6 vols., Madrid, 1868-1871 (incluye la Regencia de Espartero). Contiene muchos documentos inéditos y fuentes de muy primera mano, por eso es obra indispensable. PIRALA reunió los valiosos documentos que forman la colección que lleva su nombre y se halla en la Biblioteca de la Real Academia de la Historia.

La historiografía carlista cuenta con la obra monumental de MELCHOR FERRER y otros colaboradores, cuya publicación se inició en Sevilla en 1941, con el título general: *Historia del tradicionalismo español*, y de la que hasta 1960 se han editado 29 tomos en 31 vols. Utiliza también valiosos documentos inéditos y, junto a PIRALA, forman los dos pilares básicos para el estudio de la guerra carlista. Una breve *Historia del carlismo* de

ROMÁN OYARZUN, puede ser síntesis útil de tipo escolar, basada por lo general en buenas fuentes y bibliografía, 1.ª ed. 1939, 2.ª ed. 1944, 3.ª ed. 1969: los aspectos militares resultan, sin embargo, confusamente expuestos.

El repertorio de JAIME DEL BURGO: *Bibliografía de las guerras carlistas y de las luchas políticas del siglo XIX,* 3 vols. y otros 2 de suplementos, Pamplona, 1956-1966, en forma de diccionario bibliográfico, con útiles indicaciones complementarias, tiene un valor instrumental de primer orden no sólo para el tema del carlismo, sino en realidad sobre toda la historia política, por lo que su consulta es aconsejable en cualquier caso. De esta importante obra hay actualmente, según mis noticias, una segunda edición en preparación.

La interpretación del carlismo en la moderna bibliografía anti-liberal cuenta con el apoyo bibliográfico del prof. F. SUÁREZ y de los trabajos de su Departamento en la Universidad de Navarra. Un replanteamiento de signo opuesto lo realiza actualmente JULIO ARÓSTEGUI, que ha publicado un estudio del período formativo de 1823-1833: «El problema del Manifiesto de los Realistas puros (1826). Contribución al estudio de los grupos políticos en el reinado de Fernando VII» (publ. en *Estudios de Historia Contemporánea* coordinados por V. PALACIO ATARD, vol. I, Madrid, 1976) y un enfoque metodológico general: «El carlismo en la dinámica de los movimientos liberales. Formulación de un modelo», Actas de las I Jornadas de Metodología Aplicada de las Ciencias Históricas, Santiago de Compostela, vol. IV, 1976.

El análisis de la preponderancia militar era objeto de los postreros estudios del prof. JESÚS PABÓN, cuya biografía sobre Narváez, que hubiera dado un nuevo enfoque a la cuestión, ha quedado truncada por su fallecimiento. Nos quedan sólo algunos avances de su punto de vista: «El régimen de los generales» recopilado en *La subversión contemporánea y otros estudios,* Madrid, 1971, y «La leyenda y la historia del general Narváez», discurso de inauguración del XXXI Congreso luso-español para el Progreso de las Ciencias, Cádiz, 1 de abril de 1974.

Es una lástima que E. CHRISTIANSEN en *Los orígenes del poder militar en España, 1800-1854,* cuya traducción española es de 1974, pero la edición original inglesa se remonta a 1967, no haya tenido conocimiento de los enfoques de PABÓN, que le hubieran facilitado una más amplia comprensión del problema, tratado con la novedad de una documentación inglesa original. Aunque de carácter general son interesantes a este respecto dos obras: la del sociólogo, especialista en temas militares, M. ALONSO BAQUER: *El Ejército en la sociedad española,* Madrid, 1971, especialmente algunos capítulos de la segunda parte; y la de JOSÉ R. ALONSO: *Historia política del Ejército español,* Madrid, 1974.

El tema de la desamortización está siendo objeto de numerosos estudios de carácter monográfico, en particular el período de Mendizábal. Son muchas las tesis doctorales y de licenciatura que en nuestras Universidades se han realizado durante los últimos años y se realizan actualmente. No todas se hallan aún publicadas. A varias de ellas me refiero yo en las notas de capítulo correspondiente. Uno de los autores que más han trabajado este tema, F. SIMÓN SEGURA, ha publicado una síntesis general con el título *La Desamortización española del siglo XIX,* publ. por el Instituto de Estudios Fiscales (Ministerio de Hacienda), Madrid, 1973. A FRANCISCO TOMÁS Y VALIENTE se debe un sobrio y lúcido estudio: *El marco político de la desamortización,* Barcelona, 1971. (Se publicó primeramente con el título bien expresivo de «Planteamientos políticos de la legislación desamortizadora» en la «Revista crítica de Derecho inmobiliario», núm. 473, 1969.) Estas dos obras, junto con la edición de textos jurídico-políticos comentados por TEODORO MARTÍN, Biblioteca del Estudiante de ed. Narcea, Madrid, 1973, creo constituyen la mejor introducción al tema.

Para una puesta a punto de la cuestión puede verse F. TOMÁS Y VALIENTE: «Recientes investigaciones sobre Desamortización: intento de síntesis» publicado en «Moneda y Crédito», núm. 131, 1974, pp. 95-160. Desde el punto de vista metodológico es interesante el artículo de GERMÁN RUEDA: «Utilidad del ordenador para el estudio de la desamortización», publ. en «Cuadernos de Historia Económica de Cataluña», vol. XIV, Barcelona, 1976, pp. 193-213; y el de P. MARTELES: «Para un método de estudio de la desamortización en España», publ. en *Agricultura, comercio colonial y crecimiento económico en la España contemporánea*, Actas del I Coloquio de Historia económica de España, páginas 90-99, Barcelona, 1974.

Sobre la incidencia de la Hacienda Pública en la política y la economía ha continuado JOSEP FONTANA la serie de sus estudios anteriores con otro libro publicado por el Instituto de Estudios Fiscales: *La Revolución liberal. Política y Hacienda, 1833-1845*, Madrid 1976.

La Historia política de la Monarquía liberal de Isabel II se completa con los ensayos biográficos de los principales protagonistas. Así, M. MARLIANI: *La Regencia de D. Baldomero Espartero.... y sucesos que la prepararon*, Madrid, 1870, y la de C. NAVARRO RODRIGO: *O'Donnell y su tiempo*, Madrid, 1969; ambas apologéticas y reivindicatorias, debidas a sendos amigos y colaboradores de los biografiados, pero que proporcionan una aproximación directa a esos personajes. En todo caso se echa de menos la ausencia de estudios biográficos modernos: esperemos que la obra de PABÓN sobre Narváez pueda ser continuada.

En cambio, disponemos de estudios modernos que tratan aspectos monográficos importantes, sobre el sistema político, los partidos, las doctrinas y la realidad del poder. J. TOMÁS VILLARROYA: *El sistema político del Estatuto Real (1834-1836)*, Madrid, 1968; J. L. COMELLAS: *Los moderados en el poder, 1844-1854*, Madrid, 1970; V. G. KIERNAN: *La revolución de 1854 en España*, Madrid, 1970 (la ed. original es de 1965); A. EIRAS ROEL: *El partido demócrata español, 1849-1868*, Madrid, 1961; L. DÍEZ DEL CORRAL: *El liberalismo doctrinario*, Madrid, 1946, y el breve planeamiento de TUÑÓN DE LARA: «Qué fue la década moderada» en *Estudios sobre la España del siglo XIX*, Madrid, 1972. Recuérdese también la obra de ARTOLA, *Partidos y programas*, citada en la bibliografía general. Sobre la estructura del poder en la época isabelina y el funcionamiento de los partidos queda todavía mucho campo a nuevas investigaciones.

De las obras antiguas y ya clásicas acerca de políticos y partidos hemos de citar ante todo las de JUAN RICO Y AMAT: *Historia política y parlamentaria de España*, 3 vols., Madrid, 1860-1861, y *El libro de los Diputados y Senadores*, 4 vols., Madrid, 1862-1866, con semblanzas de los más notables y el texto íntegro del mejor discurso de cada uno de ellos a juicio del editor. Sobre el contenido del lenguaje político o los vocablos al uso escribió, con ingenioso humor, un breve *Diccionario de políticos*, Madrid, 1855, que se reeditó en su tiempo, y que al escribir yo estas notas veo ha sido editado nuevamente en la Colección Bitácora, Biblioteca del Estudiante, Madrid, 1976.

Las relaciones de la Iglesia y de la sociedad civil, tan conflictivas en esta época, tuvieron un momento de distensión en el Concordato de 1851. Desde el punto de vista del Estado la obra fundamental sobre la negociación del Concordato es la de J. CASTILLO Y AYENSA, ministro plenipotenciario ante la Santa Sede: *Historia crítica de las negociaciones con Roma desde la muerte de Fernando VII*, Madrid, 1859. Es conocida la polémica que Martínez de la Rosa sostuvo con Castillo y Ayensa y con el Marqués de Miraflores sobre el proyecto concordatorio de 1845. Desde el punto de vista de la Santa Sede la fuente documental más interesante son probablemente los comentarios de Brunelli sobre el proyecto y realización del Concordato que han sido publicados por V. CÁRCEL ORTÍ: *El nuncio Brunelli y el Concordato de 1851* en «Anales Valentinos», volumen I, 1975. Este mismo autor ha publicado un libro importante sobre *Política eclesial de los gobiernos liberales españoles, 1830-1840*, Pamplona, 1975. Sobre el Concordato la monografía moderna del mayor interés es la de J. PÉREZ DE ALHAMA: *La Iglesia y el Estado español. Estudio histórico-jurídico a través del Concordato de 1951*, Madrid, 1967.

Otro especialista, el prof. M. REVUELTA GONZÁLEZ, ha publicado una exhaustiva investigación sobre *La exclaustración, 1833-1840,* Madrid, 1976. J. M. CUENCA tiene varios trabajos sobre la Iglesia en la época isabelina reunidos en un vol. titulado: *La Iglesia española ante la revolución liberal,* Madrid, 1971; del mismo autor: *El episcopado español durante el pontificado de Pío IX. Apunte sociológico,* Valencia, 1974.

LA SOCIEDAD ISABELINA

Algunos capítulos del vol. V de la *Historia social y económica de España y América* de VICENS VIVES (2.ª ed. con el título *Historia de España y América,* Barcelona, 1971) son una introducción general a las transformaciones sociales que se operan en España durante la primera mitad del siglo XIX. En la obra miscelánea de la ed. Guadiana, *Historia social de España. Siglo XIX,* citada en el epígrafe de obras generales, hay varias colaboraciones que directamente hacen relación a esta época.

FERNANDO GARRIDO, el infatigable periodista obrerista de aquel tiempo, nos dejó en *La España contemporánea,* 2 vols., Barcelona, 1865, un relato apasionado y farragoso, pero con informaciones sobre las clases trabajadoras que le dan un valor interesante para la historia social, precisamente en el capítulo que suele estar menos bosquejado en las fuentes históricas o literarias.

En efecto, la literatura costumbrista es un útil instrumento de aproximación a la realidad, a través del prisma de la crítica social que ejercen algunos escritores contemporáneos. Una antología de fácil manejo es el tomo I de *Costumbristas españoles,* Madrid, 1950, edición y estudio preliminar (importante) de E. CORREA CALDERÓN. Más breve es otra antología de J. L. VARELA, con el título *El costumbrismo romántico,* Madrid, 1969, que recoge algunos textos de «los tres grandes» (Mesonero, Larra y Estébanez Calderón), más otros de Ochoa y el duque de Rivas. Como introducción a la literatura costumbrista en relación a la historia social ha de contarse con el ensayo de J. FERNÁNDEZ MONTESINOS: *Costumbrismo y novela. Ensayo sobre el redescubrimiento de la realidad española,* Valencia, 1960; y los ensayos sobre Larra, Mesonero y Pérez Galdós de CARLOS SECO, reunidos en su libro *Sociedad, literatura y política en la España del siglo XIX,* Madrid-Barcelona, 1973.

Hay un aspecto de los problemas de la transformación social en la época isabelina que ha sido estudiado más a fondo hasta ahora y es el fin del régimen señorial, sobre todo por A. DOMÍNGUEZ ORTIZ y S. MOXÓ. Al prof. MOXÓ se deben varios trabajos sobre la evolución y estructura señorial, tanto en ámbitos regionales como en el contexto general. Su libro *La disolución del régimen señorial en España,* Madrid, 1965, es la obra fundamental en este problema.

La burocracia en la función pública constituye uno de los elementos de la nueva sociedad llamados a ejercer un papel relevante entre las clases medias. Aunque falta un estudio a fondo desde este punto de vista, el tema de los funcionarios ha sido objeto de atención preferente por los tratadistas del derecho administrativo, en los que son frecuentes las alusiones históricas. Así, E. GARCÍA DE ENTERRÍA, en algunos artículos reunidos en su obra *La administración española,* Madrid, 1961; ALEJANDRO NIETO, *La retribución de los funcionarios en España (Historia y actualidad),* Madrid, 1967 (obra de la que se ha hecho una reedición posterior), y C. CARRASCO CANALS, *La burocracia en la España del siglo XIX,* Madrid, 1975, obra que resulta incompleta, pero que hace hincapié en las disposiciones legales de Bravo Murillo y que publica en apéndice interesantes documentos, así como tres proposiciones de ley sobre funcionarios correspondientes al período de la Restauración.

La instrucción pública, base para un estudio del utillaje mental y, por tanto, para una historia de las mentalidades, no ha sido hasta ahora debidamente atendida por nuestros historiadores y menos aún en nuestros manuales u obras de divulgación. Aparte la *Bibliografía pedagógica*, 5 vols., que publicó RUFINO BLANCO en Madrid, 1907-1912, de valor instrumental, y de los *Documentos para la historia escolar de España* publicados por L. LUZURIAGA, 2 vols., Madrid, 1916; contamos para esta época con la memoria justificativas que escribió uno de los mayores promotores de las reformas educativas, A. GIL Y ZÁRATE: *De la instrucción política en España*, 3 vols., Madrid, 1855.

Entre las obras modernas, la síntesis de J. RUIZ BERRIO: *Política escolar de España en el siglo XIX (1808-1833)*, Madrid, 1970; el artículo de M. D. GÓMEZ MOLLEDA: «El problema religioso-pedagógico en España», publ. en «Eidos», núm. 12, 1960; la monumental obra de C. RABAZA: *Historia de las Escuelas Pías en España*, 7 vols., Valencia, 1917-1918; y la documentada monografía de M. C. SIMÓN PALMER: *La enseñanza privada seglar en Madrid, 1820-1868*, Madrid, 1972. Otros trabajos continúan actualmente en esta dirección o área de investigación en el Departamento de Historia Contemporánea de la Universidad Complutense de Madrid. Para este período es también interesante la obra de M. y J. L. PESET: *La Universidad española (siglos XVIII y XIX). Despotismo ilustrado y revolución liberal*, Madrid, 1974.

En el mismo Departamento y en el C. S. I. C. se trabaja también sobre la proyección social de la alimentación y la enfermedad: para esta época son interesantes: el trabajo de M. ESPADAS BURGOS, «Abasto y hábitos alimenticios en el Madrid de Fernando VII», publ. en *Estudios sobre la España liberal*, dirigidos por V. PALACIO ATARD, Anexos de «Hispania», vol. 4, Madrid, 1973; el libro del prof. A. FERNÁNDEZ GARCÍA: *La alimentación de Madrid en el reinado de Isabel II*, Madrid, 1971 (prólogo de V. PALACIO ATARD); y el artículo del mismo prof. FERNÁNDEZ GARCÍA: «La epidemia de cólera de 1854-1855 en Madrid», publ. en los mencionados *Estudios de Historia contemporánea*, vol. I, Madrid, 1976; así como los últimos capítulos del libro de M. Y J. L. PESET: *Muerte en España. (Política y sociedad entre la peste y el cólera)*, Madrid, 1972.

EVOLUCIÓN ECONÓMICA, 1808-1868

La demografía histórica cuenta con dos síntesis introductorias. J. NADAL: *La población española, siglos XVI al XX*, Barcelona, 1.ª ed., 1966 (hay una reedición posterior); y P. ROMERO DE SOLÍS: *La población española en los siglos XVIII y XIX*, Madrid, 1973.

La historia económica española se ha enriquecido recientemente con notables estudios que abarcan este período en sus diversos aspectos, hallándose actualmente entablada una revisión en torno al problema del lento proceso de transformación de nuestras estructuras económicas y de la aparición de la sociedad industrial.

El Servicio de Estudios del Banco de España publicó en 1970 dos valiosas obras, fruto de la colaboración de varios especialistas. Con el título de *El Banco de España. Una historia económica*, FELIPE RUIZ, E. J. HAMILTON, GONZALO ANES, GABRIEL TORTELLA y otros autores llevaron a cabo un estudio colectivo de los orígenes y la creación del Banco de España en un contexto muy amplio de la economía de la época. (Por cierto que la colaboración de HAMILTON es en buena parte refundición del trabajo que había publicado en «The Journal of Political Economy», junio, 1945, vol. LIII, núm. 2, página 97 y ss.) La otra obra se titula *Ensayos sobre economía española a mediados del siglo XIX*, en el que varios de esos autores y algunos más, analizan los problemas generales y sectoriales: en las notas a pie de página de nuestro libro hemos dado cuenta pormenorizada de estas colaboraciones.

Sobre la reforma hacendística de Mon-Santillán se publicó el libro de F. ESTAPÉ: *La reforma tributaria de 1845*, Barcelona, 1971, aunque su redacción es bastante anterior a la fecha de publicación. (De la reforma de M. de Garay se ha dado cuenta en la bibliografía de la crisis del reinado de Fernando VII.) NICOLÁS SÁNCHEZ-ALBORNOZ es autor de numerosos estudios a los que hacemos referencia en las notas de nuestro libro; pero deben recordarse aquí de modo especial los que reunió en forma de libro con el título: *España hace un siglo: una economía dual,* Barcelona, 1968.

Otras tres obras bastante recientes son significativas de la revisión de problemas a que hemos aludido, que han suscitado interesantes discusiones: las de G. TORTELLA: *Los orígenes del capitalismo en España. Banca, industria y ferrocarriles del siglo XIX,* Madrid, 1973; J. NADAL: *El fracaso de la revolución industrial en España, 1814-1913,* Barcelona, 1975, y los trabajos misceláneos de varios autores, editados por J. NADAL y G. TORTELLA: *Agricultura, comercio y crecimiento económico en la España contemporánea;* Barcelona, 1973, en el que se reúnen las Actas del I Symposium de Historia Económica de España celebrado en Barcelona en 1972.

La política monetaria había sido objeto de un estudio fundamental de JUAN SARDÁ: *La política monetaria y las fluctuaciones de la economía española en el siglo XIX,* Madrid, 1948; obra que ha sido relanzada recientemente al mercado del libro, Barcelona, 1970. Otra obra básica en su tema es *Historia de las finanzas españolas en el siglo XIX,* de J. M. TALLADA, Madrid, 1946. En relación al problema de la Deuda pública, es muy útil la información contenida en la publicación del Instituto Nacional de Administración Pública: *Datos básicos para la historia financiera de España 1850-1875,* Madrid, 1976. Un tema ha permanecido abandonado hasta ahora por los historiadores de la economía: el funcionamiento del mercado bursátil; pero en fecha reciente se ha hecho una importante contribución al mismo en la obra de J. A. TORRENTE FORTUÑO, lujosamente editada: *Historia de la bolsa de Madrid,* 3 vols., Madrid, 1974. (El mismo autor publicó anteriormente otro libro sobre la Bolsa de Bilbao, al que nos referiremos en el último epígrafe de este apéndice bibliográfico.)

Sobre los transportes, las construcciones ferroviarias y las obras públicas, existen algunas obras básicas para una primera aproximación a dichos temas. Citemos a este respecto: P. DE ALZOLA: *Las obras públicas en España,* Bilbao, 1899; D. R. RINGROSE: *Los transportes y el estancamiento económico en España (1750-1850),* Madrid, 1972. (La edición original inglesa es de 1970.) Por fin, el importante libro de A. CASARES: *Estudio histórico-económico de las construcciones ferroviarias españolas en el siglo XIX,* Madrid, 1973.

EL SEXENIO REVOLUCIONARIO, 1868-1874

No existe un estudio global moderno que abarque todo el proceso revolucionario. En 1970 editó la Americas Publishing Co. una obra impresa en Madrid, de carácter misceláneo, con el título *La Revolución de 1868. Historia, pensamiento, literatura,* selección de Clara E. Lida e Iris Zavala, en la que se incluyen dieciocho ensayos históricos, más otros siete sobre aspectos literarios y una selección de documentos. El libro, en conjunto, añade poco a lo ya sabido sobre la Revolución. Las revistas «Atlántida», número 36 y «Revista de Occidente», núm. 67, publicaron en 1968, con ocasión del centenario, sendas entregas monográficas conmemorativas, en las que hay algunos artículos de interés, que han proporcionado tal vez lo mejor de la publicística histórica escrita al filo de la celebración de esa fecha. Un breve ensayo de M. TUÑÓN DE LARA resulta de interés: «El problema del poder en el sexenio (1868-1874)», publ. en *Estudios sobre el siglo XIX español,* Madrid, 1971.

Entre las obras clásicas de la historiografía de aquella época hay que señalar los escritos de algunos protagonistas y testigos, que han dejado relatos importantes. Así, RICARDO MUÑIZ, íntimo colaborador de Prim, en sus *Apuntes históricos sobre la Revolución de 1868,* 2 vols., Madrid, 1884-1886. La *Historia filosófica de la Revolución de 1868,* en 2 vols., Madrid, 1869, escrita al compás de los acontecimientos por CARLOS RUBIO. Los varios escritos de PI Y MARGALL, especialmente los breves apuntes sobre «Amadeo de Saboya» insertados en sus *Opúsculos,* Madrid, 1884 y la *República de 1873. Apuntes para escribir su historia. Vindicación del autor,* Madrid, 1874, que posteriormente se incluyó en el t. I de sus *Opúsculos,* Madrid, 1914. Ambos escritos han sido reeditados conjuntamente, con pequeños reajustes en la colocación de los apéndices y un prólogo de A. JUTGLAR, Barcelona, 1970.

También son piezas historiográficas importantes las obras de E. VERA Y GONZÁLEZ: *Pi y Margall y la política contemporánea,* 2 vols., Barcelona, 1886; y E. RODRÍGUEZ SOLÍS: *Historia del partido republicano español,* 2 vols., Madrid, 1892-1893. Los *Fragmentos de mis memorias* de N. ESTÉVANEZ, Madrid, 1903, que contienen noticias y comentarios sueltos, desde 1838 a 1878, de su aventurada vida. El periodista J. MAÑÉ I FLAQUER, director de «El diario de Barcelona» editó una interesante antología de textos contemporáneos con el título *La Revolución de 1868 juzgada por sus autores,* 2 vols., Barcelona, 1876. Entre la bibliografía clásica y fundamental para este período hay que recordar también la obra de A. BERMEJO: *Historia de la interinidad y guerra civil de España desde 1868,* 3 vols., Madrid, 1875-1877, crónica muy rica en detalles.

Entre la bibliografía posterior, el libro del MARQUÉS DE LEMA: *De la Revolución a la Restauración,* 2 vols., Madrid, 1927: es un relato, entre crónica y reportaje, de la política en torno a la Corte isabelina en el exilio y a la reorganización del partido alfonsino, indispensable para conocer los entresijos de la misma.

Más recientes son las grandes síntesis históricas de M. FERNÁNDEZ ALMAGRO: *Historia política de la España contemporánea,* 2 vols., Madrid, 1956-1958, de la que se ha hecho una reedición posterior en 3 vols., en formato de bolsillo, Madrid, 1968 (abreviando ligeramente el aparato crítico). Para este período interesa sólo el vol. I de cualquiera de las dos ediciones. Los libros de R. OLIVAR BERTRAND: *El caballero Prim,* 2 vols., Barcelona, 1952; y el titulado *Así cayó Isabel II,* Barcelona, 1955, que contiene interesantes documentos y cartas de políticos progresistas.

El libro de A. CARRO: *La Constitución de 1869,* Madrid, 1956; y el de S. PETSCHEN: *Iglesia y Estado. Un cambio político. Las Constituyentes de 1869,* Madrid, 1975, que estudia la discusión del Art. 21 de la Constitución, con un análisis de diputados y tendencias desde el plano ideológico y sociológico. El tomo I de la obra de M. MARTÍNEZ CUADRADO: *Elecciones y partidos políticos de España (1868-1931),* Madrid, 1969, abarca este período, hasta las elecciones de 1886 y es una importante contribución al análisis electoral.

La figura de Amadeo de Saboya ha pasado lógicamente casi inadvertida, salvo la breve obra del CONDE DE ROMANONES: *Amadeo de Saboya, el rey efímero,* Madrid, 1940, que no es una biografía, sino una pequeña narración del reinado, siendo lo más interesante las cartas y documentos que publica sobre la elección de rey.

La monografía más importante sobre la Primera República es la de C. A. M. HENNESSY: *La República federal en España. Pi y Margall y el movimiento republicano federal, 1868-1874,* Madrid, 1966 (ed. original inglesa, 1962), que contiene además una amplia bibliografía ordenada sistemáticamente. Con motivo del Centenario se publicaron en Madrid, en 1973, algunos libros de muy distinto valor, entre ellos: J. A. LACOMBA, *La primera República. El trasfondo de una revolución fallida,* que sugiere aspectos económicos sin gran profundidad e incluye apéndices tras un breve texto que apenas puede llamarse ensayo; y J. FERRANDO BADÍA: *La Primera República española,* análisis político de la frustración federalista, con especial atención a la figura de Pi y Margall. La segunda parte del libro de J. L. CATALINAS y J. ECHENAGUSÍA: *La primera República. Reformismo y Revolución social,* publicado también en 1973, contiene una amplia antología de prensa de la época. El tema del federalismo había sido analizado también en el breve pero denso libro de G. TRUJILLO: *El federalismo español,* Madrid, 1967.

LOS MOVIMIENTOS OBREROS

Las obras clásicas del austríaco MAX NETTLAU, con documentación de la época, son un jalón historiográfico importante: *Bakunin, la Internacional y la Alianza en España (1868-1873)*, Buenos Aires, 1923; y los *Documentos inéditos sobre la Internacional y la Alianza en España*, Buenos Aires, 1930. Hay una reedición, con introducción y notas de CLARA LIDA, Nueva York, 1970. (En fecha reciente hay otra de Ed. La Piqueta.) RENÉE LAMBERET, Dordrecht, 1970, publicó la edición del manuscrito francés que posee el I. S. G. de Amsterdam.

ANSELMO LORENZO nos dejó en los dos volúmenes de *El proletariado militante*, Barcelona, 1902, unas memorias del máximo interés para los comienzos del movimiento internacionalista, de las que se han hecho varias reediciones, entre ellas las de Barcelona, 1937, México, 1943 y Toulouse, 1946. Durante los últimos años han vuelto a hacerse en España nuevas ediciones (Alianza Universidad, Ed. Zero).

R. LAMBERET ha publicado un repertorio bastante completo, hasta la fecha de su edición, titulado: *Mouvements ouvriers et socialistes. (Chronologie et bibliographie.) L'Espagne, 1750-1936*, París, 1953. Una puesta a punto bibliográfica más reciente para el tema de la A. I. T. puede verse en M. ESPADAS BURGOS: «La primera Internacional y la historiografía española», publ. en «Hispania», t. XXX, pp. 181-197, Madrid, 1970.

En los últimos veinte años se han publicado, en efecto, numerosas obras o se han reeditado algunas antiguas. Citemos, entre otras: el vol. I de la *Historia de las Internacionales en España* de M. GARCÍA VENERO, Madrid, 1956; del mismo autor: *Historia de los movimientos sindicales españoles 1840-1933*, Madrid, 1961. La concisa monografía de CASIMIRO MARTÍ: *Orígenes del anarquismo en Barcelona*, Barcelona, 1959; el tomo I de la síntesis divulgadora del viejo luchador anarcosindicalista DIEGO ABAD DE SANTILLÁN: *Historia del movimiento obrero español*, Madrid, 1967; y los estudios promovidos por el profesor CARLOS SECO en su cátedra de la Universidad de Barcelona, utilizando los fondos de la valiosa Colección Arús, entre ellos: la edición de las *Actas de los Consejos y Comisión Federal de la Región Española (1870-1874)*, 2 vols., Barcelona, 1969. ORIOL VERGÉS: *La I Internacional en las Cortes de 1871*, Barcelona, 1964; y JOSÉ TERMES: *El movimiento obrero en España. La I Internacional, 1864-1881*, Barcelona, 1965 (reedición ampliada, Barcelona, 1971).

Entre la historiografía socialista, puede servir de introducción la biografía de *Pablo Iglesias, educador de muchedumbres*, escrita por J. MORATO, última reedición, Barcelona, 1968. (La primera edición es de Espasa-Calpe, 1931.)

El material recogido en las encuestas e informaciones de la Comisión de Reformas Sociales está siendo objeto de reediciones en forma de fragmentos antológicos. Entre ellas, la publ. por ed. Zero, con el título: *La clase obrera a finales del siglo XIX*, Algorta-Madrid, 1970; y la de M. C. IGLESIAS y A. ELORZA: *Burgueses y proletarios. Clase obrera y reforma social en la Restauración (1884-1889)*, Barcelona, 1973. Sobre la situación de las clases campesinas en el sur de España interesan los seis primeros capítulos de la obra de J. DÍAZ DEL MORAL, notario de Bujalance y conocedor directo, por ello, del caso andaluz: *Historia de las agitaciones campesinas andaluzas. Antecedentes para una reforma*, 1.ª ed., 1929, reedición Madrid, 1967 (sin los apéndices).

De carácter general y basándose sobre todo en la interpretación de las luchas obreras para obtener el reconocimiento jurídico de las sociedades u organismos sindicales es el libro de M. R. ALARCÓN CARACUEL: *El derecho de asociación obrera en España (1839-1900)*, Madrid, 1975. Una extensa parte del libro de M. TUÑÓN DE LARA: *El movimiento obrero en la Historia de España*, Madrid, 1972, está dedicada a este período, siguiendo un enfoque metodológico congruente con su óptica histórica marxista.

LA RESTAURACIÓN

La principal obra de conjunto para la historia política del período es la de M. FERNÁNDEZ ALMAGRO mencionada en el apartado anterior. Sobre los preparativos de la Restauración se ha publicado el libro de M. ESPADAS BURGOS: *Alfonso XII y los orígenes de la Restauración,* Madrid, 1975, que es la mejor puesta a punto de la cuestión. M. FERNÁNDEZ ALMAGRO es autor de la principal biografía sobre *Cánovas,* Madrid, 1951 (de la que existe una reedición reciente). El análisis del «sistema canovista» puede completarse con los estudios de COMELLAS a que me refiero en varias notas a pie de página en el texto de mi libro.

Sobre la naturaleza del poder acaba de publicarse el libro de J. TUSELL: *Oligarquía y caciquismo en Andalucía (1890-1923),* Madrid, 1977, estudio regional en profundidad, con documentación exhaustiva; en el momento de corregir estas líneas se ha publicado el libro de J. VARELA ORTEGA: *Los amigos políticos. Partidos, elecciones y caciquismo en la Restauración.* Para el mecanismo y los resultados electorales puede consultarse la obra de M. MARTÍNEZ CUADRADO citada en el anterior apartado.

Las relaciones de la Iglesia y de la sociedad civil han sido estudiadas en el libro de M. F. NÚÑEZ: *La Iglesia y la Restauración, 1875-1881,* Santa Cruz de Tenerife, 1975 (prólogo de V. PALACIO ATARD: «La Iglesia y la Monarquía de Sagunto»).

Sobre el carlismo en esta época, además de las obras generales citadas en otro epígrafe de este apéndice, es preciso recordar la principal pieza historiográfica, con todo su rico aparato documental, que es la de A. PIRALA: *Historia Contemporánea. Anales desde 1843 hasta la conclusión de la actual guerra civil,* 6 vols., Madrid, 1875-1879. Posteriormente PIRALA hizo otra edición con el título: *Historia contemporánea. Segunda parte de la guerra civil. Anales desde 1843 hasta el fallecimiento de Don Alfonso XII,* 6 vols., Madrid, 1892-1906. Como se ha dicho, PIRALA reunió una importante colección documental para preparar su obra, proporcionada por protagonistas de ambos bandos, incluso del propio pretendiente don Carlos. También puede verse la breve y apologética biografía del CONDE DE RODEZNO: *Carlos VII, duque de Madrid,* 1.ª ed. 1929; 3.ª ed., Madrid, 1944, basada en el conocimiento directo de personas y fuentes orales.

Entre la moderna bibliografía sobre la última guerra carlista he de señalar dos interesantes monografías, que suponen nuevas proyecciones del viejo tema. JULIO ARÓSTEGUI: *El carlismo alavés y la guerra civil de 1870-1876,* Vitoria, 1970 (prólogo de V. PALACIO ATARD: «Un planteamiento renovado del carlismo decimonónico»). ESTÍBALIZ RUIZ DE AZÚA y M. DE EZQUERECOCHA: *El sitio de Bilbao de 1874. Estudio del comportamiento social de una ciudad en guerra,* Bilbao, 1977 (prólogo de V. PALACIO ATARD: «Bilbao bajo las bombas carlistas»).

Sobre la política internacional y el Desastre del 98 hay una nutrida bibliografía antigua o moderna de origen español, norteamericano y cubano. Citemos en primer lugar el libro de JULIO SALOM COSTA: *España en el sistema de Bismarck. La política exterior de Cánovas, 1875-1881,* Madrid, 1967 (prólogo de J. M. JOVER). La documentación oficial en el Libro Rojo español: *Negociaciones diplomáticas desde el principio de la guerra con los Estados Unidos hasta la firma del protocolo de Washington,* Madrid, 1898. J. PABÓN: *El 98, acontecimiento internacional,* publ. primeramente como fascículo independiente por la Escuela Diplomática en 1952, y reunido en el libro *Días de ayer,* Barcelona, 1963. P. DE AZCÁRATE: *La guerra del 98,* Madrid, 1968. Ambas obras, junto con la de FERNÁNDEZ ALMAGRO, citada, plantean una revisión de los acontecimientos desde el punto de vista español. Añadamos la monografía de JOSÉ M. ALLENDESALAZAR: *El 98 de los americanos,* Madrid, 1974, ensayo de interpretación de los efectos de la crisis cubana en el país norteamericano, basado en documentación de Estados Unidos, y que es una interesante aportación de la moderna historia española al tema.

Desde el punto de vista cubano, además de la clásica obra de LUIS ESTÉVEZ ROMERO:

Desde el Zanjón hasta Baire, La Habana, 1899, importa la revisión crítica de EMILIO ROIG DE LEUCHSENRING: *Cuba no debe su independencia a Estados Unidos,* La Habana, 1950; y la tesis oficial actual cubana expuesta por JULIO LE REVEREND, en la Conferencia conmemorativa del grito de Yara, Habana, 1968.

La versión oficial norteamericana quedó fijada en el libro del almirante F. E. CHADWICK, que participó en la guerra: *The relations of the U. S. and Spain. The Spanish-American War,* N. York, 1911. La «versión crítica» en HORACE E. FLACK: *Spanish-American diplomatic relations preceding the War of 1898,* Baltimore, 1906. Hay también una reciente obra, traducida al castellano de DONALD B. CHIDSEY: *La guerra hispano-norteamericana, 1896-1898,* Barcelona, 1973 (ed. original americana, 1971), en la línea crítica revisionista. Entre la historiografía norteamericana deben tenerse en cuenta las que estudian el imperialismo finisecular en general, desde distintos puntos de vista. Mencionaremos solamente tres libros que enfocan desde este ángulo el conflicto con España: H. W. MORGAN: *America's Road to Empire: The War with Spain and Overseas Expansion,* N. York, 1965; W. LA FEBER: *The New Empire: an interpretation of America expansion, 1860-1898,* Cornell Univ. Press, 1969; y PH. FONER: *La guerra hispano-cubano-norteamericana y el nacimiento del imperialismo norteamericano, 1895-1898,* Madrid, 1975, 2 vols. (La edición americana fue publicada en 1972.)

SOCIEDAD Y ECONOMÍA EN EL ÚLTIMO TERCIO DEL SIGLO

No se ha escrito todavía un estudio completo, de acuerdo con una metodología moderna, que trate de la estructura y evolución de la sociedad española de la Revolución y la Restauración. Las fuentes literarias nos proporcionan interesantes perspectivas: unas de ámbito regional, como las de E. SEBASTIÀ: *Valencia en els novelles de Blasco Ibáñez. Proletariat y burguesia,* Valencia, 1966; y la de CONCEPCIÓN FERNÁNDEZ-CORDERO: *La sociedad española del siglo XIX en la obra literaria de D. José M. Pereda,* Santander, 1970; otras de ámbito general, con PILAR FAUS: *La sociedad española del siglo XIX en la obra de Pérez Galdós,* Valencia, 1972. La obra literaria de Pío Baroja espera todavía el historiador que sepa sacar de ella todo el partido posible, no obstante algunos meritorios estudios ya realizados, como el de G. EBANKS: *La España de Baroja,* Madrid, 1974.

La cuestión educativa y de la «conflictividad de mentalidades» dispone, en cambio, de bibliografía reciente e importante, que gira principalmente en torno a la Institución Libre de Enseñanza. Recordemos brevemente las obras de: YVONNE TURIN: *L'éducation et l'école en Espagne de 1874 à 1902,* P. U. F., 1959. Los últimos capítulos del libro de ALBERTO JIMÉNEZ: *Historia de la Universidad española,* Madrid, 1971. ANTONIO JIMÉNEZ LANDI: *La Institución Libre de Enseñanza,* vol. I: *Los orígenes,* Madrid, 1972. VICENTE CACHO VIÚ: *La Institución Libre de Enseñanza,* vol. I: *Orígenes y etapa universitaria, 1860-1881,* Madrid, 1962; y M. D. GÓMEZ MOLLEDA: *Los reformadores de la España contemporánea,* Madrid, 1966 (prólogo de V. PALACIO ATARD: «Educadores y reformadores»).

El desarrollo económico y financiero, además de varias obras citadas en anterior epígrafe, como las de TORTELLÀ, NADAL (revolución industrial) y SARDÁ (política monetaria), cuenta con estudios específicos para este período. Entre ellos, la importante obra miscelánea dirigida por G. TORTELLÀ: *Aspectos financieros de la Restauración,* editada por el Servicio de Estudios del Banco de España, 2 vols., 1974. El segundo tomo tiene, sobre todo, gran valor instrumental, habiéndose reunido en él numerosos datos para la historia económica.

La Bolsa fue objeto de estudio monográfico de JOSÉ A. TORRENTE FORTUÑO: *Historia de la Bolsa de Bilbao. 75 años: 1890-1965,* Bilbao, 1966, tanto más de agradecer cuanto que escasean los estudios históricos sobre los mercados bursátiles. Sobre la Bolsa de Barcelona, J. FONTANA LÁZARO: «La vieja Bolsa de Barcelona, 1851-1914» en el vol. VIII de «Documentos y Estudios», Instituto Municipal de Historia, Barcelona, 1961.

Un breve análisis del desarrollo económico y financiero de esta época puede verse en el cap. primero de la obra de S. ROLDÁN y J. L. GARCÍA DELGADO: *La formación de la sociedad capitalista española, 1914-1920*, 2 vols., Madrid, 1973.

TABLAS CRONOLÓGICAS

HISTORIA UNIVERSAL: PRINCIPALES ACONTECIMIENTOS	POLÍTICA GENERAL, ACONTECIMIENTOS MILITARES, RELACIONES INTERNACIONALES
1804 4 mayo. Napoleón Bonaparte proclamado Emperador de los franceses.	
1806 21 noviembre. Bloqueo continental contra Inglaterra.	
1807 7 julio. Paz de Tilsit. Reconciliación de Napoleón con el Zar Alejandro.	1807 27 octubre. Tratado de Fontainebleau. paña autoriza el paso de tropas napo nicas contra Portugal.
1808 27 septiembre-14 octubre. Entrevistas de Erfurt entre el Zar y el Emperador de los franceses.	1808 17-18 marzo. Motín de Aranjuez. Carlo abdica en Fernando VII.
	1808 2 mayo. Alzamiento de Madrid contra franceses.
	1808 25 mayo. La Junta de Asturias declar guerra a Francia. Comienza la Guerr la Independencia.
	1808 4 junio. Napoleón anuncia el nom miento de José I como Rey de Esp El 7 de julio se aprueba la Constitu de Bayona.
	1808 28 diciembre. «Reglamento de Partid Cuadrillas», primero que regula la rrilla.
	1810 abril-mayo-julio. Comienzan en Cara Buenos Aires y Bogotá las jornadas volucionarias que abren el proceso d emancipación americana.
	1810 24 septiembre. Se reúnen las Cortes Cádiz.

SOCIEDAD, IGLESIA, MENTALIDADES	ECONOMÍA, HACIENDA, CULTURA MATERIAL
	1804 Se funda la fábrica de cerámica de Sargadelos por don A. R. Ibáñez, que concibe un gran plan de instalaciones industriales.
5 15 julio. Se manda publicar la Novísima Recopilación de las Leyes de España, última codificación legal del Antiguo Régimen.	
8 Se concede a A. R. Ibáñez el título de marqués de Sargadelos, en reconocimiento a sus méritos como hombre de empresa y ejemplo del nuevo carácter que se atribuía a la aristocracia en las postrimerías del Antiguo Régimen.	1808 La invasión napoleónica pone fin a los proyectos de reconstrucción económica concebidos hasta entonces bajo los estímulos del «despotismo ilustrado».

HISTORIA UNIVERSAL: PRINCIPALES ACONTECIMIENTOS	POLÍTICA GENERAL, ACONTECIMIENTOS MILITARES, RELACIONES INTERNACIONALES
1812 14 septiembre. Las tropas francesas entran en Moscú.	1812 19 marzo. Constitución de Cádiz.
1812 octubre-diciembre. Retirada de Rusia y desastre de la «Grande Armée». Paso del Beresina (noviembre).	
	1813 18 diciembre. Tratado de Valençay. Na león pone en libertad a Fernando que regresa a España poco después
1814 30 mayo. Tratado de París, que pone fin a las guerras napoleónicas.	1814 11 abril. Armisticio de Toulousse, co que termina la Guerra de la Indep dencia.
1814 1 noviembre. Se inicia el Congreso de Viena. Las actas finales se firmarán el 9 junio 1815.	1814 4 mayo. Decreto de Valencia. Fer do VII deroga lo actuado por las Co y restablece el absolutismo.
1815 26 septiembre. Tratado de la «Santa Alianza».	
1817 Se publican los *Principios de Economía Política,* de Ricardo. Auge del liberalismo económico.	
1820-1821 Revoluciones en Nápoles (20 julio), Portugal (24 agosto) y Piamonte (9 marzo 1821). Intervención en Italia de la Santa Alianza aprobada en el Congreso de Troppau.	1820 1 enero-7 marzo. Pronunciamiento Riego y triunfo de los liberales. Se i el Trienio Constitucional.
1820-1831 Período de docencia de Hegel en Berlín. Algunos de sus cursos se publican *post mortem.*	

SOCIEDAD, IGLESIA, MENTALIDADES	ECONOMÍA, HACIENDA, CULTURA MATERIAL
11 6 junio. Decreto de las Cortes de Cádiz sobre supresión de señoríos. 12 17 junio. Real Orden de José I para la reforma y extinción de conventos.	1811-1812. Años de grave escasez de subsistencias, especialmente en Castilla, «hambre cruel no sufrida en tan largo período por pueblo alguno», según Mesonero Romanos.
13 5 febrero. Las Cortes de Cádiz decretan la supresión del Santo Oficio.	1813 8 junio. Decreto de las Cortes de Cádiz que declara la libertad de establecer fábricas y deroga las ordenanzas y restricciones gremiales de fabricación.
	1815 29 junio. Real Orden derogando el Decreto de 8 de junio de 1813 y restableciendo las ordenanzas gremiales.
17 23 septiembre. Tratado entre España e Inglaterra para la abolición del tráfico de esclavos en los dominios españoles.	1817 30 mayo. Reforma hacendística de Martín de Garay, primer intento fallido de remodelar la deteriorada Hacienda Pública Española.
	1817 30 julio. *Memoria sobre el crédito público,* en la que Martín de Garay plantea el problema de la Deuda.
20 25 octubre. Real Decreto sobre supresión de monasterios y reforma de órdenes religiosas.	1820 30 junio. Decreto en el que nuevamente se dispone la supresión de las ordenanzas gremiales.
	1820 20 noviembre. Decreto de Canga Argüelles sobre amortización de la deuda pública. Déficit presupuestario crónico.

HISTORIA UNIVERSAL: PRINCIPALES ACONTECIMIENTOS	POLITICA GENERAL, ACONTECIMIENTOS MILITARES, RELACIONES INTERNACIONALES
	1821 1 mayo. El «Plan de Iguala» anuncia la i dependencia de Méjico.
1822 20 octubre. Comienza el Congreso de Verona.	1822 21 junio. Las guerrillas realistas conquist; la plaza fuerte de Seo de Urgel. Se in tala la Regencia.
	1822 19 noviembre. Acuerdo del Congreso Verona sobre intervención en España
	1823 7 abril. Entran en España los Cien Mil H jos de S. Luis.
	1823 1 octubre. Fernando VII firma el R.D. q restablece la situación anterior a 182 Fin del Trienio Constitucional.
	1824 9 diciembre. Batalla de Ayacucho. Fin las guerras de Emancipación de las R públicas Hispanoamericanas.
1826 10 marzo. Muerte de Juan VI de Portugal y crisis sucesoria.	
	1827 septiembre. Alzamiento de los *malconter* o «agraviados» catalanes.
1830 Inauguración de la primera línea ferroviaria Liverpool-Manchester. Inglaterra cuenta este año con 195 kms. de vía férrea.	
1830 3 febrero. La Conferencia de Londres consagra la independencia de Grecia. Queda abierta la «Cuestión de Oriente».	

SOCIEDAD, IGLESIA, MENTALIDADES	ECONOMÍA, HACIENDA, CULTURA MATERIAL

21 29 junio. Se reglamenta la instrucción primaria que debe impartirse en las escuelas, según el «Plan Quintana» que había sido anteriormente presentado en las Cortes de Cádiz.

1823 2 diciembre. López Ballesteros se encarga del Ministerio de Hacienda, en el que permanecerá nueve años, reorganizando la administración pero sin evitar el proceso de descapitalización del Estado.

24-1825 Diversas disposiciones legales y reglamentos establecen el «Plan Calomarde» de estudios primarios, universitarios y las «escuelas de latinidad» o secundarios.

1828 Fundación del primer «alto horno» en Marbella.

1829 30 mayo. Publicación del Código de Comercio.

30 Se inicia la emigración española a Orán.

HISTORIA UNIVERSAL: PRINCIPALES ACONTECIMIENTOS	POLÍTICA GENERAL, ACONTECIMIENTOS MILITARES, RELACIONES INTERNACIONALES
1830 27-29 julio. Segunda Revolución francesa. Carlos X abdica el 3 de agosto. Se instaura la monarquía de Luis Felipe de Orleans.	
1832 junio. Reforma electoral en Inglaterra. Representación de base censataria (índice de representatividad: 1 elector por 30 habitantes).	
1833 septiembre. Conferencias de Münchengraetz entre Rusia, Austria y Prusia.	1833 29 septiembre. Fallece Fernando VII. Regencia de M.ª Cristina en nombre Isabel II. Comienza la Guerra Carlist
1834 22 abril. Inglaterra, Francia, España y Portugal firman el Tratado de la Cuádruple Alianza.	1834 10 abril. Se promulga el Estatuto Real.
	1837 18 junio. Nueva Constitución de la M narquía Española.

SOCIEDAD, IGLESIA, MENTALIDADES	ECONOMÍA, HACIENDA, CULTURA MATERIAL

1831 10 septiembre. Creación de la Bolsa de Madrid.

1832 La fábrica «El Vapor» de Bonaplata introduce esta fuente de energía en la industria textil.

33 Oda a la Patria de Carlos Aribau. Comienza la «Renaixença catalana».

33-1834 Primer brote de la epidemia de cólera: 449.000 enfermos, 102.511 fallecidos.

35 Estreno de *Don Álvaro o la fuerza del sino.* Apogeo del romanticismo literario español.

35 31 octubre. Acta de constitución del Ateneo de Madrid.

36 19 febrero. Real Decreto de Álvarez Mendizábal que inicia el proceso de desamortización eclesiástica.

1836 6 diciembre. Real Decreto restableciendo el de 8 de junio de 1813 sobre definitiva supresión de Gremios.

36 26 agosto. Definitiva supresión del régimen señorial.

37 29 julio. Real Decreto suprimiendo el diezmo y desamortizando los bienes del clero secular.

38 21 julio. Se crean las Escuelas Normales para formación de maestros. Impulso a la enseñanza primaria.

1838 25 octubre. Real Decreto estableciendo oficialmente las Cajas de Ahorros y mandando crear la de Madrid.

HISTORIA UNIVERSAL: PRINCIPALES ACONTECIMIENTOS	POLÍTICA GENERAL, ACONTECIMIENTOS MILITARES, RELACIONES INTERNACIONALES
	1839 31 agosto. Abrazo de Vergara. Fin de Guerra Carlista, aunque el núcleo d Maestrazgo se mantiene hasta la caída Morella (30 de mayo de 1840).
	1839 25 octubre. Ley de confirmación o modi cación de los fueros de las Provinci Vascongadas y Navarra («sin perjuic de la unidad constitucional de la Mon quía»).
1840 «Guerra del Opio», que termina con el Tratado de Nankín en 1842. Inglaterra inicia la presión imperialista en China.	
1841 Federico List, autor del *Sistema nacional de economía política,* se opone a las doctrinas del liberalismo.	1841 10 mayo. Es designado el general Esp tero Regente de Isabel II tras la renun de M.ª Cristina.
1841 Feuerbach publica *La esencia del cristianismo.*	1841 16 agosto. «Ley de Fueros» de Navarra ley «paccionada» que salva parcialmen la administración autónoma del antig reino.
1842 Concluye Augusto Compte sus 6 volúmenes del *Curso de Filosofía positiva.*	
	1843 8 noviembre. Las Cortes acuerdan la m yoría de edad de Isabel II, después de «revolución» militar de aquel año q derribó a Espartero.
1844 Invención del telégrafo de Morse.	1844 23 marzo. R.D. de creación de la Guar Civil para abordar el problema de la guridad pública.
	1844 10 mayo. Primer Gobierno Narváez. C mienza la «década moderada».
	1845 23 mayo. Se promulga una nueva Cons tución.

SOCIEDAD, IGLESIA, MENTALIDADES	ECONOMÍA, HACIENDA, CULTURA MATERIAL

1839 octubre. Ley que regula la explotación minera, creándose como consecuencia de ella gran número de sociedades mineras.

41 Experiencias socialistas utópicas. El falansterio de Tampul.

44 Estreno de *Don Juan Tenorio,* de Zorrilla.

45 17 septiembre. «Plan Pidal» de instrucción pública. Confirma el contenido de la instrucción primaria y configura el de la secundaria, impartida en Institutos oficiales o colegios privados. En el curso 1850-1851 el total de alumnos de segunda enseñanza era de 13.868 en España.

1845 9 abril. Se restringe la venta de bienes nacionales desamortizados.

1845 25 mayo. Ley Mon-Santillán que moderniza el sistema fiscal, creando las estructuras básicas que perduraron hasta el siglo XX.

HISTORIA UNIVERSAL: PRINCIPALES ACONTECIMIENTOS	POLÍTICA GENERAL, ACONTECIMIENTOS MILITARES, RELACIONES INTERNACIONALES

1847-48 Crisis agraria y financiera en Europa.

1848 24 febrero. Tercera revolución francesa. Proclamación en Francia de la II República y oleada revolucionaria en Europa.

1848 febrero. Primera versión del *Manifiesto Comunista,* de Marx, reelaborado posteriormente con la colaboración de Engels.

1851 2 diciembre. Golpe de Estado en Francia, de Luis Napoleón Bonaparte, que será proclamado Emperador el 21 de noviembre de 1852.

1851-52 Tras el período revolucionario anterior, se produce en Europa un giro contrarrevolucionario.

1852 2 diciembre. Proyecto de Constitución Bravo Murillo con «la menor cantid posible de constitucionalismo». Bra Murillo exonerado del poder el día

1854 marzo. Guerra de Crimea que culminará en el sitio de Sebastopol.

1854 28 junio-17 julio. Revolución militar q pone fin a la «década moderada». Se i cia un «bienio progresista» con Esparte y O'Donnell en el poder.

1855 Exposición universal de París.

SOCIEDAD, IGLESIA, MENTALIDADES	ECONOMÍA, HACIENDA, CULTURA MATERIAL
	1847-1848. Años de escasez de cosechas. Crisis de subsistencias.
	1848 15 abril. Reforma de las acuñaciones monetarias. Devaluación: nuevo real de plata, talla 175 en marco de 4.608 granos.
	1848 28 octubre. Inauguración de la línea del ferrocarril Barcelona-Mataró.
11 mayo. Concordato con la Santa Sede. Termina la primera ruptura entre la Iglesia y el Estado liberal.	1851 Introducción en España del sello postal.
	1851 7 julio. Ley de carreteras.
	1851 1 agosto. Ley de arreglo de la Deuda pública de Bravo Murillo.
	1852 Se establece en España el servicio de telégrafos.
	1852 9 diciembre. Real Orden sobre equivalencia de pesas y medidas para mejorar el heterogéneo sistema antiguo que subsistía.
16 septiembre. Real Orden liberalizadora de la emigración.	
26 enero. Sanz del Río nombrado catedrático de la Universidad de Madrid. Comienza la difusión del krausismo.	
4 noviembre. Bases de trabajo convenidas entre patronos y obreros textiles en Barcelona. Se rebaja la semana de trabajo a 69 horas.	
1 mayo. Ley desamortizadora general de Madoz.	1855 3 junio. Ley general de Ferrocarriles
2 julio. Huelga general en Barcelona. Proyecto de ley sobre industria manufacturera (8 de octubre).	

HISTORIA UNIVERSAL: PRINCIPALES ACONTECIMIENTOS	POLÍTICA GENERAL, ACONTECIMIENTOS MILITARES, RELACIONES INTERNACIONALES
1856 30 marzo. La paz de París pone fin a la guerra de Crimea.	1856 12 octubre. Cuarto Gobierno Narv con el que concluye el «bienio pro sista».
1858 21 julio. Entrevista de Plombiéres, Napoleón III y Cavour que prepara los proyectos franco-piamonteses para expulsar a Austria de Italia.	1858 30 junio. La Unión Liberal en el pc «Gobierno largo» de O'Donnell.
1859 Darwin publica *El Origen de las especies.*	1859 22 octubre. España declara la guerra a rruecos, que termina con el Tratad 26 de abril de 1860.
1859 abril. Guerra de Italia. Se suscita la «Cuestión Romana».	
1861 8 febrero. Los siete estados del Sur de la Unión forman la Confederación. Estalla la Guerra de Secesión norteamericana que se prolongará hasta el 9 de abril de 1865.	1861 19 abril. R.D. por el que España acep anexión de Santo Domingo. Cuatro después, el 3 de mayo de 1865, Es decidirá el abandono de la isla.
	1861 31 octubre. Tratado de Londres: Espa une a Francia e Inglaterra para exig paraciones a Méjico. Expedición de tigo franco-anglo-española. 9 de ab 1862 España se retira de la expedic Méjico.
1862 Intento de instaurar al archiduque Maximiliano como Emperador de Méjico bajo el patrocinio de Napoleón III.	

SOCIEDAD, IGLESIA, MENTALIDADES	ECONOMÍA, HACIENDA, CULTURA MATERIAL

1856 28 enero. Creación del Banco de España. Leyes reguladoras de la Banca privada y Sociedades de crédito, que impulsan la creación de los primeros bancos modernos.

7 Primer censo general de población moderno y nomenclátor de los pueblos de España, efectuados por la Comisión de Estadística creada el 3 de noviembre de 1856.

1857 Altos hornos de Duro en La Felguera, que usarán por vez primera el carbón de coque.

7 7 julio. Ley de Bases de Instrucción Pública del ministro Claudio Moyano. El 9 de septiembre siguiente se publica la ley articulada, que constituye el fundamento de la moderna Universidad española. El número de alumnos universitarios en el curso 1857-1858 era de 7.190.

1858 Comienza a introducirse el sistema métrico decimal.

1858 24 junio. Inauguración de la traída de aguas a Madrid del Canal de Isabel II

1 mayo. Primeros Juegos Florales de Barcelona.

HISTORIA UNIVERSAL: PRINCIPALES ACONTECIMIENTOS	POLÍTICA GENERAL, ACONTECIMIENTOS MILITARES, RELACIONES INTERNACIONALES

<table>
<tr><td></td><td>1863 julio. La escuadra española en el Pacíf Conflicto con Perú y Chile. Ocupac de las islas Chinchas.</td></tr>
<tr><td>1864 29 septiembre. Se funda la A.I.T.</td><td></td></tr>
<tr><td>1864 8 diciembre. Publicación de la Quanta Cura y el Syllabus.</td><td></td></tr>
<tr><td>1865 23 diciembre. Creación de la Unión Monetaria Latina (Francia, Bélgica, Suiza e Italia).</td><td></td></tr>
<tr><td>1866 junio-julio. Guerra austro-prusiana. Sadowa (3 de julio).</td><td>1866 2 mayo. La escuadra de Méndez N bombardea El Callao. Culmina el flicto hispano-peruano-chileno.</td></tr>
<tr><td></td><td>1866 16 agosto. Pacto de Ostende entre prc sistas y demócratas. Prim comienza : ganizar el frente revolucionario cc Isabel II.</td></tr>
<tr><td>1867-1868. Fin del shogunato de Tokugawa. El Mikado (emperador) recobra el poder en Japón. Se inicia la Era Meiji: modernización del país.</td><td></td></tr>
<tr><td></td><td>1868 18 septiembre. «Grito de Cádiz»: pro ciamiento del Ejército y la Marina inician la «Revolución Gloriosa».</td></tr>
<tr><td></td><td>1868 3 octubre. Serrano preside el Gob provisional. Prim es nombrado Mir de la Guerra.</td></tr>
<tr><td></td><td>1868 10 octubre. «Grito de Yara». Se inic insurrección cubana («La guerra d Diez Años»).</td></tr>
<tr><td>1869 8 diciembre. Se inaugura el Concilio Vaticano I.</td><td>1869 1 junio. Se promulga la Constitució establece la Monarquía Democráti</td></tr>
</table>

SOCIEDAD, IGLESIA, MENTALIDADES	ECONOMÍA, HACIENDA, CULTURA MATERIAL
	1864 26 abril. Reforma del sistema monetario. Nueva devaluación de hecho. El escudo unidad monetaria (1 escudo de plata = 10 reales).
5 diciembre. Reunión de un «congreso obrero» en Barcelona, con representantes de 22 entidades, para fundar una federación de cooperativas.	1865 Los ferrocarriles transportan este año en España 11,6 millones de viajeros y 1.200 millones de ton. de mercancías.
	1866 3 agosto. Ley de aguas, «habiéndose adelantado España a otras naciones en ordenar esta compleja legislación, sin duda por las antiguas tradiciones de sus riegos y artefactos», según Pablo de Alzola.
	1867-1868 Malas cosechas, carestía, escasez de subsistencias.
8 21 octubre. Decreto-Ley estableciendo la libertad de enseñanza en todos sus grados y la creación libre de centros docentes, incluso Universidades.	1868 19 octubre. Reforma del sistema monetario. La peseta nueva unidad monetaria, con una paridad equivalente al franco de la Unión Monetaria Latina.
Fanelli en España. Se fundan los primeros núcleos de la Sección Española de la A.I.T. Farga Pellicer acude como delegado al Congreso de la Internacional en Basilea.	1869 12 julio. Arancel liberalizador del ministro Figuerola.
	1869 29 diciembre. Ley de minas, concesiones perpetuas y estímulo a inversiones extranjeras. Desamortización del subsuelo.

HISTORIA UNIVERSAL: PRINCIPALES ACONTECIMIENTOS	POLÍTICA GENERAL, ACONTECIMIENTOS MILITARES, RELACIONES INTERNACIONALES

1870 18 julio. Comienza la Guerra franco-prusiana. Tras la batalla de Sedán (2 de septiembre) se proclama la Tercera República en Francia.

1870 20 septiembre. Las tropas italianas ocupan Roma. Culminación de la «Unidad italiana».

1871 marzo-mayo. Estalla la Comuna de París.

1872 septiembre. Los Congresos de La Haya y Saint-Imier consagran la escisión de Marx y Bakunin en el seno de la Primera Internacional.

1873 mayo. El general duque de Mac-Mahón designado Presidente de la III República Francesa. El «Septenado».

1870 21 junio. Leopoldo de Hohenzollern S maringen es autorizado por el Rey Prusia para aceptar el trono de Espa El 12 de julio Leopoldo renuncia ant crisis internacional provocada.

1870 16 noviembre. Amadeo de Saboya eleg Rey de España por las Cortes.

1870 30 diciembre. Fallece Prim a consecue de las heridas sufridas en atentado a rior.

1872 21 abril. Estalla de nuevo la Guerra lista.

1873 11 febrero. Se proclama la Primera R blica.

1873 11 julio. Pi y Margall Presidente del P Ejecutivo de la I República.

1873 12 julio. Alzamiento cantonal en C gena. Se extiende la sublevación ca nal principalmente por Andalucía y vante. Renuncia de Pi y Margall s tuido por Salmerón (18 de julio).

1873 5 septiembre. Castelar Presidente c «República conservadora».

1874 4 enero. Disolución de las cortes pe general Pavía. Seguidamente se inic gobierno del general Serrano.

SOCIEDAD, IGLESIA, MENTALIDADES	ECONOMÍA, HACIENDA, CULTURA MATERIAL

69 1 junio. El artículo 21 de la Constitución establece la libertad religiosa. Nueva ruptura Iglesia-Estado.

1 15 marzo. Se funda la Sociedad Española de Ciencias Naturales, primera sociedad científica de carácter moderno.

1 11 julio. Se funda la Asociación para la Enseñanza de la Mujer.

2 diciembre-1873 enero. III Congreso de la A.I.T. en Córdoba: se consuma la escisión de bakuninstas y marxistas en España.

3 30 enero. Real Orden dando facilidades para la emigración. Galicia, Canarias y Vascongadas proporcionan gran número de emigrantes.

3 22 marzo. Ley abolitoria de la esclavitud en Puerto Rico.

3 24 julio. Ley reguladora del trabajo infantil en las fábricas y minas.

4 10 enero. Disolución de la A.I.T. en España.

1871 Se inicia una fuerte expansión de las exportaciones españolas de productos alimenticios y conservas. Desarrollo creciente de la industria conservera.

1873 El Estado vende las minas de Río Tinto a la Sociedad Matheson, constituyéndose poco después la Compañía minera inglesa de Río Tinto.

1874 19 marzo. Se reserva al Banco de España el monopolio de emisión del papel moneda.

HISTORIA UNIVERSAL: PRINCIPALES ACONTECIMIENTOS	POLÍTICA GENERAL, ACONTECIMIENTOS MILITARES, RELACIONES INTERNACIONALES
	1874 29 diciembre. Martínez Campos resta[...] en Sagunto la Monarquía en la pers[...] de Alfonso XII.
1876-1886. Apogeo de la pintura impresionista en Francia.	1876 28 febrero. El pretendiente D. Carlos[...] pasa la frontera francesa por Valcar[...] Termina la Guerra Carlista.
1876 14 febrero. Graham Bell inventa el teléfono. Por curiosa coincidencia el mismo día presenta su patente Elisha Gray.	1876 30 junio. Constitución de la nueva Mor[...] quía restaurada. Se afianza el sistema novista.
	1876 21 julio. Ley abolitoria de los Fueros de[...] Provincias Vascongadas.
1877 1 enero. La Reina Victoria de Inglaterra es proclamada Emperatriz de la India.	
1878 13 junio-5 julio. Congreso de Berlín: Alemania e Inglaterra frenan las aspiraciones balcánicas de Rusia.	1878 11 febrero. La Paz del Zanjón pone fin[...] guerra cubana de los Diez Años.
	1881 6 febrero. Primer gobierno Sagasta d[...] Restauración. Se inicia el «turno de[...] tidos».

SOCIEDAD, IGLESIA, MENTALIDADES	ECONOMÍA, HACIENDA, CULTURA MATERIAL

1875 Se suspende la Base 5.ª del Arancel de 1869.

1876 29 octubre. Giner de los Ríos crea la Institución Libre de Enseñanza y Laureano de Figuerola lee el discurso inaugural.

1876 22 diciembre. Ley sobre el ensanche de las ciudades y nuevas zonas urbanizables. Se plantean problemas del urbanismo moderno.

1876 Publica Menéndez Pelayo *La Ciencia Española*. Un año después será nombrado catedrático de la Universidad de Madrid.

1876 29 diciembre. Ley de Bases de Obras Públicas. Sucesivamente se publicarán la ley articulada de O.P. de 13 de abril de 1877, la ley de carreteras y la de ferrocarriles de 4 de mayo y 23 de noviembre del mismo año, respectivamente. Relanzamiento de las construcciones ferroviarias, que alcanzan en 1901 una red total de 13.168 kms.

1877 31 diciembre. Nuevo censo general de población, que registra un total de 16.634.345 habitantes.

1879 El P. Antonio Vicent inicia una gran campaña de fundación de Círculos Obreros Católicos.

1879 2 mayo. Se funda el P.S.O.E.

1880 7 mayo. Ley de Puertos, declarándose veintidós de interés general, de primero o de segundo orden.

1881 Se autorizan nuevamente las sociedades obreras de carácter internacional. Reorganización de la Federación de Trabajadores de la Región española, de carácter anarquista.

1881 Fundación de la Compañía Trasatlántica. Desarrollo de la marina mercante española y creación de compañías de navegación.

HISTORIA UNIVERSAL: PRINCIPALES ACONTECIMIENTOS	POLÍTICA GENERAL, ACONTECIMIENTOS MILITARES, RELACIONES INTERNACIONALES

1882　8 diciembre. León XIII exhorta a los catócos españoles en la encíclica *Cum multa* deponer sus querellas políticas internas adoptar una línea conciliadora con el g bierno liberal.

1885　Construcción del primer automóvil por Karl Benz, que desarrollaba una velocidad de 13 kms. por hora.

1885　26 febrero. El Tratado de Berlín pone final a la conferencia para el reparto de África.

1885　27 noviembre. Muerto Alfonso XII y tras llamado «pacto del Pardo» forma nuev mente gobierno Sagasta, que duran cinco años realizará la obra legislativa m importante del Partido Liberal.

1885　6 julio. Pasteur demuestra la eficacia de la vacuna contra la rabia. Desarrolla la teoría fundamental de la microbiología moderna y del concepto de enfermedad.

1886　enero. Auge del «boulangismo» en Francia.

1886　17 mayo. Nace Alfonso XIII.

1887　Publicación de los experimentos de H. Hertz.

1887　Proyectos de reformas militares del gene Manuel Cassola.

1887　6 mayo. Tratado italo-español, con el ben plácito de Inglaterra y de la Alemar bismarckiana, al que se sumará Austria

SOCIEDAD, IGLESIA, MENTALIDADES	ECONOMÍA, HACIENDA, CULTURA MATERIAL

81 10 febrero. Ley suprimiendo la esclavitud en Cuba.

81 18 julio. Designación de una Comisión para crear puestos de trabajo a fin de contener la emigración.

82 Comienza la construcción en Barcelona del templo de la Sagrada Familia.

1882-1890. Auge del comercio exterior del vino como consecuencia de la filoxera en Francia.

1882 De nuevo se pone en vigor la Base 5.ª del arancel de 1869.

83 5 diciembre. Se crea la Comisión de Reformas Sociales, de la que será secretario Gumersindo Azcárate.

1883 El ministro Camacho plantea la reforma y conversión de la Deuda pública.

85 Última epidemia de cólera importante del siglo, con un total de 340.000 enfermos y 120.250 defunciones.

1885 9 abril. Reglamento sobre auxilios a las empresas de canales y pantanos de riego. Se calculaban en 900.000 has. de regadío existentes y se estimaba la posibilidad de regar 1.600.000 has. más.

85 1 noviembre. León XIII publica la encíclica *Inmortale Dei*. Se afianza la distensión entre la Iglesia y el Estado liberal de la Restauración.

87 Publica Santiago Ramón y Cajal su *Manual de Histología y técnica micrográfica*.

87 30 junio. Ley sobre el ejercicio del derecho de asociación, perfecciona la seguridad jurídica de los movimientos asociativos, favoreciéndose de ella los de carácter obrero.

88 27 mayo. Juegos Florales de Barcelona, en los que actúa Menéndez Pelayo de mantenedor.

1888 Fundación de los Astilleros del Nervión.

HISTORIA UNIVERSAL: PRINCIPALES ACONTECIMIENTOS	POLÍTICA GENERAL, ACONTECIMIENTOS MILITARES, RELACIONES INTERNACIONALES
1889 Se celebra en Washington el I Congreso Pan-americano.	
1889 Exposición universal de París. Se construye la Torre Eiffel.	
1889 Bergson publica su *Ensayo sobre los datos inmediatos de la conciencia*.	
1890 15-22 mayo. Conferencia de Berlín sobre cuestiones obreras.	1890 26 junio. Se promulga la Ley del sufrag universal.
1891 15 mayo. Publicación de la encíclica *Rerum Novarum* de León XIII.	
	1892 25-27 mayo. Bases de Manresa «para constitución regional catalana». Firr como secretario de la Asamblea, En: que Prat de la Riba.
1893 Anexión de Hawai por los Estados Unidos.	1893 Sabino Arana publica su libro *Bizkaya p su independencia*.
1894 Guerra chino-japonesa que terminará con el tratado de Shimonoseki en 1895.	1894 marzo. Tratado hispano-marroquí.
1895 Planeador de «piloto suspendido» construido por Otto Lilienthal.	1895 24 febrero. Comienza de nuevo la guei en Cuba.
1895 Roentgen descubre la acción de los rayos X.	
1896 Guillermo Marconi registra su primera patente para la telegrafía sin hilos.	
	1897 8 agosto. Asesinato de Cánovas del Cas llo.
	1897 29 noviembre. Ley de autonomía polít: para Cuba.

SOCIEDAD, IGLESIA, MENTALIDADES	ECONOMÍA, HACIENDA CULTURA MATERIAL

888 octubre. Creación de la U.G.T., con 27 secciones y 3.355 asociados.

1888 15 mayo. Se inaugura la Exposición Universal de Barcelona.

1890 21 julio. Se crea la Bolsa de Bilbao.

1891 31 diciembre. Arancel proteccionista de Cánovas del Castillo.

92 Se funda la Universidad de Comillas.

93 8 noviembre. Bomba del Liceo en Barcelona. Se agudizan los actos terroristas.

94 10 julio. Ley anti-terrorista.

1895 Los ferrocarriles transportan este año 34,3 millones de viajeros y 4.800 millones de tons. de mercancías.

1895 12 marzo. Ley de mejora y saneamiento de poblaciones.

96 2 septiembre. Nueva Ley antiterrorista, con agravación de penas y posibilidad de disolver las sociedades obreras cuyos afiliados estuvieran complicados en actos terroristas.

1896 Fundación de la Unión Española de Explosivos. Comienza el desarrollo de la industria química.

HISTORIA UNIVERSAL: PRINCIPALES ACONTECIMIENTOS	POLÍTICA GENERAL, ACONTECIMIENTOS MILITARES, RELACIONES INTERNACIONALES
1898 Pierre y Marie Curie descubren el radio.	1898 15 febrero. Explosión del «Maine».
	1898 25 abril. Guerra hispano-norteamerican.
	1898 10 diciembre. El Tratado de París pone f a la guerra.
1900 Max Planck expone la teoría de los *quanta* de energía.	
1900 El conde Zeppelin, después de varios fracasos anteriores, logra hacer volar con éxito el primer dirigible de tipo rígido.	

SOCIEDAD, IGLESIA, MENTALIDADES	ECONOMÍA, HACIENDA, CULTURA MATERIAL

1899 Los presupuestos de Fernández Villaverde, la reforma fiscal y otros proyectos suyos tratan de liquidar los gastos de las guerras coloniales e iniciar una obra de regeneración económica.

1900 18 abril. Creación del Ministerio de Instrucción Pública y Bellas Artes.

1900 31 diciembre. Censo general de población, que inicia la serie de los censos decenales en los años finales de cada década. Población registrada: 18.617.956 habitantes.

1900 Las estadísticas de producción de este año ofrecen estos datos significativos: 2,1 millones de hectolitros de aceite, culminando un largo proceso expansivo olivarero; 8,6 millones de tons. de mineral de hierro, tras 25 años de desarrollo de la minería vizcaína. Valor total del comercio exterior: 1.738,5 millones de pesetas.

ÍNDICE ALFABÉTICO

ÍNDICE

Del Tratado de Fontainebleau a la invasión, 21. Las abdicaciones de Bayona y el Dos de Mayo en Madrid, 24. El levantamiento general de España. Las Juntas Provinciales, 27. La situación de guerra. Primera fase de la contienda (junio-octubre de 1808), 29. La segunda fase de la guerra. La campaña de Napoleón en España. Operaciones del año 1809 y aparición de la guerrilla, 34. Las operaciones marítimas. El dominio del mar, 42. La tercera fase. El esfuerzo francés de 1810, 43. Cuarta fase: guerra de desgaste (1811-1812) y grandes concepciones estratégicas, 46. La última fase. La ofensiva de la victoria. Balance de la guerra, 47.

El reinado de José I. La Constitución de Bayona, 51. Las Cortes de Cádiz. Del plano ideológico al plano sociológico, 56. ¿Quiénes hacen la Revolución de Cádiz?, 61. Los estímulos constituyentes, 66. La Constitución de 1812, 70. La situación de la Iglesia durante la guerra de la Independencia. La política religiosa de las Cortes de Cádiz, 75.

LA MONARQUÍA DE SAGUNTO

SOCIEDAD Y ECONOMÍA EN EL ÚLTIMO TERCIO DEL SIGLO XIX